KB121078

종전의 설계자들

1945년 스탈린과 트루먼, 그리고 일본의 항복

RACING THE ENEMY

Copyright © 2005 by the President and Fellows of Harvard College
Published by arrangement with Harvard University Press

Copyright © 2011 Tsuyoshi Hasegawa
Publisher's edition has been translated from the Japanese edition, with the consent of Harvard University Press and Chuokoron Shinsha

Korean translation copyright © 2019 by Medicimedia

이 책의 한국어판 저작권은 대니홍 에이전시를 통한 저작권사와의 독점 계약으로 (주)메디치미디어에 있습니다. 저작권법에 의해 한국 내에서 보호를 받는 저작물이므로 무단전재와 무단복제를 금합니다.

종전의 설계자들

1945년 스탈린과 트루먼,
그리고 일본의 항복

하세가와 쓰요시 지음

한승동 옮김

메디치

| 일러두기 |

1. 저자 하세가와 쓰요시는 영문판 *Racing the Enemy: Stalin, Truman, and the Surrender of Japan*(Harvard University Press, 2005)을 먼저 출간한 뒤, 이를 자신이 직접 일본어로 옮겨 일본에서 暗闘(中央公論新社, 2006/2011)라는 제목으로 출간했다. 저자가 후기에 밝히고 있듯 일본어판은 사실상의 개정판으로, 새로운 문헌자료들로 내용을 보완하고 일부는 변경하거나 영문판과는 다소 다른 해석을 추가하기도 했다. 《종전의 설계자들》은 2011년 일본어판을 옮긴 것이다.
2. 각주는 모두 옮긴이 것이다.
3. 인명 및 지명은 국립국어원에서 규정한 외래어 표기법에 따라 소리 나는 대로 옮겼다. 단 영토분쟁의 소지가 있는 지명의 경우 국내 독자들에게 친숙한 쪽으로 통일하되 문서나 대화의 인용구에 등장하는 경우 국적국의 용례를 따랐다.

공동 연구의 과실을 보지 못하고 일찍 세상을 떠난

동학의 벗 보리스 니콜라예비치 슬라빈스키를 그리며

| 이 책에 쏟아진 찬사 |

제2차 세계대전 종결을 둘러싼 오랜 논쟁이 이 책으로 마침내 종지부를 찍었다.
_ 리처드 로즈 〈뉴욕 타임스 북리뷰〉

1945년 여름 일본과 소련의 움직임을 빠짐없이 기록한 이 책은 … 기존의 연구들이 놓치거나 빠뜨린 국제적 맥락을 제공한다. 하세가와는 일본과 러시아에 흩어진 방대한 문헌과 자료를 통해 항복에 이르기까지 일본 지도자들이 보여준 놀라울 정도의 무능력과 동아시아 지역에서 영토적 이득을 최대화하기 위한 스탈린의 계획을 신선한 통찰과 함께 제공한다. **_ 워런 I. 코헨 〈타임스 리터러리 서플먼트〉**

20세기 역사에서 결정적 사건을 훌륭하게 훑어내려 간 이 기념비적인 책은 … 중요하고, 계몽적이며, 무엇보다 충격적이다. **_ 조너선 로젠버그 〈크리스천 사이언스 모니터〉**

제2차 세계대전은 어떻게 끝이 났는가? … 하세가와 쓰요시는 일본을 항복하게 만든 것은 히로시마와 나가사키가 아니라 소련의 태평양전쟁 참전이었다는 강력한 증거를 제시한다. 그의 해석으로 원폭투하의 도덕적 의미를 새롭게 설명해야 할 필요가 생겼다. … 제2차 세계대전이 왜, 그리고 어떻게 지금의 결론에 이르게 됐는지를 완전히 새롭게 이해해야 한다고 말하고 있는 책. **_ 개러스 쿡 〈보스턴 글로브〉**

일본 엘리트들의 사고 과정, 그들이 품었던 가정과 편견을 가감 없이 전달한 것이 하세가와의 가장 큰 업적이다. … 그가 들려주는 이야기는 이상하면서도 설득력 있다. 그리고 승리에 대한 우리의 관점을 수정하게 만드는 사례들은 압도적이다. **_ 존 돌런 〈에그자일〉**

일본의 문헌 자료를 바탕으로 한 가장 포괄적인 연구. 상찬받아 마땅하다. **_ 거 앨퍼로비츠 〈필라델피아 인콰이어러〉**

1945년 8월 히로시마와 나가사키에 원자폭탄을 사용하기로 한 미국의 선택에 대한 결정적 해석. **_ 에럴 맥그레거 클라우스 〈윈스턴 세일럼 저널〉**

전쟁의 종결에 관한 수많은 자료들을 이렇게 완벽한 방법으로 한데 묶은 연구는 이제껏 없었다. 제2차 세계대전을 연구하는 학자라면 꼭 읽어야 할 책. **_ 토머스 자일러 〈아메리칸 히스토리컬 리뷰〉**

원폭이 아니었더라도 일본을 항복시킬 기회는 얼마든지 있었다는 것을 보여주는 연구는 많다. 그러나 전쟁종결 과정에서 일본, 러시아, 특히 미국의 지도자들이 보인 복잡한 회피 전략과 마키아벨리즘을 이처럼 철저하게 다룬 연구는 극히 드물다.
_ 허버트 P. 빅스, 역사학자

흡입력과 권위를 두루 갖췄으며 도발적이고 공정하게 쓰인 이 책은 제2차 세계대전과 20세기 세계 정세에 관심 있는 모든 사람들을 위한 책이다. 경이로울 정도로 눈부신 작업. **_ 프레더릭 로거벌, 역사학자**

| 옮긴이 해제 |

과연 그런 선택밖에는 없었던 것일까?

"만주, 타이완, 펑후섬을 중국에 반환하고, 조선을 40년간 신탁통치 아래 둔다. 소련에 다롄과 남만주철도 권익을 주고, 남사할린과 쿠릴열도를 소련에 '반환' 한다."

1944년 1월, 프랭클린 루스벨트 대통령이 태평양전쟁협의회Pacific War Council에서 스탈린 소련 최고지도자와 일본 항복 뒤의 영토 문제에 대해 주고받은 내용이다. 공식기록에는 들어 있지 않으나, 이 책의 저자 하세가와 쓰요시가 인용한 저 기록은 나름의 확실한 근거를 갖고 있다. 하세가와 쓰요시는 도쿄대를 졸업하고 워싱턴대에서 박사학위를 받은 일본계 미국인 역사학자로, 러시아사와 러일관계사를 전공했으며 은퇴 전까지 캘리포니아대 샌타바버라 캠퍼스에서 학생들을 가르쳤다. 배경을 통해 미루어 짐작할 수 있듯 그가 동원하는 사료들은 미국, 일본뿐 아니라 소련 붕괴 뒤 잠시 공개됐던 러시아 기밀문서들까지 다양하고 방대하다.

한반도의 운명을 결정한 역사적 흥정과 계산들

옮긴이로서 이 책을 소개하기 전에 이 얘기부터 꺼낸 것은 한반도에 태어나 살아온 사람들이 으레 지닐 만한 관심이나 충동 때문일 것이다. 40년 신탁통치라니! 많이 알려진 모스크바 외무장관회의 결정과 신탁-반탁 운동을 거론할 때의 그 신탁통치를 생각해낸 사람들이 원래 설정했던 기간은 무려 40년이었다. 이런 일방적인 구상은 다름 아닌 미국 대통령의 입에서 나온 말이었다. 도대체 무슨 근거로 그런 합의에 도달했다는 것인지 누구도 설명하지 않는다.

《종전의 설계자들》은 일본 항복 과정에서 당사국들 사이의 치열한 이해 다툼에 초점을 맞춘 책으로, 한반도(조선)의 운명은 일본 패전 뒤 전후처리 과정에서 흥정거리의 하나로 아주 잠깐씩 등장한다. 그럼에도 우리는 저자 특유의 시각과 재구성을 통해 지금의 우리 삶을 결정지은 그 흥정과 계산들에 새롭게 다가갈 수 있으며, 새로운 영감을 얻을 수도 있다.

제2차 세계대전 이후 미국이 주도한 질서재편과 관련한 핵심적 문건 중 하나인 연합군 총사령관 명의의 '일반명령 1호' 논의과정에서 북위 38도선이 미국, 소련 간의 일본군 무장해제 구획선으로 설정된 것도 미소 간의 협의 과정에서 미국이 제안한 것이라는 얘기도 그런 것이다. 이 결정이 결국 한반도 전쟁과 분단으로 이어졌는데, 이 책은 그 결정 과정을 다음과 같이 보여준다.

"역사가들은 걸핏하면 스탈린이 홋카이도 북쪽 절반을 나눠 갖자고 요구한 것은 쿠릴을 손에 넣기 위한 술수였다고 해석하는 경향이 있다. 그러나 스탈린은 정말로 홋카이도 점령을 계획하고 있었다. 8월 16일 트루먼에게 회답을 보낸 시기를 전후해서 바실렙스키에게 제1극동방면군 사령관에게 9월 1일까지 구시로에서 루모이 선 이북의 홋카이도와 남쿠릴을 점령하도록 명하라고 지시했다. 그 작전을 위해 제87저격병단 중 두 개 사단이 홋카이도 작전에, 한 개 사단이 남쿠릴 작전에, 합계 세 개 사단이 동원됐다."

저자에 따르면, 소련은 그 뒤 홋카이도 절반을 잘라 북쪽을 점령하고자 했고, 도쿄를 4개 구역으로 분할해 연합국이 나눠 점령하는 독일 점령 방식을 일본에도 적용하고자 했다. 미국은 소련의 제안을 완강히 거부하면서, 일본만은 소련이 절대 손을 대지 못하게 했다. 그 대신 당시 미국이 그 전략적 가치를 크게 평가하지 않았던 쿠릴열도 전체를 소련에 넘겼고, 오늘날의 이른바 일본 '북방영토' 문제도 거기서 발단이 됐다. 그렇다면 분할점령 대상은 애초에 한반도가 아니라 일본이었단 말인가? 공식 제안된 것은 아니지만 미국 전쟁지도부 내에서도 홋카이도를 포함한 일본 분할점령안이 논의됐다는 얘기가 이 책에 나온다. 그런데 왜 미국은 한반도를 분단했고, 소련은 그것을 덥석 받았을까? 당시 미국에 한반도는 또 다른 쿠릴에 지나지 않았던가. 실제로 '독도 문제'도 그렇게 만들어졌다. 이 책에서 다루진 않지만, 애초에 조선으로 반환될 대상이던 독도는 미군 점령체제하의 일본 정부 요구로 반환 대상에서 빠져 애매하게 처리되면서 '다케시마 문제'로 등장하게 된다.

이 모든 것은 무슨 대단한 이유가 있어서가 아니라, 미국이 일본을 통째로 온전히 다 차지하려 했기 때문에, 독점하려 했기 때문에 일어난 일일 수 있다. 미국은 이미 그때부터 전후 소련과의 대결적 구도를 예상하고 있었고, 이에 동아시아 전진기지, 즉 냉전의 교두보가 필요했을 것이다. 소련은 미국의 요구대로 일본을 온전히 내주는 대신 만주에 대한 이권과 쿠릴열도 확보, 그리고 38도선 이북의 한반도 절반을 점령하는 데 만족했다. 당시 소련은 미국과 정면으로 힘겨루기를 할 만한 힘이 없었다.

3천만 명의 운명을 가른, 정작 그들에겐 한마디 발언권도 주어지지 않은 한반도의 분단과 전쟁은 그 과정에서 배태된 부산물이었다고나 할까.

물론 《종전의 설계자들》은 옮긴이의 이런 관심사에 초점을 맞추고 있진 않다. 초점은커녕 곁가지로나마 좀 더 다뤄주지 않은 것이 서운할 정도로 일본 항복 과정의 치열했던 이해 당사국들간 경쟁 진상 파악에 주력한다. 거기서 한반도 문제는 곁가지일 뿐이다. 하지만 따지고 보면 당시 당사국들이 벌인 암투暗鬪는 우리와 무관하지 않은, 우리 근현대사와 얽히고설킨 일들이었고, 결국 우리 삶을 규정했다. 지금의 현실도 그때 짜인 기본구도의 연장이라고 할 수 있다. 그때의 미국과 소련, 미국과 일본, 소련과 일본 간의 치열한 각축과 흥정, 모략과 술수가 낳은 이 20세기적 '전후질서'는 지금도 우리 삶의 규정적 요소로 작동하고 있다. 저자가 한국 독자들에게 쓴 짧은 글에서 지적했듯이 일본의 식민지배를 당한 한반도의 근현대는 패전국 일본보다 더 가혹하게 굴절됐고, 전후질서 짜기에서도 다르지 않았다.

아마도 진짜 21세기는 이 '장기 20세기'의 질서가 끝나는 곳에서 시작될 것이다. 그러려면 아직도 끝나지 않은 장기 20세기적 질서의 유래와 토대를 제대로 알아야 한다. 기존의 연구서들과 다소 다른 관점과 다른 사료들을 구사한 이 책은 그런 점에서도 흥미를 끌 만하다.

태평양전쟁에서 소련 요소에 주목한 최초 연구서

이 책은 2005년에 하버드대학출판부에서 출간한 *Racing the Enemy: Stalin, Truman, and the surrender of Japan*의 일본어판을 옮긴 것이다. 2006년에 나온 일본어판의 제목은 《암투: 스탈린, 트루먼과 일본의 항복》이었다. 1945년 4월부터 태평양전쟁이 종결된 9월 5일(저자는 9월 2일 일본이 미주리호 함상에서 항복문서에 조인한 뒤에도 소련군의 점령이 끝나지 않았다는 점을 들어 태평양전쟁 종결 시기를 소련의 쿠릴열도 점령이 끝난 9월 5일로 상정한다)까지의 경과를 미국, 소련, 일본을 둘러싼 외교, 군사관계를 중심으로 치밀하게 분석했다. 그런데 한국어판 번역 모본이라 할 2011년 일본어판은 영어판을 그대로 옮겨놓은 게 아니다. 일본어판 역시 저자가 직접 쓴 것인데, 영어판 및 2006년 일본어판보다 분량이 상당히 늘어나 새로운 내용들을 많이 담았다. 특히 일본 수뇌부의 계산과 움직임 등 일본 쪽 대응 부분이 훨씬 더 풍부해졌고, 해석도 일부 달라졌다. 2011년에 출간된 《암투》는 따라서 저자가 일본어판 후기에서 밝히고 있듯 "새로 쓴 것에 가까운 책"이 됐다.

저자는 일본이 항복한 지 60년이 훨씬 더 지났고 수많은 연구가 발표됐지만 여전히 그 과정을 제대로 보여주는 저술이 없었다고 얘기한다. 예컨대 미국의 역사가는 원폭투하에, 일본의 역사가는 전쟁종결 당시 천황을 둘러싼 정치지도자들의 역할에, 그리고 러시아 역사가는 극동의 소련군 역할에 초점을 맞춰왔다는 것이다. 이 모두를 포괄한 전체상, 복잡한 국제관계와 국내 정치역학의 긴밀한 연계를 자세히 검토해서 종합적으로 그려낸 저작물은 이 책이 처음이라고 저자는 자부한다. "이 책은 미국, 일본, 소련의 방대한 일차자료들을 토대로 국제정치의 관점에서 태평양전쟁 종결을 논한 최초의 연구서다."

미국에서 러시아사로 학위를 받고 홋카이도대학 슬라브 · 유라시아 연구센터에서 교수생활을 한 저자는 영어와 러시아어, 일본어에 능통한 데다, 공저자가 될 뻔한 러시아인 연구자 보리스 슬라빈스키가 소장한 소련 시절 기밀문서 등을 활용하는 행운도 누렸다. 모스크바의 세계경제국제관계연구소(IMEMO) 상급 연구원이었던 슬라빈스키는 1990년대 초 소련 붕괴 당시 단기간 공개된 소련의 아르히프(Archiv, 문서보관소)를 뒤져 방대한 사료를 복사했다. 슬라빈스키의 급사로 두 사람이 함께 책을 쓰기로 한 계획은 물거품이 되었지만 생전에 소련시대의 정형화된 사관에 도전해 새로운 해석을 내어놓기도 했던 슬라빈스키의 영향이 이 책에는 많이 남아 있는 듯하다. 이는 이 책이 일본이나 미국의 관심사 어느 한쪽으로 치우치지 않게 만드는 데에도 기여했을 것이다. 일본 항복 연구와 관련해 미국, 일본의 주류 연구에서 외면받거나 부속물 정도로 취급받아온 당시 소련의 역할을 제대로 조명할 수 있었던 것도 그와 무관하지 않아 보인다. 하세가와는 태평양전쟁 종결 연구에서 스탈린을 주역으로 내세운 것은 자신이 처음이라고 강조하며 "미국과 일본의 정치과정을 검토하는 데에 소련 요소는 결정적이었다"고 한다.

일본에서 나고 자랐지만 미국에 거주하는 미국 시민권자가 된 저자의 인생 역정도 연구자로서는 큰 장점으로 작용하지 않았을까? 반드시 그런 건 아니겠지만, 그만큼 편협한 내셔널리즘에서 상대적으로 자유로운 상태로 넓은 시야에서 연구에 임할 수 있었을 것이다.

1945년 8월 이전, 누구도 일본의 항복을 바라지 않았다

저자는 일본 수뇌부가 연합국의 항복 요구를 수락하는 데 가장 결정적으로 작용한 요인은 일반적으로 알려져 있듯이 히로시마, 나가사키 원폭투하가 아니라 소련의 참전이었다고 말한다. 트루먼 정부가 원폭투하를 감행한 것은 일본이 무조건 항복 요구를 수용하지 않았기 때문이 아니다. 오히려 당시 일본 수뇌부가 받아들이기 어려웠던 무조건 항복을 요구해 항복을 수락하지 못하게 함으로써 원폭을 투하할 구실을 만들었다. 어느 국면에서는 일본뿐만 아니라 미국도, 소련도 일본의 항복을 바라지 않았다. 일본이 항복하지 않고 버텨주기를 그들 모두는 바랐다. 물론 거기에는 그럴 만한 이유가 있었다.

전세가 기울면서 일본 내부는 항복을 서둘러 수락함으로써 '국체'(천황 대권체제)를 지키자('호지')는 화평파와 최후 결전을 통해 국체를 사수하자는 계전파(繼戰派, 전쟁계속파)로 갈렸다. 두 파 간 싸움의 중심에 있었던 것이 '국체를 어떻게 정의할 것인가' 하는 문제였다는 사실을 처음으로 밝혀낸 게 이 책이다. 계전파 일부는 결국 천황의 항복을 막기 위해 쿠데타까지 일으켰으나 전세 역전에 실패했다. 천황(히로히토)은 이미 대세가 기울었다고 판단한 뒤에도 더 유리한 항복 조건을 확보하기 위해 최종 결정을 계속 미루다가 원폭이 투하되고 소련이 참전한 뒤에야 국체와 자신 및 황실의 안태(安泰, 평안하고 태평함)를 분리시켰다. 이는 황실과 자신의 안전을 확보하는 대신 점령국 미국에 일본이라는 나라 전체를 사실상 넘겨버리는 결단('성단')이었다.

미국은 그런 천황을 점령정책과 이후 일본 지배에 최대한 이용했다. 천황은 마지막까지 소련의 알선, 중재를 통한 항복 협상에 매달렸으나 소련이 조약 파기와 함께 참전하자 사회주의국가 소련이 일본 점령자 그룹에 포함되는 것을 가장 두려워했다. 그것은 곧 천황제의 종말을 의미할 수 있었기 때문이다. 천황이 최종 결정을 미루고 있던 사이에 원폭이 투하되고 소련이 참전했으며 한반도엔 38도선이 그어졌다. 일본의 항복이 조금만 더 빨랐어도 그런 일은 일어나지 않을 수도 있었다. 어찌 보면 한반도는 일본 천황과 황실의 안태를 위해 분단'당했다'는 주장도 성립할 수 있다.

전쟁 막바지까지 일본과의 중립조약을 유지했던 소련은 미국이 얄타회담(1945년 2월 초)에서 재확인한 전리품을 차지하기 위해 어떻게 해서든 대일 전쟁에 참전해야 했고, 그 전에 일본이 항복하는 것을 어떻게든 막아야 했다. 책에는 일본의 항복을 막기 위한 소련 쪽 공작이 자세하게 언급돼 있다. 그리고 일본이 항복 결정을 내렸다는 첩보를 입수하자마자 스탈린은 예정했던 대일전 참전 시기를 크게 앞당겨, 나가사키에 원폭이 투하된 날인 8월 9일 0시에 전격적으로 150만 대군을 만주로 밀고 내려가게 했다. 일본의 항복 선언에서부터 쿠릴 점령까지 많은 시간이 필요하지 않았다. 그 며칠 사이에 소련은 얄타회담에서 재확인받은 전리품들을 다 챙겼다.

1945년 4월 루스벨트의 사망과 트루먼의 등장은 미국의 대소, 대일 전략과 전후질서 재편에도 적지 않은 변동을 초래했다. 트루먼은 그 해 7월 원자폭탄 개발이 완료되자 일본의 항복을 받아내는 데 소련의 효용가치가 사라졌다고 판단하고 소련의 참전을 막는 쪽으로 급선회했다. 시종 소련에 우호적인 입장을 유지하던 루스벨트와는 분명 다른 지점이었다. 이를 간파하고 있던 스탈린이 대응전략을 짜면, 트루먼은 그 전략에 맞서는 또 다른 전략을 구사했다. 전략과 전략 간의 충돌, 그들 간의 '암투'는 그야말로 치열했다. 각기 다른 목적으로, 각자 다른 시간표를 가지고 움직였던 미소 간의 경쟁, 그 에너지가 응집해 1945년 8월 일본의 항복이라는 사건을 만들어낸 것이다. 이 책은 그 과정에서 각자가 내린 선택의 전거와 논리를 치밀하게 뒤좇는다.

일본은 왜 '종전'을 주장하는가?

한국 독자들이라면 이 책을 읽으며 일본의 전쟁책임이 명확하게 다뤄지지 않고 있다는 데에 아쉬움이나 갈증을 느낄 수도 있을 것이다. 천황의 전쟁책임 문제는 새삼 갑론을박할 필요가 없을 정도로 명백하다. 전쟁 수행의 형식이야 어찌됐든 그 정점에 천황이 있었고, 모든 주요한 최종 결정은 천황이 내렸다. 최후의 종전 결정까지 천황의 이른바 '성단' 없이는 불가능했다. 미국을 비롯한 전승국(연합국)들은 일본과 천황의 전쟁책임 문제를 그것 자체로 다루기보다 각자 자국의 전리품 챙기기와 전쟁 이후 짜일 새로운 질서 재편을 염두에 두고 그 문제를 어떻게 자국에 유리하게 끌고 갈 것인가 하는 관점에서 접근했을 뿐이다. 따라서 거기엔 전승국들의 치열한 이해각축만 있었고 조선, 중국, 동남아 등의 전쟁 피해국들, 피침략국들의 이해는 배제됐다.

거듭 얘기하지만 이런 문제가 이 책의 주제는 아니다. 이런 문제를 제대로 다룰 수 있는 주체는 피해 당사자들일 수밖에 없을 것이다. 그럼에도 이 책은 '정의로운 전쟁'이라는 수사로 가득한 성명이나 선언문 이면에 어떠한 암투와 모략, 기만과 배신이 있었는지를 적나라하게 드러냄으로써 전쟁책임 문제를 우회적으로 보여준다. '대동아전쟁'이나 '국체' 등을 둘러싼 논쟁과 집착을 통해 드러나는 일본제국 정치 군사 엘리트들의 기대와 현실인식이 얼마나 허약하고 허망한 것이었는지 우리는 이 책을 통해 재확인할 수 있다. 이 책은 이처럼 전쟁종결 과정에서 일본이 끝까지 버리지 못한 신화이자 이상이 무엇이었고 그것이 일본을 어떻게 덫에 빠뜨렸는지를 보여준다.

이 책의 제목에도 쓰인 '종전'이라는 표현도 어찌 보면 그 부정적인 유산 가운데 하나이다. 일본이 '패전'이나 '항복'이 아닌 '종전'이란 용어를 고집하는 데에는 자국이 도발했던 저 처참했던 전쟁의 가해책임을 그런 가치중립적인 용어를 통해 회피하려는 의식적, 무의식적 심리 기제가 작동하고 있다. 이는 태평양전쟁 종결 과정에서 일본에 전쟁책임을 묻기보다 전후처리를 각자에게 유리한 방향으로 실현시키는 데만 몰두한 미국과 소련에도 책임이 있다. 이 책은 "일본의 무조건 항복 수락"이 실은 정치적 수사에 불과했음을 제대로 보여준다. 그 결과 오늘날 우리는 철저한 반성과 청산을 전제한 '일본 패전' 후의 질서가 아닌, 전쟁범죄 은폐와 담합과 무책임으로 얼룩진 '종전' 후의 질서 속에서 살게 되었다. 이 책은 그러한 '종전' 후의 질서를 설계한 사람들이 누구였는지, 그 설계가 어떠한 이상과 신비에 기대고 있으며 그 실체의 실상은 어떠했는지를 충실하게 보여준다.

이 씨줄 날줄로 엮인 드라마를 보면서 계속 뇌리에 남는 의문들 가운데 하나는 이런 것이다. 그때 과연 전승국 미국에는 그런 선택밖에 없었던 걸까? 그리고 만일 일본이 조금만 더 일찍 항복했다면?

2019년 2월

한승동

차례

옮긴이 해제 과연 그런 선택밖에는 없었던 것일까? 8
한국 독자들에게 20
머리말 최후를 향한 경쟁 22

1장 암투의 서막: 3국 관계와 태평양전쟁 32
2장 새로운 과제: 종전을 향한 공방이 시작되다 100
3장 결정의 시간: 전쟁의 길과 평화의 길 180
4장 전쟁의 분기점: 포츠담에 모인 세 정상 260
5장 원자폭탄과 소련의 참전 356
6장 일본의 무조건 항복 수락 444
7장 8월의 폭풍: 일본은 아직 항복하지 않았다 516

맺음말 가지 않은 길 583
보론 미국과 히로시마의 교훈: 과거와 현재 607

일본어판 후기 629
감사의 말 634
참고 문헌 639
찾아보기 707

| 한국 독자들에게 |

이번에 졸저가 한국에서 번역, 출간된 것은 저로서는 큰 기쁨입니다. 조선 민족은 35년간 일본의 식민지배를 받아 그 빛나는 역사와 문화가 유린당했을 뿐만 아니라, 아시아태평양전쟁 때는 많은 조선인 노동자가 일본 본토의 강제노동에 동원당했습니다. 히로시마와 나가사키에서 피폭당한 사상자, 또 원폭의 후유증으로 고통당한 사람들 중에도 이처럼 강제노동에 연행당한 수많은 조선인이 포함돼 있었습니다. 또한 일본 정부가 원폭 피해자들에게 주는 피폭 수첩(무료 치료 허가증)이 피폭당한 조선인들에게 주어지기까지는 조선인 피폭자들의 오랜 세월에 걸친 각고의 노력이 필요했습니다. 지금은 히로시마 평화기념공원에 원폭으로 희생당한 조선인을 기리는 추도비가 있습니다만, 이 추도비를 세우는 데에도 많은 노력이 필요했습니다.

이처럼 조선 사람들과 원폭, 그리고 일본의 종전 결정을 둘러싼 역사에는 이중, 삼중으로 굴욕당한 조선 민족의 역사가 아로새겨져 있습니다.

제한된 지면 탓에 원폭과 조선인 희생자 문제, 그리고 일본 종전 때 조선반도(한반도)의 귀속이 미국과 소련의 거래 속에 어떻게 처리됐는지 자세히 논할 수 없었던 게 유감입니다. 이 책에서는 딱히 밝히고 있지 않지만 이런 굴욕을 강제한 나라에 태어난 저자로서 그 역사를 뼈저리게 느끼고 있다는 것을 한국 독자들이 알아주시기를 바랍니다.

2019년 2월

하세가와 쓰요시

| 머리말 |

최후를 향한 경쟁

원자폭탄이 히로시마, 나가사키에 투하되고 일본이 항복한 지도 이미 60년이 지났다.* 그러나 긴 세월이 지난 지금 태평양전쟁이 어떻게 종결됐는지에 대한 이해가 제대로 공유되고 있다고 하긴 어렵다. 태평양전쟁 종결에 중요한 역할을 한 미국, 일본, 소련 3국의 역사가들은 각자 관심 있는 부분에만 초점을 맞춰 태평양전쟁 종결론을 얘기하고 있는 것이 일반적이다. 미국의 역사가는 원폭투하에, 일본의 역사가는 전쟁종결 당시 천황을 둘러싼 정치지도자들의 역할에, 그리고 러시아 역사가는 극동의 소련군 역할에 초점을 맞춰왔다. 하지만 이 모두를 포괄해서 전체상을 그리는 역사적 연구는 아직까지 없다.

미국에서는 원폭투하가 곧바로 일본의 항복 결정을 이끌어냈느냐 아니냐를 두고 아직도 논쟁이 계속되고 있다. 1995년 스미소니언 국립항공우주박물관에서 에놀라 게이**를 전시하자 미국을 양분할 정

* 미주리호 함상에서 일본이 항복문서에 서명한 것은 1945년 9월 2일로, 이 책의 영문판 *Racing the Enemy*는 2006년 출간되었다.

도로 격렬한 논쟁이 벌어진 데서도 알 수 있듯이 히로시마, 나가사키에 투하된 원폭을 둘러싼 쟁점은 지금도 미국인의 신경을 예민하게 자극한다. 그러나 이 논쟁은, 잘 살펴보면 미국의 시각으로만 본, 미국 내부의 결정 과정에만 초점을 맞춘 시야가 매우 좁은 논쟁이라고 하지 않을 수 없다.

태평양전쟁 말기에 일본 위정자들이 종전을 결정한 정치과정은 일본인들이 큰 관심을 기울여온 문제다. 종전에서 지금에 이르기까지 엄청난 책과 논문이 발표됐지만, 기이하게도 일본이 종전에 이르는 정치과정을 국제적인 문맥에서 치밀하게 분석한 학술 연구는 아직 없다. 지금까지도 일본 종전에 관한 가장 뛰어난 학술서라면 반세기 전에 출판된 로버트 J. 부토Robert J. Butow의 연구를 떠올릴 수밖에 없는 실정이다.[1]

옛 소련에서 이뤄진 연구는 마르크스·레닌주의 이데올로기의 제약에서 자유롭지 못한 역사 해석이라는 한계를 갖고 있다. 따라서 소련의 태평양전쟁 참전은 대조국전쟁••• 최후의 한 페이지이고, 소련군은 일본의 군국주의, 제국주의 멍에로부터 아시아 국민들을 풀어준 해방군으로 해석된다. 그러다가 페레스트로이카•••• 이후 새로운 관점

•• Enola Gay, 1945년 8월 6일 히로시마에 원폭을 투하한 미 육군항공대 폭격기 B-29의 별칭.

••• 러시아는 1812년 프랑스 나폴레옹군이 러시아를 침공했을 때 이를 물리친 전쟁을 '조국전쟁'으로, 제2차 세계대전 때인 1941년 6월 나치 독일군의 침공에 맞서 싸운 전쟁을 '대조국전쟁'으로 부른다. 조국전쟁이나 대조국전쟁은 모두 침략에 맞서 자국의 영토를 수호한다는 의미를 갖는데, 따라서 일본과 싸운 만주 등 극동지역 및 태평양지역 전쟁은 엄밀히 말하면 대조국전쟁에 포함되지 않는다.

•••• perestroika, '재건', '재편'의 뜻을 가진 러시아어로, 1985년 3월 소련 공산당 서기장에 취임한 미하일 고르바초프가 실시한 개혁정책을 가리킨다. 소련과 동서냉전 체제 붕괴를 촉발했다.

에서 자국의 역사를 다시 보려는 역사가들이 마침내 등장했다. 새로운 자료들이 출판되고 또 공문서관을 이용할 수도 있게 되었다. 그럼에도 몇몇 소수를 뺀 대다수 러시아 역사가는 소련 시대의 통설을 답습하고 있다.[2]

태평양전쟁 종결을 논할 때마다 소련의 역할은 미국과 일본의 역사가들로부터 무시당해왔다. 원폭투하를 둘러싼 미국 내의 논쟁에서 소련이 어떤 역할을 수행했느냐는 것은 중요한 논점이지만, 거기서도 소련의 역할은 미국의 결정에 영향을 준 하나의 요인으로만 취급될 뿐이다. 미국의 역사가들이 초점을 맞추고 있는 곳은 어디까지나 워싱턴이며, 소련의 역할은 부차적인 것으로만 거론된다.

인터내셔널 히스토리

이 책은 태평양전쟁 종결 문제를 미국, 일본, 소련 3국의 복잡한 관계를 면밀히 검토해서 국제적인 관점에서 그려내는 것을 목표로 삼고 있다. 그것은 서로 연관된 세 가지 서브플롯sub plot으로 구성된다. 첫 번째는 대일對日전쟁을 수행하면서 전개된 스탈린과 트루먼 간의 복잡한 각축이다. 미국과 소련은 동맹국이었지만 스탈린과 트루먼의 관계는 상호 불신감에 의해 좌우됐다. 양쪽 모두 상대가 얄타밀약을 파기하지 않을까 하는 지독한 의심에 사로잡혀 있었다. 그리고 1945년 7월 17일부터 8월 2일까지 이어진 포츠담회담 과정에서 두 나라 지도자 사이에 불꽃 튀는 치열한 경쟁이 벌어진다. 먼저 트루먼 입장에서는 소련이 참전하기 이전에 원폭을 일본에 투하해서 전쟁을 조기에 종결시키는 것이 지상 명령이었다. 하지만 스탈린으로서는 일본이 항복하기 전에 만주를 침공해서 전쟁에 참가하는 것이 다른 무엇보다 큰 목표였다. 이 책은 연합국의 포츠담선언이 어떻게 일본을 겨냥해 발표됐는지, 원폭과 소련 참전이 어떻게 뒤얽혀 일본의 항복 결정에 영향을 미쳤는지를 검증한다.

미국과 소련 사이의 알력은 일본 천황이 8월 14일 무조건 항복을 수락한 뒤에도 계속됐다. 소련의 만주, 사할린 침공은 중단 없이 이어졌다. 스탈린이 쿠릴(치시마), 홋카이도로 진격하도록 명령한 것이 천황의 포츠담선언 수락 뒤라는 것은 별로 알려져 있지 않지만 중요한 사실이다. 8월 15일부터 9월 2일 미 해군 미주리호 함상의 항복문서 조인에 이르기까지 일본 정부가 전쟁종결을 준비하고 있던 그 기간에 스탈린과 트루먼은 전후 극동에서 어떻게 자신들의 입장을 강화할 것인지를 놓고 각축을 벌였다.

두 번째 서브플롯은 뒤엉킨 일본과 소련 간의 관계 검증이다. 종전에 이르기까지 몇 개월간, 일본 정부는 필사적으로 소련이 중립적 지위를 유지하도록 하기 위해 노력했고, 또 그 바탕 위에서 소련의 중재를 통한 전쟁종결을 시도했다. 하지만 소련은 일본 정부의 이런 접근을 이용해 몰래 전쟁 준비를 하고 있었다. 이 책은 이런 움직임과 소련 쪽의 책략을 다룬다. 간단하게 얘기하면, 전쟁 상황이 일본에 불리해질수록 일본의 외교, 군사정책에서 차지하는 소련의 역할은 압도적인 중요성을 지니게 되었다. 본토결전에 모든 걸 거는 쪽으로 작전을 짠 일본제국 육군에 소련의 중립은 작전 성공을 위한 필수적인 조건이었다. 전쟁종결을 모색하고 있던 일본의 화평파和平派는, 연합국이 주장하는 무조건 항복을 받아들이지 않고 자국을 종전에 이르게 할 수 있는 유일한 방책으로 소련 정부의 중재에 의한 종전을 구상했다. 일본 정부의 이런 접근은 스탈린에게는 뜻밖의 요행이었다.

스탈린은 일본의 이런 움직임을, 소련이 참전 준비를 완료할 때까지 전쟁을 계속하게 만드는 데 이용했다. 포츠담선언이 발표된 뒤에도, 그리고 히로시마에 원폭이 투하된 뒤에조차 일본 정부는 소련 정부의 알선을 통해 연합국의 무조건 항복 요구보다 유리한 조건으로 전쟁을 종결짓겠다는 방침을 견지했다. 바로 그 때문에 소련이 만주로 침공해 왔을 때의 충격은 원폭투하 이상으로 컸다. 소련 참전 뒤에야 비로소 일본 정부는 어떤 조건으로 항복할 것이냐는 문제에 직면하게 됐다고 해도 좋다. 게다가 일본의 위정자들에게 소련이 일본 점령정책에 깊숙이 관여하지 않을까 하는 불안과 두려움은 포츠담선언 무조건 수락 결정을 내리도록 하는 데 중요한 요소로 작용했다.

마지막으로 이 책의 세 번째 서브플롯은, 일본 정부 내의 화평파와 계전파 사이의 목숨을 건 각축이다. 스탈린과 트루먼이 일본을 항복시키려고 숨 막히는 힘겨루기를 하고 있을 때 일본의 위정자들은 천황제를 유지하기 위해 하루빨리 전쟁을 종결시킬 필요가 있다고 판단한 화평파와, 국체國體를 유지하기 위해 본토에서 적의 침공에 맞서 마지막까지 결전을 수행해야 한다는 계전파로 분열했다. 두 파 간 싸움의 중심에 있었던 것은 '국체를 어떻게 정의할 것인가' 하는 문제였다.

국체의 정의

1889년에 공포된 메이지헌법은 '만세일계萬世一系'의 '신성하고 침범할 수 없는' 천황을 중앙권력의 정점에 앉혔다. 천황은 입법권, 행정권, 사법권 등 모든 권력의 근원으로 자리 잡았으며, 특히 육해군 통수권은 내각의 권한이 미치지 못하는 천황의 전권 사항이 됐다.

더욱이 천황은 일본국의 정수精髓로서 지위를 부여받았다. 천황 숭배는 의무교육과 징병제를 통해 국민 속에 침투됐다. 천황은 정치, 문화, 종교 분야에서 절대적인 권한을 확보했고, 국체는 천황제의 정치적, 종교적 정수를 표현하는 관념으로 정착했다.[3]

그러나 천황의 정치적, 정신적인 절대 권위에도 불구하고 천황 자신은 현실의 정치과정에는 관여하지 않는 명목상의 권위로만 존재했다. 이 관념상의 절대 권위와 현실정치에서의 명목적인 권위 간의 모순은 메이지 이후 일본 정치의 기묘한 특징이라고도 할 수 있다. 일본 정치사상사의 태두인 마루야마 마사오丸山眞男는 그런 모순 때문에 정치결정이라고 하는 것이, 여기에 직접 관여하지 않는 천황의 이름과 권위를 통해 내려짐으로써 '무책임의 구조'가 창출됐다고 지적한다.[4]

1930년대 도쿄제국대학 법학부의 헌법학자 미노베 다쓰키치美濃部達吉는 "천황의 권력은 국가의 기관이고, 그런 만큼 그 범위 내에서 법적인 제약을 받는다"면서, 메이지헌법을 근대적 입헌군주제로 해석한 이른바 '천황기관설'을 제창했다. 그러나 곧 "천황은 법적 제약을 초월하는 국가와 국민의 정수를 표현하는 것"이라는 초국가주의자들의 반발에 부닥쳤다. 1937년에 문부성은 《국체의 본의國體の本義》를 출판해

"천황은 황조황종•이 뜻하시는 대로 나라를 통치하시는 '현세에 살아 있는 신現御神'이시다. … 황조황종이 그 '신의 자손神裔'이신 천황으로 나신 것이며, 천황은 황조황종과 일체이시며 영구히 신민, 국토 생성발전의 본원本源이요, 한없이 높이 받들어야 할 분임을 보여준다"고 했다.

그 뒤 국체의 신화적인 관념이 정통적인 해석으로 정착됐다. 이 해석을 토대로 천황의 통수권은 누구도 의문을 제기할 여지가 없는 것으로 통했으며, 이것이 1930년대 일본 군국주의의 아시아 대륙 침략에 원동력이 됐다.[5] 이 관념은 정치적, 정신적으로 일본의 민족적 정체성의 중심에 천황을 앉힌다는 것을 의미했다.

태평양전쟁에서 항복하기로 결정하는 과정에서 일본 위정자들은 이 국체 관념을 재검토해야 할 상황으로 내몰렸다. 천황은 황실과 자신을 구하기 위해 화평파와 함께 급변하는 사태에 적응할 새로운 신화를 창조하는 데 성공했다. 천황은 단지 명목적인 군주라는 당시의 전통을 벗어던지고 포츠담선언을 무조건 수락한다는 것을 천황의 '성단聖斷'으로 결정했다. 이 과정에서 천황은 인간으로서의 천황과 황실을 국체의 개념에서 따로 분리하는 조작을 감행했다. 즉 '현인신現人神'에서 '인간 천황'으로의 전환은 미군 점령하에서 이뤄진 것이 아니라 항복 결정 과정에서 이미 완수되었던 것이다.[6]

• 皇祖皇宗, 천황의 이름으로 공포된 교육 기본방침인 교육칙어(教育勅語, 1890~1948년 시행)에 나오는 용어. 《고사기》《일본서기》에서 유래. 천황의 조상을 통트는 용어이지만, 황조는 시조인 아마테라스 오오미카미 또는 신무천황까지의 조상을, 황종은 제2대 스이젠천황 이하 역대 천황을 지칭하기도 한다.

이제까지 쓰인 적 없는 전체상을 그리다

이 책은 이제까지 역사가들이 해온 해석과 달리, 스탈린을 태평양전쟁 드라마의 조연이 아니라 주역으로 그렸다. 스탈린은 소련에 의지해 전쟁을 종결하려 했던 일본의 바람을 소련의 국익 추구를 위해 마키아벨리처럼 이용했다. 한편으로 스탈린은 미국 지도자와 치열한 각축을 벌이면서 소련을 따돌리려는 미국의 정책에 기민하게 대처했다. 나아가 중국 국민당 정부 대표와의 교섭에서 중국 대표단에게 얄타밀약 조항을 강압적으로 들이댔다. 그리고 외교와 군사행동을 교묘하게 연동시키면서 소련이 추구했던 영토, 항구, 철도를 확보하는 데도 성공했다.

또한 이 책은 미국의 원폭투하를 이제까지 논해온 것보다 훨씬 더 폭넓게 국제적 문맥 속에서 재검토하려고 했다. 트루먼은 포츠담회담이 시작될 때까지 해결 불가능한 두 가지 딜레마에 직면해 있었다. 첫째는 소련 참전이 일본을 항복시키기 위해 필요하다고 생각하면서도 가능한 한 그것을 저지하고자 했던 딜레마다. 둘째는 일본에 대해 무조건 항복을 강요했지만, 종전을 앞당기기 위해서는 무조건 항복이라는 조건을 완화해 입헌군주제 형태로 천황제 존속을 인정해야 한다는 압력에 시달렸던 딜레마다. 원폭은 이 두 가지 딜레마를 일거에 해결할 수단으로 등장했다. 트루먼이 처칠과 장제스의 서명까지 얻어 발표한 포츠담선언은 일반적으로 일본에 대한 최후통첩으로 받아들여지고 있으나 실제로는 원폭 사용을 정당화하기 위해 발동된 것이었다. 이 책은 원폭이 일본의 전쟁 계속 의지를 완전히 잃게 만들어 일본을 항

복하게 만든 최대 요인이었다는 통설을 부정한다.[7]

항복 결정에 이르는 일본의 정치과정에서도 이 책은 두 가지 관점에서 새로운 견해를 전개한다. 첫째, 소련 참전부터 포츠담선언 수락에 이르기까지 결정적인 일주일 동안에 벌어진 일본 정부 내부의 극심한 대립은 이미 많은 책과 논문들을 통해 소개됐지만, 당시 정책 논쟁의 중심에 있는 것이 '국체의 정의'였다는 것은 이 책이 처음으로 지적하는 새로운 견해다. 둘째, 종래의 연구가 일본의 정책결정 과정에서 가장 높은 지위를 차지하고 있던 사람들에 초점을 맞추고 있는 것과 달리 이 책은 그런 사람들의 그늘에서 중요한 역할을 한 그룹에 주목한다. 그 그룹의 중심에 다카기 소키치• 같은 인물이 있었다.

또한 태평양전쟁 종결을 논하는 대다수 연구가 천황이 패전 조서를 라디오 방송에서 낭독한 1945년 8월 15일로 전쟁이 끝났다고 하는 데 대해, 이 책은 일본의 포츠담선언 수락이야말로 스탈린이 소련군의 만주 침공을 계속하게 하고 쿠릴, 홋카이도 침공 명령을 내리게 만든 요인이었다는 점, 그리고 전쟁은 소련의 쿠릴 점령이 종료되는 9월 5일까지 계속됐다는 점을 규명한다. 그 과정에서 스탈린과 트루먼 간에 벌어진 각축이 결국 쿠릴과 홋카이도의 운명을 결정했다. 군사행동과 치열한 외교협상 결과 스탈린은 쿠릴을 획득하는 데는 성공했으나 홋카이도를 점령하려던 목표는 트루먼의 반대에 부딪혀 포기할 수밖에

• 高木惣吉, 1893~1979. 해군장교로 제2차 세계대전 당시 미국, 영국과 화친을 주장한 그룹(화평파)의 일원이다. 대미 강경노선을 취한 도조 내각(1941년 10월~1944년 7월)에 반대해 총리인 도조 히데키의 암살을 모의하기도 했으나 도조가 물러난 뒤 고이소 내각(1944년 7월~1945년 4월)에서 해군대신을 맡았으며, 스즈키 내각(1945년 4월~1945년 8월)에서 짧은 기간이지만 전쟁종결에 힘썼다.

없었다.

스탈린과 트루먼은 서로 시의심(猜疑心, 시기하고 의심하는 마음)을 갖고 상대의 동기, 행동을 살폈으나 최후에는 두 사람 모두 얄타밀약 범위를 준수해야 했다. 그때까지 냉전은 아직 시작되지 않았다.

장님이 코끼리를 만지며 "코끼리는 이런 것이야"라고 얘기하듯이 이제까지의 역사가들은 그 일부만 만져보고 태평양전쟁 종결론을 전개한 게 보통이었다. 미주리호 함상에서 항복문서에 조인한 지 60년이 지난 지금, 이 책이 목표로 삼는 것은 "태평양전쟁은 어떻게 종결됐는가"를 복잡한 국제관계와 국내 정치역학의 긴밀한 연계를 중심으로 자세히 검토해서 그려내는 일이다.

1장

· **9월** 일본 삼국동맹 가입

· **6월** 일본군 미드웨이해전 패배

1940년

1941년

1942년

· **4월** 일소 중립조약 체결
· **6월** 독소 전쟁 발발
· **7월** 일본, 프랑스령 인도차이나 남부 진주
· **8월** 대서양헌장 서명
· **11월** 일본 '헐 각서' 확인
· **12월** 태평양전쟁 발발

**1940.
09.
~
1945.
03.**

암투의 서막:
3국 관계와 태평양전쟁

1943년

- **1월** 루스벨트 무조건 항복 원칙 천명
- **10월** 모스크바 외무장관회의
- **11월** 카이로, 테헤란에서 전후 영토 문제 논의

1944년

- **7월** 사이판 함락, 도조 히데키 실각
- **9월** 처칠과 루스벨트, 원폭 일본 사용에 합의
- **10월** 다카기 소키치 종전에 관한 최초의 포괄적인 보고서 작성
- **11월** 일본 레이테전투 패배
- **12월** 루스벨트 원폭 제조 일정 보고 받음, 스탈린 대일전 참전의 대가로 남사할린과 쿠릴열도 반환을 요구

1945년

- **1월** 미군 루손섬 상륙
- **2월** 고노에, 천황에 '패전 불가피론' 상주, 얄타밀약 체결
- **3월** 대본영 결호작전 채택, 필리핀·이오지마 함락, 일본 본토 공습 시작

1945년 2월 루스벨트, 스탈린, 처칠은 얄타에서 극동 문제를 논의했다.

기도는 패전이 불가피하다는 것, 황실을 구하기 위해서는 화평이 필요하다는 것에 대해서는 고노에의 의견에 동의했다. 그러나 기도는 전쟁을 종결하기 위해서는 신중하게 군부를 끌어안고 화평 쪽으로 가야 한다는 걸 알고 있었다. … 전황이 급속히 악화하고 있었음에도 고이소 내각은 전쟁을 끝내기 위한 어떤 방책도 갖고 있지 않았다. 패전 시기가 다가오고 있었지만 어떻게 항복해야 할지에 대한 계획은 여전히 준비되지 않은 상태였다.

1941년 4월 13일 스탈린은 모스크바를 방문 중이던 일본 외무대신 마쓰오카 요스케*를 크렘린으로 불러 그날 오후 조인된 일소(일본-소련) 중립조약 체결을 축하하는 만찬회를 열었다. 술이 꽤 돌아 몹시 기분이 좋아진 마쓰오카가 말했다.

"조약이 마침내 체결됐다. 나는 거짓말하지 않는다. 내가 거짓말을 한다면 내 목을 바치겠다. 그러나 만약 각하께서 거짓말을 한다면 나는 당신 목을 가지러 올 것이다."

스탈린은 대답했다.

"내 머리는 내 나라에 소중한 것이다. 당신의 머리도 당신네 나라에 소중할 게 틀림없다. 모쪼록 두 사람 모두 머리가 어깨 위에 붙어 있도록 노력해야 하지 않겠나."

그리고 이렇게 덧붙였다.

"당신은 아시아인이다. 나도 아시아인이다."**

* 松岡洋右, 1880~1946. 미국 유학파 외교관이자 남만주철도 간부로 1931년 만주침략 이후 일본의 국제연맹 탈퇴를 주도했고 남만주철도 총재가 되었다. 2차 고노에 내각(1940년 7월~1941년 7월) 때 외무대신에 임명되어 독일, 이탈리아와의 삼국동맹을 추진했다.

** 스탈린의 이 발언은 자신이 구소련 남부의 흑해 오른쪽 연한 조지아(그루지야) 출신임을 은연중에 드러냄으로써 아시아와의 인접성을 강조하기 위해 한 듯하다.

마쓰오카는 이에 맞장구를 치며 대답했다.

"그렇다. 우리는 아시아인이다. 아시아인을 위해 건배하지 않겠는가."

다음 날 스탈린은 야로슬라블역에서 시베리아철도로 귀국하는 마쓰오카를 전송하기 위해 달려갔다. 스탈린이 외국에서 온 손님을 전송하러 나가는 경우는 좀처럼 없었기에 이는 이례적인 일이었다. 그는 여봐란 듯이 마쓰오카를 포옹하면서 러시아식으로 뺨에 입까지 맞추었다. 그 광경이 틀림없이 사진으로 찍힐 것이라는 만전의 배려를 해놓은 뒤였다. 이런 화려한 행위는 일본의 외무대신(외무장관, 외상)만을 염두에 둔 것은 아니었다. 그때 마찬가지로 마쓰오카를 전송하러 와 있던 독일대사에게 일소 중립조약의 중요성을 과시하려는 제스처이기도 했다.[1]

19세기 후반 이후 굴절된 러일(러시아-일본) 관계를 대충 돌아보기만 해도 스탈린과 마쓰오카가 보여준 이런 명백한 우호의 과시는 참으로 드문 일이었다. 하지만 이를 단지 일소 두 나라 간의 일로만 봐서는 안 된다. 이 두 나라 관계에는 미국과 중국이 밀접하게 얽혀 있었다.

19세기 중반부터 러시아는 청나라가 약해진 틈을 타서 아무르강 북쪽과 우수리강 동쪽의 광대한 영토를 차지했다. 1860년에는 태평양으로 나가는 출구로 블라디보스토크를 건설했다. 그 뒤 러시아 침략의 창끝은 만주와 조선으로 향했다. 그러나 이 만주와 조선에서 러시아는 새로운 라이벌과 대면하게 된다. 그것은 1868년에 메이지유신을 완수하고 근대화의 길로 쏜살같이 매진하면서 아시아 진출을 노리고 있던 일본이었다. 조선에서 영향력을 확립하려 한 일본의 적극적인 정

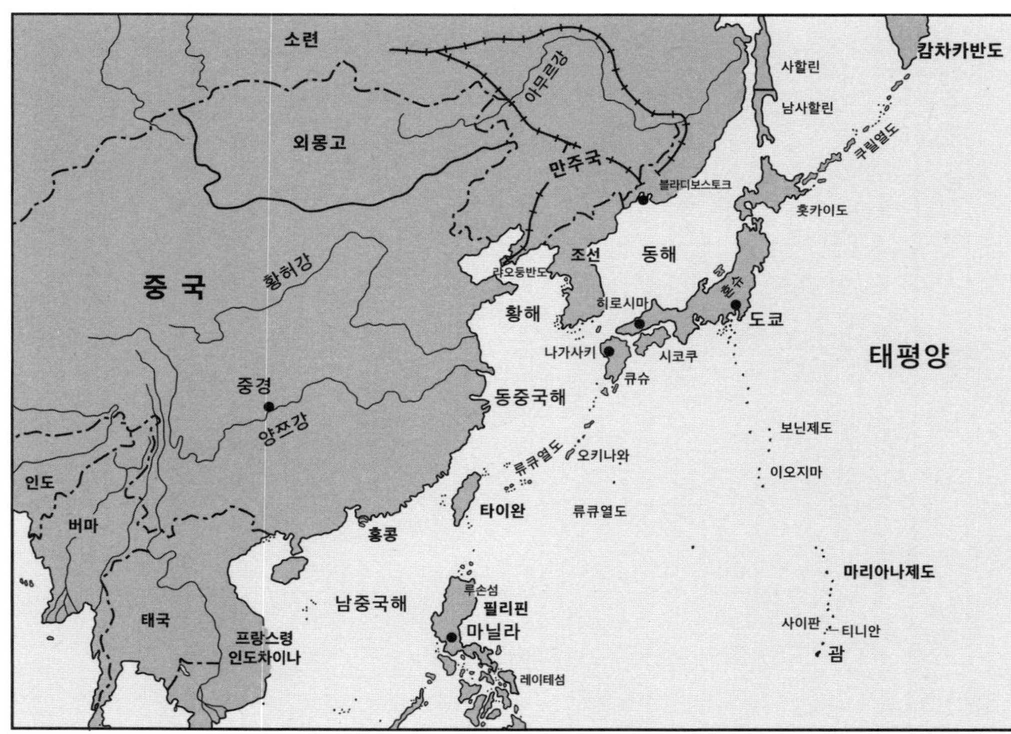

지도 1. 전쟁 중인 일본, 1945

책은 그때까지 그 땅의 명목상 종주국이던 청나라의 권익을 위협했고, 그 결과 1894년에 청일전쟁이 발발했다. 그다음 해 일본은 승리를 거두었고, 그 결과 체결된 시모노세키조약으로 청나라는 타이완, 펑후제도, 랴오둥반도를 일본에 할양했고, 조선의 독립을 인정했다. 일본은 이로써 아시아 대륙으로 가는 교두보를 확보했다.(지도 1 참조)

일본의 대륙 진출은 곧바로 러시아의 권익을 위협했다. 그리하여 러시아는 독일, 프랑스와 함께 삼국간섭에 나서서 일본에 랴오둥반도 획득을 포기하게 만들었다. 그리고 1890년대에 러시아는 만주를 횡단해서 블라디보스토크까지 가는 둥칭東清철도 건설에 착수한다. 1898년에 러시아는 겨우 3년 전에 일본을 물러나게 만든 랴오둥반도의 조차권을 얻어내고 나아가 둥칭철도에서 부동항인 다롄과 뤼순에 이르는 남만주철도 건설 허가를 얻어낸다. 이는 일본인의 신경을 거스르는 행동이었다. 일본과 러시아의 정면충돌은 피할 수 없게 됐다.

1900년에 중국에서 외국 세력에 저항하는 '의화단의 난'이 일어나자 일본과 러시아는 이를 진압하기 위해 군대를 파견했다. 사태가 수습된 뒤에도 러시아는 군대를 철수하지 않았을 뿐만 아니라 시베리아 철도를 이용해 거꾸로 군대를 증강시켰다. 러시아의 이런 도발적인 정책은 일본을 자극해 러일 관계에 긴장을 고조시켰다. 1902년에 일본은 영일(영국-일본) 동맹을 체결했다. 강대한 동맹국을 확보함으로써 후방의 안전을 보장받게 된 일본은 1904년 러시아와 국교를 단절하고, 선전포고를 하기 이틀 전에 뤼순의 러시아 함대를 기습했다. 러일전쟁이 시작된 것이다. 일본은 뤼순 요새를 포위했으나 그것을 함락시킨 것은 다음 해 1월이었다. 한편 일본 육군은 압록강을 넘어 만주로 침공해 3월에 펑톈(지금의 선양)을 점령했다.

러시아는 발틱 함대에 마지막 기대를 걸었으나 멀리 세계를 절반이나 돌아 마침내 동해에 들어선 함대는 쓰시마 근해에서 기다리고 있던 일본 연합 함대에 의해 단 하루의 해전 끝에 전멸당했다. 이로써 러시아의 패전은 명백해졌다. 미국의 시어도어 루스벨트 대통령의 중개로 체결된 포츠머스조약(1905년)으로 일본은 사할린과 만주 창춘長春에서 랴오둥반도를 잇는 남만주철도를 획득했다. 그 뒤 일본은 만주에 자국민을 이주시켜 서서히 일본의 식민지로 만들었다. 그리고 이 만주의 일본인들을 러시아로부터 지키기 위해 1919년 관동군을 창설했다(지도 1 참조).

러일전쟁에서의 패배는 러시아에 큰 충격을 안겼다. 러시아는 유럽 대국들 가운데 처음으로 비유럽국에 패배했다는 불명예를 얻었을 뿐만 아니라 자국 영토였던 남사할린을 일본에 넘겨주어야 했다. 게다가 전략적으로 중요한 다롄과 뤼순을 잃었다. 이 굴욕감은 러시아혁명 뒤에도 오래 러시아인들 뇌리에 남게 된다.

그러나 러일전쟁 뒤 어제의 적이었던 일본과 러시아는 1907년, 1910년, 1912년 세 차례에 걸쳐 러일 협상을 체결하고 급속히 관계를 회복한다. 이 러일 협상으로 두 나라는 아시아에서 서로 세력 범위를 분할하게 된다. 그 결과 외몽고와 북만주는 러시아에, 조선과 남만주는 일본 세력권에 각각 들어가고 조선은 일본에 병합당했다. 동시에 두 나라는 다른 대국, 특히 적극적으로 만주에 자본을 투자하려고 활발한 움직임을 보이고 있던 미국을 만주에서 배제하기 위해 서로 협력하기로 합의했다.

제1차 세계대전 발발로 유럽 열강들이 유럽전선에 힘을 집중하고 있을 때 일본은 그 틈을 타 중국 진출을 시도했다. 먼저 칭다오靑島를 공략하고 중국에 21개조 요구를 들이대며 권익을 얻어내려 했다. 중국에 대한 이 노골적인 간섭에 대해 열강은 거세게 항의했으나 러시아만은 침묵을 지켰다. 그 대가로 일본이 만주에 대한 러시아의 권익을 침해하지 않으리라 기대했기 때문이다. 1916년에 러일 두 나라는 그때까지의 협상 대신 더 긴밀한 러일 동맹을 체결해, 제3국이 두 나라의 권익을 위협할 경우 서로 협력해서 배제하기로 약속했다.

하지만 러시아혁명과 뒤이은 내전은 곧바로 러일 관계를 악화시켰다. 일본은 미국과 함께 극동에서 반공산당 세력을 원조한다는 명목으로 소련 극동지역에 파병을 결정했다. 그러나 실제로 일본의 목적은 러시아 국내 혼란에 편승해서 북만주뿐만 아니라 시베리아, 북사할린을 확보하려는 영토욕에 그 뿌리를 두고 있었다. 일본의 '시베리아 출병'은 러시아인들에게 "일본이란 나라는 약점을 보이면 그것을 틈타 러시아를 침략해올 이웃"이라는 의심을 품게 만들었다. 러일전쟁 패배로 생긴 원한이 러시아 출병의 굴욕과 겹쳐 러시아인들은 극심한 반일감정을 품게 됐다.

파리평화조약에 토대를 둔 베르사유체제가 제1차 세계대전 이후 유럽 국제관계의 기저를 이뤘다면 1921년부터 1922년에 걸쳐 열린 워싱턴회의에서 체결된 조약들에 근거한 워싱턴체제가 아시아 국제관계의 근간이 됐다. 일본은 영국, 미국, 프랑스, 이탈리아와 해군 군축조약을 체결한 데 이어 중국의 독립과 영토 보전을 보장하는 9개국 조약을 체결했다.

소련은 베르사유체제에서도, 워싱턴체제에서도 제외됐다. 국제적으로 고립된 소련은 일본을 혼자 힘으로 몰아내야 했다. 이를 위해 일본과 소련 사이에 완충지대로서 극동공화국Far Eastern Republic이라는 독립 국가를 창설했다. 일본은 결국 극동공화국과 체결한 조약에 따라 북사할린을 뺀 모든 소련 영토에서 군대를 철수했다. 일본 내부에서 많은 비용을 들인 시베리아 출병에 대한 불만의 목소리가 높았고 고토 신페이後藤新平처럼 워싱턴체제 아래서 구미歐美와 국제 협조를 이루는 데에 동조하지 않는 세력이 강했다. 이 세력은 구미 협조보다 소련과의 협조를 통해 아시아의 국제체제를 재구축하려 했다. 나아가 시데하라 기주로幣原喜重郎로 대표되는 구미 협조파도 소련과 조약을 맺음으로써 만주에서 일소 간의 세력권을 재확인하고 극동의 안정을 꾀하는 데에 찬성했다. 1925년에 일소 양국은 일소 기본조약을 체결하고 외교관계를 회복했으며, 일본은 북사할린 석유 채굴권 확보를 조건으로 시베리아에서 일본군을 철수하는 데에 동의했다.

만주사변과 그 뒤의 일소, 일미 관계

1931년 관동군 참모의 음모로 시작돼 일본군의 만주 점령으로 확대된 만주사변(만주침략)은 극동의 국제관계에 새로운 시대가 도래했음을 알린 사건이었다. 1932년에 일본은 괴뢰국가 만주국을 건국했고, 1933년에 국제연맹에서 탈퇴했다. 이듬해인 1934년에는 워싱턴 군축조약을 파기했다. 일본의 이런 명백한 침략과 워싱턴체제에 대한 공공연한 도전에도 불구하고 구미 열강의 대응은 지극히 미온적이었다. 영국은 일소 전쟁 가능성에 기대를 걸면서 일본과 대립하기를 꺼렸다. 1933년에 취임한 루스벨트 대통령도 국내문제에 바빠 극동에서 새로운 국제관계를 어떻게 구축해갈 것인지에 대한 명확한 비전을 갖고 있지 못했다.[2]

일본의 만주 침략과 병합은 소련에 커다란 위협을 초래했다. 여전히 외교적으로 고립돼 있던 소련은 군국주의체제 아래서 적극적인 외교, 군사정책을 전개하는 일본의 위협에 대해 무슨 방책이라도 강구해야만 했다. 소련이 가장 먼저 취한 것은 유화정책이었다. 만주사변이 발발했을 때, 구미 국가들이 모두 일본을 비난했지만 소련은 완강하게 중립을 지켰다. 소련 정부는 일본에 대해 불가침조약 체결을 제안했으나 일본은 이를 또다시 거부했다. 그리하여 소련은 극동에서의 권익에 생명줄이라고 할 만한 둥칭철도를 일본에 매각하는 교섭에 나섰고, 1935년에 마무리했다.

1933년부터 1937년까지 극동의 국제관계는 유동적이고 모호한 성격을 띠고 있었다. 외상이자 총리로서 그 시기에 일본 외교를 이끌어가고 있던 히로타 고키広田弘毅는 일본이 침략으로 획득한 영토를 타국이 인정하게 만드는 새로운 국제질서를 구축하려고 했다. 중국 국민당 정부는 일본과 타협해야 할지 말아야 할지를 놓고 분열되었다. 장제스는 의형제 쑹쯔원宋子文을 중심으로 한 반일파에 맞서 공산당과의 싸움을 우선하면서 일본과의 타협을 추구하는 세력을 지원했다. 상황을 더욱 복잡하게 만든 것은 나치 독일이 국민당 정부와 긴밀한 관계를 유지하면서 그들에게 군사원조를 제공하고 군사고문을 파견한 일이었다. 영국 정부는 일본에 대해 유화정책을 취할지 대결 자세를 취할지 갈피를 잡지 못한 채 그 사이에서 동요하고 있었으며, 일본의 팽창정책에 영국보다 더 큰 위기감을 갖고 있던 미국조차 여전히 소극적인 태도로 시종했다.

서쪽으로 나치 독일, 동쪽으로 일본의 군사적 위협 사이에 낀 소련은 서방 열강과 집단보장을 추구하는 새로운 정책을 채택했다. 1933년에 미국은 소련을 승인했고, 1934년에 소련은 국제연맹에 가입했다. 1935년에는 국제공산주의운동 본부였던 코민테른이 파시즘과 싸울 인민전선 노선을 채택했다. 그러나 미국의 소련 승인은 일본의 위협에 대항할 수 있는 서방 국가들과의 공동전선으로 곧바로 이어지지는 못했다. 러시아혁명 뒤에 볼셰비키 정권이 거부한 부채 지불을 둘러싼 문제가 미국과의 관계 개선을 꾀하는 데 장애가 됐다. 또한 네빌 체임벌린Neville Chamberlain과 스탠리 볼드윈Stanley Baldwin이 이끈 영국 정부는 소련과의 관계를 개선하기보다는 만주국을 승인해서 일본과의 항구적인 평화를 추구하는 쪽을 선호했다. 소련에 남은 유일한 선택지는 자국의 군사력으로 일본의 위협에 대처하는 것이었다.

극동지역 소련의 현저한 군비 확대는 일본 군국주의의 대두로 촉발된 것이라는 점에 유의해야 한다. 1931년 당시 관동군 병력은 극동에 대거 배치된 소련군을 여전히 압도적으로 능가하고 있었지만, 1939년에 가면 역전된다. 1932년에는 소련 태평양함대가 창설되고 1937년까지 시베리아철도의 복선화가 완성됐다. 그리고 소련은 만주국과의 국경선을 따라, 그리고 연해주에 요새를 건설하기 시작했다.

소련이 서둘러 만주 국경 방어를 강화하고 있을 때 일본의 군사지도자들은 대소련전의 필요성을 소리 높여 외치고 있었다. 아라키 사다오 육군상•은 소련에 대한 전쟁은 국가적 사명이라고 거듭 주장했다. 하지만 아라키의 주장만으로 소련과의 전쟁이 일본 정부의 공식 정책으로 채용됐다고 볼 순 없다. 아라키의 의견은 영미(영국-미국)와의 전쟁을 우선시하는 해군의 반대에 부닥쳤다. 1936년 8월에 일본 정부와 대본영••은 아시아에서 일본의 지위를 지킬 것, 소련의 아시아 쪽 팽창을 저지할 것, 남진할 것 등을 일본의 기본 3원칙으로 채택했다. 즉 북에서의 방어, 남에서의 공격을 결정함으로써 태평양전쟁에 이르는 길이 이때 닦였다고 할 수 있다.

그러나 다른 한편으로 일본은 반소련 자세를 분명히 했다. 1936년에는 일독(일본-독일) 방공防共협정이 체결됐는데, 그 비밀조항에서 어느 한쪽이 소련과 전쟁에 돌입할 경우 다른 한쪽은 중립을 지키는 것을 의무화했다. 독일-이탈리아 추축이 형성된 1개월 뒤에 체결된 이 협정은 일본이 추축국 쪽에 접근한 첫걸음이었다.

1937년 7월에 발발한 중일전쟁은 열강이 그때까지의 아시아 불간섭정책을 포기하고 적극적인 정책을 취하는 계기가 됐다. 일본이 중국에서 전쟁을 확대하고 있을 때 루스벨트 대통령은 10월에 시카고에

• 荒木貞夫, 1877~1966. 육군 군인이자 정치가. 1931년 육군상에 취임해 과격파 청년 장교가 주축이 된 황도파皇道派의 중심인물로 급부상했으나 황도파에 대한 통제력을 상실하고 반대 파벌인 통제파의 견제를 받아 1934년 병을 이유로 사임했다. 이후 1차 고노에 내각(1937년 6월~1939년 1월)과 히라누마 내각(1939년 1월~1939년 8월)에서 문부대신으로 기용돼 철저한 군국주의 황도교육을 주창했다. 전후 A급 전범으로 종신형을 선고받았으나 병으로 가석방되었다.

•• 大本營, 전시에 일본 육군과 해군을 통솔하는 천황 직속 최고 통수 기관. 태평양전쟁 종결 전까지 육해군 최고사령부로 기능했다.

서 "세계에 불법적인 전염병을 만연"시키고 있는 세력을 "격리"해야 한다고 연설했다. 이것은 미국이 고립주의를 버리고 국제정치에 관여하겠다는 최초의 의사 표시였다. 11월에는 일본군의 난징학살이 벌어졌다. 이 사건으로 일본은 국제 여론의 비난을 샀다.

1938년에는 미국과 영국 공동의 대일 군사작전이 개시돼, 많은 미국 함대가 태평양으로 이동했다. 루스벨트는 나아가 일본의 침략에 저항하는 중국 국민당 정부에 차관을 제공하기로 결정했다. 그리하여 미국은 아시아에서 일본의 침략을 저지할 가장 중요한 세력으로 두각을 나타냈다. 미국이 일본에 대한 강경 자세를 드러내보이고 있을 때 한쪽에선 히틀러가 그때까지 맺고 있던 중국과의 우호관계를 파기하고 (일본이 세운 괴뢰국인) 만주국을 승인했다. 아시아에서도 추축국과 서구 자유주의동맹국 사이에 명확한 선이 그어진 것이다. 남은 문제는 과연 소련이 어느 쪽에 가담할 것인가 하는 것이었다.

중일전쟁은 소련으로서는 생각지도 못한 선물이었다. 일본이 중국과 전쟁이라는 늪에 깊숙이 빠져들수록 소련이 일본의 공격을 받을 가능성은 줄어든다. 중일전쟁이 시작되자 소련은 중국이 가장 기댈 수 있는 동맹국이 됐다. 소련은 국민당 정부와 불가침조약을 맺고 일본의 침략에 저항하는 중국을 원조하기 위해, 또 동시에 그 전쟁을 오래 지속시키기 위해 무기, 비행기, 전차 등 군사물자를 지원했다.

1937년 이후 소련은 국경분쟁이 일어나면 무력을 사용해서 대처한다는 단호한 태도를 취했다. 1938년에 조선 국경이 가까운 장고봉(張鼓峰, 하산호)에서 소련군과 일본군 간에 군사충돌이 일어났다. 그리고 1939년 외몽고와 만주국 국경지역 노몬한에서 일본군과 소련군이 3

개월에 걸쳐 충돌한 것은 국경분쟁이라기보다 실질적인 전쟁이었다. 장고봉 사건에서도, 노몬한에서도 소련군은 일본군에 승리를 거두었다. 일본군에게 그 패배는 큰 교훈을 안겼다. 장차 만일 소련을 상대로 전쟁을 벌인다면 철저히 연마한 계획에다 소련 국경에 대규모 병력을 배치할 필요가 있다는 교훈이었다.

일소 중립조약 체결

제2차 세계대전이 발발하자 일본과 소련 두 나라는 자신들의 전략적 이익을 지키기 위해 일시적으로 분쟁을 중지할 필요가 있다고 판단했다. 1938년 뮌헨회담에서 영국, 프랑스가 히틀러와 타협했다는 보고를 접한 스탈린은 임박한 유럽 전쟁으로부터 소련을 지키기 위해 나치 독일과 불가침조약을 맺는 수밖에 없다고 확신했다. 그 결과 독소(독일-소련) 불가침조약이 1939년에 체결됐다. 독일은 곧 폴란드를 침공했고 제2차 세계대전이 시작됐다. 그리고 독소 관계는 1940년 말까지 급속히 냉각돼 독일이 소련에 전쟁을 도발할 가능성이 높아졌다. 소련이 유럽과 극동 두 곳에서 동시에 전쟁을 벌여야 하는 상황을 피하려면 무엇보다 일본의 중립이 필요했다.

한편 일본으로서는 노몬한에서 적이 돼 싸웠던 소련과 방공협정 맹우인 독일이 불가침조약을 체결한 것은 최대의 충격이었다. "유럽 정세는 복잡기괴하다"라는 말을 남기고 히라누마 기이치로平沼騏一郎 내각은 총사퇴했다. 그러나 독일이 전격적으로 서구 국가들을 제패하는 것을 눈으로 지켜본 일본은 독일, 이탈리아와 삼국동맹을 체결함으로써 명백히 추축국 일원이 됐다. 마쓰오카 외상은 이를 미국에 대항하기 위한 동맹이라고 선언했다.

나아가 마쓰오카는 이 동맹에 소련을 끌어들여 구미의 자유주의 국가들과 대치하는 일본, 독일, 이탈리아, 소련 4개국 동맹으로 발전시키겠다는 야심이 가득했다. 이를 위해 마쓰오카는 1941년 3월부터 4월에 걸쳐 모스크바, 베를린, 로마를 여행했다. 첫 번째로 모스크바를 방문한 마쓰오카는 몰로토프Viacheslav Molotov 외무인민위원에게 일소 불가침조약 체결을 제안했으나 몰로토프는 냉담한 반응을 보였다. 그러자 마쓰오카는 또 중립조약을 제안했다. 교섭은 북사할린의 석유 채굴권 문제로 암초에 걸려 결렬되는 듯했으나 막바지에 스탈린이 개입했고, 마쓰오카가 북사할린 석유 채굴권을 포기하겠다는 문서를 건네주기로 약속함으로써 마침내 일소 중립조약이 체결됐다.[3]

중립조약에서 일본과 소련 두 나라는 '평화적이고 우호적인' 관계를 유지하며, 상호 영토 보전을 존중하기로 확약했다. 나아가 어느 한쪽이 제3국과 전쟁할 경우 분쟁이 계속되는 한 다른 한쪽은 중립을 유지한다는 규정을 넣었다. 조약은 비준된 날로부터 5년간 유효기간을 가지며, 어느 한쪽이 만기 1년 전에 상대국에 조약 파기 의사를 통고하지 않으면 자동적으로 다시 5년간 갱신된다는 점도 명기했다.[4] 조약은 1941년 4월 25일 두 나라에서 비준됐고 그날부터 5년간 효력이 발생했다.

한편에선 미국 정부가 일본의 외교정책 동향을 주시하고 있었다. 1938년 뮌헨회담 이후 루스벨트 정권 내부에서는 일본에 대해 강경한 태도를 취해야 한다고 주장하는 세력이 우세했다. 그러나 루스벨트 대통령은 유럽과 아시아에서 미국의 이익을 어떻게 하면 균형 있게 확보할 수 있을 것인지에만 신경을 썼다. 영국전선에서 영국 홀로 나치 독일에 대해 영웅적인 저항을 하고 있을 때 루스벨트는 아시아보다 유럽을 우선했다. 1940년 후반에 미국은 의회에서 징병제를 통과시키고 영국과 방위조약을 체결했다. 그리고 일본이 프랑스령인 인도차이나 북부를 침공하자 일본에 대해 고철 금수조처로 대응했다.

1941년 3월에는 미국 의회가 무기대여법을 채택해 영국 등 미국의 안전보장에 필요한 것으로 간주되는 나라들에 대한 무기 수출을 승인했다. 당시 미국은 주의 깊게 일본의 정책을 지켜보고 있었다. 극동의 정세는 유럽에서 전개되고 있는 전쟁과 긴밀하게 엮여 있었다. 미국의 많은 정치지도자가 예상했던 대로, 만일 독일이 소련과 전쟁을 개시한다고 가정할 경우, 미국 정부는 장차 중요한 동맹국인 소련이 그 전쟁으로 약해져서 최악의 경우 패배하게 내버려둬서는 곤란하다고 생각했다. 그런 만큼 미국 정부는 일소 중립조약 체결 보고를 복잡한 심정으로 받아들였다. 그 조약으로 일본이 북쪽 방위를 다지고 남진할 경우 초래될 결과는 미국과 일본의 정면충돌이 될 수밖에 없었다. 하지만 미국 정부가 일소 중립조약 때문에 충격을 받은 것은 아니다. 오히려 소련이 동서 두 곳에서 동시 전쟁으로 패배하는 사태를 피할 수 있게 된 데에 안도했다.[5]

일소 중립조약 체결과 같은 시기에 일본에 대한 ABCD(미국, 영국, 중국, 네덜란드) 동맹이 결성됐다. 그 목적은 일본의 아시아 침략을 저지하고, 일본에 대한 중국의 저항을 지원하는 데 있었다. 동시에 미국은 되도록 전쟁을 피하고 싶은 생각도 있어서 일본과 계속 교섭을 진행했다. 그러나 코델 헐Cordell Hull 국무장관이 아시아 평화의 절대조건으로 일본에 요구한 영토 보전, 분쟁의 평화적 해결, 중국에서의 일본군 철수 등의 조항은 대동아공영권大東亞共榮圈 수립을 노리고 있던 일본으로서는 도저히 받아들일 수 없었다.

1941년 6월 22일 일소 중립조약을 체결한 지 2개월도 지나지 않은 시기에 나치 독일이 소련을 침공함으로써 독소 전쟁이 시작됐다. 이 예기치 못한 사태는 소련을 추축국 쪽으로 끌어들여 미국, 영국에 대한 일대 블록을 구축하려던 마쓰오카의 외교가 파탄날 수 있음을 의미했다. 루스벨트는 미국 외교, 군사정책의 주요 목적이 독소 전쟁에서 소련이 승리하도록 지원하는 데 있다고 생각했다. 이를 위해 미국 정부는 무기대여법을 소련에도 적용하기로 결정했다. 미국이 전쟁에 돌입하기 전에 이미 미국과 영국, 소련 등에 의한 대동맹의 틀이 만들어져 있었던 것이다.[6]

독소 전쟁의 개시는 일본 정부를 딜레마에 빠뜨렸다. 일본은 북방을 침공해 독일과 협력하면서 소련을 칠 것인가, 그렇지 않으면 남방을 침공해서 미국과의 전쟁에 대비할 것인가의 양자택일에 내몰렸다. 6월 24일 육해군은 '정세의 추이에 따른 제국 국책요강'을 채택하고 "독소전에 대해 … 잠시 이에 개입하지 말고 비밀리에 대소 무력 준비를 갖춰 자주적으로 대처"하며, 나아가 "독소 전쟁의 추이를 제국에 매우 유리하게 진전시켜 무력행사로 북방 문제를 해결하고 북방의 안정을 확보"하기로 결정했다.[7] 이는 소련에 대해 전쟁을 하지 않겠다는 것이 아니라 조건이 갖춰질 때까지 전쟁 결정을 미루려는, 이른바 '감이 익기를 기다리는' 작전이었다. 노몬한에서 패배한 기억이 아직 생생하게 남아 있던 시기였으므로 독소전의 개시를 기회로 여기고 가볍게 소련을 치는 것을 주저했다.

바로 2개월 전에 자신의 목을 걸겠노라고 큰소리치며 일소 중립조약에 조인한 마쓰오카는 군자표변* 격으로 재빨리 의견을 뒤집었다. 마쓰오카는 당시 일본 정부의 최고결정기관이던 연락간담회(1940년 11월부터 이듬해 7월까지 대본영 정부연락회의**는 이 이름으로 열렸다)에서 일본은 남진을 일시 중단하고 즉시 소련과 전쟁을 시작해야 한다고 주장했다. 연락간담회 멤버 대다수는 소련과의 전쟁은 시기상조라며 이에 반대했다. 스기야마 하지메杉山元 육군참모총장의 주장은 독소 전쟁 향방이 결정적으로 일본에 유리해질 때까지 사태를 관망해야 한다는 것이었다.[8]

7월 2일에 열린 어전회의에서 "독소전의 경위를 주의 깊게 지켜보면서 남진하기로 한다"는 결정이 내려졌다. 그러나 이 결정이 소련과의 전쟁을 포기한 것은 아니다. 때가 무르익으면 소련을 공격하겠다는 태세를 갖춘 결정이었다. 이를 위해 '관동군의 특별 연습關特演'이라는 명목으로 소련 공격 준비를 위한 연습을 했다. 만주에 주둔하는 관동군의 병력은 40만에서 70만으로 증강됐다.[9]

소련은 일본이 독소전 개시에 어떻게 대응하는지를 우려 속에 지켜보고 있었다. 마쓰오카는 콘스탄틴 스메타닌Konstantin Smetanin 일본 주

* 君子豹変, 군자는 잘못을 깨달으면 즉시 고친다.

** 대본영은 참모본부(육군)와 군령부(해군) 조직으로, 대본영 회의에 일본 정부 관료들은 참석하지 않는다. 이에 대본영과 정부의 소통을 위해 정부연락회의를 설치했다.

재 소련대사에게 일본으로서는 삼국동맹을 준수할 의무가 중립조약보다 우선한다고 언명했다. 그러나 마쓰오카의 이 발언은 정부의 결정 수위를 넘어선 것이었다. 고노에 후미마로••• 총리는 즉시 마쓰오카를 해임했다. 마쓰오카 후임으로 임명된 도요다 데이지로豊田貞次郎 외상은 마쓰오카의 언명을 뒤집고 스메타닌 대사에게 일본이 중립조약을 준수할 것이라고 확약했다. 이 확약에도 불구하고 스메타닌은 일본의 기습을 두려워해, 소련 극동군에 일본을 도발할 수 있는 어떤 행동도 삼가라고 명령했다. 도쿄의 독일대사관에 근무하고 있던 리하르트 조르게Richard Sorge는 소련 군사첩보부의 중요한 스파이였는데, 그는 일본이 선전포고 없이 소련을 공격할 가능성이 있다는 정보를 보냈다. 게다가 이 정보는 독일이 일본에 소련을 공격하도록 계속 압력을 가하고 있다는 사실도 확인해주었다. 그런 정보를 입수한 스탈린은 극동군을 약체화하고 또 일본의 공격에 노출될 위험을 무릅쓰면서까지 독일의 공격에 대처하기 위해 병력을 극동에서 유럽으로 대폭 이동시키는 건 불가능하다고 생각했다. 조르게가 적어도 그해 안에 일본이 소련을 공격하는 일은 없을 것이라는 귀중한 보고를 모스크바로 보낸 것은 10월이 되고 나서였다.[10]

결국 익은 감은 떨어지지 않았다. 7월 일본의 프랑스령 인도차이나

••• 近衛文麿, 1891~1945. 3차에 걸쳐 고노에 내각을 이끌었다. 1차 고노에 내각(1937년 6월~1939년 1월)과 2차 고노에 내각(1940년 7월~1941년 7월)을 거쳐 소련과의 전쟁을 주장한 마쓰오카 외무대신을 경질하기 위해 3차 내각(1941년 7월~1941년 10월)을 조직했으나 미국과의 협상이 불발로 끝나자 내각이 총사퇴했다. 전황이 악화되던 1945년 2월 천황에게 패전이 불가피하니 영국, 미국과 교섭해야 한다고 상주했으나 거부당했다. 이후에는 독자적으로 소련을 통해 평화 협상을 시도했다. 전후 A급 전범으로 기소되었다는 소식을 듣고 자살한다.

남부 진주는 미국의 일본 자산 동결이라는 결과를 초래했다. 미 육군은 필리핀에 미국 극동군사령부를 새로 설치하고 은퇴한 전 참모총장 더글러스 맥아더 장군을 다시 사령관에 임명했다. 그리고 미국은 일본에 대한 석유 동결 조치를 취했다. 8월에 루스벨트 대통령과 처칠 총리는 캐나다 뉴펀들랜드 앞바다의 순양함 오거스타 함상에서 대서양헌장에 서명하고, 영토 확장 거부와 타국의 침략으로 침해받은 주권과 자치권의 복권 등을 포함한 연합국의 전쟁 목적을 밝혔다. 대서양헌장에 담긴 원칙들은 분명 유럽을 향한 것이었으나 아시아에도 충분히 적용할 수 있는 것이었다.[11]

고노에 후미마로 총리는 미국과 교섭을 계속하면서 전쟁을 피하기 위해 필사적인 노력을 기울였다. 군부가 미국과의 전쟁을 준비하고 있는 가운데 고노에는 루스벨트에게 정상회담을 제안했다. 8월이 되자 야마모토 이소로쿠山本五十六 제독은 진주만에 집결해 있던 미국 태평양함대 기습 계획을 완성했다. 9월 6일 어전회의는 미국과의 외교교섭이 결말이 나지 않을 경우 미국, 영국에 대한 전쟁을 개시하기로 결정했다. 헐 국무장관과 노무라 기치사부로野村吉三郎 간의 교섭은 미국이 중국에서 일본군의 철수를 요구하면서 제시한 조건 때문에 결렬됐다. 고노에-루스벨트 정상회담은 결국 열리지 못했다.

10월에 고노에 내각이 총사퇴하고 도조 히데키• 내각이 출범했다.

• 東條英機, 1884~1948. 육군 군인이자 정치인. 1941년 10월부터 1944년 7월까지 도조 내각을 이끌었다. 황도파를 이끈 아라키 사다오와 대립했던 통제파統制派의 중심인물. 내각 초기에는 미일 화평 가능성을 모색하다 '헐 각서'를 계기로 대미 강경노선을 채택하여 기습적으로 진주만을 공격해 태평양전쟁에 돌입했다. 1944년 전황이 불리해지는 가운데 지도력 강화를 위해 총리대신, 육군대신, 육군참모총장 3직을 겸임하는 등 공포정치를 단행했으나

11월 26일에 헐 국무장관은 최후통첩이라고 할 수 있는 이른바 '헐 각서Hull Note'를 일본에 들이대며 미일 외교교섭에 종지부를 찍었다. 이제 미국과의 전쟁은 불가피했다. '헐 각서'가 일본 정부에 제출된 다음 날, 도고 시게노리•• 외상은 베를린의 오시마 히로시大島浩 일본대사에게 타전해, 일본은 소련을 공격하지 않을 것이라고 히틀러 총통과 요아힘 폰 리벤트로프Joachim von Ribbentrop 외상에게 보고하라는 훈령을 내렸다. 이 정보를 입수한 스탈린은 그제야 비로소 극동에 있던 정예사단을 모스크바 방위를 위해 이동시켰다.

한편 일본은 12월 7일(하와이 시간) 미국 몰래 진주만 태평양함대를 공격해 큰 타격을 입히는 데 성공했다. 루스벨트 대통령은 곧바로 일본에 선전포고를 했다. 뒤이어 히틀러가 미국에 선전포고를 했다. 이로써 미국은 유럽에서도 태평양에서도 전쟁에 돌입했다. 이런 사태 진전을 스탈린은 내심 기뻐했을 게 분명하다. 미국의 참전으로 일본의 소련 공격 가능성이 멀어졌기 때문이다.

사이판 함락에 대한 책임을 지고 내각이 총사직했다.

•• 東郷茂德, 1882~1950. 외교관이자 정치인. 1938년 소련 주재 대사로 부임해 재임 시절 소련 외무인민위원 몰로토프와 일소 어업협정을 맺고 노몬한 정전협상에 나섰다. 1941년 도조 내각의 외무대신에 임명되어 대미 전쟁만은 피하고자 했으나 군부의 반대로 뜻을 이루지 못하고 결국 진주만공격을 승인했다. 1945년 스즈키 내각에서 다시 외무대신에 취임해 군부의 강경론이 대세인 가운데 소련의 중재를 통한 연합국과의 협상을 시도했다.

기묘한 삼각관계

제2차 세계대전 당시 일본과 소련, 미국 세 나라는 기묘한 삼각 구도를 이루었다. 일본은 태평양전쟁을 수행하기 위해 소련의 중립이 필요했다. 소련도 나치 독일과의 전쟁에 전력을 다하려면 일본의 중립이 필요했다. 1941년부터 1945년까지 일본과 소련의 관계는 역사가 조지 알렉산더 렌센George Alexander Lensen이 적절히 지적했듯이 '기묘한 중립'이었다. 소련은 일본의 동맹국인 독일과 전쟁 상태에 있었고 일본은 소련의 동맹국이면서 독일의 적인 미국과 전쟁을 하고 있었다. 미국은 소련의 상선을 이용해 무기대여법에 근거한 무기와 전쟁물자를 태평양을 경유해 수송하고 있었다. 그 무기의 일부는 소련을 통해 중국으로 운반됐다. 일본을 공습한 미국의 많은 비행사가 소련 영토로 몸을 피했다. 소련 정부는 일본이 독일을 지원하고 외교 루트를 통해 독일에 군사정보를 흘리고 있다고 항의했다. 일본과 소련 사이에 존재한 중립은 따라서 취약한 것이었으며, 그것은 양국의 전략적 이익에 부합하는 한도 내에서 준수됐으나 그 필요성이 사라지면 바로 파기될 운명이었다.[12]

일본의 진주만공격 다음 날인 12월 8일, 루스벨트 대통령과 헐 국무장관은 새 미국 주재 소련대사로 임명된 리트비노프Makxim Litvinov에게 소련의 대일 전쟁 참가를 요청했다. 소련 외무인민위원 몰로토프는 이에 대해 "이제 소련은 독일과의 전쟁에 온 힘을 집중해야 할 때이며, 또 소련은 일본과 중립조약의 구속을 받기 때문에 그렇게 할 수 없다"는 회답을 보내도록 리트비노프에게 훈령했다. 그러나 이를 두고 그때 스탈린이 일본과 전쟁할 의사가 없었다는 결론을 내린다면 그건 잘못이다. 리트비노프가 루스벨트의 요청을 거부한 지 열흘이 지난 뒤, 스탈린은 소련을 방문한 이든Anthony Eden 영국 외무장관과의 회담에서 소련이 장차 일본에 대한 전쟁에 참가할 것이라고 말했다. 그러기 위해서는 유럽에서 극동으로 병력을 이동시키는 데 넉 달이 필요하다고 설명하고, 소련이 대일 전쟁에 참가하기 위해서는 일본이 중립조약을 파기하도록 만드는 게 좋다고 말했다. 12월 말에는 외무부副인민위원 로좁스키Solomon A. Lozovskii가 스탈린과 몰로토프에게 전후의 소련 외교방침에 대한 보고서를 보냈다. 이 보고서는 첫째, 전후 세계의 근본적인 대립은 소련과 자본주의 국가들 사이의 대립일 것이며, 둘째, 소련에 가장 중요한 과제는 안전보장이 될 것이라고 했다. 일본에 관해서는 소련의 안전보장 관점에서 소야宗谷해협, 쿠릴열도, 쓰가루津軽해협을 자유롭게 항행할 수 있게 함으로써 태평양으로의 출구를 확보하는 것이 가장 중요하다고 지적했다. 독일군이 모스크바 교외까지 육박해 모스크바의 운명조차 여전히 알 수 없었던 그 시기에 스탈린과 외무인민위원회의 고관들은 전후 소련의 안전보장 관점에서 대일 정책을 구상했으며, 스탈린 자신은 일본에 대한 공격을 염두에 두고 있었던 사실에 주목해야 한다.[13]

일본으로 눈을 돌리면 1942년 1월에 연락간담회는 '정세의 진전에 따른 당면 시책에 관한 건'을 채택했는데, 거기에는 "일소 간의 정밀(靜謐, 고요와 평안)을 온전하게 지켜나가는 것과 더불어 소련과 미국, 영국의 연계 강화를 저지하고, 되도록 둘 사이를 이간하도록 노력할 것"을 결정했다. 그러나 여기서 사용한 '정밀'이란, 기회가 있으면 공격으로 돌아설 것이라는 침략의 이빨을 감춘 '정밀'이었다는 점에 주목해야 한다. 어쨌든 이 결정에 따라, 1942년 7월에 독일의 리벤트로프 외상이 다시 일본에 대소 전쟁 개시를 요구했을 때 일본 정부는 이를 거부했다. 육군성 군무과장 사토 겐료佐藤賢了 중장은 "익은 감은 아직도 떨어지지 않았다"고 말했다.[14]

그러나 첫 번째 전쟁의 눈부신 승리에도 불구하고 전국(戰局, 전황)은 점차 일본에 불리하게 기울어갔다. 1942년에 일본은 미드웨이해전에서 패했고, 이듬해인 1943년에는 과달카날이 함락됐다. 같은 시기 독일군이 포위한 스탈린그라드에서는 그 포위를 뚫고 소련이 승리했다. 과달카날과 스탈린그라드는 전쟁의 분기점이었다는 점에서는 궤를 같이했다. 한발 한발 후퇴하는 전황이 일본에 대소 정책의 변경을 재촉했다.

대소 유화정책의 채택

스탈린그라드에서 독일군의 패배가 명백해지자 새로 소련 주재 대사로 임명된 사토 나오타케•는 북사할린의 석유 채굴에 따르는 권리를 포기하고 어업조약을 체결함으로써 일소 관계를 개선하도록 정부에 상신했다.[15] 1943년 4월에 외무대신에 임명된 시게미쓰 마모

• 佐藤尚武, 1882~1971. 일본의 외교관이자 정치인으로 하야시 내각(1937년 2월~1937년 6월)에서 두 번째 외무대신을 지냈다. 이후 1942년 당시 외무대신이던 도고 시게노리의 요청으로 소련 주재 일본대사에 취임했으나 전쟁 말기까지 소련을 통한 종전 교섭이라는 희망을 버리지 못하고 있던 도고를 비롯한 일본의 화평파들과 대립했다.

루•• 외상은 사토와 같은 의견을 갖고 있기도 해서 이 상신을 받아들였다. 덧붙여 말하면, 시게미쓰의 등장은 일본의 종전終戰 공작에 큰 의미를 갖고 있었다. 천황의 '상시보필常侍輔弼'인 내대신內大臣이자 천황에게 가장 큰 영향력을 갖고 있던 기도 고이치•••는 시게미쓰와 절친이었는데, 두 사람은 일찍부터 전쟁을 어떻게 종결시킬지 은밀히 이야기를 나누었다.[16]

1943년 6월 19일, 연락간담회는 소련에 대한 새로운 방침을 채택했다. 이 방침에서 "제국은 일소 간의 정밀을 온전하게 지켜나가고 소련으로 하여금 중립조약을 엄수하도록" 할 것을 결정했다. 이를 위해 일본은 북사할린의 석유, 석탄 채굴에 따르는 이권을 소련에 매각하기로 결정했다.[17] 이 이권 매각은 마쓰오카가 중립조약 조인 때 약속한 것인데, 여전히 이행되지 않고 있었다. 이 건에 관한 일소 교섭은 6월에 개시됐다.

일본의 정책은 소련이 최소한 중립을 유지토록 하는 것이며, 가능하다면 소련과 관계를 더 긴밀한 협력, 우호관계로까지 개선하는 데에

•• 重光葵, 1887~1957. 도조 내각에서 도고 시게노리의 뒤를 이어 1943년 두 번째 외무대신에 임명되었고 뒤이은 고이소 내각에서도 유임했다. 전국이 불리해지는 상황에서 소련이 아닌 스웨덴이나 스페인 등의 중립국을 통한 전쟁종결을 시도했으나 실현하지 못했다. 전후 설립된 내각에서 외무대신에 임명되어 1945년 미주리호 함상에서 이루어진 항복문서 조인식에 참석했다.

••• 木戸幸一, 1889~1977. 일본의 귀족, 정치인. 문부대신과 내무대신을 거쳐 1940년부터 1945년까지 천황의 측근이자 내대신으로 궁중정치를 이끌었다. 대미 전쟁을 막기 위해서는 군부를 휘어잡을 수 있는 인물이 필요하다고 생각해 도조 히데키를 총리대신에 천거하는 등 태평양전쟁 전후 정치에 큰 영향을 미쳤으며 전쟁 말기에는 화평파의 중심인물로 포츠담선언 수락에 관여했다. 전후 도쿄전범재판 과정에서 천황의 전쟁책임을 축소하기 위해 자신의 일기(《기도 고이치 일기木戸幸一日記》)를 증거 자료로 제출했다.

있었다. 소련은 이때부터 일본의 외교, 군사정책에서 중심적인 위치를 차지하게 됐다. 9월 10일에 시게미쓰는 일소 관계 개선을 위해 모스크바에 특사를 파견하고자 하는데 그쪽의 의향을 타진해보라고 사토 나오타케 대사에게 훈령했다. 그러나 사토 대사가 예견했던 대로 소련 외무인민위원회는 특사의 목적이 명확하지 않고, 또 특사 파견은 일본이 독소 간의 화평을 알선하고 있는 것처럼 연합국에 해석될 것이라는 이유로 그 신청을 받아들일 수 없다고 회답했다.

9월 25일 연락간담회에서 결정되고 30일 어전회의에서 채택된 '향후 채용해야 할 전쟁지도 대강'은 미국, 영국과 전쟁 계속의 필수 전제조건으로 대소 관계 호전을 꾀해야 한다는 점을 들었다. 구체적으로는 소련에 대해 "극력 일소 전쟁의 발발을 저지하고, 나아가 일소 국교의 호전을 꾀함과 동시에 기회를 봐서 독소 간의 화평 알선에 힘쓰기로" 결정했다.[18] 이미 입장은 역전되고, 익은 감이 떨어지기를 기다리는 쪽은 일본이 아니라 소련으로 바뀌었다.

그렇다 치더라도 일본 외교는 일관성이 결여돼 있었다. 일본 해군이 미국의 무기대여법에 따라 무기를 수송하고 있다고 의심해 소련 선박 3척을 나포했을 때 소련 정부는 사할린 석유 채굴권과 어업조약에 관한 교섭을 중지했다. 정부도 외무성도 무기 수송은 소련에 중립을 유지하도록 한다는 큰 목표에 비하면 사소한 문제라는 것을 알고 있었으나 군령부의 강한 반대를 억누를 수 없었다. 11월에 간신히 소련 선박 나포 문제가 해결돼 교섭이 재개됐을 때는 이미 모스크바 외무장관회의와 테헤란회담이 끝나 있었고 소련 정부는 연합국과 한층 더 긴밀한 관계를 맺고 있었다. 사할린 이권과 어업교섭은 1944년 3월까지 해결되지 못했다. 일본은 귀중한 9개월을 낭비했던 것이다.

루스벨트 대통령의 무조건 항복 요구

1943년 1월, 루스벨트 대통령은 카사블랑카회의에서 기자회견을 열고, 연합국은 추축국에게 무조건 항복을 요구할 것이라고 밝혔다.[19] 무조건 항복 개념은 첫째, 제1차 세계대전 뒤 독일은 지고 있지 않았는데도 종전을 서두른 정치가들 때문에 휴전을 했다가 '배후의 일격'을 당했다는 신화가 독일에서 널리 신봉되고 있는 것에 대한 반성에서 생겨난 것이고, 둘째로 연합국이 나치즘, 파시즘, 군국주의의 숨통을 완전히 끊어놓겠다는 의지에서 나왔으며, 셋째로 연합국 가운데 한 나라가 독일과 단독 강화에 나서는 것을 방지하고 연합국의 결속을 꾀하기 위해 고안된 것이다. 무조건 항복을 추축국에 요구함으로써 루스벨트는 단지 군대의 무조건 항복만이 아니라 침략과 군국주의를 가능케 한 그 '철학'의 제거를 요구한 것이다.

그리고 이 요구는 '평화 애호국'의 입장에서 패전국이 더는 평화에 대한 위협이 아니라는 것을 확신할 때까지 전승국의 의사를 패전국에 강제할 것이라는 걸 의미했다. 처칠이 설명한 것처럼 무조건 항복이란, 패전국을 어떻게 지배할 것인지 그 자유 재량권을 전승국에 주겠다는 것이었다. 따라서 1941년 8월의 대서양헌장은 패전국엔 적용되지 않는다고 처칠은 덧붙였다.[20]

루스벨트는 이 무조건 항복이 일본에 구체적인 정책으로 어떻게 이행될 것인지에 대해서는 무관심했으며, 그것은 국무부의 태평양전쟁 전후처리위원회에 맡겨졌다. 1942년 이후 조지프 밸런타인Joseph Balantine, 조지 블레이크슬리George Blakeslee, 휴 보턴Hugh Borton 등 세 명의 일본 전문가들이 미국의 대일 정책입안에 적극적으로 관여했다.[21]

한편으로 대서양헌장의 이상주의에 고무되고, 또 한편으론 그것과 모순되는 루스벨트의 가혹한 무조건 항복 구상에 당혹해하면서 이 일본 전문가들은 전쟁 뒤에 일본이 평화롭고, 국제사회의 건설적인 일원으로 복귀할 수 있게 해줄 정책 만들기에 전념했다. 일본에 '가혹한 평화hard peace'를 강요하자고 주장하는 '가혹평화론자'는 일본 군국주의를 박멸하고 그 군국주의를 대두하게 만든 요소들을 일본에서 제거하자고 주장했는데, 일본의 건설적 복귀를 주장한 일본 전문가로 대표되는 '관용평화soft peace'론자들도 거기에는 이론이 없었다. 그러나 이 세 사람은 미 정부 내의 가혹평화론자가 주창한, 이른바 천황제를 폐지하지 않고는 군국주의를 배제할 수 없다, 따라서 천황제는 폐지하고 히로히토•를 전범으로 처벌해서 민주적인 공화국을 일본에 강제해야 한다는 생각에는 반대했다.

밸런타인, 블레이크슬리, 보턴은 아무리 이상적인 민주주의 체제라 하더라도 정치 시스템이 미국과는 전혀 다른 정치적, 문화적, 종교적 전통을 지니고 있는 나라에 그것을 간단히 이식할 수는 없다고 주장했다. 일본사에 정통한 이 전문가들은 천황제와 일본 군국주의를 동일

• 裕仁, 쇼와 천황. 이하 '천황' 표기는 별도 설명이 없는 경우 히로히토 쇼와를 가리킨다.

시할 순 없다며, 국체 관념으로 상징되는 군국주의와 천황제의 결합은 아주 최근까지도 일어나지 않았다고 주장했다. 천황을 존숭尊崇하는 마음은 일본인의 의식 속에 종교적, 감정적인 기반으로 깊이 뿌리를 내리고 있으며, 일본 국내에서 천황제 폐지를 요구하는 세력은 공산당을 빼면 소수에 지나지 않는다는 점도 지적했다. 일본에 공화국을 강요하는 것은 미국의 점령을 장기화하겠다는 것을 의미하며, 또 미국의 일본 점령이 끝났을 때 천황제가 부활하지 않을 것이라는 보장은 전혀 없다고 주장했다.

즉 관용평화론에 입각한 이들 일본 전문가가 주장한 것은 일본을 평화롭고 건설적인 국가로 바꾸는 것, 그것이야말로 미국의 최대 이익이 될 것이라는 얘기였다. 그리고 전후 일본이 신속히 정치적, 사회적 안정을 회복하기 위해서는 천황제의 존속이 가장 중요한 요소가 될 것으로 여겨졌다. 이런 생각은 전 주일대사 조지프 그루Joseph Grew의 지지를 받았다. 그루는 일본 전문가들을 지도하는 지위에 있었는데, 뉴딜 리버럴•• 로부터는 '유화주의자', '히로히토의 대변자'로 비난받았고 그 관용평화론은 비판의 과녁이 됐다.

루스벨트는 극동 문제의 자세한 내용에는 별로 관심을 기울이지 않았으나 분명히 가혹평화론자였다. 헐 국무장관도 일본 전문가들이 너무 일본을 봐준다고 불만을 피력했다. 미국 여론은 압도적으로 반일이었고 반천황이었다. 국무부 내의 일본 전문가들은 거센 반일감정을 드러내는 여론에 직면해 자신들의 주장을 수정하지 않을 수 없었다. 그

•• New Deal liberals, 당시 미국 집권 민주당 내 사회자유주의 정치세력. 뉴딜정책을 지지하며 입당하거나 정책에 찬성한 세력을 일컫는다.

들은 무조건 항복 조건을 표면적으로 받아들이면서도 어떤 형태로든 군주제를 존속시킬 수 있는 방법을 모색했다.

스탈린의 참전 약속

1943년 10월은 태평양전쟁에서 미국과 소련의 협력이 전환점을 맞은 시점이다. 그달에 해리먼W. Averell Harriman이 소련 주재 대사에 임명되고 존 딘John R. Deane 중장이 통합참모본부를 떠나 미 군사사절단 대표로 모스크바에 주재하게 됐다. 10월 19일 모스크바에서 시작된 외무장관회의는 유럽의 제2전선을 어떻게 할 것인지가 가장 중요한 안건이었는데, 그 회의에서 소련이 처음으로 태평양전쟁에 참가하겠다는 뜻을 암시한 것은 아시아에서 진행되고 있던 전쟁의 귀추와 관련해서도 중대한 의미가 있었다. 헐 국무장관은 스탈린이 "동맹국이 독일을 패배시킨 뒤 소련은 일본을 패배시키기 위해 대일 전쟁에 참가하겠다는 뜻을 명확하게, 아무 망설임도 없이" 약속했다며 희희낙락했다. 회의가 끝난 뒤 어느 날 만찬회에서 소련 쪽은 모여 있던 각국 요인에게 일본의 시베리아 침공 기록 영화를 보여주었다. 딘 중장은 "이건 명백히 소련의 반일 프로파간다이고, 소련 쪽의 대일 감정을 간접적으로 전달하려는 시도라고 우리는 분명히 느꼈다"고 말했다. 이든 영국 외무장관이 이런 영화를 중립관계에 있는 나라에 보여주는 것은 너무 뻔한 선전이어서 외교적으로는 부적절한 게 아니냐는 의문을 표시했으나 해리먼은 손사래를 치며 "아니, 정말 적절하다"면서 미국과 소련이 "잽(Japs, 일본)에 대적해 협력해서 싸울 수 있게 될 날"을 위해 건배하자고 제안했다. 해리먼은 몰로토프에게, 소련 외무인민위원이 그 건배에 가담하는 것은 외교상 곤란한 문제를 야기할지 모르기 때문에 굳이 건배하지 않더라도 이해할 수 있다며 구조선을 띄웠다. 하지만 몰로토프는 "아니, 아니, 기꺼이 건배에 참여하지요. 그날은 반드시 올 겁니다"라며 단번에 잔을 비웠다.[22]

모스크바 외무장관회의가 끝나자 연합국은 상호협력을 다짐하는 4개국 모스크바선언을 발표했다. 이 선언 제5절은 연합국이 서로 협력해서 회원국들과 함께 안전보장의 새로운 시스템이 구축될 때까지 필요에 따라 "회원국 국가들의 이름으로 공동행동을 한다"는 것을 명기했다.[23] 이 조항은 1945년 7월부터 8월에 걸쳐 미소 사이에 중요한 쟁점이 된다.

스탈린이 대일 전쟁에 참가하기로 약속한 것은 유럽의 제2전선 문제와 밀접하게 연계돼 있었다. 소련이 80퍼센트의 독일군을 동부전선에 묶어두고 있었던 데서도 알 수 있듯이 소련은 연합국 중에서도 최대의 공헌자였다. 독소전이 시작되고 나서 스탈린은 끊임없이 영미 지도자들에게 영미 공동으로 유럽 대륙 상륙을 감행해 자국의 부담을 덜 제2전선을 구축하자고 제안했다. 스탈린이 대일 전쟁에 참가하기로 약속한 것도 제2전선 구축에 영미 지도자들을 끌어들이기 위한 양보였던 것처럼 보인다.[24]

그러나 스탈린의 대일 참전 약속은 단지 그런 교섭상의 책략 같은 것은 아니었다. 그것은 소련 외교에서 당연히 해야 할 선택이었고 또한 그것을 위해 스탈린은 대일 전쟁 준비를 비밀리에 시작하고 있었다. 이미 그해 8월에 스탈린을 우두머리로 하는 국가보안위원회는 내무인민위원회(NKVD)의 지도 아래 (즉 강제노동을 통해) 극동의 콤소몰스크나아무레Komsomolsk-na-Amure부터 태평양안의 소베츠카야 가반Sovetskaia Gavan까지의 철도 건설을 최우선 사업으로 단기간에 완공하라는 명을 내렸다. 말할 것도 없이 이 철도는 대일 전쟁을 수행하기 위한 병력, 군비 수송에 필수적인 인프라였다.[25] 그러나 스탈린은 일본에 대해 전쟁을 감행할 것이라는 의도를 몰로토프와 내무인민위원회의 베리아Lavrentii Beria 외에는 아무에게도 알려주지 않았다.

한편 연합국이 그 정도로 빨리 소련과 협력하기로 약속한 것은 사토 대사를 몹시 걱정하게 만들었다. 그리하여 대사는 11월 10일 몰로토프와 회견하고, 지난 모스크바 외무장관회의가 소련의 대일 정책이 바뀌었다는 것을 보여주는 신호인지 물었다. 이에 대해 몰로토프는 "그런 일 없다"고 대답했다. 그리고 사토 대사가 4개국 모스크바선언에 대해 질문하려 하자 몰로토프는 이를 가로막으면서 9월 15일에 독일, 이탈리아, 일본이 삼국동맹을 재확인한 것은 어떤 의미를 갖고 있는지 되물었다. 방어에서 재빨리 공세로 전환함으로써 몰로토프는 모스크바선언의 의미를 은폐하는 데 성공했다.[26]

모스크바 외무장관회의는 곧 테헤란에서 열리게 되는 제2차 세계대전 중의 첫 연합국 정상회담의 전주곡이었다. 루스벨트는 중국을 정상회담에 참여시키자고 제안했으나 소련 쪽이 맹렬히 반대하는 바람에 실현되지 못했다. 스탈린은 중국이 다른 3개국과 동격이라는 걸 인정하지 않았고, 또 소련 참전의 조건을 결정할 때 미영중 3국이 결속해서 소련과 대치하는 상황을 바라지 않았다. 중국 참가가 거부됐기 때문에 정상회담 직전인 11월 27일, 카이로에서 루스벨트, 처칠, 장제스가 참석한 회담이 열렸다. 그 결과 영토 불확대 원칙을 명확하게 표명하고 일본에 대해 "무력과 탐욕"으로 약탈한 영토에서 물러나야 한다는 카이로선언을 발표했다. 구체적으로는 일본에 만주, 타이완, 펑후섬을 중국에 반환하고, 조선의 독립을 회복시키며, 태평양 섬들을 포기하라고 요구했다. 그러나 소련은 카이로회담에 참가하지 않았기 때문에 카이로선언은 일본과 소련 간의 영토 문제에 대해서는 아무런 언급도 하지 않았다.

11월 28일, 루스벨트, 처칠, 스탈린 세 사람이 정상회담에 참석하기 위해 테헤란에 모였다. 테헤란 회담에서 루스벨트와 처칠은 1944년 5월까지 유럽에서 제2전선을 열기로 약속했다. 그 대신에 스탈린은 독일 패전 뒤에 대일 전쟁에 참가하겠다고 분명히 약속했으며, 이를 위해 어떤 '요망(要望, 요구사항)'을 제출할지는 나중에 밝히겠다고 언명했다. 1944년 1월, 루스벨트 대통령이 태평양전쟁협의회에서 밝힌 것은, 대통령과 스탈린이 만주, 타이완, 펑후섬을 중국에 반환하고, 조선을 40년간 신탁통치 아래 둔다는 것, 소련에 다롄과 남만주철도 권익을 주고, 남사할린과 쿠릴열도를 소련에 '반환'한다는 것으로 합의를 봤다는 것이었다. 테헤란회담의 공식 기록에는 들어 있지 않으나 루스벨트와 스탈린은 여기서 영토 문제에 대해 은밀히 얘기를 나눈 것으로 추측된다.[27]

마이스키와 말리크 보고서

스탈린은 그 뒤 소련 참전을 미끼로 연합국에 요구 조건을 내걸 작전을 짜기 위해 대일 전쟁 참가 의도를 감추고 외교정책 전문가들에게 대일 정책에 대한 방침을 정리한 문서를 제출하라고 요구했다. 1944년 1월 11일 전 영국대사로 외무인민위원이었던 이반 마이스키Ivan Maiskii는 몰로토프에게 전후 소련의 외교정책을 논한 장문의 보고서를 제출했다. 마이스키는 소련 외교정책의 목적이 유럽뿐만 아니라 아시아에서도 장기적인 평화와 안전보장을 구축하는 것이라면서, 이를 위해 극동에서 태평양으로 나가는 출구를 확보하기 위해 사할린과 쿠릴열도를 소련 영토로 이전시킬 필요가 있다고 논했다. 그러나 마이스키는 이를 위해 소련이 전쟁에 참가할 필요는 없다며 미국과 영국이 막대한 전비戰費와 인적 희생을 지불하며 일본을 패배시키는 것을 가만히 지켜보는 것이 상책이다, 그러면 전쟁종결 뒤의 평화회담에서 소련은 남사할린과 쿠릴열도를 "극동에서 단 한 발도 쏘지 않고" 확보할 수 있다고 보고했다.[28]

그해 6월에는 주일대사 말리크Yakov Malik가 모스크바에 소환됐다. 말리크는 7월에 일소 관계에 관한 73개 항으로 이뤄진 장문의 보고서를 몰로토프에게 제출했다.[29] 말리크의 보고서는 2부로 나눠어 있는데, 1부는 일소 관계의 현상 분석을, 2부는 장래 일소 관계의 전망을 담고 있다.

1부 현상 분석에서는 일본이 얼마나 소련에 의존하고 있는지를 상세하게 분석하면서 그들에게 중립조약을 유지하는 것은 대미 전쟁을 계속하는 데 필수 전제조건일 뿐 아니라, 소련과의 관계 개선이 일본이 전쟁에서 벗어날 수 있는 유일한 수단으로 보인다고 논했다. 말리크는 나아가 일본이 영미와 소련 사이의 알력을 이용할지 모른다고 예측하면서 군사 상황이 악화되면 일본은 소련에 상당히 큰 양보를 하겠지만, 소련과 영미 간의 이간을 꾀할 수도 있을 것으로 본다고 분석했다. 관동군은 여전히 상당한 전력을 유지하고 있다고는 하나 일본이 가까운 장래에 소련을 상대로 전쟁을 감행할 가능성은 적을 것으로 예상했다. 이상과 같은 관점에서 말리크는 소련 정부가 일본과의 협력 규모를 확대하는 것이 좋을 것이라고 보고했다.

보고서 2부에서 말리크는 장래의 일소 관계 전망을 다뤘다. 일본의 패배는 이미 시간문제이며, 영미가 대일본제국을 해체하기 전에 소련은 행동을 개시해야 한다고 논했다. 소련의 최대 목적은 첫째로 만주와 조선, 쓰시마, 쿠릴열도를 지배하에 두고 태평양으로 나가는 출구를 확보하는 것이며, 둘째로 이런 전략적 요충지들로부터 타국을 배제하는 것이라고 했다. 말리크는 또 구체적으로 27항목에 걸쳐 소련이 요구해야 할 조건을 열거했다.

주목해야 할 항목으로는, 만주를 독립 뒤의 중국에 병합시킬 것인지 말지에 대한 결정, 둥칭철도에 대한 보상, 조선의 독립과 신탁통치에 소련이 어떻게 관여할 것인가 하는 문제, 남사할린의 '반환', 쿠릴열도 전체의 '인도', 포츠머스조약의 파기, 시베리아 출병에 대한 보상, 소련의 일본 점령 참가, 장래의 중국 문제에 관한 소련의 발언권 확보 등을 들 수 있다.[30] 로좁스키는 말리크 보고가 계급적 관점을 결여하고 있다고 비판했으나 나중에 얄타조약에 명기된 스탈린의 요구와 말리크 보고를 비교해보면 유사점이 뚜렷해, 스탈린이 말리크의 보고를 중요시했다는 것은 분명하다. 특히 남사할린의 '반환'과 쿠릴열도의 '인도'가 구별되고 있는 점에 주목해야 한다(이 구별의 의미에 대해서는 83, 84쪽 참조).[31]

1941년 12월의 로좁스키 보고(55쪽 참조), 1944년 1월의 마이스키 보고, 1944년 7월의 말리크 보고에는 소련의 대일 정책에 관한 공통된 논리가 관철돼 있다. 그것은 안전보장상의 필요성에서 소련이 태평양으로의 출구를 확보하는 것이 제1의 목적이라고 지적하고 있는 점이다. 그리고 이를 위해서는 남사할린의 반환과 쿠릴열도 점거가 불가결한 조건이 된다. 이들 보고서에서 소련의 영토 요구 원칙은 대서양헌장이나 카이로선언이 토대로 삼고 있는 역사상의 정당성에 근거를 두고 있는 것이 아니라 소련의 안전보장상의 요청에서 나온 것이라는 점에 주목해야 한다. 말리크는 누구보다도 명확하게 이 두 가지 원리의 모순을 눈치채고 있었다. 그러나 그럼에도 말리크는 전쟁에 참가하지 않고도 소련이 요구하는 영토와 권익을 확보할 수 있을 것으로 생각했다.

스탈린 또한 소련의 영토 요구는 역사적 정당성이 아니라 안전보장상의 요청에 따라야 한다는 외교인민위원회 고관의 의견에 찬동했다. 하지만 그는 전쟁을 회피하는 게 유리하다는 의견에는 동조하지 않았다. 이 시의심 가득찬 독재자는 그 영토들을 손에 넣기 위해서는 평화조약을 통한 연합국의 동의에 기대는 건 위험하며 무력으로 점거하는 것이 유일한 방법이라는 확신을 갖고 있었다.

로좁스키, 마이스키, 말리크에겐 알리지 않았지만 스탈린은 이미 대일전을 치를 각오를 굳히고 그 준비 작업을 진행하고 있었다. 그해 여름에 스탈린은 백러시아(벨라루스)전선에서 알렉산드르 바실렙스키 Aleksandr Vasilevskii 원수를 모스크바로 소환해, 그를 대일 전쟁 수행을 위해 창설된 극동전선 총사령관에 임명하겠다는 의중을 은밀히 전달했다. 9월이 되자 스탈린은 참모본부에 극동의 병력을 어떻게 집중시키고 병참 보급을 어떻게 할 것인지 작전을 입안하도록 명했다. 참모본부는 이 작전을 10월 초까지, 즉 처칠이 스탈린과 회견하기 위해 모스크바를 방문하기 직전까지 완성했다.[32]

미국의 대일 전쟁 작전

스탈린이 대일 전쟁 준비를 비밀리에 추진하고 있을 때, 미국은 태평양전쟁 작전을 재검토하고 있었다. 미드웨이, 과달카날 이후 전국은 이미 미국에 유리하게 전개되고 있었지만 미국은 유럽 전쟁에 쫓겨 태평양에서는 장기적이고 일관된 작전을 갖고 있지 못했기 때문이다. 통합참모본부는 두 사람의 사령관, 즉 태평양 중앙부는 니미츠Chester W. Nimitz 제독에게, 태평양 남서부는 맥아더 장군에게 작전을 위임했다. 미국의 이 양면 공격은 주도면밀하게 준비된 장기적인 작전이라기보다는 오히려 그때그때 단기적인 목표에 대응해 내려진 지령이었다. 그러나 1943년 후반에는 연합국이 독일에 승리할 것이라는 전망이 나옴에 따라 영미 합동참모본부는 독일 패전 뒤 1년 이내에 일본을 패배시키기로 결정했다. 1944년 초에는 니미츠 군단이 마리아나제도를 함락시켰고, 맥아더 군단은 일본 점령하의 필리핀을 탈환하기 위해 북상하고 있었다. 일본을 패배로 몰아가기 위한 장기적인 작전을 입안하는 것이 초미의 관심사로 떠오르고 있었던 것이다.[33]

미국의 군사지도자들 사이에는 일본을 항복으로 몰아가는 최선의 작전에 대해 아직 합의된 안이 존재하지 않았다. 미 함대 총사령관으로 해군참모총장인 킹Ernest King 제독이 이끌던 해군과 아널드Henry H. Arnold 장군 휘하의 육군 공군부는 해상봉쇄와 공습으로 일본을 항복시킬 수 있다고 논했다. 이에 대해 육군참모총장인 마셜George Marshall 장군과 그 휘하의 육군부작전국(OPD)은 일본의 무조건 항복을 확실하게 만들려면 일본 본토침공이 필요하다고 주장했다. 1944년 봄부터 여름에 걸쳐 미국 군사지도자들은 타협점을 찾아냈다. 그것은 해상봉쇄와 집중적인 공습을 계속하면서 일본 본토 중심부에 상륙하는 작전이었다. 1944년 7월에 통합참모본부는 규슈에 먼저 상륙한 다음 간토 평야에 상륙한다는 2단계 작전을 승인했다.[34]

이 작전이 성공하려면 소련의 참전이 불가결한 것으로 여겨졌다. 그러나 미국 군사지도자들은 소련과 공동행동을 취하는 것은 매우 곤란하다는 점을 깨달았다. 딘 장군이 소련군의 능력과 의사에 대해 상세한 정보를 얻으려 했으나, 소련 쪽으로부터 철저히 무시당했다. 따라서 합동참모본부가 1944년 9월에 퀘벡에서 대일 전쟁 작전을 채택할 때, 그 작전은 소련이 참전하지 않는다는 걸 상정하고 만들 수밖에 없었다.[35]

도조 내각의 붕괴와 일본의 대소 정책

전쟁은 연합국에 유리하게 전개되고 있었고, 스탈린은 참전을 미끼로 동맹국으로부터 얼마나 유리한 조건을 끌어낼 것인지를 궁리하고 있었으며, 미국의 대일 전쟁 작전이 마침내 확정돼가고 있던 그때 일본에서도 변화가 일어나고 있었다. 1944년 7월에 사이판이 함락되자 도조 내각에 대한 비판이 확산되기 시작했다. 이를 기화로 오카다 게이스케岡田啓介, 와카쓰키 레이지로若槻禮次郎, 고노에 후미마로 등의 중신들은 도조를 실각시키는 쪽으로 은밀히 움직이기 시작했다. 그때까지 도조를 지지했던 기도 내대신조차 이 인기 잃은 총리를 희생제물로 삼지 않으면 사태를 수습할 수 없다고 생각하기에 이르렀다.[36] 도조가 실각한 뒤 고이소 구니아키• 대장이 차기 총리에 선임됐다.

도조의 실각은 종전을 모색하는 극비계획의 개시와 때를 같이했다. 8월 말에 요나이 미쓰마사 해군대신••은 발병을 구실 삼아 해군성 교육국장 자리에 있던 심복 다카기 소키치(30쪽 각주 참조) 해군소장을 한직인 군령부 출사出仕 겸 해군대학교 연구부 부원으로 강등했다. 요양

• 小磯國昭, 1880~1950. 육군 군인이자 정치인. 1942년 조선 총독에 부임해 조선 내 전시체제 구축과 황국신민화 작업을 수행했다. 대표적인 것이 학도병제도다. 1944년 7월부터 1945년 4월까지 총리대신으로 고이소 내각을 이끌었다. 1945년 4월 미군이 오키나와에 상륙한 뒤 사임했다.

•• 米內光政, 1880~1948. 해군 군인이자 정치인. 1937년 하야시 내각 해군대신에 임명되었다. 유화론자이자 좌파 성향으로 알려졌으며 삼국동맹에 반대했다. 1940년 1월부터 1940년 7월까지 총리대신으로 요나이 내각을 이끌었으나 삼국동맹 체결을 요구하는 육해군 내 강경파의 압력으로 사임했다. 이후 고이소 내각에서 재임명되어 항복 선언까지 마지막 해군대신을 지냈다.

이나 징벌 근신이냐로 세간의 입방아에 올랐지만, 진짜 노림수는 다카기에게 전쟁종결 극비계획을 세우도록 하는 데 있었다. 이성적이고 날카로운 분석력을 지닌 다카기는 동시대인들이 사로잡혀 있던 일본 군국주의 이데올로기로부터 놀라울 만큼 해방돼 있었다. 그는 고노에, 오카다를 포함한 중신 등 정계, 관계, 학계에도 폭넓은 인맥을 갖고 있었으며, 요나이를 통해 정부 및 최고전쟁지도회의(1944년 8월 5일부터 대본영 정부연락회의 명칭 변경)에 제출된 극비 문서를 훑어볼 수 있는 중요한 위치에 접근하게 됐다. 그리고 다카기는 육군성의 마쓰타니 세이松谷誠 대령, 기도 내대신의 비서인 마쓰다이라 야스마사松平康昌, 시게미쓰 외상의 비서관이던 가세 도시카즈加瀬俊一와 긴밀히 연락하면서 종전 공작 입안에 착수했다. 다카기 그룹은 종전으로 가는 유일한 방안은, 최종적으로는 천황의 칙령에 의한 종전 결단을 군과 정부에 강제하는 것이라고 생각했다.[37]

전황이 일본에 불리해지면 질수록 일본의 외교, 군사정책에서 소련이 차지하는 비중이 커졌다. 1944년 9월 12일에는 최고전쟁지도회의가 미국과 영국에 대한 전쟁 수행에 최대의 목적을 둘 것, 이를 위해서는 소련의 중립을 확보하고 나아가 일소 관계를 적극적으로 개선할 것, 독소 간의 화평을 알선하도록 노력하고 독일이 패배할 경우 외교적 수단을 강구해서 가능한 한 소련이 일본에 이익이 되는 입장을 취하도록 유도할 것 등을 결정했다. 이런 목적을 달성하기 위해 일본 정부는 소련에 특사를 파견하기로 했다.

이를 위해 외무성은 구체적으로 소련에 일련의 양보를 하기로 했다. 거기에는 쓰가루해협의 소련 선박 통행 허가, 1925년의 일소 기본조약 파기, 소련 영해에서의 어업권 포기, 둥칭철도 양보, 만주, 내몽고, 중국에서 소련의 평화적 활동 용인, 만주에서 소련 세력 범위 승인, 내몽고의 소련 세력 범위 승인, 방공협정 폐기, 삼국동맹 폐기, 남사할린 양도, 북쿠릴 양도 등이 포함돼, 일본 정부가 소련이 중립을 유지하도록 하기 위해 대폭 양보할 용의가 있다는 내용이 들어 있었다. 그러나 이런 대폭적인 양보도 스탈린의 탐욕스러운 욕구를 만족시켰다고 보긴 어렵다. 만주의 소련 권익에 대해서는 모호했고, 남만주철도, 다롄, 뤼순에 대해서는 아무런 언급도 없었으며, 조선과 남쿠릴에 대해서도 일본은 어떤 양보도 시사하지 않았다. 그만한 양보를 할 생각이 있었지만 일본은 스탈린의 의도를 잘못 읽었던 것이다.[38] 소련의 영토 요구가 역사적 정당성이 아니라 안전보장상의 요청에 뿌리박고 있었던 데에 비해 일본 정부의 양보는 어디까지나 역사적 정당성에 토대를 두고 짜여 있었다.

시게미쓰 외상의 훈령에 따라 사토 대사는 몰로토프와 회견하고 일본 특사를 받아들이도록 소련 정부에 건의해달라고 요청했다. 몰로토프는 쌀쌀맞게 일축했다. 몰로토프에 따르면 일소 관계는 중립조약이라는 초석의 기반 위에 서 있어서 특사를 파견할 필요가 없고 정상적인 외교 루트로 해결할 수 없는 문제는 존재하지 않으며, 특사를 받게 되면 연합국이 그것을 일소 접근으로 오해할 가능성이 있다고 말했다.[39] 미국과 대일 참전에 대한 보상을 놓고 교섭을 하고 있는 상황에서 소련이 일본과 미국을 저울 위에 놓고 흥정을 하고 있다는 인상을 미국에 주고 싶지 않았던 것이다.

1944년 10월, 다카기 소키치는 종전에 관한 최초의 포괄적인 조사

보고서를 작성했다. 거기서 다카기는 미국, 영국, 소련을 통해 종전 공작을 할 경우 각각의 장점과 단점을 고찰했다. 다카기는 미국의 목적으로 일본 민족의 섬멸, 국체의 변혁, 정체政體의 개혁, 국제적 협조와 동아시아에서 미국의 패권 획득을 들었다. 이 가운데 민족의 섬멸을 추구할 공산은 크지 않았고, 국체의 변혁은 미국에는 '득도 있고 실도 있기一利一害' 때문에 제3, 제4의 목적을 추구할 가능성이 높아 보인다고 진술했다.

소련을 통해 종전 공작을 하는 것은 득도 있고 실도 있었다. 일본과 소련은 미국과 영국에 대한 공통의 이해를 갖고 있었고, 또 중립에 선 소련을 통해 화평을 꾀하는 것에 대해 국민들이 부정적 반응을 보이진 않을 것이라는 이점이 있었다. 그러나 이런 이점과는 반대로 공산주의 선전이 될 수도 있으며 소련과의 사이에는 중국을 둘러싸고 근본적인 이해 대립이 있기 때문에 장기적인 우호관계를 바라는 건 거의 불가능하다는 결점을 더해서 평가해야 한다고 했다.

일본이 종전을 받아들이기 위한 구체적인 조건으로 다카기는 "황실의 안태安泰와 국체의 호지護持"를 가장 중대한 조건으로 들었다. 여기서 주목해야 할 것은 다카기가 '황실의 안태'와 '국체의 호지'를 분리해서 생각하고 있는 점이다. 황실의 안태가 국체의 호지와 어떤 관련을 갖고 있느냐 하는 문제는 종전 마지막 단계에서 큰 쟁점이 된다는 점을 여기서 유의해야 한다. 다른 조건으로는 민주주의의 실시와 군벌정치 청산, 내정불간섭, 국민의 경제적 생존 보장, 비점령, 전쟁범죄자의 자주적 처리, 동아시아 국가들의 독립 등을 들었다. 다카기는 민주주의의 도입이 국체에 저촉된다고는 생각하지 않았다.

영토에 관해서 다카기는 "1차적(최종적) 영토 한계"로서 본토, 규슈, 시코쿠, 홋카이도와 거기에 부속된 섬들을 들고, 2차 한계로는 쿠릴, 이즈伊豆군도, 오가사와라군도, 류큐열도를, 그리고 3차 한계로는 조선, 타이완, 사할린 남부, 난양南洋위임통치령을, 4차 한계로는 만주를 들었다. 궁극적으로는 혼슈, 시코쿠, 규슈, 홋카이도를 제외한 모든 영토를 잃게 되더라도 어쩔 수 없다고 본 것이다.[40]

말할 필요도 없지만, 다카기 소키치가 일본 정부를 대변하고 있었던 것은 아니다. 그러나 다카기의 생각이 당시 일본 현실정치와 전혀 무관하다는 식으로 무시할 수 있는 것은 아니다. 다카기 소키치는 아직 소수이고 또 정리된 주장이 있는 건 아니었지만 전쟁종결을 바라는, 잠재적으로는 중요한 그룹을 대표했다. 다카기는 그 단계에서는 국체를 유지하는 최선의 길이 미국과의 교섭에 있다고 믿었다. 일본의 화평론자와 그루로 대표되는 미국의 일본 전문가들 사이에는 많은 공통점이 있었다.

스탈린과 미국의 흥정

일본이 소련의 중립을 유지하려고 기를 쓰고 있을 때, 스탈린은 대일 참전이라는 상품을 미국에 높은 값에 팔려는 어려운 흥정에 몰두하고 있었다. 1944년 9월 23일 해리먼 미국대사와 클라크 커Archibald Clark Kerr 영국대사가 스탈린과 회견하고 퀘벡회의 결과에 대해 보고했다. 스탈린은 두 번에 걸쳐 미국과 영국이 소련 참전을 고려하지 않고 작전을 입안한 데에 놀랐다고 말했다. 그리고 그는 도대체 당신들 동맹국은 테헤란회담에서 약속한 대로 소련이 참전하기를 바라고 있느냐, 아니면 소련 없이 일본의 항복을 받아내려 하느냐고 힐문했다. 해리먼이 미국은 소련의 참전을 바라고 있다고 황급히 설명하자 스탈린은 또다시 소련은 참전 의사에 변함없다고 단언하고는, 그러면 미국은 소련이 어떤 역할을 해주기를 바라는지를 열심히 물었다. 거기서 해리먼은 스탈린으로부터 이미 동의를 받아뒀던 소련 연해주의 공군기지를 미국 공군이 사용하는 건에 대해 언급했다. 이에 대해 스탈린은 "그것이 가장 중요한 문제는 아니다. 가장 중요한 문제는 소련의 20개 내지 30개 사단을 극동에 이동시키는 일이다"라고 대답했다.

미국은 결사적으로 스탈린을 달래려고 했다. 해리먼은 루스벨트에게 소련이 먼저 제안하기 전에 미국이 소련 참전을 유도할 만한 작전을 제안하는 게 좋다고 권했다. 루스벨트는 처칠에게 보낸 편지에서, "스탈린은 우리를 지원하겠다는 자신의 의도를 우리가 의심하고 있는 건 아닌지 신경을 곤두세우고 있다"고 털어놓았고, 해리먼에게는 스탈린이 테헤란에서 한 약속을 자신이 전혀 의심하지 않고 있다는 걸 알려주라고 훈령했다.[41]

10월에 처칠이 모스크바를 방문하고 있던 기간에 스탈린은 해리먼과 일련의 회담을 했다. 스탈린은 해리먼에게 소련이 언제 일본을 공격할 것인지에 대해 아직 정확한 날짜를 보고할 순 없으나, "그 계획 입안에 곧 착수할 것"이라는 점에 대해서는 확약할 수 있다고 언명했다. 그리고 거기에는 참전을 위한 "정치적 관점이 고려돼야 한다"면서 미국이 어떤 형태로든 보상을 해줘야 한다는 것을 암시했다. 스탈린은 미군이 캄차카의 항공기지와 해군기지를 이용할 수 있게 하겠다고 동의했는데, 그 보상으로 "2개월에서 3개월분의 식량과 항공기, 자동차 수송용 중유"와 "철도 레일과 기타 수송수단"을 제공해달라고 요구했다. 스탈린은 또 소련 전략공군을 위해 4기통 엔진의 폭격기를 정기적으로 넘겨받아야 한다는 것과, 소련과 미국의 군사지도자들이 공동작전을 입안하기 위한 협의를 모스크바에서 개시할 용의가 있다는 것도 분명히 밝혔다.[42]

해리먼은 스탈린의 모든 요구를 그 자리에서 받아들였다. 스탈린은 일본과 전쟁은 오래가지 않을 것이라면서 2개월의 비축으로 충분하다고 말했다. 그리고 또 소련 참전을 위한 정치적 관점을 고려하지 않으면 안 된다고 강조하면서, "왜 일본과 싸워야만 하는지 러시아인들에게 명확한 목적을 제시해줘야 한다"고 덧붙였다. 그리고 소련은 일본에 대해 "클레임(claim, 권리 주장 또는 손해배상청구)"을 걸 사항이 있다고 의미심장하게 말했다. 그때는 그것이 도대체 어떤 '클레임'인지 밝히진 않았다.

미국과 흥정을 벌이는 한편으로 스탈린은 국민의 마음을 다가올 전쟁 쪽으로 돌리는 준비 작업에 착수했다. 독소전의 개시로부터 3년간, 스탈린은 일본을 자극해서 공격당하거나 하는 일이 없도록 소련의 매스컴에서 반일적 주장을 배제해왔다. 그런데 11월 6일 10월혁명 기념일 연설에서 스탈린은 처음으로 일본을 진주만을 공격한 침략자로 지목하고 비난하면서 이는 나치 독일의 소련 공격과 다를 바 없다고 단정했다. 그리고 스탈린은 장차 일소 전쟁에 대비하기 위해 일본에 비

판적인 출판물이 검열을 통과할 수 있도록 손을 써두었다.[43]

스탈린이 대일 참전을 미끼로 삼아 미국의 양보를 끌어내려 했다면, 그는 미국의 심리를 잘 읽고 있었다고 하지 않을 수 없다. 1944년 11월에 미국 통합참모본부는 소련의 대일 전쟁에 관한 보고에서, 소련은 미국의 전략적 이해와 무관하게 자신들의 전략적 관점에서 대일 전쟁에 참가하게 될 것이라고 지적했으나, "하지만 소련이 하루빨리 대일 전쟁에 참가하는 것은 우리에게도 바람직한 것이라는 게 일치된 견해"라고 덧붙였다. 따라서 "통합참모본부는 소련의 대일 전쟁 조기 참가를 환영하고", 나아가 "일본에 대한 우리의 주요 작전에 어떤 해도 끼치지 않고 소련의 대일 전쟁을 위해 할 수 있는 한 최대의 지원을 할 용의가 있다"고 했다. 소련의 참전은 단지 만주와 북중국에 일본군을 묶어두는 역할을 할 뿐 아니라 "일본과 아시아대륙 사이의 직접적인 커뮤니케이션을 단절하는" 역할을 수행할 것이라는 평가를 받았다.[44]

12월 14일에 해리먼은 스탈린을 만나 무기대여법에 따라 소련 극동으로 전시물자를 수송하는 문제에 대해 얘기했다. 해리먼은 유럽전선이나 필리핀에서의 군사물자 부족에도 불구하고 대통령과 통합참모본부는 소련의 요청을 최대한 그리고 조속히 달성하려 노력하고 있다고 전했다. 그리고 해리먼은 10월에 스탈린이 소련의 대일 전쟁 참전을 위한 "정치적 고려"에 대해 언급한 점을 얘기하면서 그것이 구체적으로 어떤 것인지 물었다. 마치 그 질문을 기다리고 있었다는 듯 스탈린은 금방 옆방에 가서 지도를 꺼내들고 왔다. 지도를 책상 위에 펼쳐 놓고 남사할린과 쿠릴열도를 가리키면서 그 영토들이 소련에 "반환"돼야 한다고 말한 뒤, "블라디보스토크에서 출발하는 해로는 현재 일본에 의해 봉쇄돼 있다. 소련은 이 중요한 항만도시로 연결되는 커뮤니케이션을 보호할 권리가 있다. 그런데 지금 태평양으로 나가는 모든 출구는 적에 의해 봉쇄되고 점거당한 상태다"라고 덧붙였다. 스탈린은 다롄과 뤼순을 포함한 랴오둥반도에 경계선을 긋고, 이들 항만의 조차, 둥칭철도와 남만주철도의 조차를 확보해야 한다고 말했다. 나아가 외몽고의 계속적 독립을 인정해줄 것도 요구했다.[45] 스탈린이 요구한 내용의 전모가 여기서 처음으로 드러났다.

해리먼이 이 요구에 놀랐을 것으로 보이진 않는다. 그가 유일하게 반대한 것은 다롄의 조차였다. 그곳은 오히려 국제항으로 만드는 것이 바람직하지 않겠느냐는 해리먼에게 스탈린은 다만 "나중에 토의하자"고 말했다.

소련과 중립조약의 딜레마

스탈린이 일본에 대한 전쟁을 준비하고 있을 때, 당연한 일이지만, 소련 정부 앞길을 가로막아 선 것은 중립조약 문제였다. 중립조약은 앞서 얘기했듯이 한쪽이 조약 만기가 되기 1년 전에 조약 갱신 의사가 없다는 것을 상대방에게 통보하지 않으면 자동적으로 5년간 연장되게 돼 있었다. 소련에서는 만기가 되기 전에 조약 파기를 통보하는 데에는 아무도 이론이 없었으나 만일 통보해버리면 소련 쪽의 의도가 드러날 뿐만 아니라 대일전 준비가 완료되기 전에 일본이 소련을 공격할 위험마저 있었다. 하지만 스탈린은 중립조약에 속박당하고 싶지 않았다. 일본을 기습하려면 1946년 4월에 만기가 될 때까지 이 조약이 유효하다는 것을 일본이 믿게 할 필요가 있었다.

1945년 1월 15일 로좁스키는 몰로토프에게 각서를 보내, 중립조약이 만기가 되기 전에 소련 정부가 일본 정부에 중립조약 파기 통보를 해야 한다고 보고했다. 그리고 통보할 때 일본이 현안과 관련해서 소련에 큰 양보를 한다면 조약을 갱신할 수도 있다는 걸 암시할 필요가 있다고 주장했다. 만일 그렇게 한다면 조약 갱신에 대한 교섭 타이밍은 유럽과 아시아 상황이 분명해지는 그해 10월이나 11월이 적당하다고 논했다.[46] 로좁스키는 여전히 소련이 전쟁에 참가해선 안 된다는 것, 중립조약은 다음 해 4월까지 유효하다는 것을 믿고 있었던 것이다.

이 문제가 소련 정부의 최고위급에서 논의됐다는 건 의심할 여지가 없다. 스탈린과 몰로토프는 중립조약 파기 통보를 해야 한다는 점에서는 로좁스키의 의견에 동의했다. 하지만 스탈린은 이미 대일전 감행에 대한 결심이 서 있었고, 몰로토프도 그런 스탈린의 의도를 알고 있었음이 분명하다. 일본을 속이기 위해서는 먼저 자국 외교관들을 속이지 않으면 안 된다. 로좁스키도 말리크도 스탈린의 의도에 대해서는 아무것도 알지 못했다. 그때까지도 스탈린과 몰로토프는 중립조약에 관한 근본적인 딜레마를 해결할 실마리를 쉽게 찾을 수 없었다. 그 딜레마란 먼저, 어떻게 일본의 선제공격을 유발하지 않고 중립조약 파기를 통보할 것인가, 그리고 일본에 조약 파기를 통보하면서도 은밀히 전쟁 준비를 하기 위해 조약은 만기가 될 때까지 유효하다는 것을 어떻게 일본이 믿게 만들 것인가, 또한 조약이 유효하다고 확신할 경우 어떻게 조약을 깨고 일본과의 전쟁을 개시할 것인가 하는 딜레마였다.

얄타회담

루스벨트, 처칠, 스탈린은 1945년 2월 4일부터 11일까지 얄타에서 3거두회담을 했다. 극동 문제는 5일째인 11일에 루스벨트와 스탈린 간의 비공식 회담에서 거론됐다. 스탈린은 이미 1944년 12월에 해리먼에게 얘기했던, 대일 참전에 따르는 보상 조건을 다시 한 번 구두로 제안했다. 루스벨트는 단 15분간의 회담에서 그 조건을 승낙했다. 얄타회담에 참가했던 그로미코(Andrei Gromyko, 당시 주미 소련대사로, 나중에 소련 외무장관이 된다)의 회고록을 보면, 루스벨트는 그 회담에 앞서 남사할린과 쿠릴열도를 소련에 넘겨주는 데 동의한다는 각서를 스탈린에게 보냈다. 그로미코가 그 각서를 번역해서 보여주자 스탈린은 기쁨을 억누르지 못하고 방 안을 왔다갔다 하면서 몇 번이나 "좋아. 정말 좋아!"라는 말을 되뇌었다.[47] 스탈린은 왜 그토록 기뻐했을까? 러시아 역사가 세보스티야노프에 따르면, 러시아 대통령 문서관의 스탈린 항목에 이와 관련한 중요한 문서가 하나 있다.

그것은 미국이 얄타회담 직전에 루스벨트 대통령을 위해 준비한 자료 가운데 하나인 블레이크슬리 보고서 복사본이었다.[48] 왜 이런 비밀문서가 스탈린 손에 들어갔는지는 알 수 없지만, 국무부 내부 스파이 또는 워싱턴에 있는 영국대사관의 스파이를 통해 입수했을 것으로 추측할 수 있다.

블레이크슬리 보고서는 북쿠릴과 중쿠릴은 소련이 지도하는 국제기관 관할하에 두지만, 남쿠릴은 일본의 영토로 귀속돼야 한다고 논한 것이다. 스탈린은 루스벨트가 의외로 블레이크슬리 보고서대로 하지 않고 자신의 요구를 들어주자 크게 기뻐했을 게 분명하다.

2월 10일, 몰로토프는 해리먼에게 스탈린 제안의 원안을 제출했다. 그때의 교섭을 상세히 기록한 각서가 미국 국회도서관에 있는 해리먼 문서 속에 들어 있다. 그 각서에 따르면, 해리먼 당시 소련 주재 대사는 스탈린 원안에서 두 가지 수정을 제안했다. 첫째로 스탈린 원안에는 다롄과 뤼순을 조차하는 것으로 돼 있으나 그 두 항구를 국제항으로 할 것, 둘째로 스탈린 원안에는 둥칭철도와 남만주철도에 대한 러시아의 권리가 회복되는 것으로 돼 있었으나 해리먼은 그 두 철도를 중국과 소련의 공동관리하에 두자고 제안했다. 첫 번째 문제에 관해 스탈린은 다롄을 자유도시로 하는 데는 동의했으나 뤼순의 조차는 양보할 수 없다며 거부했다. 해리먼의 반대에도 불구하고 루스벨트는 이 요구를 간단히 받아들였다. 스탈린은 또 두 번째 문제인 두 철도에 관한 수정안을 받아들였으나, 단 여기에는 장제스가 외몽고의 현상유지를 인정해야 한다는 조건이 붙어 있었다.

해리먼 각서는 중요한 것 한 가지를 빠뜨렸다. 스탈린은 철도에 관해 "러시아의 우선적preeminent 이익이 보장된다"는 문장을 삽입했다. 해리먼은 '우선적 이익'이라는 표현이 마음에 들지 않았다. 해리먼은 그것도 루스벨트에게 솔직하게 얘기했다. 그러나 루스벨트는 "사소한 말을 크게 문제 삼을 생각은 없다"며 해리먼의 의견을 물리쳤다. 그 표현이 나중에 중소 교섭상의 커다란 쟁점이 될 것이라는 점을 루스벨트는 전혀 깨닫지 못했던 것이다. 루스벨트와 스탈린 간의 합의가 이뤄지자 회담에 참가하지 않았던 처칠이 자신도 합의 문서에 서명하겠다고 끼어들었다. 처칠은 그 합의에 참가하지 않으면 극동의 영국 권익을 지킬 수 없을 것이라고 생각했음이 분명하다. 그러나 처칠의 서명은 영국 정부 각료들에게는 비밀에 부쳐졌다.[49]

알타밀약에 따르면, 영국, 미국, 소련 3국은 독일 패전 뒤 2개월에서 3개월 안에 "소련이 연합국 쪽에 서서 대일 전쟁에 참가"하기로 결정하고, 그 조건으로 다음 조항들을 열거했다.

1. 외몽고의 현상유지를 견지한다.

2. '1904년 일본국의 배신적 공격에 의해 침해당한' 러시아의 옛 권리를 다음과 같이 회복시킨다.

(가) 남사할린을 소련에 '반환'

(나) 다롄에 대한 소련의 '우선적 이익' 옹호와 국제화, 해군기지로서의 뤼순 조차권을 소련이 회복한다.

(다) 둥칭철도, 남만주철도는 중국과 소련이 공동운영하지만, 소련의 우선적 이익은 보장된다. 또 중화민국은 만주에 대한 완전한 주권을 보유한다.

3. 쿠릴열도는 소련에 '인도된다.'

이 협정은 장제스의 동의를 얻도록 돼 있었는데, 루스벨트 대통령은 스탈린이 통지한 뒤에야 비로소 장제스한테서 그 동의를 받도록 하는 조치를 취하기로 결정했다. 소련은 국민당 정부와 우호동맹조약을 체결할 용의가 있다고 표명했다.[50]

알타밀약을 보면 스탈린이 얼마나 깊이 생각했는지를 알 수 있다. 쿠릴열도를 언급한 제3항은 러일전쟁에서 "일본국의 배신적 공격에 의해 침해당한" 영토의 '반환'을 규정한 제2항과는 따로 분리해서 "인도된다"고 명기했다. '반환'되는 영토와 '인도'되는 영토를 구별함으로써 스탈린은 쿠릴의 소련 양도를 확실한 것으로 만들었다. 즉 일본 고유의 영토인 쿠릴열도를 일본으로부터 분리하는 것은 영토 확대를 금지한 대서양헌장과 카이로선언에 위반된다는 논란이 벌어질 것을 예상하고, 쿠릴열도는 '반환'돼야 할 영토와는 달리 소련에 '인도'된다는 점을 강조한 것이다. 그리고 이 비밀협정이 일본 항복 뒤에 실현될 것이라는 취지를 3국 정상이 확약한 점을 협정 안에 포함시킴으로써 영국과 미국이 이를 이행할 의무를 확실히 다졌다.

스탈린은 나아가 중국에 대한 소련의 권익을 밀어붙이는 데에도 성공했다. 그 권익은 명백히 중국의 주권을 침해하는 것이었으나 루스벨트와 처칠은 중국 정부엔 한마디 상의도 없이 스탈린의 요구를 간단히 받아들였다. 게다가 스탈린은 다롄과 만주의 철도에 대한 소련의 '우선적 이익'이라는 표현을 협정에 포함시키는 데에도 성공했다. 그리고 중국의 반대를 미연에 방지하기 위해 이 권익은 장제스의 승인을 받아야 하며 또 철도의 공동관리는 장제스가 외몽고의 현상유지를 인정할 경우에 한한다는 조건을 달았다. 스탈린과 루스벨트는 언제, 어떻게 얄타밀약 내용을 중국 정부에 보고할 것인지 얘기했으나, 만일 중국에 그런 내용을 전달할 경우 중국은 비밀을 지키지 않고 금방 세계에 공표할 것이므로 당분간 중국 정부에도 비밀로 해두고, 공표할 때가 됐다고 스탈린이 판단했을 때 비로소 루스벨트가 장제스에게 그 내용을 전달하기로 결정했다. 즉 얄타밀약은 중국의 주권을 침해했을 뿐 아니라 쌍방이 중국에 대해 공통적으로 품고 있던 멸시를 바탕에 깔고 있었다. 루스벨트에겐 소련의 참전을 얻어내는 것이 지상명령이었고, 이를 위해서는 중국의 주권을 침해하는 것 따위는 개의치 않았다. 하물며 소련의 참전이 일소 중립조약에 위배된다는 것 등은 조금도 고려하지 않았던 것으로 보인다.

해리먼은 얄타밀약을 통합참모본부의 수뇌부에 보여주면서 군지도자들이 얄타밀약의 조항에 이의를 제기해주리라 기대했다. 그러나 해리먼의 기대와 달리 마셜, 킹, 레이히Wiliam Leahy는 아무런 이의 제기도 하지 않고 협정을 묵인했다. 통합참모총장이자 대통령 보좌관이었던 레이히는 세 정상의 서명을 받은 얄타밀약 원본을 워싱턴에 가지고 가서 대통령 금고 속에 몰래 넣었다. 해리먼과 통역자 보런을 빼고는 국무장관 스테티니어스Edward Stettinius에게도, 또 국무부의 다른 누구에게도 얄타밀약은 통지되지 않았다.

얄타회담에서는 그 뒤의 사태 전개에 중요한 의미를 지닌 또 하나의 사건이 있었다. 영미 합동군사회의가 열린 2월 9일, 처칠은 미국, 영국, 중국, 소련 4개국이 일본에 무조건 항복을 받아들이도록 4개국 공동의 최후통첩을 발할 것이라고 했으나, 그 연설 중에 "만일 많은 피와 돈을 투입하는 전쟁이 그 덕에 1년이나 반년이라도 단축된다면, 조건을 어떻게든 완화하는 것은 분명히 의미 있는 일일 것"이라고 덧붙였다.

이 처칠의 요청에 대해 루스벨트는 "세계에서 일어나고 있는 일에 대해 완전히 무지하고 아직도 만족할 만한 양보를 얻어낼 수 있다고 보는 일본인들에게 그런 조건 완화를 해주는 게 효과가 있으리라고는 생각할 수 없다"며 일축했다. 처칠의 발언은 미국이 일본의 무조건 항복 요구를 완화해야 한다는 첫 권고였다. 루스벨트에게 거부당했으나 이는 오히려 합동군사회의에 열석했던 레이히, 마셜, 킹에 대한 공작이었던 것으로 해석할 수 있다. 미국 군사지도자들이 장차 무조건 항복 요구를 완화할 수 있도록 그들 마음속에 씨앗을 뿌렸던 것이다.[51]

알타회담은 소련의 대일 전쟁을 위한 군사계획에서도 전환점이 됐다. 바실렙스키와 참모본부는 알타회담이 끝나자마자 어떻게 전쟁을 개시하고 수행할 것인지 상세한 계획을 입안하는 작업에 착수했다.[52]

대일본제국 육군의 '결호'작전

미소 간 협력이 급속히 진전되고 있는 동안에 전국은 점점 일본에 불리한 쪽으로 악화일로를 걷고 있었다. 1944년 11월에 일본은 레이테전투에서 패배했고, 1945년 1월에는 미군이 루손섬에 상륙했다. 게다가 마리아나제도를 기지로 삼은 미 전략공군의 B-29 폭격기의 일본 본토 공습이 격화됐고, 천황도 전쟁의 앞날을 우려하게 됐다. 그때까지 완강하게 중신들의 의견 듣기를 거부해온 천황과 기도 내대신은 2월이 되자 그때까지의 태도를 바꿔 중신들을 한 사람씩 궁중으로 불러 알현케 하면서 의견을 상주(上奏, 국왕에게 아룀)하도록 허락했다.

알타에서 3거두회담이 열리고 있던 2월 14일, 고노에는 천황을 배알하고 상주했다. 고노에는 상주문에서 느닷없이 처음부터 "패전은 유감이지만 아주 빠른 시일 안에 맞게 될 수밖에 없을 것으로 아룁니다"라며 다음과 같이 말했다.

"패전은 우리 국체에 손실을 가져다줄 것인데, 영국, 미국의 여론은 아직 국체의 변혁까지 요구하진 않고 있습니다. … 따라서 패전 그 자체는 국체상 걱정하실 필요는 없는 것으로 생각합니다. 국체호지 원칙보다 가장 걱정해야 할 일은 패전보다도 패전에 이어 일어날 수 있는 공산혁명입니다."

고노에는 또 소련이 유럽에서 친소정권 수립을 꾀하고 있는데, 이런 기도가 아시아에서도 추진될 게 분명하며 "소련이 곧 일본의 재생(재건)에 간섭해올 위험이 크다"고 논하면서 좌익분자와 군부 내의 혁신운동이 결합할 우려가 있다고 경고했다.[53] 군을 숙청하고 화평 조건을 다진 뒤 영국, 미국과 교섭해서 전쟁종결을 추진하면서 국체 유지를 꾀한다는 게 고노에의 생각이었다.

공산당이 종전 직후에 큰 영향력을 행사하게 된 점을 생각하면, 고노에의 걱정이 전혀 근거가 없는 것이었다고 할 순 없다. 게다가 민심의 동요가 군의 반란까지 부를지도 모른다는 두려움은 일본 정치가들 사이에서는 널리 공유되고 있었다. 특히 황족은 그 위험성을 누구보다도 예민하게 느꼈다. 그중에서도 다카마쓰노미야•와 히가시쿠니노미야••는 패전이 황실의 종언으로 연결되는 게 아닌가 하는 위기감을 갖고 있었다. 이들은 황실의 존속이라는 관념을 이미 국체호지라는 관념과 분리

• 高松宮宣仁, 1905~1987. 천황의 동생. 요나이 미쓰마사 등과 함께 화평파를 이끈 인물로 전쟁을 계속하려는 천황과 갈등했다.

•• 東久邇宮稔彦, 1987~1990. 황족이자 육군대장, 천황의 고모부. 패전 후 총리대신이 되어 포츠담선언에 근거한 패전 처리 내각을 이끌었으나 두 달을 버티지 못하고 최단기간 내각으로 끝났다.

해 의식하기 시작했다.

기도는 패전이 불가피하다는 것, 황실을 구하기 위해서는 화평이 필요하다는 것에 대해서는 고노에의 의견에 동의했다. 그러나 기도는 전쟁을 종결하기 위해서는 신중하게 군부를 끌어안고 화평 쪽으로 가야 한다는 걸 알고 있었다. 설혹 그때 일본의 정치 상층부에 '화평파'가 등장했다는 점을 인정하더라도, 그 화평파는 아직은 같은 의견 아래 결속한 그룹은 아니었다. 전국이 급속히 악화하고 있었음에도 고이소 내각은 전쟁을 끝내기 위한 어떤 방책도 갖고 있지 않았다. 패전 시기가 다가오고 있었지만 어떻게 항복해야 할지에 대한 계획은 여전히 준비되지 않은 상태였다.

기도는 군부의 움직임을 정확하게 읽고 있었다. 육군은 전쟁을 계속할 의사를 굳히고 있었다. 2월 15일, 대본영은 최고전쟁지도회의에 '세계정세 판단'을 제출했는데, 이는 미군이 필리핀에서 조기에 작전을 완료하고, 마리아나제도와 필리핀을 기지로 삼아 일본 본토상륙 준비를 마친 뒤 8, 9월 무렵까지 본토에 대한 포위 침공 태세를 확립하고 공습을 강화함으로써 본토를 약화시키고, 본토와 대륙을 분단시킨 뒤 본토상륙을 결행할 것으로 예상했다. 또 미국은 극력 소련을 대일 작전에 끌어들이려 애쓸 것으로 봤다.

소련에 대해서는 "이번 봄에 중립조약 파기를 통고할 공산이 상당히 크다"고 하면서도 "여전히 대일 중립관계를 유지할 것"이라고 내다봤다. 그러나 이 낙천적인 결론에 절대적인 신뢰를 보낼 수 없었던지, 아니면 육군참모본부 내부에서 그 점에 대해 의견 대립이 있었던 것을 반영한 결과인지, 마치 수정을 가하듯 소련은 일본의 저항력이 "현저히 약화됐다고 판단할 경우에는 유럽 정세가 어떠하든 상관없이 동아시아 장래에 대한 발언권을 확보하기 위해 대일 무력전을 발동할 공산이 크다"고 단서를 붙였다.

유럽의 전황은 독일에 불리했고, 그해 중반까지 독일이 최악의 상태에 처하게 될 것으로 예상할 수밖에 없다고 하면서도, 미국도 인적 자원 소모가 증대되고 또 미국, 영국과 소련 사이에 분쟁이 일 조짐이 보인다는 점도 지적했다. 따라서 "우리의 출혈 작전으로 미국의 인적 자원을 소모시키는 것이 미국에는 가장 고통스러운 일일 것"이라며, 많은 희생을 각오하고 싸운다면 미국에게 큰 타격을 줄 수 있을 것이라고 내다봤다. '출혈 작전'이란 단지 군인만이 아니라 일본인 전체가 하나로 뭉쳐 상륙하는 미군에 결사적으로 대적할 것을 강요하는 지극히 무모하고 잔혹한 작전이었다.

결론적으로, "이제 전국이 일본, 독일에 급박해졌지만 적국도 각자 심각한 고뇌를 안고 있어 실로 피아彼我가 버티는 단계에 도달"했다면서, 따라서 "향후 결국 어떤 과중한 고난도 견디면서 의연하게 필승의 투혼을 견지하고 끝까지 싸우는 자에게 최후의 승리가 주어질 것"이라며 끝까지 전쟁을 계속해야 한다고 주장했다.[54] 이 결의를 바탕으로 대본영은 3월에 미군의 상륙 예정지가 규슈라는 것을 제대로 상정해 최후의 총결전이라고 해야 할 '결호決号' 작전•을 채택했다.[55]

• 미국의 일본 본토상륙에 대비한 방어 전략. 사실상 결호작전의 목적은 전투에서 이기는 데 있는 것이 아니라 적(미군)에게 최대한의 출혈을 야기함으로써 항복 조건을 완화하는 것이었으며, 그 핵심은 자살적인 결사 항전이었다. 결과적으로 미국 상륙 전 일본이 항복함에 따라 이 작전은 실행되지 않았다.

일본 정부는 얄타에서 열린 3거두회담의 향방을 불안하게 지켜보고 있었다. 2월 22일 사토 대사는 크리미아에서 돌아온 몰로토프와 회견하고 단도직입적으로 얄타회담에서 극동 문제가 토의됐는지를 물었다. 몰로토프는, "일소 관계는 일본과 영미와의 관계와는 근본적으로 다른 성격의 것이다. 영미는 일본과 전쟁상태에 있지만 소련은 일본과 중립조약을 체결했고, 일소 관계는 일소 2국 간 문제라고 생각한다. 이제까지도 그러했고, 앞으로도 그러할 것이다"라고 말했다. 사토는 몰로토프에게 일본 정부는 중립조약을 5년간 더 연장할 방침인데 소련 정부는 어떻게 대응하려 하느냐고 물었다. 몰로토프는 일본 정부의 방침을 듣고 만족했으며, 이를 소련 정부에 전달할 것을 약속한다고 말하며 어물쩍 넘겼다.[56] 외교가 상대를 속이는 것이라면 몰로토프는 완벽한 외교관이었다. 몰로토프는 말리크나 로좁스키와 달리 스탈린이 일본과의 전쟁을 기도하고 있다는 것, 대일 전쟁에 대한 보상으로 영국, 미국으로부터 어음을 받았다는 것을 알고 있었다.

외무성 보고와 다카기의 중간보고

일본 외무성이 팔짱을 끼고 하는 일 없이 날을 보내고 있었던 것은 아니다. 2월에 외무성 조약국은 무조건 항복, 점령, 비군사화, 군국주의 제거, 민주적 개혁, 전범재판, 천황의 처우 등에 관한 연합국의 정책을 조사한 보고서를 제출했다. 이 보고서는 연합국이 무조건 항복을 요구하겠지만 천황의 처우에 대해서는 의견이 나뉜다고 분석했다.

관용평화론자는 천황이 전후 안정에 없어서는 안 될 존재라고 논했지만, 가혹평화론자는 천황제는 일본 군국주의의 근원이라고 논했다. 보고는 천황제 유지가 미국에 유익한지, 아니면 미국을 불리한 입장으로 몰아갈지를 판별하기 위해 천황의 처우에 대해서는 전쟁이 종결될 때까지 결정하지 말고 내버려둬야 한다는 그루의 의견을 특별한 관심을 가지고 소개했다. 그리고 미국의 여론은 천황의 처우에 관해서는 분열돼 있지만, 군국주의를 제거하기 위한 민주주의의 필요성에 대해서는 일치하고 있다고 말했다.[57]

공개된 자료에만 의존하면서 외무성은 상당히 정확하게 연합국의 의견을 분석하고 있었다. 다카기 그룹과 마찬가지로, 전쟁을 끝내고 국체호지까지는 무리라고 하더라도 천황제를 유지하기 위해서는 그루와 같은 의견을 지닌 미국 정치가와 유력한 지도자에게 의존하는 것 외에 방법이 없다고 생각했다. 이런 분석을 토대로 외무성은 종전 최후의 결정 과정에서 중요한 역할을 수행하게 된다.

기회가 오면 적극적으로 종전 공작을 벌이려 했던 이들은 외무성의 최고간부들만은 아니었다. 3월 13일에 다카기는 어떤 시기에, 어떤 내용의 방책으로 전쟁을 종결로 이끌 것인지를 과제로 극비로 진행된 화평 토론의 제2중간보고를 완성했다. 이 보고는 유럽 전황에서 독일의 패전은 피할 수 없으며, 향후 연합국은 유럽의 전후처리와 대일 작전에 전력을 집중할 것이라고 예측했다. 앞의 중간보고(73, 74쪽 참조)와 마찬가지로 미국은 일본의 항복 뒤 민족 섬멸은 물론 국체의 변혁도 꾀해서는 안 된다, 그렇게 하면 쓸데없이 일본 국내의 혼란을 부르고 소련에 유리한 상황을 조성할 뿐이다, 그보다는 오히려 장차 미국에 협력할 정권의 수립을 지향하면서 군부 출신 지도자를 일소해서 민주적 정체 쪽으로 변혁을 꾀할 것이라고 분석했다. 또 정체의 변혁은 일본 자신에게 맡겨둘 공산이 크다는 것도 예측했다. 분명 다카기는 그루를 중심으로 한 일본 전문가들, 즉 온건파가 일본 점령정책의 중추를 담당하기를 기대했다. 그것은 미국의 온건파가 일본 내부에서도 온건파 의견이 주류가 되기를 기대한 것과 서로 호응했다.

소련에 관해서 보고서는 "냉혹한 현실주의에 입각한 세계정치"를 전개할 것으로 보고, 동아시아에서는 이미 적화赤化를 위한 세포조직 심기에 성공했기 때문에 "일본의 전력 소모 정황과 미국, 중국 합작의 추이를 주시하면서 자주적 판단을 토대로 물물교환, 현금거래주의를 통한 정략전략政略戰略을 추진하고 차차 동부 소련 병력을 증강해서 전후 발언권 확보에 노력할 것"이라고 분석했다.

여기서 주목해야 할 것은, 다카기가 소련을 공산주의 이데올로기보다도 지정학적인 이익에 입각해서 정책을 수행하는 국가로 보고 있다는 점이다. 일본, 미국 간의 사투는 미국의 위신 저하를 초래하고, 일본의 세력 쇠퇴는 일본 국내의 동요를 불러 일본 적화의 여지를 만들게 된다. 그렇게까지 되지 않더라도 일본의 지도자들이 소련에 접근할 가능성이 크기 때문에 소련에 유리해질 것으로 예상했다. 소련이 장차 일본에 대한 전쟁을 개시할 것인지에 관해서는 "만일 제국의 정세가 심히 악화되면 대일 정략적 압박보다 무력 간섭, 병력 진주, 기지 대여, 대일 참전에 나설 공산이 없지 않으며, 이는 소련의 대영미 관계, 그리고 동아시아 전황이라는 현실적 조건에 의해 결정될 것"이라며 상황에 따라 좌우될 것이라는 입장을 취했다. 정세가 완전히 소련에 유리해질 때까지, 즉 '익은 감이 땅에 떨어질 때까지' 소련은 참전을 기다릴 것이라는 이 분석은 스탈린의 의도를 과소평가한 것이지만, 그것은 다카기만 그런 것은 아니다. 미국 통합참모본부 보고서에도, 또한 로좁스키, 마이스키, 말리크 등 소련 외무성 고관들 분석에도 공통된 논점이었으므로 다카기의 분석이 특별히 순진했다고 할 수는 없다.

이런 분석을 토대로 일본은 이제 결호작전에 돌입하기 전에 외교를 통해 전쟁종결을 추구해야 한다고 다카기는 주장한다. 종전 조건으로는 "황위의 존엄과 국체호지"만 추구하는 것을 유일한 목적으로 삼고 다른 조건에 구애받는 건 피할 필요가 있다고 했다. 여기에는 이전의 중간보고와 마찬가지로 "황통의 유지, 통치권의 확보"가 나란히 놓이고 황실 유지와 천황의 통치권이 분리돼 있는 데에 주목해야 한다. 다카기는 이 중간보고에서 양자를 '국체호지'로서 요구할 것을 주장하고 있으나, 만일 그것이 불가능하다면 황실의 유지만을 조건으로 내세우고 천황의 통치권은 내준다는 선택지를 시사하고 있다고 할 수 있다.[58]

화평파는 명확한 계획을 입안하고 있었다. 그러나 그것을 어떻게 실현할지가 문제였다. 다카기가 지적했듯이 이 계획을 실현하기 위해서는 두 가지 조건이 충족돼야 했다. 첫째로 육군의 지지, 특히 참모본부의 상중급 참모들의 지지를 확보할 것, 둘째로 천황 자신이 이 작전을 적극적으로 지지하고 수행할 것 등이다. 고이소 총리는 화평에 관한 어떤 정책도 갖고 있지 않았다. 따라서 고이소를 사임시키는 것이 종전으로 가는 첫걸음이었다.

맥아더의 소련 참전 지지

일본 군부가 소련의 중립 유지를 조건으로 작전을 세우고 있을 때 미국은 소련의 참전을 미군의 일본 본토상륙 작전의 전제조건으로 간주하고 있었다. 맥아더는 육군부작전국 작전정책그룹의 장으로서 얄타회담 결정 사항을 전달하기 위해 필리핀을 찾아온 링컨George A. Lincoln 소장에게, 미군이 일본 본토상륙을 감행하기 전에 중국 주둔 일본군을 중국 대륙에 붙잡아두기 위해 소련이 일본에 대한 전쟁을 개시할 필요가 있다고 말했다.

마셜에게 보낸 편지에서 맥아더는 일본을 패배시킬 유일한 수단은 일본 본토의 산업중심지를 침공하는 것이라고 했으나, 일본군의 저항력은 만만치 않다고 경고했다. 그리고 그는 "우리는 소련군이 만주에서 행동을 개시하기 전에 일본 본토를 침공해서는 안 된다"고 썼다. 소련의 군사행동으로 만주, 조선, 중국 일부가 소련 지배 아래로 들어갈 가능성에 대해 알고도 남음이 있으나 이들 지역은 모두 소련의 지배를 피할 수 없을 것이며, "미국은 소련에 독일 항복 뒤 지체 없이 자신을 희생해서 만주를 침공하도록 요구해야 한다"고 논했다.

루스벨트와 맥아더는 스탈린의 의도를 과소평가했다고 할 수 있다. 두 사람 모두 스탈린이 극동에서 입게 될 소련의 희생을 최소화하기 위해 더 유리한 시기가 올 때까지 참전을 미룰 것이라고 오산했다. 설사 얄타밀약이 체결되지 않았더라도 스탈린은 참전했을 것이라는 점을 이해하지 못했다. 스탈린은 얄타밀약으로 약속받은 보상을 확보하기 위해서는 어떤 희생을 치르고라도 전쟁에 참가해야 했다. 참전하기 전에 전쟁이 끝나버리면 소련은 난처해질 수밖에 없었다.

알타회담의 군사협의에서 소련 참모본부는 미국과의 공동작전 입안을 위해 모스크바 주재 미국 군사사절과 작전 협의를 하기로 약속했다. 그럴 목적으로 1월부터 3월까지 몇 번이나 협의를 거듭했지만 미국의 군사사절은 소련 쪽으로부터 어떤 협력도 얻어낼 수 없었다.[59] 소련은 일본에 대한 기습을 가장 효과적으로 수행하기 위해 대일 전쟁 준비를 완전히 비밀리에 진행할 필요가 있었기 때문에 미국과의 군사협력이 외부에 노출되는 것을 싫어했을 것이다.

극도로 시의심이 강했던 스탈린은 미군이 소련 영토 안에서 행동하는 것을 좋아하지 않았다. 특히 미국이 계획하고 있는 쿠릴 작전에 대해 걱정하고 있었음이 분명하다. 쿠릴 작전은 미국이 전략물자를 소련 극동에 운반하기 위해서 필요했으나, 그 작전이 소련의 쿠릴 점거에 장애물이 될 가능성도 부정할 수 없었다. 따라서 스탈린은 미국의 쿠릴 작전을 결코 막으려고 하진 않았으나, 거꾸로 이를 적극적으로 지지하지도 않았다.

맨해튼계획

미국의 원폭개발은 1942년에 스팀슨Henry Stimson 육군장관을 최고책임자로 해서 그로브스Leslie Groves 장군 지도 아래서 시작돼 3년간 20억 달러를 들여 성공했다. 원폭개발의 역사는 잘 알려져 있으므로 새삼스레 상술할 필요는 없을 것이다. 여기서는 원폭개발이 일본,

미국, 소련 3국 관계에 중요한 영향을 미친 몇 가지 사실에 대해서만 언급하고자 한다.

1945년 초만 해도 미국의 작전을 지휘하는 군사지도자들은 원폭 보유 가능성을 전혀 고려하지 않고 있었다. 원폭개발은 극비로 추진돼 그로브스 장군 휘하 장교 몇 명만이 그 사실을 알고 있었다. 육군부작전국은 참모본부의 사령탑으로 작전 입안과 수행을 지휘하는 가장 중요한 부서였으나 작전국 안에서도 맨해튼계획을 알고 있었던 사람은 극소수였다. 맨해튼계획을 알고 있었던 사람들 중 한 명인 링컨 소장은 "8월 6일이 되기까지 작전국의 어떤 문서를 뒤져보더라도 원폭에 관해 언급한 문서는 존재하지 않을 것"이라고 단언했다.

1944년 12월에 루스벨트 대통령은 원폭 제조 일정에 관한 그로브스의 보고를 받았다. 그 보고에서는 1945년 8월 1일까지 원폭(철포형 폭탄) 한 개가 완성되고, 또 하나의 좀 더 복잡한 원폭(내발적 폭탄) 실험이 7월에 실시되는 걸로 돼 있었다. 8개월 뒤에 완성될지도 모를 원폭을 현실의 군사작전에 도입하는 건 너무 먼 미래의 일이었다. 그러나 그때 이미 만일 원폭이 완성된다면 그것은 일본에 사용한다는 결정이 내려져 있었다. 1944년 9월에 처칠이 루스벨트를 방문했을 때 두 정상은 "원폭이 완성되고 나면 일본이 항복할 때까지 계속 사용할 것이라는 경고를 한 뒤에 사용할 것"이라는 데에 합의했다.[60]

원폭은 이미 동유럽, 특히 폴란드 문제로 알력이 생기고 있던 미소관계의 문맥에서도 중요했다. 즉 얄타회담에서 루스벨트와 처칠은 자국의 여론을 고려해서 스탈린이 '자유로운 선거'를 실시하겠다고 약속한 '해방된 유럽에 관한 선언'에 서명하게 하는 데 성공했으나 실질적으로는 동유럽의 소련 지배권을 인정할 수밖에 없었다. 그러나 폴란드에서 괴뢰 루블린Lublin 정부를 밀어 자기 권익만을 관철하려 한 소련의 정책에는 루스벨트조차도 경계심을 품게 됐다. 처칠은 루스벨트에게 폴란드를 "우리와 소련 사이의 시범 사례test case"로 삼도록 몇 번이나 설득하려 했다.[61] 그러나 루스벨트는 폴란드 문제로 스탈린과 결정적으로 대립하는 건 피해야 한다고 대답했다. 4월 11일 처칠에게 보낸 마지막 서한에서 루스벨트는 "나는 소련과의 일반적인 문제를 가능한 한 작은 문제로 취급할 것을 제안하고자 합니다. 왜냐하면 이런 문제는 날마다 잇따라 일어나는 문제이고 어떤 형태로든 해결될 문제이기 때문입니다"라고 썼다.

루스벨트는 그다음 날 숨을 거두었다. 역사가 오프너Arnold Offner가 말했듯이 "루스벨트가 폴란드 문제로 스탈린에게 도전하거나 반소 동맹을 구축하려 했다고 생각할 순 없다."[62]

해리먼 소련 주재 대사는 이런 대통령의 정책에 큰 경계심을 품었다. 그는 이미 전년도 12월에, 결국 보내지 못한 대통령 앞 각서에서 미소 관계에 새로운 구조가 출현하고 있다며 경고했다.

> 러시아 쪽은 자신들이 바라는 대로 결정하고 그것을 선언한다. 우리는 그들의 결정 이유가 무엇인지 통보받지 못했고, 또 그 결정을 논의할 기회도 얻지 못했다. 러시아는 그들이 무엇을 결정하든 우리가 아무런 의문도 없이 그 결정을 받아들이는 것이 당연하다고 생각하는 것 같다. 게다가 그 제멋대로의 결정이 우리의 태도와 미국 여론에 어떻게 영향을 미칠지에 대해서는 관심이 없다.[63]

알타회담 이후 해리먼은 루스벨트의 유화정책에 점점 의문을 품게 됐고, 비판적인 의견의 톤도 점차 날카로움을 더해갔다. 보내지 못한 또 하나의 대통령 앞 각서에서 해리먼은 쌓이고 쌓인 울분을 폭발했다. 소련은 폴란드에 관한 협정을 깨뜨리고 있다. 미국이 단호한 자세로 양보하지 않으면 소련은 끝까지 양보를 받아내겠다는 의도로 반격을 가했다. 반면 미국이 관대한 기색을 보이면 소련은 이를 미국이 약하다는 증거로 해석하기 때문에 미국 정부는 "협조적인 태도를 버리고 확고하고 의연한 태도로 소련에 대처해야 한다"고 주장했다.[64]

해리먼의 의견은 루스벨트에겐 받아들여지지 않았으나 스팀슨에게는 큰 영향을 미쳤다. 스팀슨은 일찍부터 전후에 발생하게 될 원자력 에너지의 국제관리라는 문제에 큰 관심을 기울였고, 그때 이미 원자력 에너지의 보유를 소련에 언제까지고 비밀에 부칠 수는 없다고 생각하고 있었다. 그러나 해리먼의 의견을 알고 나서는 소련과 함께 원자력 에너지를 관리하는 것에 큰 의문을 품게 됐다. 1944년 12월 말에 스팀슨은 "우리의 솔직한 정보에 대한 '보상quid pro quo'이 없으면, 소련을 믿지 않겠다"고 결의했다.[65] 원폭이 소련에 대처하는 하나의 유력한 수단으로 등장한 것이다.

마지막으로 소련의 첩보활동에 대해 언급하지 않을 수 없다. 소련의 첩보활동은 맨해튼계획 깊은 곳까지 침투해 있었다. 1943년 4월에 소련 국가보안위원회는 원폭개발 결정을 내렸다. 내무인민위원회(NKVD)와 군사첩보부(GRU)는 미국 국내에 있는 그들의 스파이인 클라우스 푹스Klaus Fuchs, 데이비드 그린글래스David Greenglass, 시어도어 홀Theodore Hall 등에게 맨해튼계획에 대한 첩보활동을 벌이도록 명했다. 이들 스파이 외에 해리 골드Harry Gold, 줄리어스 로젠버그Julius Rosenberg가 소련 첩보부와 맨해튼계획 내부에 잠입한 스파이 간의 연락책으로 비밀활동을 벌였다. 이런 스파이들을 통해 스탈린은 미국의 원폭개발 프로젝트에 대해 훤히 알고 있었다. 미국이 원폭을 개발하기 전에 소련이 참전해야만 한다는 것을 스탈린은 잘 알고 있었던 것이다.

얄타회담 뒤 채 2개월도 지나지 않은 시기에 많은 변화가 일어났다. 일본군은 필리핀에서도 패배했고, 3월에는 이오지마(硫黃島, 유황도 또는 이오토)가 함락됐다. 르메이 장군이 지휘하는 전략공군은 일본의 도시들에 맹렬한 공습을 벌여 소이탄들을 비처럼 쏟아냈다. 미군은 본토상륙 전 일본 최후의 요새인 오키나와를 공략하려 했다. 그러나 승리가 눈앞에 다가오자 폴란드와 동유럽의 장래를 둘러싼 연합국 간의 알력이 모습을 드러냈다. 처칠은 노발대발했다. 루스벨트의 건강은 악화됐다. 스탈린은 다음에 무슨 손을 쓸 것인지 은밀히 일을 꾸미고 있었다.

3월이 끝나가고 있었다. 4월에는 큰 변화가 일어날 게 분명했다.

2장

1945.
04.
1일
· 미군 오키나와 상륙
5일
· 일소 중립조약 파기 통고
7일
· 스즈키 내각 구성
12일
· 루스벨트 대통령 사망, 트루먼 제33대 대통령 취임
13일
· 트루먼과 처칠, 폴란드 문제에 항의
23일
· 백악관 회의에서 대소 정책 변경
24일
· 스탈린, 폴란드 문제 관련 트루먼과 처칠의 제안 거부
25일
· 샌프란시스코회의 시작
· 트루먼 맨해튼계획에 관한 최초 보고 받음
27일
· 원폭 표적위원회 설립
30일
· 히틀러 사망

새로운 과제: 종전을 향한 공방이 시작되다

· 원폭 잠정위원회 설립
· 베를린 함락

· 스즈키 전쟁 계속 의지를 담은 총리담화 발표

· 독일 항복
· 일본 정부 계전繼戰 성명 발표

· 트루먼, 소련에 대한 무기대여 규모 축소 지시

· 무기대여 선적소위원회 소련행 운송 중단 명령

1945. 05.

· 최고전쟁지도회의 소련 참전을 막는 데 외교, 군사정책을 집중하기로 결정

· 해리 홉킨스 특사 자격으로 스탈린과 회담

· 표적위원회 교토를 포함한 원폭투하 예정지 압축

제33대 대통령 취임 선서를 하고 있는 트루먼.

4월 12일 오후 5시, 트루먼 부통령이 하원의장 샘 레이번의 사무실에서 한 손에 술잔을 들고 잡담을 즐기고 있을 때 돌연 대통령 보도비서관이 전화를 걸어 지체 없이 백악관으로 달려오라고 했다. … 엘리너는 트루먼의 어깨에 손을 얹고 "대통령이 돌아가셨다"고 했다. 트루먼은 바로 "내가 뭐든 도울 일이 없을까요?" 하고 물었고, 루스벨트 부인은 대답했다.

> "아니 괜찮아요. 오히려 무엇을 도울지 물어야 할 쪽은 당신이 아니라 나입니다. 왜냐하면 지금 어려운 상황에 처한 사람은 당신이니까요."

큰 변화는 1945년 4월 초에 연달아 일어났다. 4월 1일에 미군이 오키나와에 상륙했고, 3일에는 통합참모본부가 미 태평양군 사령관 맥아더 장군과 태평양함대 사령관 니미츠 제독에게 규슈 상륙계획을 작성하도록 명했다. 5일 모스크바에서는 몰로토프가 사토 대사에게 소련은 중립조약을 이행할 의사가 없다는 것을 통고했다. 같은 날 도쿄에서는 고이소 내각이 총사직했고, 7일에 스즈키 간타로* 남작이 내각을 구성했다. 바다 건너 워싱턴에서는 12일 루스벨트 대통령이 사망했고 부통령 해리 트루먼이 33대 대통령에 취임했다. 거센 변화의 바람이 불기 시작한 것이다.

4월 1일, 미군이 오키나와 가데나嘉手納 해안에 상륙했다. 그 결전에 18만 3천 명의 병력이 투입됐다. 일본이 전쟁에 패배할 것이라는 것은 이미 자명해졌음에도 천황은 오키나와 결전의 승리에 기대를 걸었다. 천황은 일본이 항복할 때까지 적에게 일격을 가해 전쟁종결에 유리한 조건을 이끌어내려는 '일격一擊화평론'의 신봉자였다. 오키나와전투는 미국의 승리로 끝났으나 일본군은 미군에게 1만 2520명의 전사자, 3

* 鈴木貫太郎, 1868~1948. 해군 군인이자 정치인. 고이소 구니아키의 뒤를 이어 항복 이전 마지막 내각을 이끌었다.

만 7천 명의 전상자를 내게 하는 큰 타격을 가했다. 일본군은 9만 명이 옥쇄玉碎하고 비전투원인 오키나와 주민이 10만 명이나 희생당했다. 이 처참한 싸움을 통해 미국은 일본군이 결사적 각오로 최후까지 광신적으로 싸울 것이라고 믿게 됐다. 오키나와 결전은 미국의 일본 본토 상륙 계획에 심각한 영향을 미쳤다.[1]

오키나와 결전이 시작되고 4일이 지난 4월 5일, 모스크바에서는 몰로토프가 사토 대사와 회견하고 중립조약을 파기한다는 취지의 소련 정부 성명을 낭독했다. 몰로토프는 이 중립조약이 독일의 소련 공격과 일미(일본-미국) 전쟁 개시 이전에 체결된 것이라고 지적하면서, 그 뒤 상황이 완전히 바뀌었다고 말했다.

> "독일은 소련을 공격했다. 독일의 동맹국인 일본은 소련과의 전쟁을 수행하고 있는 독일을 지원하고 있다. 또한 일본은 소련의 동맹국인 미국, 영국과 전쟁을 하고 있다."

이런 상황 속에서 중립조약은 그 의미를 상실했으며, 이제 그것을 지속하는 건 불가능하다며 몰로토프는 "이를 감안해서 소련 정부는 중립조약 제3조에 의거해 중립조약을 파기한다는 사실을 밝힌다"고 통고했다.

소련과 일본 간에 유지돼오던 중립이 '기묘한 중립'이었다는 게 그때서야 드러난 것은 아니다. 따라서 문제는 소련이 왜 그 시점에 중립조약 파기를 일본에 통고했는지, 그 이유다. 회견에서 몰로토프와 사토가 한 일을 검토해보면 소련이 중립조약 파기 문제로 모호한 입장을 취하고 있었던 것을 알 수 있다. 소련 정부는 중립조약에 속박당하지 않고 일본과의 전쟁을 수행하기 위해 조약을 즉시 그 자리에서 파기하고 싶었다. 그러나 제3조는 조약 기한이 끝나기 1년 전에 한쪽이 다른 쪽에 조약 파기 통고를 하더라도 조약은 만기가 될 때까지 유효하다고 명기돼 있었다. 게다가 조약 파기를 통고한다면 일본이 소련의 의도를 알게 돼 소련에 대해 선제공격을 가해올 위험마저 있었다. 따라서 소련 정부는 파기 통고를 하더라도 일본이 여전히 조약이 유효하다고 믿게 만들어야 했다. 즉 나중에 스탈린이 한 표현을 빌리면 "일본을 가만히 자게 내버려두고" 그 뒤에서 몰래 만주 국경으로 군대와 무기를 수송할 필요가 있었다.

사토 대사는 몰로토프의 통고가 무엇을 의미하는지 설명을 요구했다. 대사는 일본 정부가 소련의 중립조약 파기 통고에도 불구하고 조약이 여전히 유효하다는 해석을 하고 있다고 말했다. 몰로토프는 "소련 정부의 조약 파기 성명으로 일소 관계는 조약 체결 이전 상태로 돌아간다"고 대답했다.

사토 대사는 물고 늘어졌다. 조약의 제3조 규정을 인용하면서 5년간의 유효기간이 만기가 될 때까지 조약은 유효하다고 응수했다. 대사의 역습에 몰로토프는 간단하게 앞서 밝힌 입장을 "오해가 있었다"며 뒤집고는, 소련 정부도 제3조에 비춰 조약이 유효하다는 것을 확인한다고 언명했다. 몰로토프는 잠시 '전략적 기만' 방책을 구사했던 것이다. 이는 단기적으로는 스탈린의 전술적 필요성을 만족시켰으나, 장기적으로는 중립조약을 위반하고 대일 참전에 나서는 것을 어떻게 합법화할 것인가 하는 문제를 남겼다. 몰로토프는 필시 스탈린의 동의를 얻어 소련이 몰래 전쟁 준비를 해가는 데에 가장 유리한 해석을 선택했겠지만, 더 곤란한 법적 문제를 뒤로 미뤘던 것이다.[2]

그렇다면 소련은 왜 그 시기를 택해서 일본에 중립조약 파기를 통고했을까? 가장 자명한 설명은 그렇게 하지 않으면 그 뒤 5년간 자동적으로 조약이 갱신돼버리기 때문이라는 것이다. 로좁스키는 만기 1년 전인 4월 25일까지 소련 정부가 중립조약 파기를 통고해야 하며, 동시에 그것이 연합국의 압력에 굴복한 것이라는 인상을 일본에 주지 않도록 하기 위해서는 예정돼 있던 중국 외교부장 쑹쯔원의 소련 방문 이전에 이뤄져야 한다고 몰로토프에게 상신했다. 몰로토프가 처음에 시도했듯이, 가령 그 통고로 중립조약이 파기될 경우 제3조를 억지로 갖다 붙여 해석하는 게 무리이긴 하나, 소련이 중립조약을 위반해서 일본을 공격할 때는 적어도 이를 파기할 의도가 있었다는 변명을 할 수가 있다. 이 변명은 불법행위에 대한 비난을 완화해주는 효과가 있을 것이다. 소련은 국제조약을 준수하기는커녕 자국의 입맛에 따라 조약 따위는 아주 간단히 무시하는 나라로 여겨져왔으나 그건 잘못된 것이다. 소련이 조약을 자기 편리한 대로 해석하긴 했지만, 일단 체결한 조약 의무는 오히려 제대로 지키는 것이 통례였다. 특히 스탈린은 불가침조약을 위반하고 소련을 공격한 독일과 중립조약을 위반하고 일본을 공격하는 소련을 같은 선상에 놓고 보는 일이 없도록 신중하게 행동해야만 했다.

그러나 중립조약이 만기인 1946년 4월까지 유효하다는 것을 소련 정부가 인정한다면, 또한 스탈린이 중립조약을 위반하고 대일 참전을 결단할 경우 아직 전쟁 준비가 완료되지 않은 만주 국경지대 배치 소련군에게 일본군이 선제공격을 할 위험성마저 있다는 걸 알았다면 왜 굳이 그때 소련은 조약 파기 의사표시를 했던 것일까? 그때 조약을 파기한다고 통고하지 않고 그냥 조약을 유효한 것으로 해두고 전쟁 준비를 할 수도 있었다.

그 수수께끼를 풀 열쇠는 필시 미소 관계에 있었을 것이라고 생각할 수 있다. 얄타회담으로 조성된 밀월관계가 끝나고 폴란드 문제로 미소 간의 대립이 겉으로 드러나고 있던 그때, 스탈린은 일소 중립조약을 파기함으로써 대일 전쟁에 참가한다는 약속을 지키겠다는 의사를 통고한 뒤, 곧바로 그로미코 주미대사에게 소련이 중립조약을 파기한 사실을 미국 쪽에 전하라고 훈령을 내렸다.[3]

이 점에서 몰로토프의 중립조약 파기 통고에 대한 사토 대사의 분석이 흥미롭다. 사토는 4월 6일 스즈키 외상에게 (스즈키 내각에서 도고 외상은 아직 임명되기 전이어서 스즈키 총리가 외상을 겸임) 보낸 전보 686호에서 소련의 조약 파기 동기로 다음 네 가지를 들고 있다. 첫째, 소련이 폴란드, 루마니아 등에서 미국, 영국과 충돌하고 있는 것은 분명한데, 이를 완화해서 미국, 영국에 영합하기 위해 폐기 통고를 했다. 둘째, 소련은 중립조약을 폐기하더라도 일본으로부터 공격당할 우려가 없다고 판단하고, 비교적 싼 비용으로 미국, 영국에 은혜를 베풀 수 있다고 본다. 셋째, 상황이 중립조약 체결 당시와는 근본적으로 달라져 조약은 소련에 불필요한 것이 됐다는, 일견 사리에 맞는 것 같지만 "누구도 수긍할 수 없는 이유"를 들고 있으나, 이를 폐기 통고함으로써 연합국에 공헌하면서 유엔의 표결권과 폴란드 문제에 대해 주장하고 싶은 것을 마음껏 주장하려는 포석이다. 넷째, 지금 조약을 폐기해서 연합국 진영 내 소련의 지위를 명확하게 해둠으로써 "장래 극동 전국의 변화를 보고 그 시기와 형편에 맞춰 처리를 하기 위한 '사석捨石'으로 삼는다"는 의도를 갖고 있다.

그러나 사토는 처음에는 미국, 영국이 조약 파기에 우호적일지 모르지만 미영소 간의 모든 분쟁을 조약 파기로 해결할 수 없는 것은 명백하다고 봤다. 사토는 또한 소련이 "중립조약을 폐기하고 곧바로 대일전에 가담하겠다는 결의를 갖고 있지 않는 한, 단순한 조약 파기는 하나의 '제스처'에 그칠 뿐" 미국과 영국은 그로부터 아무런 실질적인 이득도 보지 못하며, 유럽의 분쟁에서 소련이 자기주장을 밀어붙인다면 처음의 우호적 만족감이 실망으로 바뀌어 삼국 간에 마찰을 증대시킬지도 모른다고 그는 생각했다. 사토는 몰로토프의 발언으로 보건대, 현 상황에서 소련이 대일 관계 단절, 또는 대일 선전포고까지 몰고 가는 일은 없을 것으로 예측했다.[4] 사토 대사가 중립조약 파기 통고 뒤 바로 상신한 분석은 그 뒤 외무성 대소 정책의 골간을 짜는 토대가 됐다. 그것은 소련과 미국, 영국 사이에는 근본적인 이해의 대립이 있고, 그 대립은 소련이 대일 관계를 단절하고 선전포고를 하는 데까지 돌진하지 않는 한 해소되지 않을 것이라는 판단이다. 따라서 극동에서도 소련과 미국, 영국 간의 이해 대립을 이용해서 소련의 중립을 확보할 수 있다는 결론에 이른다.

사토가 중립조약은 여전히 유효한 것이냐고 질문하자 몰로토프는 처음엔 어물쩍 그 자리를 넘기려 했으나 만기가 될 때까지 유효하다고 단언했다. 일본은 몰로토프가 한 새빨간 거짓말을 참말로 받아들이고, 소련이 중립조약 만기까지 중립을 유지할 것이라는 환상을 외교의 밑바닥에 깔아두고 있었다.

그러나 사토의 전보에는 이런 분석들을 근본적으로 뒤엎을 만한 반론도 내포돼 있었다. 사토는 만일 소련의 중립조약 파기가 얄타회담에서 소련과 미국, 영국 간에 확인된 합의에 근거한 것이라면 "상기한 본 대사의 관찰은 근저에서 무너질 것"이라고 했다. 하지만 이런 의혹을 제기하면서도 곧바로 얄타회담 뒤에 몰로토프와 한 회담 및 미국, 영국 정상 등의 의회보고로 판단하건대 문제가 그렇게까지 심각하지 않다며 이를 부정하고 있다.[5]

사토 대사는 최초로 제시한 분석이 하나의 가정에 근거한 것이어서 이 가정이 무너지면 전혀 다른 결론에 이르게 된다는 것을 지적했던 것이다. 다음 날 발신한 전보에서 대사는 처음에 제시한 분석을 중시하면서 "선전포고까지 하진 않는다 하더라도 만주-소련 국경병력 증강 등 우리에게 압박을 가하는 태도로 나올 것이라는 점도 생각할 수 있다"며 거기에 대처하려면 일소 간의 정밀靜謐을 유지한다는 방침을 견지하고, 만주국의 방위를 정비할 필요도 있지만 소련을 자극하지 않도록 신중하게 해야 하며, 또한 소련과 마찰을 피해 전쟁을 일으킬 어떤 구실도 주어서는 안 된다는 보고를 올렸다.[6]

그러나 4월 8일의 전보 697호에서는 "이번의 통고는 … 단지 '제스처'로만 봐서는 안 되며 그 이상으로 근본적인 것이 있다고 하지 않을 수 없다"면서 이틀 전의 분석 중 일부에 수정을 가하고, 전쟁 진행상황에 따라서는 "우리나라에 강한 압박을 가해 올 것으로 예상"해야 한다고 경고를 발해, 전보 686호의 마지막에 기술한 의혹을 재확인하는 듯한 표현을 덧붙였다. 그럼에도 이 의혹을 부정하듯 "하지만 저로서는 이번 폐기 통보를 절망적으로 보지 않는다"면서 "적어도 향후 1년, 소련이 이제까지의 관계를 유지하게 만드는 노력을 기울여야 하는 건 물론"이라고 결론을 지었다.[7] 이 전보들을 보면 사토 대사의 마음속에 상반하는 두 가지 가정이 교차하고 있고, 첫 번째 가정을 중시하면서도 거기에 완전히 의존하지 않고 첫 번째와 두 번째 가정 사이에서 흔들리고 있었음을 짐작할 수 있다.

사토 대사가 전보 686호를 타전한 다음 날인 4월 7일, 하얼빈 주재 미야카와 총영사가 사토 대사와는 다른 의견을 상신했다. 미야카와는 "본 조약이 유명무실하다는 것을 거리낌 없이 세계에 공표했다는 점에서 소련의 금후 대일 정책이 비우호적인 선을 따라 움직일 것으로 보이니 엄중한 경계를 요한다"면서 "제국으로서는 미국, 영국과 소련은 다르다는 종래의 관념을 버리고 3국은 대일 관계에서는 동일 진영에 속한다는 현실적인 관점에 입각해서 세계정책을 근본적으로 다시 세울 필요에 쫓기고 있지 않은지"라고 분석하고 있다.[8]

미야카와 총영사의 의견은 사토 대사가 어렴풋한 의문으로만 지적했던 대안을 대담하게 제기한 것이었다. 따라서 중립조약 파기 통고 직후 현지 외교관 사이에서는 사토의 첫 번째 가정으로 대표되는 의견과 사토가 어렴풋이 제기한 두 번째 가정을 대담하게 밀어붙인 미야카와로 대표되는 상반된 의견이 존재했다는 결론을 내릴 수 있다. 외무성 본성에서는 미야카와 총영사의 의견이 아니라 사토 대사의 첫 번째 가정을 받아들여 중립조약 파기 통고 후 대소 정책을 수립하게 된다.

스탈린은 중립조약 파기로 일본이 선제공격을 할까 봐 걱정했을까? 크렘린의 지도자는 일본의 국내정세에 관해 말리크 대사로부터 보고

받은 정보를 중시했다. 3월 22일 말리크는 모스크바에 중요한 정보를 보냈다. 말리크는 일본 지배층이 패전이 불가피하다는 것을 인식하기 시작했으며, 화평의 중개자로 소련에 의지할 필요가 있다는 생각을 하고 있다고 보고했다. 이 정보는 첩보 관계자들로부터 들은 정보와도 합치했기 때문에, 크렘린의 지도자는 조약 파기가 일본의 공격을 초래하진 않을 것이라고 판단하고 있었음이 분명하다.[9]

그러나 사태 전개를 운명에 맡기는 것은 스탈린의 성격에 맞지 않았다. 3월 26일에 스탈린은 연해주의 군사령관과 극동전선 사령관에게 일본의 공격에 대비해 소련군에 경계태세를 갖추도록 철도 방위를 강화하고 블라디보스토크와 하바롭스크 등 주요 도시들 방위를 증강하라고 명했다.[10] 스탈린은 중립조약 파기를 통고하기 전에 대비 태세를 빈틈없이 갖췄다.

스즈키 내각의 성립

사토 대사가 몰로토프로부터 중립조약 파기 통고를 받았을 때는 이미 고이소 내각이 무너진 상태였다. 고이소의 후계로 스즈키 간타로 남작이 임명됐다. 해군대장, 추밀원 의장으로 나이 일흔일곱 살에 귀가 꽤 먹은 이에게 대명이 떨어진 것이다. 내각 구성 때 스즈키는 중신인 오카다 게이스케岡田啓介의 사위 사코미즈 히사쓰네迫水久常의 도움을 받았다. 사코미즈는 스즈키 내각의 내각서기관장(지금의 관방장관)에 임명됐다.

새 내각의 가장 중요한 자리는 육군대신이었다. 육군은 이 내각이 전쟁종결을 목적으로 하는 종전내각 성격을 갖고 있는 것을 경계해 스즈키가 임명하는 육군대신을 거부할 태세였다. 그러나 스즈키가 지명한 것은 전쟁계속론의 최선봉에 서 있던 아나미 고레치카• 대장이었다. 육군은 아나미를 승인하는 조건으로 끝까지 전쟁을 완수할 것, 육해군을 일체화할 것, 본토결전을 위해 육군의 정책들을 실행할 것 등의 세 가지 조건을 제시했다. 내각을 무너뜨릴 의도로 어려운 문제를 들이댄 것이다. 하지만 육군이 놀랐을 만큼 스즈키는 그런 조건들을 군말 없이 받아들였다. 그러나 동시에 스즈키는 아나미와 균형을 맞출 화평파로 여겨졌던 요나이 미쓰마사 해군대신을 유임했다.

그리고 외무대신 자리도 중요했다. 내대신 기도 고이치는 친구인 시게미쓰 마모루의 유임을 바랐지만 스즈키는 도고 시게노리를 발탁했다. 도고는 1938년부터 1939년까지 대사로 모스크바에 주재했고, 노몬한사건 수습을 위해 교섭을 벌인 인물이었고, 또 1941년 미일 전쟁이 시작됐을 때 외상이었다. 스즈키가 외상 취임을 요청했을 때 이제 하루빨리 전쟁을 종결시켜야 할 때라고 확신하고 있던 도고는 스즈키의 전쟁종결 전망에 대한 의견을 물었다. 이에 대해 스즈키는 아직 2, 3년은 괜찮다고 대답했다. 실망한 도고는 외상 취임을 거절했다. 하지만 궁중과 외무성 선배로부터 강한 요청이 있었고, 또 사코미즈 내각 서기관장으로부터 외교를 일임하겠다는 약속을 받은 도고는 결국 외

• 阿南惟幾, 1887~1945. 육군 군인. 스즈키 간타로의 요청으로 육군대신(육군상)에 부임해 끝까지 본토결전을 주장한 인물로 천황의 성단에 의한 종전이 결정된 뒤 관저에서 할복했다.

상 취임을 승낙했다.[11]

입각한 도고와 요나이에 내대신 기도가 합세한 3인조는 화평파의 중핵을 형성했다. 스즈키 내각은 전쟁을 종결하기 위해 만들어진 '종전내각'이라는 설이 널리 받아들여지고 있었으나 스즈키의 태도는 명확하지 않았다. 조각 직후인 4월 7일 총리대신 담화에서 스즈키는 "국민 1억 모두가 … 광휘 있는 국체 방위의 방패가 돼야 할 때"이며, 국민은 "내 주검을 밟고 넘어서는 용맹심"으로 싸우라고 전쟁을 고취했다. 물론 측근인 기하라 미치오木原通雄가 쓴 글을 그대로 읽었을 뿐이지만, 사코미즈가 "너무 세게 나간 것 아닌가" 하고 의문을 표시하자 스즈키는 "이 정도면 괜찮아"라고 말했다. 그리고 다음 날 라디오 방송에서 또다시 "내 주검을 밟고 넘어서" 필사적으로 싸우면 적을 타도할 수 있다고 국민에게 호소했다. 사코미즈는 처음부터 총리가 종전을 주장했다면 육군이 내각을 무너뜨렸을 것이므로 이는 스즈키의 사려 깊은 언동이었다고 호의적으로 해석했지만 그렇다 하더라도 이 용맹스러운 선언은 도를 넘은 것이어서 오히려 스즈키의 본심을 피력한 것으로 보는 것이 자연스럽다. 아나미도 스즈키의 "끝까지 싸운다는 태도는 진심인 것 같다"는 말을 흘렸다. 스즈키는 천황과 함께 '일격화평론'자였다.[12]

루스벨트의 타계와 트루먼 대통령 취임

태평양 너머에서도 정부 교체가 이뤄졌다. 4월 12일 오후 5시,

트루먼 부통령이 하원의장 샘 레이번Sam Rayburn의 사무실에서 한 손에 술잔을 들고 잡담을 즐기고 있을 때 돌연 대통령 보도비서관이 전화를 걸어 지체 없이 백악관으로 달려오라고 했다. 백악관에 도착하자마자 트루먼은 2층의 루스벨트 부인 서재로 안내됐다. 서재에 들어서자 엘리너는 트루먼의 어깨에 손을 얹고 "대통령이 돌아가셨다"고 했다. 트루먼은 바로 "내가 뭐든 도울 일이 없을까요?" 하고 물었고, 루스벨트 부인은 대답했다.

"아니 괜찮아요. 오히려 무엇을 도울지 물어야 할 쪽은 당신이 아니라 나입니다. 왜냐하면 지금 어려운 상황에 처한 사람은 당신이니까요."

7시 8분에 트루먼은 제33대 미국 대통령으로 선서를 했다.[13]

루스벨트는 부통령을 전시하의 어려운 사명을 수행할 수 있는 대통령으로 훈련하지 않았다. 오히려 루스벨트는 모든 외교, 군사정책 심의의 장에서 의식적으로 트루먼을 배제했다. 트루먼은 대통령 취임 다음 날 의원들을 백악관에 불러들이지 않고 자신이 의회Capitol Hill에 가서 예전의 동료들과 점심을 먹으며 조언을 구했다. 점심 식사 뒤 바깥에서 기다리고 있던 기자단에 에워싸여 소감을 말했다.

"기자단 여러분, 만일 기도를 하겠다면 나를 위해 지금 기도해주세요. 여러분 중에서 머리 위로 건초더미가 떨어져내린 경험을 한 분이 있는지는 모르겠으나, 어제 무슨 일이 일어났는지를 알았을 때 나는 달과 별과 모든 행성이 머리 위로 떨어져내리는 느낌이었습니다."

기자 한 사람이 "대통령 각하, 행운을 빕니다"라고 외치자, 트루먼은 "나를 그런 식으로 부르지 않는 게 좋은데"라고 대답했다.[14] 그것은 자신이 거대한 임무를 헤쳐나가기에는 너무나 부적당하고 준비가 부족하다는 것을 절감하고 두려워하고 있는 사람의 말이었다. 트루먼은 자신이 결단력이 강한 사람이라는 모습을 과시함으로써 자신감 부족을 보상하려 했다. 존 매클로이John J. McCloy 육군차관은 일기에 이렇게 썼다.

> 트루먼은 단순한 남자로, 재빨리 또는 졸속이라고 해야 할지 모르겠으나, 과감한 결단을 내린다. … 그는 대통령에 취임한 뒤 종종 자신이 어떻게 결정을 내렸는지에 대해 얘기했는데, 많은 결정이 순식간에 깊은 생각 없이 이뤄진 것이라며 정말 운이 좋았다는 걸 강조했다.[15]

트루먼이 처음에 전념한 것은 루스벨트의 유지를 계승하는 일이었다. 4월 13일에 트루먼은 백악관에서 각료회의를 열고 루스벨트 정권의 계속성을 유지하기 위해 각료들의 유임을 요청했다. 스팀슨은 노령으로 건강이 좋지 않았음에도 조국에 대한 의무감으로 육군장관직을 계속 맡겠다고 승낙했으며, 포레스털James Forrestal 해군장관도 유임을 쾌락했다. 레이히 제독은 루스벨트가 창설한 대통령 보좌관직 사임을 신청했으나 트루먼은 이를 만류하며 유임을 요청했다.

다른 각료들이 모두 떠난 뒤 스팀슨만 홀로 방에 남아 대통령에게 "믿을 수 없을 정도의 파괴력을 지닌 신형 폭탄"을 개발하고 있다고 보고했으나, "지금은 이 정도로만 보고하겠다"는 말을 남기고 방을 나갔다. 스팀슨의 수수께끼 같은 말이 트루먼의 호기심을 자극했을 게 틀림없다.

부족한 외교 경험을 보완하기 위해 트루먼은 자신이 신뢰할 수 있는 거물을 국무장관에 임명하려 했다. 하이드파크에서 치러진 루스벨트 장례식에 참석하고 돌아가는 길에 기차 안에서 트루먼은 그 자리를 사우스캐롤라이나주의 유력자인 전 상원의원이요 전 대법원 판사였던 제임스 번스James Byrnes에게 주기로 결정했다. 그러나 그것은 샌프란시스코회의를 성공시키기 위해 전력을 기울이고 있던 스테티니어스 국무장관의 임무가 일단락된 뒤에 취임하기로 한 암묵의 양해 아래 이뤄진 약속이었다. 트루먼과 번스 두 사람은 4월 13일에 회담하면서, "테헤란에서 얄타까지 태양 아래의 모든 것에 대해 얘기를 나눴다."[16]

4월 16일 트루먼은 상하 양원 합동의회에서 대통령으로 처음 연설을 하면서 "우리의 요구는 과거나 지금이나 무조건 항복이다"라고 선언했다. 이 선언은 만장의 박수를 받았다. 그 이후 트루먼은 무조건 항복 깃발을 높이 들고 이 원칙에서 벗어나는 것을 완강하게 거부했다. 그것은 단지 루스벨트의 유산이었기 때문만이 아니라 미국이 일본한테 당한 굴욕적인 진주만공격에 보복할 권리가 있다는 것을 진심으로 믿고 있었기 때문이기도 했다.[17]

루스벨트가 남긴 또 하나의 유산은 얄타에서 맺은 조약들이었다. 트루먼은 그중 하나인 얄타밀약도 준수할 작정이었다. 4월 17일, 루스벨트에 의해 모스크바로 파견돼 있던 패트릭 헐리Patrick Hurley 대사가 스탈린 및 몰로토프와 회견한 내용을 보고했다. 거기에 따르면 몰로토프는 헐리에게 "중국공산당 당원은 실제로는 공산주의자가 아니다"고 단언하면서, 소련은 중국공산당을 지지하지 않으며 중국의 내정, 내전에 간섭할 의도가 전혀 없다고 말했다. 또 스탈린은 헐리에게 장제스와 트루먼이 얄타밀약의 구체적인 조항에 대해 알고 있는지를 물었다. 거기에 대해 헐리는 트루먼은 정보를 받았지만 장제스는 아직 내용을 통지받지 못했다고 대답했다. 오히려 거꾸로 헐리는 트루먼에게 언제 장제스에게 얄타밀약 내용을 알려줄 것이냐고 질문했다. 이제까지 얄타밀약은 트루먼이 루스벨트의 금고를 열 때까지 비밀에 부쳐져 있었다는 해석이 널리 유포돼왔지만, 그게 아니라 헐리가 이 전보를 치기 이전에 트루먼은 이미 얄타밀약에 대해 알고 있었다고 해석하는 게 적절하다. 4월 19일에 트루먼은 중국의 쑹쯔원 외무장관과 회견했으나 얄타밀약에 대해서는 언급하지 않고 쑹쯔원에게 소련과의 합의 성사를 위해 모스크바를 방문하도록 권했다.[18] 트루먼은 루스벨트로부터 이어져온 외교의 계속성을 유지하기 위해서는 얄타회의 결과를 준수해야 한다고 생각했다.

무조건 항복 조건을 완화하라

트루먼이 대통령에 취임한 바로 그 시기에 미국 군사지도자들은 올림픽작전•이라는 이름의 규슈 상륙작전을 감행하기로 최종결정

• 일본 본토를 침공하기 위한 몰락작전Operation Downfall의 일환. 몰락작전은 2단계로 구성되었는데 1단계는 1945년 11월 1일로 예정된 규슈 상륙작전으로 올림픽작전이라 불렸고, 2단계는 1946년 3월 1일 혼슈와 간토평야를 침공하는 작전으로 코로넷작전이라 불렸다. 일본의 항복으로 실제 작전이 수행되지는 않았다.

을 내렸다. 통합참모본부는 규슈 상륙작전 사령관에 맥아더를 임명하고, 상륙일을 1945년 11월 1일로 정했다.[19]

그리하여 군사지도자들이 일본 본토 공격계획을 세우고 있을 때 일본이 항복을 받아들이기 쉽도록 무조건 항복 조건을 완화해야 한다는 압력이 높아졌다. 그 압력은 세 가지 다른 방향에서 밀려왔다. 첫 번째 방향의 압력은 조지프 그루와 유진 두먼Eugene Dooman, 일본 전문가인 밸런타인, 그리고 국무부 관용평화주의자인 블레이크슬리와 보턴에게서 나왔다. 그루는 1944년 12월에 국무차관에 임명됐는데, 스테티니어스 국무장관이 국제연합 창설을 위한 샌프란시스코회의 준비에 여념이 없게 되자 대신 국무부 일을 도맡아 사실상의 국무장관 역할을 수행하고 있었다.

국무부, 육군부, 해군부 간의 연락을 긴밀히 하기 위해 3부조정위원회(SWNCC)가 설치됐다. 그 아래 소위원회로 극동지역위원회가 창설되자 두먼이 그 위원장에 임명됐다. 두먼은 바로 휘하에 블레이크슬리와 보턴을 불러들였다. 그리고 그때까지 반일 친중파였던 혼벡Stanley Hornbeck 대신에 밸런타인이 국무부 극동부 부장이 됐다. 관용평화를 주장하는 일본 전문가들이 요직을 차지하게 된 것이다.

밸런타인, 블레이크슬리, 보턴, 두먼 등이 중심이 된 국무부 극동지역위원회는 'CAC93-천황제'라는 제목의 문서를 채택했는데, 여기에서 일본에 천황제를 남겨두기 위한 세 가지 선택지를 제시했다. 첫째는 '완전 정지'로, 천황과 그 친족은 점령군 보호 아래 놓이고 천황은 명목적인 군주로 존재하지만 정치적 권력은 박탈당한다. 모든 권력은 연합국 사령관에게 넘어간다. 두 번째는 '완전 계속'으로, 천황은 전과 마찬가지로 권력을 행사한다. 세 번째는 '부분적 계속'으로, 천황은 제한된 기능을 수행한다. 이 가운데 첫째는 일본인의 반감을 불러 연합국 사령관의 점령정책을 곤란하게 만든다. 그러나 미국의 여론을 고려하면 두 번째 선택도 불가능하다. 따라서 위원회는 세 번째 선택지를 추천하기로 했다. 다만 천황에게서 법률을 거부할 권한과 통수권은 박탈해야 한다고 보고했다. 천황은 일본의 상징으로 남고 실제 권한을 박탈한다는 생각은 이 문서에서 출발한다.[20]

관용평화론자들에게 가장 큰 힘이 됐던 것은 그루가 자신들의 대변인으로 등장한 것이었다. 1943년, 일본을 평화적이고 건설적인 국제사회 구성원으로 복귀시키자고 호소한 시카고에서의 유명한 연설 이래 그루는 미국 국내에서 대표적인 유화주의자로 비판받아온 인물이었다. 국무차관 임명을 심사하는 공청회에서는 천황제를 지지하는 의견을 상당히 모호하게 표현해야 했다. 좌익 쪽의 통렬한 비판의 표적이 된 그루는 천황제를 옹호하는 입장에서 천황 문제가 "유동적이고 선입관에 사로잡혀서는 안 된다"는 입장으로 후퇴할 수밖에 없었다. 그러나 그 후퇴는 전술적 후퇴였다. 4월 14일에 그루는 개인적 편지에서 다음과 같이 썼다.

> 만일 일본 국민이 군주제의 계속을 바란다면 무조건 항복이라는 것이 현행 황실하의 군주제 폐지를 의미하는 것은 아니라는 점을 대통령이 공적인 성명을 통해 분명히 밝히지 않는다면, 설사 군사적으로 패배하더라도 일본은 항복하지 않을 것이다.[21]

그루가 무조건 항복의 수정을 요구하며 활동을 개시할 기회를 엿보고 있는 게 분명했다. 무조건 항복 수정을 요구하는 두 번째 압력은 해군첩보부에 근무하다가 4월에 전시정보국Office of War Information에 교체 배치된 재커리어스Ellis Jacharias 해군대령한테서 왔다. 1944년부터 해군첩보부는 일본의 국내정치에 관한 정보수집에 나서 요나이와 다카기를 중심으로 한 화평파의 존재를 확인하기에 이르렀다. 그리고 포로로 붙잡혔던 해군장교와 스칸디나비아의 어느 나라 외교관(아마도 스웨덴의 바게Widar Bagge 대사일 것이다)의 내부정보와 대조해 일본에 화평파가 존재한다는 것을 확신했다. 그것을 토대로 재커리어스는 포레스털 해군장관을 설득해서 이 화평파가 적극적으로 종전 쪽으로 움직이도록 하기 위한 심리작전을 개시했다. OP-16-W라는 이름의 프로그램을 일련의 단파방송으로 일본에 흘려보내는 것이 작전의 목표였다. 재커리어스의 의견은 포레스털을 무조건 항복 수정론의 유력한 대변자로 만드는 계기가 됐다.[22]

무조건 항복 수정의 세 번째 압력은 통합참모본부에서 왔다. 4월이 되자 일본의 패배가 가까워졌다는 것을 알아차린 통합참모본부는 통합정보위원회Joint Intelligence Committee에 일본의 항복 가능성에 대한 연구를 명했다. 4월에 통합정보위원회는 두 가지 보고서를 제출했다. 첫 번째 보고서는 "바다와 하늘의 봉쇄 효과, 전략공습에 따른 점진적이고 누적적인 파괴, 여기에 덧붙여 독일의 패전"으로 패배는 불가피하다는 것을 일본인들에게 인식시키기에 이르렀다면서, 나아가 "소련의 참전은 앞서 얘기한 요인에 덧붙여 일본의 완전한 패배가 불가피하다는 것을 곧 대다수 일본인에게 인식시킬 것이다"고 예측했다. 보고는 또한 일본이 완전한 패배에 이르기 전에 항복하게 될 가능성이 있다며 다음과 같이 지적했다.

> 만일 일본인과 그들의 지도자에게 절대적 패배는 불가피하지만 무조건 항복이 민족의 섬멸을 의미하진 않는다는 것을 확신시킬 수 있다면, 일본의 항복은 조기에 달성할 수 있을지도 모른다.

통합정보위원회는 처칠이 얄타에서 뿌린 씨앗의 열매를 거둔 셈이었다. 여기에서 주목해야 할 것은 무조건 항복의 수정이 단지 일본 본토에 대한 공격뿐만 아니라 소련의 참전을 회피하는 수단으로 여겨지고 있었다는 점이다. 통합정보위원회의 두 번째 보고서는 "일본의 입헌적인 중앙정부(아마도 정부 내의 온건파를 가리키는 듯)가 천황의 지지를 얻어 1945년 말까지 무조건 항복의 이성적인 적용을 받아들일 가능성이 있다"고 했다.

이 두 번째 보고를 받고 링컨 소장은 4월 말 무조건 항복에 관한 연구를 더 진척시켰다. 이 연구의 결론은 다음과 같은 것이었다.

> 일본이 저항을 계속하겠다는 의사는 물리적으로 그 능력이 완전히 파괴되기 전에 심리적으로 먼저 붕괴할지도 모른다. 그 둑을 무너뜨리는 압력은 무조건 항복의 재정의 형태를 취하게 될 것이다. … 일본인들이 받아들일 수 있는 무조건 항복의 재정의가 이뤄지지 않는 한 (일본의) 섬멸 이외의 길은 없으며, 철저한 패배 위협을 가한다 해도 그것이 항복을 가져다줄 가능성은 없다.[23]

세 가지 방향에서 밀려온, 무조건 항복 조건을 수정하라는 압력들은 아직 제각각으로 하나로 통일돼 있지 않았다. 그러나 늦든 이르든 무조건 항복 이행을 다짐한 대통령에게 그 내용을 완화해야 한다는 압력이 가해질 것은 필지의 사실이었다.

소련 요인은 무조건 항복 수정 움직임과 밀접하게 연관돼 있었다. 통합참모본부는 무조건 항복과 함께 소련과의 군사협력도 재검토하기 시작했다. 1월부터 3월까지 소련 참모본부 대표자들과 일련의 회의를 열어 군사협력을 추진하려고 노력한 미국 군사사절은 소련의 비협조적 방해공작 때문에 아무런 성과도 올리지 못했다. 해리먼과 마찬가지로 존 딘 장군의 대소 자세도 강경해져 '시시비비 정책quid pro quo'의 옹호자가 됐다. 딘은 장차 소련과의 협력은 "상호존경과 쌍방통행을 원칙으로 삼지 않으면 아무 소용없다"고 단호하게 주장했다. 나아가 "미국은 위험하기까지 한 '사람 좋은(호인) 정책' 쪽으로 기울어 있고, 물자를 대주는 증여자givers이면서 동시에 상대의 동의를 간청해야 하는 탄원자supplicants의 처지에 놓여 있는데" 이는 미국의 존엄을 해치는 정책이라고 경고했다.

딘은 4월 초에 귀국해 콤소몰스크-니콜라옙스크Komsomolsk-Nikolaevsk 지역에 폭격기용 비행장을 건설할 계획은 포기하는 게 좋으며, 태평양을 경유해서 소련에 전시물자를 수송하는 건에 대해서도 소련 당국과의 절충은 그만두는 것이 좋다고 통합참모본부에 경고했다. 딘은 실제 펜타곤(국방부)을 방문한 뒤 통합참모본부도 소련과의 군사협력이 진척되지 않고 있는 데에 대해 그 이상으로 불만을 품고 있다는 사실을 알게 됐다. 통합참모본부는 곧바로 딘에게, 미국이 소련에 전략기지를 건설하기로 한 계획을 취소했다는 것을 안토노프• 참모총장에게 통지하도록 명했다. 태평양 항로에 대해서는 4월 17일, 통합참모본부는 "군사행동을 수반하는 모든 계획에서 손을 뗀다"는 결정을 내렸다. 하지만 그것은 그 항로가 주요 작전에 영향을 미치지 않을 경우에 한해서이고 그것이 유용하다면 이를 유지한다고 결정했다. 다만 다음과 같은 단서를 덧붙였다.

> 이 항로에 관해서 러시아인들에게 얘기해선 안 되며, 소련이 자신들의 주도로 항로 개설을 의뢰할 때까지 소련과의 협력을 포함한 어떤 행동도 유보해야 한다.

그러나 이 결정은 통합참모본부가 소련과의 협력을 모두 중지했다는 것을 의미하진 않는다. 소련 참전은 이미 미국의 일본 본토침공을 위한 절대적 조건은 아니게 됐지만 전쟁종결을 앞당기는 역할을 할 것이므로, 그것이 바람직하다는 점에서는 통합참모본부 내부에 이론이 없었다. 딘은 "우리는 시베리아의 소련 군비증강을 위해 할 수 있는 일은 한다는 정책을 유지했다. 우리는 여전히 소련의 대일 참전이 전쟁종결을 앞당길 것이라 생각했고, 또 실제로 우리가 그 작전에 관여하고 있었기 때문이다"라고 썼다. 해리먼과 딘은 소련이 협력을 게을리

• Aleksei I. Antonov, 1896~1962. 소련군 장군, 제2차 세계대전 중인 1941년, 소비에트 남서부전선과 남부전선의 참모장이 되었고, 이듬해 소비에트군의 참모차장 및 작전과장이 되었다. 그의 임무는 군사 상황을 스탈린에게 알리는 것이었다. 1944년, 소련 쪽 수석 대변인으로 얄타회담과 포츠담회담에 참석했다.

할 경우 보복조치를 취해야 한다고 주장했으나 마셜은 그런 방식은 오히려 역효과를 낼 것이라며 받아들이지 않았다.[24] 결국 통합참모본부는 소련과의 군사협력이 진척되지 않는 데 대해서는 실망했지만 소련의 참전을 환영하는 태도에는 변함이 없었다.

4월까지 미국의 군사지도자들은 일본의 도시를 목표로 한 전략적 공습, 일본 본토에 대한 효과적인 해상봉쇄, 대륙에 있는 일본군의 본토 수송을 불가능하게 만들 제공권, 제해권 확보 등으로 소련이 참전해 관동군을 만주에 묶어두지 않더라도 자력으로 일본을 항복시킬 수 있다는 자신을 하기에 이르렀다. 4월 25일 통합참모본부는 올림픽작전을 강력히 추진할 정책 JCS924/15를 채택하기로 결정했다. 오키나와 결전에서 막대한 전상자를 낸 점을 감안해, 이 올림픽작전에서는 피해를 최소화하기 위해 소련의 참전을 환영하기로 했다. 킹 제독은 소련 참전에 부정적이었으나 마지막에는 마지못해 그것을 용인했다. 그러나 그는 그 결정에 대통령의 재가를 얻을 필요가 있다는 조건을 달았다.

왜 통합참모본부는 루손섬, 이오지마, 오키나와에서 막대한 사상자를 냈음에도 올림픽작전을 집요하게 추진하려 했을까. 역사가 헬리저스Dale Hellegers는 다음과 같이 설명한다.

> (이 결정의 배후에는) 시간은 일본 쪽에 유리하다는, 입 밖에 낼 수 없는 두려움이 있었다. 시간이 지나면 지날수록 일본은 방위 태세를 강화하고 병력 동원을 증가시킬 것이다. 그와 반대로 시간이 지날수록 미국 여론의 결기는 약화돼, 일본에 중개자를 통한 교섭으로 전쟁을 종결시킬

수 있으리라는 환상을 심어주게 된다. 그리고 또 시간이 지나면 지날수록 미국은 일본과의 전쟁이라는 늪 속으로 빠져들게 되고, 그 기회를 이용해 소련이 일본 본토를 침공할 수 있다는 두려움이 있었다.[25]

이것이야말로 '일격화평론'을 주장하던 일본 지도자의 의견이었다.

말리크의 새 정보

말리크 대사가 3월 22일에 크렘린에 보낸 분석 정보는 소련이 중립조약을 파기하기로 한 결정의 토대가 됐는데, 그럼에도 스탈린은 일본이 그 결정에 어떻게 대응할지 주의 깊게 지켜보고 있었다. 스즈키 내각의 출범이 일단락된 4월 12일, 말리크는 소련이 중립조약의 유효성을 확약한 것에 대해 일본은 안도하고 있다고 보고했다. 하지만 그는 일본 외무성 안에는 독일 패배 뒤에 소련이 일본에 압력을 가해 온갖 요구를 하면서 "선전포고 없이" 일본과 외교관계를 단절할지도 모른다고 예측하는 그룹이 존재한다고 덧붙이는 것을 잊지 않았다.[26]

4월 20일에 열린 말리크-도고 회담은 말리크의 분석이 옳았다는 것을 증명했다. 도고는 소련이 중립조약을 이행하지 않은 점에 대해서는 유감스럽게 생각하지만 조약은 다음 해 4월까지 유효하다는 것을 알고 만족하고 있다고 말했다. 그런 다음 도고는 몰로토프에게 샌프란시스코회의에 가는 길에 일본에 들를 것을 청했지만 말리크는 몰로토프가 대서양을 경유해서 미국에 갈 생각이라고 대답했다. 하지만 몰로토프가 시베리아철도를 이용해 시베리아에서 태평양을 경유하는 코스로 미국을 방문할 예정이라는 것을 일본 주재 소련대사는 아마도 틀림없이 알고 있었을 것이다.[27]

도고와의 회견에서 말리크는 몇 가지를 날카롭게 관찰했다. 먼저 일본이 일소 간의 기본적인 문제를 외교로 해결하는 게 불가능하다고 생각하고 있음을 간파했다.

> 그러나 일본에 최대의 과제는 전쟁을 어떻게 끝낼 수 있을 것이냐 하는 것이었던 만큼, 도고는 겉으로 소련의 중립을 확보하고 일소 간에 진지한 교섭을 벌이고 있는 것처럼 꾸미지 않을 수 없었다.

말리크는 그 교섭이 영국, 미국에 중대한 우려를 야기함으로써 영국과 미국이 일본과 소련의 접근을 겁낸 나머지 결국 일본과의 타협에 이르기를 일본은 기대하고 있다고 분석했다.[28]

스탈린은 말리크가 보낸 정보에만 의존하지 않고 외교 채널과는 별도로 기능하고 있던 군사첩보부로부터 받은 정보도 참고해 일본 정부의 대응을 살폈다. 4월 11일에 도쿄의 소련 첩보부는 "새로운 내각은 군사정세의 현저한 악화와 국내 상황의 항상적인 악화를 감안해, 일본을 전쟁에서 구출하는 조건을 만들어내는 것을 그 목적으로 삼고 있다"고 보고했다.

더 중요한 것은, 첩보부가 "일본은 향후 8개월 이상 전쟁을 계속하는 게 불가능하다고 느끼고 있고, 미국이 군사행동을 더욱 강화한다면 그 시기는 한층 더 단축될 것이다"라고 보고한 점이다.[29] 이 정보를 듣고 스탈린은 만일 대일전을 개시한다면 그 시기를 다음 해까지로 미룰 수 없다는 자기 확신을 더욱 굳혔음에 틀림없다. 게다가 극동의 기상 조건을 고려하면 전쟁 개시 시기는 1945년 여름일 수밖에 없었다.

그 와중에 스탈린은 미국의 정책 변화를 우려하고 있었다. 루스벨트의 죽음은 스탈린에겐 충격적이었다. 해리먼이 4월 13일 크렘린을 찾아와 루스벨트의 부고를 전했을 때 스탈린은 해리먼의 손을 잡고 애도의 뜻을 표했다.

"루스벨트 대통령은 세상을 떠났으나 대통령의 유지는 계속 살아 있을 것이다. 우리는 전력을 다해, 강한 결의를 갖고 트루먼 대통령을 지지할 것이다."

그때 스탈린과의 대화는 "가장 솔직하고 진정어린 것이었다"고 해리먼은 소감을 말했다. 해리먼은 소련이 미국과의 관계를 더욱 긴밀하게 가져가겠다는 의향을 보이면서 우호관계의 신호를 미국에 보낼 생각이 있다면, 외무장관 몰로토프가 샌프란시스코회의에 참석하지 않는다는 결정을 번복하고 미국을 방문해야 한다고 제안했다. 스탈린은 해리먼의 의견을 고려해서 몰로토프를 샌프란시스코회의에 참석시키겠다는 데 동의했다.

스탈린도 트루먼 정권하에서 미국의 대일 정책이 더욱 유화적으로 바뀌는 게 아닌가 하고 물음으로써 중요한 곳에서 점수를 벌었다. 해리먼은 그럴 가능성은 전혀 없다며, "우리의 대일 정책은 얄타회담 합의안에서 달라진 게 없다"고 대답했다. 스탈린도 대일 전쟁에 참가한

다는 약속에는 변화가 없다는 점을 강조하고 싶다고 말했다.[30]

스탈린을 비롯한 크렘린의 지도자들은 새 대통령이 어떻게 소련에 대처할 것인지 주시하고 있었다. 그로미코 대사는 몰로토프에게 보낸 4월 16일 보고에서 트루먼이 합동의회 연설에서 루스벨트의 정책을 이어가겠다고 밝힌 점에 대해 언급했다. 그리고 트루먼이 과거 소련에 우호적이라고 할 수 없는 연설을 한 적이 있지만, 적어도 단기적으로는 루스벨트의 정책이었던 대소 협조노선을 답습할 것이라고 예상했다. 그리고 이어서 트루먼이 미국을 방문하기로 결정한 몰로토프와 어떤 회담을 할 것인지에 따라 새 정부의 대소 정책 방향을 점칠 수 있을 것이라고 말했다.[31]

제국 육군, 소련의 중립에 기대다

스탈린이 새 미국 대통령의 정책 방향을 염려하고 있을 때, 일본은 소련의 참전을 막으려 필사적으로 노력을 기울이고 있었다. 일본의 군사첩보부는 이미 소련의 병력이 유럽에서 극동으로 이동하고 있다는 것을 알고 있었다. 4월에 일본대사관의 무관실은 극동의 소련군이 증강되고 있다는 것을 확인하기 위해 보좌관 아사이 하야토浅井勇 중령을 모스크바에서 시베리아철도를 경유해서 귀국하도록 했다. 아사이는 치타에서 하차해 4월 27일 참모차장 가와베 도라시로河辺虎四郎 중령 앞으로, 시베리아철도를 통한 소련의 군사수송은 하루 12~15열차에 이르며 "소련의 대일전 참가는 이제 불가피한 것으로 판단된다.

20여 개 사단의 병력 수송에 약 2개월이 걸릴 것이다"라고 타전했다. 아사이 중령은 이따금 관동군 제3방면군 사령관 우시로쿠 쥰後宮淳 대장과 기차를 함께 탔는데, 우시로쿠 대장은 관동군이 소련군을 도저히 막아낼 수 없기 때문에 "대본영에 조속히 외교적 조치를 독촉해서 소련의 참전을 막도록 얘기해달라"고 말했다.[32]

참모본부는 소련의 참전 가능성과 그 시기를 놓고 의견이 갈렸다. 러시아 정보를 담당하는 5과는 소련의 대일 참전은 시간문제로, 8월이나 늦어도 9월 초순이 위험하다고 판단했다. 이 판단은 12과의 반대에 부닥쳤다. 12과는 전쟁지도를 담당했으며, 나중에 육군성 군무과에 합병되는 유력한 부서였고, 과장인 나가이 야쓰지永井八津次 소장이 공습으로 다쳐 입원한 뒤 다네무라 스케타카種村佐孝 대령이 사무대행을 맡고 있었다. 다네무라는 5과의 판단에 대해 "스탈린은 서둘러 대일전에 나설 만큼 바보는 아니다. 일본의 국력과 군사력이 더욱 약체화할 때까지 방관하다가 미군의 본토상륙이 시작되고 나서야 서서히 일어설 것이다"라는 의견을 밝혔다. 다네무라의 생각은 육군성 안에서 주류가 됐다.[33]

4월 19일에 육군성은 우메즈 요시지로梅津美治郎 참모총장의 동의 아래 "향후 채택할 전쟁지도 기본대강(안)"을 책정했다. 끝까지 전쟁을 완수하기 위해 "대소련 시책의 철저한 수행"을 목표로 한 것이었는데, 원안에 있던 "소련을 통해 전쟁 종말을 꾀한다"는 문구가 삭제됐다. 따라서 내용은 다네무라가 말했듯이 "북방 정밀의 유지냐, 소련을 통한 종전 기도냐가 분명치 않은 것이었다."[34] 육군 내부에 소련을 통해서 종전을 꾀하는 것을 용인하는 그룹과, 다네무라로 대표되듯 소련에 대한 적극적인 외교를 어디까지나 전쟁을 계속할 수단으로 삼는 그룹간의 대립이 있었음을 알 수 있다. 후자는 참모본부와 육군성 중견 참모들의 지지를 받고 있었는데, 만일 상층부가 화평 공작을 지지한다면 그 공작은 중견 참모들이 모르게 비밀리에 수행돼야 했다.

어쨌든 두 그룹 모두 소련의 중립 유지를 중요시한다는 점에서는 공통점이 있지만 결국 소련이 전쟁에 참가할 것으로 예견하고 거기에 대비해 준비를 해야 한다고 주장한 5과의 의견은 묵살당했다. 육군 통수부는 "반드시 일소전의 발생을 회피하는 것을 기본방침으로 삼고 모든 방도를 강구할 것"을 결정했다. 4월 22일에 가와베 참모차장이 아리스에 세이조有末精三 2부 부장(정보 담당)을 데리고 도고 외상을 방문해 "대소련 대공작大工作을 매우 대담하고 과감하게 해서, 자질구레한 것에 왈가왈부하지 말고 결행할 것을 권고하고 바란다"고 했고, 육군은 도고의 대소련 적극 정책을 지지할 것이라고 확약했다. 이에 대해 도고는 소련이 중립조약 파기를 통고했기 때문에 그런 적극 정책은 이미 늦어 쓸모가 없다면서 그러나 이제 그것을 수행하기 위해서는 큰 대가를 지불할 필요가 있다고 했고, 이에 대해 육군은 어떤 '답례품'을 고려하고 있는지 질문했다. 가와베는 구체적인 양보에 대해서는 말을 흐리면서 "상당히 큰 양보를 할 필요가 있다"고만 얘기했다.[35]

도고는 육군이 전쟁을 계속하기 위해 대소 정책의 적극화를 바라고 있다는 것은 알고 있었다. 그리고 육군의 접근 방식을 환영했다. 즉 이를 이용해서 소련의 알선을 통한 화평 공작을 수행하려 했던 것이다.

4월 29일, 다네무라는 "향후 대소 시책에 대한 의견"을 책정하고 이를 육군 상층부에 배포했다.[36] 그 앞머리에서 소련의 대일 동향이 대동아전쟁 수행에 "치명적 영향"을 미친다는 것을 지적하고 있다. 소련의 4월 5일 중립조약 파기 통고는 일본을 위기에 빠뜨렸다. 다네무라는 그 위기를 스모에 비유하면, 겐가미네•에서 그 바깥으로 밀려나느냐 오히려 거기에서 상대를 바깥으로 내동댕이치느냐는 9 대 1의 확률이라고 했다. 그러나 "필사적으로 싸우는 전법이 아니면 성공하기 어렵고 본질적인 것을 깊이 기약해서 구사일생의 각오로 본 시책 실행에 매진하지 않으면 안 된다"고 논했다.

도고가 소련에 대한 접근을 종전 공작의 일환으로 이용할 것임을 간파한 다네무라는 대소 교섭은 곧 대미 굴복의 종전이라고 논하면서 자신의 전의戰意를 숨기면서 교섭하려는 무리에게 경고했다. 대미 종전은 국체의 파괴를 의미하며, 또 국체의 파괴는 일본 민족의 멸망을 의미한다. 만일 대소 정책에 구사일생의 성공 가능성이 있다면 그것은 중국의 처우에 관한 영국, 미국과 소련의 의견 차이를 이용해서 소련을 일본 쪽으로 끌어들이는 데에 있다고 주장했다.

일본이 소련에 어떤 양보를 할 것인지에 대해, 다네무라는 "필요하다면 조건은 모두 정지시키고, 양보하고, 개방하고, 단념하는 데 인색해서는 안 된다"고 하면서 "눈 감고" 소련 쪽이 "하라는 대로 할 것"을 권했다. 구체적으로는 만주, 랴오둥반도, 남사할린, 타이완, 류큐(오키나와), 북치시마, 조선을 "내팽개치고", 둥칭철도를 양여하며, 어업조약

• 剣ガ峰, 겐가미네는 원래 화산 분화구 주변을 가리키는 말로, 특히 후지산 산정을 지칭한다. 이 말이 스모 용어로 전용돼 상대를 토효(土俵, 일본 씨름판. 원형으로 경계를 둘러친 모래판)에서 밀어낼 때 몸이 도표 경계 바깥으로 나갔는지를 판가름하는 데 기준이 되는 경계의 약간 솟아오른 부분을 가리킨다.

을 파기해 청일전쟁 전의 상태로 돌아갈 것을 제안했다. 주목해야 할 것은, 소련이 중국에서 공산당 세력의 확대를 바란다면 일본은 "중국에서의 교섭 대상을 옌안(延安, 중국공산당) 정권으로 해도 상관없다는 것", 이를 위해 "국민당 정부를 해소解消"하고 중국공산주의 정권 수립을 용인할 용의가 있음을 시사했다.

다네무라는 전쟁을 끝까지 수행하는 것을 전제로 논리를 구축했다. 승리할 확률이 9 대 1일지라도 거기에 모든 걸 걸어야 한다고 논하고 있는데, 그렇다면 패배할 경우에는 어떻게 할 것인지에 대해서는 아무런 방책도 갖고 있지 않았다. "만약 성공하지 못할 경우에는 어떻게 될지 생각해봤자 아무 소용없고 오직 그것을 무릅쓸 뿐"이다. 그러나 여기에는 그때가 되면 일본 국민 모두 옥쇄하는 것 외에 대안이 없다는 사상이 감춰져 있다. 대일본제국 육군은 1억 일본 국민을 길동무삼아 자폭할 각오였다. 참모본부의 대다수 중견장교가 이 끔찍한 생각을 지지했다.

다네무라의 권고는 1944년에 외무성이 책정한 양보안보다 더 큰 양보를 하고 있다. 예컨대 외무성안에는 포함돼 있지 않았던 만주, 랴오둥반도, 타이완, 류큐(오키나와), 조선을 양도하겠다는 제안을 하고 있다. 그러나 얄타밀약이 쿠릴열도를 넘겨주기로 결정하고 있는 데 비해 다네무라가 양도하겠다고 한 범위는 북쿠릴에만 한정돼 있다. 다네무라는 이들 양보를 청일전쟁 이전 상태로 되돌리는 것이라는 이유로 정당화했다. 소련의 정책결정자들이 소련의 영토 요구가 역사적 정당성이 아니라 소련의 안전보장 요구에 토대를 둔 것이어야 한다고 생각하고 있었던 데에 반해, 다네무라를 비롯한 모든 일본 지도자들은 역사적 정당성에 토대를 둔 영토 양도만으로 소련의 중립을 확보할 수 있다는, 참으로 안이한 관측을 하고 있었던 것이다. 그러나 여기서 다네무라의 양보가 북쿠릴에 한정돼 있었던 것은, 다네무라가 남쿠릴을 일본의 고유 영토로 여기고 그것을 고집했다는 것을 의미하진 않는다. 그보다 다네무라는 소련의 영토욕이 남쿠릴에까지 미치고 있다는 사실을 모르고 있었기 때문이며, 만일 남쿠릴이 소련의 요구에 포함돼 있었다면 바로 류큐를 포기했듯이 남쿠릴도 간단하게 포기했을 것이다.

다네무라 보고는 미국이 무조건 항복을 수정해서 황실의 유지를 약속한다면 일본은 그 수정된 '무조건 항복'을 받아들일 것인가라는 물음에 대한 하나의 열쇠를 제공한다. 다네무라로 대표되는 중견 장교들은 미국이 국체의 파괴를 노리고 있다고 확신하고 있었다. 그들은 입헌군주제하의 민주주의 정치체제는 근본적으로 국체에 저촉된다고 보고 있었다. 따라서 입헌군주제일지라도 그들은 미국이 제시한 조건에 저항했을 것으로 보인다.

그리고 다네무라의 의견과 5과의 의견 차이는 일본의 전략, 특히 결호작전에서 소련 요소가 얼마나 중요했는지를 말해주고 있다. 일본군 첩보부가 소련군의 증강에 대해 정확한 정보를 입수하고 있었던 것, 그리고 5과가 8월부터 9월 초순으로 예상되는 소련의 공격에 일본이 대비해야 한다고 권고한 것은 옳았다. 그러나 그 의견은 육군 전체를 대표하는 의견이 되지 못했다. 오히려 육군성, 참모본부의 상층부, 특히 군의 '두뇌'라고 해야 할 작전부와 군무국 같은 유력 부국들은 소련의 중립을 전제로 작전을 구축하고 있었다. 따라서 소련이 대일전에 실제로 뛰어들었을 때 그것은 예상되었던 일인 만큼 군이 아무런 충격도 받지 않았다는 주장은 그다지 설득력이 없다.[37]

육군이 소련이 중립을 유지하도록 정책을 펴야 한다고 요구하자 도고 외상은 소련을 통해 전쟁을 끝내겠다는 목표를 세웠다. 그러나 도고의 정책은 뜻하지 않은 반대에 부닥쳤다. 사토 소련 주재 대사는 그런 정책이 비현실적이라고 맹렬히 반대하면서, 대소 정책을 조정하기 위해 일본으로 귀국시켰던, 자신이 신뢰하는 부하 모리시마 고로守島伍郎 공사를 통해 외무성이 모스크바에 종전 알선을 의뢰하는 정책을 포기하게 만드는 공작에 이미 착수하고 있었다. 4월 27일 모리시마는 도고와 저녁 식사를 함께하면서 소련에 대한 어떠한 양보도 금물이라고 경고했다.[38] 대소 정책을 수행하면서 도고 외상은 제국 육군과 모스크바대사관 간에 가로놓인 좁고 위험한 해협을 항해해 가야 했다.

트루먼과 몰로토프 회담

트루먼은 이런 경우 루스벨트는 어떤 결정을 내릴 것인지 끊임없이 자문했다. 그러나 당연하게도 루스벨트가 내릴지도 모를 결정과 트루먼이 루스벨트라면 이렇게 했을 것이라고 상정한 결정 사이에는 차이가 있었다. 트루먼 자신이 아무리 루스벨트의 정책을 충실하게 수행하고 있다고 믿어본들 그의 개성과 참모들의 선택, 정책결정 스타일, 소련과 일본에 대한 그 자신의 생각 등이 필연적으로 어떤 정책을 채택하고 거부할 것인지 결정하는 데에 반영될 수밖에 없기 때문이다.

트루먼의 정책이 트루먼 색깔을 띠게 되는 것은 당연한 귀결이었다.

루스벨트는 외교정책에서 명확하게 조직된 정책결정 메커니즘을 좋아하지 않았다. 여러 보좌관과 그룹들이 다양한 의견을 제공했다. 역사가 레플러Melvyn Leffler에 따르면, "루스벨트는 자신의 행정적인 스타일에 걸맞게 산만한 구조의 정점에 앉아 있었다." 한편 트루먼은 그런 혼란스러운 구조를 견디기 어려웠다. 레플러는 트루먼의 스타일은 그 자신의 약점(불안)에서 비롯된 것이라 논하면서 다음과 같이 얘기했다.

> 트루먼은 자신이 없었기 때문에 무지를 드러내게 될까 두려워 그 자신의 의견 표명을 주저했으며, 말로 발설해서 문제를 검토하는 경우가 거의 없었다. 그를 아는 대다수 사람이 그의 성급한 판단에 대해 얘기하고 있다. 그는 어쩐지 권위 있어 보이는 모양새를 보이려 했으나 그 때문에 사려 깊고 일관된 정책을 포기하는 대가를 치러야 했다.[39]

트루먼의 대소 정책은 "홀연히 거구를 드러내기 시작한 수수께끼투성이의 소련이라는 존재"에 대한 미국 위정자들의 모호한 태도를 그대로 반영했다. 소련과의 협력은 전후 세계의 안정된 질서를 구축하기 위해서는 불가결한 요소였다. 이미 그게 절대로 필요하다고 할 수는 없게 된 상황이었지만 여전히 소련의 대일 전쟁 참가는 바람직한 것으로 여겨지고 있었다. 그러나 소련이 새로 점령한 동유럽, 특히 폴란드에서의 행동을 보면 소련의 영향력 확대가 어떻게 귀결될지, 불안을 느끼지 않을 수 없었다. 트루먼 정권의 내부에서도 여러 의견이 혼재해 트루먼은 그때그때 자기 주변에 있던 참모들의 의견에 좌우되는 경우가 많았다. 그 결과 트루먼의 대소 정책은 크게 지그재그 코스를 그리게 됐다.

대통령 취임 선서를 한 직후부터 트루먼이 가장 주의를 기울여야 했던 것은 폴란드 문제였다. 처칠은 스탈린이 알타조약을 위반하고 폴란드에 괴뢰정부를 강압적으로 세우지 않을까 걱정하면서 거기에 공동으로 항의해야 한다며 기를 쓰고 루스벨트에게 편지를 보냈다. 그 4월 11일 편지에 대해 새 대통령 트루먼은 13일, 스탈린 앞으로 공동서한을 보내는 데 동의한다는 뜻을 전했다. 16일, 트루먼은 소련이 알타에서 약속한 협정을 준수할 의무가 있다는 것을 스탈린에게 통고하도록 해리먼에게 훈령했다. 스탈린과 소련에 대한 미묘한 변화가 이미 일어나고 있었다. 루스벨트가 처칠에게 "소련을 공공연히 비난하는 것은 피하자"고 충고한 것과 달리 트루먼은 스탈린과 대결하는 길을 선택했던 것이다.[40]

또 그때까지 정책결정 과정에서 멀어져 있던 국무부 고관이 트루먼이 대통령이 되자 적극적으로 진언하려고 활발한 움직임을 보이기 시작했다. 그중에서도 중요한 역할을 수행한 사람은 때마침 워싱턴에 돌아와 소련 팽창주의의 위험에 대해 대통령 집무실로 달려가 어떻게든 얘기하려고 만반의 준비를 갖춘 채 대기하고 있던 해리먼이었다. 해리먼은 루스벨트의 유화정책에 비판적이었고, 소련에 대해 엄정하게 '시시비비'를 가리는 태도를 견지해야 한다고 주장한 인물이다. 해리먼은 경고했다.

공산주의의 외부 확장이 과거의 것이라고 믿어선 안 된다. 우리는 공산주의 이데올로기와의 싸움에 정면으로 맞서지 않으면 안 된다. 그 싸움은 파시즘과 나치즘에 대한 것과 마찬가지로 단호해야 하지만 또 그와 마찬가지로 위험으로 가득 차 있다.[41]

루스벨트가 해리먼의 의견에 귀를 기울이지 않았던 것과 달리 트루먼은 그의 의견에 공명했다. 4월 20일에 해리먼은 트루먼과 회견하고, 소련에는 "영국, 미국과의 협조정책을 택하든지, 아니면 독자적인 행동을 통해 이웃 나라로 소련의 지배를 확대하든지" 두 가지 선택밖에 없다고 지적했다. 그리고 해리먼은 미국의 관대함과 협조적 자세는 소련에 나약함의 표출로 해석될 뿐이라고 설명하고 얄타회담 이후 차례차례 생겨난 귀찮고 성가신 일들을 구체적으로 열거했다. 트루먼은 해리먼에게 자신은 "러시아인들을 무서워하지 않는다"며 "우리가 소련을 필요로 하기보다는 소련이 우리를 필요로 하고 있기 때문에" 소련에 대해 단호하고 공평한 태도를 취하겠다고 말했다. 대통령은 나아가 "단지 소련이 좋아한다는 이유만으로 미국의 원칙이나 전통에서 벗어나는 어떤 양보도 할 생각이 없다"면서 "이제부터는 시시비비의 입장으로 가겠다"고 단언했다. 지론이 받아들여져 해리먼은 분명 크게 기뻐했을 것이다.

해리먼은 그때까지 쌓아온 울분을 폭발하듯 대소 정책의 변경을 요구했다. 유럽이 야만인들의 침략에 직면하고 있다고 지적하고, 유럽에서 소련과의 타협점을 찾아내는 건 비관적이라며 "소련이 국제문제에서 세계의 다른 모든 국가가 인정하고 있는 원칙에 따라 행동할 것이라는 환상을 버리고 새로운 대소 정책을 구상해야만 한다"고 주장했다. 트루먼도 소련한테서 1백 퍼센트를 쟁취하진 못하더라도 "적어도 85퍼센트는 쟁취해야 한다"고 말했다.[42]

그러나 트루먼이 완전히 해리먼의 의견에 동조했다고 생각해선 안 된다. 대통령은 단호한 태도를 취하려고 노력하는 한편으로 공평해지려는 노력도 했다. 소련이 참가하지 않더라도 국제연합을 창설하기 위한 회의는 열어야 한다고 해리먼이 주장했을 때 트루먼은 소련이 참가하지 않는 국제기구는 무의미하다고 단호하게 나무랐다. 무엇보다 트루먼은 소련이 일단 체결한 '해방된 유럽에 관한 선언'(96쪽 참조)을 위반하고 있는 점을 우려했다. 번스가 얄타에서 체결한 조약들에 대해 설명했을 때 트루먼은 틀림없이 그 협정들이 연합국이 협력해가는 데에 기초가 된다고 생각했을 것이다. 미국 중서부의 작은 마을 변호사 출신이었던 트루먼은 계약을 이행하는 것이 미국의 가장 기본적인 원칙이라고 생각했으며, 루스벨트가 법률의 세세한 조문을 초월해서 권력정치power politics를 행사한 것과는 달리 쌍방 간에 합의된 계약은 반드시 준수돼야 한다는 완고한 준법주의에 사로잡힌 경향이 있었다.[43] 미국에게 반드시 유리하지 않은 경우에도 얄타조약을 충실히 준수한 것은 적어도 태평양전쟁 종결에 이를 때까지 트루먼의 변함없는 원칙이었다.

몰로토프는 4월 22일에 워싱턴에 도착하자 곧바로 대통령과 블레어하우스에서 회견했다. 트루먼은 단호한 태도를 취하겠다고 약속했으나 첫 회담에서는 우호적인 태도로 시종했다. 트루먼은 스탈린과 소련을 상찬한 뒤 폴란드 문제에 관해 언급했다. 몰로토프는 폴란드 문제는 소련의 안전보장에 중요한 문제인데, 얄타에서의 조약이 상호이해의 기초를 제공하기를 희망한다고 말한 뒤 곧 화제를 바꿔 극동에 관한 얄타밀약에 대해 질문했다. 헐리 대사와 스탈린의 회담을 통해 트루먼이 이미 얄타밀약에 대해 알고 있다는 사실이 드러났기 때문에 그 조약 조문을 대통령이 이행할 용의가 있는지를 물은 것이다. 트루먼은 얄타협정 조문을 완전히 지지한다고 회답했다. 몰로토프는 대통령으로부터 중요한 언질을 얻어내는 데 성공했다.[44]

4월 23일, 스팀슨은 백악관에서 걸려온 전화에서 '내밀한 문제'에 관한 긴급회의를 열 테니 오후 2시에 백악관으로 출두하라는 명령을 받았다. 스팀슨이 회의실에 도착하니 이미 스테티니어스, 포레스털, 마셜, 킹, 레이히가 모여 있었다. 초조감을 감추지 못한 채 스팀슨은 일기에 "아무런 경고도 없이 나는 내가 경험한 가장 곤란한 상황에 처해 있었다"고 기록했다.

스팀슨이 일기 속에 의도적으로 언급하지 않았던 출석자는 해리먼, 딘, 제임스 던James Dunn 국무차관보, 소련 전문가 볼런Charles Bohlen이었는데, 모두 해리먼 의견의 지지자였다.[45]

의제는 미국의 대소 정책이었다. 스팀슨이 짐작한 대로 이 회의는 트루먼을 시시비비 정책 쪽으로 방향을 바꾸게 하려고 국무부가 계획한 것이었다. 스테티니어스와 해리먼은 미국이 소련에 대해 단호한 태도를 취해야 한다고 주장했다. 포레스털과 레이히도 이를 지지했다. 해리먼은 소련이 극동의 전쟁에서 미국과 협력하기로 한 약속을 깨고 있다고 지적했다. 딘은 자신의 경험을 통해 볼 때 소련을 무서워해서는 미국에 어떤 이익도 되지 않을 것이라고 단언했다.

이에 대해 스팀슨은 폴란드 문제에서 소련과 갈라서는 것은 득책이 아니라며 주의를 촉구했다. 그리고 소련이 동유럽에서의 안전보장을 걱정하고 있는 것은 이해할 부분이 있으며, 군사문제에 관해서는 소련이 지금까지 약속을 이행하고 있을 뿐 아니라 약속한 것 이상으로 잘 처신해주고 있다고도 말했다. 그러나 출석자들 중 스팀슨을 지지한 이는 마셜뿐이었다. 마셜은 소련의 대일 참전은 미국에도 유익하며, 소련과의 결별은 중대한 결과를 초래할 것이라고 경고했다.

트루먼이 이 회의에서 "만일 소련이 (샌프란시스코회의에서) 우리 편을 들지 않는다면, 엿이나 먹으라지"라고 발언한 것으로 알려졌으나, 이건 좀 의심스럽다. 그러나 소련에 대해 더 단호한 태도를 보여줘야 한다는 다수 의견에 트루먼이 찬성한 것은 틀림없다.[46] 회의 막판에 대통령은 스팀슨과 다른 군사지도자들을 물러가게 한 뒤 국무장관과 해리먼 등 국무부 관계자들에게 남아서 그날 밤으로 예정돼 있던 몰로토프와의 회담 준비를 하도록 명했다. 스팀슨과 마셜의 완패였다. 트루먼은 몰로토프와 대결할 준비에 착수했다.

트루먼이 몰로토프와 첫 회담에서 하이드 씨 역할을 연기했다면, 두 번째 회담에서는 지킬 박사로 변신했다. 대통령은 몰로토프에게 미국 정부는 처칠과 트루먼 공동서한에서 요청했듯이 소련이 폴란드 정부 구성에 대해 의견을 바꾸지 않아 완전히 실망하고 있다면서, "보통의 미국 말로", 즉 "전혀 외교적이지 않은 표현으로" 미국 정부는 폴란드의 민주적인 요소를 대표하지 않는 폴란드 정부를 인정할 수 없다고 잘라 말했다.

대통령의 거친 말에 놀란 몰로토프는 미국과 협력하는 것이 소련의 진의이며, 그 협력은 얄타에서 맺은 조약에 토대를 두고 있다고 대답했다. 그러자 트루먼은 폴란드에 관한 협정은 이미 존재하며 남아 있는 과제는 "스탈린 원수가 이를 준수하는 것뿐"이라고 "단호한 태도로" 내뱉었다. 몰로토프는 소련 정부는 얄타협정에 관여하고 있으나 폴란드 문제는 특히 소련 정부의 이익이 걸린 중요한 문제라고 말했다. 트루먼은 미국 정부는 얄타회담에서 체결된 모든 조약을 준수할 용의가 있으며, 소련 정부에도 상응한 조처를 바랄 뿐이라고 거듭 말했다. 몰로토프는 "나는 이전에 이런 식의 이야기를 들은 적이 없다"고 항의했다.

트루먼은 "조약을 준수해달라. 그러면 이런 식의 이야기를 들을 일이 없다"고 되받았다. 그리고 갑자기 일어서서 몰로토프에게 기자회견에서 발표할 성명 사본을 건네준 뒤 자리를 떴다.[47]

몰로토프는 한 번 물면 놓지 않는 끈질김이 있었고 거침없이 내뱉는 성격의 상대하기 벅찬 외교관이었다. 따라서 이런 대화가 진행되더라도, 해리먼이 말했듯이 "몰로토프의 섬세한 감수성이 상처받았다고 생각하는 것은 어리석다." 하지만 그런 해리먼도 트루먼의 예상을 뛰어넘은 적의에는 경악했다. 해리먼은 다음과 같이 썼다.

> 트루먼이 너무나 거세게 몰로토프를 공격한 것은 서툰 짓이었다. 그것은 트루먼이 루스벨트의 정책을 포기했다고 주장할 구실을 스탈린에게 줄 수도 있었기 때문이다.[48]

가장 중요한 것은 트루먼의 말이 어떻게 몰로토프에게 상처를 주었는지가 아니라 크렘린의 지도자가 몰로토프를 대접한 트루먼의 방식을 어떻게 해석했느냐는 것이다. 회담에 동석했던 그로미코는 회고록에서 그 회담에 대해 다음과 같이 기록했다.

트루먼의 어투는 매우 거칠었다. 그는 시종일관 차가운 태도였다. 새 대통령은 제안된 모든 것, 그리고 대화에서 언급된 모든 주제를 거부했다. 때로는 상대의 말을 듣고 있지 않는 듯한 생각이 들었다. 마치 수탉과 같은 투쟁심으로 장래 국제기구의 의의, 독일의 재침략을 방지할 조치 등을 토론하려는 소련 쪽 논점을 모조리 반박했고, 대화 도중에 일어나 회담은 끝났다는 제스처를 취했다.[49]

스탈린은 즉각 대응해 4월 24일, 트루먼과 처칠의 공동서한에 회답했다. 그는 트루먼과 처칠의 제안은 얄타협정 위반이라며 그 제안을 쌀쌀맞게 거부했다. 영국, 미국이 벨기에와 그리스에서 자신들이 바라던 정부를 창설했을 때 소련은 아무런 트집도 잡지 않았다. 따라서 소련의 안전보장에 중요한 폴란드에서도 같은 대우를 요구할 것이라고 말했다. 스탈린은 트루먼과 마찬가지로 독기로 가득한 가시 돋친 말을 내뱉었다.[50]

원폭을 투하할 표적을 결정하다

스팀슨은 4월 23일의 백악관 회의에서 펜타곤으로 돌아오자마자 레슬리 그로브스와 특별보좌관 조지 해리슨George Harrison을 불러 곧 있을 맨해튼계획 대통령 보고를 검토하는 회의를 열었다. 그리고 다음 날 스팀슨은 마셜 참모총장과 짧은 대화를 나누면서 육군이 중요한 외교문제에 관해 어떻게 영향력을 회복할 것인지에 대해 토의했다. 그 뒤 스팀슨은 '극비 사항'을 보고하기 위해 트루먼에게 회견을 요청했다.

4월 25일, 스팀슨과 그로브스는 대통령에게 맨해튼계획에 관한 최초의 본격적인 보고를 했다. 그 회견이 외부에 알려지는 것을 철저히 막기 위해 그로브스는 다른 입구를 통해 백악관에 도착, 비밀 통로로 대통령 집무실에 들어갔다. 스팀슨과 그로브스의 첫 보고는 다음과 같은 말로 시작한다.

> 아마도 4개월 이내에 우리는 단 한 발로 하나의 도시를 완전히 파괴할 수 있는 인류역사상 가장 무서운 무기를 갖게 될 것이다.

보고는 지금은 미국이 그 무기를 지닌 유일한 국가이지만 이 상태는 오래 지속되지 않을 것이라며, "향후 몇 년 안에 이 무기를 개발할 수 있는 나라는 소련이다"라고 예언했다. 그리고 다음과 같이 덧붙였다.

> 기술적 발전에 비해 윤리적 발전이 늦어지고 있는 지금의 세계는 장차 이 무기의 포로가 될 것이다. 바꿔 말하면 현대문명은 완전히 파괴될지도 모른다.

따라서 "이 무기에 관한 정보를 공유하는 것이 미국 외교의 주요한 과제가 될 것"이라고 논했다. 이 보고는 원폭의 윤리적 의미와 원자력의 국제관리 문제에 대해 깊이 고찰한 스팀슨의 생각을 반영했다.[51] 스팀슨은 원자력의 국제관리는 인류의 존속이 걸린 문제이기 때문에 거기에 소련을 참가시키는 것이 중요하다고 보고, 따라서 폴란드 문제로 소련과 지금 결별하는 것은 득책이 아니다, 소련과의 대결은 미국이 원폭개발에 성공하고 나서 해야 할 일이라고 생각했다.

스팀슨은 그 뒤 그로브스가 쓴 원폭의 기술적인 측면을 다룬 두 번째 보고서를 제출했다. 이 보고서에서 가장 중요한 부분은 원폭개발의 상세한 스케줄이었다. 거기에 따르면, 최초의 '철포형' 원폭은 "1945년 8월 1일경 완성"하고 두 번째 내부파열형 원폭은 "7월 초"에 실험용으로 제작 완료될 것이라고 보고됐다.[52]

트루먼과 스팀슨, 그로브스의 회견은 태평양전쟁에서 하나의 중요한 전환점이었다. 대통령은 그때 일본의 항복을 받아내기 위한 중요한 카드를 손에 쥐고 있었던 것이다. 5월 1일 트루먼은 스팀슨의 권고를 받아들여 원폭에 관한 고위급 자문위원회인 '잠정위원회Interim Committee'를 창설했다. 그러나 여기서 주목해야 할 중요한 요소는 대통령이 모르는 상황에서 원폭 사용에 대한 중대한 결정이 이뤄진 것이다. 그로브스 밑에 원폭의 표적을 가려내기 위한 '표적위원회Target Committee'가 만들어진 것은 4월 27일이었는데, 이 표적위원회는 히로시마, 도쿄만, 야하타 등을 포함한 18개 도시를 원폭투하 표적 후보지로 이미 선정해놓고 있었다. 그 기준은 일본인이 전쟁을 계속할 의지를 꺾기 위해 최대의 효과를 낼 수 있는 도시여야 한다는 것이었다. 이를 위해 그로브스는 적어도 두 발의 원폭을 사용할 필요가 있다고 주장했다. 한 발은 새로운 무기의 효과를 보여주기 위해, 또 한 발은 미국이 대량의 원폭을 보유하고 있을지도 모른다는 점을 인식시키기 위해서였다.[53]

5월 12일과 13일에 표적위원회는 교토, 히로시마, 요코하마, 고쿠라로 표적을 압축하고 니가타를 대체 후보로 삼는다는 결정을 내렸다. 인구 백만의 고도인 교토는 그때까지 공습을 당한 적은 없었지만 원폭투하의 제1후보지로 선정됐다. 5월 28일 회의는 교토, 히로시마, 니가타 순으로 우선순위를 정했다. 이 결정은 스팀슨을 경악하게 만들었다. 스팀슨은 교토의 고도로서의 문화적 가치를 잘 알고 있었다. 만일 그 도시가 폐허로 변한다면 일본인에게 치유하기 어려운 반미감정을 심는 셈이 돼, 오히려 전쟁을 계속할 의지를 더욱 굳히게 만들지도 모른다고 걱정했다. 5월 31일 회의에서 스팀슨과 그로브스는 이 문제를 둘러싸고 정면으로 맞부딪혔다. 스팀슨이 교토를 표적에서 뺄 것을 요구했으나 그로브스는 완강하게 이를 거부했다. 공군사령관 아널드 장군까지 그로브스를 지지했다. 맨해튼계획의 총책임자였던 스팀슨은 고립됐다. 자신의 부하를 설득하는 데 실패한 스팀슨은 교토에 원폭을 투하하면 전 세계가 미국의 행동을 히틀러의 포악과 다를 바 없다고 비난할 것이라며 트루먼에게 직접 호소했다. 트루먼은 스팀슨을 지지했고, 교토는 표적에서 제외됐다. 그러나 그것은 아직 최후의 결정이 아니었고, 나중에 역전될 수도 있었다.

스팀슨과 트루먼은 교토에 원폭을 투하하는 것이 히틀러의 학살과 다를 바 없는 포악이라는 것을 인정하면서도 이를 다른 도시에 투하하는 것 역시 포악한 행위라는 데에는 생각이 미치지 못했다.

독일 항복에 대한 일본의 반응

독일의 항복은 일본이 전쟁을 종결할 절호의 기회였다. 그러나 일본은 그 기회를 이용하지 않았다. 독일 패배를 예상한 최고전쟁지도회의는 4월 30일 "필승을 확신하고 황토를 호지護持해서 끝까지 전쟁 완수를 기약하는 결의를 새롭게 다진다"고 결정하고, 소련에 대한 조치로서 '대소 시책의 촉진을 위해 노력'하고 영국, 미국과 소련을 이간시키기 위한 선전에 힘쓰기로 했다. 5월 3일 히틀러의 자살과 베를린 함락 소식이 전해지자 스즈키는 총리담화를 발표했다.

"우리 전쟁 목적은 대동아大東亞 나아가 세계에 도의에 기초한 공존공영의 진정한 질서를 건설하려는 인류 정의의 대본大本에 입각한 것으로, 구주(歐洲, 유럽) 전황戰局이 급변해도 우리 국민의 신념은 조금도 동요하지 않을 것이다. 본시 대동아전쟁을 완수해야 할 제국정부의 결의는 날로 굳어갈 뿐이다. … 말할 것도 없이 나는 모든 것을 바쳐 끝까지 싸울 각오다. 국민 여러분도 또한 전선의 특공용사처럼 국민의 한 사람으로서 나라를 일으키겠다는 기백과 희망을 갖고 용투매진勇鬪邁進해주기 바란다."

스즈키가 정말 종전을 추구하는 내각 총리였다면 이 담화는 그것과는 너무 모순되는 용맹스러운 성명이었다. 게다가 화평파로 간주됐던 도고 외상까지 5월 6일 "독일의 태도 여하는 제국의 대미영 전쟁 수행의 결의에 추호도 영향을 주지 않는다"고 얘기하는 형편이었다.

독일이 항복한 그다음 날 임시각의가 열렸고 정부 성명이 발표됐다.

> 제국의 전쟁 목적은 원래 그 자존과 자위에 있다. 이것은 제국의 부동의 신념으로, 유럽 전황의 급변은 제국의 전쟁 목적에 추호의 변화도 주지 않을 것이며, 제국은 … 동아東亞를 자신들의 욕망과 폭력 아래 유린하려는 미국, 영국의 분에 넘치는 야망에 대해 끝까지 그것을 깨부수고 동아의 안전을 확보하려는 것이다.

정부는 독일 항복 전의 성명과 같은 어조로 전 세계에 대해 전쟁 계속의 뜻을 표명했던 것이다.[54] 천황과 그 참모들은 독일 항복에 즈음해서 어떻게 대응했던가? 5월 5일에 기도는 고노에에게, 천황은 그때까지 종전 조건으로 비무장화와 전범 처리에 대해서는 양보할 수 없다는 의견이었으나 최근 자신에게 그런 조건들은 유감이지만 취하할 수밖에 없다는 말을 흘렸다고 말했다. 그러나 5월 13일 고노에가 소련의 군사 간섭 위험성과 공산주의 정부 수립 위험성에 대해 상주하자 천황은 일본이 아직 미국에 대해 일격을 가할 기회가 있다고 주장했다. 천황은 여전히 '일격화평론'을 포기하지 않았던 것이다.[55]

용맹스러운 우렁찬 외침 뒤에서, 화평파의 가게무샤(影武者, 막후 인물, 위장 인물)들은 이제야 화평을 추구할 시기가 도래했다고 생각했다. 그리고 종전으로 가는 도정은 천황의 적극적인 개입에 의존할 수밖에 없다는 생각을 공유하기에 이르렀다. 육군성의 마쓰타니 세이 대령은 만주 국경에서 소련군이 이미 35개 사단으로 증강됐다는 보고를 받았다. 그 보고는 독일 패배로 소련이 7월부터 8월까지 더 많은 병력을 유럽에서 극동으로 이동시켜 증강하려 할 것이라고 예측했다. 마쓰타니, 다카기 소키치, 마쓰다이라 야스마사(기도의 비서), 가세 도시카즈(외무성 비서관)는 이제야말로 전쟁을 일각이라도 빨리 끝내야 할 때라고 생각하고 있었다. 고노에와 기도도 그 의견에 찬성했다.[56] 그러나 그 방침은 신중한 사전 정지 작업이 필요했다. 가장 큰 장애는 군의 반대였는데, 그것을 어떻게 극복할 것인지가 문제였다. 그러기 위해서는 우선 무엇보다도 화평파 세력이 일치단결할 필요가 있었고, 조직적으로 연락을 취하는 행동이 필요했으며, 화평 공작은 비밀리에 추진되어야만 했다. 그리고 마지막으로 그 공작이 성공하기 위해서는 천황의 동의가 필요했다.

무조건 항복을 재검토하다

일본의 화평파가 겁을 내면서 전쟁종결 가능성을 찾고 있을 때, 무조건 항복은 재검토돼야 한다는 의견이 트루먼 정권의 최고지도자들 사이에서 제기됐다. 그 선두에 선 이는 포레스털 해군장관이었다. 5월 1일 육군, 해군, 국무부의 수장들로 이뤄진 3인위원회에 엘머 데이비스Elmer Davis가 참가한 회의에서 포레스털은 극동에서 미국의 정치적 목적을 철저히 연구할 필요가 있다고 주장하면서 미국은 일본을 어느 정도까지 파괴할 것인가, 비무장화 뒤에 일본이 국제사회에 복귀하기를 바라는가, 극동에서 소련의 역할을 어떻게 평가할 것인가, 일본을 소련에 대항하는 세력으로 만들 것인가, 일본을 항복시키기 위해 단기간에 고귀한 희생을 치르게 하는 공격 방식을 취할 것인가 아니면 장기간에 걸친 봉쇄 방식을 취할 것인가 등 일련의 질문을 던졌다. 묘하게도 이 회의에서 당시 국무차관이자 장관 대리였던 그루는 포레스털의 질문에 대해 곧바로 자신의 지론을 펴지 않았다. 아마도 천황 옹호자로 비난을 받아왔던 그로서는 신중하게 행동해야 한다고 생각하고 자중했을 것이다.

포레스털을 옹호하면서 대일 문제를 검토해야 한다고 주장한 이는 얄궂게도 가혹평화주의자로 간주되던 전시정보국 국장 엘머 데이비스였다. 데이비스는 무조건 항복을 재정의해야 한다는 재커리어스 대령의 의견을 받아들여 대통령에게 각서를 보냈다. 대통령의 성명은 일본 국민을 향해 발표할 것인가, 아니면 일본 정부에 대한 보도문으로 전달할 것인가 하는 두 가지 선택지가 있는데, 자신은 전자가 최선이라 생각한다고 데이비스는 권고했다. 일본 정부가 이 전쟁을 수행하는 범죄자이고, 그 정부를 인정할 순 없다는 가혹평화주의자의 면모가 거기에 반영돼 있었다.

그루는 데이비스에 반대했다. 일본 정부를 제쳐놓고 일본 국민에게 호소하는 방식은 오히려 정부로부터 즉각 거부당할 것이기 때문에 역효과다, 이 성명은 보도문 형식으로 내야 한다, 그러면 일본 정부 내 온건파의 호감을 사서 미국에도 유리할 것이라고 논했다. 그루는 현명하게도 데이비스의 권고를 역이용해 대통령 성명을 일본 국내의 화평파에 대한 신호로 이용하려 했던 것이다. 레이히는 그루의 의견을 지지했고, 5월 6일에 대통령 성명의 원안을 작성했다.[57]

5월 8일, 예순한 살 생일날 트루먼은 독일 항복 보고를 받았다. 대통령은 기자회견을 열어 독일에 대한 전승을 축하하는 공식성명을 발표했다. 이 성명 마지막 부분에 극동에서의 전쟁에 관한 언급이 있다. 거기에서 그는 일본이 계속 저항하는 것은 자국 군사산업의 완전한 파괴를 초래할 뿐이라고 경고하고, "우리의 맹렬한 공습은 일본의 육해군이 무조건 항복할 때까지 멈추지 않을 것이다"라면서, "그렇다면 일본인들에게 군대의 무조건 항복이란 도대체 무엇을 의미하는 것일까"라고 자문하고 이렇게 자답했다.

"그것은 지금의 일본을 재앙의 벼랑 끝으로 몰고 간 군사지도자들의 영향을 말살하는 것"이요, "병사, 수병이 가족, 논밭, 일터로 돌아가는 것"이며, "지금의 단말마적 고통을 계속 감수하면서 승리하겠다는 쓸데없는 희망을 버리는 것이다." 그리고 트루먼은 그것은 "일본인을 섬멸하거나 노예화하겠다는 것을 의미하지 않는다"고 단언했다.

주목해야 할 것은 두 가지다. 첫째는 '무조건 항복'에 "육해군의"라는 수식어가 붙은 것이다. 둘째는 '무조건 항복'은 일본 민족의 섬멸을 의미하지 않는다는 것을 분명히 한 것이다. 이 두 가지는 재커리어스가 주장해온 것이었다. 그러나 일본 위정자들이 가장 관심을 기울이고 있던 천황제에 대해 트루먼 성명은 아무런 언급도 하지 않았다.

기묘하게도 미국 신문들은 트루먼이 '무조건 항복'을 '군대의 무조건 항복'이라 수정한 것에 주목하지 않았다. 트루먼 자신도 준비된 원고를 읽긴 했지만 이 미묘하면서도 중요한 차이를 깨닫고 있었다는 생각이 들지 않는다. 그러나 일본 위정자들은 예민하게도 그 차이에 주목했다. 재커리어스는 일본의 화평파에게 영향을 미치려고 여섯 차례에 걸쳐 심리전쟁의 프로파간다를 단파방송으로 내보냈는데, 그 첫 방송에서 미국이 요구하고 있는 것은 '무조건 항복'이 아니라 '군대의 무조건 항복'이라는 점을 강조했다. 그리고 트루먼 성명에서 벗어나 그 성명이 대서양헌장에 따른 것이라는 설명까지 붙였다. 도고 외상은 재커리어스가 내보낸 방송에서 미국이 요구하고 있는 무조건 항복이 군대의 무조건 항복이라는 협의의 의미라는 점에 주목했다.[58] 그럼에도 트루먼 성명에 대해 일본에선 아무런 반응도 보이지 않았다. 그 이유는 이 성명에서는 국체와 천황의 지위에 대해 아무런 언급도 하지 않았기 때문이다.

게다가 육군에는 절대로 양보할 수 없는 나름의 평가 기준이 있었다. 1944년 9월, 무조건 항복이 일본에 무엇을 의미하는 것인지를 검토한 육군대신 작성 문서가 있다. 그 문서에는, 무조건 항복으로 일본은 미국 군에 점령당하고 제국 육해군 무장해제가 이뤄질 것이며, 국체가 폐지되고 민주제가 도입돼 일본 남자는 해외로 강제 소개疏開될 것이라고 돼 있었다.[59] 트루먼 성명에는 그중에서 일본 남자의 강제 소개라는 마지막 사항은 없었지만, 다른 세 가지와 관련해서 육군대신 문서는 무조건 항복이 구체적으로 무엇을 의미하는지 정확하게 예측하고 있었다. 따라서 미국이 설사 국체 유지를 약속하더라도 육군으로서는 그것만으로는 불충분했다. 육군이 무장해제와 일본 점령이라는 조건을 수반하는 항복에 반대할 것은 명백했다. 그리고 육군은 일본의 정책결정 과정에서 거부권을 행사할 수 있었으므로 설사 천황의 지위

보장을 약속한다는 조건하에 정부 문관이 전쟁종결을 시도하더라도 육군의 반대에 부닥칠 것은 정해진 이치였다. 이 단계에서는 계전파가 화평파에 비해 더 강했는데, 그 관계를 역전시켜 화평파가 계전파보다 강한 입장에 서기 위해서는 독일 항복보다도 더 강렬한 충격을 주는 사건이 일어나야만 했다.

최고전쟁지도회의의 대소련 정책

말리크 대사의 안테나는 일본 위정자들 사이에 생겨나고 있던 화평 추구 움직임을 민감하게 포착하고 있었다. 5월 4일, 말리크는 일본 정부 내 복수의 고관과 관계 유력자들이 일본은 전쟁을 그만둬야 한다는 걸 통감하고 있지만, 미국이 무조건 항복을 요구하고 있기 때문에 화평 교섭에 들어가는 것을 겁내고 있다고 보고했다. 정부 고관은 종전 조건으로 만주, 조선, 타이완을 포기할 용의가 있다는 점을 인정하고, 일본이 고집하는 조건은 일본 본토의 영토적 보전과 천황제의 유지라고 말했다. 말리크는 "일본은 무조건 항복을 수락하지 않을 것이다"라고 예언했다. 이는 스탈린에게는 중요한 정보였다. 일본이 전쟁을 길게 끌게 하려면 무조건 항복을 요구하는 것으로 충분하다는 걸 알아챘던 것이다.

말리크에 따르면, 일본 정부 내의 유력 고관은 소련이 전쟁을 피하려 하고 있었기에, 그때야말로 외교를 통해 자기 목적을 달성할 절호의 기회라고 보고 그 기회를 놓치지 않기 위해 일본에 압력을 가할 것이라고 예측했다. 그리고 일본의 지도층은 동유럽이나 독일에 대한 전후 처리 문제를 둘러싼 미국, 영국과 소련 간의 알력을 이용해서 자신들에게 유리한 형태로 종전을 끌고 갈 수 있을 것으로 믿고 있다고 보고했다.[60]

공식적으로는 전쟁을 수행하겠노라고 큰 소리로 떠들면서 몰래 전쟁종결을 시도하고 있던 일본 화평파의 의도를 말리크는 정확하게 파악하고 있었다. 화평파의 첫 조치는 외야석에서 들려오는 잡음에 좌우되지 않을 정책결정 메커니즘을 구축하는 것이었다. 그때까지 최고결정기관은 총리, 외상, 육군상, 해군상, 육군참모총장, 군령부총장 등 6인으로 구성된 최고전쟁지도회의였다. 그러나 이 회의에는 각기 차관들이 출석하고 있었기 때문에 회의가 종종 하부 관료기구, 특히 가장 큰 권력을 쥐고 있던 육군참모본부 참모가 작성한 정책 원안을 승인하는 수준에 머물렀다. 이른바 고무도장을 찍는 회의였던 셈이다.

그리하여 5월 5일, 다카기와 가세의 안을 토대로 도고 외상은 최고전쟁지도회의를 차장, 차관 등의 사무직원들을 제외하고 글자 그대로 최고위 6인으로 구성된 최고전쟁지도회의 구성원회의(이하 최고전쟁지도회의로 줄임)로 바꿀 것을 제안했다. 이 6인 구성원은 회의에서 진행된 토의에 대해 아래로부터 압력을 받지 않고 자유롭게 의견교환을 할 수 있도록 완전한 비밀을 지키고자 했다. 도고의 제안은 오이카와 고시로及川古志郎 군령부총장의 지지를 받았을 뿐 아니라 의외로 우메즈 요시지로 육군참모총장, 아나미 고레치카 육군상도 그 제안에 동의했다. 육군의 최고지도자도 부하의 압력으로부터 자유로운 상태에서 의견을 애기할 기관이 필요하다고 판단했을 것이다. 이후 이 최고

전쟁지도회의는 전쟁을 종결하기 위한 기관으로 큰 역할을 수행하게 된다.[61]

첫 최고전쟁지도회의는 5월 11, 12, 14일에 열렸다. 거기서 의제가 대소 방침이었다는 사실은 특필돼야 한다. 육군이 목표로 한 것은 소련의 중립을 유지, 확보하는 것이었으나 해군이 제안한 것은 소련의 석유와 비행기를 일본의 순양함과 교환하겠다는 비현실적인 정책이었다. 왜 요나이 미쓰마사 해군상이 이런 제안을 했는지 그 이유는 명확하지 않다. 도고와 요나이가 충돌한 것은 이 회의가 처음이자 마지막이었다. 도고는 육군과 해군의 제안에 반대했으나, 그럼에도 육군의 소련 교섭 제안을 이용해서 이 교섭을 전쟁종결을 위한 교섭으로 전화하려고 했다.[62]

이 회의 결과 최고전쟁지도회의는 대소 방침에 관한 결의를 채택했다. 이 결의는 모두에서 다음과 같이 서술했다.

> 현하 일본이 영미와 국력을 건 싸움을 벌이고 있는 가운데 소련의 참전을 보게 될 듯한 상황에서, 제국은 생사를 걸고 대영미 전쟁이 어떻게 되든 극력 소련의 참전을 막기 위한 노력을 기울일 필요가 있다.

소련의 참전을 막는 것이 일본 외교, 군사정책의 최고 목적으로 설정된 것, 그리고 이것이 외상, 해군상, 총리뿐만 아니라 육군상, 육군 참모총장, 군령부총장의 동의를 얻었다는 사실을 여기서 강조해둘 필요가 있다. 이 최고 목적이 무너질 때 일본 외교, 군사정책이 최대의 위기에 빠지게 될 것은 필지의 사실이었다.

그리고 최고위 6인은 참전 방지, 중립 확보, 전쟁종결이라는 세 가지 목적을 달성하기 위해 일소 교섭을 벌이기로 일단 합의했다. 그 목적을 달성하기 위해 일본 쪽이 마련할 양보로 포츠머스조약과 일소 기본조약의 폐기, 남사할린의 반환, 어업권 말소, 쓰루가해협 개방, 둥칭철도 양도, 내몽고의 소련 세력 범위 인정, 다롄과 뤼순 조차, 쿠릴 북반부의 양도를 들었다. 다만 조선은 일본이 계속 보유할 것, 남만주는 중립국으로 독립을 유지하는 것으로 했다.

이 결의는 육군참모본부가 원안을 작성했기 때문에 4월에 작성된 다네무라 의견과 많이 닮았다. 그러나 다네무라가 조선도 만주도 포기해야 한다고 한 것과 달리 최고전쟁지도회의의 결의는 조선의 계속 보유와 만주의 독립을 고집하고 있다. 하지만 이런 제한된 양보안조차 아나미의 반대에 부닥쳤다. 아나미는 "일본은 아직도 본토를 상실하지 않았기 때문에 전쟁에서 졌다고는 할 수 없다. 따라서 우리가 패배한다는 것을 전제로 교섭하는 데엔 반대한다"며 항의했다. 아나미의 반대에 부딪혀 요나이는 그때 "전쟁종결"이라는 제3의 목적은 좀 미뤄두고 우선 제1의 "참전 방지", 제2의 "중립 확보"만을 추구하는 것으로 하자고 도고에게 제안했고, 최고전쟁지도회의는 결국 목적을 이 두 가지로 좁혀 소련과 교섭하기로 했다.[63]

요나이는 그 회의 내용을 다카기에게 상세히 얘기했는데, 요나이 얘기에 두 가지 중요한 게 있다. 첫째는 요나이가 아나미에게 "우리는 황실을 옹호할 수만 있다면 좋다. 본토만 남더라도 견디어내야만 하지 않겠는가"라고 발언한 것이다. 요나이는 여기서 '국체호지'가 아니라 '황실의 옹호'를 최소한의 조건으로 들고 있다. 둘째로 요나이가 "대소 공작도 결국 소련이 일본과 미국, 영국 사이를 중재하게 해서 대동아 전쟁을 종결시키는 데에 그 최종목적이 있다고 생각한다"고 하자 우메즈가 "그렇다"라고 대답한 것이다.[64] 우메즈가 무슨 생각을 하고 있었는지 알 수 없는 부분이 많지만, 그때의 우메즈 말은 기억해둘 필요가 있다.

최고전쟁지도회의는 최고위 6인의 의견 차이를 선명하게 부각했다. 결과적으로 소련과의 교섭만이 최소한의 공통점으로 채택됐다. 도고는 소련과의 교섭을 종전을 위한 교섭으로 전화할 생각이었으나 아나미는 어디까지나 본토결전을 위해 소련의 중립을 확보하려는 교섭이라고 생각하고 있었다. 정치학자 리언 시걸Leon Sigal이 말했듯이 "가장 중요한 건件, 즉 일본의 전쟁 계속 능력, 평화를 위한 구체적인 양보는 토의되지도 못한 채 끝났다. 왜냐하면 그런 것은 일치된 견해에 도달하는 게 불가능했기 때문이다."

최고전쟁지도회의의 결정이 가져다준 또 하나의 중요한 결과는, 그때까지 도고의 주도로 비공식적으로 추진돼온 다른 화평 교섭이 모두 단절되었다는 점이다. 도고, 요나이, 우메즈가 각자 자기 관할하에 바티칸, 스웨덴, 베른에서 추진해온 (미 전략정보부의) 앨런 덜레스Allen Dulles와의 교섭을 중단하라는 명을 내렸다.[65] 미국과 일본을 이어주던 가느다란 실이 끊어진 것이다. 왜 바티칸, 스위스, 스웨덴 등을 중개자로 삼는 방법이 여기서 단절되고 소련의 알선에 의한 전쟁종결에만 모든 것을 걸게 됐는가? 도고는 8월 15일 종전까지 일본 외교 과정을 설명하며 다음과 같이 말했다. 일본으로서는 전쟁을 종결할 경우 무조건 항복이 아닌 화평이 절대로 필요했는데, 미국, 영국은 무조건 항복이 아닌 화평, 또한 대화를 통한 화평을 결단코 거부하는 태도였기 때문에 사태를 대화로 이끌 필요가 있었다. 바티칸, 스위스, 스웨덴을 중개자로 한 화평 방법을 모색하는 것도 시도해봤으나 그 방법들은 모두 무조건 항복을 전제한다는 게 거의 확실해 보였기 때문에 이를 포기하고, 먼저 일소 관계를 개선하고 소련에 이익을 제공함으로써 소련을 일본의 이익에 맞는 쪽으로 유도해서 전쟁종결에 이르는 것이 방책이라고 결론지었다.[66]

그사이에 육군성의 마쓰타니는 소련을 통해 전쟁종결 교섭을 하는 건에 대해 아나미와 극비 회견을 했다. 마쓰타니는 단지 국체호지만을 조건으로 내세워 종전해야 하며, 그러기 위해서는 미국과 교섭하기보다도 소련과 교섭하는 쪽이 일본에 유리하다고 말했다. 마쓰타니는 아나미가 그 의견에 동의했다고 생각했다.[67] 설사 아나미의 의견이 그때 좀 누그러졌다고 하더라도 육군이 중요하다고 본 다른 조건들을 아나미가 포기한 것은 결코 아니었다.

무기대여의 실태

5월 12일, 무기대여 의정서위원회의 선적소위원회가 이틀 전에 발령된 대통령 명령을 집행하기 위해 워싱턴에서 열렸다. 대통령 명령에 따라 선적소위원회는 모든 소련행 운송을 중단하라는 명령을 내렸다. 대서양안과 멕시코만에서 소련행 화물을 선적하는 작업이 중지됐고, 소련을 향해 출항하던 운송선들은 되돌아오라는 명령을 받았다.

그 결정에는 두 가지 이유가 있었다. 역사가 조지 헤링George Herring에 따르면, 트루먼은 독일의 패배 뒤 소련에 대한 무기대여를 대폭 축소하려는 국내의 강한 압력을 수용할 수밖에 없었다. 그렇지만 그 결정은 소련에 대해 강경한 태도를 취해야 한다는 트루먼의 확신에서 비롯된 측면도 있다. 대외경제국의 리오 크로울리Leo Crowley 국장은 이전부터 소련에 대한 무기대여를 축소해야 하며, 무기대여법에 규정된 법적인 제한을 엄격히 준수해야 한다고 주장해왔다. 그루는 미국의 대소 정책이 더욱 엄격해지는 것을 환영했는데, 그는 사실 이 트루먼 명령의 보이지 않는 주역이었다. 스테티니어스와 해리먼은 폴란드 문제에서 소련으로부터 양보를 끌어낼 수단으로 무기대여를 이용하겠다는 의도를 갖고 있었다. 한편 해리먼은 미국의 무기대여 정책의 변화가 너무 갑작스러운 것이라며, 이로 인해 소련이 미국의 대소 정책이 바뀌었다는 인상을 갖게 해서는 안 된다고 생각했다.[68]

소련으로 향할 예정이던 무기대여가 돌연 아무런 예고도 없이 정지된 것은 곧바로 소련의 거센 항의를 불러일으켰다. 소련의 구매위원회 위원장 에레민I. A. Eremin은 미국 의정서위원회의 존 요크John York 장군에게 항의했다. 요크는 소련에 대한 무기대여는 대통령 명령으로 정지됐으며, 그 결정은 소련의 폴란드 정책 때문이라고 설명했다. 니콜라이 노비코프Nikolai Novikov 대사대리는 트루먼의 명령은 우연히 발생한 잘못이 아니라 소련에 적대적인 태도를 취하려는 일관된 정책을 반영하고 있는 것이라고 단정했다.[69]

해리먼은 사태의 진전에 놀랐다. 4월 23일 트루먼-몰로토프 회담과 마찬가지로 트루먼의 이 무기대여 정지 결정은 해리먼이 처방한 약의 함량을 분명히 넘어선 것이었다. 그루와 달리 해리먼은 미소 관계의 악화가 미국에 이득이 된다고 생각하지 않았다. 오히려 시시비비 정책 아래 미소가 협력관계를 유지하기를 바랐다. 해리먼은 무기대여를 미끼로 삼아 스탈린으로부터 폴란드 문제에서 양보를 끌어내려 했다. 따라서 트루먼의 5월 10일 결정을 두고 소련 정부가 트루먼 정권이 소련과 완전히 결별하는 길을 택한 것으로 받아들일까 봐 걱정했다.

트루먼도 그루의 의견을 가볍게 받아들여 부주의하게 내린 결정이 미소 관계를 급속히 악화시키자 놀랐다. 그 사건으로 그루의 신뢰는 흔들렸고, 트루먼은 그루 국무차관을 두 번 다시 신용하지 않았다. 해리먼에 대한 신뢰도 엷어졌다. 미소 관계를 회복하고 싶었던 대통령은 친소파로 여겨지고 있던 루스벨트의 보좌관 조지프 데이비스Joseph Davies와 해리 홉킨스Harry Hopkins에게 조언을 구했다. 트루먼은 자신의 강경정책이 너무 나아간 게 아닌가 반성하면서 몰로토프와의 회담을 뒤돌아보며 데이비스에게 "그래도 괜찮을까?" 하고 물었다. 마치 시험을 친 학생이 가정교사에게 자신이 쓴 답안이 맞았는지 확인하는 듯한 태도였다. 데이비스는 소련과의 관계를 결렬시키는 것이 얼마나 위험한 일인지 대통령을 설득했다. 몰로토프와의 회견 전에는 스팀슨의 의견에 전혀 관심을 기울이지 않았던 트루먼은 무기대여 사태가 있고 나서는 "러시아인에 대해 선의로 해석하고 관용을 갖고 대하며 그들의 관점을 이해하려 노력해야 한다"고 얘기하는 친소파 데이비스 의견에 귀를 기울이게 됐다.[70]

얄타밀약 재교섭 시도

일본 정부가 소련 정책을 재검토하고 있을 때, 미국의 정책결정자는 대소, 대일 정책을 재검토하고 있었다. 일본에 대한 무조건 항복을 수정하는 문제를 고위층에서 제기한 이는 포레스털이었는데, 이를 소련 정책과 연관지어 문제로 삼은 이는 그루였다. 그리고 포레스털과 그루는 스팀슨을 자기 진영에 끌어들이려 노력했다. 5월 11일에 포레스털은 해리먼, 찰스 쿠크Charles Cooke 해군중장(미국 함대 참모장), 리처드 에드워즈Richard S. Edwards 해군중장(미국 함대 부사령관)과도 만났으나 그 자리에서 해리먼은 소련이 대일 참전 뒤에 중국에서 세력을 확대할 우려가 있다고 경고했다. 쿠크는 최근의 군사정세는 미국에 유리하며, 소련의 참전은 그다지 필요하지 않게 됐다고 지적했다. 에드워즈는 "우리에게 최선의 시나리오는 일본이 체면을 세우고 명예도 지킬 수 있는 무조건 항복에 합의하는 것이다"라고 말했다.

5월 12일 그루는 해리먼, 매클로이, 볼런, 포레스털과 회담하고 소련의 참전 가능성에 대해 토의했다. 그루는 만일 소련이 대일 전쟁에 참가한다면 일본 점령에도 참가하도록 해달라고 요구할 것은 필지의 사실이라고 말했다. 그때 해리먼은 처음으로 그루에게 얄타밀약의 내용을 설명했다. 이를 듣고 그루가 큰 충격을 받았음에 틀림없다. 그루는 즉각 얄타밀약을 재교섭할 수 있는지를 육군부와 해군부에 타진하는 각서를 보냈다.[71]

그 각서 속에서 그루는 육군장관과 해군장관에게 세 가지 질문을 했다. 소련의 대일 전쟁 참가는 미국에 사활의 이해가 걸린 것인가? 얄타밀약 조항은 재교섭해야 하는 것인가? 소련이 일본 점령에 참가해야 하는 것인가? 나아가 그루는 국무부로서는 소련이 대일 전쟁에 참가하기 전에 소련에 다음과 같은 요구를 해야 한다며 이렇게 열거했다. 중국공산주의자들에게 영향력을 행사해 장제스 지도하의 국민당 정부가 주도하는 중국 통일을 지지하게 할 것, 만주를 중국에 반환하고 조선의 장래 지위에 관해 카이로선언을 무조건 지지할 것, 조선을 미영중소 4개국 신탁통치하에 둔다는 데에 동의할 것. 그리고 소련의 쿠릴열도 병합을 인정하기 전에 미국이 쿠릴열도의 몇 개 섬에 상업용 항공기를 긴급 착륙할 수 있게 하는 권리를 소련 정부로부터 확보하는 것이 바람직하다고 덧붙였다.[72]

스팀슨은 그루의 각서를 보고 반감을 품었고, 그 조바심을 일기에 이렇게 썼다.

이것은 뿌리 깊은 문제다. 내 생각에 이것은 S-1(맨해튼계획)의 성공과 결부돼 있다.

스팀슨은 그루가 제기한 것과 같은 문제는 미국이 원폭개발에 성공할 때까지 기다려야 하며, 이 시점에서 그 문제를 제기하는 것은 시기상조라고 생각했다. 5월 14일에 스팀슨은 마셜, 매클로이와 만나 그 문제에 대해 토의했다. 스팀슨은 일기에서 원폭과 소련 문제에 대한 생각을 다음과 같이 표현했다.

나는 그(매클로이)에게, 지금 소련에 대해서는 입을 다물고 아무 말도

하지 않는 게 좋다, 행동으로 우리 의도를 보여주는 것이 중요하다는 게 내 의견이라고 말했다. 러시아인은 그 무엇보다도 행동을 잘 이해할 것이다. 이런 점에서 우리는 우리의 우위를 회복해야만 하며, 그것은 거칠지만 현실적인 방식으로 해야만 할 것이다. 우리는 지나치게 떠들면서 상대방에게 은혜를 베푸는 일에 너무 관대하기 때문에 많은 것을 잃었다. 우리는 실제로 여기서 모든 카드를 쥐고 있다. 이것을 (포커의) 로열 스트레이트 플러시라고 불러도 좋다고 본다. 수중에 쥔 카드를 어떻게 사용할지 고민할 때 어리석은 짓을 해서는 안 된다. 소련은 우리의 원조와 산업에 철저히 기대고 있다. 그리고 우리는 전례 없는 무기를 개발하려 하고 있다. 지금은 쓸데없는 얘기를 해서 무익한 싸움을 벌일 때가 아니라 행동으로 보여줄 때다.

스팀슨에게 소련 문제는 원폭개발과 밀접히 결부돼 있었다. 포커 애호가였고, 미주리주의 민주당 지도자인 톰 펜더거스트Tom Pendergast가 주도했던 기구 정치•에서 출발한 정치가인 트루먼은 로열 스트레이트 플러시의 비유에서 원폭의 정치적 유용성을 그 즉시 이해했음에 틀림없다. 그러나 스팀슨과 트루먼 사이에는 중대한 차이가 있었다. 스팀슨이 원폭을 이용해서 소련을 원자력의 국제관리에 참여시키려 한 것과 달리, 트루먼은 원폭이 소련의 극동 팽창을 저지할 수단이라는 것을 직감했던 것이다.[73]

다음 날인 5월 15일, 스팀슨, 그루, 포레스털이 각자의 보좌관인 매

• machine politics, 선거나 투표에서 이기기 위한 목적에서 권위 있는 지도자를 중심으로 명령과 보상 체계를 만들어 지지자를 결집하는 정치.

클로이, 해리먼, 마티어스 코레아Mathias Correa 해군중령을 데리고 3인위원회에 모였다. 스팀슨에 따르면, 이 회의에서 뜨거운 격론이 벌어졌다고 한다. 그루와 해리먼이 얄타밀약 재교섭을 강경하게 주장하면서 일본에 대한 무조건 항복을 수정하자고 제안했음이 분명하다. 그러나 아직 오키나와전투가 끝나지 않았다. 그 단계에서 무조건 항복을 수정하면 일본 군부에 잘못된 메시지를 줄 우려가 있었다. 즉 일본이 과감하게 싸우는 것을 보고 미국이 기가 죽어 무조건 항복 조건을 수정했다는 인상을 줄 수 있다는 것이었다. 스팀슨은 무조건 항복 수정은 시기상조이며, 얄타조약 문제는 향후 3거두회담에서 토의할 때까지 연기해야 한다고 말했다. 스팀슨이 보기에 트루먼이 3거두회담에서 이 문제를 어떻게 제기할 것인지는 맨해튼계획 결과에 달려 있었다. 그는 "이런 외교상의 대문제를 다룰 때 비장의 카드를 쥐지 않고 도박을 하는 것은 완전히 언어도단이다"라고 일기에 썼다. 3인위원회 뒤에 스팀슨은 다시 마셜과 매클로이를 만나 극동 문제에 대해 토의했다. 그 결과를 스팀슨은 일기에 "일본에 대한 작전은 두 가지 불확정 요소가 얽혀 있다. 하나는 소련이 참전할지의 여부인데, 우리는 이 참전은 괜찮다고 생각한다. 또 하나는 언제 어떻게 S-1이 해결될 것인가 하는 요소다"라고 썼다.[74]

같은 날 그루는 해리먼을 데리고 대통령에게 회견을 요청했다. 두 사람은 트루먼에게 스탈린과 가능한 한 일찍 회담을 해서 얄타조약의 조항, 특히 중국과 조선에 관한 조항을 재교섭해야 한다는 의견을 말했다. 트루먼은 이미 그루와 해리먼에 대한 신뢰를 잃어버린 상태였지만 그 의견을 정중하게 들었다. 그러나 두 사람의 발언이 끝나자 예산

교서 준비를 해야 하는 국내정치적 필요에서 3거두회의는 7월까지 열 수 없다고 말했다.[75] 그루와 해리먼은 국내의 사소한 문제 때문에 외교상의 중요한 문제 논의를 연기하겠다는 트루먼의 판단에 질려버렸을 게 분명하다. 그러나 트루먼이 회의를 미룬 진짜 이유는 원폭개발을 기다리고 있었기 때문이다.

무조건 항복 수정에 스팀슨을 끌어들이려는 압력은 두 가지 방향에서 왔다. 트루먼은 루스벨트가 멀리했던 전 대통령 허버트 후버를 자문역으로 복귀시켰는데 그루는 후버가 자신의 의견에 대한 유력한 지지자인 것을 이용해 후버를 통해 스팀슨을 자기 진영으로 끌어들이려 했다. 해리먼과 그루처럼 후버는 미국이 일본에 대해 끝까지 무조건 항복을 고집한다면 그것은 소련의 아시아 지역 팽창을 조장하는 결과를 낳을 것이라고 생각했다. 5월 15일, 후버는 스팀슨에게 편지를 보내 "미국, 영국, 중국은 소련이 만주, 북중국, 조선을 점령하기 전에 일본에 대해 구체적인 조건을 제시해서 전쟁종결에 시간을 낭비하지 않도록 해야 한다"고 경고했다.[76]

두 번째 압력은 육군참모본부의 정보담당이었던 군사첩보부(G-2)의 클레이턴 비셀Clayton Bissell 중장의 보고서였다. 비셀은 무조건 항복을 완화해 미국의 오키나와전 승리 뒤에 곧바로 그것을 일본에 요구해야 한다고 보고했다. 그리고 만일 일본의 지도자가 소련 참전이 가까워졌다고 판단한다면, 항복할 상대가 영국, 미국이라는 것을 보증하는 것을 조건으로 항복을 받아낼 때가 올 것이라고 예측했다.[77]

그러나 육군부작전국(OPD)은 후버와 비셀의 의견에 반대했다. 작전국은 미국이 얄타조약에서 소련과 한 약속을 어기는 것은 방책이 아니라고 논했다. 그리고 일본이 하루빨리 화평조약을 체결함으로써 소련의 아시아 지역 팽창을 막을 수 있다고 한 후버의 의견에도 찬성하지 않았다. 작전국은 후버가 주장했듯이 일본에 대해 구체적인 항복 조건을 제시하는 데에는 찬성했지만, 소련을 배제하고 미국, 영국, 중국이 공동선언을 발표한다면 "소련은 전쟁 준비를 중단해버릴지 모른다"며 주의를 촉구했다.[78] 5월 20일에 매클로이 육군차관은 군사첩보부의 권고를 거부했다. 오키나와 결전이 끝나지 않았는데 항복 조건을 제시하는 것은 방책이 아니며, 그것은 미국 정부의 태도가 약화된 결과라고 일본이 해석할 우려가 있기 때문이었다. 스팀슨과 매클로이는 원폭 개발 이전에 이런 조건을 제시하는 것은 아마도 시기상조일 것이라고 판단했음이 분명하다.[79]

5월 21일, 스팀슨은 그루에게 얄타조약 재교섭에 관한 육군부의 회답을 보냈다. 거기서 첫째로, 소련이 미국의 정치적인 행동과는 무관하게 자신들의 군사적, 정치적 이유에 따라 대일 전쟁에 참가할 것이라고 논했다. 소련은 미국이 제공하는 정치적인 보상을 이용하겠지만, 그런 보상 자체가 소련이 참전할지 말지를 판가름하는 결정적인 요인은 아니라고 봤다. 그리고 "소련의 전쟁 참가는 군사적으로 중대한 결과를 초래할 것이고, 그것은 전쟁을 물리적으로 단축시켜 미국 병사들의 생명을 구할 것이다"라며, 그루와는 정반대로 긍정적으로 평가했다. 그리고 미국은 이미 소련의 지원을 필요로 하지 않는다는 해군 쪽의 생각에도 동의하지 않았다.

얄타조항에 관해 스팀슨은 다음과 같이 회답했다.

얄타의 극동 문제 합의에서 소련에 양보한 것은, 미국이 전쟁을 하지 않고도 소련의 군사력을 활용해 얻어낼 수 있는 것들이다. 육군부는 미국 군대가 남사할린, 만주, 조선, 북중국을 점령하기 이전에 소련이 일본을 군사적으로 패배시키고 이들 지역을 점령할 수 있을 것으로 본다. 예외는 쿠릴뿐으로, 미국은 쿠릴에서의 소련 행동을 저지할 수 있다. 그러나 미국이 소련의 의도를 좌절시키기 위해 쿠릴열도를 점거한다면, 그것은 일본을 항복시키기 위한 주요 작전에 직접 영향을 미치고, 허용하기 어려울 정도로 미국 병사들의 큰 희생을 초래할 것이다.

육군부의 태도는 명확했다. 그것은 루스벨트가 소련에 약속한 것을 이제 와서 새삼 문제 삼아봤자 소용없으니 포기하라, 소련에 약속한 이들 영토는 미국이 군사행동을 하지 않는 한 소련의 것이 돼야 한다는 것이었다.

그리고 일본 점령에 소련이 참가하는 것에 대해 육군부는 그루를 경악시킬 만한 논리를 전개했다. "군사적 관점에서 보면, (소련의) 참가는 점령 목적을 수행하기 위한 미국의 군사적 요청(수요)을 줄이는 것이기 때문에 바람직한 것으로 생각된다"면서 이를 환영했던 것이다.

스팀슨은 "우리가 러시아인들에게 지원해줄 수 있는 군사적 수단은 매우 적을 것"이라며 극동에 관해 소련과 완전한 이해에 도달해서 약정을 체결하는 것은 바람직하겠지만, 얄타조약을 재교섭해서 얻을 수 있는 이익은 적을 것이라는 결론을 내리고 있다.[80] 그러나 스팀슨의 회답은 소련에 양도한 영토를 완전히 포기한다는 것을 반드시 의미하는 것은 아니었다. 오히려 스팀슨의 진의는 후술할 글, 즉 S-1이 완료돼 있지 않은 당시 상황에서 영토 문제로 교섭을 벌이는 것은 이롭지 않다는 데에 있었다.

그루, 무조건 항복을 수정하려 하다

그루는 알타조약 개정에 성공하진 못했지만 무조건 항복을 수정하자는 캠페인을 집요하게 벌였다. 5월 25일, 26일 이틀간 도쿄는 대공습을 받아 외무성을 포함한 많은 정부 건물을 비롯해 미카사 궁저三笠宮邸, 지치부 궁저秩父宮邸• 등이 완전히 불탔다. 불은 황거(皇居, 황궁)에도 옮겨붙어 어소(御所, 천황 거처)의 일부가 소실됐다.[81]

5월 26일 토요일, 그루는 주말에 퇴근하려던 유진 두먼을 집무실로 불러 오키나와 결전이 종료됐을 때를 대비해 수정된 무조건 항복을 일본 정부가 수락할 수 있도록 하는 대통령 성명 원안을 작성하라고 요청했다. 그루의 의도는 독일 항복 때 발표된 대통령 성명에서 모호했던 부분, 즉 천황의 지위를 명확하게 해두는 데에 있었다.[82]

두먼은 주말을 반납하고 '항복 뒤 미국 정책'이라는 제목을 단 SWNCC 문서 150호에 의거해 성명 원안을 작성했다. 두먼은 무조건 항복이라는 개념 자체에 의문을 품고 있었으나, "트루먼 대통령과 전임자들이 열렬히 지지하고 있다"는 현실을 무시할 수 없어 그 표현은 그대로 살려두었다. 그러나 그는 "이건 단지 군호軍號이자 진군나팔을 부는 것과

• 궁저(宮邸, 미야테이)는 황족의 저택를 가리킨다.

같은 것"이라는 점을 알고 있었다. 무조건 항복이라는 표현으로 듣기 좋은 말을 해주면서, 두먼은 천황제를 유지할 가능성을 허용하는 표현을 삽입했다. 중요한 부분은 다음과 같은 표현이었다.

> 연합국의 점령군은 이런 목적들이 달성되고 의문의 여지없이 일본인을 대표하는 평화적이고 책임 있는 정부가 수립되면 시급히 일본에서 철수할 것이다. 만일 평화를 애호하는 나라들이, 장차 일본에 침략적 군국주의가 발전할 수 없도록 평화정책을 수행하는 정부의 싹이 심어졌다고 확신한다면 이에는 현행 황실체제하의 입헌군주제도 포함하는 것으로 한다.[83]

밸런타인, 보턴, 블레이크슬리, 두먼이 애를 써서 SWNCC 문서 150호에 몰래 심어 넣은 문장이 나중에 포츠담선언으로 발전하게 되는 문서의 원안에 들어가게 됐다.

하지만 그루가 두먼의 원안을 국무부 고위관리 회의에 제출하자 가혹평화론의 선봉이었던 딘 애치슨Dean Acheson과 아치볼드 매클리시Archibald MacLeish가 맹렬하게 비판했다. 두 사람은 천황제야말로 군국주의의 근원이므로 이를 폐지하지 않으면 안 된다고 주장했다. 이에 대해 그루는 이 황위皇位제도야말로 장래 평화 일본의 기초라고 반론하면서 그런 반대가 있더라도 자신은 국무차관의 권한으로 두먼 원안을 대통령에게 제출하겠다고 강압적인 태도로 나왔다.[84]

5월 28일, 그루는 두먼이 작성한 대통령 성명의 원안을 트루먼에게 제출했다. 그루는 일본에 대한 전쟁을 수행하면서 "전쟁 목적에 맞는 근본적인 원칙은 아무것도 희생해선 안 된다는 것"이며, 특히 "일본의 전쟁 수단을 파괴하고, 일본이 다시 이런 수단을 생산할 능력을 파괴한다"는 미국의 목적이 관철돼야 한다고 말했다. 그러나 일본은 최후의 한 사람마저 없어질 때까지 싸움을 계속할 광신적인 민족이다. 따라서 "우리의 원칙과 목적을 어떤 형태로도 희생하지 말고, 일본이 무조건 항복 조건을 받아들여 쉽게 항복하도록 하는" 방법을 고려해야 한다고 그는 탄원했다.

> 일본인에게 무조건 항복을 수락하도록 하는 데에 최대의 장애는, 이 무조건이란 것이 천황의 영구적인 퇴위와 천황제의 해체를 의미한다고 해석하는 일이다. 만일 어떤 형태로든 일본인이 자신들의 의사로 장래의 정치체제를 선택할 것을 허용한다는 우리의 의향을 일본인에게 전달할 수 있다면, 일본인의 체면을 구기지 않고 전쟁을 종결할 수 있을 것이다. 그렇게 하지 않으면 일본인이 항복할 가능성은 많지 않다.

그루는 필사적이었다. 그러나 동시에 용의주도했다. 그는 천황제의 유지가 아니라 일본인이 선택하는 정치체제를 허용하라고 주장한 것이다. 그리고 그루는 히로히토를 포함한 천황은 800년에 걸쳐 실제로 권력을 행사하지 않았으며 지금의 천황은 물론 미국에 대해 선전을 포고했으니 책임을 면할 수 없지만, 군의 지배자가 제거된다면 황위를 유지하는 제도는 평화적 일본을 건설하기 위한 기반이 될 수 있다고 설명했다. 그루가 말을 마치자 트루먼은 흥미로운 설명이었다며 왜냐하면 "내 생각도 같은 방향으로 움직이고 있기 때문"이라고 말했다. 그러나 트루먼은 이 문제를 다시 한 번 스팀슨, 포레스털, 마셜, 킹과 협의해보도록 그루에게 지시했다.[85]

다음 날인 29일, 그루는 두먼을 데리고 스팀슨의 집무실에서 스팀슨, 포레스털, 마셜, 엘머 데이비스와 회견했다. 스팀슨은 그루가 이 회의를 소집한 것을 대단히 불쾌하게 생각했다. "이 문제의 본질에 관련된 측면, 즉 S-1에 대해 얘기를 해서는 안 될 사람들이 있었기" 때문이다. 그루는 두먼이 준비한 대통령 성명의 초안을 읽었다. 스팀슨은 초안을 잘 만들었다고 칭찬했으나, 다만 한 가지 납득할 수 없는 것은 군주제 유지를 약속한 점으로, 좀 더 명확하게 해야 할 사안을 모호하게 어물거리고 있다고 평했다. 포레스털은 무조건 항복이란 일본 민족의 파괴를 의미하지 않는다는 표현만으로도 충분하지 않느냐고 말했지만 두먼은 "만일 항복이 일본인의 정치철학과 종교의 파괴를 의미하는 것이라고 그들이 믿는다면 우리는 일본인이 한 덩어리가 되어 자살적인 저항을 하는 상황에 직면할 것이다"라고 반론했다. 스팀슨, 포레스털, 마셜은 원칙적으로는 두먼의 초안을 지지했으나 "여기서는 밝힐 수 없는 군사적 이유로 대통령이 지금 이런 성명을 발표하는 것은 적당하지 않다"라는 결론을 내렸다. 그루의 제안은 일단 보류됐다. 맨해튼계획의 결과가 나올 때까지 기다려야만 했던 것이다.

홉킨스-스탈린 회담

무기대여와 관련해 낭패를 겪은 뒤 트루먼은 악화된 미소 관계를 회복하기 위해 해리 홉킨스에게 모스크바를 방문해서 스탈린과 회견하도록 요청했다. 홉킨스는 병상에 있었으나 대통령의 요청을 쾌히 받아들였다. 미소 관계를 회복하기 위해 마지막 봉사를 하겠다는 결심이었다. 홉킨스는 5월 26일부터 6월 6일까지 모스크바에 체류하면서 스탈린과 여섯 차례에 걸쳐 회담을 했고, 삐걱거리던 미소 관계를 회복하는 데 성공했다. 무기대여 문제와 관련해 홉킨스는 그로 인한 위기는 오해에서 비롯된 것임을 설명했고, 폴란드 문제에서는 런던의 폴란드 망명정부 멤버들을 폴란드 정부로 불러들이겠다는 양보를 스탈린으로부터 받아냈다. 나아가 스탈린과 홉킨스는 3거두회담을 7월 15일에 개시한다는 데 합의했다.[86]

극동 문제는 5월 28일의 제3차 회의에서 토의됐다. 홉킨스가 소련은 언제 일본에 대한 전쟁에 참가할 것이냐고 묻자, 스탈린은 소련군은 8월 8일까지 "충분히 준비가 완료될 것"이라고 대답했다. 이 답변을 근거로 흔히들 스탈린이 8월 9일에 일본을 공격하겠다고 약속했으며, 실제 이 약속을 이행해 그 날짜에 공격에 나선 것이라고 해석한다. 그러나 스탈린이 홉킨스에게 언급한 날짜가 실제 소련이 공격한 날짜와 일치한 것은 우연일 뿐이며 여기서 스탈린이 언명하고 있는 것은 군사적 준비의 완료이지 정확한 공격 날짜는 아니다. 스탈린은 8월은 짙은 안개로 작전 수행이 곤란하기 때문에 실제의 군사행동 개시는 날씨에 좌우된다고 말했다. 행동 개시 일시까지 정한 상세한 군사작전이 이때 완성됐다고는 믿기 어렵다. 게다가 스탈린은 소련의 공격은 얄타조약에서 결정된 조항을 중국 정부가 승인하는 것을 전제 조건으로 하고 있다고 지적하면서, 소련 국민이 전쟁을 승인하도록 만들기 위해서는 이 조건을 충족할 필요가 있다고 설명했다.

홉킨스는 스탈린이 무조건 항복에 대해 어떤 의견을 갖고 있는지 물었다. 스탈린은 영국과 일본이 조건부 항복에 관한 교섭을 벌이고 있다는 소문을 들었다면서, 일본이 항복하는 것은 일정한 조건하에서만 가능하다, 그럴 경우 연합국은 일본을 점령하게 되겠지만 일본을 독일보다 관대하게 취급할 것이다, 다른 방책은 일본의 무조건 항복이며, 그것은 연합국에 일본을 완전히 파멸할 기회를 주는 것이 될 것이라고 말했다.

스탈린은 이 두 가지 선택지 중에서 일본 군사력의 완전한 파괴를 겨냥한 무조건 항복이 바람직하다고 명언했다. 스탈린이 어디에서 영국과 일본의 교섭에 대한 정보를 입수했는지는 알 수 없지만, 아마도 스웨덴과 스위스에서 비밀리에 이뤄지고 있던 비공식 화평 타진을 탐지해냈을 것이다. 홉킨스가 또 일본이 완전히 파멸당하기 전에 무조건 항복을 받아들일지에 대해 묻자, 스탈린은 일본이 무조건 항복을 하진 않을 것이라고 대답했다.[87] 스탈린이 말리크의 정보를 근거로 삼고 있었음을 엿볼 수 있다.

홉킨스는 또 천황의 지위에 대해 질문했다. 스탈린은 히로히토 자신은 단지 장식물일 뿐이며, 실제로 권력을 갖고 있진 않으나 "천황 제도는 폐지하는 편이 좋다. 왜냐하면 장차 활동적이고 실제 권력을 행사하는 인물이 천황의 지위에 앉을 가능성이 있기 때문"이라고 대답했다. 스탈린의 무조건 항복에 관한 생각은 홉킨스에게 강한 인상을 주었으며, 그는 그것을 보고서에 기록했다.

스탈린은 소련이 (일본의) 무조건 항복과 거기에 부수된 모든 것을 추구할 것이라는 점을 명확히 했다. 하지만 스탈린은 만일 우리가 무조건 항복을 고집한다면 잽(일본)은 결코 포기하지 않을 것이므로, 우리는 일본을 독일처럼 완벽하게 파멸해야 할 것이라는 의견을 개진했다.

스탈린은 무조건 항복을 요구함으로써 일본의 군사적인 힘을 완전히 파괴하겠다는 의도를 갖고 있었다. 그러나 무조건 항복 요구는 그에게 전쟁을 연장할 좋은 구실이기도 했다.

스탈린은 나아가 군사작전의 행동 범위와 점령 범위 문제를 제기했다. 홉킨스는 트루먼 앞으로 보낸 전보에서 이렇게 보고했다.

(스탈린) 원수는 소련이 일본의 실제 점령에 관여하기를 원하며 우리 및 영국과 점령지구에 관한 협정을 맺기를 바라고 있다.[88]

홉킨스는 장차 3거두회담에서 일본의 항복과 점령에 대한 구체적인 제안이 논의될 것임을 약속했다. 이것은 역사가들이 지금까지 간과해온 것인데, 여기서 홉킨스는 일본에 대한 미국, 소련 공동의 최후통첩이 3거두회담 의제에 포함될 것임을 약속했던 것이다. 미국 쪽 기록에 따르면, "홉킨스는 3국의 정치지도자 회의에서 이 모든 문제가 토의될 것이라고 말했다"고만 돼 있으나, 소련 쪽 기록은 "홉킨스가 다음의 스탈린 원수와 트루먼의 회담에서 일본 항복에 관한 제안, 일본의 점령 문제와 다른 문제가 토론될 것이라고 말했다"고 돼 있다. 연합국 지도자들의 대일 공동선언을 정식 의제로 삼자고 제안한 이는 홉킨스였고,

스탈린은 당연히 포츠담회담에서 공동의 최후통첩이 논의될 것으로 예상하고 있었을 것이므로 그를 위해 외교문제 고문에게 최후통첩의 공동초안을 작성하도록 명했을 것으로 상정할 수 있다.[89]

홉킨스-스탈린 회담은 극동 전쟁의 다른 측면에 대해서도 언급하고 있다. 중국 문제에 대해서 스탈린은 중국의 만주 그리고 다른 중국 영토의 주권을 침해할 어떤 의도도 갖고 있지 않다는 점을 분명히 했다. 스탈린은 "중국공산당 지도자는 우수하다고는 할 수 없고, 또한 중국 통일을 달성할 수 있으리라 보지 않는다"고 말했다. 조선에 관해 스탈린은 4개국에 의한 신탁통치에 합의했다.[90]

태평양전쟁에 관해 홉킨스-스탈린 회담은 대성공을 거두었다. 홉킨스가 모스크바를 출발한 뒤 해리먼은 트루먼에게 이렇게 전보를 쳤다.

> 나는 해리(홉킨스)의 방문이 내가 상상했던 것 이상의 성공을 거두었다고 느낀다. 소련 정부와는 아직도 해결해야 할 문제들이 많고 이후에도 많은 문제가 생기겠지만, 그의 방문은 대통령이 스탈린과 회담할 때를 대비해 더 양호한 분위기를 만들어냈다고 믿는다.[91]

스탈린의 대일 전쟁 준비

소련의 대일 전쟁 준비는 3단계에 걸쳐 진행됐다. 첫 번째 단계는 필요한 병력, 무기, 사령관, 부대의 선택 등을 포함한 복잡한 조사, 검토, 결정 과정을 거쳐 작전계획을 작성하는 일이다. 프랑스 면적의 네 배나 되는 넓은 전쟁지역에서 육군, 해군, 공군을 통합하고 모든 전선의 작전을 연동하는 것은 전례 없을 정도로 장대하고 곤란한 과제였다. 그것을 위해 참모본부는 바실렙스키 원수를 총사령관, 이바노프S. P. Ivanov 장군을 총참모장으로 하는 소련군 극동총사령부를 창설했다. 두 번째 단계는 이 계획을 토대로 군대와 무기를 극동의 각기 정해진 장소로 운송, 배치하는 것이었다. 세 번째 단계는 이 계획을 토대로 작전을 개시, 수행하는 것이었다.[92]

1945년 3월까지 소련군 참모본부는 첫 번째 단계를 완료했다. 4월부터 최초의 무기 수송이 시작됐다. 그러나 본격적인 병력, 무기 수송은 독일 항복 뒤인 5월에 시작됐다. 소련 최고 군사결정기관인 최고군사사령부는 경험 있는 사령부와 군대 중에서 극동의 지형에 적합한 자들을 주의 깊게 선발해 유럽전선에서 극동으로 수송했다. 예컨대 쾨니히스베르크 지대의 견고한 요새에 고착돼 있는 전선에서 싸운 제39군과 제5군은 동부 만주에 배치됐고, 카르파티아산맥을 넘어가 싸운 제6전차군과 제53군은 서부 만주의 다싱안링산맥을 넘어가는 공격에 대비해 배치됐다.[93]

백만 명이 넘는 병력, 즉 전투부대, 공병대, 사령부, 전차, 무기 등을 9천~1만 2천 킬로미터 떨어진 곳으로 4개월간 수송하는 것은 이만저만한 일이 아니었다. 게다가 소련군은 이 작전을 단선인 시베리아철도에만 의존해서, 그리고 일본 첩보부를 속이기 위해 야간 운송만으로 수행했다. 소련은 합계 13만 6천 량의 화차를 사용했는데, 6월과 7월의 피크 때는 시베리아철도를 경유해 하루 20~30개 열차가 군사수송에 동원됐다. 이는 일본의 정보를 훨씬 능가하는 양이었다. 그 결과 소련이 일본을 공격할 때까지 극동의 소련군이 40개 사단에서 80개 사단으로 배로 불었다. 그동안 일본 관동군은 급속히 약체화하고 있었다. 4월까지 16개 사단이 만주에서 본토로 철수했다. 미국은 일본군의 동향을 주시하면서 일본의 군사정보를 감청해서 해독한 '울트라'를 통해 이를 정확하게 파악하고 그 정보를 소련에 통보했다.[94]

스탈린에겐 모든 것이 순조롭게 진행되는 듯이 보였다. 무서운 속도로 대일본 전쟁을 준비하고 있는 사이에 미국한테서는 알타조약을 준수하겠다는 약속을 받아냈다. 게다가 미국과 소련이 일본에 무조건 항복을 요구한다는 공통의 방침을 확인하고, 쌍방이 예정돼 있는 3거두 회담에서 일본에 대한 공동의 최후통첩에 대해 합의한다는 약속까지 받아냈다.

여기까지는 순조로웠다. 그러나 스탈린에게는 단 한 가지 걱정거리가 있었다. 그것은 전쟁이 소련이 참가할 때까지 계속될 것인가 하는 우려였다. 구체적으로는 두 가지 가능성을 걱정했다. 첫째는 소련에 대한 트루먼의 강경한 태도로 미뤄보건대 미국이 소련에 대해 우호적인 태도를 계속 견지해갈 것인지가 의문이었다. 스탈린은 미국이 일본의 항복을 받아내기 위해 소련의 전쟁 참가가 필요한 것으로 판단하고 있다고 믿었다. 그러나 미국이 자신의 힘만으로 일본의 항복을 받아낼 수 있다고 확신하게 되면 소련의 참전을 피하는 정책을 쓸 것이고, 그럴 때는 미국이 알타조약에서 한 약속을 파기하지 않을까 의심했다. 그리고 또 한 가지 예측 불가능한 요소는 원자폭탄의 개발이었다. 스탈린은 내무인민위원회(NKVD) 위원장인 베리아로부터 받은 정보를 자세히 살펴보고 있었다.

스탈린은 나아가 일본이 소련의 참전 전에 항복해버릴지도 모른다며 걱정했다. 미국에 무조건 항복 요구를 관철하도록 장려한 것도 소련이 대일 전쟁 준비를 완료할 때까지 일본이 전쟁을 계속하게 만들려는 의도였다. 동시에 일본이 소련의 참전을 막을 수 있다고 믿도록 일본을 속이려 했다. 스탈린은 "7월 초가 되면 소련군의 움직임을 일본이 알아차리지 못하게 하는 건 이미 불가능할 것이다"라고 홉킨스에게 말했다. 당시 일본은 스탈린의 의향에 협력하고 있었기에 일본을 속이는 것은 그다지 어려운 일은 아니었다. 그러나 스탈린은 일본 쪽의 일거수일투족을 주의 깊게 지켜보고 있었다.

5월에 들어서고 한 달간 말리크는 일본의 정치가와 군사관계자들로부터 정보를 수집하는 일에 전념했다. 5월 20일에 말리크는 "해군의 지도적 입장에 있는 장교"와의 대화를 기록했다. 이 정보원은 일본은 이미 전쟁에 이길 수 없으나 미국과 소련 사이의 근본적인 이해대립을 이용함으로써 독일과 같은 파괴를 피할 수 있을 것으로 믿고 있었다. 그 해군장교는 "소련은 영국, 미국이 장제스와 협력해왔기 때문에 전후에 중국에서 그들의 영향력이 증대될 것을 우려하고 있다. 이에 비해 영국, 미국은 소련이 일본을 완전히 파괴함으로써 동아시아와 중국이 적화될까 봐 걱정하고 있다. 그들은 동유럽에서 겪은 쓰라린 경험에서 교훈을 얻었다"고 말했다. 말리크는 이 정보를 토대로 일본의 주요 목적은 소련의 중립을 유지시키는 것이며, 이를 위해 일본은 자신들의 완전 괴멸이 극동의 공산화를 의미한다는 것을 미국이 믿도록 만들어야 하기 때문에 소련과 미국 사이를 이간시킬 것이라 예측했다. 말리크는 당시 소련에 가장 중대한 관심사는 일본의 항복을 앞당기기 위해 미국이

무조건 항복 요구를 완화할 것이냐 아니냐는 것이라고 했다.[95]

5월 25일, 말리크는 일본 외무성이 소련에 자국과 미국 사이에 다리를 놔줄 것을 요청하려고 했고, 이를 위해 일본은 소련 영해에서의 어업권을 포기하고 남사할린과 쿠릴열도를 소련에 양도할 용의가 있다고 보고했다. 쿠릴을 소련에 양도함으로써 일본은 미소 간의 분쟁을 부추기려 하고 있다. 그리고 일본은 중국에서 일본군을 철수시키고 만주와 조선에 독립을 부여할 것이다. 만주국이 독립하면 둥칭철도의 귀속 문제는 이미 일본 문제가 아니게 된다고 보고서는 지적했다.[96]

5월 30일, 덴마크 공사 라스 틸리체Lars Tillitze가 덴마크와 일본의 외교관계가 단절된 뒤 본국으로 귀국하기 위해 소련 여권 비자를 받으려고 소련대사관을 방문했다. 틸리체는 일본의 유력자들과 폭넓은 교우관계를 맺고 있었고, 일본의 국내정치 정세에 대한 날카로운 관찰자였다. 그는 말리크와 이야기를 나누면서 중요한 정보를 제공했다. 틸리체는 군사정세는 일본에는 이미 절망적인 상황이며, 오키나와 결전에서 일본이 패배하는 것은 시간문제라고 판단하고 있었다. 따라서 일본은 어떻게 전쟁을 종결지을 것인지 그 방책을 필사적으로 모색하고 있었다. 틸리체의 의견에 따르면, 일본은 만주와 조선을 포함해서 1905년 이후에 획득한 모든 영토를 포기할 용의가 있으며, 전쟁종결을 위해 다만 무조건 항복을 피하는 것, 일본 본토의 영토를 보전하는 것만을 조건으로 내걸 것이다. 미국은 "진주만을 잊지 마라"는 슬로건 아래 일본을 분쇄하는 정책을 계속 견지하겠지만 군국주의의 뿌리가 제거되고 진주만공격에 대한 보복이 끝났다고 판단할 경우 일본의 항복을 위해 완화된 조건을 고려할 것이라고 틸리체는 예측했다.

틸리체에 따르면, 천황은 화평을 지지하고 있고, 전쟁 계속을 주장하는 군지도부와 결별했다. 전쟁을 끝내려는 시도에 대한 가장 성가신 반대자는 육군의 최고지도자가 아니라 오히려 육군의 중견장교다. 해군의 최고지도자는 이미 전쟁종결론에 일치하고 있다. 일본이 구체적인 종전 조건을 통합 정리하기는 곤란하며, 지금 영국, 미국과의 교섭에 나설 주도권을 쥐려는 지도자는 나타나지 않고 있다. 그러나 화평파는 분명히 존재하고, 그 중심은 기도가 지도하는 궁중이다.[97] 말리크는 이 귀중한 정보를 자세히 모스크바에 보고했다.

말리크가 5월에 보내준 정보는 스탈린에게 귀중한 것이었다. 일본은 이제 전쟁종결에 나서려 하고 있다. 일본이 전쟁종결을 위해 소련을 중개자로 삼을지도 모르는데, 그렇게 되면 스탈린이 의도한 대로 되는 것이었다. 그러나 스탈린은 스웨덴이나 스위스를 통한 일본의 화평 공작 행보에도 주목하지 않을 수 없었다. 당시 말리크는 일본에 대해 중립조약은 여전히 유효하다고 설득하는 데에 전력을 기울이고 있었다. 하지만 스탈린은 때가 되면 중립조약을 내팽개치고 일본에 덤벼들 결심을 하고 있었다.

4월과 5월은 큰 변화가 일어난 시기다. 미국, 소련, 일본의 지도자들은 각기 새로운 상황에 대응해 정책을 조정했다. 그다음 1개월 반은 이들 지도자가 결정을 내릴 때였다.

3장

· 잠정위원회 원폭 사용 기준과 방법 결정

· 히로타-말리크 첫 회담

· 최고전쟁지도회의 '향후 채용해야 할 전쟁지도 기본대강' 채택

· 기도 내대신 종전 시안 작성

· 천황, 기도의 종전 시안 승인

1일 3일 6일 8일 9일 12일 18일 22일 26일

· 일본 임시의회 전시긴급조치법 채택
· 미국 3인위원회 일본의 무조건 항복 문제 재검토 합의

1945. 06.

· 일본 9월 전쟁종결 결의
· 백악관 올림픽작전 승인

· 천황 어전회의에서 소련의 알선을 통한 종전 공작 승인

· 스팀슨 일본에 대한 최후통첩 초안 제출

결정의 시간: 전쟁의 길과 평화의 길

1945. 07.

27일
· 소련, 만주 일본군에 대한 공격 시기 결정(8월)

28일
· 스탈린 극동군에 전투 준비 명령

2일
· 스팀슨 포츠담선언 초안 트루먼에게 제출

3일
· 번스 미 국무장관에 임명

10일
· 최고전쟁지도회의 모스크바에 특사 파견 결정

11일
· 도고, 사토 대사에게 몰로토프와 회견할 것을 훈령

12일
· 천황, 고노에를 모스크바 특사로 임명
· 스탈린-쑹쯔원 회담 결렬

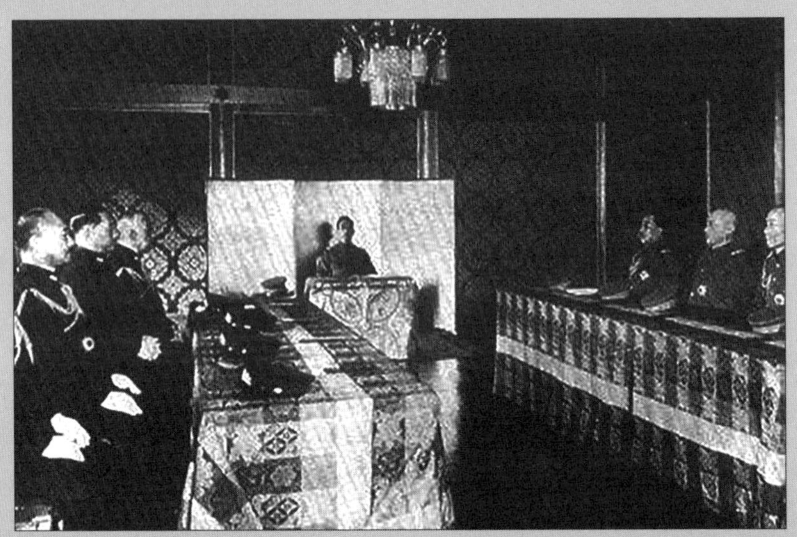

천황이 참석한 어전회의. 이곳에서 전쟁의 시작과 종결이 결정되었다.

히로타-말리크 회담은 일본 외교의 비참한 파탄을 상징했다. 일각을 다투는 그 중대한 시기에 도고가 히로타에게 개인 자격으로 말리크와 교섭하도록 의뢰한 것은 큰 실책이었다. … 히로타는 일반론으로 시종하면서 그 교섭의 최대 목적, 즉 일본이 종전을 위해 소련의 중개를 필요로 하고 있다는 것조차 시사하지 않았다. 귀중한 한 달이 낭비됐던 것이다. 그리고 그 시간을 이용해서 소련은 몰래 일본에 대한 전쟁을 착착 준비했다.

6월 초부터 7월 중순까지 1개월 반은 이른바 결정의 시기였다. 도쿄에서는 오키나와의 패전 뒤 화평파가 마침내 소련을 통해 전쟁을 종결할 구체적인 조치를 취했다. 모스크바에서는 국가보안위원회(KGB)와 정치국이 일본과 전쟁을 벌인다는 결정을 내렸다. 워싱턴에서는 태평양전쟁을 종결하기 위해 여러 기관이 각기 중요한 결정을 내렸다. 잠정위원회는 일본에 대해 원폭을 투하하기로 결정했고, 대통령은 일본 본토상륙 작전을 승인했으며, 국무부와 육군부, 해군부 대표자로 구성된 합동위원회는 일본에 대한 최후통첩 원안을 작성했다. 일본이 종전 공작을 시작했을 때 소련과 미국 사이에 일본을 어떻게 항복하게 만들 것인가의 경쟁도 시작됐다.

잠정위원회는 5월 31일 회의에서 두 가지 중요한 결정을 내렸다. 이 회의의 주요 의제는 원폭의 국제관리였다. 스팀슨은 모두에서 새로운 무기로 초래될 "인간과 우주의 관계에서 일어날 혁명적 변화"에 대해 얘기한 뒤 볼 일 때문에 자리를 비웠다. 로스앨러모스연구소 원폭개발 프로그램 책임자였던 로버트 오펜하이머Robert Oppenheimer는 미국이 원폭에 관한 정보를 소련과 공유해야 한다고 주장했다. 마셜은 미국이 소련의 대표를 '트리니티'라는 암호명의 원폭실험에 초대해야 한다고 말했다. 그러나 이런 환상에 찬물을 끼얹은 이는 번스였다. 번스는 스팀슨이 말한 원폭이 인류문명에서 갖는 의미와 같은 추상적인 문제에는 관심이 없었다. 그에게 최대의 문제는 만일 소련이 원폭개발에 성공한다면 미국의 안전보장에 커다란 위협이 초래될 것이라는 생생한 정치문제였다. 번스는 "만일 가장 일반적인 형태라 하더라도 이 정보가 소련에 주어진다면 스탈린은 파트너가 되겠다고 요구할 것이 틀림없다"면서 미국은 소련에 정보를 주지 말고 원폭 생산과 연구를 추진해야 한다고 주장했다.[1]

잠정위원회는 나아가 원폭을 일본에 사용할 것인지, 또 사용한다면 어떤 방법으로 사용할 것인지를 토론했다. 그러나 이 문제는 정식 의제로 토의된 것은 아니고 점심 휴식 중에 비공식적인 잡담 형태로 논의됐다. 번스는 원폭을 사용하기 전에 일본에 미리 경고하는 안도, 실제로 일본에 투하하기 전에 실험으로 그 위력을 보여주는 안도 거부했다. 원폭은 폭발하지 않을지도 모르고, 일본의 지배하에 있는 장소에서 폭파 시위를 한다면 폭격기가 격추될지도 모르며, 또 일본 쪽이 실험 장소로 미국인 포로들을 이동시킬지도 모른다. 게다가 8월 초까지 완성 예정인 원폭의 수는 두 개였다. 이런 번스의 의견에 이론을 제기한 이는 아무도 없었다.

다음 달인 6월 1일, 잠정위원회는 다음과 같이 결정했다.

"번스가 다음과 같이 권고하고, 위원회는 이에 동의했다. 궁극적인 (투하) 표적의 선택은 기본적으로는 군사적 결정이라는 점을 확인하면서도 위원회의 현재 의견은 원폭을 일본에 가장 먼저 사용해야 한다는 것, 그것을 노동자 가옥으로 둘러싸인 군수공장에 사용해야 한다는 것, 그리고 어떤 사전 경고도 없이 사용해야 한다는 것, 이상이다. 이것을 육군 장관에게 조언해야 한다."[2]

이는 중대한 결정이었다. 역사가 마틴 셔윈Martin Sherwin이 지적하듯이 표적위원회가 이미 원폭 두 개를 사용하기로 결정해놓고 있었으므로 "이 결정에 따라 다만 원폭을 사용한다는 결정을 내렸을 뿐 아니라 8월 초 완성되는 원폭 두 개를 사용할 것이라는 점이 결정됐다. 히로시마와 나가사키의 파괴는 이 단 하나의 결정에 따른 결과였다."[3]

스팀슨은 이 결정을 6월 6일에 대통령에게 보고했다. 그리고 최초의 원폭이 일본에 투하될 때까지 소련에는 어떤 정보도 주지 말 것, 그 뒤에는 소련 쪽의 정치적 양보를 이끌어내는 수단으로 이 정보를 주어야 한다고 트루먼에게 조언했다. 트루먼은 자신도 완전히 같은 생각이라면서, 특히 "이것은 폴란드, 루마니아, 유고슬라비아, 만주 문제의 해결에 적합하다"고 대답했다. 스팀슨은 또한 공군에 무차별 폭격area bombings이 아니라 거점 폭격point bombings을 시도하도록 진언했으나 좀체 지켜지지 않는다고 불만을 토로했다. 이는 두 가지 면에서 나온 우려였다. 첫째로, 이 정책을 계속 밀고 가면 미국의 방식이 히틀러의 잔혹행위를 능가한다는 비판을 받을지도 모른다. 둘째로, "공군이 일본을 모조리 폭격해 파괴한다면 새로운 폭탄의 위력을 보여줄 장소가 완전히 없어져버릴지도 모른다"는 것이다. 트루먼은 웃으면서 "이해했다"고 말했다. 트루먼도 스팀슨도 이 두 가지 점의 명백한 모순에 생각이 미치진 못한 듯했다.[4]

이 시점부터 원폭투하를 향해 시계 바늘이 움직이기 시작했다. 시계를 멈추려면 대통령이 결정을 취소할 필요가 있었다. 그러나 그러기에는 그것을 정당화할 이유와 드문 용기가 필요했다.

대통령과 회견에서 원폭 문제에 대부분의 시간을 할애했기 때문에 스팀슨은 대통령에게 타진해보려 했던 또 하나의 문제는 끄집어내지 못했다. 그것은 "무조건 항복 요구를 포기하고, 그 요구 없이도 우리의 전략적 목적을 달성할 가능성"에 대한 것이었다.[5] 스팀슨이 이 중대한 문제에 대해 트루먼과 충분히 얘기를 나눌 수 없었던 것은 너무나도 애석한 역사의 장난이었다.

히로타-말리크 회담

5월 말에 이르러 일본의 지도자는 오키나와전에서 일본이 패배하는 것은 불가피하다는 걸 깨달았다. 오키나와를 점령하면 미국은 일본 본토상륙에 필요한 적당한 교두보를 확보하게 된다. 그러는 중에도 미국의 공습으로 소이탄이 비처럼 일본의 도시들에 쏟아지고 있었다. 일본의 위정자들은 전쟁을 계속할 경우 닥쳐올 앞날에 대해 두려워하기 시작했다. 일본 국민은 이 어려움을 참아낼 수 있을까? 아니면 그들이 천황과 정부를 비판하게 될까?

이 두려움이 그때까지 우유부단했던 화평파를 종전을 향한 구체적인 행동으로 달려가게 했다. 그러나 화평으로 가는 길에는 큰 장애물이 가로막고 서 있었다. 그것은 본토에서 최후 결전을 감행하려고 만반의 준비를 갖추고 있던 제국 육군이었다. 어떻게 이 사나운 고양이 목에 방울을 걸 것인가? 이것이 화평파의 큰 과제였다. 게다가 화평파는 스즈키 총리의 미적지근한 태도에 곤혹스러워했다. 개인적인 대화 때 총리는 전쟁을 종결하겠다는 의도를 내비쳤다. 그러나 공적인 발언 때는 국민들에게 가미카제 특공대와 같은 결의로 조국을 위해 최후까지 싸워야 한다고 용맹스러운 얘기를 거듭했다.

도고 외상은 소련의 중립을 유지하기 위해 적극적인 조치를 취했다. 5월 21일 도고는 사토 대사에게 조속히 몰로토프를 만나서 샌프란시스코회의 뒤에 소련의 대일 정책에 무슨 변화가 있었는지 알아봐달라고 요청했다. 사토는 몰로토프와 5월 29일에 회견했다. 소련 외무인민위원회는 "매우 우호적인" 태도로, 소련의 중립조약 파기는 일소 관계에 어떠한 변화도 초래하지 않을 것이며, 소련은 "유럽의 전쟁을 끝내는 데에 진력"하고 있고, "국내문제"에 "긴급히 최대의 주의"를 기울일 수밖에 없다고 말했다. 몰로토프는 오히려 사토에게, 일본은 어느 정도로 전쟁을 계속할 작정인지 물었다. 사토는 "미국의 태도 때문에 일본은 전쟁을 계속하는 것 외에 다른 선택지가 없다"고 대답했다. 항상 날카로운 관찰안을 갖고 있었을 외교관 사토 나오타케도 이때는 몰로토프의 말에 속아 소련은 국내문제로 정신이 없어 극동에 주의를 기울일 여유가 없다고 생각했다.[6]

6월 1일, 도고는 사토에게 "소련의 지도자와 회견할 어떤 기회도 놓치지 말도록" 하라는 훈령을 내렸고, 사토가 반대하는 것을 알면서도 히로타 고키 전 총리에게 말리크 대사와 교섭할 의도가 있다는 사실을 알렸다. 도고는 자신이 국내 상황으로 인한 제약 안에서 전쟁을 종결할 방책을 찾기 위해 최선의 조치를 취했다고 굳게 믿었다. 그러나 일본에서 멀리 떨어진 모스크바에서 자신의 방식을 비판하는 사토 때문에 조바심을 내고 있었다. 도고는 히로타를 통해 말리크와 교섭하겠다는 방침을 사토에게 알리지 않은 채 진행하려 했다. 이 사실을 알면 사토는 통렬한 비판을 가할 게 뻔했다. 그래서 히로타를 일본 정부의 정식 대표자로서가 아니라 개인 자격으로 말리크와 접촉하게 했다.

히로타 고키는 외교관이고 1930년부터 1932년까지 모스크바에서 소련 주재 대사, 1933년부터 1935년까지, 그리고 1937년부터 1938년까지 외무대신, 1936년부터 1937년까지 총리 자리에 있었다. 도고는 히로타에게 소련의 중립도 중요하지만 소련과의 관계를 개선하는 것이 일본에는 긴급한 과제라고 설명했다. 만일 필요하다면 이 교섭이 정부의 승인하에 이뤄지는 것이라 생각해도 되지만 히로타가 소련에 종전 알선을 의뢰해서는 안 되며, 만일 소련으로부터 그와 같은 제안이 있을 경우에는 즉시 정부에 보고하라고 훈령을 내렸다. 또 일본의 중립이 소련의 대독일전 승리에 공헌한 사실을 강조하면서 소련의 중립 유지를 위해 일본은 대폭 양보를 할 용의가 있다는 것 정도는 얘기해도 좋지만, 양보의 구체적인 내용은 언급해서는 안 된다고 못을 박았다.[7]

6월 3일, 외무성 심의관이 도쿄 공습을 피해 잠시 하코네의 고라 호텔에 피난해 있던 말리크를 찾아가 공습으로 자택이 불타 하코네에 피난해 있던 히로타 전 총리가 때마침 이웃이 되어 이 기회에 인사차 방문하고 싶어 한다는 요망을 전했다. 말리크는 물론 히로타의 방문을 환영한다며 다음 주가 괜찮다는 뜻을 알렸다. 20분 뒤 아무런 예고도 없이 히로타가 호텔에 들이닥쳤다. 일본은 서두르고 있었던 것이다.

독일에 대한 소련의 승리를 요란스럽게 상찬한 히로타는, 말리크가 젊고 드문 재주를 지닌 외교관이라고 호들갑스럽게 칭찬한 뒤 일본이 소련과의 관계를 개선할 의도가 있다면서 다음 날 방문해서 구체적인 얘기를 하고 싶다고 말했다.[8]

다음 날 히로타는 다시 말리크를 만나러 고라 호텔로 찾아갔다. "소련은 국내문제에 전념하고 있겠지만 장차 평화보장에 큰 관심을 갖고 있을 게 분명하다"며 먼저 얘기를 꺼냈다. 소련은 서쪽 국경에서 자국에 속하는 영토를 다시 확보하고 이웃 나라와 "우호와 평화책"을 수행하고 있다. 히로타는 이 발언이 전후 일소 관계에 최대 문제를 야기할 것이라는 사실을 알지 못한 채 "소련 정부가 마찬가지 정책을 동쪽에서도 수행하기를 바란다"고 말했다. 그리고 중립조약에 관해 언급하면서 일본은 중립조약이 유효한 한 걱정할 일이 아무것도 없지만 조약이 종료된 뒤의 일을 생각하지 않을 수 없다, 만일 일소 관계에 장애가 생긴다면 그것을 빨리 파악해둬야 한다며 소련이 일본에 무엇을 바라는지 알아내려고 했다. 여기서부터 한쪽이 자신의 의견을 막연하게 꺼내놓고는 상대의 구체적인 제안을 끌어내려는 히로타-말리크 회담 특유의 패턴이 전개되기 시작했다.

히로타가 소련에 속이 뻔히 들여다보이는 상찬의 말을 아부하듯 늘어놓자, 말리크는 일본 정부의 과거 행동이 반드시 소련에 일본에 대한 신뢰를 심어준 것이라 할 수 없고 오히려 의혹과 불신을 불러일으켰다고 지적했다. 그리고 일본 정부가 일소 관계를 개선하기 위해 어떤 구체적인 제안을 마련하고 있는지 물었다. 히로타는 이 질문에 대해 어떤 대답도 할 수 없어 막연하게 일반적인 말로 얼버무리면서 소련은 어떤 방법으로 일소 관계 개선을 추구하려 하느냐고 거꾸로 물었다. 말리크는 히로타의 의견이 그의 개인적인 의견인지 아니면 정부 의견을 대표하는 것인지 물었다. 그러자 히로타는 "내 의견은 일본 정부와 일본 국민의 의견을 대표하는 것"이라고 단언했다.

말리크는 히로타의 갑작스러운 방문에서 일본이 필사적으로 전쟁을 끝내려는 방책을 모색하고 있다는 것, 그리고 히로타는 일소 관계의 장기적인 관계 개선을 위해 소련의 대응을 타진하려고 파견됐다는 것을 미루어 짐작했다. 회담하는 동안 히로타가 시종 미국과 영국에 대한 비판을 하지 않은 점으로 봐서 소련에 접근한 것은 연합국과 교섭하기 위한 첫 조치라고 말리크는 판단했다.[9]

에토로후섬•에 관해 얘기한 히로타와의 6월 3일, 4일 회담의 보고에서 말리크는 당시 일본의 곤란한 상황을 이용해서 일본으로부터 1944년 보고에서 언급했던 것과 같은 최대한의 양보를 끌어내보자고 상신했다. 구체적으로 일본은 남사할린을 소련에 반환하고 소련 영해에서의 어업권을 포기하며 쿠릴열도의 일부를 양도할 것이다, 반면 만주, 조선, 랴오둥반도에서 일본의 양보를 끌어내기는 어려울 것이라고 예측했다. "이런 양보는 일본의 완전한 군사적 패배와 무조건 항복이라

• 択捉島, 에토로후섬, 또는 러시아어로 이투루프. 쿠릴열도 남단, 홋카이도 바로 위에 있는 작은 섬들 중의 하나. 지금 러시아가 실효지배하고 있는 이 섬을 일본은 자국 영토('북방영토')라며 반환을 요구하고 있다. 일본이 얘기하는 북방영토에는 에토로후를 비롯해 하보마이, 시코탄, 구나시리 등 모두 네 개의 섬이 포함된다. 이들 섬 가운데 두 개를 반환하느냐 네 개를 모두 반환하느냐를 놓고 일본과 러시아 사이, 그리고 일본 내에서도 의견이 갈린다. 이들 섬은 러일전쟁과 제2차 세계대전 등을 거치면서 두 나라가 번갈아가며 점령과 실효지배를 했다.

는 형태로 전쟁이 끝났을 때에만 가능하다. 그러나 이런 양보 없이 극동에서의 장기적 평화와 안전보장을 위한 근본적인 문제 해결은 불가능하다"고 그는 보고했다. 여기에 덧붙여서 말리크는 히로타가 다시 회견을 요구해올 텐데, 그때는 히로타가 구체적인 제안을 내놓지 않는 한 어떤 발언도 해줄 수 없다는 대답을 할 작정이라며, 몰로토프의 훈령을 기다리고 있겠다고도 보고했다.

말리크는 이때 스탈린이 이미 일본에 대한 전쟁을 결단한 것, 외교는 이 목적을 위한 수단으로 이용되고 있다는 것을 알지 못했다. 하지만 말리크와 같은 명민하고 숙달된 외교관이 극동으로 자국군이 급히 수송됐다는 사실을 몰랐을 리가 없어, 어쩌면 스탈린의 전쟁 의도를 알고 있었을지도 모른다.

따라서 스탈린과 몰로토프가 의도하는 목적에 부합하는 보고를 올리는 것이 현명했다. 말리크는 전쟁이 끝나면 소련의 궁극적인 목적을 달성할 수 없다고 하면서 외교교섭에 의한 가능성도 시사했다. 스탈린과 몰로토프는 말리크에게 전쟁 결정 사실을 알리지 않았다. 전쟁은 그들에겐 외교관이 관여할 문제가 아니었던 것이다.

일본, 소련의 알선을 바라다

중대한 결정을 모르고 있었던 이는 말리크만이 아니었다. 앞서 얘기했듯이 사토 대사는 히로타-말리크 회담에 대해 아무것도 몰랐다. 따라서 몰로토프와 회견해서 일소 관계 개선에 노력하라는 훈령을 내려보낸 6월 1일의 도고 전보는 사토를 곤혹스럽게 만들었다. 6월 8일 도고에게 보낸 답신에서 사토는 소련이 일본에 바람직한 태도를 보여주리라 기대하는 것은 잘못이라고 기탄없는 의견을 개진했다. 독일과 생사를 건 싸움을 벌이고 있을 때조차 소련은 일본과 관계를 개선하는 데 의욕을 보이지 않았다. 그런 소련이 독일이 패배한 지금 서둘러 일본에 대한 태도를 바꿀 이유는 없다는 것이다. 소련이 중립조약 파기를 통고한 것은 그런 소련의 의도를 명백하게 보여준 것이라고 해석해야 한다. 이런 환상에 매달리고 있는 외교의 안이한 자세는 정말 어처구니가 없으며, 몰로토프가 이런 얘기에 관심을 보일 것이라고는 도저히 생각할 수 없다고 사토는 솔직하게 말했다.

사토는 나아가 미묘하지만 근본적인 문제에 대해 언급했다. 그것은 일본이 놓여 있는 군사적 상황이었다. 사토는 오키나와의 패전으로 미국이 오키나와에 기지를 설치하면 일본 내지는 물론 조선, 만주도 폭격에 노출되게 된다며 "저항수단이 괴멸된 상태에서 항전을 계속하는 것은 근대전에서는 생각할 수 없는 일"이라고 신랄한 논평을 한 뒤, 소련 참전 가능성에 대해 다음과 같이 말했다.

> 만일 소련이 우리가 곤란한 때를 틈타서 돌연 표변해 우리에게 무력 간섭을 불사하겠다는 결의를 보인다면 우리로서는 이미 어떻게 해볼 도리가 없는 상황에 처할 수밖에 없다. 대승을 거둔 뒤 적군赤軍이 모든 점에서 우리보다 우월하다는 것은 아마추어의 눈에도 분명하다. 유감스럽게도 현재 만주에 있는 황군은 도저히 그들의 적수가 되지 못한다.

도고는 사토의 주장에 완전히 동의할 수밖에 없었기에 오히려 더 초조해졌다. 일본 국내에 머물던 도고로서는 미묘한 국내정세 속에서 화평 공작을 추진해야 했다. 한 걸음 잘못 내디디면 육군의 반대에 부닥쳐 내각이 붕괴하고 화평 공작에 관여하고 있던 정책결정자들이 암살당할 위험에 노출될 것이다. 화평 공작은 군을 끌어들여서 추진하지 않으면 안 된다고 도고는 확신했다.

사토는 계속해서 기탄없는 의견을 피력했다.

> 불행하게도 그들이 적극적으로 간섭해오는 형세라면 우리는 재빨리 뜻을 정해서 그들의 품속으로 뛰어들어가 납을 마시는 고통 속에 모든 희생을 감수하고 국체 옹호의 길을 걷는 수밖에 없다고 생각한다.

소련이 일본에 대해 군사행동을 한다면 그것으로 만사가 다 끝나는 것이니, 그 전에 국체호지를 위한 유일한 조건인 전쟁종결을 추진해야 한다는 논리다. 현실의 곤란한 상황을 이해하지 못하고 먼 곳에서 마음대로 자신의 의견만을 주장하는 사토는 도고가 보기엔 오만하고 고집이 센 남자였음에 틀림없다. 따라서 이런 비판을 받은 도고는 점점 사토를 히로타-말리크 회담 내용으로부터 멀리 떼어놓아야 한다고 확신하게 됐을 게 분명하다.[10]

히로타가 말리크와 두 번째 회견을 끝내고 나서 이틀 뒤, 최고전쟁지도회의는 육군이 작성한 '향후 채용해야 할 전쟁지도 기본대강'을 채택했다. 이것은 "끝까지 전쟁을 완수해서 국체를 호지하고 황토를 보위한다는 성전의 목적을 달성하기를 기한다"고 전쟁의 철저 수행을 지향하는 것으로, "주적인 미국에 대한 전쟁 수행을 주안主眼"으로 하지만 "북쪽의 정세 급변을 고려한다"고 했다. 또 전쟁 수행을 유리하게 하기 위해 대소련 외교를 적극화할 것을 제창했다. 여기에 부수될 문서로는 육군이 제출한 '세계정세 판단'과 사코미즈 히사쓰네 내각서기관장이 종합계획국과 협력해서 작성한 '국력의 현상'이 채택됐다.

'세계정세 판단'은 미국이 일본 본토에 적극적인 공세를 펼칠 것으로 예측하고 있는데 유럽에서 영국, 미국과 소련의 '각축'이 표면화되고 있으나 연합국의 결속은 쉽게 무너지진 않을 것이라고 하면서도 일본이 적에게 '대출혈'을 야기한다면 적의 전쟁 계속 의지를 꺾을 수 있을 것이라고 봤다.

소련의 동향에 대해서는, 유럽의 전쟁종결에 따라 전후처리와 자국의 부흥에 전념하겠지만 대동아전쟁에 대해서는 자주적인 입장을 취하면서도 기회를 봐서 동아시아, 특히 만주와 중국에서 세력 신장을 기도할 것으로 보고 있다. 그리고 일본에 대해서는 언제라도 적대관계로 돌입할 외교태세를 갖추고 있고, 극동의 군비를 강화해서 압력을 가하고 있다고 했다. 그리고 다음과 같이 계속했다.

> 대동아 전황이 제국에 심히 불리해서 자기희생이 적을 것이라고 판단할 경우에는 대일 무력 발동에 의한 야망 달성에 나설 공산이 크다. 하지만 미국의 동아시아 진출을 견제하기 위해 비교적 조기에 무력행사에 나설 것으로 보진 않는다.

만일 무력행사 가능성이 있다면, 그것은 기상 조건, 병력 집중 상황,

본토 또는 중국 중북부로의 미군 상륙 시기를 보건대 "올해 여름, 가을 이후에 경계를 요한다"고 했다.

그러나 '기본대강'의 원안 작성에 관여했던 다네무라에 따르면, 이 문서의 가장 중요한 항목은 "철저한 대소련 외교"였다. 다네무라는 "현하의 정세에서 전쟁 수행을 용이하게 하기 위한, 또한 종전 도입을 위한 제국의 외교 시책으로는 대소련 외교를 철저하고 강력하게 시행하는 것 외에는 달리 길이 없다고 생각한다"고 말했다. 대소련 외교는 '전쟁 수행'의 절대 조건이자 '종전 도입'의 수단이라는 두 가지 목적에서 고려되었다. 4월에 나온 다네무라의 '대소련 시책에 관한 의견'을 보면 육군이 소련 시책을 전쟁 수행 수단으로만 고려해오다 두 달 후에 그간 결사반대하던 '종전 도입' 수단으로도 고려하는 쪽으로 변화했다는 것을 확인할 수 있다. 또 다네무라는 외교교섭의 기초로, 전쟁 목적을 '국체호지와 황토皇土 보전'으로 한정하기로 했다.

또 '향후 채용해야 할 전쟁지도 기본대강'의 부속문서로 채택된 '국력의 현상' 쪽은 선박이 올해 말에는 완전히 없어지고, 철도 수송력도 반감되며, 연료 부족의 위기, 군수 생산 마비, 식량 위기와도 맞물려 "근대적 물적 전력의 종합 발휘는 지극히 어려워질 것"이라며 '기본대강'의 결론과는 완전히 모순되는 현상 분석을 내놓았다.[11]

'기본대강'은 회의적인 분석과 희망적 관측이 혼재된 기묘한 문서였다. 소련이 기회를 보다가 일본에 대한 군사행동에 돌입할 가능성이 있고, 그 시기가 여름이나 가을이라고 한다면 마땅히 이에 대한 대책을 강구해야 했다. 이 문서는 그런 대책은 마련하지 않고 소련이 중립을 유지하도록 하기 위해 '외교의 적극화'에 기대겠다는 결론을 도출했다.

최고전쟁지도회의의 결정은 6월 8일 어전회의에 제출됐다. '세계정세 판단' 토의에서 완전히 배제당한 도고는 너무나 희망적인 육군의 정세분석에 수정을 가해, 무조건 항복을 강요하는 미국의 의지는 견고하며, 미국, 영국과 소련의 협조가 파국으로 치달을 가능성은 적다는 것, 그리고 대소련 정책에 대해서는 중립조약의 유지조차 곤란한데 그 이상을 요구하는 것은 불가능하다고 발언했다. 그러나 도고의 발언도 '기본대강'에 대한 본질적인 비판이라고 할 수는 없었다. 결국 '기본대강'은 아무런 반대도 없이 승인됐다. 스즈키는 이 결의를 적극적으로 지지했고, 도고는 스즈키가 육군이 하라는 대로 하면서 지도력을 발휘하지 못하는 데에 불만을 피력했다. 요나이는 이 단계에서는 지도자들 의견이 일치하는 것이 바람직하다며 도고를 달랬다. 요나이는 최고전쟁지도회의에서도 어전회의에서도 침묵을 지켰다.[12] 기도 또한 이 단계에서는 육군과 충돌을 피하는 것이 이롭다고 판단해 아무런 참견도 하지 않았다. 어전회의에서 천황은 한마디도 발언하지 않았다.

'향후 채용해야 할 전쟁지도 기본대강'이 의미하는 것은 일본의 총력을 최후의 결전을 향해 총동원하자는 것이었다. 4월에 대본영은 '국토결전 교령'을 부대에 통달했다. "결전 때 다치거나 병든 자는 후송하지 않는 것을 원칙으로 한다", "전투 중인 부대의 후퇴는 불허한다", "맨손인 장병은 제일선 전사자 또는 적의 총기를 들고 전투를 수행해야 한다", "적은 주민을 살육하고 부녀, 노약자를 선두에 세워 전진함으로써 우리의 전의를 소모시키려 할 것이다. 그럴 경우 … 적병 격멸에 주저하지 말라" 등의 조항에서 볼 수 있듯이 국민 모두를 가미카제 특공대로 적에게 기를 쓰고 덤비게 만들겠다는 무시무시한 전략이었다.[13] 미군의 규슈 상륙은 과달카날, 이오지마, 오키나와 결전과는 비교할 수도 없는 처참한 싸움이 될 게 불을 보듯 뻔했다.

어전회의에서 '기본대강'을 채택한 뒤 스즈키 총리는 6월 9일, 10일 이틀간 일정으로 임시의회를 소집했다. 스즈키는 시정연설에서 "하늘이 주신" 태평양을 군대 수송에 이용하면 반드시 "양국 모두 천벌을 받을 것"이라고 했는데, 그 구절을 극우 정치가들이 "천우천벌天佑天罰" 문제로 만들어 이용해 먹으면서 노골적인 반스즈키 운동을 벌였다. 그 비판을 피하기 위해서라도 스즈키는 전쟁을 고무하는 용맹스러운 연설을 거듭해야 했다. 임시의회는 결국 이틀 더 연장돼 의용병역법과 전시긴급조치법을 채택했고, 전쟁 수행을 위한 총동원체제를 선포하기에 이르렀다. 일본이 끝도 없이 전쟁의 진흙탕 속으로 빠져드는 것을 걱정한 도고와 요나이는 임시의회가 끝난 날, 지난 5월 14일의 최고전쟁지도회의에서 현안이 됐던 제3안, 즉 소련의 알선으로 전쟁종결을 꾀한다는 방책을 시도하기로 결정하고 기도를 통해 스즈키의 동의를 얻기로 했다. 일본의 종전 공작이 구체적으로 작동하기 시작한 것이다.[14]

의회 비밀회의에서 도고가 설명하다

6월 9일, 도고 외상은 제87대 의회의 비밀회의에서 일본 외교에 대해 보고했다. 먼저 도고는 미국이 무조건 항복을 요구하고 있는 점을 지적하고, 이를 타개하기 위해서는 대소련 전략이 중요한 열쇠가 된다는 것을 강조했다. 소련이 중립조약 파기를 통고한 동기는 사토 대사의 분석을 그대로 따라 설명하고 있다. 다만 대사가 제기한 의혹은 무시했다. 도고는 미국, 영국과 소련의 이해 차이에 대해 언급하면서, "독일 붕괴 뒤 소련과 미국, 영국 간의 분규 조짐은 계속 나타나고 있으나, 종례의 예를 보자면 소국적으로는 종종 분규가 발생하지만 대국적인 타협은 여전히 지속되고 있다. 3국공전共戰의 승리를 확보하려면 3국 간의 협조가 필요하다는 인식이 확고한 것으로 보여 대동아전쟁 중에 3국 관계가 분열하는 것과 같은 일은 있을 수 없다고 관찰하는 것이 타당하다고 본다. 따라서 제국으로서는 3국 간의 알력에만 기대어 함부로 희망적인 관측을 하는 일은 삼가야 한다고 생각한다"라고 말해, 3국 간의 알력을 이용할 가능성에 대해서는 비관적이었다.

대소련 정책에 대해서는, 전년도 11월에 스탈린이 일본을 침략국이라 부른 것, 4월에 중립조약 파기를 통고해온 것으로 보건대 "사실상 언제라도 적대적 태세로 돌입할 수 있는 정세"라며, 소련이 2월 초순부터 병력 무기를 동부 시베리아에 수송하고 있는 사실을 지적하면서 "제국으로서는 미국, 영국과 사력을 다해 싸우면서 동시에 소련이 등 뒤에서 공격해오는 것을 반드시 막아야 할 필요가 있다"고 했다. 또 중립조약은 아직도 10개월의 유효기간이 남아 있으나 향후 사태 추이에 따라서는 조약의 보장을 신뢰할 수 없게 될 것이라고 소련의 공격 가능성에 대해 설명했다. 이런 최악의 사태를 어떻게 방지할지에 대해서는 "제국에는 대동아전쟁하에서 북방의 정밀 유지에 사활적 이해를 갖고 있다는 것은 굳이 말할 필요가 없다"라면서, 오직 외교를 통해 소련의 중립을 확보하는 일에 전력을 기울여야 한다고 말했다. 비밀리에 진행되고 있던 히로타-말리크 회담에 대해서는 당연히 아무런 언급도 하지 않았다.[15]

당시 외무성 정무국이 제공한 설명자료 속에 외무성 방침을 엿볼 수 있는 흥미 있는 정보가 포함돼 있다. 먼저 미국의 대일 정책과 관련해, 향후 미국이 일본 본토상륙 전에 전략폭격을 강화해서 군수공장을 철저히 파괴하고, 교통통신망에 혼란을 야기해 일본의 전력을 저하시키는 한편, 도시에 대한 무차별 폭격을 전국적으로 벌여 국민의 전의 상실을 노릴 것은 당연하다고 그 자료는 예측했다. 그러나 무조건 항복 요구가 독일을 자기 파괴적 저항으로 내몬 경험을 감안한 트루먼이 독일 붕괴 때 (일본의) 무조건 항복이 반드시 일본 국민의 섬멸이나 노예화를 의미하는 것은 아니라고 설명했듯이, "미국은 향후 대일전이 치열해지면 점점 더 이런 '노선'에 따라 오로지 제국의 전의 상실을 노리고 국내 분열을 획책할 것"이라고 예상했다.

이 분석은 이런 국내 분단 획책인 무조건 항복의 (조건) 완화를 경계하고 배제하는 것을 목적으로 삼고 있다기보다, 오히려 외무성이 미국 내부에서 무조건 항복을 수정하자는 움직임이 있는 것에 주목해 이를 이용할 가능성이 있다는 것을 보여주고 있다.

그리고 황실 대처법과 관련해, 미국 내부에서 일본의 침략적 행위는 그 근원을 황실을 중심으로 한 국체 자체에서 찾아야 한다는 주장과, 천황은 군벌의 침략주의에 반대 입장을 취했고 황실을 숭경崇敬하는 일본 국민의 마음을 말살하기보다는 오히려 일본 통치상 이용해야 한다는 주장이 대립하고 있는 것을 지적했다. 그리고 후자의 의견을 대표하는 그루도 국무차관 취임 뒤 황실 대우는 일본을 타도한 뒤에 결정해야 할 문제라며 신중한 태도를 취하고 있다는 사실을 정확하게 꿰뚫어보고 있었다.

미국이 소련의 대일 전쟁 가능성에 대해 어떻게 보고 있는지에 대해서는 외무성이 다음과 같이 분석하고 있다.

> 미국은 일본을 격파할 수 있다는 충분한 자신감을 가지고 있으며 따라서 군사적인 이유로 소련의 대일전 참가를 요구하지 않을 거라는 점이 명백하다. 오히려 미국은 소련의 이런 형태의 대일전 참가가 동아시아 관련 요구를 증대시킬 것으로 보고 가능한 한 이를 제약하려는 희망을 강하게 갖고 있을 것으로 추측할 수 있다. 그러나 미국도 동아전쟁 판세의 추이 여하에 따라서는 소련이 독자적 입장에서 대일전에 개입해 올 공산이 크다고 예상하고 있을 것이기 때문에 그럴 경우 소련의 자의적 행동을 제약하려는 의도로 대체적인 윤곽을 짜고 있으리라는 것은 예상하기 어렵지 않다. … 이런 미국의 희망에 대해 소련이 대일 내지 동아시아 문제에 관해 약속(코미트먼트)을 해주느냐에 대해서는 가능한 한 자신의 자유를 견지하려는 소련의 종래 태도에 비춰보더라도 상당히 의문시될 여지가 다분히 있다. 금후 전쟁 판세의 급격한 진전도 주시하면서, 제국으로서는 반드시 낙관할 수만은 없는 상황이다.

그러나 미국, 영국은 그 해결 곤란한 문제를 안고 있으면서도 장래의 평화 유지를 위해 소련과의 협력이 필요했고, 대일 전쟁 수행 과정에서 소련과 정면충돌을 피하기 위해서도 소련의 요구에 양보할 용의가 있었던 것으로 보인다. 또 소련도 전후 부흥에 미국, 영국의 강력한 협조가 필요하기 때문에 3국의 협조는 상당 시간 이어질 것으로 예측하고 있다.

이런 분석은 외무성과 도고가 상당히 냉철하게 상황을 판단하고 있었다는 것, 또한 그 대소련 정책이 반드시 현실과 유리된 환상 위에 구축된 것은 아니었다는 것을 보여준다.[16]

스팀슨, 그루, 포레스털의 무조건 항복 수정

일본의 화평파가 이처럼 소련의 알선에 의한 종전 공작을 비밀리에 모색하기로 결정하고 있을 무렵, 트루먼은 중국 국민당 정부의 쑹쯔원 외무장관과 6월 9일 회견하고 공식적으로 얄타조약의 내용을 알려주면서 미국이 이를 준수할 생각임을 분명히 밝혔다. 6월 14일 다시 트루먼과 회견할 때 쑹쯔원은 얄타밀약이 중국의 주권을 침해하고 있는 점에 큰 우려를 표명했다. 이에 대해 트루먼은 스탈린이 이미 소련이 국민당 정부를 지지할 것임을 홉킨스에게 약속했기 때문에 중국이 스탈린과 합의하기만 하면 된다면서 용기를 주었다. 이 회의에서 쑹은 일본에 대해 항복을 요구하는 연합국의 공동성명 발표를 고려하고 있는지 물었다. 트루먼은 공동성명 발표는 바람직하지만 소련이 전쟁에 참가할 때까지 기다리는 게 좋겠다고 대답했다. 이 단계에서는 일본에 대한 최후통첩이, 홉킨스가 스탈린에게 약속했듯이, 소련의 참전과 연계돼 있었던 게 분명했다.[17]

하지만 그즈음 트루먼 정권 내부의 유력한 정책결정자들은 일본 내부의 온건파가 조기 종전을 좀 더 쉽게 받아들이도록 무조건 항복 요구를 어떻게든 수정하려고 애쓰고 있었다. 5월 29일 그루는 스팀슨, 포레스털, 마셜과의 회의에서 무조건 항복의 수정에 합의하지 못했음에도 집요하게 그 목적을 달성하기 위한 공작을 벌였다. 6월 초 그루는 매클로이와 회담하면서 다음과 같이 말했다.

"우리가 보유하고 있는 무기가 가져다줄 전대미문의 파괴적 결말에 대해 미리 경고하고 일본이 입헌군주제를 유지할 수 있다는 것을 시사한다 하더라도 우리는 아무것도 잃을 것이 없을 것이다."[18]

매클로이는 그 뒤 스팀슨과 얘기했다. 두 사람은 그루의 의견에 동의했다고 볼 수 있다.

스팀슨은 5월 말까지는 그루의 제안을 지지하지 않았으나, 6월 초에 견해를 바꿔 그루의 제안을 지지하는 쪽으로 기울었다. 오키나와전 승리가 눈앞에 다가오고 있었고, 후버의 의견에도 영향을 받아 견해를 바꾸었을 거라 짐작할 수 있다. 후버는 6월 초, 트루먼 앞으로 편지를 보냈다. 그리고 그 사본을 대통령이 스팀슨에게 보냈다. 거기에는 "영국, 미국이 일본 민족의 섬멸, 일본 정치체제의 파괴, 그들의 생활양식에 대한 간섭을 의도하지 않는다는 것"을 명확하게 한다면 "민족국가와 천황의 존속을 바라고 있을" 일본의 온건파가 항복 조건을 수락하기가 좀 더 수월해질 것이라고 적혀 있었다.

6월 12일, 스팀슨, 포레스털, 그루, 매클로이는 다시 한 번 무조건 항복 문제를 검토했다. 스팀슨이 후버가 제기한 문제(2장 '얄타밀약 재교섭 시도' 참조)를 소개하자 포레스털은 그것이 분명 가장 중요한 현안이라고 했고 스팀슨도 거기에 동의했다. 스팀슨은 미국이 "이런 표현(무조건 항복)을 쓰지 않고도 모든 전략적 목적을 달성할 수 있다면 무조건 항복 요구를 포기하는 데 전혀 주저할 게 없다"고 발언했다.[19] 3인위원회(스팀슨, 그루, 포레스털)는 각자 서로 연락하면서 움직이기로 합의했다. 그다음 날 포레스털은 트루먼에게 3인위원회 결정을 상신했으나 트루먼은 포츠담회담 참석 차 출발하기 전에 국무부, 육군부, 해군부에 통합참모본부까지 부른 합동회의를 열고, 거기에서 아시아 문제에서 미국의 목적에 대한 명확한 방침을 토의하자고 대답했다.[20] '무조건 항복'을 수정하자는 의견이 나올 때마다 직접 회답하기보다 다른 회의나 자문위원에게 문제를 떠넘기는 것이 트루먼의 상투적인 방식이었다.

그러나 무조건 항복의 수정을 요구하는 압력은 더욱 강해졌다. 6월 16일, 그루는 대통령에게 후버의 편지에 관한 각서를 보냈다. 그 속에서 그는 오키나와전이 종료된 단계에서 "장래 정치체제의 성격에 대해서는 일본인의 결정에 맡긴다"는 것을 명확하게 밝히는 성명을 발표하자고 호소했다. 즉 "천황의 지위 보장과 천황 히로히토에게 손가락 하나 대지 않게 하겠다는 것, 그것이 일본이 양보할 수 없는 조건일 것"이라고 설명하고, 이런 조건을 명확하게 해서 무조건 항복 내용을 보여주지 않는 한 일본이 전쟁을 끝내지 않을 것이라고 말했다.[21]

6월 18일 이른 아침, 대통령이 백악관에서 군사지도자와 일본 상륙작전에 관한 회의를 열기 전, 그루는 다시 한 번 대통령과 회견하고 무조건 항복 내용을 명확하게 밝히도록 탄원했다. 그러나 트루먼은 그 문제는 예정된 3거두회담에서 토의하기로 결정했다면서 그루의 탄원을 거부했다. 대통령은 또다시 결정을 뒤로 미뤘던 것이다. 그루는 오후의 군사회의에 초청돼 두먼과 함께 참석할 작정이었으나 참석해봤자 의미가 없다고 판단했는지 오후 회의에 결석했다.[22]

트루먼이 다시 무조건 항복 내용을 명확히 밝히자는 권고를 꺼리면서 태도를 분명히 하지 않았던 이유는 대통령 자신에게 진주만공격에 대한 보복으로 일본에 무조건 항복을 강요하고 싶은 마음이 강했기 때문일 것이다. 또 한편으로는 미국의 희생을 최소화하지 않으면 안 된다는 요청도 고려해야만 했다. 이 두 가지 요청 사이에서 트루먼은 딜레마에 빠져 있었다. 그리고 대통령은 여전히 그 딜레마를 해결할 수단을 찾지 못하고 있었다.

몰로토프 훈령

무조건 항복을 수정해서 종전을 앞당기려는 모색이 미국에서 진행되고 있을 때 크렘린의 지도자들은 거꾸로 전쟁을 길게 끄는 방책을 탐구하고 있었다. 6월 15일에 몰로토프는 말리크에게 전보를 쳐서 히로타와의 회담에 대처할 방안에 대한 훈령을 보냈다. 그 훈령은 이쪽에서 먼저 회의를 요청해서는 안 된다며 다음과 같이 지시했다.

> 만일 히로타가 다시 회견을 하자고 요청해오면, 귀하는 히로타와 회견하면서 의견을 듣는 쪽으로 가라. 만일 히로타가 또 일반적인 문제만 제

기한다면 귀하는 단지 그 회담 내용을 최초의 가능한 기회에 (다만 외교전서사diplomatic courier를 통해) 모스크바에 보고하기만 하라. 이 범위를 벗어나지 말 것.

이 훈령은 몇 가지 중요한 점을 시사하고 있다. 몰로토프는 말리크에게 히로타와의 회견을 먼저 요청해서는 안 된다고 명령하면서 그 요청이 있을 경우 이를 거부하라고 지시하진 않았다. 그리고 회견의 보고를 암호전보가 아니라 가장 속도가 느린 방법인 외교전서사 편으로 보내라고 훈령했다. 몰로토프의 의도는 명확하다. 그는 히로타-말리크 교섭을 전쟁을 연장하는 데 이용하려고 했던 것이다. 몰로토프가 말리크에게 보낸 훈령의 복사본에는 그의 자필로 여백에 "스탈린에게. 승인 요, V. 몰로토프, 13/VI"라고 기록돼 있고, 스탈린이 자필로 이를 승인했다. 스탈린과 몰로토프가 히로타-말리크 교섭을 주의 깊게 지켜보고 있었던 것은 의심할 여지가 없다. 도고가 소련의 반응을 살피기 위해 히로타를 파견하는 졸책을 범했을 때 그는 오히려 전쟁을 길게 끌고 가려던 스탈린과 몰로토프의 술책에 빠져들었던 것이다.[23]

기도 시안

말리크가 정확하게 간파했듯이, 일본의 정치엘리트들은 종전을 향해 소리 없이 결집하기 시작했다. 도쿄대학의 난바라 시게루南原繁 등 교수 여섯 명은 미국과의 직접 교섭을 통해 전쟁을 종결하려는 연구를 계속하고 있었다. 이들 학자는 일본 정부에 황실 유지만을 조건으로 해서 무조건 항복을 수락할 것을 제안했다. 연구를 수행한 도쿄대의 박사 여섯 명은 해군이 육군을 설득하고, 천황의 결정을 국가가 이행하도록 하는 방안을 마련했으며 종전 뒤에 천황이 퇴위할 것을 제안했다. 여섯 박사는 이 제안을 들고 고노에, 도고, 다카기 소키치 등 유력자들을 찾아가 의견을 물었다. 난바라와 일본의 미국 연구 대가인 다카기 야사카高木八尺는 기도 내대신을 5월 7일과 6월 1일 두 번에 걸쳐 방문했다. 6월 8일에 난바라는 다카기 소키치에게 미국과의 직접 교섭을 통한 종전을 제안했다. 난바라는 미국의 의견은 가혹평화론자와 관용평화론자로 양분돼 있다는 것, 최후까지 싸우는 것은 미국의 관용평화론자를 고립시켜 궁극적으로는 황실의 존속을 위기에 빠뜨리고, 국내적으로는 이 정책이 국민의 불만을 불러일으키고 나아가서는 천황에 대한 비판으로 이어질 것이라는 것, 또 이런 사태야말로 소련이 바라는 것이라고 주장했다.

일주일 뒤 난바라는 다카기 야사카를 데리고 다시 다카기 소키치를 방문했다. 도쿄대의 두 교수는 천황제를 유지할 필요성을 논하는 그루와 에드윈 라이샤워•의 의견에 눈을 돌리도록 다카기 소키치에게 주의를 환기시키면서, 일본은 자신의 운명을 소련의 알선에 맡길 것이 아니라 직접 미국과 교섭해야 한다고 말했다. 천황도 두 박사의 의견을

• Edwin Reischauer, 1910~1990. 일본 도쿄에서 태어나 하버드대학에서 중국사와 일본사를 전공하고 교수로 재직했다. 1961~1961년 주일 미국대사를 지냈다. 헨리 키신저, 즈비그뉴 브레진스키 등 미국의 일본 동아시아 정책전문가들이 그의 영향을 받았으며, 전후 미일 관계 정립에도 중요한 역할을 했다.

알고 있었던 점은 주목할 만하지만, 거기에 어떻게 반응했는지는 알 수 없다.[24]

어전회의에서 '향후 채용해야 할 전쟁지도 기본대강'이 채택된 것은 기도를 걱정하게 만들었다. 기도가 가장 걱정한 것은 국민의 불만이 천황에 대한 비판으로 이어질 가능성이었다. 만일 일본이 전쟁을 종결할 기회를 놓친다면 일본은 독일과 마찬가지 운명에 처하게 될 것이고 그때는 국체의 호지를 보장받을 수 없게 될 것이다. 기도는 도쿄대의 여섯 박사와 같은 결론에 도달했다. 그러나 중요한 점에서 도쿄대 교수들과 의견이 달랐다. 기도는 육군이 전쟁종결에 동의할 가능성은 전혀 없을 것이라고 봤다. 따라서 천황의 결정을 육군에 부과하는 것이 전쟁종결의 유일한 수단이라는 데에는 도쿄대 교수들과 같은 의견이었으나, 도쿄대 교수들이 영국, 미국과의 직접 교섭을 주장한 데 반해 기도는 소련의 알선을 통해 전쟁을 끝내는 것이 더 유리한 조건을 확보할 수 있다고 믿었다.

기도는 6월 8일, '종전 시안試案'을 작성했다. 기도는 모든 면에서 볼 때 그해 말까지 전쟁을 수행하는 것은 불가능하며, 전쟁 계속은 "인심의 불안"을 야기해 "수습할 수 없는" 사태를 초래하게 될 것이라면서, "전쟁 판세 수습에 지금 과감하게 손을 쓰는 것은 오늘날 우리나라에서 지상의 요청"이라고 단언했다. 군부가 화평을 제창하고 정부가 이에 따라 화평 교섭을 하는 것이 사리에 맞지만, 화평에 반대하는 군부의 태도로 볼 때 이는 지금으로선 불가능하며, 그런 조건이 익을 때까지 기다리다가는 시기를 놓치고 "결국 독일의 운명과 같은 전철을 밟게 돼 황실의 안태, 국체의 호지라는 지상의 목적조차 이룰 수 없는 비참한 상황에 빠질 것"은 필지다. 따라서 이레이긴 하나 천황의 영단으로 전쟁 판세 수습을 꾀할 수밖에는 도리가 없다. 구체적으로는 천황의 친서를 휴대하고 중개국의 도움을 받아 종전 교섭을 한다. 영국, 미국과 직접 교섭을 하는 것도 한 가지 안이지만 "교섭상의 여유를 갖기 위해" 소련의 알선에 맡기는 것이 타당하다.

종전의 조건에 관해서는 최소한 "명예 있는 강화講和"를 이끌어내야 한다고 보았다. 여기서 '명예'의 내용은 명확하지 않으나 이미 상기한 '황실의 안태'와 '국체의 호지'를 고려했을 것이다. 나아가 기도는 점령지의 포기, 점령지 장병들의 자주적 철수, 이때의 무장해제에 대해서는 교섭에 맡길 것, 그리고 군비축소 등을 들고 있다. 마침내 종전의 조건이 최후의 문제가 되는데, 이들 조건과 기도 시안의 관계, 당시 기도의 태도와 관련해 기도가 이 단계에서 생각하고 있던 종전의 조건을 염두에 둘 필요가 있다.

기도는 6월 9일, '시안'을 천황에게 설명했다. 천황은 이를 승인하고 즉각 착수하라고 명했다. 기도가 이 시안을 다카기, 마쓰타니, 마쓰다이라, 가세 등 화평파 그룹에도 보여준 사실에 주목하고 싶다. 그들을 통해 도고, 시게미쓰, 요나이, 고노에 등도 기도 시안에 대해 알고 있었음이 분명하다. 화평파는 연락을 취하면서 행동하기 시작했다.[25]

천황은 어전회의에서 채택된 '기본대강'의 결론과 시시각각 악화되는 전쟁 판세 사이의 모순에 고통스러워했다. 기도 시안에 대한 설명을 듣기 전인 6월 9일 오전, 천황은 만주를 시찰하고 돌아온 우메즈 요시지로 참모총장의 상주上奏를 받았다. 우메즈의 보고는 만주, 중국에 있는 병력이 여덟 개 사단밖에 안 되고 탄약 보유량은 대회적 1회분 정도밖에 없다는 충격적인 내용이었다.

천황은 내지(본토)의 부대는 관동군보다 훨씬 더 열악하기 때문에 싸울 수 없는 게 아닌가 하는 의문을 품고 있었다. 다카기는 이 상주를 통해 우메즈가 천황에게 종전의 필요성을 넌지시 암시한 것으로 해석한다.[26] 하지만 만일 우메즈가 그렇게 생각했다 하더라도 그가 육군의 생각을 대표하고 있었던 것은 아니다. 우메즈는 상주 내용을 아래쪽엔 비밀로 했다. 육군은 여전히 결호작전에 의한 '일격화평론'에 모험을 걸고 있어서, 관동군이 약체화하더라도 소련이 중립을 지키기만 한다면 대단한 문제가 아니었다.

그러나 6월 12일에 천황은 자신의 지시에 따라 국내의 군관구, 부대, 병기창 등을 시찰하고 귀경한 하세가와 기요시 해군대장의 보고를 받았다. 이 보고는 조악한 무기, 무기 부족, 병사들의 훈련 부족을 기탄없이 지적했다. 우메즈의 상주에 추가된 이 하세가와 보고는 마침내 천황에게 본토결전을 단념하게 만든 최초의 사인이 됐다. 천황은 '일격화평론'을 포기하는 방향으로 기울었다.[27]

6월 9일부터 14일 사이에 기도는 유력한 정책결정자들을 대상으로 사전 정지 작업을 벌였다. 6월 13일에 요나이와 상담하고 시안에 대한 해군상의 승인을 얻었다. 요나이는 스즈키의 태도에 대해 물었으나 기도는 천황을 통해 스즈키를 설득하겠다고 약속했다. 스즈키도 기도 시안에 동의했다.

도고와는 15일에 회견했다. 도고는 시안을 지지했지만, 스즈키가 히로타-말리크 회담 내용을 천황과 기도에게 알리지 않은 사실에 경악했다. 그 뒤 기도는 우메즈와 도요다 소에무豊田副武 군령부총장을 설득하는 것은 어렵다고 보고 육군상인 아나미에게 맡기기로 하고 18일에 그와 회견했다. 아나미는 국체를 호지하기 위해서는 본토에서 최후의 결전을 하는 것이 최선의 방법이라고 주장하며 기도의 의견에 반대했다. 기도는 아나미의 약점을 찌르기 위해, 만일 미군이 본토에 상륙해서 3종의 신기•를 빼앗기거나 이세신궁••이 점거당하면 국체호지가 불가능한 게 아닌가 하고 반론했다. 신내림(접신接神, 신들림)에 가까운 국체론의 신봉자•••였던 아나미에게 그 이상의 '위협적인 말'은 없었다. 아나미는 마지못해 기도 시안에는 반대하지 않겠다고 약속했다.[28]

6월 18일의 최고전쟁지도회의는 9월까지 전쟁이 종결되도록 7월 말까지 소련의 알선을 요청하기로 결정했다. 최고위 여섯 명이 전쟁 계속 결의로 작전을 세우고 있던 군부의 정책입안자들 눈에 띄지 않는 곳에서 종전 공작을 시작하기로 결정했던 것이다. 천황은 본토 방위 준비가 불충분했기 때문에 도고에게 조속히 전쟁을 종결하기 위한 외교 공작을 벌이도록 지시했다.[29]

• 三種の神器, 일본 천황을 상징하는 칼, 거울, 곡옥.

•• 伊勢神宮, 오사카 오른쪽, 나고야 아래쪽의 미에현 이세시에 있는 신사. 고대 이래 일본 황실 씨족 신으로서 천황들의 제사를 지내는 신사 본종의 중심. 이세신궁은 메이지시대부터 태평양전쟁 전까지 모든 신사 중에서 가장 높은 지위를 부여받았으며, 지금도 총리와 농수산대신이 새해 초에 참배하는 것이 관례다.

••• '신내림'의 원문은 "神がかり"로, 신들림과 같은 상태, 즉 주술적인 정신상태를 가리킨다. 접신적 신봉이란 결국 주술적 정신상태에서 맹목적, 절대적으로 믿는 것.

트루먼, '올림픽작전'을 승인하다

트루먼은 무조건 항복의 수정에 대해 결론을 내리지 않았다. 그 문제를 해결하기 위해서는 무조건 항복을 고집할 경우의 결과가 어떠할지 알아야만 했다.

6월 14일, 레이히 통합참모총장은 통합참모본부에 대통령이 6월 18일에 백악관에서 일본 본토상륙 군사작전에 관한 회의를 소집한다고 통보하고, 지금 대통령은 공격에 필요한 인원, 선박 수, 일본 본토침공에 필요한 시간, 예상되는 희생자 수, 상륙작전 대안으로 봉쇄와 공습을 택할 경우에 필요한 시간과 예상되는 희생자 수, 소련 참전 여부에 대한 정보 등을 구하고 있다는 사실을 알렸다. 특히 대통령의 최대 관심은 미국 병사의 희생을 최소한으로 줄이는 데에 있다고 강조했다.[30]

6월 15일, 통합군사작전위원회는 통합참모본부에 간단한 보고서를 제출했다. 거기에서는 이미 결정돼 있던 규슈를 침공하고 그 뒤에 간토평야를 공격하는 것이 일본의 항복을 얻어내는 유일한 작전이라는 것을 재확인하는 것과 동시에 규슈와 간토평야 침공작전으로 합계 19만 3천5백 명의 사상자가 예상되고 그중 4만 명이 전사할 것이라고 집계했다. 그리고 소련의 참전은 이미 절대로 필요한 조건은 아니게 되었지만 그래도 소련군이 만주와 중국 북부에 일본군을 묶어둘 수 있다면 그것은 바람직한 것이라고 봤다.

대통령으로부터 이 군사회의에 출석하라는 지시를 받은 스팀슨은 작은 음모를 기획했다. 회의 전날, 심복인 매클로이를 집무실로 불러 자신은 몸 상태가 좋지 않으니 회의에 대신 참석하라고 지시하고 다음 날 어떤 의견을 얘기할지 둘이서 의논했다. 매클로이는 스팀슨에게 이렇게 말했다. 지금 미국이 압도적인 군사적 우월성을 갖고 있을 때, "우리가 더는 인명 손실을 보지 않고 전쟁을 종결할 가능성을 생각하지 않고 있다면, 제정신인지 아닌지 자신들의 머리를 검사해봐야 한다. 당연히 일본이 천황을 입헌군주제하에 존속시키는 데 동의해야 한다는 것이 우리의 의견이다"라고 말했다. 그리고 두 사람은 "일본 정부에 대한 메시지를 어떻게 할 것인가, 그것을 어떤 형태로 발표할 것인가, 또 이 메시지 속에서 원폭 보유에 대해 언급할 것인가 말 것인가"를 논의했다.[31]

6월 18일 오후, 각군 참모장(마셜, 킹, 아널드 공군사령관을 대신해 참석한 아이라 이커Ira Eaker 부사령관), 포레스털, 매클로이가 백악관의 국무위원실에 모였다. 매클로이는 결석한다던 스팀슨도 참석한 것을 보고 좋아했다.

모두에서 마셜은 11월 1일에 규슈 상륙을 개시하는 '올림픽작전'에 관한 통합군사작전위원회의 보고서를 사상자 수에 대해 언급한 부분을 빼고 낭독했다. 일본에 대한 해상봉쇄와 공습으로 먼저 압박을 강화해야 하며, 일본을 압박하려면 이듬해 3월 1일로 예정된 간토평야 상륙 전에 먼저 규슈를 침공해야 한다는 것이었다. 그리고 일본이 완전한 군사적 패배를 당하기 전에 항복하게 만들려면, 일본을 극도로 절망적인 상태로 몰아가야 한다고 말했다. 그러기 위해서는 "공습과 봉쇄를 통한 파괴, 그리고 우리의 결단을 보여주는 일본 본토상륙과 소련의 참전 또는 참전할 것이라는 위협"을 연결해야 한다고 했다.

마셜이 일본을 항복시키기 위해서는 미군의 규슈 상륙과 소련의 참전, 이 두 가지가 없어서는 안 된다고 보고 있었던 사실에 주목할 필요가 있다. 그는 소련의 역할은 "만주의 (만일 필요하다면 조선의) 일본군에 대처하는 것"이고, 소련 참전이 미국의 일본 상륙 뒤에 개시된다면 "일본을 항복으로 이끌 결정적인 행동이 될지 모른다"고 단언했다.

킹과 이커는 올림픽작전이 필요하다는 데에는 동의했으나, 특히 킹은 소련 참전의 의미에 대해서는 마셜의 의견에 반대했다. 그는 미국에는 이미 소련의 참전이 필요하지 않다면서 "미국은 단독으로 일본을 궁지에 몰아넣을 수 있기 때문에 소련에 참전을 간청해선 안 된다"고 주장했다. 트루먼은 "포츠담회담의 주요 과제 중 하나는 전쟁 수행을 위해 소련한테서 필요한 원조를 받는 것이다. 그 때문에 포츠담에서 진행될 토론에서 가장 강경한 입장을 취할 수 있도록 미리 내려야 할 모든 결정에 대해 알아두고 싶다"고 말했다.[32]

논의는 올림픽작전의 사상자 집계 쪽으로 옮겨갔다. 레이테, 루손, 이오지마, 오키나와에서의 경험을 토대로 마셜은 규슈 작전에서 미군 전상자는 미국 대 일본이 1 대 5였던 루손의 사상자율을 넘지 않을 것이라고 말했으나, 레이히는 오키나와에서는 35퍼센트였다고 마셜에 이의를 제기했다. 마셜은 올림픽작전의 사상자 집계를 6만 3천 명에서 19만 명까지로 봤다. 이 집계는 나중에 트루먼과 스팀슨이 원자폭탄 사용을 정당화하기 위해 든 1백만 명이라는 사상자보다는 훨씬 적은 것이었다. 하지만 이는 여전히 매우 값비싼 희생이어서 대통령을 비롯한 정책결정자들에게 큰 영향을 미쳤음에 틀림없다. 매클로이는 이런 희생을 지불하지 않고 전쟁을 종결할 여러 대체 방안을 논의할 수도 있었으나 원폭개발 사실을 모르는 참가자들을 앞에 두고 원폭을

입에 올리지 못하는 상황에서 제대로 토의할 수 없었다고 회상했다.[33]

군사지도자들이 일치해서 올림픽작전을 지지한다는 것을 확인한 트루먼은 스팀슨의 의견을 들었다. 스팀슨은 군사지도자들의 의견을 지지한 뒤, 그럼에도 정치적 측면에 대해 얘기하고 싶다며 발언했다.

> "일본에는 지금의 전쟁을 바라지 않는 집단이 존재한다. 이 잠재하는 집단도 만일 자국 영토가 공격당한다면 싸울 것이고, 그 싸움은 집요하게 전개될 것이다. 따라서 그들을 (전쟁에 반대하도록) 분기시키는 뭔가가 필요한데, 그들과 정면에서 대결하기 전에 가능한 한 그들이 영향력을 발휘할 수 있게 해줄 필요가 있다."

레이히는 스팀슨이 말하려고 하는 바를 더 직설적인 표현으로, 일본의 필사적인 저항을 피해 사상자 수를 줄이기 위해서는 무조건 항복 요구를 수정해야 한다고 발언했다.[34]

회의 마지막에 트루먼은 미국이 일본 본토침공을 감행해야 할지 말지에 대해 참가자 전원이 표결을 하게 했다. 대안을 제안한 자는 아무도 없었다. 트루먼은 올림픽작전을 승인했다. 그러나 간토평야를 공격하는 '코로넷Coronet작전'에 대해서는 결정을 보류했다.

회의가 종료되고 참가자들이 퇴석하려 할 때 트루먼은 매클로이가 거기에 있었다는 사실을 깨닫고 "매클로이, 당신은 아무 발언도 하지 않았어. 이 회의에 참석해서 아무 말도 하지 않고 퇴석할 수는 없어. 지금 채택된 결정을 대신할 대안이 있다고 생각하는가?" 하고 물었다. 스팀슨은 매클로이에게 의견을 자유롭게 얘기하도록 신호를 보냈다.

"제 의견으로는, 더 진지하게 대안을 고민해봐야 한다고 생각합니다. 통상적인 공격과 상륙작전 외의 방법을 검토하지 않는다면 완전히 머리가 돌아버린 게 아니냐는 말을 들어도 어쩔 수 없습니다."

이렇게 서두를 꺼낸 뒤, 그는 미국은 천황에 대해 완전한 항복을 요구하지만, 동시에 입헌군주제하의 천황제 유지를 포함해서 일본이 민족국가로서 존속할 권리를 인정한다는 성명을 낼 것, 만일 이 제안이 거부당한다면 미국은 원폭을 보유하고 있다는 사실을 밝힐 것을 제안했다. 매클로이가 원폭이라는 말을 입에 올렸을 때, 일순 침묵이 회의실을 지배했다.[35]

트루먼은 자신도 같은 생각을 하고 있었다고 말했다. 그러나 대통령은 매클로이에게 그의 제안을 자세히 번스에게 설명하도록 명했다. 다음 날 매클로이가 번스에게 그 제안을 들고 가자, 트루먼이 예상했을 법하게 번스는 매클로이의 제안을 일축했다. 매클로이에 따르면, "번스는 내 제안에 반대할 수밖에 없었다. 왜냐하면 그 제안은 미국의 약점을 보여주는 꼴이 되기 때문이다. 번스 자신은 천황을 전쟁범죄인으로 다루는 것에 집착하지 않지만 항복의 조건으로 '거래'를 하는 데에는 반대한다고 했다."

매클로이는 원폭 사용을 피하기 위해서라도 무조건 항복을 수정해야 한다고 주장했다. 그러나 번스는 거꾸로 원폭이 무조건 항복을 흔들림 없이 다지는 수단이라고 생각하기 시작했다.[36]

천황, 소련의 알선을 통한 종전을 추구하다

트루먼이 백악관에서 군사회의를 연 지 4일이 지난 뒤 천황은 전례 없는 형태로 어전회의를 소집했다. 스즈키 총리가 아무것도 하지 않고 있는 바람에 속을 태우고 있던 기도와 요나이가 몰래 마쓰다이라를 통해 그 어전회의를 준비했다. 6월 22일, 최고위 여섯 명은 천황을 배알하기 위해 황거로 갔다. 전례 없는 일이었지만 그 어전회의는 의제가 사전에 제시돼 있지 않았다.

천황은 앞선 어전회의의 결정에 따라 전쟁을 계속하는 것은 당연하지만 "시국 수습을 고려해야 할 필요"가 있지 않느냐는 질문을 했다. 우메즈, 하세가와의 보고를 들은 천황이 화평으로 기울었음을 시사하는 발언이었다. 질문의 형태를 띠고 있으나 천황이 직접 의견을 제시하는 경우는 드물었다.

스즈키는 천황의 질문에 대해 "끝까지 전쟁을 완수해야 하는 것은 물론이지만, 그것과 병행해서 외교를 잘해야 하는 것 또한 필요합니다"라고 변함없이 모호한 답변을 했다. 아마도 요나이와 기도 사이에 미리 협의가 있었겠지만, 이 회답에 천황은 만족하지 않고 곧바로 요나이의 의견을 물었다. 요나이는 도고의 눈을 피하면서 대답했다. 5월의 최고전쟁지도회의에서 대소 정책의 세 가지 목적을 얘기했는데, 소련의 알선을 통해 전쟁종결을 꾀하는 3안은 일단 보류하기로 했다는 것, 그러나 어전회의에서 국력 현상에 대한 설명이 우려를 불러일으켰고 그 때문에 6월 18일의 최고전쟁지도회의에서 다시 3안을 발동해야 한다고 결정한 것 등에 관한 경위 설명이었다.

도고는 요나이의 설명을 보충하는 형태로 "상당한 위험이 있지만 소련의 중개를 받는 법밖에 없다"고 말했다. 바티칸이나 스위스는 중개에 소극적이고 충칭(중국)은 카이로선언에 구속돼 있으며 스웨덴의 경우 무조건 항복밖에 답이 없다는 냉담한 회신만 보내올 게 뻔한 상황에서 어쩔 수 없다는 것이었다. 또 소련을 중개자로 할 경우 지불할 대가와 강화 조건에 대해서는 상당한 각오를 할 필요가 있다고 진술했다. 도고가 소련을 통해 무조건 항복이 아닌 항복의 조건을 알아보려 한 사실이 이 발언으로 명백해졌다.

천황은 또 군부의 의견을 알고 싶다며 우메즈 참모총장의 의견을 물었다. 참모총장은 그런 방침에 이견은 없으나 이를 실시하는 건 신중을 요한다고 회답했다. 이에 대해 천황은 신중해야 하는 건 당연하지만 신중해야 할 때를 놓치는 위험도 있지 않느냐고 반박했다. 우메즈는 꽁무니를 빼며 3안을 지지할 수밖에 없었다. 아나미는 할 말이 없다며 소련 알선안을 묵인했다. 신임 도요다 군령부총장은 첫 어전회의에서 긴장한 탓인지 아무 발언도 하지 않았다.

소련의 알선을 통해 전쟁종결을 꾀한다는 안이 최고위 여섯 명의 승인을 얻은 뒤 천황은 그 결정을 신속하게 실행에 옮기라고 얘기하고 어소로 들어갔다.

천황이 실제 정책에 관여하는 것은 이례적이었으나 오키나와 패전, 우메즈, 하세가와의 보고 등이 전기가 돼 '일격화평론'을 포기하고 화평파 손을 들어주게 된 것을 엿볼 수 있다. 2주라는 시차를 두고 열린 두 차례의 어전회의는 일견 모순된 결정을 내린 셈이 됐다. 6월 8일에는 전쟁을 끝까지 계속하기로 결정해놓고 6월 22일에는 소련을 중개자로 세워 전쟁종결을 추진하기로 결정한 것이다. 화평파와 계전파는 이 두 가지 결정에 대해 다른 해석을 내렸다. 계전파는 두 가지 결정을 반드시 모순된 것으로 보지 않았다. 일본은 소련을 통해 여름이 끝날 때까지 종전 노력을 하겠지만 만일 실패한다면 가을의 본토 방위 결전에 임한다는 생각이었다. 그러나 군 수뇌부는 이 결정을 부하인 육군성, 참모본부의 참모장교에게는 숨기고 있었다. 이에 대해 화평파는 6월 22일 어전회의로 일본이 종전을 향한 결정적 첫걸음을 내디뎠다고 해석했다. 요나이는 다카기에게 "주사위는 던져졌다"며 앞으로 2 · 26 사건•과 같은 군의 반란이 일어날지도 모른다고 경고했다.[37]

최고전쟁지도회의의 내용은 극비에 붙여져야 했으나 육군성의 중견장교들은 어전회의의 결정 내용을 탐지해냈다. 그 결정이 있고 나서 고노에 후미마로는 육군성 장교 3명의 방문을 받았다. 그중 한 사람이 다네무라 대좌(대령)였는데, 다네무라는 고노에에게 1백만 미국 상륙군에 대해 일본은 50만 병력을 동원해서 대비하고 있다며, 따라서 충분한 방어태세가 갖춰져 있다고 말했다. 고노에는 육군대신 아나미가 이런 급진적인 중견장교를 과연 통제할 수 있을지 걱정했다. 그는 급진적인 장교가 국체의 호지를 들어 전쟁 계속을 주장하는 것을 보고 국체에는 두 가지 다른 의미가 있다는 것을 깨달았다. 하나는 천황의

• 1936년 세계대공황의 여파로 곤경에 처한 상황에서 육군 내 파벌인 황도파 청년장교들이 일으켰으나 미수로 끝난 군사쿠데타. 20대 위관급 육군장교들이 1,483명의 하사관병을 이끌고 "쇼와유신, 존황참간(斬奸, 간신배 처단)" 구호를 앞세워 원로 중신들을 습격해 다카하시 고레키요 대장대신(총리 역임), 사이토 마코토 내대신(총리, 조선총독 역임), 와타나베 조타로 육군대장 등을 살해하고 스즈키 간타로 시종장(해군대장, 후에 총리) 등에게 중상을 입혔다. 쿠데타는 실패로 끝났지만 이후 상존하는 위협 속에 일본은 점차 군인들(황도파와 대립한 육군 파벌 통제파 중심)이 실권을 장악해 군국주의화와 전쟁, 패전으로 치닫게 된다.

의사를 무조건 존중하는 것이고, 다른 하나는 천황의 의사가 국가의 이익에 반한다고 판단할 때는 국체의 이름으로 천황의 의사에 등을 돌리는 것이다. 고노에는 이런 급진 장교들은 두 번째 해석을 할 것이라고 예상했다.[38]

히로타-말리크 교섭을 이어가다

그 와중에 외무성은 히로타를 통해 소련과 교섭을 계속하려고 집요하게 말리크에게 회담을 요구했다. 6월 17일부터 외무성은 매일같이 소련대사관의 통역 아드리하예프N. Adrykhaev에게 전화를 걸어 히로타-말리크 회담을 약정하려 했으나 그때마다 모호한 대답만 돌아왔다.

아드리하예프는 말리크 대사는 바쁘다, 히로타와의 지난번 회담에 대해서는 모스크바에 보고했으나 아직 그 훈령을 기다리고 있다 등의 설명을 늘어놨다. 외무성은 회담 보고가 외교행낭으로 전달된 사실을 알고 놀랐다. 말리크는 몰로토프의 훈령에 충실히 따르고 있었던 것이다.

기다리다 지친 도고는 어전회의 다음 날인 6월 23일 히로타를 찾아가 말리크와 다시 만나보도록 간청했다. 히로타는 일본 쪽이 소련의 알선을 요청하는 일에 너무 성급하면 오히려 역효과가 나지 않을까 걱정했으나, 도고는 실로 시급을 요하는 일이라며 히로타를 설득했다. 만일 소련이 알선에 흥미를 보이지 않는다면 일본은 다른 수단을 택해

야만 한다는 설명도 했다.[39]

도고는 그때까지 히로타-말리크 회담 내용을 모스크바의 일본대사관에는 비밀로 해왔으나 6월 22일 처음으로 일본에 귀국해 있던 모리시마 고로 주소련 공사에게 그 내용을 알려주었다. 모리시마는 사토 대사와 자신이 입에 침이 마르도록 반대한 교섭이 지금 진행되고 있다는 사실에 충격을 받았다. 모리시마는 단도직입적으로 "대신이나 히로타 씨가 지혜를 짜내서 소련을 끌어당기는 묘안을 생각해냈다면, 사토 대사는 물론 열심히 일을 하겠지요. 하지만 그런 묘안이 있을까요? 있다면 어떤 내용입니까?" 하고 질문했다.

도고는 "지금은 말할 수 없다"고 대답했다. 당연히 말할 수 없었다. 그런 묘안을 도고는 갖고 있지 않았기 때문이다. 모리시마는 또 도고가 사토에게 회담 내용을 알려주지 않은 사실에도 경악했다. 모스크바 대사관이 모르고 있는 교섭이 성공할 리가 없다며 모리시마는 항의했다. 도고는 "교섭에 진전이 있으면 정리해서 전보로 알리겠다"고 대답했으나, 모리시마와 도고의 회담은 한 시간 동안 말다툼하다 헤어진 꼴로 끝냈다.[40]

말리크는 일본 쪽의 집요한 요구를 받아들여 6월 24일 히로타와 하코네에서 만나 얘기했다. 히로타가 방에 들어가자 말리크는 모스크바 방송으로 최고평의회가 중년의 병사들을 퇴역시키기로 결정했고, 소련은 경제 재건 쪽으로 이행하고 있다는 뉴스를 들었다고 말했다. 그러나 이야기가 본궤도에 오르자 두 사람은 다시 지난번 회담의 패턴으로 돌아갔다. 히로타가 일소 관계 개선을 가로막고 있는 장애가 무엇인지 구체적으로 설명해달라고 요청하자, 말리크는 모스크바에 전해야 할 구체적인 제안을 제시해보라고 대응했다. 이런 설왕설래가 이어지다가 네 번째에 히로타는 막연하게나마 일본이 만주, 중국, 동남아시아에서 소련에 양보할 용의가 있다고 대답했으나 소련이 무엇을 바라는지 알지 못하면 구체적인 제안을 할 수 없다고 말했다. 어전회의에서 결정이 내려졌음에도 히로타는 전쟁종결을 위해 소련의 알선을 바란다는 요청을 하지 않았다.

히로타는 도고의 의사를 무시했던 것이다. 그날 회담은 지난 회담의 되풀이였으며, 말리크는 모스크바의 훈령에 따라 회담을 중단하지 않고 계속 끌고 가기 위해 둘의 만남을 이용했다. 그럼에도 그는 아무런 진전도 없는데 일본 쪽이 왜 이토록 집요하게 회담을 요구하는지 의문을 품었을 게 분명하다.

그러나 히로타는 이 회담에서 하나의 수확을 얻었다. 말리크는 일소관계는 중립조약에 토대를 두고 있고, 조약은 만기가 될 때까지 긍정적인 역할을 수행할 것이라며 "양국 간의 관계는 이 조약을 기초로 해서 정상적으로 발전하고 있는 것으로 생각된다. 소련 정부는 조약을 파기하기로 결정했다. 그러나 소련 정부가 조약을 깬 것은 아니다"라고 말했다. 스탈린이 이미 대일 전쟁을 결단한 사실을 말리크가 알고 있었는지를 알 수 있는 열쇠로 봐도 될 것이다. 하나의 해석은, 말리크가 아직 소련의 참전 결정을 모르고 있었다는 것이다. 몰로토프는 회의를 계속 끌어가라는 훈령을 내리면서도 자세한 이유를 제시하지 않았으며, 따라서 말리크는 소련의 공식성명을 여기서 되풀이했을 뿐이라고 보는 것이다. 그러나 유능한 외교관이었던 말리크가 스탈린과 소련 지도자들의 결의를 추측하지 못했다고 보는 것은 곤란하다. 몰랐다면 무지를 역으로 이용해 그런 발언을 고의로 했다고 볼 수도 있다. 또 한편으로는 만일 말리크가 소련 지도부의 대일 참전 의도를 통보받았다면, 그는 새빨간 거짓말을 했다고 볼 수 있다.

히로타는 다시 일반론으로 옮겨가 소련은 중립조약 재교섭을 바라고 있는가, 그렇지 않으면 불가침조약 또는 협상 체결을 바라는 것인가 하고 물었다.[41]

포츠담회담이 한 달 뒤로 다가오고 있던 그 시각에 일본 정부는 졸렬한 외교정책을 추진하면서 귀중한 시간을 낭비했다. 말리크로서는, 히로타가 구체적인 제안도 하지 않으면서 일소 관계 개선을 위한답시고 일반론으로 시종하는 이런 장광설을 늘어놓고 있는 데 속을 끓였을 것이다. 또 소련의 육군과 일본 해군이 협력하면 세계 제일의 비교할 상대가 없는 방위력을 구축할 수 있다는 꿈같은 이야기, 그리고 일본은 일본의 고무, 주석, 납, 텅스텐과 소련의 석유를 교환하는 데에 흥미를 갖고 있다는 따위의 가소로운 제안을 들으면서 말리크는 일본 정부가 실제로 무슨 생각을 하고 있는지 의문이 들었을 것이다.

결국 히로타는 도고가 바랐던 정보를 이 회담에서 갖고 나가지 못했다. 도고는 일반론으로는 결말이 나지 않는다고 보고 일본의 구체적인 조건을 제시하기로 했다. 동시에 도고는 사토에게 히로타-말리크 교섭 내용을 알려주기 위한 준비를 했다. 6월 28일에 도고는 사토에게 전보를 쳐서 몰로토프한테서 소련이 중립조약을 준수할 것이라는 언질을 받아내라는 훈령을 내렸다. 사토의 반대를 예상한 도고는 사태가 급박하기 때문에 소련과 중립조약 이상의 바람직한 관계를 수립하는 것이 급무라고 강조했다. 나아가 도고는 이를 위해 일본은 상당한 희

생을 각오할 용의가 있다고 말했으나 구체적으로 그것이 어떤 희생인지 대사에게 알려주지 않았다.[42]

6월 29일, 히로타는 말리크와 세 번째 회담을 도쿄의 소련대사관에서 했다. 그때 히로타는 불가침조약 체결 조건으로 일본이 다음과 같은 양보를 할 용의가 있다면서 만주국의 독립과 일본군의 만주 철수, 소련의 만주국에 대한 내정간섭과 영토 보전 보장, 소련 석유와의 교환조건으로 일본의 소련 영해 어업권 포기, 그리고 소련이 관심을 갖고 있는 모든 문제의 해결 등을 열거했다.

이 구체적인 제안 내용은 일본 정부가 몽상에 잠겨 있었음을 보여준다. 말리크의 관점에서 볼 때 히로타의 제안은 만주의 철도, 다롄, 뤼순, 북중국, 조선, 남사할린, 쿠릴열도에 대해 어떤 언급도 없는, 단지 일반론에 지나지 않았다. 게다가 이 제안은 얄타밀약에서 약속받은 대가와는 비교도 되지 않는 좀스러운 양보였다. 나아가 그렇게 절망적인 상황에 처해 있으면서도 일본은 여전히 어업권과 석유의 교환이라는 꿈을 꾸고 있었다. 말리크는 이런 제안은 너무 가소로울 뿐만 아니라 모욕이라는 생각마저 했을지도 모른다. 말리크는 히로타의 제안을 "냉정하게, 그리고 냉담하게" 받아들이면서 비꼬는 듯, 이 제안은 소련 정부 상층부에서도 진지하게 고려할 것이라고 덧붙였다. 말리크는 몰로토프에게 보낸 보고서에서, 히로타가 의심할 여지없이 또 회견을 요구해올 텐데 그때는 이 회견의 보고서를 통상적인 외교행낭으로 보냈다고 히로타에게 얘기해줄 작정이라고 말했다.[43]

말리크의 보고서를 받아든 몰로토프는 전쟁 판세가 악화되면 될수록 일본에 소련의 중립이 점점 더 절실해질 것이라고 판단했다. 몰로토프는 말리크에게 히로타와의 교섭에서 훌륭하게 대응했다고 칭찬했으나, 절대로 소련이 일본과의 교섭에 관심을 갖고 있다는 인상을 주어서는 안 된다고 주의를 주었다.[44] 후술하겠지만, 이미 그때 소련 지도부는 정식으로 일본과 전쟁을 한다는 결정을 내려놓고 있었다. 몰로토프와 스탈린의 생각은 이미 외교에서 전쟁으로 옮겨가고 있었던 것이다.

그러나 히로타는 여전히 끈질기게 달라붙었다. 그는 소련대사관에 집요하게 전화를 걸었다. 하지만 말리크는 병을 핑계로 만나주려 하지 않았다. 히로타의 마지막 전화는 7월 14일 포츠담회담이 시작되기 3일 전에 왔다. 말리크는 회견을 거부했다. 이미 전쟁 결정이 내려져 있었다. 아마도 그때라면 이미 말리크에게도 그 사실이 통보돼 있었을 것이다. 더는 교섭을 끌고 갈 필요가 없었다. 소련대사는 일본 외무성에, 히로타의 제안이 외교행낭으로 모스크바에 전달됐다고 통지했다. 이로써 히로타-말리크 교섭은 마침내 끝났다.[45]

히로타-말리크 회담은 일본 외교의 비참한 파탄을 상징했다. 일각을 다투는 그 중대한 시기에 도고가 히로타에게 개인 자격으로 말리크와 교섭하도록 의뢰한 것은 큰 실책이었다. 덧붙이면, 히로타는 거물이긴 했으나 이런 미묘한 교섭에 적합한 인물이라고는 할 수 없었다. 히로타는 일반론으로 시종하면서 그 교섭의 최대 목적, 즉 일본이 종전을 위해 소련의 중개를 필요로 하고 있다는 것조차 시사하지 않았다. 귀중한 한 달이 낭비됐던 것이다. 그리고 그 시간을 이용해서 소련은 몰래 일본에 대한 전쟁을 착착 준비했다. 교섭에 반대했던 사토와 모리시마에게 교섭 내용은 통지되지 않았다. 만일 히로타 대신에 도고 자신이 공식적으로 말리크와 교섭을, 구체적인 제안을 갖고 기한을 정해서 했다면, 일본 정부는 모스크바를 통해 전쟁을 종결하겠다는 정책에 현실성이 없다는 것을 좀 더 일찍 알아챘을 것이 분명하다.

일본은 소련의 중개를 통해 무엇을 기대하고 있었을까? 가세 도시카즈에 따르면, 소련에 대한 접근은 미국, 영국과 교섭하기 위해 필요한 조치였다. 미국, 영국과의 직접 교섭은 군부의 반대에 부닥칠 수밖에 없었으므로 우회로가 필요했다. 전후의 회고록에서 가세는 일본이 무조건 항복, 또는 그에 가까운 것을 받아들일 수밖에 없었으므로 기도가 소련을 통해서 좀 더 "명예로운 평화"를 얻어내려 한 것은 애초에 없는 것을 달라고 생떼를 쓴 거나 같다고 했다. 사토는 가세와는 달리 소련과의 교섭으로는 어떤 긍정적인 결과도 얻어낼 게 없다면서 모스크바에 접근하는 것 자체에 반대했다.[46]

그래도 사토와 가세는 나았다. 도고, 기도, 그리고 천황 자신은 모스크바의 알선을 통해 일본은 무조건 항복 이외의 더 나은 조건, 특히 천황제를 어떻게든 잔존할 수 있다고 믿었다. 도고는 이렇게 말했다.

> 소련과 교섭하지 않았다면 우리는 절대적으로 무조건 항복 외에 방법이 없었던 게 분명하고, 또 소련에 '대어심(大御心, 천황의 마음)'을 전달함으로써 무조건 항복을 조건부 항복으로 할 수 있었다고 본다.[47]

그런 생각이야말로 기도 시안의 핵심이기도 했다. 실로 모스크바의 알선은 일본의 위정자들에게 가혹한 현실에서 도피할 수 있게 해준 아편이었다.

스팀슨, 일본에 대한 최후통첩을 초안하다

6월 18일의 저 중요한 백악관 회의 다음 날, 3인위원회가 열렸다. 포레스털은 결석했으나 그루와 스팀슨은 일본 본토침공 전에, 천황제를 남겨두는 것을 비유적으로 표현한 "자신의 정체政體와 종교제도를 보전하는 것을 허가한다"는 문구를 항복 조건 속에 담아 일본에 보낸다는 것을 확인했다. 그루는 오키나와 결전이 승리했을 때를 대비해 준비한 대통령 성명 원안을 읽었고, 트루먼이 이를 채용하지 않았다고 설명했다. 스팀슨은 대통령이 일본 상륙 준비를 방해해서는 안 된다는 생각에 망설이고 있을 것이라 추측했다. 스팀슨에 따르면 두 사람의 토의에서 "최후까지 싸우지 않고 일본을 항복으로 이끌 방법을 우리가 찾아내야 한다는 것이 오늘 확실해졌다." 스팀슨과 그루는 레이히, 킹, 니미츠도 그 의견에 찬성한다는 것을 확인했다. 스팀슨은 일기에 다음과 같이 기록했다.

> 일본에 최후의 기회가 될 이 경고는 미 육군이 일본에 실제로 상륙하기 전에 통고될 것이며, 다행히도 통상(재래식)무기를 사용한 공습과 S-1 공격을 허가하기까지 아직 충분히 시간이 있다.[48]

6월 26일의 3인위원회는 스팀슨, 그루, 포레스털 외에 매클로이와 코레아가 참석한 가운데 열렸다. 이 회의에서 스팀슨은 일본에 대한 최후통첩 초안을 제출했다. 이 초안은 처음에 매클로이가 작성했으나 거기엔 군주제 유지를 보장한다는 내용이 들어 있지 않았다. 그래서 스팀슨은 초안의 여백에 "개인적으로 나는 현행 황실하에서 군주제를 유지하는 것을 배제하지 않는다고 명기한다면 일본이 이를 받아들일 여지가 상당할 것이라고 생각한다"고 써넣었다. 이 표현은 두먼이 그루를 위해 5월에 작성한 초안 속의 표현으로, 그루가 대통령에게 제출한 대통령 성명의 원안 속에 들어 있었다.

3인위원회는 이 최후통첩을 일본 본토침공 전에 통고하는 데 합의했고 예정된 포츠담회담이야말로 "미국, 영국, 그리고 만일 소련이 전쟁에 참가한다면 소련의 정상들이" 최후통첩의 최종적인 원문을 결정할 가장 적절한 장이라고 판단했다. 위원회는 스팀슨 초안의 골자를 승인했으나, 다시 소위원회를 창설하고 거기에서 마지막 초안을 작성하기로 결정했다.[49]

최후통첩 작성의 주도권이 그루에서 스팀슨으로 옮겨감과 동시에 소련 요소가 다른 의미를 지니게 됐다는 사실에 주의해야 한다. 앞서 얘기했듯이 그루의 중요한 동기는 소련을 일본의 항복 과정에서 제외하는 데에 있었다. 그러나 이제 주도권을 육군부가 장악하게 됨에 따라 소련이 이 최후통첩의 서명국으로 고려되기에 이르렀던 것이다.

다음 날인 6월 27일, 소위원회가 매클로이의 집무실에서 열렸다. 참석자는 국무부의 밸런타인, 육군부작전국(OPD)의 찰스 본스틸Charles Bonesteel 대령, 군사첩보부(G-2)의 존 웨커링John Weckerling, 그리고 육군부민간문제국의 대표자였다. 스팀슨의 초안과 밸런타인이 작성한 '일본 정부와 국민에 대한 선언' 초안이 제출돼 토의됐다.[50]

최후통첩은 복수의 목적을 달성해야 했기에 최종안을 작성하기까지 난항을 겪었다. 최후통첩의 최대 목적은 일본이 받아들일 수 있는 항복 조건을 제시하는 것이었다. 그러나 이 조건은 동시에 미국이 수행하는 전쟁 목적에 저촉되지 않아야 했다. 참석한 정책결정자들은 당연히 이 선언이 미국의 여론에 미칠 영향을 고려해야만 했다. 가장 큰 문제는 무조건 항복과 천황의 지위 간의 관계였다. 물론 그뿐만이 아니라 선언을 언제 발표할지의 타이밍, 외교적 채널을 통해 발표할지 그렇지 않으면 프로파간다 형식으로 발표할지 등의 발표 수단, 그리고 어느 나라 대표자가 서명할 것인지, 중국과 소련의 서명을 추가할 것인지를 둘러싼 서명국 문제도 해결해야 했다.

밸런타인의 초안은 거센 반대에 부닥쳤다. 기묘하게 생각될지 모르겠지만 국무부의 일본 전문가는 국무부 내의 가혹평화론자들의 비판을 의식해서였는지, 아니면 강한 반일 반천황 여론을 의식해서였는지 천황제 유지를 주장하지 않았다. 밸런타인의 초안은 무조건 항복과 일본의 완전한 패배를 주장하면서 연합국이 일본에서 권력을 행사할 것이라는 가혹한 내용이었다. 일본의 정체에 대해서는 장제스의 생각에 따라 "모든 일본의 정치기구에서 침략적 요소를 완전히 제거해야 한다. 일본의 정체는 회개하고 각성한 일본 국민의 선택에 맡긴다"고 돼 있었다. 소위원회는 이것이 일본인들에게 받아들여질 가능성이 없다고 보고 밸런타인 초안을 물렸다.

소위원회는 스팀슨의 초안을 채택했는데, 여기에 여러 가지 코멘트를 덧붙였다. 이들 코멘트는 6월 28일에 매클로이에게 전달됐다. 최후통첩의 타이밍으로는 곧 발표한다, 소련의 참전 시기에 맞춰서 발표한다, 미군의 일본 본토상륙 때 발표한다 등의 세 가지 안이 나왔다. 전쟁범죄인 처리에 대해서는 미국이 다른 나라, 예컨대 소련보다 반감이나 원망을 불러일으키지 않는 방식으로 처리하라고 권고했다. 이 소위원회 참석자들은 소련 참전으로 소련이 점령정책에 직접 관여하고, 그 결과 미국, 소련 사이에 점령정책을 둘러싸고 일본인의 민심을 자신들에게 유리하게 끌어당기려는 경쟁이 시작되리라는 것을 일찍부터 의식하고 있었던 것이다.[51]

두 번째 소위원회는 6월 28일 오전 역시 매클로이의 집무실에서 열렸다. 이 회의에서 예상하지 못한 곳에서 스팀슨의 초안에 대한 반대가 제기됐다. 국무부에서 참석한 두먼이 천황제 유지를 약속하는 문장을 넣는 것은 미국의 여론을 자극할 것이라는 이유에서 반대한 것이다. 하지만 이 문장은 두먼 자신이 5월에 쓴 대통령 성명 초안에 삽입돼 있던 것이었다. 두먼이 왜 반대했는지는 알 수 없으나 그루나 두먼이 당시 여론조사나 국무부 급진파의 비판에 정면으로 노출돼 있었다는 점에서 당시 천황제를 어떻게 할 것인지에 대해서는 결정을 유보하는 게 좋다고 판단했을지 모른다. 그러나 이는 스팀슨이 바란 선택은 아니었다. 링컨은 이에 대해 다음과 같이 말했다.

> 스팀슨은 일본이 받아들일 수 있고, 우리도 만족할 수 있는 조건을 찾고 있다. 이에 비해 두먼은 일본이 받아들일 것이라는 기대는 별로 하지 않고 있는 듯하며, 그의 관심은 오직 미국 국내에서 비판을 받지 않는 것에만 쏠려 있다.[52]

스팀슨과 그루의 견해는 역전됐다. 그리고 그 역전과 함께 스팀슨이 무조건 항복 수정의 주도권을 쥐게 됐다.

육군부작전국은 최후통첩을 발표할 최선의 타이밍은 소련이 참전한 직후라는 결론에 도달했다. "이 최후통첩이 8월 15일부터 9월 1일 사이에 발표되고, 만일 항복이 받아들여진다면 연합국은 군사적으로 최적의 상황에 놓이게 된다"고 판단하고 있었다. 육군부작전국은 트루먼이 스탈린과 소련의 참전 시기에 대해 합의에 도달했으며, "8월 말이나 9월 초"로 최후통첩 선언을 발표할 시기를 결정하게 될 것으로 내다봤다.[53] 이는 스탈린이 노리고 있던 타이밍과 딱 맞아떨어진다는 사실에 주목해야 한다.

6월 29일, 매클로이는 스팀슨에게 연합국 정상들이 서명해서 발표할 선언에서 생략된 안을 보냈다. 그것은 육군부작전국이 국무부안을 무시하고 작성한 안이었다. 매클로이는 타이밍에 대해 다음과 같이 썼다.

> 눈치챘겠지만 이 초안은 S-1과는 무관하게 작성됐다. 타이밍에 관해 다른 요인을 고려할 때 S-1의 문안은 쉽게 조정될 수 있다고 생각한다.

매클로이와 스팀슨은 원폭을 소련의 참전을 저지하는 수단으로 여긴 게 아니라, 소련의 참전에 맞춰 일본의 항복을 확보하는 수단으로 여겼던 것이다.

매클로이는 스팀슨에게 보낸 메모에서 최후통첩 선언이 어떻게 일본에 전달될 수 있을지에 대해 언급했다. 매클로이는 "국무부도 우리(아마도 육군부)도 이 선언을 외교적 채널을 통해서가 아니라 통상적인 프로파간다 방식으로 일본에 전한다는 데에 의견이 일치하고 있다"고 말했다. 그리고 어느 나라가 선언에 참가해야 할지에 대해서 매클로이는 미국, 영국, 중국에다 "만일 소련이 전쟁에 참가하든지, 또는 참가하기 직전인 경우라면" 소련도 이에 서명해야 한다고 했다. 또한 천황의 지위에 대해 매클로이는 다음과 같이 말했다.

> 이 점이 가장 격론이 오간 쟁점인데, 국무부에서는 의견이 갈린다. 초안은 우리가 대통령에게 보낸 메모에서 사용한 표현을 쓸 것임을 시사하고 있다. 이 표현은 국내 반대를 불러일으킬지 모르겠지만 일본을 아는 식자들 사이에서는 이 표현 없이는 일본이 항복을 받아들일 여지가 적다고 보고 있다.[54]

포츠담선언 초안을 작성한 것은 작전국의 본스틸 대령이었다. 이 초안은 6월 29일 아침 매클로이에게 전달됐다. 매클로이는 이날 오전에 세 번째 소위원회를 열고 본스틸의 원안을 토의했다. 해군과 국무부의 동의를 얻어 매클로이는 이 초안을 7월 1일에 롱아일랜드의 스팀슨 자택으로 갖고 갔다. 스팀슨은 초안에 대체로 만족했으나 약간의 수정을 가했다. 본스틸은 나중에 이 원안의 배경에 있던 그의 동기를 다음과 같이 설명했다.

> 1백만에 이르는 미국의 병사들은 잽(일본군)을 동굴에서 끌어내는 것이 엄청난 일이라는 것을 잘 알고 있었다. 실제로 일본 본토 전투에 동원되면 천황이 그 자리에 버티고 있을지 없을지 따위는 알 바가 아니다. 그리고 그들의 생각은 아내나 연인에게, 또는 그 어머니나 아버지에게 반드시 전달될 것이다.

본스틸은 미국의 여론이 무조건 항복에서 벗어나는 것을 용납하지 않을 것이라는 국무부의 의견은 "과장돼 있으며, 미국의 여론이 어떻게 움직일지에 대한 잘못된 평가"라고 판단했다.[55]

6월 27일부터 29일까지 이어진 소위원회의 토의와 결정은 흥미 깊은 몇 가지 사실을 분명히 드러냈다. 먼저 미국의 정책결정자들 사이의 의견 차이는 이제까지 거론돼온 것보다 복잡하고 모호했다.[56] 그루가 신뢰하는 부하였던 두먼은 군주제 유지를 최후통첩 선언에 명기하는 것을 반대했다. 그는 그 표현을 삽입하면 여론이 이를 무조건 항복 요구에 대한 배신으로 받아들여 과민하게 반응할 것이라고 걱정했다. 이에 대해 육군부작전국은 '무조건 항복'이라는 표현을 선언 속에 남겨두면서도 이를 일본이 받아들이기 쉽도록 그 조건을 재정의하자고 주장했다.

양자 간에는 미국 여론을 해석하는 방식에서 차이가 있었다. 그루와 두먼은 당시 미국 여론의 맹렬한 반천황 감정을 걱정하고 있었으나, 육군부작전국 쪽은 전쟁에 반대하는 여론이 미국인들 사이에 퍼져나갈 것을 염려했다. 그렇게 된다면 조만간 미국 병사들을 가능한 한 빨리 고국으로 귀환시키라는 요구로 표출될 것이라고 생각했다. 군의 지도자는 문관보다 더 민감하게 변덕스러운 여론의 성격을 감지하고 있었다. 일본 본토 공격에서 최초로 미군 병사가 전사했을 때, 무조건 항복에 약간의 수정을 가하면 더 빨리 전쟁을 끝낼 가능성이 있다는 것을 알게 된다면 미국 여론이 크게 바뀔 것이라는 점을 그들은 예상하고 있었던 것이다.

소위원회의 토의를 상세하게 검토하면, 포츠담선언 초안을 그루가 작성했다거나 그 초안에 그루나 두먼이 크게 관여했다는 종래의 해석이 잘못된 것이라는 건 분명하다. 소위원회의 주도권은 명백히 육군부 작전국에 있었고, 두먼, 그루, 국무부는 조연에 머물렀다. 포츠담선언의 기초가 된 초안을 작성한 이는 본스틸이며, 그루도 두먼도 거기에는 관여하지 않았다. 다만 두먼, 밸런타인이 그루도 포함된 일본 전문가들의 공통된 의견이었던 천황제 유지에 왜 그 단계에서 반대했는지는 알 수 없다. 여론 동향을 의식했거나, 국무부 내부 비판을 고려할 수밖에 없었거나, 그렇지 않으면 육군부에 주도권이 넘어가는 것에 대한 저항 수단으로 이에 항의했거나 여러 요인을 생각할 수 있다. 그러나 이를 두고 그들이 천황제 유지에 관한 의견을 바꾸었다고는 할 수 없다. 그들의 태도 변경은 전술적 후퇴였다. 나중에 얘기하겠지만, 그들도 본스틸의 초안을 지지했으며, 이를 토대로 한 스팀슨의 포츠담선언 초안을 국무부 내의 가혹평화주의자에 대항해서 열심히 옹호했다.

포츠담선언 초안이 작성됐을 때 그 최대 목적은 일본을 항복으로 이끄는 데에 있었다. 그러나 정책결정자들은 소련 요소를 어떻게 다뤄야 할지 딜레마에 직면했다. 그들은 소련 참전으로 예상되는 마이너스 결과를, 그것이 전쟁의 종언을 앞당기는 플러스 측면과 균형을 맞춰 판단해야 했다. 그런 면도 있었기에 육군부작전국은 이 선언에 미국, 영국, 중국뿐만 아니라 소련도 가담하는 것을 상정하고 있었다. 나아가 "만일 소련이 전쟁에 참가하든지, 또는 참가하기 직전인 경우라면"이라고 해서, 소련이 이미 전쟁에 참가하고 있어야 한다는 것을 전제조건으로 삼지 않았다. 이 의견이 스탈린의 목적과 합치한다는 점에 주목해야 한다.

정치국이 전쟁을 결정하다

6월 하순은 소련에도 결정적인 시기였다. 6월 26일과 27일 이틀간 소련공산당 정치국, 정부, 군의 합동회의가 열려 만주의 일본군에 대한 전면적인 공격을 8월에 감행하기로 결정했다. 참모본부는 3개 전선이 동시에 만주 중부를 겨냥해서 침공하는 작전을 제안했고, 이 작전이 채택됐다.[57] 대일 참전은 이미 스탈린과 스탈린 주변의 소수 지도자들만이 아는 비밀이 아니라 소련 정부, 공산당, 군의 정식 방침으로 승인받았던 것이다.

그 회의에서 군사행동의 작전 범위가 토의됐다. 소련 군사작전의 최대 목적은 얄타밀약에서 약속받은 영토, 즉 만주, 남사할린, 쿠릴열도를 점거하는 데 있었다. 나아가 북부 조선의 점거는 일본군의 도주로를 봉쇄하기 위해 필요한 것으로 간주됐다.

그러나 문제는 홋카이도였고, 이를 둘러싸고 의견이 갈렸다. 홋카이도 점거 없이 소야해협과 쿠릴열도를 통제할 순 없었다. 메레츠코프K. A. Meretskov 원수는 홋카이도 점거를 주장했고, 이 의견은 흐루쇼프의 지지를 받았다. 그러나 보즈네센스키Nikolai Voznesenskii, 몰로토프, 주코프Georgii Zhukov 원수는 그것이 너무 모험주의적이고 미군의 반격을 야기할 수 있다며 반대했다. 몰로토프는 홋카이도 점거는 연합국으로부터 얄타조약 위반이라는 정당한 비난을 자초할 수밖에 없다고 논했다. 스탈린은 주코프에게 홋카이도 작전을 수행하는 데 필요한 사단은 몇 개인지 물었다. 주코프는 대포, 전차와 다른 무기를 장비한 최소 4개 사단이 필요하다고 대답했다. 스탈린은 아무 말도 하지 않았다. 홋카

이도 작전에 대한 최종결정은 이 단계에서 내려지지 않았다.[58]

그 회의 뒤 6월 28일에 스탈린은 극동군에 대해 세 가지 명령을 내렸다. 첫 번째 명령은 극동전선 사령관에 대한 명령으로, 공격의 모든 준비를 8월 1일까지 완료하라는 것이었다. 두 번째는 연해주의 군사령관에게 모든 준비를 7월 26일까지 완료하라는 것이었다. 세 번째 명령은 자바이칼전선 사령관에게 모든 준비를 7월 25일까지 완료하라는 것이었다.[59]

이 세 가지는 정확한 공격 일시를 정한 것이 아니라 준비 완료를 명령한 것일 뿐이다. 정확한 공격 일시는 나중에 바실렙스키와 논의해서 결정하기로 돼 있었을 것이다. 참모본부의 부참모장이었던 슈테멘코S. M. Shtemenko에 따르면, 공격은 8월 20일부터 25일 사이에 개시하는 것으로 그 시점에는 결정돼 있었다. 제1극동전선 사령관에 임명된 메레츠코프 원수는 막시모프 소장이라는 가짜 이름으로 6월 29일 보로시로프에 도착했고 자바이칼전선 사령관에 임명된 말리놉스키Rodion Malinovskii 원수는 모로조프 소장이라는 가짜 이름으로 7월 4일 (러시아 남동부) 치타에 도착했다. 극동군 총사령관 바실렙스키 원수는 국가방위인민위원회 부위원 바실레프 소장이라는 가짜 이름으로 7월 5일에 역시 치타에 도착했다.[60] 주사위는 던져졌다. 극동의 거대한 전쟁 기계가 작동하려 하고 있었다.

스팀슨, 대통령에게 포츠담선언 초안을 제출하다

트루먼이 포츠담을 향해 출발하기 5일 전인 7월 2일, 스팀슨은 일본에 대한 최후통첩이 될 선언 초안을 짧은 메모를 첨부해서 대통령에게 제출했다. 스팀슨은 이 초안에 대해 "(일본 본토에) 상륙해서 일본을 점령하는 작전은 미국이 독일에서 경험한 전쟁보다 장기적이고 값비싸고, 고난에 찬 전쟁이 될지 모른다"고 먼저 주의를 촉구하고, 이런 전쟁을 대신할 선택지가 존재한다고 말했다. 그것은 미국이 민족국가로서 일본을 괴멸할 의도를 갖고 있지 않다고 일본의 온건파를 설득하는 것이라며 이를 위해 다음을 제안했다.

> 주의 깊게 택한 타이밍에 미국, 영국, 중국, 그리고 만일 그때 소련이 전쟁에 참가하고 있다면 소련까지 포함한 연합국 정상들이, 일본이 항복한다면 장차 평화를 향해 완전한 비무장화를 달성하기 위해 일본을 점령하는 것을 인정하라는 경고를 발한다.[61]

스팀슨의 메모에서는 소련 요소가 중요한 것으로 인식되고 있었다.

> 만일 소련이 (우리에게) 위협의 일부가 된다면, 실제로 소련이 일본을 공격하더라도 너무 깊숙한 곳까지 진격하게 해서는 안 된다. 우리의 공습도 군사목표만으로 제한돼야 한다.

육군부작전국이 소련의 참전을 긍정적으로 보고 있었던 데에 비해 스팀슨의 눈은 항복 뒤의 일본 점령을 둘러싸고 미국과 소련이 경쟁관계에 들어가는 문제 쪽을 향해 있었다. 그는 선언에 명기돼야 할 사항을 열거하면서 선언에서 가장 중요한 부분에 대해 이렇게 강조했다.

> 만일 우리가 현행 황실체제하의 입헌군주제를 배제하지 않는다는 점을 덧붙인다면 그것은 일본이 받아들일 수 있는 가능성을 훨씬 더 높여줄 것이다.[62]

이 메모 뒤에 포츠담선언 초안이 이어졌다. 초안의 첫 번째 특징은 소련 참전을 상정해서 선언에 소련의 서명을 추가할 용의를 갖고 있다는 점이었다. 선언문의 제목에도 소련이라는 글자가 괄호 안에 들어가 있었다. 이 부분은 소련이 참전하지 않을 경우에는 삭제될 것이었다.[63] 스팀슨도 육군부작전국도 스탈린의 서명을 상정하고 있었고, 그 발표 시기는 소련 참전 직후든지 직전으로 예정하고 있었음을 보여준다. 되풀이하지만 이 상정은 스탈린의 계획과 일치했다.

두 번째로 중요한 것은, 스팀슨의 포츠담선언 원안이 항복 조건을 상세하게 열거하고 있는 점이다. 그것은 "세계 정복에 나선 권력 및 세력은 영구히 제거될 것이다", "카이로선언 조항이 이행되면 일본의 주권은 혼슈, 홋카이도, 규슈, 시코쿠와 우리가 정하는 작은 섬들로 제한될 것이다", "일본 군대의 완전한 무장해제" 등으로 돼 있었다. 반면에 일본을 민족적으로 노예화하는 것, 민족적으로 멸망시키는 것을 의도하진 않으며, 경제와 산업이 유지될 수 있도록 허용한다는 점도 들어 있었다. 스팀슨 초안의 가장 중요한 조항은 12조와 13조였다.

12조 우리의 목적이 달성돼 명백히 평화적 경향을 지니고 또한 일본 국민을 대표하는 책임 있는 정부가 수립되면, 연합국의 점령군은 일본에서 철수한다. 이에는, 그렇게 해서 수립된 정부가 다시 침략을 기도하지 않을 것이라고 세계인들이 완전히 납득하게 된다면 현행 황실체제하의 입헌군주제도 포함하는 것으로 한다.

13조 우리는 일본에서 권위를 지닌 자가 즉시 일본 정부와 대본영의 권위 아래 존재하는 전 일본 군대의 무조건 항복을 선언하고, 그 행위가 성의 있게 진행된다면 적절하고 충분한 보장을 제공해줄 것이다.

"무조건 항복"이라는 표현이 들어 있었지만 '무조건 항복'을 "전 일본 군대의 무조건 항복"으로 수정하고, "현행 황실체제하의 입헌군주제"를 보장함으로써 일본이 항복 조건을 받아들이기 쉽게 하려는 노림수가 있었음이 분명하다.

국무부, 스팀슨 초안을 비난하다

이 스팀슨 초안은 7월 2일, 국무부에 보내져 토의됐다. 그루, 두먼, 밸런타인은 장차 군국주의자의 부활에 이용되지 않도록 이 초안에 있던 막연한 표현을 좀 더 엄격한 것으로 수정했다. 그리고 선언을 일본 정부가 아니라 일본 국민에게 직접 호소하는 형태로 바꿨다. 스팀슨 초안의 주요 포인트였던 "현행 황실체제하의 입헌군주제"라는 표현은 남겨두었지만, "만일 평화를 애호하는 나라들이 이런 정부가 장차 또다시 일본의 침략적 군국주의의 확대를 불가능하게 만들 평화적 정책 수행을 진지하게 결의하고 있다는 확신이 든다면"이라는 구절을 추가했다. 또 13조를 다음과 같이 수정했다.

> 우리는 일본 국민과 일본에서 권위를 지닌 자가 즉시 일본 정부와 대본영 권위 아래 존재하는 전 일본 군대의 무조건 항복을 선언하고, 그 행위가 성의 있게 진행된다면 적절하고 충분한 보장을 제공해줄 것이다. 일본에 이를 대신할 선택지는 신속하고 철저한 파괴다.(밑줄은 추가)

그루, 두먼, 밸런타인 같은 일본 전문가들은 천황제를 그대로 둘 경우의 위험성을 알고 있었다. 스팀슨도 그런 의견에 동감했으나 그는 일본 전문가가 아니었기 때문에 우려를 표현하는 데 정확성이 떨어졌다. 그루와 스팀슨 사이에 가로놓인 이런 차이야말로 전쟁종결이라는 드라마의 최후 무대에서 주요한 역할을 떠맡을 예정이었다.

"신속하고 철저한 파괴"라는 표현을 누가 무슨 이유로 삽입했는지는 알 수 없지만, 국무부에서 이 수정이 이뤄진 것을 생각하면, 그루였을 것이라고 상정할 수 있다. 두먼과 밸런타인은 맨해튼계획에 대해 통보받지 못하고 있었다. 원폭개발을 알고 있었던 것은 그루였고, 그런 그가 이 표현을 원폭 사용을 염두에 둔 경고로 삽입했다고 가정할 수 있다. 5월 26일의 공습으로 그루는 마음이 아팠다. 원폭에 대해 알고 있던 그루는 그가 사랑한 일본의 도시가 원폭투하로 잿더미가 되는 단말마의 모습을 상상했을 게 분명하다. 만일 이런 가정이 맞다면, 그루는 "신속하고 철저한 파괴"라는 표현으로 원폭이라는 것을 숨기면서 일본에 경고를 보내려 했을 것이다. 만일 그루가 아니었다면 누가 무슨 목적으로 이런 표현을 삽입했을지 문제가 된다. 직접 원폭에 대해 언급하지 않았지만 이 표현은 실은 미국 정부가 일본에 대해 원폭투하를 예고한 것으로 해석할 수도 있다. 실제 트루먼은 그렇게 해석했다.

7월 3일, 스팀슨이 대통령에게 포츠담선언 초안을 제출한 다음 날, 번스가 국무장관에 임명됐다. 번스를 자신들의 대변인으로 생각한 국무부의 가혹평화론자들은 그루에 대한 공격을 개시했다. 7월 4일, 애치슨은 운영위원회를 소집해 그루의 지지를 받은 스팀슨 초안에 대해 항의했다. 특히 천황제를 유지하려 한 스팀슨과 그루의 시도는 가혹평화론자들의 역린을 건드렸다. 7월 6일 매클리시 국무차관보는 새 국무장관에게 이 초안이 미국의 전쟁 목적에서 벗어나는 중대한 일탈이라고 비난하는 메모를 제출해 다음과 같이 주장했다.

> 지금의 천황에게 손가락 하나 대지 않고 천황제를 유지하자는 것은 무조건 항복을 포기하는 것과 같다.[64]

그루는 가혹평화론자들의 반대가 더 거세질 것이라 생각해 번스가 포츠담으로 떠나기 전에 그에게 포츠담선언 초안을 제출했다. 7월 6일 그루는 포레스털 해군장관이 유럽 시찰을 떠나기 전에 회담하고, "이 초안은 (포츠담회담에 가는) 도중에 대통령 주변 사람들에 의해 파기될 것"이라는 우려를 표명했다. 포레스털은 그런 짓을 할 사람은 아마도 볼런일 것이라고 봤으나 그루가 염두에 두고 있었던 것은 번스였음이 분명하다.[65] 볼런에게는 그럴 권한이 없었다.

7월 7일, 트루먼과 번스가 포츠담을 향해 워싱턴을 출발한 그날 국무부에서는 그루 의장 주재로 매클리시, 애치슨 등이 참석한 가운데 운영위원회가 열렸다. 회의가 시작되자마자 기다렸다는 듯이 매클리시가 공격을 시작했다.

천황제를 둘러싼 격론이 시작됐다. 그루가 천황제를 폐지하는 것은 불가능하다고 논하자, 매클리시와 애치슨은 천황제가 일본 군국주의의 뿌리라며 반박했다. 애치슨은 제안된 선언 초안에 운영위원회가 반대했다는 사실을 기록으로 남기도록 요구했다. 그루는 운영위원회의 반대에도 불구하고 국무차관으로서의 특권을 행사해서 자신의 초안을 제출할 예정이라고 말했다.[66]

번스는 회고록에 다음과 같이 기록했다.

> 국무장관이 되고 나서 곧바로, 일본이 항복할 때 우리가 천황 퇴위를 요구할지 말지에 대해 국무부 내부에 의견 대립이 있다는 걸 알았다. 포츠담으로 출발하기 전에 나는 여러 주장이 적힌 메모를 받았다. 내 가방은 태평양에서의 전쟁과 평화 문제를 논하는 이런 메모들로 불룩했다.

번스는 그루와 스팀슨에게도 자신의 영향력을 행사하고 싶었다. 번스가 가혹평화론자의 의견 쪽으로 기울었던 이유 가운데 하나가 이것이었다. 출발하기 전날에 번스는 전 국무장관 코델 헐과 20분간 회담을 했다. 헐은 초안의 12조가 일본에 너무 유화적이라고 말했다. 그리고 연합국의 "공습 클라이맥스와 소련의 참전"이 있을 때까지 선언을 연기해야 한다고 충고했다.[67] 그러나 번스는 소련의 참전을 기다리려는 생각이 털끝만큼도 없었다. 오히려 헐의 의견은 번스에게 소련 참전에 대한 경계심을 부추기는 계기가 됐을 것이다.

포츠담선언 초안은 번스의 가방 안에 들어 있었다. 그러나 문제는 이 선언을 어떻게 발표할 것인가, 언제 발표할 것인가, 그리고 누가 서명할 것인가였고 이런 문제들은 여전히 결정돼 있지 않았다.

천황의 고노에 특사 임명

곧 포츠담회담이 열릴 것이라는 정보는 일본 정부에 우려를 안겨주었다. 게다가 쑹쯔원이 모스크바를 방문한다는 뉴스를 듣고 도고는 중소 조약이 체결되면 소련이 일본에 대한 전쟁에 참가할지도 모른다는 불안에 시달렸다. 7월 5일에 도고는 사토에게 몰로토프가 포츠담으로 출발하기 전에 회견을 해서 6월 30일 전보에서 밝힌 일본의 조건을 몰로토프에게 제시하고 소련의 반응을 살피도록 훈령을 내렸다. 그 조건은 항상적인 우호, 만주의 중립화, 석유 공급을 대가로 어업권을 포기한다는 내용으로, 히로타가 말리크에게 제시한 안과 동일했다.[68]

그런 비현실적인 조건을 소련에 제출하라는 훈령을 받은 사토 대사는 필시 마음이 무거웠을 것이다. 사토는 꾸물대며 도고의 훈령을 실행하는 데 뜸을 들였다. 몰로토프와 20분간 회견한 것은 이미 7월 11일이 되고 나서였다. 사토가 예상한 대로 몰로토프는 시종 문제를 회피하면서 "소련 정부는 일본의 제안을 주의 깊게 검토해서 결정하겠다"고 약속하는 데 그쳤다. 시간벌기가 목적이던 소련 정부는 종래의 정책을 계속 유지했다. 몰로토프는 포츠담회담에 대해서는 한마디도 입에 올리지 않았다. 도고와 사토의 대립과 라이벌 의식이 외교의 진척을 방해했다. 포츠담회담을 목전에 두고 잠깐의 유예도 허용될 수 없었던 시기에 일본 정부는 그렇게 시간을 낭비하고 있었던 것이다.

사토가 몰로토프에게 회견을 요청하고 있는 동안 일본에서는 대소련 외교에 새로운 진전이 있었다. 일본 정부는 포츠담회담이 개최되기 전에 천황의 특사를 모스크바에 파견해서 전쟁종결을 시도한다는 정책을 채택했다. 히로타-말리크 회담은 실패했고, 사토 대사는 소련을 종전에 이용하려는 생각에 절대 반대였기 때문에 도고는 이를 타개하려면 모스크바에 특사를 파견하는 수밖에 없다고 생각했다. 도고는 이미 다카마쓰노미야, 히라누마 추밀원 의장•에게 이를 타진하고 있었다. 그러나 천황의 특사를 파견하기 위해서는 천황의 발의가 필요했다.

7월 7일, 기도의 조언에 따라 천황은 스즈키 총리를 궁중에 불러들여 소련과의 교섭 진척 상황에 대해 물었다. 스즈키의 회답에 만족하지 못했던 천황은 직접 "상대방의 의중을 떠본다고 해도 시기를 놓치면 안 되기 때문에 이럴 때 오히려 솔직하게 터놓고 중개를 부탁하는 것은 어떠한가. 친서를 지닌 특사 파견을 추진하는 것은 어떠한가" 하고 제안했다. 7월 8일, 도고는 가루이자와로 고노에를 찾아가 특사 가능성을 타진했다. 무조건 항복에 가까운 조건을 내걸 수밖에 없다는

• 平沼騏一郎, 1867~1952. 사법관료 및 정치가. 1차 노고에 내각 총사퇴 뒤 후임 총리대신으로 조각組閣했으나 단명한 내각으로 끝났다(1939년 1월~1939년 8월). 3차 고노에 내각에서는 국무대신으로 재직했으나 사직하고 1945년 4월 추밀원(枢密院. 천황 자문기관) 의장으로 복귀했다. 일본의 무조건 항복에 반대했다.

점에서는 두 사람의 의견이 일치했으나 고노에는 오히려 백지상태로 가고 싶다고 말했다. 10일에 최고전쟁지도회의가 열려 특사를 파견한다는 결정이 내려졌으나 육군을 자극하지 않도록 고노에라는 이름은 숨겼다. 12일에 천황은 고노에를 궁중으로 불러 천황의 특사로 임명했다. 고노에는 "어명이라면 신명을 걸겠습니다"라면서 수락했다.[69]

그 시점에서 천황은 무조건 항복을 요구하는 영국, 미국과의 직접 교섭은 고려하지 않고 있었다. 아마도 천황은 국체호지를 최소한의 조건이라고 생각하고 있었을 것이다. 천황이 그 시점에서 국체호지와 황실안태를 구별하고 있었다고 생각하긴 어렵다. 소련과의 교섭도, 만일 그것으로 전쟁을 종결할 수 있다면 좋겠지만 "잘되지 않더라도, 오히려 국민을 더욱 단결하게 해서 끝까지 전쟁을 계속할 수 있게 해줄 것이라 생각한다"고 스즈키에게 말했다.[70]

그러나 도고는 다른 생각을 하고 있었다. 도고는 전쟁을 조금이라도 일찍 끝내야 한다고 초조해하면서도 국내의 협소한 현실정치의 틀 안에서, 즉 계전파의 반대를 극복하는 가운데 방법을 모색해야 했다. 도고는 미국, 영국과의 직접 교섭을 싫어한 것은 아니었으나, 그런 결론에 도달하려면 먼저 모스크바와의 교섭을 거쳐야만 군을 설득할 수 있다고 생각했다. 따라서 최고전쟁지도회의에서 특사 파견이 결정됐을 때 군부의 반대에 부닥치는 것을 피하기 위해 도고는 스즈키와 합의해서 고노에의 이름을 드러내지 않았던 것이다. 고노에가 "소련이든 미국이든 어느 쪽에도 갈 수 있는 사람이라는 것, 그리고 군부 바깥 출신임이 분명한 인물이라는 것, 세계적으로 지명도가 있다는 것" 등이 선고選考의 근거가 됐다. 외무대신 도고는 이처럼 섬세하게 일을 진척해

나갔지만 사토 대사나 외부 비판에 대해서는 지극히 신경과민 반응을 나타냈다.[71]

천황이 고노에를 특사로 임명한 뒤인 7월 14일, 최고전쟁지도회의는 그 임명을 승인했으나, 거기에서 육군상 아나미는 이오지마, 오키나와에서의 패전에도 불구하고 일본은 아직 전쟁에 진 것은 아니기 때문에 패배를 전제로 한 종전 교섭에는 반대한다고 발언했다. 요나이는 도고에게 귀엣말로 구체적인 조건을 토의하는 것은 도움이 안 된다고 충고했다. 믿기 어려운 일이지만, 일본 정부는 전쟁종결을 위해 특사를 파견하면서도 종결조건에 대해서는 어떤 결정도 내리지 않고 있었다. 구체적인 조건을 토의하는 것은 곧 내각 내의 분열을 의미했기 때문에 오히려 결정할 수 없었다고 해야 할 것이다. 그러나 고노에는 정부의 조건에 속박당하지 않고 백지상태에서 교섭할 수 있기 때문에 이를 환영했다.[72]

하지만 고노에의 측근들 사이에서는 고노에가 모스크바에 들고 갈 종전 조건에 관한 연구가 비밀리에 진행되고 있었다. 그리하여 두 개의 그룹이 다른 교섭안을 작성했다. 첫 번째 안은 도고의 명에 따라 가세 도시카즈가 7월 3일에 작성해서 마쓰다이라, 마쓰타니, 다카기에게 제안한 안이었다. 이 안은 대서양헌장을 지지해서, 일본군이 모든 점령지에서 철수해야 한다는 내용을 담았다. 화평 조건으로는 갑을 두 개의 카테고리로 나뉘어 있는데, 갑은 황실의 안태와 국체호지, 정치의 쇄신, 내정불간섭, 국민경제상 최소한도의 필요 확보, 비점령, 전쟁범죄자의 자주적 처리, 동아시아 국가들의 자주독립, 그리고 을은 영토 할양, 배상, 군비의 자주적 제한을 담았다. 마쓰타니는 항목이 너무 세세하다, 황실의 안태와 국체호지만으로 전권을 위임해야 한다며 이 안에 반대했으나, 다카기는 이 안은 영국, 미국과의 직접 교섭안이 아니라 소련과의 교섭안이기 때문에 이 정도로 괜찮지 않은가, 하고 말했다. 하지만 다카기는 '국체호지'는 너무 막연하니까 이를 '천황 통치권'으로 하자고 제안했다.[73] 다카기가 모스크바에서의 교섭을 미국, 영국과의 직접 교섭으로 가는 하나의 수단이라고 생각했다는 사실이 여기서 드러난다.

이 교섭안은 두 가지 점에서 중요하다. 첫째, 이 안이 '황실의 안태'와 '국체의 호지'를 구별하고 있는 점이다.• 그리고 다카기는 '국체'를 '천황 통치권'으로 규정해서 명확하게 천황의 역할을 정치제도의 틀 안에 포함시켰다. 천황을 현인신現人神으로 여기는 신내림에 가까운 국체 관념을 배제하려 한 것이다. 둘째, 이 안은 나중에 커다란 문제가 되는 세 가지 조건, 즉 비점령, 전쟁범죄자의 자주적 처리, 군비의 자주적 제한을 포함하고 있었다.

그러나 가세가 작성한 안은 고노에에게 전달되지 않았다. 고노에는

• 황실의 안태와 국체의 호지는 원래 하나로 묶여 있는 관념이었으나, 천황이 전쟁책임을 지고 처벌받거나 천황제 자체가 폐지되는 상황을 면하기 위해 의도적으로 나눠 구별한 것이다. 원래 국체란 천황의 절대적 통치 대권을 의미했다. 형식상으로는 천황이 국사를 직접 처리하는 게 아니라 중신들의 보필을 받아 간접 통치하는 것으로 돼 있으나(정치학자 마루야마 마사오는 이를 아무도 통치행위에 책임을 지지 않는 일본 '무책임의 정치'의 근원이라고 보았다), 천황은 실질적인 최고통치자였다. 이것을 그대로 인정할 경우 천황은 전쟁범죄자가 돼 처벌을 면할 수 없게 된다. 그런 상황을 피하기 위해 천황의 절대통치권과 엮여 있는 국체에서 황실의 안태를 분리해, 절대통치권 없는 천황과 그 일가에겐 전쟁책임을 묻지 않고 ('국민이 원한다면'이라는 형식적인 조건을 붙여) 존속시키는 편법을 생각해낸 것이다. 미국도 일본 국민의 지지 확보 등 점령통치상의 편의를 위해 이 교묘한 분리를 인정하고 이용했다. 결과적으로 천황은 이 분리를 통해 자신과 천황가의 안녕을 보장받는 대신 일본의 정체政體, 나아가 패전 뒤의 나라 전체를 미국에 맡겨버린 셈이 됐다.

자신이 신뢰하는 사카이 고지酒井鎬次, 도미타 겐지富田健治, 이토 노부미伊藤述史가 7월 12일에 기안한 '화평 교섭에 관한 요강' 쪽을 채택했던 것이다. 이 '요강'은 "국체의 호지는 절대 한 발자국도 양보할 수 없는 것"이라며 "국체의 해석은 황통을 확보하고 천황정치를 행하는 것을 주안으로 한다"고 하면서도, 또 한편으로는 "우리나라 고래의 전통인 천황을 정점으로 한 민본주의에는 나부터 자진해서 복귀할 것을 기약한다"며 국체의 호지가 민주주의에 저촉되는 것이 아니라는 점을 강조하고 있다. 나아가 이를 실행하기 위해 "약간의 법규를 개정하고 교육을 혁신하는 데에도 동의한다"고 해, 메이지헌법하의 천황 통치권이 절대적인 것은 아니라는 자세를 취했다. 또 '요강'은 최악의 경우에는 천황의 양위도 어쩔 수 없다고 했다. 고노에의 측근이 생각했던 종전의 조건은 스팀슨의 포츠담선언 초안에 있던 입헌군주제와 공통 항목을 갖고 있었던 것이다.

그리고 이 '화평 교섭에 관한 요강'은 영토가 일본 고유의 본토로 제한된다는 것, 행정이 약간의 기간에 "감독을 받는다"는 것, 전쟁책임자 처분을 인정한다는 것, 일시적인 "완전한 무장해제"에 동의한다는 것, 군사점령을 피하기 위해 노력하지만 일시적으로 약간의 군대가 주둔하는 것을 인정한다는 것을 종전의 조건으로 들었다.

가세안과 비교하면 훨씬 더 과감한 안으로, 종전을 위해서는 점령, 무장해제, 점령군의 전쟁범죄자 처벌을 인정할 용의가 있음을 보여준다. 가세안과 '화평 교섭에 관한 요강' 간의 차이가 8월 종전 드라마의 쟁점으로 떠오르게 된다.

또 이 '화평 교섭에 관한 요강'에서 주목해야 할 것은 해외에 있는 약간의 군대를 현지에 잔류시켜서 "배상으로 일부의 노동력을 제공하는 것에 동의"한다고 한 점이다. 종전을 성사시키기 위해 그들은 일본인이 포로가 돼 강제노동을 강요당하는 것을 용인했던 것이다.

'화평 교섭에 관한 요강'은 만일 소련의 중개로 교섭이 실패하면 즉시 미국과 직접 교섭해야 한다고 돼 있다. 원래 사카이는 고노에가 소련 특사를 떠맡은 것에 화를 내고 있었고, 처음부터 미국과 교섭을 해야 한다는 의견을 갖고 있었다. '화평 교섭에 관한 요강'은, 소련의 중개는 반드시 일본에 유리한 게 아니라며 이는 단지 국내정세상 어쩔 수 없기 때문에 하는 것이라는 점을 분명히 밝혀놓았다.[74]

도고, 사토 대사에게 소련 알선 의뢰를 타전하다

천황이 고노에를 특사로 임명하기 전날인 7월 11일, 도고는 사토 대사에게 두 차례 전보를 보냈다. 전보 890호는 전쟁종결에 소련을 어떻게 이용해야 할 것인지 타진하기 위해 서둘러 몰로토프와 회견하라고 다시 훈령을 내린 것인데, 이어진 891호에서는 전쟁종결에 관한 일본의 태도를 명확히 하기 위해 다음과 같은 성명을 몰로토프에게 설명해주도록 했다.

> 우리는 동아시아의 평화 유지를 세계 평화 유지의 일환으로 고려하고 있으며, 전쟁종결에 대한 관념으로, 제국은 항구적 평화 수립 및 유지를 희구하는 견지에서 전쟁의 결과로 점령지역을 병합 또는 영유하겠다는

생각은 털끝만큼도 없다.[75]

두 번의 전보를 받은 사토는 솔직한 의견을 기탄없이 써서 도고에게 전보로 보냈다. 사토는 6월 30일 훈령에 제시된 조건을 토대로 소련을 전쟁종결에 이용하려 할 경우 소련을 "우리 쪽으로 끌어들여 우리 의도대로 따라오게 할 여지는 전혀 없다고 해도 과언이 아니다"라며, 도고가 891호 전보에서 얘기한 "설명은 탁상공론이라고 할 수밖에 없다"고 신랄하게 비판했다. 더욱이 미국, 영국이 일본 손에서 동아시아의 평화 유지권을 빼앗으려 하고 있을 때 '동아시아의 평화 유지'를 입에 올리거나, 이미 버마(미얀마), 필리핀을 잃고 일본 본토마저 위태로운 지경에 처했을 때 "점령지역을 병합 또는 영유할 생각은 털끝만큼도 없다"고 하는 것은 멍청한 짓이라고 사토는 직설적으로 얘기했다. 소련은 지극히 현실적이다, 추상론으로 소련을 움직일 순 없다, 하물며 "내용이 공허하거나 사실과는 먼 미사여구를 늘어놓으면서" 소련을 설득하는 것은 불가능하다고 했다. 이어서 "만일 제국이 진정으로 전쟁종결의 필요성을 절감하고 있다면 먼저 스스로 전쟁종결 결의를 가져야 하며, 이 결의 없이는 소련의 의향을 타진하더라도 아무 득될 것이 없다"고 단호하게 얘기하고, "우리가 직면하게 될 결과는 무조건 항복에 가까운 것이라는 점은 의심할 여지가 없다"고 단언했다.[76] 사토는 무조건 항복에 가까운 조건을 받아들여야 한다고 한 일본 최초의 엘리트였다. 금기가 깨진 것이다.

7월 12일, 도고는 사토의 신랄한 전보를 받기 전에 사토에게 또 하나의, 가장 중요한 긴급 전보를 타전했다. "지금 보무를 갖춰 3국회담 개시

전에 소련에 대해 전쟁종결에 관한 대어심大御心을 전달해놓는 게 적당하다고 본다"면서 몰로토프에게 다음과 같이 설명해주라고 훈령했다.

> 천황 폐하께서는 이번 전쟁이 교전 각국을 통해 국민의 참화와 희생을 날로 증대시켜가고 있는 데에 대해 마음 아프게 생각하시고, 전쟁을 빨리 종결하는 것을 염두에 두고 계시지만, 대동아전쟁에서 미국, 영국이 무조건 항복을 고집하는 한 제국은 조국의 명예와 생존을 위해 모든 것을 걸고 끝까지 싸울 수밖에 없으며, 그 때문에 피아 교전 국민의 유혈이 더 커지게 되는 것은 참으로 본의가 아니니, 인류의 행복을 위해 가능한 한 빨리 평화롭게 극복할 수 있기를 희망한다.[77]

이 메시지야말로 일본 정부가 발신한 가장 중요한 정보였다. 일본 정부가 전쟁종결을 바라는 의도가 여기에 명확하게 제시돼 있을 뿐만 아니라, 이런 의사가 천황 자신한테서 나온 것이라는 점이 분명히 드러나 있다. 게다가 전쟁을 종결하는 유일한 장애물은 연합국의 무조건 항복 요구라는 사실을 설명하고 있다. 도고는 이 전보가 사토의 손을 거쳐 소련 정부에 전달되도록 훈령을 내렸지만 실제로는 미국, 영국에 전달되기를 바라고 있었을 것이다.[78]

모스크바의 일본대사관은 도고의 전보를 7월 13일 오전 1시에 받았다. 사토는 이날 하루 종일, 다음 날 베를린으로 출발할 예정이던 몰로토프와 회견을 성사시키려고 애를 썼다. 하지만 외무부인민위원 로좁스키는 몰로토프가 너무 바빠 회견할 시간을 낼 수 없다고 회답했다. 마침내 사토는 오후 5시에 로좁스키를 면회하고 도고의 메시지를 전하면서, 이 특사 파견 조치는 천황 주도 아래 추진된 것이며, 과거의 특사와는 전혀 성질이 다른 것이라고 강조했다.

사토는 실제 특사와의 회담은 포츠담회담 종료 뒤라도 상관없기 때문에 "그것이 단지 원칙적인 합의일 뿐일지라도", 몰로토프가 포츠담으로 출발하기 전에 소련 정부가 긴급히 회답을 해달라고 요청했다. 로좁스키는 시간벌기라는 상투수단을 동원해, 사토에게 이 메시지는 누구에게 보낸 것이냐고 물었다. 하찮은 것이라고 생각할 수밖에 없는 질문에 의표를 찔리면서도 사토는 소련 정부 앞으로 보낸 것이며, 따라서 소련 국가 대표자인 칼리닌이나 각료회의 의장인 스탈린 둘 중 하나라고 대답했다. 로좁스키는 "대표단의 일부는 오늘 밤 모스크바를 출발할 예정이기 때문에" 몰로토프의 출발 전에 회답을 줄 수는 없다, 그래서 도고의 메시지를 베를린으로 보내 거기서 사토에게 회답해 주겠다고 약속했다.[79]

사토는 국가를 대표하는 외교관으로서 외무대신 훈령에 충실히 따랐겠지만, 다른 한편으로 도고에게 다른 전보로 솔직한 의견을 피력했다. 사토는 천황의 특사 파견에 관해 "성상(천황)의 마음을 우러러뵙고 오직 놀라고 두려울 따름"이라며 일단 듣기 좋은 말을 한 다음, "종래의 범주를 벗어나지 않은 추상적인 문구를 늘어놓은, 구체성이 결여된 것이어서 오직 이 나라 요로(要路, 요직에 있는 사람)의 실망을 살 뿐만 아니라 일본 정부의 성의 없는 태도에 큰 불만을 느끼게 하면 황실에 누를 끼칠 수밖에 없어, 본 대사는 이 점이 매우 걱정스럽고 두렵습니다"라고 비판했다. 그리고 소련이 구체적인 평화의 조건에 대해 물어올 게 뻔한데, 이에 대한 설명을 도고에게 요구했다.[80] 사토는 실로 아픈 곳을 지적했다. 그러나 도고는 구체적인 설명을 할 수 없었다. 아니 그렇다기보다 구체적인 제안을 갖고 있지 않았다.

7월 13일 밤늦게 로좁스키가 부하를 통해 사토에게, 스탈린과 몰로토프가 이미 베를린으로 출발했기 때문에 도고의 메시지에 대해 회답하기엔 늦었을 거라고 통지했다.[81] 그러나 사토는 스탈린과 몰로토프가 7월 16일 저녁까지 모스크바에 체류하고 있었던 사실을 알아내 회답을 늦춘 것이 의도적이었다는 것을 깨달았다. 사토는 왜 소련 정부가 의도적으로 회답을 미뤘는지 그 이유를 추측했다. 특사가 구체적인 제안을 제시할지 여부가 명확하지 않았고, 일본이 무조건 항복이나 이에 준하는 강화를 제의한다면 모를까 만일 '협상에 의한 평화'를 생각해서 소련의 알선을 원하는 거라면 이를 수락할 수 없을 것이다. 또 포츠담회담 전에 일본이 3국 관계에 찬물을 끼얹는 것을 피하겠다는 것, 포츠담회담에서 극동 문제가 반드시 토의될 것으로 보이는데 스탈린으로서는 특사 문제와 관련해 미국, 영국 정상의 의향을 알기 전에 소련 쪽 태도를 결정하기 어렵다는 것 등의 이유도 있었을 것이다. 사토는 궁극적으로 일본에게는 무조건 항복을 대체할 대안은 있을 수 없다고 판단하고 다시 도고에게 구체적 조건의 제시를 요구했다.[82] 만만찮은 외교관인 사토라도 스탈린이 회담을 늦춘 진짜 이유는 소련이 이미 전쟁을 결의하고 있었기 때문이라는 데까지는 생각이 미치지 못했던 것이다.

도고는 사토의 보고에 초조해졌다. 7월 17일 답신을 보내, 소련을 전쟁종결에 이용하는 것은 처음부터 분명한 일이지만 "시국의 요청상 어쩔 수 없다"고 설명하고, 사토가 요구하는 구체적인 조건은 제시하지 않았으나 소련의 희망을 "대폭 용인하겠다는 결의 아래 교섭에 임하고 있다"는 식으로 말했다. 또 소련과의 교섭은 "미국, 영국과의 교섭의 지보支保를 강화하기 위해서도 필요"하다고 강조했다. 나아가 도고는 다음과 같이 덧붙였다.

우리의 전력이 적에게 상당한 타격을 줄 수 있다는 것은 통수부뿐만 아니라 정부에서도 확신하고 있는 바이나 반복 내습해올 적에 대해서는 반드시 만전을 기했다고 안심할 수 없다. 따라서 전력을 유지하고 있는 오늘날의 미국, 영국이 일본의 명예와 존립을 인정한다면 전쟁을 종결해 전쟁의 참화에서 인류를 구하겠지만, 적이 끝까지 무조건 항복을 고집한다면 제국은 하나로 뭉쳐 철저하게 항전할 결심이라는 것은 황송하게도 천황께옵서도 결의하고 계신 바이니, 소련에 무조건 항복과 같은 알선을 의뢰하는 것은 아니라는 점을 특히 알아두기 바람.

이는 사토가 주장하는 무조건 항복을 단호히 거부한 것이었다.[83] 도고는 소련의 알선을 통한 전쟁종결은 무조건 항복 외의 조건을 확보하는 수단이라고 생각했다. 도고의 답전에 대해서는 두 가지 해석이 가능하다. 먼저, 이 답전이 일본은 최후까지 전쟁을 수행할 것이라고 결론을 지었다는 해석이다. 또 하나는 "일본의 명예와 존립"이라는 표현에 주목해 전쟁종결이 무조건 항복을 재정의하는 것을 통해 가능하다는 해석이다. 트루먼 정권 내부에서도 이를 둘러싸고 해석이 대립했다.

'매직'과 미국 첩보부의 대응

미국 첩보부는 일본 외무성과 재외 대사관 사이에 오간 암호화된 교신을 감청監聽, 방수傍受해 이를 해독하고 있었다. 그 암호 해독은 '매직'으로 불렸다.[84] 매직은 사토와 도고 사이에 오간 전보를 모두 포착했다. 매직을 관할한 해군첩보국은 전쟁을 종결한다는 결정에 일본 군부가 참가했는지는 알 수 없었지만 특사 파견을 통한 "전쟁종결 움직임이 천황의 의사에 따른 것으로 돼 있는 것은 큰 의미가 있다"고 당시 정세를 읽었다.[85]

이에 대해 군사첩보부 부부장이었던 웨커링은 일본이 그런 결정을 내린 이유로 다음과 같은 가능성을 들고 있다. 첫째, 천황 개인이 군부의 반대를 누르고 화평을 결정했다. 둘째, 천황을 둘러싼 보수층이 전쟁 계속을 주장하는 군부를 이겼다. 셋째, 일본 정부가 패배를 피하기 위해 소련의 알선을 적절한 가격으로 사들일 수 있었고 또한 일본이 제시한 매력적인 강화 조건이 미국 국내에 전쟁 반대 기운을 불러일으킬 것이라고 믿고 거기에 정교하게 맞춘 정책을 수행하고 있다. 이 세 가지 가능성이다.

웨커링은 첫 번째는 가능성이 적다며 제외했고, 두 번째는 가능성이 있는 정도, 세 번째가 가장 가능성이 큰 시나리오라고 결론을 내렸다. 웨커링은 그루도 자신의 의견에 동의하고 있다고 덧붙였다.[86]

해군첩보부가 시사했듯이 일본이 전쟁종결을 시도하고 있고, 그 움직임의 꼭대기에 천황이 있다는 것은 전쟁의 경위 속에서 획기적이라고도 할 수 있는 중대한 사실이었다. 그러나 수정주의 역사가인 앨퍼러비츠Gar Alperovitz가 논한 것처럼 이를 근거로 일본이 항복하기로 결정했다고 결론지을 수는 없다. 거기서부터 실제 항복까지 일본이 가야 할 길은 아직 많이 남아 있었다. 가장 중요한 문제는 어떤 조건으로 전쟁종결에 동의할 것인가 하는 것이었다. 이 문제로 정부 내에서 의견 일치를 본 적은 없었다. 일치하지 않았기 때문에 정부는 구체적인 조건을 제시하지 못한 것은 물론 이를 논의할 수조차 없었다.

아나미, 우메즈, 도요다는 천황의 의사인 소련의 알선을 통한 전쟁종결에는 동의했으나 무장해제, 점령군의 일본 점령, 전쟁범죄자에 대한 점령군 재판 등의 조건을 인정할 가능성은 적었다. 천황 자신도 전쟁종결을 위한 주도권을 잡았지만 국체호지라는 조건에서 실제로 어디까지 양보할 것인지에 대해서는 여전히 불명확했다. 오히려 천황은 소련의 알선에 의한 화평이 실패한다면 그것은 전쟁 수행 쪽으로 국민을 고무하기에 좋은 구실이 될 것이라 생각하고 있었다.

웨커링의 분석에 대해서는 세 가지 가능성 각각이 실제 존재했지만 결국 세 가지 모두 근본적으로는 잘못된 분석이라고 하지 않을 수 없다. 웨커링이 제외한 앞의 두 가지 가능성은 부분적으로는 올바른 분석이었다. 천황은 적극적으로 특사 파견 결정에 참여했고, 특사 파견에 소극적인 군부에 대해 천황의 주변 조언자들이 결정을 밀어붙였다고 할 수 있다. 웨커링이 가장 가능성이 높다고 한 세 번째의 분석이 반드시 적확한 분석이라고는 할 수 없다. 화평파는 일본의 패배가 불가피하다고 믿고 있었다. 화평파는 "패배를 피하기 위해"서가 아니라 전쟁종결을 추구하기 위해 소련의 알선을 기대하는 결정을 내렸다. 따라서 웨커링의 일본 정치 분석이 반드시 적확하다고는 할 수 없다. 웨커링은 계전파가 "패배를 피하기 위해", "미국 국내에 전쟁 반대 기운을 불러일으킬 것"을 의도했다고 분석했지만 앞서 얘기한 대로 기도, 고노에, 도고, 요나이를 포함한 화평파에게는 그럴 의도가 없었다.

해군첩보부와 웨커링은 도고의 7월 12일 전보에 관해 다른 해석을 내렸다. 해군첩보부는 이 전보를 두고 과거의 일본 정책과 달라진 중요한 변화라며 이를 미국 정부가 더 검토해야 한다고 주장했지만, 웨커링은 그것이 주목할 만한 가치가 없는 정보라고 봤다.

실제로 이 전보는 일본의 화평파와 미국의 유력 정책결정자들 사이에 공통점이 있다는 것을 보여주었다. 스팀슨의 포츠담선언 초안은 "현행 황실체제하의 입헌군주제"에 대해 언급하고, "무조건 항복"을 "모든 군대의 무조건 항복"으로 수정했다. 이 부분이 화평파가 바라고 있던 "일본의 명예와 존립"에 합치한다는 것은 충분히 생각할 수 있었던 점이고, 도고 전보에는 검토할 만한 요소가 존재했던 것이다.

여기서 또 하나 흥미 깊은 것은, 웨커링에 따르면, 그루가 자신의 분석에 동의했다고 얘기한 점이다. 이를 뒷받침하는 증거는 웨커링의 증언 외에는 존재하지 않는다. 만일 웨커링의 정보가 옳았다면 군주제 유지를 위해 그토록 열심히, 집요하게 노력한 그루가 왜 도고의 7월 12일 전보에 달려들지 않았는지 이해하기 어렵다. 이는 6월 말에 두먼과 밸런타인이 포츠담선언 원안을 작성하기 위한 소위원회에서 왠지 소극적인 의견을 내어놓은 것과 관계가 있을지 모르겠다. 그루와 국무부의 일본 전문가들은 여론상의 거센 반천황 감정에 영향을 받아 어쩔 수 없이 후퇴했는지도 모른다. 또는 반소련적인 외교관이었던 그루는 일본이 소련에 알선을 요청한 것이 마음에 들지 않았을지도 모른다.

스탈린과 쑹쯔원의 회담

스탈린에겐 모든 것이 엄청나게 빠른 속도로 진행되고 있는 듯이 보였다. 먼저 정치국과 국가보안위원회가 일본에 대한 전쟁 개시를 승인했다. 일본은 소련의 알선을 통한 전쟁종결을 추구했으나 스탈린은 일본의 항복이 가까웠다는 것을 절실하게 느꼈다. 또 베리아를 통해 미국의 맨해튼계획에 관한 정보도 면밀히 쫓고 있었다. 스탈린은 미국이 원폭을 개발하는 것은 시간문제라는 것, 또한 일본의 항복에 장애가 되는 것이 연합국의 무조건 항복 요구라는 것을 알고 있었다. 참전 준비가 착착 진행되고 있는 가운데 스탈린은 전쟁 자체가 소련 참전 이전에 끝나버릴지도 모른다는 위기감에 시달리고 있었음이 분명하다. 그러나 소련이 참전하기 전에 극복해야 할 두 가지 장애가 남아 있었다. 첫 번째는 대일 참전 때 어떻게 중립조약 위반을 설명할 것인가 하는 문제고, 두 번째는 참전 조건이었던 중국과의 협정을 성사시키는 일이었다.

중국 국민당 정부의 쑹쯔원 외무장관은 6월 30일 모스크바에 도착했다. 이틀 뒤 스탈린-쑹쯔원 회담이 시작됐다. 여기에 이르기까지 트루먼은 얄타조약을 준수한다는 정책을 견지했고, 중소 조약 체결을 지지했다. 장제스는 미국과의 협력을 통해 얄타조약을 수정하려 했으나 트루먼의 지지를 얻어낼 수 없었다.

그 때문에 장제스는 중국이 스탈린과의 협정을 체결하는 것 외에 달리 방법이 없다고 판단했다. 장제스의 최대 목적은 국민당 정부가 통일된 중국의 유일 정부라는 것을 소련이 인정하게 만드는 것이었다.

스탈린으로서는 얄타조약에서 약속받은 소련의 권익 보장이 이뤄진다면 국민당에 의한 중국 통일을 인정하는 데 인색할 이유가 없었다. 따라서 스탈린, 트루먼, 장제스 세 정상의 이해는 일치했다. 중소 조약 체결은 세 사람을 만족시킬 것이었다.

그러나 스탈린-쑹쯔원 회담은 7월 2일 시작되자마자 암초에 부딪혔다. 두 사람은 외몽고 문제로 충돌했다. 스탈린은 외몽고를 소련의 영향 아래 두는 것이 소련의 안전보장상 불가결하다, 15년에서 20년쯤 지나면 일본은 다시 소련에 대한 잠재적 위협이 될 것이다, 따라서 소련은 외몽고를 자신들의 지배권 안에 포함시켜야 한다고 주장했다. 그리고 다음과 같이 말했다.

"만일 우리가 일본을 공격한다면 사람들은 뭐라고 얘기할까? 우리는 4년간의 전쟁을 막 끝냈다. 그런데 일본과의 전쟁을 개시한다. 일본은 우리에게 손가락 하나 댄 적 없다. 그럼에도 우리는 일본을 공격할 것이다. 내가 어떻게 이 공격을 정당화할 수 있을까? 단지 우리 자신이 강해지기 위해서일 뿐이라는 얘기라도 해야 할까?"

쑹쯔원은 물러서지 않았다. 중국의 일부인 외몽고의 독립을 인정하는 것은 국민당 정부의 신용을 실추시키는 일이라고 주장했다.[87]

그러나 스탈린이 국민당 정부를 지지하는 데 만족한 장제스는 만일 스탈린이 만주의 권익과 관련해 중국의 이익을 침해하는 주장을 하지 않고 또 중국공산당에 대한 지지를 포기한다면 외몽고의 독립을 인정하겠다는 결정을 하고 이를 쑹쯔원에게 훈령했다.[88] 7월 9일, 쑹은 새 제안을 제시했다. 중국이 외몽고의 독립을 인정하는 대신 스탈린은 중국의 공산주의자를 지지하지 않겠다고 맹세하고, 뤼순과 다롄 자유항을 소련과 중국이 공동으로 이용하며, 다만 두 항구를 중국의 관리 아래 둔다, 둥칭철도와 남만주철도는 공동관리 아래 두지만 그 권리는 중국에 속하는 것으로 한다는 것이었다. 스탈린은 중국공산주의자를 지지하려는 어떤 의도도 갖고 있지 않다고 언명했으나, 만주의 권익에 관해서는 뤼순은 소련이 관리해야 하고, "러시아인 손으로 건설"됐기 때문에 만주의 철도는 소련 관리하에 들어가야 한다고 주장했다.[89]

스탈린이 중소 조약 체결을 바란 것은 의심할 여지가 없다. 그러나 그는 소련의 만주 이권을 희생해가면서까지 조약을 체결할 생각은 없었다. 7월 11일 회담에서 스탈린은 쑹에게 "우리는 베를린으로 출발하기 전에 조약을 체결해야 한다"고 위협했다. 하지만 양자 간에 파인 도랑을 메우진 못했다. 7월 12일 마지막 회담에서도 논의에 진척이 없었다. 결국 스탈린은 포기했다. 교섭은 일단 중단됐고 포츠담회담 뒤에 재개한다는 데에 쌍방은 합의했다.[90]

이것은 그 뒤 수주간 스탈린이 경험하게 될 몇 가지의 패배 가운데 첫 번째였을 뿐이다.

4장

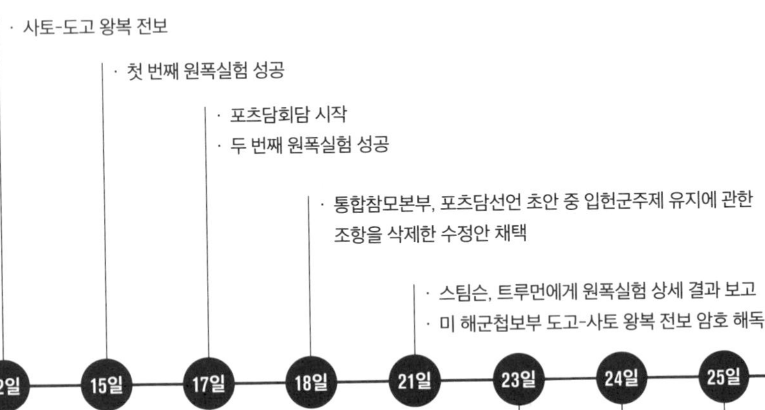

· 사토-도고 왕복 전보
· 첫 번째 원폭실험 성공
· 포츠담회담 시작
· 두 번째 원폭실험 성공
· 통합참모본부, 포츠담선언 초안 중 입헌군주제 유지에 관한 조항을 삭제한 수정안 채택
· 스팀슨, 트루먼에게 원폭실험 상세 결과 보고
· 미 해군첩보부 도고-사토 왕복 전보 암호 해독
12일
15일
17일
18일
21일
23일
24일
25일

1945.
07.

· 트루먼, 스팀슨에게 소련 참전 필요성 문의

· 트루먼, 스탈린에게 '신무기' 언급
· '무조건 항복' 요구 담은 포츠담선언 최종안 승인

· 원폭투하 명령 하달
· 처칠 포츠담선언 승인

전쟁의 분기점: 포츠담에 모인 세 정상

· 장제스 포츠담선언 승인
· 번스, 선언문 발표를 연기해달라는 몰로토프의 요청 거부
· 포츠담선언 단파방송으로 일본에 전달

· 도고와 기도, 천황에게 포츠담선언 상주

· 일본 포츠담선언 '묵살' 성명

· 트루먼, 스탈린의 포츠담선언 서명 요청 거절

1945.
08.

· 바실렙스키 극동 총소련군 최고사령관에 임명

· 트루먼 원폭투하 뒤 발표할 성명 원안 승인

· 포츠담회담 종료

포츠담회담장에서, 1열 왼쪽부터 애틀리, 트루먼, 스탈린, 2열 왼쪽부터 레이히, 베빈, 번스, 몰로토프.

7월 24일, 제8회 포츠담회담은 7시 30분에 휴식에 들어갔다. 참석자가 일어나 원탁에서 떨어져 잡담을 하고 있을 때 트루먼은 통역을 대동하지 않고 스탈린에게 다가가 급히 생각이 난 듯 "우리는 심상치 않은 파괴력을 지닌 신무기를 갖고 있다"며 말을 걸었다. 스탈린은 아무런 흥미도 보이지 않았다. … 트루먼뿐만 아니라 그 응답을 목격한 사람은 누구나 스탈린이 트루먼이 흘린 정보의 중대성을 깨닫지 못한 것으로 생각했다.

7월 17일부터 8월 2일까지 3거두가 한자리에 모여 포츠담회담을 진행했다. 그 회담은 태평양전쟁의 분기점이었다. 회담의 날이 다가올 때까지 워싱턴, 도쿄, 모스크바에서는 갖가지 사건이 마치 강의 지류가 각기 제멋대로 흘러가듯이 서로 무관하게 전개되고 있었다. 이들 지류는 트루먼, 스탈린, 처칠이 포츠담에 모여 태평양전쟁의 종결에 대해 각자의 견지에서 논의하기 시작한 그 순간부터 본류로 흘러들어가 한줄기의 큰 강이 되었다.

포츠담회담은 주로 유럽의 전쟁종결에 뒤따르는 전후처리 문제에 많은 시간을 들였으며, 태평양 문제가 주제였던 것은 아니다.[1] 특히 폴란드 문제, 다른 동유럽 문제, 독일의 전후처리 문제가 중요했다. 그러나 여전히 계속되고 있던 태평양전쟁도 큰 문제의 하나였던 것은 분명하며, 바로 이 문제로 스탈린과 트루먼은 권모술수를 짜내 공방을 벌였다.

7월 6일, 워싱턴에서 버지니아주의 뉴포트뉴스로 향하는 기차에서 트루먼 대통령은 아내 베스에게 "(포츠담에) 가는 길에 내 안색은 납빛처럼 파랬다"고 편지를 썼다. 그 여행은 대통령이 되고 난 뒤의 첫 외유였고, 또 그를 기다리고 있는 것은 스탈린과 처칠이라는 경험 많은 상대들이었다. 트루먼은 자신이 이런 큰 무대에서, 그것도 역전의 용사 두 사람과 대난투극을 벌일 만큼 경험도 재능도 갖추지 못한 풋내기에 지나지 않는다는 불안감에 시달리고 있었다. 더는 배겨낼 수 없는 강박관념을 그는 다음과 같이 고백했다.

> 나는 실패하지 않을지 매우 두렵다. 그러나 이 두려움을 헤쳐나가기 위해 내가 할 수 있는 것은 지금 아무것도 없다. … 나는 이제 사형집행인 앞으로 끌려가고 있다. 머리가 붙어 있다면 다행이겠다만.

7월 7일 아침 6시, 대통령은 뉴포트뉴스에서 순양함 오거스타호에 승선했다. 트루먼은 대서양, 영불해협, 북해를 거쳐 대륙으로 건너가는 8일간의 항해에서 포츠담회담을 위해 마련된 두꺼운 보고서더미를 주의 깊게 연구하면서 번스, 레이히와 함께 맵룸에서 날마다 회의를 열었다. 그러나 오거스타에는 트루먼에게 귀중한 조언을 해줄 거물 조언자는 타고 있지 않았다. 스팀슨, 해리먼, 그루의 이름은 오거스타 승선 명부에 실려 있지 않았다. 즉 그 8일간의 중요한 항해 중에 트루먼에게 조언을 해줄 소련 전문가도 일본 전문가도 없었던 것이다. 볼런이 대통령 일행 속에서 유일한 소련 전문가였으나 그는 대통령과 번스, 레이히가 매일 아침에 열었던 회의에는 초청받지 못했다. 7월 3일에 국무장관에 갓 임명된 번스가 포츠담회담의 전략 결정에 다른 누구보다도 큰 영향력을 지니고 있었다. 자신에 차 있었으나 외교에는 초심자였던 번스는 이면공작에 솜씨가 좋은 노회한 정치가로, 그의 라이벌이었던 스팀슨을 오거스타의 승객 리스트에서 제외하는 일을 감쪽

같이 해치웠다. 그러나 스팀슨도 번스의 처사에 맞서 육군부의 부하를 데리고 포츠담에 들어가 대통령 일행보다 한 걸음 먼저 베를린에 도착해 있었다. 하지만 스팀슨에게 회의 참석은 허용되지 않았다.[2]

불안에 시달리던 트루먼과는 대조적으로 스탈린은 자신만만했다. 포츠담회담은 소련의 지배자에게 자신의 권위가 최고조에 달한 순간에 맞이한 무대라고 해도 좋았다. 독일과의 전쟁에서 가장 큰 희생을 치른 국가의 원수로서 스탈린은 유럽에서 손에 넣은 노획물의 정당성을 어떻게 해서든 미국, 영국 정상으로부터 인정받고 싶었다. 독일 항복 뒤 적군赤軍이 점령한 영토에서 3거두회담을 주인 자격으로 개최한 것도 트루먼과 처칠 앞에서 자신의 '윤리적 우월성'을 강조하기 위해서였다.

패배한 독일의 수도에서 3거두회담을 연다는 것은 승리한 소련의 힘을 과시하기에 최고의 무대였다. 하지만 거기에는 물리적인 문제도 있었다. 베를린은 폐기물 잔해들이 산을 이루고 있었기 때문에 국제회의를 개최할 만한 건물은 전혀 남아 있지 않았다. 독일과 폴란드의 철도도 완전히 파괴됐다. 이런 곤란에도 스탈린은 5월 말에 베리아에게 회의 준비를 하도록 명했다.

베리아는 이를 위해 '야자작전Operation Palm'을 발동했다. 1만 명 이상의 국가보안위원회 인력과 현지 주민들을 동원해 6월까지 다리를 고치고 도로, 철도를 복구했다. 회의장은 포츠담의 체칠리엔호프궁전으로 정해졌다. 이 궁전은 전시 중에는 군 병원으로 이용됐다. 체칠리엔호프궁전 주변으로 국가보안위원회 소속 군인 2천 명이 경비를 섰다. 외국 손님들은 포츠담에서 약 5킬로미터 떨어져 있는 바벨스베르크에 묵기로 돼 있었다. 바벨스베르크는 전쟁 전부터 독일의 영화제작촌이었으나 6월 15일까지 국가보안위원회 부대가 회의 손님들 숙소를 확보하기 위해 큰 저택을 점거하고 주민을 쫓아냈다.[3]

트루먼과 가장 가까운 조언자들에게는 영화제작자 뮐러-그로테 소유였던 카이저가 2번지의 노란색 페인트를 바른 3층 건물 저택이 숙소로 제공됐다. 이 노란색의 '작은 백악관'은 비극의 현장이기도 했다. 트루먼 일행이 도착하기 2개월 전에 소련군이 저택을 점거해 뮐러-그로테의 딸들을 강간하고 가구와 그림, 희귀본을 부숴버린 뒤 겨우 한 시간의 유예밖에 주지 않고 가족을 저택에서 쫓아냈다. 미국의 다른 회의 참가자들, 처칠과 영국의 참가자들은 바벨스베르크의 이 노란색 작은 백악관 근처의 저택에 숙소를 정했고, 스탈린은 거기서 포츠담 쪽으로 약 1킬로미터 정도 가는 곳에 있는 별장에 숙소를 정했다.[4] 이 저택 소유자들이 소련 당국으로부터 어떤 처우를 받았는지는 알 수 없으나 아마도 뮐러-그로테 일가와 마찬가지 운명에 처했으리라는 것은 상상하기 어렵지 않다.

미국, 영국 대표자들의 숙소로 이용된 건물은 손님들이 도착하기 전에 수리됐다. 낡은 가구들을 치우고 새것이지만 어쩐지 어울리지 않는 가구들을 배치했다. 이 작업 중에 가구 속에 감춰져 있던 도청기가 발견됐다. 소련 첩보부가 모든 대화를 도청하고 기록할 수 있도록 급사와 웨이트리스, 수위, 객실담당 여종업원들 속에 국가보안위원회의 스파이를 심어 스탈린의 눈과 귀 역할을 하게 했다.[5]

7월 2일까지 준비가 모두 끝났다. 포츠담과 바벨스베르크에 비행장 두 개와 철도역이 신설됐고, 도로가 정비됐으며, 두 마을 주변에서 모든 독일인이 쫓겨났다. 국가보안부의 병사들이 삼엄한 경비를 서고 도청기가 곳곳에 설치됐다. 스탈린이 트루먼과 처칠을 맞이할 준비가 모두 끝난 것이다.

포츠담회담에서 스탈린이 노린 주요 목표는 소련이 많은 희생을 치르고 손에 넣은 전쟁 노획물에 대한 승인을 받아내고, 소련에 이익이 되는 쪽으로 독일 점령정책을 입안해 그것을 미국, 영국으로부터 승인받는 것이었다. 동시에 아시아에서의 전쟁도 큰 관심사였다. 폴란드와 독일에서 획득한 권익과 마찬가지로 얄타에서 약속받은 권익을 보장받으려고 그는 열심히 노력했다. 하지만 이 때문에 큰 장애물에 부닥치게 된다.

먼저 일본과의 중립조약 문제가 있었다. 일본과의 전쟁을 개시하기 위해, 그리고 불가침을 파기하고 소련과의 전쟁을 시작한 독일과 비교되지 않기 위해서라도 소련에는 중립조약 위반을 정당화할 수 있는 대의명분이 필요했다. 스탈린은 트루먼과 처칠이 대일 전쟁에 참전해달라고 요청해주기를 기대했다.

두 번째, 타이밍 문제가 있었다. 얄타에서 약속받은 보상물을 획득하기 위해서 소련은 단 하루만일지라도 전쟁에 참가해야만 했다. 그러나 일단 참전을 하면 일본군에게 대승리를 거두어야만 했다. 시기상조의 공격은 절대로 피해야 했다. 즉 승리를 확보할 수 있도록 공격 타이밍을 주의 깊게 선택해야 했다. 스탈린은 미국이 가까운 시일 안에 원폭개발에 성공하리라는 것을 알고 있었다. 또 일본이 소련에 전쟁종결 알선을 요청한 것으로 보아 일본의 항복이 시간문제라는 것도 감지하고 있었다. 게다가 그는 소련군이 만주 국경으로 대거 이동하고 있다는 것을 일본이 탐지했다고 봤고, 그렇다면 일본인들이 어리숙하게 처신하는 것도 그리 오래가지 않을 것이라고 생각했다. 스탈린은 일본이 소련이 참전하기 전에 항복해버릴까 봐 불안했다.

이런 이유들 때문에 7월 16일 포츠담에 도착하자마자 치타에 있는 극동군 총사령부의 바실렙스키 원수에게 군사전화로 연락해서 8월 11일로 설정돼 있던 공격 일시를 열흘 정도 앞당기는 것이 가능한지 물었다. 바실렙스키는 "군대의 집중, 전쟁 수행에 불가결한 전시물품 수송 등 상황을 고려하면" 공격 일시 변경은 "불가능하다"고 대답했다. 스탈린은 일단 바실렙스키의 판단을 받아들였다.[6]

그리고 중국과의 문제가 있었다. 얄타조약상 소련은 중국과의 조약 체결을 전제로 참전하기로 돼 있었다. 그 때문에 스탈린은 포츠담으로 출발하기 전에 중국과의 조약을 체결해두고 싶었다. 그러나 중국 쪽이 완강하게 반대하는 바람에 그 목적을 달성할 수 없었다. 그래서 스탈린은 트루먼의 도움을 빌려 중국에 압박을 가함으로써 중국이 얄타조약의 조항을 인정하도록 설득하려 했다.

'매직' 암호를 풀다

매직으로 해독된 정보는 대통령 일행의 항해 중에 오거스타에 타고 있던 레이히에게 전송됐고, 독일 도착 뒤에는 바벨스베르크로 보내졌다. 레이히는 마셜의 측근이었던 매카시Frank McCathy 대령으로부터 사본을 받아 그 내용을 트루먼에게 전달했다. 그러나 대통령이 매직의 정보를 훑어보았는지, 훑어봤다면 어떤 보고를 본 것인지는 알 수 없다. 매직의 보고가 번스 문서에 포함돼 있는 것으로 보건대 번스가 이 보고를 읽었던 것은 분명하다. 실제로 번스는 회고록에서 "전쟁이 발발한 뒤 일찍이 일본의 암호를 해독해온 덕분에 대통령은 스탈린과의 회견 하루, 혹은 이틀 전에 일본의 화평 시도에 대한 정보를 입수했다"라고 썼다.[7] 트루먼과 번스는 일본 정부가 소련 정부에 화평 알선을 의뢰했다는 것, 그런 움직임이 천황의 지지를 받고 있다는 것, 또한 화평으로 가는 길에 큰 장애가 무조건 항복이라는 것을 매직을 통해 알고 있었던 것으로 추정할 수 있다.

7월 12일의 도고 전보는 바벨스베르크에 도착한 스팀슨에게도 전달됐다. 스팀슨은 7월 16일 일기에 "나도 일본이 화평 공작을 벌이고 있다는 정보를 입수했다"고 썼다. 이 정보에 가장 기뻐한 것은 매클로이로, 그는 일기에 다음과 같이 썼다.

> 일본이 소련의 도움을 받아 전쟁의 구렁에서 빠져나오려 애쓰고 있다는 뉴스를 접했다. 히로히토 자신이 칼리닌과 스탈린에게 메시지를 보내기 위해 나섰다. 사태가 움직이기 시작했다. 진주만 뉴스를 들었던 저 일요일 아침부터 지금에 이르기까지 얼마나 긴 세월이었던가!

매클로이는 이 정보를 곧바로 일본에 대한 최후통첩 문제와 결부시켰다.

> 우리의 경고를 이 순간에 그들에게 들이댄다면 아마도 우리가 바라는

것을 얻을 수 있을 것이다. 그들이 이를 거부하기 전에, 적어도 그들을 혼란에 빠뜨릴 수 있을 것이다.

매클로이가 얘기하는 '경고'란 그가 본스틸에게 지시해서 입안한 스팀슨의 포츠담선언 초안을 가리키고 있는 게 분명하다. 매클로이는 도고의 7월 12일 전보에서 현행 황실체제하의 입헌군주제를 약속함으로써 어쩌면 전쟁이 종결될 수 있을지 모른다고 기대했던 것이다.

포레스털도 도고의 전보에 대한 감상을 7월 13일 일기에 이렇게 기록했다.

일본이 전쟁에서 벗어나고 싶어 한다는 진짜 최초의 증거가 오늘 감청한 도고 발 사토 앞 암호 전보를 통해 입수됐다. … 도고는 연합국의 무조건 항복이 전쟁종결을 가로막는 단 하나의 장애물이며, 만일 이 조건에 연합국이 집착한다면 일본은 당연히 전쟁을 계속할 수밖에 없다고 말하고 있는 것으로 보인다.

앞 장에서 얘기한 웨커링의 부정적 평가와는 정반대로 스팀슨, 매클로이, 포레스털은 7월 12일 도고가 사토에게 보낸 전보를 전쟁종결을 위한 일본의 진지한 움직임이라고 평가하고 있었음이 분명하다. 그리고 스팀슨, 매클로이, 포레스털이 파악한 정보는 번스와 트루먼에게도 전달됐다고 추정할 수 있다.[8]

도고의 전보에 자극을 받은 스팀슨은 7월 16일 대통령에게 메모를 보냈다. 그 메모에서 그는 일본에 대한 경고는 소련의 참전 가능성과 함께 일본에 "미국 군사력의 대결집"에 대해 심사숙고하도록 만들 것이라고 말했다. 스팀슨이 소련 참전 가능성을 일본의 전쟁종결에 하나의 조건이라고 긍정적으로 평가하고 있는 점에 주목해야 한다. 스팀슨은 나아가 "소련에 우리의 의도를 미리 알려줄지 말지는, 우리가 소련 참전 조건을 두고 소련과 만족할 만한 합의에 이를 수 있는지 여부에 달려 있다"고 했다. 이 '조건'이 무엇인지는 분명하지 않으나, 아마도 스팀슨이 소련과의 관계에서 최대 현안으로 간주하고 있던 핵무기의 국제관리를 염두에 두고 있지 않았을까.

그리고 스팀슨은 같은 날 동시에 번스에게 메모를 보냈다. 그 메모에는 7월 2일에 대통령에게 제출한 포츠담선언 초안이 첨부돼 있었다. 그 메모에서 스팀슨은 일본에 대한 최후통첩 내용을 논의하기 위해 긴급회의를 열자고 요청했고, 이 문제가 "지금 최고도의 중요성을 갖고 있다"고 강조했다.[9]

그러나 번스는 곧바로 일본에 경고를 보내는 데에는 반대했다. 스팀슨의 일기에는 다음과 같은 중요한 기술이 들어 있다.

> 그(번스)는 내게 경고 시기의 윤곽을 그린 시간표를 제시했다. 대통령과 이미 분명히 합의한 것으로 보이는 그 시간표에 관해 나는 더 이상 추궁하지 않았다.[10]

이 '시간표'는 나중에 포츠담회담의 진전에 중요한 의미를 지니게 되는데, 원폭개발과 소련의 참전이라는 두 가지 상호 연관된 사안과 밀접하게 얽혀 있었을 것으로 추정할 수 있다.

번스도 회고록에서 7월 11일, 12일의 도고-사토 왕복 전보에 대해 언급했다. 번스는 "천황 폐위를 피하고 정복한 영토를 어떻게든 보전할 수 있다고 생각하고 있는 듯해서" 도고의 전보를 무시했다고 썼다. 천황의 폐위를 피하려 한 것은 도고의 무조건 항복 거부를 보더라도 알 수 있는 일이지만, 정복한 영토 보전을 도고가 주장했다는 것은 전혀 사실이 아니다. 오히려 도고의 전보는 모든 정복한 영토를 포기한다는 것을 분명히 해놓고 있다. 스팀슨, 매클로이, 포레스털이 도고 전보를 일본의 전쟁종결 의사로 긍정적으로 평가한 데에 비해 번스는 웨커링과 마찬가지로 도고 전보를 일본의 태도에 유연성이 결여돼 있음을 보여주는 징표로 봤다. 번스에게 무조건 항복 요구는 수정할 수 없는 절대성을 지닌 요구였다.

번스는 국무부나 전쟁정보국에 다수가 몰려 있는 가혹평화주의자와는 달리 이데올로기적인 관점에서 천황제 폐지를 주장한 것은 아니다. 그렇다면 왜 그는 무조건 항복에 집착했을까? 아마도 그 열쇠는 무조건 항복과 원폭의 관계에 있었을 것으로 보인다. 회고록에서 번스는 "만일 일본 정부가 무조건 항복을 했다면 원폭을 투하할 필요는 없었을 것이다"라고 썼다. 이 부분은 번스가 무조건 항복과 원폭을 함께 엮어서 생각했다는 것을 보여준다. 그러나 이 부분을 반대의 의미로 해석할 수도 있다. 그것은 "만일 우리가 무조건 항복을 요구한다면 원폭 투하를 정당화할 수 있다"는 해석이다. 오히려 이 해석이야말로 번스의 본심을 표현한 것으로 생각된다.

번스는 나아가 일본이 소련에 접근한 데에 대해 이렇게 얘기한다.

일본 정부는 스웨덴이나 스위스 정부가 아니라 소련에 접근했다. 그들은 소련이 극동에서 바라는 것을 완전히 만족시켜주겠다고 했다. 일본 정부는 소련의 요구를 받아들임으로써 교섭에서 소련의 지원을 받을 수 있을 것으로 기대했다.[11]

번스는 전쟁을 종결할 필요보다도 소련이 아시아에서 그 영향력을 증대하는 것을 막는 것이 더 중요하다고 생각했을지도 모른다. 적어도 그럴 가능성을 지닌 일소 교섭을 그는 좋아하지 않았다.

그때 미국 정부는 소련이 얄타조약을 준수해서 참전하는 것을 과연 바랐을까? 트루먼 회고록은 소련 참전의 필요성을 강조한 것은 군사 지도자라는 점을 암암리에 얘기하고 있다. 그러나 번스가 회고록에서 밝혔듯이 미국의 위정자는 소련이 극동의 전쟁에 참가할 경우의 정치적 귀결에 대해 우려하고 있었고, 되도록 소련 참전 이전에 일본을 항복시키고 싶어 했다. 이것이 일본에 대한 최후통첩의 '시간표'를 결정할 하나의 요소였다. 무조건 항복의 요구, 소련의 참전, 원폭, 이 모두가 일본에 대한 최후통첩의 '시간표' 속에 연결돼 있었다.

트루먼과 스탈린의 첫 회견

7월 15일, 오거스타는 앤트워프에 닻을 내렸다. 트루먼과 그 일행은 거기서 바벨스베르크의 작은 백악관으로 향했다. 포츠담회담은 16일에 시작될 예정이었으나 스탈린이 16일 오후에 도착하기로 돼 있었기 때문에 하루 뒤인 17일 시작하기로 했다.

하루의 자유시간이 주어졌기 때문에 트루먼은 처칠과 회담하고 그 뒤 베를린을 시찰했다. 그 시찰에서 숙소로 돌아가기 두 시간 전에 뉴멕시코의 앨라모고도에서 최초의 원폭실험이 성공했다. 베를린 시간 오후 7시 30분(워싱턴 시간으로 오후 1시 30분), 뉴멕시코에서 최초의 원폭이 폭발하고 나서 한 시간 반 뒤에 스팀슨은 그의 특별보좌관 해리슨으로부터 '팻맨'에 대한 최고기밀의 암호 전보를 받았다.

오늘 아침 수술 종료. 진단은 아직 끝나지 않았으나 결과는 양호한 듯, 이미 예상하고 있던 것 이상이다.

이 보고를 손에 넣고 스팀슨은 작은 백악관으로 달려가 트루먼과 번스에게 뉴스를 전했다. "정보는 아직 일반적인 성격을 갖고 있었으나 (트루먼도 번스도) 물론 큰 관심을 갖고 있었다"고 스팀슨은 썼다. 언제나 돌다리도 두드려보고 건너는 행동을 하는 스팀슨도 원폭실험 성공 보고에 어찌나 환호했던지 아내에게 보낸 편지에서 경솔하게도 원폭 비밀을 흘렸다. "나는 우리집 아이로부터 좋은 통지를 받았는데, 그것은 모두를 즐겁게 했다."[12]

16일에 스탈린이 베를린에 도착했다. 도착하자 조지프 데이비스를 통해 그날 밤 9시에 트루먼과 회견할 수 있게 해달라고 요청했다. 데이비스로선 놀랍게도 트루먼은 이 요청을 거절했고 회견은 다음 날 오전까지 연기하기로 했다. 데이비스에 따르면 트루먼은 "몹시 피로했고, 뭔가를 걱정했으며, 뭔가에 짜증이 나 있었다."

트루먼으로부터 거절당한 것을 개의치 않는다는 듯 몰로토프와 통역인 파블로프를 데리고 스탈린은 17일 정오에 작은 백악관을 방문했다. 트루먼의 첫 인상은 소련의 독재자가 겨우 167센티미터의 키로 거기에 서 있다는 것이었다. 스탈린은 붉은 견장을 붙인 카키색 제복을 입고 부자유스러운 왼손 손가락 사이에 담배를 끼우고 있었는데, 그 손가락은 니코틴으로 누렇게 물들어 있었다. 그는 트루먼과 번스가 대기하고 있던 서재로 안내됐다. 스탈린은 기분이 좋았고 매우 정중했다. 트루먼은 특히 "눈과 얼굴과 표정"이 인상적이었다고 썼다.[13]

스탈린은 도착이 늦어진 점을 사과했다. 중국 대표단과의 교섭이 시간을 끈 데다 의사단이 비행기로 이동하는 걸 금지한 탓이라고 설명했다. 트루먼은 일기에 이렇게 썼다.

> 정중한 인사 뒤 우리는 비즈니스(협상)에 들어갔다. 나는 스탈린에게 내가 외교관이 아니므로 모든 이야기를 다 들은 뒤에 바로 예스인지 노인지 회답하는 타입이라고 설명했다. 이는 스탈린을 기쁘게 했다.

대화는 곧 일본에 대한 전쟁 문제로 옮겨갔다. 볼런이 적은 의사록에 따르면, 스탈린은 태평양전쟁에 대한 영국의 태도를 언급한 뒤 화제를 되돌려 소련의 참전에 관한 얄타조약에 대해 언급했다. 스탈린은 "대통령에게, 소련은 8월 중반까지 전쟁을 시작할 수 있지만 그 전에 중국과의 교섭을 마치고 조약을 체결해야 한다고 말했다."

스탈린-트루먼 회담에 대해 소련 쪽은 이와 다른 기록을 남겼다. 스탈린은 영국이 이미 전쟁이 끝났다고 생각하고 있는 게 아닌가 하고 코멘트를 한 뒤, 기록은 다음과 같이 써놓고 있다.

> (스탈린은) 영국은 미국과 소련이 일본에 대한 전쟁의 의무를 다할 것이라 믿고 있을 것이다(라고 말했다). 트루먼은 미국이 소련의 지원을 기대하고 있다고 발언했다. 스탈린은 소련이 8월 중반까지 전쟁을 개시할 용의가 있으며, 소련은 약속을 지킬 것이라고 말했다. 트루먼은 이 건에 대해 만족의 뜻을 표하고, 스탈린에게 쑹쯔원과의 교섭에 대해 설명해 달라고 요청했다.[14]

볼런의 기록과 소련의 기록 간 차이는 쌍방이 이 회견에서 기대하고 있던 바가 달랐음을 말해준다. 스탈린은 분명 일본과의 전쟁에 참가해 달라는 요청을 트루먼한테서 받기를 열망하고 있었다. 그러나 트루먼은 스탈린이 바라던 선물을 주려고 하지 않았다. 대화가 스탈린이 생각한 대로 진행되지 않았기 때문에 소련 쪽은 마치 트루먼이 스탈린에게 참전 요구를 하고 이에 스탈린이 응한 것처럼 기록을 수정했다. 볼런의 기록은 소련 쪽 기록과는 반대로 스탈린이 돌연 먼저 얄타조약에 대한 의무를 끄집어낸 것처럼 쓰여 있다.

그리고 소련의 기록은 중국과의 교섭에 대해 질문한 것은 트루먼이라고 돼 있다. 하지만 볼런의 기록에는 스탈린이 8월 중반까지 소련은 일본에 대해 전쟁을 개시할 것이라고 말한 뒤, 트루먼에게 중국에 압력을 가해달라고 요청한 것처럼, 그리하여 스탈린이 먼저 중국과의 교섭 건에 대해 이야기를 시작한 것으로 돼 있다. 소련 쪽의 기록이 스탈린과 쑹쯔원 간의 의견 차이에 대해 언급하고 있지 않은 데에 비해 볼런의 기록은 이를 자세히 소개하고 있다.

볼런의 기록에 따르면 스탈린은 어려운 교섭 결과 외몽고 문제는 해결했으나 만주의 철도와 다롄, 뤼순 문제로 쌍방이 합의에 이르지 못했다고 설명했다. 쑹은 훈령을 받으러 충칭으로 돌아갔다. 그러나 귀국하기 전에 쑹은 "만주는 중국의 일부이고 그 주권에 속하는 것"이라는 점과 소련 정부가 중국 국민당 정부만을 지지하며 공산당을 지지하지 않는다는 점을 밝히는 성명을 발표할 것을 요청했다. 스탈린은 트루먼에게 "소련은 이런 점에 대해 쑹에게 완전한 보장을 해주겠다"고 확약했다고 말했다. 이에 대해 트루먼은 소련과 중국의 합의가 가까워졌다는 것으로 듣고 만족하고 있다고 답했다. 스탈린은 "하나의 정부, 하나의 군대"를 보장하겠다는 것, 그리고 소련은 중국 내정에 간섭하지 않겠다는 것을 약속했다. 이 자세한 내용은 소련 쪽의 기록에는 생략돼 있다.

미국의 지원을 받아 중국에 압력을 가하겠다는 스탈린의 바람은 완전히 실망으로 변했다. 트루먼은 임시변통으로 적당히 넘기는 말만 했으나 이에 비해 번스는 스탈린에게 날카로운 질문을 퍼부었다. 여전히 현안이 돼 있는 중소 간의 의견 차이가 무엇이냐고 추궁했다. 스탈린은 만주에서의 철도, 다롄, 뤼순에서의 특별한 권익을 요구하고 있지만 중국이 이를 인정하지 않는다고 대답했다. 그리고 특별한 권익이란 무엇을 의미하는지 설명한 뒤 돌연 소련은 일본에 대한 전쟁에 참가할 것이라고 말했다.

스탈린은 "소련은 얄타에서 결정된 대로 8월 중순에 전쟁을 개시할 용의가 있다. 소련은 그 약속을 지키겠다"고 분명히 말했다. 이 부분도 소련의 기록에는 나오지 않는다. 스탈린은 소련의 참전을 미끼로 던지면 미국이 중국에 압력을 가해달라는 요청을 덥석 물 것으로 예상하고 있었음이 분명하다. 번스는 "만일 중소 간의 결정이 엄밀히 얄타협정의 틀 내에서 이뤄지는 것이라면 괜찮겠지만 그것을 벗어나는 것이 있다면 곤란한 일이 생길 것"이라고 못을 박았다.

트루먼은 일기에 이렇게 썼다.

나는 (스탈린에게) 회의에서 특별한 의제가 있는지 물었다. 그는 있다고 대답하고, 그것 외에도 제안할 의제가 있다고 말했다. 나는 그것이 무엇인지 이제 말해도 괜찮지 않겠느냐고 말했다. 그는 설명했는데 그것은 바로 다이너마이트였다. 그러나 나도 지금 폭발시키진 않겠지만 다이너마이트를 갖고 있다. … 그는 8월 15일에 잽과의 전쟁에 들어갈 것이다, 잽도 그렇게 되면 이제 끝장이다.

그리고 회고록에서 트루먼은 이렇게 말했다.

포츠담회담에 참가한 이유는 여러 가지가 있지만 내 머릿속에서 가장 중대한 이유는, 소련이 일본과의 전쟁에 참가하겠다는 확약을 스탈린으로부터 개인적으로 받아내는 것이었다. 이는 군의 지휘자가 가장 열심히 요구한 것이었다. 이를 나는 회의 첫날에 받아냈다.

트루먼은 또 이날의 회의 뒤에 베스에게 보낸 편지에 이렇게 썼다.

나는 정말 무서웠소. 호일의 규칙집(트럼프 게임의 규칙을 담은 책)처럼 가야 할지 말아야 할지 알 수 없었다오. 그러나 첫걸음을 내디뎠고 결국 여기에 온 목적을 달성했소. 스탈린은 8월 15일에 아무 조건 없이 전쟁에 참가하기로 약속했소. 전쟁은 이로써 1년 안에 끝날 것이오. 이것으로 미국 병사들이 죽지 않아도 되니 가장 중요한 일 아니겠소.[15]

트루먼이 남긴 이런 기록은 트루먼이 소련과 경쟁하기 위해 원폭을 투하한 것은 아니라고 여러 역사가가 해석하는 증거로 인용되고 있다. 역사가들은 포츠담에서 트루먼의 최대 목적은 소련이 전쟁에 참가하겠다는 언질을 스탈린으로부터 받아내는 것이었다고 강조한다. 그러나 17일의 스탈린-트루먼 회담 내용을 보면 반드시 이런 해석을 뒷받침하고 있다고 보긴 어렵다. 이미 스탈린과 트루먼, 번스 간에 의견의 차이가 있었던 것은 분명하다. 특히 번스의 중소 교섭에 대한 날카로운 질문은 장차 이것이 양자 간 쟁점이 될 것임을 시사하고 있었다.[16]

게다가 만일 트루먼이 스탈린으로부터 참전 언질을 받아내기 위해 포츠담에 갔다면 왜 트루먼이 첫 회담에서 이를 직접 스탈린에게 요구하지 않았는지, 그게 이상하다. 소련의 참전 얘기를 꺼낸 것은 스탈린이고, 회의 과정에서 트루먼이 이를 반겼다는 것을 보여주는 발언은 없었다. 이와 관련해서 얘기할 수 있는 것은, 트루먼이 이 건에 대해 모호한 태도를 취했다는 것이다. 트루먼은 다음과 같이 회고록에 썼다.

그때까지(포츠담선언이 발표될 때까지) 우리는 장래의 방침에 관한 두 가지 중요한 사안에 대해 알게 될 것이다. 첫째는 소련의 전쟁 참가 건이고, 둘째는 원폭 건이다. 우리는 원폭실험이 7월 중반에 실시되는 것을 알고 있었다. 만일 이것이 성공한다면 우리는 이 새로 획득한 힘을 사용하기 전에 일본에 전쟁을 그만둘 기회를 주고 싶었다. 그러나 **만일 실험이 실패로 끝난다면 우리가 일본을 물리적으로 점령하기 전에 일본을 항복시키는 것이 더 중요해질 것이다.**[17] (강조는 저자)

이 서술을 보면, 트루먼에게 소련의 참전은 전쟁을 종결하는 데 불가결한 요소는 아니었고, 오히려 일종의 보험이었던 것으로 보인다. 그것은 트루먼의 우선순위 맨 꼭대기를 차지할 선택은 아니었다. 그리고 트루먼이 스탈린의 제안을 다이너마이트로 보고, 이에 대해 자신도 다이너마이트를 갖고 있다고 얘기한 점에 주목해야 한다. 트루먼은 스탈린을 맹우盟友로서 대한 것이 아니라 일본의 항복이라는 목표에 누가 먼저 도달하는지를 두고 경쟁하는 라이벌로 보고 있었던 것이다.

하지만 이 단계에서 소련이 일본을 8월 중반에 공격할 의도를 트루먼이 환영했던 것은 의심할 여지가 없다. 스탈린은 도쿄와 모스크바 사이에는 어떤 거래도 있을 수 없다는 것을 분명히 하고, 미국과 중국을 앞질러 일본과 소련이 뒷거래를 할 가능성을 부정했다. 이는 트루먼과 번스가 걱정하고 두려워했던 바이기도 하다. 외교 요소가 배제됨으로써 문제는 간단해졌다. 일본을 항복하게 만들기 위해 남은 수단은 군사적 수단밖에 없다. 8월 15일이라는, 스탈린이 얘기한 공격 일시는 미국의 정책결정자에게 하나의 확실한 시간을 제시한 셈이 됐다. 만일 소련이 전쟁을 개시하기 전에 일본을 항복시킬 필요가 있다면 공격은 그 전에 이뤄져야 한다. 유일한 불확정적 요소는 원폭이었다. 트루먼에겐 원폭을 대소 외교의 무기로 사용할 의도는 없었다는 역사가의 주장이 있지만, 거꾸로 소련 요소가 트루먼의 원폭투하 결정과 무관했다고 논하기는 지극히 곤란하다. 소련의 전쟁 개시 일시를 알았던 트루먼은 소련이 전쟁에 참가하기 전인 8월 초에 원폭을 투하하는 것이 지상명령이라고 생각했음이 분명하다. 소련의 참전과 원폭투하 경쟁이 클라이맥스에 다다랐던 것이다.

왜 스탈린은 트루먼과의 첫 회담에서 소련 참전 계획을 털어놨을까? 스탈린이 극동에서 미국과 협력하는 일에 보인 열의는 중동부 유럽에서 권익을 독점하려 했던 열의와는 대조적이었다. 가장 개연성이 큰 답은, 스탈린이 너무 서두르고 있었다는 해석이다. 스탈린은 미국, 영국으로부터 전쟁에 참가해달라는 권유를 받아내야만 했다. 스탈린은 얄타에서 루스벨트가 그랬던 것처럼 포츠담에 온 트루먼도 소련의 참전을 필요로 하고 있다는 가정하에 행동했다. 그는 트루먼이 소련의 참전을 되도록 막고 싶어 한다는 것을 알아채지 못했던 것이다.[18]

포츠담회담의 개막

'터미널' 회담이라는 암호로 불렸던 포츠담회담은 7월 17일 오후 5시 체칠리엔호프궁전에서 시작됐다. 보기에도 불안감으로 안절부절못하던 트루먼이 의장으로 뽑혔다. 첫 회의는 두 시간을 채우지 못하고 종료됐으며, 회의 참가자들은 소련 쪽이 준비한 "푸아그라, 캐비어, 갖가지 육류, 치즈, 닭, 칠면조, 오리, 와인, 보드카"가 있는 연회장으로 향했다.

연회가 끝나고 참가자들이 슬슬 궁전을 떠나려 할 무렵, 스팀슨은 해리슨이 보낸 두 번째 전보를 받았다.

의사는 작은 남자아이가 큰형과 마찬가지로 건강하다는 것을 열광적으로 확신하며 집으로 왔다. 남자아이의 눈빛은 여기서 하이홀드까지 식별할 정도이며, 그 울음소리는 여기서 내 농장까지 들렸다.

암호를 해독한 장교는 일흔일곱 살의 스팀슨이 이런 건강한 아기를 만들 수 있는 정력에 놀랐다. 그러나 '의사'란 그로브스 장군이고 하이홀드는 롱아일랜드의 스팀슨 저택이며, 해리슨의 농장은 펜타곤에서 8킬로미터 떨어진 곳에 있었다.

이 전보를 들고 스팀슨은 대통령이 부른 만찬회장에 갔다. 그러나 대통령은 많은 손님에 둘러싸여 있었고, 오케스트라가 큰 소리로 음악을 끝도 없이 연주했다. 그런 상황은 도저히 용건을 얘기할 분위기가 아니었다. 결국 스팀슨은 해리슨한테서 받은 전보를 대통령에게 전달할 기회를 찾지 못했다. "일본 문제는 실로 일각을 다투는 문제였던 만큼" 그 기회를 놓친 것은 불행한 일이었다고 매클로이는 말했다.[19]

다음 날인 7월 18일 아침, 스팀슨은 작은 백악관에 가서 해리슨의 두 번째 전보 내용을 대통령에게 보고했다. 트루먼은 "해리슨의 정보로 분명 큰 힘을 얻었고", 스팀슨이 포츠담에 온 것은 좋은 일이라고 말해 처음으로 포츠담에서 스팀슨의 존재를 인정했다.

그날 트루먼은 처칠과 회담하면서 해리슨이 가져온 정보를 영국 총리에게 얘기했다. 처칠은 그 "지구를 뒤흔들 뉴스"를 듣고 기뻐했다. 그리고 두 사람은 이를 어떻게 스탈린에게 알릴지에 대해 얘기를 나눴다. 만일 스탈린에게 모든 것을 다 얘기하면, 이는 소련이 곧바로 전쟁에 참가해버릴 위험을 초래할 수 있었다. 처칠은 원폭이 두 가지 문제를 해결했다고 생각했다. 연합국은 큰 희생이 예상되는 일본 본토상륙작전을 펼칠 필요가 없어졌다. 처칠은 병사와 병사들이 대치해서 1미터씩 진격하면서 수천 명의 미국 병사와 영국 병사들이 전사하게 될 싸움이 아니라 "한 발이나 두 발로 전쟁을 끝내버리는 선명한 광경"을 머릿속에 그렸다. 그리고 더 중요한 것은 연합국에 이미 소련이 필요 없게 됐다는 점이었다. 처칠은 이든 외무장관에게 "미국이 현재 시점에서 소련의 참전을 바라지 않을 게 분명하다"는 메모를 써서 보냈다. 트루먼은 스탈린에게 원폭 정보를 알려주는 것을 가능한 한 뒤로 미루고, 만일 얘기할 경우에도 "우리는 완전히 새로운 무기를 갖고 있다"고만 하고 그것이 원폭이라는 것은 밝히지 않기로 방침을 정했다. 처칠도 대통령의 생각을 지지했다.[20]

처칠도 트루먼에게 알릴 사항이 있었다. 전날 저녁에 처칠은 스탈린과 회담했는데, 그때 스탈린은 일본이 소련에 종전 알선을 요청해 왔다는 사실을 언급했다. 처칠은 스탈린에게 왜 그 정보를 트루먼에게 알리지 않았느냐고 물었다. 이에 대해 스탈린은 "대통령에게 소련 정부가 중개하느라 고생한다는 생각을 하게 하고 싶지 않았다"고 대답했다. 그러나 스탈린은 그 정보를 처칠이 트루먼에게 전하는 것은 전혀 문제가 없다고 언명했다.

거기에서 처칠은 트루먼에게 무조건 항복 건을 끄집어냈다. 이미 미국, 영국 군사지도자회의에서 영국군 참모총장 앨런 브루크Alan Brooke 경이 무조건 항복의 수정을 제안했으나 미국 쪽의 레이히 제독은 트루먼이 이에 반대하는 것을 잘 알고 있었기 때문에 그 문제는 오히려 처칠을 통해서 트루먼에게 제기해줬으면 좋겠다고 브루크에게 부탁했다. 브루크의 권고를 토대로 처칠은 트루먼에게 "우리가 평화와 안전보장에 대해 원칙적인 목적을 모두 달성하면서, 일본에 그 군사적 명예를 지키고 민족의 존속을 확보하도록" 해주는 형태로 무조건 항복을 수정할 것을 제안했다. 트루먼은 진주만공격 이래 일본인들에겐 티끌만큼의 명예도 남아 있지 않다면서 쌀쌀맞게 거절했다.[21] 트루먼은 다시 무조건 항복에 대한 강한 열정을 표명했던 것이다. 원폭 보유라는 새로운 사실은 대통령의 신념을 한층 강화하는 작용을 했다. 트루먼의 머릿속에서 원폭과 무조건 항복이 긴밀히 연결된 것이다.

이날 3시에는 트루먼이 스탈린을 방문할 차례였다. 그 회담에서 스탈린은 일본이 소련 정부에 종전 중개를 요청해왔다는 사실을 대통령에게 밝히고, 천황의 이름으로 소련의 알선을 의뢰하면서 특사를 받아달라고 요청한 사토 대사의 외교문서 사본을 제시했다. 스탈린은 이 요청에 대해 세 가지 선택지가 있다고 설명했다. "첫째는 일본에 상세한 정보를 요구하면서 소련의 알선에 여전히 희망이 남아 있다고 믿게 만드는 것, 둘째는 이를 무시하는 것, 셋째는 명확하게 거부하는 것" 세 가지였다. 스탈린은 소련이 일본과 전쟁을 하지 않고 있다는 것을 강조하고 "일본인들을 푹 잠자게 놔두는 것"이 바람직하다면서, 첫 번째 선택지가 최선이라며 이를 제안했다. 트루먼은 이에 동의했다.

이는 여우와 너구리가 서로를 속이는 게임이었다. 트루먼은 이미 매직으로 도청한 암호 해독을 통해 일본이 소련에 중개를 요청한 사실을 알고 있었다. 스탈린은 미국이 매직으로 일소 간의 외교 거래를 알고 있었다는 확증은 없었지만 영국의 외무부, 국무부 요소에 배치한 자국 스파이들을 통해 이를 어렴풋이 알고 있었을 가능성이 있다. 만일 그가 미국에 그 정보가 흘러들어갔을 가능성이 있다고 생각했다면 그 극비정보를 트루먼에게 줘도 아무 해가 없을 뿐만 아니라 오히려 이를 통해 트루먼에게 생색을 낼 수 있다. 트루먼은 그 정보를 처음 접한다는 듯이 행동했다. 트루먼은 스탈린이 "정직하고, 혀를 내두를 정도로 날카롭다"고 느꼈다.[22]

트루먼도, 스탈린도 일본이 소련의 중개에 여전히 희망을 갖도록 하는 쪽을 택했으나 그 이유는 각기 달랐다. 스탈린은 일본이 그렇게 믿도록 만들어서 전쟁을 길게 끈 뒤 자신들이 전쟁 준비를 끝내는 날 경계를 풀고 있던 일본을 돌연 기습공격할 수 있는 이점이 있었다. 트루먼으로서도 일본이 소련과의 교섭을 통해 전쟁을 종결할 수 있다고 믿게 해놓음으로써 소련이 전쟁을 개시하기 전에 원폭을 투하할 수 있었다. 각자가 제각각의 공격을 통해, 즉 스탈린은 만주를 침공함으로써, 트루먼은 원폭을 투하함으로써 일본에 충격을 안길 작정이었다.

번스의 비서였던 월터 브라운Walter Brown의 일기에서는 번스가 트루먼의 의견에 동의한 것, 또는 트루먼이 번스의 의견에서 영향을 받아 행동한 것을 읽어낼 수 있다. 7월 18일 일기에는 다음과 같은 내용이 들어 있다.

번스는 (이제까지) 소련의 대일 선전포고가 회의 중에 나오기를 희망하고 있었다. 그러나 지금은 미국과 영국이 일본에 대해 2주일 이내에 항복하든지, 그렇지 않으면 파괴에 직면하든지 선택하라고 경고하는 공동선언을 내야 한다고 그는 생각했다(그때까지는 비밀무기 사용이 가능할 것이다).[23]

브라운의 일기에서 이 부분은 트루먼과 번스가 일본에 대한 최후통첩의 '시간표'를 정할 때 무엇을 고려했는지를 보여주는 열쇠다. 첫째, 최후통첩은 소련이 전쟁을 개시하기 전에 나와야만 한다. 그리고 소련은 이 최후통첩(서명국)에서 제외돼야 한다. 둘째, 원폭은 소련의 전쟁 개시 이전에 일본을 항복시키기 위해 투하돼야 한다.

그날 처음은 처칠과의 회담에서, 두 번째는 스탈린과의 회담에서, 트루먼이 그렇게 두 번에 걸쳐 일본의 진주만공격에 대해 언급한 것은 흥미롭다. 트루먼은 일본인에게는 명예심이 결여돼 있다는 것을 이유로 일본을 속이는 것을 정당화했다. 미국인들에게 널리 공유돼온 일본에 대한 본능적인 복수심, 그것이 트루먼의 무조건 항복에 대한 고집, 그리고 원폭투하 결정에 큰 영향을 미쳤던 것이다.

사토-도고의 왕복 전보

7월 18일, 로좁스키는 사토의 7월 12일 전보에 대해 이렇게 회답했다. "일본 황제의 '메시지' 중에 나와 있는 생각은 일반적인 형식을 띠고 있을 뿐 아무런 구체적인 제의도 포함하고 있지 않아 귀 대사의 주의를 환기시키는 광영을 누리고자 한다", 그리고 "특사 고노에 공작의 사명이 어디에 있는지도 역시 모르겠다", 따라서 소련 정부는 "어떤 회답을 보내는 것도 불가능하다." 즉 로좁스키는 스탈린이 트루먼에게 얘기한 첫 번째 옵션을 충실하게 실행했던 것이다.[24]

로좁스키의 전보를 받고 두 시간 뒤, 사토는 도고에게 "보고드린 대로 제 어리석은 생각"이 이번에도 실증됐다며, 마치 '그럴 줄 알았다'는 듯이 다음과 같이 보고했다. "귀 전보 913호 1의 의견도 일본 쪽은 물론이거니와 이 방면의 분위기와는 심히 동떨어진 것임을 부정하기 어렵고, 고견과 같은 희망을 갖고 이 나라를 움직이려 하는 것도 목적을 달성할 수 없으리라는 것은 이번 특사 거부의 태도를 보더라도 추측할 수 있다"고 통렬하게 지적했다. 일본 쪽 사정에 맞춰 소련에 접근하는 것은 세계정세로 보아 통용될 리가 없다고 도고의 방침을 전면 부정하는 뼈아픈 의견이었다. 게다가 사토는 로좁스키의 회답이 3거두회담 개시 뒤에 보낸 것이라는 점에서 적어도 특사 파견에 대해 미국, 영국도 알고 있을 가능성이 있다며 주의를 촉구했다.[25]

사토는 18일에 도고에게 전보 1406호를 타전해 15일 전보 1392호에서 주장한 "무조건 항복 또는 그것에 가까운 강화講和"에 대해 설명했다. 사토는 그 전보에서 "본 대사의 소위 무조건 항복 또는 그것에 가까운 강화란 제국의 국체호지 문제를 제외한 것임은 말할 것도 없고, 국체 문제는 가령 소련 쪽에 귀하가 신청을 하는 경우에도 7천만 국민의 절대적 요망이라며 강하게 인상을 주도록 노력할 필요가 있음은 물론"이라고 말해, 국체호지를 조건으로 하는 것은 인정하고 있다.

그리고 "국체호지 문제를 빼고는, 무조건이든 또는 그것에 가까운 조건이든 필시 정도의 문제일 뿐, 나로서는 절대로 조건 자체를 붙여서는 안 된다고 생각하고 있다"며 국체호지 이외의 조건을 붙이는 것은 절대로 해서는 안 된다고 주장하고 있다.[26]

그리고 7월 20일, 장문의 '사토 롱 텔레그램'이라고나 해야 할 전보 1427호를 "신중히 고려한 결과" "숨김없이 의견을 올린다"며 도고에게 타전했다. 사토는 적이 이미 제공권, 제해권을 확보하고 있어서 항전은 불가능하다고 주장하면서, 적의 (일본) 본토상륙은 일본의 항전력을 괴멸시키고 나서 감행될 것은 필지의 사실이라고 말했다. 그런 상태에서도 군대와 국민은 명령이 있다면 "문자 그대로 최후의 일인이 될 때까지 창을 버리는" 일은 없을 것이라고 했다. 그러나 "이미 항전력을 잃어버린 장병 및 우리 국민이 전부 전사해서라도 구해야 할 사직은 아니지 않은가? 7천만 민초가 말라죽어 '천황 한 분上御一人'의 안태安泰를 얻으랴"라며, 국민 모두가 전사한 뒤 천황 홀로 살아남은들 무슨 의미가 있는가라는 근본적인 문제를 제기하고 있다. 이것은 공개되면 불경죄가 될지도 모를 발언이었다.

따라서 조기 강화 이외의 방법은 없다고 사토는 논했다. 그런 다음에 '국체 옹호'에 대해서도 언급하면서 이는 국내문제로 강화 조건에서 떼어내고, 헌법회의를 소집해서 전후 정체에 대해 결정하는 것도 하나의 안이라고 보고했다. "이 형식 아래 국체 문제를 해결하려 하면 헤아리기 어렵긴 하지만 어쩌면 의외로 적 쪽의 동의를 용이하게 얻을 수 있을지 모른다. 그리고 국민의 총의로써 황실 추대를 결의하면 우리 국체는 세계적으로도 오히려 무게가 더해지게 될 것이다"라고 논했다. 이 제안은 스팀슨 등 무조건 항복 수정론자들에게 받아들여질 게 분명했다.

사토가 여기서 국체를 '황실 유지'로 정의하고 있는 데 주목해야 한다. 화평의 방법을 둘러싼 논쟁에도 불구하고 이 점에 대해 사토와 도고는 일치했다. 국체를 황실 유지로 좁게 해석하는 것이 외무성의 공통인식이었다.

사토는 "국체 옹호 이외 적 쪽의 조건은 대체로 용인할 것", "국체 유지가 되면 국가의 명예와 존립은 가장 빨리 최소한도로 보장받을 수 있다"면서 도고의 방침에도 저촉되지 않을 것이라고 생각했다.[27]

이에 대해 도고는 7월 21일 사토에게 보낸 전보 931호에서, 고노에 특사의 사명은 천황의 명령에 따라 전쟁종결 알선을 의뢰하는 것이며, 이에 관한 "구체적인 의도를 개진"하는 것과 함께 일소 간의 "협력관계 수립에 관한 사항을 상의하는" 데에 있다면서, 황송하게도 "천황의 천명天命"을 거역하겠다는 거냐고 위협하면서 다시 소련 정부가 특사 파견에 동의하도록 노력하라는 훈령을 내렸다.[28] 그러나 그 전보가 너무 강압적이었다며 반성을 한 것인지 다음 전보인 932호에서 특사 파견과 무조건 항복 간의 관계를 다음과 같이 설명했다.

> 우리는 무조건 항복(귀 전보 1406호 승낙 필)은 어떠한 경우에도 수락할 수 없으며, 전쟁이 길어질 경우 적도 우리도 다시 많은 출혈을 보게 될 것이 뻔함에도 적이 무조건 항복을 강요하려 하면 전국이 하나로 뭉쳐 적에 맞서 싸울 것이다.

이 부분은 일본의 철저한 항전 의사를 드러낸 것으로 언급되는 불행한 문서인데, 이는 다음과 같은 설명과 관련지어 해석해야 한다.

> 하지만 '대어심'에 따라 위와 같은 사태에 이르는 것을 피하기 위해 소련의 알선을 통해 차제에 소위 무조건 항복이 아니라 화평을 불러오기로 하고, 이런 의도가 결국 미국, 영국 쪽에 관철되도록 적극 노력할 필요가 있다.

도고가 강조하고 있는 것은 철저 항전이 아니라 오히려 이를 피하기 위해 무조건 항복 요구를 철회시켜야 한다는 것, 그리고 이 목적을 위해서 하는 교섭이었다. 또 주목해야 할 것은 도고가 소련의 알선을 미국, 영국과의 교섭을 위한 발판으로 삼겠다는 것을 여기서 명확하게 밝히고 있는 점이다. 그럼에도 도고는 구체적인 제안을 보여달라는 사토의 요구에 대해 다음과 같이 설명했다.

> 차제에 무조건 소련에 화평 알선을 의뢰하는 것은 애초에 불가능하며, 동시에 바로 구체적인 조건을 제시하는 것 또한 대내관계상 및 대외관계상 불가능하고 또 불리하므로, 그동안 민감한 사정 아래 고노에 공으로 하여금 천황의 마음을 토대로 우리의 구체적인 뜻을 소련에 전달하고 동아시아에 대한 소련의 요구에 맞춰 협의하게 한 뒤 미국, 영국을 상대하려 하는 바이다.

이 문장에 도고의 의도가 명확하게 드러나 있다. 화평 조건을 구체적으로 제시하는 것은 국내정치 상황으로 보건대 불가능하고, 또 대외 교섭상으로도 불리하다. 따라서 고노에를 백지상태로 모스크바에 파견해서 현지에서 소련과 교섭해서 무조건 항복 이외의 조건으로 전쟁 종결을 꾀하게 하고, 이것이 미국, 영국과의 화평으로 이어진다면 그보다 나을 것이 없겠지만, 실패할 경우에는 직접 미국, 영국과의 교섭 쪽으로 옮겨간다는 것이 도고가 기도한 방침이었다.

도고는 사토에게 "본 건이 제국의 안위를 결정할 중대 교섭"이라는 점을 강조하고 소련 쪽에 설명을 요구해서 그 진의를 파악할 수 있도록 계속 노력해달라고 요청했다. 동시에 사토의 의견은 알겠지만 이 방침은 "조정의 논의를 거친 결정"이므로 복종하라고 명령했다.[29] 다시 천황의 위광威光을 내세운 것이다. 즉 사토가 소련에 알선을 의뢰하겠다는 방침을 철회하라고 보고한 데에 대해 도고는 로좁스키의 회답에도 불구하고 소련에 의뢰하겠다는 방침을 계속 견지했다. 이에 따라 스탈린의 덫에 더 깊이 빠져들어 갔다.

그렇다 해도 전보 932호를 보낸 것은 도고로서는 앞뒤 가리지 않고 덤비다가 어처구니없는 실수를 저지른 셈이었다. 사토가 18일의 1406호 전보에서 무조건 항복을 수락하되 국체호지에 관한 내용을 뺀다는 조건을 붙이자고 제안한 데에 대해, 도고는 이미 승낙을 받은 것('승낙 필了承済み')이라고 하면서도 무조건 항복은 받아들일 수 없다고 주장했던 것이다. "승낙 필"이라는 표현은 매직에서는 "나는 귀하의 7월 18일 메시지를 통보inform받았다"는 것으로 번역됐다. 'inform'은 그것을 읽고 이해했다는 의미인데, 영어의 어감상으로는 국체호지를 제외하는 무조건 항복일지라도 이를 수락하는 것은 불가능하다는 것처럼 들

린다. 일본어 원문에 있는 '승낙 필'의 의미는, 사토가 의도하는 것은 이해하고 있지만 국체호지를 제외하는 것은 무조건 항복이 아니기 때문에, 그런 의미에서의 무조건 항복은 수락할 수 없다는 의미로 보는 것이 정확한 이해다. 도고를 포함한 외무성 수뇌는 유일한 조건을 붙인다면 그것은 오직 황실의 안태라는 것에 의견의 일치를 보고 있었기 때문에 도고가 황실의 안태 이외의 조건을 여기에 붙이겠다는 의도를 갖고 있었다고는 생각할 수 없다. 사토와 도고는 국체호지에 대해서는 양보할 수 없지만 그것을 뺀 무조건 항복 또는 무조건 항복에 가까운 것은 인정할 수밖에 없다는 것에는 의견이 일치하고 있었던 것이다. 그러나 매직의 번역은 도고가 사토의 국체호지만을 조건으로 하는 무조건 항복을 거부했다는 뜻으로 전달됐다. 도고의 전보는 트루먼, 번스를 포함한 미국 정부의 강경파가 무조건 항복을 고집하는 것을 정당화할 수 있게 해주었고 스팀슨, 포레스털 등 입헌군주제 유지를 약속하게 하려고 분주했던 그룹의 힘을 약화시키는 데에 일정한 역할을 했을지도 모르겠다.[30]

도고의 훈령을 받은 사토는 7월 25일 로좁스키를 면담해, 일본 정부는 정식으로 소련 정부에 대해 전쟁종결 알선을 요청한다는 것, 그 때문에 고노에 특사를 파견해서 구체적 조건에 대해 설명하겠다는 뜻을 명확히 했다. 이에 대해 로좁스키는 이 요청을 구두만이 아니라 서면을 통해 받아야 정부에 보고할 수 있다고 얘기한 뒤, 일본은 미국, 영국과의 전쟁종결을 위해 소련의 알선을 요청하는 것인지, 고노에가 갖고 올 구체적 조건이란 전쟁종결에 관한 것인지, 그렇지 않으면 일소 관계 강화 촉진에 관한 것인지 등이 명료하지 않기 때문에 정부에 보고하기 전에 이를 먼저 분명하게 해줬으면 좋겠다는 요구를 내놨다. 로좁스키가 여전히 시간벌기 전술을 구사하고 있었던 게 분명하다.

사토는 그날 로좁스키의 요구에 따라 "고노에 특사의 사명은 전쟁 종결을 위해 소련 정부가 알선에 힘써주기를 소련 정부에 의뢰하고, 이에 대한 구체적인 의도를 소련 정부에 개진함과 동시에 전시 및 전후에 제국 외교의 기조인 일소 관계 강화 증진에 관한 사항에 대해 상의하려는 것"이라는 내용의 문서를 전달했다. 그는 특히 "천황폐하가 특별히 정부에 명하여 본 건 특사를 파견하려 하는 것은 오로지 피아(彼我, 쌍방)의 교전으로 인한 유혈 참극을 멈추려는 폐하의 희망에 따른 것"이니 소련 정부가 차제에 특사를 받아들이는 데 동의해주기를 강력히 희망한다고 강조했다.[31] 사토의 회답은 나중에 포츠담회담에서 스탈린이 언급하는 부분이니만큼 기억해둘 필요가 있다.

도고는 7월 25일 사토에게 포츠담회담이 일시 휴회하는 틈을 이용해 베를린으로 가서 몰로토프에게 만나자는 요청을 하라고 명했다. 그리고 몰로토프에게 일본이 처음으로 소련에 알선을 의뢰했다는 사실, 스탈린은 화평 알선을 통해 "세계 평화 제창자로서의 지위를 획득"하게 되는 이점, 일본이 동아시아에서 소련의 어떤 요망도 받아들일 용의가 있다는 것, 만일 소련이 이 알선에 흥미를 보이지 않을 경우 일본은 "어쩔 수 없이 다른 경로 및 수단도 고려할 수밖에 없다"는 것 등을 얘기하라고 훈령했다.

그리고 도고는 이 전보에서 미국 내부의 무조건 항복에 대한 논의를 언급하면서, 7월 19일의 재커리어스 방송에서 일본에는 파멸이냐 대서양헌장 수락을 통한 화평이냐 두 가지 선택지가 있다고 지적한 사실을 얘기한 뒤, "무조건 항복은 어떤 경우에도 수락 불가능하나 대서양 헌장의 기초인 평화 회복에는 이의가 없다"는 점을 명확히 했다.[32]

도고는 두 가지 노선으로 화평을 추진하려 했다. 하나는 모스크바 노선으로, 소련에 유리한 쪽으로 양보를 해서 무조건 항복 이외의 조건으로 전쟁을 종결하려는 시도였다. 또 하나는 모스크바의 알선을 미국, 영국과의 직접 교섭을 위한 첫걸음으로 상정하는 것이었다. 이를 위해서는 대서양헌장을 기초로 삼는 화평을 수용할 용의가 있었다. 도고에게 유일한 장애는 무조건 항복이었고, 더 구체적으로는 황실의 안태였다. 사토에게도, 도고에게도 "일본의 명예와 민족의 존립"은 이 한 점에 걸려 있었다. 매직은 이를 해독해냈다. 미국의 위정자들은 일본의 입장, 적어도 화평파의 입장을 알고 있었다.

통합참모본부, 스팀슨의 초안을 수정하다

스탈린과 트루먼이 포츠담회담 초반에 치열한 접전을 벌이고 있을 때 영미 군사지도자들 사이에서도 중요한 논의가 이뤄졌다. 7월 17일에 영미 군사지도자들이 합동참모본부 회의를 열었는데 거기에서 영국군 참모총장 앨런 브루크가 일본에 대한 최후통첩이 될 스팀슨 초안의 12조에 대해 논평을 했다. 그 조항은 천황제 존속을 언급한 것이었다. 영국으로서는 영국군이 버마(미얀마) 등 일본 본토에서 멀리 떨어진 원격지에서 싸우고 있기 때문에 정전을 하려면 천황의 권위가 절대로 필요하다고 그는 주장했다. 따라서 "소련이 참전한 직후에" 천황제가 유지될 것임을 약속하는 선언을 발표하자고 제안했다.

미국 통합참모본부는 그 문제는 정치 차원에서 논의돼야 할 문제라고 설명했다. 일본에 대해 '무조건 항복'의 의미를 어떻게 설명할지에 대해서는, 처칠 총리가 직접 트루먼에게 그런 견해를 전달하는 것이 좋지 않겠느냐고 레이히가 넌지시 말했다.[33]

7월 17일, 미국 통합참모본부는 스팀슨 초안을 토의했다. 이 토의를 이해하기 위해서는 거기에 이르기까지의 배경 설명이 필요하다. 스팀슨 초안은 7월 2일 대통령에게 전달됐는데, 그와 동시에 초안은 "때로는 통합참모본부와 같은 권위를 지닌" 최고군사지도자들로 구성된 합동전략조사위원회에도 배포됐다.[34] 합동전략조사위원회는 스팀슨 초안이 일반적으로는 "만족할 만하다"고 판단했으나 일본에 입헌군주제를 허용하는 부분에 수정을 가했다. 그 이유는 그 조항이 "연합국이 현재의 천황을 폐위하든지 처형하고 황실의 다른 멤버를 즉위시키려 공작하고 있다는 오해를 살 우려가 있다"는 점, 그리고 "일본의 급진적인 분자들로부터 이 조항은 연합국이 천황제와 천황숭배를 그대로 잔존시키려 한다는 쪽으로 해석될" 위험이 있다는 점 때문이라고 했다. 이런 급진적인 분자들은 아직 소수이지만 "그들은 현재 자신들이 직면한 전면적 패배에 환멸을 느끼고 있으며 그 요소가 나중에 중요한 영향을 미칠지도 모른다"고 판단할 수 있으므로, 합동전략조사위원회는 스팀슨 초안을 다음과 같이 수정할 것을 제안했다.

> 우리의 목적이 달성돼 명백히 평화적 경향을 지니고 또한 일본 국민을 대표하는 책임 있는 정부가 수립되면, 연합국의 점령군은 일본에서 철

수한다. ~~이에는, 그렇게 해서 수립된 정부가 다시 침략을 기도하진 않을 것이라고 세계인들이 완전히 납득하게 된다면 현행 황실체제하의 입헌군주제도 포함되는 것으로 한다.~~ 재침략을 막을 적당한 보장책이 갖춰진다면 일본 국민은 스스로 정부 형태를 자유롭게 선택할 수 있다."[35](밑줄은 추가)

즉 합동전략조사위원회는 스팀슨이 가장 중요한 요소로 간주하고 있던 입헌군주제 유지에 관한 내용을 삭제할 것을 요구했다. 이는 스팀슨과 그의 지지자들에게는 최대의 모욕이었다. 그보다 중요한 것은 합동전략조사위원회의 초안 수정 이유가 사리에 맞지 않는다는 점이었다. 왜 "현행 황실체제하의 입헌군주제" 유지라는 스팀슨의 표현이 천황을 "폐위하거나 처형"한다는 오해를 받을 것이라는 건지 이해하기 어려웠다. 오히려 스팀슨 조항은 그가 기대한 '온건파'로부터 무조건 항복의 중대한 수정이라는 긍정적인 평가를 받을 가능성 쪽이 더 컸다. 그리고 당시 천황제 유지에 반대하는 "급진적인 분자"는 감옥에 갇혀 있는 소수의 공산주의자를 제외하면 극히 미미한 수에 지나지 않는데, 합동전략조사위원회가 이런 급진적 분자가 영향력을 키우고 있다는 정보를 어디에서 입수했는지 알 길이 없다.

스팀슨 초안의 골자를 빼버리려는 압력의 배경은 미스터리하다. 이 수정은 스팀슨 초안의 실제 입안자였던 육군부작전국으로서는 분통이 터질 일이었다. 스팀슨 초안의 목적은 바로 전면적인 패배라는 사태에 이르기 전에 일본을 항복하게 만드는 데 있다고 육군부작전국은 믿고 있었기 때문이다.

7월 13일, 육군부작전국은 핸디Thomas T. Handy 참모부장에게 합동전략조사위원회의 수정안을 재수정한 안을 제출했다. 합동전략조사위원회의 첫 번째 수정 이유와 관련해, 작전국은 '입헌군주제'의 내용을 더 명확하게 함으로써 그런 오해를 쉽게 불식할 수 있다고 했다. 두 번째 수정 이유에 관해서는, '급진적인 분자'는 극히 미미한 수에 지나지 않아 정부가 항복을 받아들이는 결단을 내리는 데에 아무런 영향력도 없기 때문에 근거가 없다고 일축하면서, 다음과 같이 썼다.

> 선언을 발표하는 주요 의도는 일본의 항복을 촉구하는 것이고, 최후까지 싸울 경우 초래될 희생을 피하자는 것이다. 항복 조건을 수락할지 말지가 천황과 황실을 어떻게 처우할 것인지에 달려 있다는 것은 보편적으로 받아들여지고 있는 사실이다. 따라서 군사적인 관점에서 본다면, 우리가 천황을 어떻게 처우할지 명확하게 언명하는 것이 불가결하다.

따라서 육군부작전국은 합동전략조사위원회의 수정안에 대해 자신들의 대안을 제시했다.

> ~~재침략을 막을 적당한 보장책이 갖춰진다면~~ 일본 국민은 ~~스스로 정부 형태를~~ 천황을 입헌군주제 형태로 유지할지 말지 자유롭게 선택할 수 있다.[36] (밑줄은 추가)

이 수정안은 스팀슨 및 매클로이의 생각과 완전히 일치한다고 육군부작전국은 강조했다. 스팀슨은 이 수정안을 바벨스베르크의 마셜에게 보냈다.

따라서 앞서 얘기한 7월 17일, 통합참모본부가 스팀슨 초안을 토의했을 때, 이미 두 가지 수정안이 전달돼 있었던 셈이다. 회의에서 레이히는 합동전략조사위원회의 수정안을 소개하고 "이 건은 정치적 차원에서 이미 고려했고, 문제의 부분을 빼기로 결정했다"고 설명했다. 레이히의 설명은 트루먼과 번스가 이 결정에 관여했다는 것, 또 그들이 입헌군주제를 약속하는 부분을 삭제하기로 이미 결정했다는 것을 말은 하지 않았으나 강하게 내비친 것이었다. 마셜은 이 합동전략조사위원회의 수정안을 승인하자고 제안했다. 그러나 통합참모본부 회의가 이에 대해 곧바로 결정을 내리지 않은 것은 육군부작전국의 대안도 토의됐을 가능성이 있음을 보여주는 것이다. 다음 날 회의에서 아널드 장군이 다시 합동전략조사위원회의 수정안을 채택할 것을 제안했고 통합참모본부는 이 제안을 그 이유 부분까지 그대로 채택했다. 육군부작전국의 대안은 공식 의사록에도 대통령에게 보낸 메모에도 전혀 언급되지 않았다.[37]

통합참모본부의 판단에 따르면, 이 결정으로 미국은 일본에 장차 부적절한 정부가 수립되는 것을 방지할 권리를 갖는 이점이 있었고, 동시에 일본에 어떤 정체를 수립할지 미리 선택하지 않는다는 장점이 있었다. 레이히와 마셜은 그전까지 무조건 항복의 수정을 요구하는 스팀슨, 그루, 포레스털의 지지자였으나 여기서는 스팀슨 초안에서 입헌군주제 유지를 약속하는 중요한 구절을 삭제함으로써 통합참모본부가 일본에 대한 최후통첩 선언을 더욱 가혹하게 하는 데에 기여했다.

이 통합참모본부의 결정에는 몇 가지 불명확한 점이 있다. 도대체 합동전략조사위원회의 누가, 무슨 이유로 이 수정안을 제기했나? 왜 레이히와 마셜은 작전국의 반대를 무시하고 합동전략조사위원회의 수정안을 채택한 것인가? 왜 스팀슨과 매클로이는 자신들이 작성한 초안에서 알맹이가 빠져버린 데 대해 항의하지 않았나? 또 그처럼 상세했던 그들의 일기에서 왜 이에 대한 언급은 전혀 없는가?

이런 의문들을 해명하는 데 스팀슨과 트루먼의 16일 회견, 17일 번스와의 회견, 레이히의 16일 발언은 중요한 열쇠가 된다. 여기서 스팀슨은 대통령과 번스가 이미 '시간표'를 짰다는 얘기를 통고받았던 것이다. 일본이 소련의 알선을 통한 종전 공작을 하고 있는 점도 감안해서 무조건 항복 요구를 수정해야 한다는 스팀슨의 거듭된 탄원은 일축됐다. 무조건 항복에 대한 트루먼과 번스의 집착이 얼마나 강력했는지 스팀슨은 느꼈을 것이다. 마찬가지로 레이히로부터도 대통령과 번스가 이미 이 문제에 대해 결정을 내렸다는 얘기를 전해 듣고 통합참모본부도 어찌할 도리가 없었다. 미국의 직업군인들은 문관인 대통령의 의향에 반기를 들지 않는 관습이 있다.

영국과 포츠담선언

포츠담선언에서 영국이 상당히 큰 역할을 한 사실을 지적해야 한다. 1943년부터 영국의 저명한 일본 연구자 조지 샌섬George Sansom 경이 런던에서 영국 외무부를 대표해 통합참모본부 연락관으로 활약하고 있었다. 샌섬은 미국의 일본 연구자와 폭넓은 면식이 있었고, 보턴 등을 통해 미국의 일본 점령정책 작성에도 꽤 영향력을 발휘하고 있었다. 이미 포츠담회담 전에 그루는 샌섬과 몇 차례 회의를 하면서 자신의 무조건 항복에 관한 생각과 이를 수정하는 것과 관련한 정치적 장애에 대해 의견을 교환했다. 그루는 한편으로는 스팀슨이나 포레스털 등 군을 통해, 또 한편으로는 영국의 영향력을 이용해 무조건 항복의 수정을 시도한 것으로 여겨진다. 샌섬의 의견은 워싱턴의 영국대사관을 통해 영국 정부에 전달됐고, 그것이 영국 정부의 포츠담선언에 관한 정책의 토대가 됐다.

영국대사관에서는 이미 미국 정부 내부에서 무조건 항복의 내용을 공표하려는 움직임이 있다는 사실을 알고 있었으며, 포츠담회담에서 이것이 심의될 때의 원칙 세 가지를 세워놓고 있었다. 그것은 무조건 항복 요구는 첫째 일본에 대해 연합국이 특수한 정체를 강요하지 않는다, 둘째 천황의 퇴위 또는 천황제 폐지를 요구하지 않는다, 셋째 적절한 생활수준을 유지할 수 없게 하는 경제적 제재를 밀어붙이지 않는다는 원칙이었다.[38]

포츠담회담에 참가한 영국 대표는 이 세 가지 원칙으로 미국과 교섭했는데, 물론 동등한 입장에서 교섭한 것은 아니며 미국 쪽의 입장, 특히 트루먼과 번스의 의견과 정면으로 대립하는 것은 피하면서 마치 부스럼에 손을 대는 것처럼 신중하게 자신들의 의견을 포츠담선언에 반영하려 했다. 앞서 얘기한 7월 17일의 합동참모본부 회의에서 한 앨런브루크 경의 발언도 이 정책의 일환으로 이뤄진 것이었다.

영국 대표단은 포츠담회담에서 상당히 이른 단계부터 번스로부터 포츠담선언 내용에 대한 상담을 받은 것으로 추정된다. 번스가 제시한 포츠담선언 원안에 대해 영국은 세 가지 수정안을 준비했다. 첫째, 번스의 원안에서 포츠담선언은 일본 정부의 생각을 앞질러 일본 국민에게 직접 호소하는 형태를 취하고 있었던 반면 일본 정부에 대해 발동되는 최후통첩 형태로 바꾼 것이다. 둘째, 항복 뒤 연합국의 일본 점령이 전면적 점령이 아니라 부분 점령이며 점령정책도 연합국의 직접통치가 아니라 일본 정부를 통한 간접통치로 한다는 것이었다. 셋째, 영국대사관, 외무부가 가장 중요하게 여긴 건인데, 무조건 항복을 하더라도 천황의 퇴위, 천황제의 폐지를 요구하지 않고 어떤 형태로든 천황의 역할을 허용한다는 것이었다.

첫 번째와 두 번째에 대해서는 국무부 내에서 가혹평화주의자와 유화평화주의자 간의 논쟁이 벌어지고 있었고, 번스는 일단 가혹평화주의자의 주장을 채택하고 있었으나 영국의 반대를 의식하지 않을 수 없었다. 결국 번스는 유화평화주의자들의 주장처럼 포츠담선언을 일본 정부 앞으로 보내고, 연합국의 점령정책은 일본 정부를 통한 간접통치로 하는 데까지 양보했다.

그러나 문제는 천황제를 어떻게 처리할 것인가 하는 것이었다. 이미 번스와 트루먼은 스팀슨의 원안에 있던 "현행 황실체제하의 입헌군주제"를 인정하는 구절을 삭제했고, 그 점에 관해서는 영국의 수정을 전혀 받아들이지 않았다. 영국으로서도 이를 억지로 밀어붙여서 영국이 압력을 가해 미국이 무조건 항복 요구를 철회했다는 해석이 널리 퍼질 것을 우려해 이 수정은 포기했다.[39] 번스와 트루먼으로서는 천황의 처우를 분명히 하지 않는 것이 '시간표'의 중요한 열쇠였기 때문에 여기에서 영국에 양보할 순 없었을 것이다.

스팀슨, 그로브스의 보고를 받다

스팀슨은 트리니티 원폭실험 성공 뉴스를 7월 16일과 17일에 받았으나, 최초의 정보는 너무 단편적이었기 때문에 원폭 보유가 현실의 미국 정책에 반영되기 시작한 것은 7월 21일 그로브스의 상세한 보고가 도착한 뒤부터였다. 정책결정자는 이 새로운 무기를 가진다는 것의 의미를 곰곰이 따져보고 나서 이는 모든 정책결정 과정을 밑바닥부터 바꾸게 될 것이라는 사실을 깨달았다.

그로브스는 흥분을 억누를 수 없다는 듯 보고했다. "역사상 최초의 핵무기 폭발이 일어났다. 그것은 과연 어떤 폭발이었던가. … 실험은 모두의 예상을 훨씬 뛰어넘는 성공이었다." 그로브스는 폭발 순간에 방출된 에너지는 TNT(트리니트로톨루엔)로 환산하면 15킬로톤(kt)에서 20킬로톤에 해당하며, 이는 폭발 받침대인 약 21미터의 철골탑을 일순간에 증발시켜버릴 정도의 에너지였다고 말했다. 그리고 그로브스는 "우리는 아직 우리의 목표를 달성하기 전이라는 점을 분명히 의식하고 있다. 일본과의 전쟁에서 실전 효과를 보는 것이야말로 가장 중요한 목적이다"라고 보고했다.[40] 원폭투하를 향해 시계 바늘은 더욱 빠르게 돌아가기 시작했다.

스팀슨은 그로브스의 보고에 깊은 감명을 받았다. 곧바로 이 보고서를 작은 백악관에 들고 가서 트루먼과 번스 앞에서 큰 소리로 읽었다. 스팀슨이 다 읽자 대통령은 매우 생기에 찬 듯 보였다. 트루먼은 스팀슨에게 이 보고가 새로운 자신감을 줬다고 치하하면서 포츠담에 당신이 와서 좋다고 다시 한 번 확인하듯 말했다. 다음 날 처칠은 "전날에 일어난 일이 그에게 넘치는 자신감을 준 듯, 대통령은 그때까지 보지 못한 확고한 태도로 러시아인을 대했다"고 말했다. 매클로이도 일기에서 "그로브스의 보고를 받은 뒤, 이 큰 폭탄이 트루먼과 처칠의 태도를 강경하게 만들었다. 그들은 다음 날 회의에서 마치 큰 사과를 감추고 있는 아이처럼 신명나게 달려갔다"고 썼다. 많은 목격자가 트리니티 실험의 결과 트루먼의 행동이 바뀌었다고 증언했다. 그러나 그때까지 어떤 목격자나 역사가도 트루먼의 행동이 소련 쪽에 어떻게 비쳤을지 물은 적은 없었다.[41]

그날부터 이틀간 스팀슨은 워싱턴의 자기 부하와 다투느라 정신이 없었다. 작은 백악관에서 숙소로 돌아가니 해리슨한테서 온 특급 기밀 전보가 기다리고 있었다.

> 귀하의 모든 군사 조언자는 귀하가 '마음에 들어하는 도시'를 좋아해서 그 준비를 하고 있다. 만일 승무원이 현지 조건을 살펴서 네 도시 중에서 이 도시를 택하겠다면 그에게 그렇게 선택할 자유를 주어야 한다고 생각한다.

스팀슨은 이미 이 문제는 해결된 것으로, 교토는 원폭의 표적에서 제외됐다고 생각하고 있었다. 그러나 그로브스는 스팀슨이 자리를 비운 틈을 이용해 스팀슨이 좋아하는 교토를 다시 표적의 제1후보로 부활시키는 데 성공했다. 평소에 그로브스는 분지로 에워싸인 인구 1백만의 일본 고도古都에 원폭을 투하하면 최대의 효과가 발휘될 수 있을 것이라 생각하고 있었다. 이 고도의 사원이나 정원이 잿더미로 변하면 일본인들이 그 충격으로 항복을 인정하게 될 것이라는 생각이었다.

그로브스의 배신에 화가 난 스팀슨은 대통령의 재가를 받지 않고 곧바로 해리슨에게 전보를 쳤다. "내 결정을 바꿀 만한 어떤 요인도 찾지 못했다. 그와는 반대로 새로운 상황은 내 결정이 옳다는 것을 입증하고 있다."[42] 스팀슨이 언급한 "새로운 상황"이란 아마도 소련이 8월 중순에 참전할 가능성을 두고 한 말일지 모르겠다.

이와 엇갈리듯 해리슨한테서 새로운 전보가 도착했다.

> 환자는 매우 빨리 회복되고 있어서 8월의 첫 기회에 최후의 수술을 할 수 있을 것이다. 사용할 때를 위한 복잡한 준비가 매우 빨리 진행되고 있어서 7월 25일까지는 계획에 변경사항이 있을지 여부를 알 수 있다.

여기서 7월 25일이라는 날짜를 기억해둘 필요가 있다. 25일까지는 명확한 원폭투하 일정이 판명된다는 것이다.

다음 날 스팀슨은 해리슨이 보낸 두 통의 전보를 대통령에게 보여주었다. 트루먼은 "빠르게 진행된 일정에 '몹시' 기뻐했다"고 스팀슨은 썼다. 트루먼은 원폭을 소련이 참전하기 전에 사용할 수 있게 된 것이 기뻤음이 분명하다. 표적에 관해서는, 대통령은 교토를 표적 리스트에서 뺀다는 스팀슨의 결정을 지지했다. 스팀슨은 만일의 경우에 대비해 아널드 공군사령관을 만나 교토를 표적 리스트에서 제외한다는 동의를 얻어냈다.[43]

7월 23일 오전 10시에 번스는 스팀슨을 불러 S-1프로그램의 타이밍에 대해 질문했다. 번스가 가장 관심을 갖고 있었던 것은 원폭투하의 상세 일정이었다. 번스의 부탁으로 스팀슨은 해리슨에게 전보를 쳤다.

> 우리는 수술이 8월 1일 이후 언제라도 가능할 것으로 가정하고 있다. 만일 더 정확한 일정이 확정되면, 이는 초미의 관심사이므로, 일각도 지체 없이 우리에게 통보해주기를 요청한다.

스팀슨은 동시에 교토가 리스트에서 제외됐다는 것, 이 결정은 '최고의 권위'가 승인한 것이라는 사실을 해리슨에게 통보했다. 잠시 뒤 스팀슨은 해리슨으로부터 두 통의 전보를 받았다. 첫 전보는 표적 리스트를 열거했다. 그것은 히로시마, 고쿠라, 니가타 순이었다.[44] 교토는 구제받았다. 하지만 이때 히로시마의 운명이 결정됐다.

이처럼 스팀슨의 필사적인 노력으로 교토는 원폭의 재앙을 면했다. 그러나 일본의 문화유산을 구하겠다는 생각만으로 스팀슨이 그랬던 것은 아니며, 정치적인 동기도 작용했다. 7월 24일, 스팀슨은 대통령과 원폭에 대해 토의할 기회가 있었다. 스팀슨은 그 대화를 일기에 남겼다.

> 만일 (교토가) 제외되지 않았다면 이런 '무자비한' 행위가 일본인에게 원한을 품게 만들어 일본인은 우리보다 러시아인에게 복종할 가능성이 있으며, 긴 점령정책을 불가능하게 만들 위험이 있다는 의견을 말했던 바, 그(트루먼)는 이에 크게 찬동했다.

스팀슨은 나아가 교토를 제외함으로써 미국은 "소련이 만주를 침략할 경우 일본이 미국에 복종"하도록 확실히 다잡을 수 있다고 논했다. 원폭의 표적뿐 아니라 타이밍도 밀접하게 소련의 참전과 엮여 있었다.

해리슨의 두 번째 전보는 다음과 같은 정보를 전했다.

> 수술은 8월 1일 뒤, 환자의 준비상태와 기후상태에 따라 언제라도 가능하다. 환자의 상태라는 관점에서만 고려할 경우 8월 1일부터 3일까지는 어느 정도의 찬스, 8월 4일부터 5일까지는 양호한 찬스, 그리고 예측하지 못한 사태가 일어나지 않는 한 8월 10일까지로 하는 건 거의 확정적이다.[45]

7월 23일 오전 해리먼이 스팀슨을 찾아가 "소련이 요구를 확대하고 있다"고 보고했다. 이는 단지 유럽에서만이 아니며, 어쩌면 소련이 조선에서 단독 신탁통치를 요구할지도 모른다고 경고했다. 그 뒤에 작은 백악관를 방문한 스팀슨은 대통령에게 해리먼과의 대화 내용을 소개하면서 해리슨이 원폭투하 시기에 대해 가장 정확한 정보를 전보로 알려 왔다고 보고했다. 그때 트루먼이 그에게 한 말을 스팀슨은 일기에 썼다.

> 그(트루먼)는 이미 최종적인 최후통첩 메시지가 책상 위에 준비돼 있다는 것, 가장 최근에 이뤄진 우리의 수정을 받아들였다는 것, 그리고 수술할 날이 확정되는 대로 이를 '발사하는 것'을 제안했다고 내게 얘기했다. 우리는 스탈린의 최근 요구 확대에 관해 짧게 얘기했으며, 그는 내가 들은 사항을 확인했다. 그러나 그는 미국이 여전히 강경한 입장이라고 말했다. 그는 분명히 S-1의 정보에 크게 의존하고 있다.[46]

포츠담선언의 타이밍, 소련의 참전, 원폭투하 시기가 트루먼 머릿속에서 서로 얽혀 있었음이 분명하다.

원폭투하 명령

해리슨에 따르면, 원폭투하의 정확한 일자는 7월 25일까지 결정하기로 돼 있었다. 원폭은 일본에 대해 8월 첫 주에 실전에 사용될 것이었다. 트루먼은 소련이 8월 중순에 전쟁을 개시할 것으로 상정하고 있었으므로 원폭은 소련이 참전하기 전에 투하해야 한다. 하지만 트루먼은 원폭을 투하하기 전에 일본에 대해 최후통첩을 '발사'해야만 했다. 그 시기는 7월 25일부터 8월 1일까지의 짧은 시간이었다. 트루먼이 "빠르게 진행된 일정에 몹시 기뻐했다"는 것도 그 때문임이 분명하다. 그 배경에는 타이밍 문제가 있었기 때문이며, 모든 것이 트루먼과 번스가 작성한 시간표대로 움직였다.

일본에 대한 원폭투하 준비는 맹렬한 속도로 진행됐다. 원폭투하 명령은 아직 준비돼 있지 않았다. 7월 23일, 육군전략공군사령관 스파츠Carl Spaatz 장군은 유럽에서 괌의 새 사령관으로 전임해 가던 도중에 워싱턴에 잠시 들렀다. 그때 스파츠는 핸디 참모부장관에게 서면으로 된 원폭투하 명령의 발령을 요구했다. 다음 날 그로브스는 명령 초안을 작성해 이를 무선으로 "귀하의 승인과 육군장관의 승인을 일각도 지체 없이 받을 수 있도록" 해달라고 포츠담의 마셜에게 타전했다. 마셜과 스팀슨은 곧바로 이를 승인해서 워싱턴으로 회신했다. 역사가

리처드 로즈Richard Rhodes는 스팀슨과 마셜이 "트루먼의 정식 승인은 기록돼 있지 않으나, 필시 트루먼에게 이를 보여주었을 것"이라고 썼다. 핸디의 명령은 7월 25일에 스파츠에게 하달됐다. 그것은 다음과 같았다.

> 제20공군 제509혼성군단은 1945년 8월 3일경 이후 날씨가 유시계有視界 폭격을 할 수 있을 만큼 좋다면 최초의 특별 폭탄을 히로시마, 고쿠라, 니가타, 나가사키 가운데 한 곳에 투하한다.

그리고 그것은 "프로젝트 스태프의 준비가 완료되기만 하면 다음(복수의) 폭탄을 상기의 표적에 투하한다"는 것으로 돼 있었다.[47] 하나의 명령으로 원폭 두 발의 사용을 승인한 것이다.

트루먼은 회고록에서 이 명령에 대해 다음과 같이 언급했다.

> 이 명령으로 군사목표에 대한 원자폭탄(단수)의 최초 사용을 위한 차륜이 움직이기 시작했다. 나는 결정을 내렸다. 나는 스팀슨에게 이 명령은 우리가 최후통첩에 대한 일본의 회답을 받을 수 있을 것이라는 점을 그에게 통고하지 않는 한 유효하다는 사실을 알려주었다.[48]

이 짤막한 세 문장에는 허위도 아니고 완전한 진실도 아닌 반半진실이 섞여 있다. 원폭은 개별적인 '군사목표'만으로 표적을 좁혀서 투하된 것이 아니다. 그것은 단수의 원폭투하를 명한 것이 아니라 복수의 원폭투하를 명한 것이었다. 그러나 가장 중요한 사실은 트루먼 자신이 이 명령을 내리지 않았다는 것이다. 핸디 참모부장관은 마셜과 스팀슨에게만 승인을 요청하고 대통령의 승인을 요구하지 않았다. 마셜도 스팀슨도 대통령의 인가가 필요하다고는 생각하지 않았다. 그것은 순수하게 군사적 결정으로 간주되고 있었기 때문일 것이다. 트루먼이 이 명령에 대해 상담을 받았는지 여부는 알 수 없다. 상담을 받았다고 해도, 자신의 재가가 필요해서 대통령의 권위를 행사했다기보다 오히려 군사 당국자에게 결정을 위임한 일종의 방관자로 처신했을 것이다. 게다가 트루먼이 스팀슨에게 일본으로부터 포츠담선언 수락에 대해 만족할 만한 회답이 올 때까지 이 명령이 유효하다는 지시를 했을지는 매우 의심스럽다. 스팀슨의 일기에는 그런 지시에 대한 언급이 없었고, 문서관의 문서를 다 뒤져보아도 트루먼이 내렸다는 명령은 아직 찾아내지 못했다.

핸디가 스파츠에게 보낸 명령이 포츠담선언이 발표되기 하루 전인 7월 25일에 발령된 사실에 주목해야 한다. 일본이 포츠담선언이라는 형태로 발표된 최후통첩을 거부했기 때문에 트루먼이 어쩔 수 없이 원폭투하를 결정했다는 설이 있다. 이는 전후에 트루먼과 스팀슨 자신들이 주장해서 미국에서 널리 받아들여지고 있는 해석이지만 역사적 사실에 반하는 신화에 지나지 않는다. 트루먼은 포츠담선언이 거부되고 나서 원폭투하를 결정했다고 써놓았다. 그러나 진실은 완전히 그와 반대다. 원폭투하 결정은 포츠담선언이 발표되기 이전에 이뤄졌으며, 오히려 포츠담선언이 원폭투하를 정당화하기 위해 발표됐다.

트루먼은 원폭이 지닌 의미에 대해 고려했음이 분명하다. 그는 소련의 참전 약속을 받아내기 위해 포츠담에 갔다. 그러나 원폭을 실전에 사용할 수 있다는 정보를 입수한 뒤 트루먼은 소련 참전에 관해 재검토했을 것이다. 7월 23일 오전 스팀슨과의 회의에서 트루먼은 스팀슨에게 "우리에게 소련의 참전이 필요한지, 아니면 그들 없이도 해낼 수 있는지에 대해 마셜이 어떻게 생각하고 있는지" 알아보라고 지시했다. 점심 식사 뒤에 스팀슨은 마셜, 아널드, 매클로이, 핸디(육군장관의 특별고문)와 회의를 했다. 스팀슨이 트루먼의 질문을 마셜에게 전하자 마셜 육군참모총장은 그에 대해 직접 회답하지 않았다. 다만 그는 군사작전 입안자가 소련의 참전을 바랐던 최초의 목적은 만주에 일본군을 묶어두는 데에 있었으나, 그 목적은 소련군이 만주 국경에 집결함으로써 이미 달성됐다고 설명했다. 나아가 "우리가 소련 없이 전쟁을 해서 일본을 우리의 조건대로 항복하게 만들 수 있다고 하더라도, 그것이 소련이 만주에 침입해서 (일본이) 항복할 때 그들이 바라는 조건을 획득할 수 있도록 공격하는 것을 방해하진 않을 것"이라고 말했다. 스팀슨은 일기에 "마셜은 그가 그렇게 말할 것이라고 생각했던 것, 즉 새로운 무기로 우리가 일본을 점령하는 데 이미 소련은 필요가 없다고 말했다"고 썼다.[49]

그러나 마셜은 그 자리에서 원폭이 있기 때문에 미국은 이미 소련의 참전을 필요로 하지 않는다고 언명하지 않았다. 스팀슨은 마셜의 발언을 자신이 좋을 대로 비틀어서 해석했던 것이다. 실제로 마셜은 원폭을 사용하더라도 소련이 참전할 때까지 전쟁은 계속될 것이며, 따라서 소련의 참전은 불가피하고 미국은 소련이 참전하기 전에 그 조건에 대해 소련과 합의하는 것이 유리하다고 생각했던 것으로 보인다. 마셜은 또 스팀슨에 대해 기후상태에 따라서는 원폭을 사용할 수 없을지도 모른다고 말했다.[50] 즉 마셜은 분명 원폭투하만으로는 일본을 항복하게 할 수 없다고 생각했다. 스팀슨 일기가 보여주고 있는 것은 마셜과 스팀슨이 원폭의 영향과 소련의 참전에 대한 평가에서 다른 생각을 하고 있었다는 것이다.

7월 24일 오전, 스팀슨은 트루먼에게 마셜과의 회담 결과를 보고했다. 스팀슨은 마셜의 발언에서 그가 소련의 참전은 필요하지 않다고 생각하는 것으로 '추정'할 수 있다고 말했다. 마셜의 발언을 왜곡해서 보고한 것이 분명하다. 이 왜곡은 큰 의미를 갖고 있다. 그로 인해 트루먼은 군사지도자들도 소련의 참가 없이, 원폭을 사용해서 미국 단독으로 일본을 항복시킬 수 있다고 생각한다고 확신하게 되었다.

스팀슨의 7월 24일 일기에는 왠지 모르겠으나 역사가 지금까지 빠뜨리고 살피지 않은 다음과 같은 내용이 들어 있다.

> 나는 그러고 나서 지난밤 해리슨이 보내온 작전(또는 수술, 원어는 operations)의 일정에 관한 전보를 보여주었다. 그(트루먼)는 이거야말로 바로 자신이 바라던 것이었다며 정말 기쁘다, 경고를 발할 계기를 만들어주었다고 말했다.

대통령은 이 최후통첩 초안을 이미 장제스에게 보냈다고 밝히면서 "장제스가 승인하는 대로 곧 이 최후통첩을 발표할 것이다. 그것은 해리슨의 일정과 딱 맞아떨어진다"고 말했다.[51] 포츠담선언을 발표하는 타이밍은 원폭투하 일정과 밀접하게 결부돼 있었던 것이다.

트루먼, 스탈린에게 '신무기'에 대해 말하다

7월 24일, 제8회 포츠담회담은 7시 30분에 휴식에 들어갔다. 참석자가 일어나 원탁에서 떨어져 잡담을 하려 할 때 트루먼은 통역을 대동하지 않고 스탈린에게 다가가 급히 생각이 난 듯 "우리는 심상치 않은 파괴력을 지닌 신무기를 갖고 있다"며 말을 걸었다. 스탈린은 아무런 흥미도 보이지 않았다. 적어도 대통령에게는 그렇게 여겨졌다. 트루먼은 "그는 단지 그 말을 듣고 기쁘다, 그걸 일본인에 대해 '유효하게' 사용하기를 바란다고 말했을 뿐이다"라고 회고록에 썼다. 스탈린의 그 무심하다고도 여길 수 있는 답변에 트루먼뿐만 아니라 그 응답을 목격한 사람은 누구나 스탈린이 트루먼이 흘린 정보의 중대성을 깨닫지 못한 것으로 생각했다.[52]

그러나 스탈린은 속지 않았다. 6월 2일, 소련 스파이 해리 골드Harry Gold는 맨해튼계획에 참가하고 있는 물리학자로, 역시 소련의 스파이였던 클라우스 푹스Klaus Fuchs를 짧은 드라이브나 하자며 끌어냈다. 푹스는 가까운 시일 안에 원폭실험이 있다는 것을 차 안에서 알려주었다.[53] 6월 중순에 내무인민위원회(NKVD)의 스파이 레오니드 크바시코프Leonid Kvasikov가 상사에게 미국의 원폭실험이 7월 10일 실시된다고 보고했다(실제로는 7월 4일로 예정돼 있었으나 이따금 내리는 소나기 탓에 7월 16일로 연기됐다). 그 정보는 베리아를 거쳐 스탈린에게 전달됐다. 따라서 스탈린은 트루먼이 "심상치 않은 파괴력을 지닌 신무기"를 언급했을 때 금방 그게 원폭인 줄 알았을 것이다.

그날 포츠담회담이 끝나고 숙소로 돌아간 스탈린은 곧바로 베리아를 전화로 불러내 실험에 대한 정보가 있는지 물었다. 베리아는 "스탈린 동지, 전에도 보고했듯이 2주일 전에 실험이 실시될 예정이었습니다. 그러나 지금 거대한 폭발에 관한 정보는 입수하지 못했습니다"라고 대답했다. 스탈린은 베리아의 무지를 탓하며 격하게 매도했다. 그리고 원폭실험에서 폭발은 이미 일주일 전에 일어났고, 베리아가 "거짓정보에 놀아났다"면서 내무인민위원회의 태만으로 교섭의 장에서 트루먼이 소련 대표에게 강경한 입장을 취할 여지를 만들었다고 비난했다. 그로미코에 따르면, 스탈린은 숙소에 돌아오자 미국이 원폭을 독점함으로써 유럽에서 미국의 계획을 소련에 들이밀 것이라고 예상하면서, "그러나 그렇게 하도록 놔두진 않겠어"라며 "썩은 냄새 나는 듯한 말로" 떠들었다. 그리고 스탈린은 소련의 원폭개발을 앞당기겠다고 맹세했다.[54]

스탈린에게 가장 중요한 발견은 트루먼이 원폭에 관한 정보를 감추고 있다는 것이었다. 스탈린은 도고의 전보와 같은 기밀정보를 트루먼에게 알려주었는데, 상대인 트루먼은 원폭에 관한 일을 숨겼다. 물론 스탈린이 미국에 소련의 스파이를 잠입시켜 원폭의 비밀을 알아내려 한 것은 그의 대차대조표엔 들어 있지 않았다. 스탈린은 공정성 따위에는 관심이 없었다. 그는 미국이 소련을 속이고 일본의 항복을 단독으로 받아내는 것은 아닌가 하는 시의심에 쫓기고 있었다.

트루먼이 "심상치 않은 파괴력을 지닌 신무기"에 대해 스탈린에게 말하기 몇 시간 전에 영미 합동참모본부는 소련 참모본부와 첫 회의를 열었다. 레이히는 안토노프(123쪽 각주 참조)에게 일본에 대한 소련의 작전계획을 캐물었다. 안토노프는 소련군은 "8월 하순에 작전을 개시할 예정"이지만, 실제 일시는 중국과의 교섭 결과에 달렸다고 대답했다. 안토노프는 연합국이 소련의 참전을 필요로 하고 있다는 가정 아래 교섭에 임했음에 틀림없다. 그 때문에 안토노프는 스탈린이 17일 트루먼과의 회담에서 그랬듯이, 중국에 대해 소련과 조약을 체결하도록 연합국이 압력을 가해주기를 기대했을 것이다.[55]

그러나 트루먼이 원폭에 관한 어중간한 정보를 스탈린에게 준 뒤에 무슨 일인가가 소련 지도부 내에 일어났음이 분명하다. 7월 25일, 사토 대사로부터 서면으로 고노에 특사 파견을 통한 일본의 정식 종전 알선 의뢰를 받은 로좁스키는 예전처럼 구체적인 조건을 요구하는 수법으로 시간벌기 전술을 채용하도록 상신했다. 하지만 몰로토프는 이를 거부하고 로좁스키의 전보 여백에 "불요不要"라고 써넣었다. 일본을 속일 때는 지났다. 소련은 일본에 대한 전쟁 준비에 전력을 기울여야 했다. 또 그것은 미국 원폭과의 경쟁이기도 했다.[56]

트루먼, 포츠담선언 발표

스탈린은 포츠담선언에 서명해달라는 요청을 받는 게 당연하다는 생각을 하고 있었다.[57] 만일 일본에 대한 최후통첩이 미국, 영국, 중국, 소련의 공동선언으로 발표된다면 그것으로 중립조약 무효화를 정당화할 수 있다. 또 전쟁 준비가 완료됐을 때 이 공동선언이 발표된다면 그것은 소련의 선전포고가 될 수도 있다. 일본이 소련의 알선에 모든 희망을 걸고 있었다는 점을 생각하면, 그 선전포고는 일본에 충격을 줘 항복으로 이끌 것이었다. 그러나 스탈린으로서는 곧바로 전쟁이 끝나버리면 난처해진다. 전쟁은 적어도 스탈린이 얄타에서 약속받은 대가를 물리적으로 손에 넣을 때까지 계속돼야만 했다. 그러기 위해서는 스탈린이 포츠담선언 입안에 참가할 필요가 있었다. 또한 그것은 홉킨스가 5월에 스탈린에게 약속한 것이기도 했다.

그러나 원폭은 상황을 완전히 바꾸어놓았다. 미국의 정책결정자에게 포츠담선언은 처음에는 미군이 일본 본토상륙 전에 일본에 항복을 요구하는 최후통첩으로 여겨졌다. 하지만 원폭 두 발이 실전에 사용 가능한 상황이 되자 선언은 새로운 의미를 띠게 됐다. 일본에 항복을 요구하는 최후통첩이라는 성격보다도, 항복하지 않으면 "신속하고 철저한 파괴"를 초래하게 될 것이라는 점을 일본에 선언함으로써 원폭 투하를 정당화하기 위한 알리바이 쪽으로 성격이 바뀐 것이다. 그리고 원폭을 보유함으로써 미국은 이미 소련의 지원을 얻어낼 필요가 없어졌다. 따라서 포츠담선언에서 소련을 제외하는 것이 트루먼의 주요 목표가 됐다.

7월 24일, 트루먼과 번스는 포츠담선언의 최종안을 승인했다. 번스에 따르면, 스팀슨 초안이 번스에게 전달됐다. 그리고 원폭 뉴스를 들었을 때 번스는 이 초안을 수정했다. 번스는 수정할 때 처칠과 트루먼의 제안을 고려했다고 한다. 어디서, 어떤 수정을 트루먼이 제안했는지는 알 수 없다. 이 수정이 7월 21일까지 이뤄진 것은 의심할 여지가 없다.

한 가지 확실한 것은 트루먼과 번스가 통합참모본부의 12조에 관한 수정안을 다시 수정했다는 점이다. 통합참모본부의 초안 12조는 다음과 같다('통합참모본부, 스팀슨의 초안을 수정하다' 참조).

우리의 목적이 달성돼 명백히 평화적 경향을 지니고 또한 일본 국민을 대표하는 책임 있는 정부가 수립되면, 연합국의 점령군은 일본에서 철수한다. 재침략을 막을 적당한 보장책이 갖춰진다면 일본 국민은 스스로 정부 형태를 자유롭게 선택할 수 있다.

트루먼과 번스는 여기서 "재침략을 막을 적당한 보장책이 갖춰진다면 일본 국민은 스스로 정부 형태를 자유롭게 선택할 수 있다"는 문장을 삭제했다. 원문에서 '정부'는 '일본 국민이 스스로 선택하는 것'임을 말하고 있지만 이 구절이 생략됨으로써 일본에는 더욱 가혹한 요구가 됐고, 천황의 지위는 더 불투명해졌다. 앞에서 살펴봤듯이 영국 정부는 선언을 일본 국민이 아닌 일본 정부를 상대로 발표하고 연합국의 점령을 직접점령이 아닌 간접점령으로 바꾸는 걸 제안했고, 이는 번스에게 받아들여졌으나 군주제 유지까지는 관철할 수 없었다. 처칠과 이든 외무장관은 트루먼과 번스의 강한 반대에 부닥치자 무조건 항복을 수정하는 걸 포기했다.[58]

스팀슨은 그래도 포츠담선언의 내용을 고치려고 최후의 노력을 경주했다. 21일의 도고 전보를 매직을 통해 해독한 것이 스팀슨에게 영향을 주었는지도 모른다. 트루먼이 받아들이기 쉽도록 배려한 것인지, 그렇지 않으면 그것을 정말로 믿고 있었던 것인지는 알 수 없지만, 7월 24일에 트루먼을 만나 소련이 아시아로 팽창해가는 위기상황과 관련지어 통합참모본부가 삭제한 부분을 부활하자고 트루먼에게 탄원했다. 스팀슨은 그 회견 내용을 일기에 남겼다.

나는 황실을 존속시킨다는 것을 일본인들에게 보장하는 것이 중요하다고 말했다. 이를 정식 최후통첩에 넣는 것은 그것이 받아들여지느냐 마느냐를 가르는 분수령이 될 것이라고 믿고 있었다.

트루먼은 이미 장제스에게 선언의 본문 전문을 보내버렸기 때문에 수정이 불가능하다고 대답했다. 스팀슨은 트루먼에게 그러면 "외교 채널을 통해서라도 일본인들에게 이 점을 보장할 수 있도록 주의를 기울여달라"고 요청했다. 트루먼은 그것이야말로 자신이 의도하고 있던 바라며 이를 적절히 처리하겠다고 약속했다.[59]

스팀슨의 마지막 노력에도 불구하고 트루먼과 번스는 이미 '무조건 항복'이라는 표현을 남겨두었고, 천황에 대해서는 어떤 약속도 하지 않기로 결정했다. 스팀슨에게는 지킬 의사가 전혀 없는 거짓 약속을 한 셈이었다.

왜 트루먼과 번스는 현행 황실체제하의 입헌군주제를 인정하려는 스팀슨의 의견을 무시했을까. 7월 24일의 월터 브라운 일기에 이 문제를 풀 열쇠가 들어 있다.

JFB(번스)는 잽이 소련을 통해 화평 공작을 벌인 사실을 또 얘기했다. 소련 주재 일본대사는 본국 정부에, 만일 전쟁을 계속한다면 독일에서 일어난 일이 일본에서도 일어날 것이라고 경고했다. 천황은 무조건 항복이라는 조건에 뭔가 수정을 가하지 않는다면 일본은 최후의 한 사람까지 싸울 것이라고 말했다.[60]

이 기술로 보건대 매직을 통해 도청 암호가 해독된 7월 21일의 도고발 사토 앞 전보가 번스의 의견에 결정적인 영향을 주었다는 것을 알 수 있다.

번스의 전기를 쓴 역사가 데이비드 로버트슨David Robertson은 번스가 도고의 메시지를 "일본이 무조건 항복을 거부하고 전쟁을 최후까지 계속 수행할 것"으로 해석했으리라 본다. 전쟁이 끝난 뒤의 인터뷰에서 번스는 말했다.

> "그 전보는 나를 심히 우울하게 만들었다. 이는 원폭 사용을 의미했다. 그것은 또 필시 소련이 참전하게 될 것이라는 걸 의미했다. 일본의 군벌을 항복시키기 위해서는 새로운 무기 두 발이 가져다줄 엄청난 파괴력이 필요하다는 사실에 아무런 의문도 품지 않았다."

앞서 얘기했듯이 도고의 21일 전보는 전쟁을 마지막까지 계속하겠다는 데 초점이 맞춰진 것이 아니라 오히려 무조건 항복 조건을 수정한다면 전쟁을 끝낼 의사가 있다는 점을 강조한 것이었다. 그 전보와 그에 앞선 7월 20일 전보에서 스팀슨, 매클로이, 포레스털은 전혀 다른 메시지를 읽어냈다. 포레스털은 "(일본 지도자의) 최종판단과 결정은, 만일 그들의 유일한 선택지가 무조건 항복뿐이라면 그들은 있는 힘을 다해 간절한 원망들을 긁어모아서 이 전쟁을 끝까지 수행해야 한다는 것이었다"고 썼다.[61] 스팀슨, 포레스털, 매클로이는 입헌군주제를 약속하고 무조건 항복 조건을 수정한다면 일본의 항복이 멀지 않다고 해석했다.

그러나 번스는 무조건 항복이 마치 어떤 변경도 불허하는 불변의 진리인 양 취급했다. 로버트슨은 번스의 이런 태도를 국내정치에 대한 배려라는 관점에서 설명한다. 반천황이라는 미국 내 여론을 의식하고 있었다는 것이다. 그러나 다른 설명도 가능하다.

월터 브라운의 7월 24일 일기는 다음과 같이 기록했다.

> JFB는 원폭(투하) 뒤에 일본은 항복할 것이며, 그렇게 되면 소련은 전쟁에 참가할 수 없게 되고 중국에 대한 권리도 주장할 수 없게 될 것이라는 기대를 여전히 갖고 있다.

포레스털도 "번스는 소련이 특히 다롄이나 뤼순을 손에 넣기 전에 일본과의 전쟁을 종결짓고 싶다고 말했다"고 썼다. 포레스털이 번스에게, 대통령이 포츠담에 온 목적은 소련의 참전을 확고하게 만드는 데 있다고 얘기했다고 하자, 번스는 "대통령의 생각이 바뀌었음이 분명하다. 적어도 지금 내 생각에 그건 아니다"라고 대꾸했다.[62]

그러나 문제는 아직 남았다. 번스의 우려가 소련의 중국 침공에 대한 것이었다면 왜 스팀슨의 수정안을 받아들여 소련 참전 전에 일본을 항복하게 만들려고 하지 않았을까? 무조건 항복을 고집하면 일본이 최후까지 싸우리라는 것을 매직을 통해 알고 있었을 텐데 말이다.

브라운 일기에서 가장 중요한 열쇠는 "원폭(투하) 뒤에 일본은 항복할 것이라고 믿었고"라는 구절이다. 번스는 원폭이 미국이 손에 쥐고 있는 비장의 카드 중 최우선순위가 됐다고 해석했을 가능성이 있다. 원폭은 소련이 참전하기 전에 일본을 항복하게 만들 좋은 도구였다.

따라서 번스에게 원폭은 어쩔 수 없이 사용하는 무기가 아니라 절대로 사용해야 할 필요가 있는 무기였다. 하지만 원폭을 사용하기 위해서는 전례 없이 "신속하고 철저한 파괴"를 예고하는 최후통첩을 일본에 보내야만 했다. 그리고 원폭 사용을 정당화하기 위해서는 그 최후통첩을 일본이 거부해야만 했다. 거부당하기 위해서는 끝까지 무조건 항복을 주장하면서 천황제를 유지할 것이라는 따위의 쓸데없는 약속을 하지 말아야 한다.

브라운의 7월 26일 일기에는 "일본에 대한 공동 메시지가 발표될 것이다. 이는 원폭(투하)의 서곡이다"라고 적혀 있다.[63] 번스는 일본이 회답하기 전부터 포츠담선언을 일본이 거부하리라는 것을 알고 있었고, 포츠담선언이 원폭투하로 가는 서곡이 될 것이라는 걸 알고 있었다.

트루먼은 어땠을까? 트루먼이 포츠담선언의 타이밍, 서명자, 내용 그 어느 것에 대해서도 전혀 몰랐을 것이라고 생각할 순 없다. 번스, 스팀슨, 매클로이, 포레스털이 알고 있던 매직의 내용을 대통령도 알고 있었음이 분명하다.[64] 따라서 일본 정부가 소련을 통해 종전 중개를 요청한 사실, 최후까지 전쟁을 계속하리라는 것을 알고 있었다고 보아야 한다. 특히 만일 포츠담선언에서 무조건 항복을 요구하면 일본이 이를 거부하리라는 것은 확실히 알고 있었다. 그럼에도 트루먼은 첫째로 스팀슨의 원안에서 "현행 황실체제하의 입헌군주제를 유지"하겠다는 약속을 삭제하고, 둘째로 "일본 국민은 스스로 정부 형태를 자유롭게 선택할 수 있다"는 구절을 지우고 포츠담선언이 천황제 유지에 대해 확고한 (거부) 입장을 취하고 있다는 것을 분명히 했으며, 셋째로 스팀슨이 "입헌군주제 유지"라는 표현을 부활하자고 한 탄원을 거부했다. 번스와 마찬가지로 트루먼도 이것이 일본에 의해 거부당하리라는 것을 충분히 알고 포츠담선언을 발표했다고 생각할 수밖에 없다.

왜 트루먼은 일본이 거부하리라는 것을 알면서 어려운 조건을 붙인 포츠담선언을 발표했을까? 무엇보다 먼저 트루먼이 무조건 항복에 매우 집착하고 있었던 점, 특히 천황의 처우에 대해 양보하기를 꺼렸다는 점을 들 수 있을 것이다. 그러나 포츠담선언이 원폭과 밀접한 관계를 갖고 있었다는 사실을 트루먼도 부정할 수 없을 것이다.

트루먼은 대통령 명령으로 원폭투하를 결정한 것이 아니다. 그는 오히려 군사지도자들이 이미 내려놓은 결정에 간섭하지 않았을 뿐이다. 대통령의 맵룸에 배속돼 있던 해군 정보장교 조지 엘시George Elsey는 "트루먼은 어떤 결정도 하지 않았다. 왜냐하면 해야 할 결정이 없었기 때문이다. … 그는 철로 위를 달려오는 기차를 멈출 수 없었다"고 말했다.[65]

그러나 트루먼이 단지 군사지도자들 사이에서 내려지는 결정을 팔짱을 끼고 바라보기만 한 방관자는 아니었다. 7월 24일은 트루먼에게 결정적인 날이었다. 그날 트루먼은, 그다음 날 핸디가 스파츠에게 하달할 원폭투하 명령서를 봤다. 게다가 스팀슨한테서 원폭투하 일정에 대해 설명한 해리슨의 전보까지 전달받았다. 그리고 스탈린에게 "심상치 않은 파괴력을 지닌 신무기"에 대해 얘기를 흘린 것도 그날이었다. 대통령은 25일까지 원폭 일정이 확정될 것이라는 것, 원폭이 8월 첫주에 투하할 수 있는 상태가 된다는 것을 알고 있었다. 스팀슨은 7월 23일과 24일 대통령과의 회의에서 포츠담선언이 원폭과 밀접하게 엮여 있는 사실에 유의했다.

트루먼은 일기에 "우리는 많은 인명을 구하기 위해 잽에게 항복하는 게 좋을 것이라는 경고를 할 것이다. 나는 그들이 항복하지 않으리라는 확신을 갖고 있다. 하지만 우리는 그들에게 기회를 줄 것이다"고 썼다.[66] 트루먼은 원폭을 사용하지 않아도 되도록 일본이 항복을 받아들이면 좋겠다고 쓰지는 않았다. 번스와 마찬가지로 트루먼도 포츠담선언을 발표하기 전부터 그것이 일본에 거부당할 것이라는 확신을 갖고 있었고, 원폭투하를 정당화하기 위해 포츠담선언을 발표했다.

트루먼은 7월 25일 일기에 원폭에 관한 기묘하기까지 한 인상을 써 놓았다. 그는 "18미터나 되는 철골탑을 완전히 증발시켜버리고", "폭심지에서 약 1킬로미터 떨어져 있던 철골탑이 쓰러질" 정도의 파괴력에 감탄했다. 하지만 이를 민간인에 대한 전례 없는 살상력이라는 차원에서 이해하진 못했다. 그는 또 이렇게 일기에 썼다.

> 이 무기는 일본에 대해 오늘부터 8월 10일까지 사이에 사용될 것이다. 나는 스팀슨 육군장관에게 여자와 아이들이 아니라 군사시설, 육해군 병사들이 목표라고 지시했다. 설령 잽이 야만인이고 잔혹하며 광신적일지라도 만민의 행복에 봉사하는 세계의 지도자가 이 무서운 무기를 옛 수도에도, 지금의 수도에도 떨어뜨릴 순 없다.

그리고 자신을 설득이라도 하듯 "스팀슨과 나는 생각이 일치했다. 표적은 순수하게 군사목표다"라고 거듭 얘기했다.

이처럼 원폭이 투하되기 전부터 트루먼은 "18미터나 되는 철골탑이 완전히 기화"해버릴 정도의 파괴력을 지닌 폭탄이 여자와 아이들을 살상하지 않고 오직 군사목표에만 사용될 것이라고 스스로에게 다짐하듯 이야기했지만 이는 자기기만에 불과했다. 7월 23일에 아널드 장군은 스팀슨과 원폭에 관해 "여자와 아이들을 살상할 것이라는 것, 인접한 많은 마을을 파괴하고, 다른 나라들에 영향을 미칠 것이라는 것, 그리고 일본인에 대한 심리적 영향에 대하여" 이야기를 나누었다고 말했다.[67] 미국의 최고사령관이, 아널드와 스팀슨이 자명한 것으로 여기고 있던 것을 몰랐을 리가 없다.

7월 24일, 트루먼은 포츠담선언의 최종적인 원문을 승인하면서 이를 헐리 대사에게 전보로 보내 일각도 지체하지 말고 장제스의 서명을 받도록 훈령을 내렸다. 처칠은 25일 런던을 출발하기 전에 이미 트루먼에게 승인하겠다고 했다. 26일 저녁 트루먼은 장제스의 승인을 받았다. 오후 7시에 "모든 일본 군대의 무조건 항복"을 요구했으나 천황의 운명에 대해서는 한마디도 언급하지 않은 포츠담선언 사본이 9시 20분 공표라는 조건부로 기자단에 전달됐다. 작은 백악관은 일본에 널리 알려져 있듯이 워싱턴의 전시정보국에도 사본을 보냈다. 포츠담선언은 국무부와 육군부가 합의한 것처럼 외교문서가 아니라 프로파간다 수법으로 간주돼 외교 채널을 통하지 않고 직접 단파방송으로 일본에 전달됐다. 워싱턴 시간으로 26일 오후 4시(일본 시간으로는 7월 27일 오전 5시), 미국 서부해안의 단파방송은 포츠담선언을 방송하기 시작했다.[68]

포츠담선언에 대한 스탈린의 반응

미국 대표단은 소련이 서명할 것으로 예상하고 작성한 포츠담선언 초안을 들고 회의장에 도착했다. 그러나 스탈린도, 몰로토프도 포츠담선언의 최종적인 텍스트 작성 회의에서는 완전히 배제됐다. 앨라모고도의 실험이 실시되고 난 뒤 트루먼과 번스의 주요 목적은 소련을 포츠담선언의 서명국에서 제외하는 것이었다. 이 비밀작전은 완벽하게 성공했다. 포츠담선언이 발표될 때까지 소련은 이를 까맣게 몰랐다. 도처에 설치해둔 도청기는 소용이 없었다.

포츠담선언 사본을 7월 26일에 기자단에 전달한 뒤 번스는 외교 의례로서 몰로토프에게 사본을 보냈다. 몰로토프는 이에 경악했고, 즉시 선언의 발표를 2, 3일 연기해달라고 요청했다. 그러나 번스는 이미 기자단에게 배포해버려서 불가능하다며 몰로토프의 요청을 거부했다.[69]

스탈린은 홉킨스의 약속을 진심으로 받아들여 포츠담선언이 3거두 간의 회의에서 정식 의제로 토의될 것으로 생각하고 있었다. 러시아의 역사가 사프로노프Viacheslav Safronov는 러시아의 문서관에서 소련이 연합국의 공동선언에 참가할 것으로 예상하고 자체 초안을 준비하고 있었음을 보여주는 문서를 발견했다. 그 초안은 "연합국의 민주정부, 즉 미국, 중국, 영국, 소련이 일본과의 관계에 대해 공동선언을 발표하는 것이 중요하다는 점을 인식할 때가 도래했다"는 문장으로 시작해, 중국에 대한 침략에서부터 진주만공격에 이르는 일본의 과거 침략행위들을 열거하고 있다.

진주만공격에 대해서는, 그것이 40년 전에 일본이 러시아를 공격했을 때와 같은 간악한 기습공격이었다며 일본의 뤼순공격을 진주만공격과 동일시했다. 일본 군국주의자들의 계획은 "중국인들의 흔들림 없는 저항과 미국, 영국군의 용기 있는 싸움으로" 좌절당했다. 초안은

"전 세계의 사람들이 아직도 계속되고 있는 전쟁을 종결시키려는 불타오르는 염원을 안고 있다. 미국, 중국, 영국, 소련은 전쟁을 즉각 종결시키기 위해 공동으로 단호한 수단을 강구하는 것이 주어진 책무라고 생각한다"면서 마지막으로 일본에 대해 "무기를 놓고, 무조건 항복하라"고 요구했다.[70]

이 초안은 포츠담선언에 대한 소련의 자세를 반영하고 있다. 초안에서 가장 눈에 띄는 점은 연합국에 대해서는 마치 아첨하듯이 달콤할 만큼 협조적이라는 것이고, 이는 스탈린이 미국, 영국과의 공동선언에 참가하려고 필사적으로 노력했다는 사실을 보여준다. 하지만 이런 공동선언이 나와버렸다면 소련에 대한 일본의 기대는 물거품이 되고 스탈린의 최대 목적이었던 소련 참전이 실현되기 전에 일본이 항복해버릴 위험이 있었던 게 아닐까? 스탈린과 몰로토프는 공동선언 토의에 소련이 참가하면 그 발표를 소련 참전 직전까지 연기할 수 있을 것으로 생각했음이 분명하다. 그 기대가 꼭 비현실적이었다고 할 수는 없다. 미국 육군부작전국도, 선언이 소련의 참전에 맞춰 발표된다면 가장 효과적일 것으로 생각하고 있었다.

그리고 소련의 초안은 마지막으로 무조건 항복을 요구했다. 스탈린은 무조건 항복을 요구하면 일본이 이 선언을 거부하고 전쟁을 계속하리라는 것을 도고의 전보를 통해서도 이미 알고 있었다.

그러나 번스가 몰로토프에게 포츠담선언 사본을 이미 기자단에 배포해버렸다고 설명했을 때 게임은 끝났다. 소련이 미국에 완전히 당한 것이다. 몰로토프는 소련의 초안을 제출할 기회를 상실했다. 소련 초안은 문서관의 파일함 속에 조용히 파묻혀버렸다.

7월 27일 오후 6시, 번스는 몰로토프와 회담했다. 그리고 거기서 선언 발표를 2, 3일 연기해달라는 몰로토프의 요청은 아침까지 도착하지 않았으며, 도착했을 때는 이미 늦었다고 설명했다. 이는 새빨간 거짓말이었다. 실제로는 소련 정부에 포츠담선언 사본을 보내기 전에 기자단에 먼저 배포했고, 그것은 트루먼과 번스가 짜낸 전략의 일환이었다. 몰로토프는 자신이 사본을 받은 직후인 지난밤에 발표 연기를 요청했다며 반발했다.

번스는 왜 트루먼이 소련 정부와 사전협의 없이 포츠담선언을 발표했는지를 설명했다. 먼저, 처칠이 영국의 총선거에서 졌기 때문에 연합국은 그가 총리 자리에서 물러나기 전에 서둘러 선언을 발표할 수밖에 없었다. 둘째, 미국 정부는 소련이 "일본과는 전쟁상태에 놓이지 않았기" 때문에, "소련에 폐를 끼치고 싶지 않았"으므로 협의하지 않았다. 새빨간 거짓말이었다. 몰로토프는 자신에게는 이를 논평할 자격이 없다며 스탈린이 이 문제를 다시 제기할 것이라고만 얘기했다.[71]

일본 정부는 포츠담선언에 스탈린의 서명이 없다는 사실에 맨 먼저 주목했다. 그 때문에 일본 정부는 포츠담선언을 수락해서 항복하기보다 소련의 중개를 통해 전쟁을 종결하겠다는 종래의 정책을 지속했다. 스탈린이 필사적으로 공동선언에 참가하려던 시도는 비참한 실패로 끝났으나, 그 실패가 오히려 일본이 한층 더 소련의 알선을 믿고 의지하는 정책을 계속하게 만든, 굴러온 호박과 같은 결과를 가져다주었던 것이다. 스탈린이 모든 것을 꿰뚫어본 만능의 지도자였던 것은 아니다. 그는 행운아였을 뿐이다.

7월 28일, 애틀리Clement Attlee 총리와 베빈Earnest Bevin 외무장관이 이

끄는 새로운 영국 대표단이 포츠담에 도착했다. 공식 회의가 열리기 전에 스탈린은 모스크바에서 온 중요한 정보를 발표하고 싶다고 했고, 25일에 사토 대사가 로좁스키에게 건네준 전쟁종결을 위한 공식 알선 의뢰 내용을 소개했다. 스탈린은 소련 대표단이 연합국의 공동선언에 관해 어떤 사전협의에도 참여하지 못했지만 그럼에도 이런 극비정보를 제공한다는 사실을 강조했다. 통역이 사토가 요청한 내용을 낭독한 뒤 스탈린은 그 요청이 이전의 요청과 비교해 좀 더 구체적이긴 하지만 그 외에는 전혀 새로울 것도 없어서, 소련은 일본에 부정적인 회답을 보낼 예정이라고 말했다. 트루먼은 그 정보에 감사했다.[72]

이것은 '여우와 너구리의 서로 속이기 게임'의 재탕이었다. 트루먼은 이미 매직으로 도고-사토 간의 왕복 전보 내용을 알고 있었다. 스탈린의 목적은 다시 극비 문서 내용을 밝힘으로써 소련이 얼마나 협력적인지를 미국 쪽에 보여주면서 포츠담선언에 서명해달라는 권유를 트루먼으로부터 받아내는 것이었다. 스탈린은 이 목적을 달성하기 위해 필사적으로 움직였다. 선언문에 서명해서 연합국으로부터 초대를 받는 형태로 일본에 최후통첩을 보내지 않으면 중립조약을 위반하는 대의명분이 서질 않았다.

7월 29일 스탈린은 감기에 걸렸다는 구실로 회의에 나가지 않고 몰로토프를 대리로 파견했다. 회의 말미에 몰로토프는 태평양전쟁에서의 소련 역할에 대해 발언하면서, 자신은 스탈린으로부터 이렇게 트루먼에게 전하라는 훈령을 받았다고 했다. 그 내용은 이랬다. "최선의 방법은 미국, 영국과 다른 연합국이 소련 정부에 전쟁에 참가해달라고 요청하는 것이다." 그리고 그 요청은 일본이 포츠담선언을 이미 거부했기 때문에 "전쟁을 빨리 종결해 많은 인명을 구하기" 위해서라는 이유만으로도 충분히 받아들일 만한 일이라고 설명했다.[73]

소련의 요청은 또다시 트루먼과 번스를 난처하게 만들었다. 그 요청은 아무래도 받아들일 수 없었다. 번스는 이에 대해 "일본의 항복이 임박해 있어서 우리는 당연히 소련을 전쟁에 끌어들이고 싶지 않았다"고 나중에 썼다.[74] 또 한편으로, 얄타 이후의 미국 정책은 소련에 일관되게 참전을 요청하는 것이었고, 트루먼 자신이 공적인 성명에서나 개인적으로나 포츠담에 온 목적은 소련에 전쟁 참가를 요청하는 것이었다고 해온 만큼 그것을 무시할 수도 없었다.

이 딜레마에서 벗어나기 위해 번스는 자신이 신뢰하는 국무부 법률 전문가였던 벤저민 코언Benjamin Cohen에게 조언을 구했다. 코언은 소련이 포츠담선언에 참가하지 않더라도 중립조약을 파기하고 참전하는 것을 합법화할 수 있는 교묘한 법률적 편법을 생각해냈다. 그것은 소련이 1943년 10월 30일에 미국, 영국, 소련이 서명한 모스크바선언과 국제연합헌장 103조 및 106조에 따라 전쟁에 참가할 수 있다는 것이었다. 모스크바선언 5절과 국제연합헌장 106조는 연합국 4개국은 공동체의 이름으로 서로 협의해서 "공동행동"을 취한다고 규정돼 있다. 또 국제연합헌장 103조는 국제연합헌장에 대한 의무가 국제법에 대한 의무에 저촉될 경우에는 국제연합헌장에 명시된 의무를 우선한다고 돼 있었다.[75] 그러나 이 설명은 법적인 근거가 결여돼 있다. 모스크바선언은 연합국 4개국만이 서명한 선언이어서 그 법적인 의무를 거기에 참가하지 않은 국가에까지 부과하는 것은 무리였다. 그것은 소련과 연합국 간의 관계를 규제하고 있다고 할 순 있어도 소련과 일본과의 조약이 이 헌장으로 무효가 될 수는 없다. 게다가 국제연합헌장은 아직 어떤 나라에서도 비준이 돼 있지 않았고 또 그 헌장에 서명하지 않은 일본에 효력이 미칠 리가 없었다. 따라서 코언의 설명은 근거가 없기 때문에, 정확하게 얘기하면 '법적 근거'가 없기 때문에 소련에 제기됐다고도 할 수 있다.

트루먼은 회고록에서 다음과 같이 썼다.

> 나는 (스탈린의) 그 제안을 어떤 중요한 이유로 좋아할 수 없었다. 그 제안은 승리를 가져다주는 데 결정적인 요소가 마치 소련의 참전인 양 보이게 하려는 냉소적인 외교적 책모라고 보고 있었기 때문이다.

소련이 전쟁에 참가하는 것은 얄타조약에서 결정된 의무이고, 그 의무는 포츠담회담에서 확인됐다. 그럼에도 트루먼은 "미국과 연합국은 소련이 일본과의 중립조약을 위반하도록 의무를 부과하지 않았다"고 주장했다. 나아가 트루먼은 "소련이 아무런 역할도 하지 않고 우리가 오래도록 고통스럽게, 용감하게 싸운 뒤에 얻어낸 과실을 옆에서 훔쳐가도록 내버려둘 생각이 내게는 전혀 없었다"고 설명했다.

번스도 "다른 정부가 정당하고 충분한 이유 없이 국제협정을 위반하도록 미국이 요청하게 만들어서는 안 된다"고 말했다. 그러나 여기서 번스는 루스벨트가 중립조약 위반 등에 개의치 않고 얄타에서 소련에 참전을 요청한 사실을 완전히 잊어버렸다. 중립조약 위반을 정당화할 "정당하고 충분한 이유"는 바로 스탈린이 요구한 것이었으며, 트루먼과 번스는 이를 스탈린에게 주기를 거부했던 것이다.

번스는 회고록에서 좀 더 솔직하게 설명했다.

> 솔직히 인정할 수밖에 없지만, 동부 독일에서 소련의 행동과 폴란드, 루마니아, 불가리아에서의 얄타조약 위반에 대해 우리가 알고 있는 것을 감안해서 판단하건대, 만일 러시아인이 참전하지 않기로 결정했다면 나는 틀림없이 만족했을 것이다. 일본이 무조건 항복을 집요하게 거부했음에도 원폭이 성공한다면 일본이 우리의 요구 조건에 따라 항복할 것이라고 나는 믿고 있었다.

이 글은 트루먼과 번스가 작성한 시간표의 본질을 간결하게 요약하고 있다. 그것은 무조건 항복을 요구한 포츠담선언의 발표→일본의 거부→원폭투하→소련이 참전하기 전의 일본 항복 순으로 짜인 시간표였다.

트루먼은 7월 31일 스탈린에게 편지를 보내, 귀하가 포츠담선언에 서명하지 않더라도 모스크바선언과 국제연합헌장에 따라 일본에 참전할 수 있다는 해석을 스탈린에 전했다. 번스에 따르면, 스탈린은 "이 설명에 만족했다"고 트루먼에게 말했다고 했는데, 만일 그랬다면 그것은 스탈린의 연기였을 것이다. 왜냐하면 그 설명은 손바닥으로 뺨을 때리는 것과 같은 모욕적인 편지였기 때문이다. 후술하겠지만, 소련이 일본에 선전포고했을 때 그런 설명은 소용이 없었다. 이용할 수 있을 만한 법적인 근거가 결여돼 있었기 때문이다.

스탈린은 소련을 빼고 포츠담선언을 발표한 것을 미국의 배신으로 간주했다. 이는 원폭에 관해 트루먼이 진실을 감추고 있었던 것 이상으로 충격적이었다. 스탈린의 계획은 완전히 좌절당했다. 트루먼과 처칠은 스탈린의 의표를 찔러, 스탈린이 주인 행세를 했던 포츠담의 이름을 그 선언에 붙인 채 스탈린의 서명 없이 발표하는 매우 모욕적인 행동을 취했던 것이다. 하지만 가장 중요한 것은 트루먼의 행동으로 스탈린이 소련이 참전하기 전에 일본의 항복을 받아내려는 미국의 의도를 간파한 것이다. 스탈린은 트루먼의 목적 달성을 필사적으로 저지하려 했다. 소련은 일각도 지체 없이 전쟁에 서둘러 참가해야만 했다. 치열한 경쟁이 본격적으로 시작됐다.

스즈키 총리의 '묵살' 성명

7월 26일, 참모본부 러시아과장인 시라키 스에나리白木末成 대좌(대령)가 참모본부로 귀환해 소견을 보고했다. 거기에 따르면, 소련은 이미 150만의 병력, 비행기 5,400기, 전차 3,400대의 극동 수송을 완료하고 수이펀허綏芬河 국경까지 초병이 나가 서성거리고 있었지만, 월동준비를 하지 않고 있는 것으로 보아 진격을 시작한다면 9월 내지 10월이 될 것이며, 시라키 자신은 8월이 다 차면 공격을 시작할 것으로 생각하고 있다고 보고했다.[76] 그러나 이 중대한 보고에 주의를 기울인 자는 정부 내에도 군부에도 아무도 없었다.

다음 날인 27일 아침 5시부터 샌프란시스코에서 발신된 단파방송이 포츠담선언을 내보내기 시작했다. 다카기는 곧 이 선언에 스탈린이 서명하지 않은 사실에 생각이 미쳤다. 그리고 포츠담선언 조항을 분석해본 결과 이것은 무조건 항복의 '조건'을 제시한 것으로, 일본의 항복을 용이하게 하기 위해 발표된 것이라고 다카기는 판단했다. 따라서 소련에 알선을 의뢰할 것인지, 아니면 미국, 영국과 직접 교섭을 할 것인지를 결정할 때까지 정부는 무슨 일이 있어도 포츠담선언에 관해 논평을 삼가야 한다고 생각했다. 다카기의 의견은 틀림없이 요나이에게 전달됐을 것이다.

외무성도 포츠담선언에 어떻게 대처할 것인지 토의를 했다. 마쓰모토 슌이치松本俊一 외무차관은 포츠담선언이 "무조건 항복의 조건"을 밝힌 이상 이를 수락할 수밖에 없다고 말했다. 조약국장인 시부사와 신이치渋沢信一는 천황의 지위에 대해 선언은 아무것도 언급하지 않고 있지만 이를 폐지한다거나 제한한다고도 얘기하지 않고 있는 점에 유의해야 한다고 지적했다. 안도 요시로安藤義良 정무국장은 일본 국민이 스스로 정부 형태를 자유롭게 선택하게 한다는 부분에 주목하고, 일본인이 천황제를 폐지하는 쪽을 선택할 것으로 생각할 순 없다고 말했다.[77] 마쓰모토는 정부가 포츠담선언을 국민에게 숨겨서는 안 되며, 이를 거부할 것임을 시사하는 언동도 일절 삼가야 하고, 포츠담선언 전문을 논평 없이 발표하는 것이 타당하다고 말했다. 마쓰모토는 이 선언이야말로 고노에 특사가 소련과 교섭할 때 기초로 삼아야 한다고 제안하고, 사토 대사에게 이를 훈령으로 보낼 전보의 초안을 작성했을 정도다.

도고 외상은 마쓰모토의 마지막 제안에는 찬성하지 않았다. 소련의 회답을 기다려야 한다는 주장이었다. 그리고 포츠담선언에는 모호한 점이 있다고 지적했다. 대서양헌장과 카이로선언이 일본의 무조건 항복을 요구한 것임에 비해, 포츠담선언은 군대의 무조건 항복을 요구하고 있다(대서양헌장은 무조건 항복을 요구하고 있지 않기 때문에, 이는 도고의 어처구니없는 실수였다). 소련이 공동선언에 참가했는지에 대해서도 알 수 없다. 일본이 포츠담선언을 수락하기 전에 이런 모호한 점이 먼저 확인돼야 한다는 견해를 밝혔다. 그렇지만 도고 또한 일본 정부가 무슨 일이 있더라도 포츠담선언을 거부해서는 안 된다는 의견에는 찬성했다. 외상은 이 모호한 점을 소련과의 교섭을 통해 확인할 수 있을 거라고 생각했던 것이다.[78]

오전 11시에 도고는 황궁에 입궐해 천황에게 포츠담선언에 대해 상주하면서, "포츠담선언은 '브로드한 스테이트먼트(일반적인 선언)'로, 구체적인 것에 대해서는 여전히 연구의 여지가 있기 때문에 거기에 대해서는 소련을 통해 그쪽과 절충해서 충분히 판명하도록 하겠다"고 말했다. 천황은 이미 포츠담선언의 사본을 받아 이를 충분히 검토한 뒤여서 도고의 의견에 찬동했다.

이보다 이틀 전인 25일에 기도는 천황에게 중요한 상신을 했다. 그것은 군의 결호작전을 믿을 수 없다는 것이었다. 적은 공수부대를 요소요소에 투하할 것이고, 여차하면 대본영이 적의 손에 넘어갈지 모르는데, 이 경우 3종의 신기를 적에게 탈취당해 황통 2,600년의 상징을 잃게 될지 모른다, 그러니 지금이야말로 긴급히 강화를 해야 한다고 솔직하게 탄원했던 것이다. 그 전에 도고가 사토에게 중요한 훈령을 내렸고, 같은 날 사토가 로좁스키에게 서면으로 소련의 중개를 정식으로 요청한 사실과 연결해보면 기도와 도고가 연락을 취하며 행동하고 있었던 것으로 추정할 수 있다.[79]

오전에 상주한 도고의 뒤를 이어 기도가 27일 오후 천황을 배알하고 포츠담선언에 대해 상주했다. 기도는 도고와 마찬가지로 포츠담선언에는 스탈린의 서명이 없다는 것, 천황의 지위에 대한 언급이 없다는 것 등 모호한 점이 많다고 지적했다. 기도의 배알은 1시 25분부터 2시 20분까지로 이례적으로 긴 시간이었는데, 천황과 기도가 포츠담선언의 천황제와 황실 유지 관련 내용에 대해 토의했을 것으로 추측된다. 천황과 기도는 토의 결과 포츠담선언을 인정하기 전에 모스크바에서의 교섭 결과를 기다리자는 도고의 의견을 받아들이기로 했다.[80]

도고는 천황 배알을 마치자마자 최고전쟁지도회의에 참석했다. 그는 포츠담선언이 무조건 항복을 요구하고 있다고 주장하면서 이를 즉각 거부하는 것은 중대한 결과를 초래하기 때문에 정부는 선언에 관한 어떤 발언도 삼가고 소련과의 교섭 쪽으로 나아가야 한다고 발언했다. 아나미, 우메즈, 도요다 삼총사는 이에 반대했다. 도요다가 최선봉에서서 포츠담선언이 널리 세상에 알려지는 가운데 정부가 논평도 하지 않으면 사기 문제와도 연결되므로 천황의 '대호령大號令'으로 이를 거부할 필요가 있다고 발언했다. 그러나 스즈키와 도고는 소련의 움직임을 보고 결정해야 한다면서 용감한 삼총사를 간신히 달랬다.[81]

포츠담선언은 오후에 열린 각의(국무회의)에서도 토의됐다. 도고는 포츠담선언은 미국이 향후 유혈사태를 피하기 위해 제안한 조건부 항복 요구이며, 미국은 이 선언을 포츠담에 들고 가 소련의 참가를 요구한 듯하지만 소련이 이에 서명하지 않았다고 설명하고, 아직 소련과의 교섭이 살아 있다는 견해를 표명했다.[82] 이럴 때 포츠담선언에 관해 정부가 성명을 발표하는 것은 정부 내의 분열을 드러내는 것이므로 바람직하지 않다고 말했다.

그리하여 각의에서의 논의는 포츠담선언을 수락할 것이냐 말 것이냐의 근본적인 문제가 아니라 포츠담선언을 국내에 어떻게 발표할 것이냐의 문제에 초점이 맞춰져 있었다. 이미 미국의 단파방송이 선언 내용을 국내에 널리 유포하고 있기 때문에 이를 무시할 수 없으므로 정부는 국민의 사기를 손상하지 않도록 선언을 작은 뉴스로 다루면서 정부의 논평 없이 신문에 발표하기로 결정했다. 7월 28일 신문은 정부의 지시대로 이 뉴스를 다뤘다. 예컨대 〈요미우리 호치〉는 1면 아래쪽 8단에 '가소로운 대일 항복 조건, 트루먼, 처칠, 장제스, 포츠담에서 방송'이라는 제목으로 포츠담선언의 조건 가운데 불리한 부분은 생략하면서도 전체 조항을 논평 없이 소개했다.

생략한 것은 병사들이 "가정으로 복귀해서 평화적이고 생산적인 생활을 영위하게 될 것이다"는 항목이다. 그러나 다음 단에서 '국내, 대일 양다리 걸치기, 노회한 모략, 적의 선언이 의미하는 것'이라는 노골적인 제목으로 이를 연합국의 모략이라고 해석하는 논평을 실었다. 그리고 다음 단에서 '전쟁 완수로 매진, 제국 정부 문제 삼지 않기로'라는 제목으로 "제국 정부는 이런 적의 모략에 대해서는 전혀 문제가 되지 않는다며 일소에 부치고, 단호히 자존자위 전쟁인 대동아전쟁 완수에 거국 매진해서 적의 기도를 분쇄할 방침"이라고 썼다.

〈아사히 신문〉은 2단에 '미국, 영국, 충칭, 일본 항복의 최후 조건을 성명, 3국 공동의 모략 방송'이라는 제목을 뽑았다. 〈요미우리 호치〉보다 제목은 온건하지만 내용은 마찬가지로 포츠담선언의 조항을 설명하고, 그 밑에 '다분히 선전과 대일 협박'이라는 표현을 넣어 〈요미우리 호치〉와 꼭 같은 논평을 덧붙였다. 쌍방 모두 정보국으로부터 제공받은 정보를 그대로 전재하고 있음을 알 수 있다. 그리고 '정부는 묵살'이라는 제목을 뽑아, 정부는 "3국의 공동성명에 관해서는 아무런 중요한 가치도 없다며 이를 묵살함과 동시에 단호히 전쟁 완수에 매진할 뿐이라는 결의를 다시 다졌다"고 보도했다.[83] '일소', '묵살'이라는 표현이 이미 28일 조간에 나타난 점을 주목해야 한다.

7월 28일 오전, 대본영과 정부는 정보교환 회의를 열었다. 이는 정례회의였고, 도고는 결석했다. 그러나 이 회의에서 아나미, 우메즈, 도요다 삼총사가 다시 정부는 포츠담선언을 비난하는 성명을 내야 한다고 강경하게 제안했다. 요나이는 이에 반대했으나 그 기세에 눌렸다. 그래서 어쩔 수 없이, 그러면 스즈키 총리가 정부는 포츠담선언을 무시할 것이라는 성명을 기자회견에서 발표하면 어떻겠느냐고 제안했고 이것이 받아들여졌다. 스즈키는 바로 그날 예정돼 있던 기자회견에서 기자단의 질문에 대답하는 형식으로 "나는 3국 공동성명은 카이로회담의 재탕이라고 생각한다. 정부로서는 아무런 중대한 가치도 없다고 보고 그저 묵살할 뿐이다. 우리는 전쟁 완수에 끝까지 매진할 뿐이다"라고 말했고, 이것이 언론사에 전달됐다.[84]

스즈키가 기자회견에서 발표한 성명은 스즈키의 '묵살' 성명으로 널리 알려져 있다. 그러나 스즈키가 기자회견에서 실제로 '묵살'이라는 표현을 썼는지는 의문이다. 앞서 얘기했듯이 정부가 포츠담선언을 '묵살'할 것이라는 것은 기자회견 전부터 이미 널리 알려져 있었다. 기자회견장에 있던 〈도메이 통신〉의 하세가와 사이지長谷川才次(당시 〈도메이 통신〉 국제부장)는 "정부는 포츠담선언을 수락하겠다는 것인가"라는 질문에 스즈키가 "노 코멘트"라고 대답한 사실을 분명히 기억하고 있다.[85] '묵살'이라는 표현은 스즈키가 사용한 표현이 아니라 기자가 마음대로 사용한 표현일 가능성이 높다.

일본의 포츠담선언에 대한 반응은 반국영 통신사였던 〈도메이 통신〉을 통해 전해졌다. 〈도메이 통신〉은 스즈키가 기자회견에서 밝힌 성명보다 하루 전인 7월 27일에 포츠담선언에 관해 보도했다. 그 보도는 권위 있는 소식통을 빌려 정부는 공동성명을 무시하겠다는 의도를 갖고 있고 "일본은 대동아전쟁 완수를 위해 끝까지 매진할 것이다"라고 보도했다. 샌프란시스코의 〈AP 통신〉은 "오늘 반국영 〈도메이 통신〉은 항복이냐 아니면 파괴를 각오할 것이냐를 묻는 연합국의 최후통첩은 무시됐으며, 일본의 군벌이 이 요구를 논의하고 있는 동안 공식 회답을 기다려야 한다고 보도했다"고 전했다. 이는 그 단계의 일본 반응으로서는 정확한 보도였다. 그러나 〈AP 통신〉은 다음 문장에서 일본 정부가 이 선언을 거부했다는 것도 전했다. 이 건을 자세히 연구한 나카 아키라仲晃에 따르면 〈AP 통신〉이 '무시'에서 '거부'로 비약한 것은 영어 해석의 견지에서 보면 당연했다고 설명하고 있으나 내 영어 감각으로는 '무시'와 '거부' 사이에는 커다란 간극이 있다. '무시'에는 결정을 보류해둔다는, 대상에 대한 소극적인 의미가 있고, 지금 무시하더라도 나중에 수락할 가능성을 간직하고 있다. 이에 대해 '거부'한다는 것은 부정하는 적극적인 의미가 있고, 나중에 수락하는 것은 이 '거부' 결정을 번복하는 것이 된다. 일본 정부가 포츠담선언을 '무시'한 것은 이를 '거부'하는 것과 같은 것이 아니었다.

그러나 스즈키 총리가 '묵살'이라는 표현을 사용했든 하지 않았든

'묵살' 성명은 일본의 정식 회답으로 정착됐다. 화평파 지도자들은 이 성명이 어떻게 세계에 보도되고 있는지에 대해 무지하지 않았다. 하지만 도고를 비롯한 누구도 그 보도를 바로잡으려고 하지 않았다. 만일 천황이 스즈키 성명에 불만이었다면 총리를 황궁으로 불러 심문할 수도 있었지만, 천황은 그렇게 하지 않았다. 도고는 스즈키의 기자회견 성명에 불만이었고 항의도 했으나 아무 대책도 없다는 말을 듣고 풀이 죽어 물러났다.[86]

이런 모호한 태도는 포츠담선언이 천황의 지위에 관해서 어떤 태도도 표명하지 않았던 데에서 비롯됐다. 25일 기도의 상신을 고려하면, 천황과 기도는 '첫째, 천황의 안전, 둘째, 황실 유지를 절대조건으로 한다. 그리고 셋째, 어디까지 천황제 유지를 인정받을 수 있을지 알아낸다' 이 세 가지에 큰 관심이 있었던 것으로 보인다. 따라서 스팀슨의 원안에 있었던 것처럼 "현행 황실체제하의 입헌군주제"가 포츠담선언에 포함됐더라면 천황, 기도, 도고의 마음은 크게 포츠담선언 수락 쪽으로 움직였을지도 모른다. 하지만 그것이 그대로 일본의 포츠담선언 수락으로 이어졌을 것이라고 단언할 수는 없다. '입헌군주제' 약속은 두 번째를 보장하지만 첫 번째와 세 번째를 보장하는 것은 아니다. 천황의 안전을 확보하고, 천황의 정치적 권력을 어디까지 인정받을 수 있느냐라는 점에 주안점이 있었기 때문에 이들 화평파는 소련의 알선을 우선했음이 분명하다.

그러나 '입헌군주제'를 허용한다는 명확한 표현이 선언에 포함돼 있었다면 그것은 틀림없이 계전파에 대항하는 화평파의 힘을 강화했을 것이다. 그때까지 균형을 유지했던 화평파와 계전파 간 무게중심이 화평파로 기울고, 포츠담선언 수락에 반대하는 계전파의 힘을 꺾는 역할을 했을지도 모른다. 그리고 스즈키 총리의 묵살 성명은 이뤄지지 않았을지도 모른다. 그러나 천황과 기도는 황실 유지를 보장하고, 천황 지위의 안태 보장도 해줄 수 있을지 모르는 조건을 일축함으로써 더 큰 양보를 얻어내려 했을 것이다.

그렇다 하더라도 여기에서 화평파가 포츠담선언 수락에 마음을 정하지 못한 채 오락가락한 것은 후환을 남길 우려가 있는 실수였다. 천황제 유지에 더 유리한 조건을 끌어내려고 욕심을 부려가며 걸었던 기대가 모스크바로 가는 길이라는 유혹에 그들을 빠지게 만들었던 것이다.

트루먼과 포츠담선언에 대한 일본의 반응

왜 스즈키의 모호한 묵살 성명이 미국의 원폭투하로 이어졌을까? 트루먼은 회고록에서 세 번에 걸쳐 일본의 포츠담선언에 대한 반응을 언급하고 있다.[87] 첫 번째 언급은 스탈린이 7월 28일 일본의 화평 알선에 대해 말했을 때의 문장이다.

우리가 7월 26일 일본 국민을 향해 발표한 최후통첩은 끊임없이 방송을 탔고, 또 통상적인 중립국 외교 채널, 즉 스위스와 스웨덴을 통해(일본 정부에) 전달됐다.

여기에서 트루먼은 잘못된 사실을 썼다. 앞서 얘기했듯이 포츠담선언은 의도적으로 외교문서가 아니라 프로파간다 수법으로 일본 정부가 아니라 일본 국민을 향해 직접 발표됐다. 따라서 일본 정부는 단파 방송을 통해 포츠담선언 내용을 알았던 것이지 스위스 정부나 스웨덴 정부로부터 외교문서로 그것을 전달받은 것은 아니다.

트루먼 회고록은 이어진다.

> 일본인들로부터 어떤 정식(공식적인) 회답도 오지 않았다. 그러나 그날 7월 28일에 … 우리는 라디오를 모니터한 결과 도쿄 라디오가 일본 정부의 전쟁 계속 결의를 확인했다는 사실을 알게 됐다. 우리의 선언은 '고려할 가치가 없다', '가소롭기 짝이 없다', '오만' 등으로 간주됐다.

이 라디오를 통한 보도는 반국영 〈도메이 통신〉 방송을 가리키는 것이리라. 하지만 반국영 보도기관이라 하더라도 이것이 일본 정부의 정식 성명은 아니었다. 더 중요한 것은 트루먼이 이 부분에서는 미국 정부가 일본 정부로부터 정식 회답을 받지 못했다고 언명하고 있다는 점이다.[88]

트루먼의 포츠담선언에 대한 두 번째 언급은 원폭투하 결정과 관련된 부분이다. 회고록은 다음과 같이 기록하고 있다.

> 7월 28일 도쿄 라디오는 일본 정부가 전쟁을 계속할 것이라고 보도했다. 미국, 영국, 중국의 공동 최후통첩에 대한 회답은 없었다. 우리에게는 이미 선택지가 없다. 원폭은 일본이 그 전에 항복하지 않으면 8월 3일 이후에 투하하기로 돼 있었다.

여기에서도 트루먼은 정식 회답이 없었다, 즉 포츠담선언은 '거부' 당한 것이 아니라 '무시'당했다고 얘기하고 있다. 즉 여기에서는 원폭투하 이유가 일본의 침묵이고 무시였다고 돼 있다.[89]

그러나 트루먼 회고록은 히로시마 원폭투하 이유를 설명할 때 포츠담선언에 관해 전혀 다른 해석을 하고 있다.

> 7월 26일의 최후통첩이 포츠담에서 나온 것은 일본인을 완전한 파괴로부터 구하기 위해서였다. 그들의 지도자는 이 최후통첩을 즉각 거부했다.

히로시마에 원폭을 투하한 이유를 설명하면서 처음으로 포츠담선언을 즉각 거부한 것이 원폭투하 이유로 거론되고 있다. 그러나 이는 트루먼이 만들어낸 소설이며, 이것이 진실이 아니라는 것은 트루먼 자신이 앞서 한 말로 증명된다. 많은 미국인이 '진실'이라 믿고 있는 역사적 사실은 실제로는 신화에 지나지 않는다. 보수적인 외교관이었던 두먼은 일본 정부로부터 정식 회답은 없었으며, 스즈키의 성명은 비공식 논평에 지나지 않았다면서, "이 부주의하게 나온 발언이 이용당해, 원폭투하 명령이 떨어졌던 것이다"라고 썼다. 여기에서 두먼이 잘못한 것은 트루먼이 원폭투하 명령을 내린 것이 아니라는 점이다. 트루먼이 한 것은 이미 내려진 명령을 중단시키지 않고 그 명령의 발동을 묵인했을 뿐이라는 점이다.[90]

포츠담선언 뒤의 사토-도고 왕복 전보

7월 27일 사토 대사는 도고 외상에게 다시 경종을 울렸다. "26일 '포츠담'에서 발한 미국, 영국, 중국 3국 수뇌들의 대일 공동 최후의 선언은 우리에게 위협의 거포를 쏜 것이다. 이 3국 공세를 맞아 과연 소련이 알선을 수락할지 매우 의문시되기에 이르렀다"며 소련 중개를 요청하는 잘못을 지적했다. 그리고 BBC 방송이 스탈린도 극동의 전쟁에 관한 토의에 참가했다고 보도한 사실을 주목하라고 촉구했다.

7월 28일 도고는 사토에게 답전을 보냈다. 그때 일본 정부는 특사 파견에 관한 소련 정부의 회답을 기다리는 중이었다. 포츠담선언이 일본 정부의 중개 요청과 무관하게 이뤄진 것인지, 소련 정부는 일본 정부의 그 요청을 영국, 미국에 통보했는지에 몹시 신경을 썼다. 어쨌든 포츠담선언에 대한 일본 정부의 회답은 특사 문제에 관한 소련의 회답을 기다려서 검토하기로 했다는 것이 외상의 전보 내용이었다. 따라서 사토의 부정적인 의견에도 불구하고 몰로토프를 면회해서 소련 쪽의 태도를 탐색하라는 훈령이었다.[91]

사토는 7월 28일 전보에서 소련에 기대를 거는 도고의 방침을 다시 비판하면서 몰로토프와는 포츠담회담에서 귀국하는 대로 회담을 요구하겠다며 도고의 성급한 요구를 무시했다.[92] 그 뒤 사토는 7월 30일에 도고의 28일 전보에 대한 회답을 보냈다. 사토는 포츠담선언이 스탈린에게 통고되었고, 특사 파견 문제가 3국에 알려진 것은 자명하며, 또 3국 선언은 특사 문제에 대해 3국의 태도를 명확히 드러낸 것으로 생각해야 한다고 단언하고, 다시 다음과 같이 얘기하면서 소련의 알선을 기대하는 것은 잘못이라고 비판했다.

문제의 중요성은 공동선언에서 미국, 영국이 일본의 즉시 무조건 항복을 강요했고 또 선언에서 명기한 조건 완화 의사가 없다는 것을 명언한 점에 있다. 만일 '스탈린'이 이런 점에서 미국, 영국의 의사를 도저히 바꿀 수 없다는 것을 간파했다면 우리가 요청한 특사 문제는 승낙할 수 없을 것이다. 우리가 어떻게든 전쟁의 참화를 피하려 한다고 인자한 말을 하거나, 또는 스탈린을 세계 평화 제창자로 떠받들더라도 별다른 효과는 없을 것이다. 미국, 영국으로서는 전쟁의 참화를 피하려면 즉시 무조건 항복밖에 없다고 할 것이고, 스탈린 또한 일본이 항복할 때 만주, 중국, 조선 등에 관해 충분히 미국, 영국, 중국에 중압을 가해 자신의 주장을 관철하려 할 것이다. 사실 그럴 실력이 있다면 지금 기꺼이 일본과 협정을 맺을 필요도 없을 것이다. 귀하의 관찰과 이 방면의 실제에는 심히 차이가 있다는 것을 보고 이 점을 판단하시라.

사토의 논리는 정연했다. 미국, 영국, 중국 3국이 무조건 항복을 고집하는 것은 포츠담선언을 보더라도 명백하다. 이 점에서 스탈린이 미국, 영국에 조건을 완화하도록 만들 것이라 기대하는 것은 없는 것을 달라고 졸라대는 것이고, 그렇다면 스탈린이 특사를 받아들일 리가 없다. 게다가 도고가 천황의 "전쟁의 참화를 피하려는" 의사를 이때다 싶어 내세우는 것은 국내에서는 통용될지 모르겠으나 천황을 적으로 간주하는 미국, 영국에는 통할 리가 없다며 이례적인 논평을 했다. 사토는 꼭 그런 표현을 쓰진 않았지만 하고 있는 말의 내용인즉, 미국, 영국 입장에서 본다면 "전쟁의 참화"를 초래한 것은 일본인데 그런 자기 본위의 논리는 오히려 역효과를 내므로 참화를 피하려 한다면 일본이 무조건 항복을 인정하고 즉시 항복하는 것이 옳다는 의미였다. 그리고 냉혹하게 국가이익을 추구하는 스탈린을 "세계 평화 제창자"로 치켜세워도 성과가 없을 것이라고 단정하면서, 일본이 소련의 알선을 끌어내기 위해 미끼로 삼고 있는 양보는 스탈린이 이미 자신의 실력으로 획득할 수 있는 것이기 때문에 도고의 방침은 잘못이라고 재삼 확인하고 있다.[93]

사토가 도고 외상을 물고 늘어진 유일한 이리는 아니었다. 가세 슌이치加瀨俊一 스위스 공사는 7월 30일 베른에서 포츠담선언에 관한 분석을 보냈다. 가세는 포츠담선언이 천황과 국체에 대해 언급하지 않았으며, 일본의 주권을 인정하고 있고, 일본 국토에 일본의 주권이 행사될 것이라고 인정하고 있는 점 등을 들어 "일본 민족이 죽음으로 옹호하고 있는 국체 아래에서 국가생활을 영위해갈 기초를 인정해줄 생각"이라고 판단했다. 또 가세는 무조건 항복이라는 표현을 쓰고 있지만 이는 일본군의 무조건 항복이지 일본 국민 또는 정부의 무조건 항복은 아니라고 지적하고, "그들로서는 상당히 생각한 것"이라며 일본의 체면을 고려했을 것이라고 스팀슨의 의도를 정확하게 읽어냈다.

그리고 포츠담선언의 동기로, 독일 괴멸 뒤의 암담한 유럽 상황, 소련의 진출에 대한 우려 등으로 "대일전의 조기 종결을 희망하는 경향이 적어도 미국 중앙정계에서는 보이고, 무조건 항복이라는 간판을 내리지 않고 사실상 이를 조금 완화해서 빨리 타결할 수 있다면 그렇게 하겠다는 미국의 주도에 따른 것이라고 생각한다"고, 정확하게 스팀슨, 그루 등의 동기를 추측해냈다. 가세는 그러나 "이를 두고 미국의 전쟁피로를 봤다거나 또는 군민軍民을 이간시키려는 모략이라고 단정하는 것 모두 매우 해로울 것이라 확신한다"며, 이를 미국의 모략이라며 배척하지 못하도록 못을 박았다. 가세는 스탈린과 미국, 영국 정상 사이에 포츠담선언의 내용 및 공표에 대한 합의가 이뤄진 것은 틀림없으며, "이번에 미국, 영국의 권고 선언에 대한 우리의 태도 여하에 따라 소련이 우리에게 특정 권고를 해올 공산이 있을 것으로 본다"고 논했다. 포츠담선언에 대한 미국, 영국과 스탈린 사이의 알력에 대해서까지 생각이 미치진 못했지만 가세는 이를 또 적확하게, 포츠담선언 뒤에 소련의 선언이 나올 것이라고 예상했다.[94]

사토는 도고의 정책에 반대하긴 했으나 그 훈령을 충실히 실행했는데, 7월 30일에 로좁스키를 만나 고노에 특사에 관한 소련의 회답을 받고 싶다고 재촉했다. 로좁스키는 스탈린도 몰로토프도 아직 베를린에 체류 중이어서 회답을 줄 수 없다고 대답했다. 사토는 포츠담선언의 무조건 항복은 일본 정부로서는 논외의 것이지만, 일본은 "자국의 명예와 존립"을 보장받을 수 있다면 타협적 태도로 전쟁종결을 꾀하고자 하기 때문에 소련의 알선을 요청하는 것이라면서, 이번의 포츠담선언으로 소련의 알선을 받을 수 없게 되는 것은 아닌지 걱정하고 있다며 우려를 표명했다. 이에 대해 로좁스키는 사토의 의견을 베를린에 전달하겠다고만 약속했다.[95]

8월 2일에 도고는 사토의 7월 30일 전보에 대해 답전을 보냈다. 도고는 사토의 의견은 알겠지만 "태평양의 전쟁 판세가 다소 급박하여 적의 본토상륙 전에 전쟁을 종결하기에는 남은 날이 얼마 없고, 국내에서는 일거에 구체적인 화평 조건을 결정하기가 곤란하다는 것은 추측하기 어렵지 않을 것"이라며, 국내 상황의 복잡성 때문에 소련의 알선을 통한 전쟁종결이 필요하다고 설명했다. 그리고 도고는 다음과 같이 중요한 의견을 밝혔다.

당분간은 폐하의 뜻에 따라 전쟁종결을 위해 소련에 알선을 요청하기로 했고, 구체적 조건은 일본, 소련 간의 문제를 잘 알고 폐하의 신임도 두터운 고노에 공을 통해 소련 수뇌부와 얘기해보도록 한다는 데에 의견이 일치했음. 정부 통수부의 최고간부 의향에 따라 어쨌든 특사를 파견하기로 했고 위의 사태가 확정되는 대로 구체적 조건에 대해 각 방면의 의향을 수집하는 노력을 기울이는 중임(그럴 경우 '포츠담' 3국 선언을 우리 조건 검토의 기초로 삼을 생각임).

국내의 정치 상황이 복잡함에도 불구하고 마침내 정부 통수부가 소련의 알선을 통한 전쟁종결까지 결심하기에 이르도록 한 점을 평가해 달라고 부탁하는 한편, 그 조건과 관련해 포츠담선언을 기초로 삼겠다고 언명하고 있다. 도고는 당장의 급무는 소련으로부터 특사 파견에 대한 동의를 얻어내는 것이며, 천황과 총리, 군 수뇌부도 당장 이 한 가지에만 관심을 집중하고 있으므로 사토의 의견은 잘못되었으니 더욱 노력해서 하루라도 빨리 소련의 회답을 받아내라고 지시했다.[96]

사토와 가세의 의견이 꼭 고립된 것은 아니었다. 그들의 생각은 앞서 소개한 마쓰모토, 시부사와, 안도의 의견과도 일치했으며, 외무성 내에서는 유력한 의견이었다고 할 수 있다. 게다가 시모무라 사다무下

村定 정보국장이 8월 3일 산업계 대표자들과 회담을 했는데, 거기에서도 정부는 포츠담선언을 수락해야 한다는 의견에 합의를 이루었다.[97] 그러나 이는 도고에 의해 거부당했다. 도고, 천황, 기도는 포츠담선언을 일단 제쳐놓고 우선 소련의 알선을 통해 전쟁종결을 시도한다는 방침을 택했다. 그리고 그 바깥에 포츠담선언 수락에 반대하는 계전파 그룹이 포진하고 있었다.

사토-도고 왕복 전보는 일본 정부의 의견 불일치를 드러내고 있다. 그러나 포츠담선언을 기초로 해서 전쟁종결을 꾀하려는 생각이 화평파 가운데서 떠오르고 있었던 사실에 주목해야 한다.

사토-도고 왕복 전보에 대한 미국의 대응

포츠담선언 뒤의 사토-도고 왕복 전보는 매직을 통해 감청되고 있었다. 도고의 8월 2일 전보에 대해 논평하면서, 해군첩보부는 "이 '요약'의 가장 중요한 진전은 3국 공동 최후통첩의 자기磁氣적인 효과인데, 이 선언은 일본의 모든 의견을 분열시켰다"며 "(소련에 알선을 요청한다는 전원일치의 결정을 제외하면) 어떤 방법으로 이를 달성할 것인지에 대해서는 아직 합의가 돼 있진 않으나, '무조건 항복'이라는 표현은 자존심상 결코 받아들일 수 없으며, 그로 인해 받을 수 있는 상처를 회복해줄 충분한 조건을 여기(포츠담선언)에서 찾아내려는 경향이 존재한다"고 결론지었다.

매직이 감청한 사토-도고 왕복 전보를 통해 분명해진 것은, 일본 정부의 의견이 분열돼 있긴 하지만 포츠담선언은 무조건 항복이 아니라 그 조건을 제시한 것이고, 천황의 지위에 대해서는 아무런 언급도 없지만 천황제 유지를 부정하고 있는 것은 아니라고 판단하고 있는 것, 그리고 적어도 외상을 중심으로 한 화평파가 포츠담선언의 조건을 토대로 한 항복을 고려하기 시작했다는 것이었다. 일본 정부가 포츠담선언에 어떤 대응을 보일 것인지에 관심을 기울이고 있던 트루먼, 번스, 스팀슨에게도 이 왕복 전보 내용이 전달됐다고 가정하는 것이 무리는 아닐 것이다. 매직을 통해 얻은 정보로 미국의 정책결정자는 일본 정부의 포츠담선언에 대한 반응이 반드시 〈도메이 통신〉을 통해 방송된 보도와 꼭 같은 것은 아니라는 사실을 알았을 것이다. 만약 트루먼과 번스가 미국의 희생을 최소화하고 싶었다면, 또한 나중에 그들이 회고록에서 썼듯이 만약 원폭 사용을 피하고 싶었다면 왜 매직을 통해서 얻은 정보를 무시했던 것일까?

분명히 일본 정부가 7월 말에 즉각 포츠담선언을 수락하는 것은 있을 수 없는 일이었을 것이다. 도고는 최고전쟁지도회의에서도, 각의에서도 포츠담선언을 수락하자는 제안을 할 수 없었다. 만일 그것을 제안했다면 계전파의 대반격으로 정부는 저절로 무너졌을 것이다. 요나이, 스즈키의 지지를 얻는 것조차 불가능했을지도 모른다. 따라서 도고가 할 수 있었던 일은 포츠담선언을 수락할지 말지 결정하는 것은 일단 미뤄놓고 소련에 알선을 의뢰하는 것으로 정부를 우선 통일해 보겠다는 것이었다. 동시에 도고와 외무성이 이미 포츠담선언의 조건을 기초로 한 항복 조건을 연구하기 시작했다는 점도 주목해야 할 것이다. 천황, 기도, 도고의 의견은 포츠담선언 수락을 주장한 사토, 베른의 가세 도시카즈, 마쓰모토와는 달랐다. 의견 차이가 난 이유는 천황의 지위가 포츠담선언에서 명확하게 명기돼 있지 않았던 데서 비롯됐다. 따라서 앞서 얘기했듯이 만일 스팀슨 원안에 있었던 것처럼 "현행 황실체제하의 입헌군주제"를 약속했다면, 이 두 파가 합력해서 더 강하게 포츠담선언 수락을 주장했을지도 모른다.

매직은 일본 정부 내의 분열 사실을 전해주었다. 역사가 리처드 프랭크Richard B. Frank는 이 분열, 그리고 군의 반대로 포츠담선언 수락은 완전히 불가능해졌다는 점, 그리고 울트라를 통해 입수한 일본군의 엄청난 규슈 지역 증강 정보 등을 토대로 트루먼에게는, 아니 누가 대통령이 됐더라도 원폭을 사용하는 것 외에 다른 방법이 없었다고 논했다.[98] 그러나 원폭 사용 결정은 내키지 않는 일이었다고 나중에 증언한 대통령이, 일본 외상이 포츠담선언 조건을 바로 항복 조건으로 검토하고 있다는 정보를 접했을 때, 그리고 일본 정부의 의견이 분열돼 있다는 것을 알았을 때, 왜 그 정보를 더 검토하지도 않고 원폭투하를 서둘렀던 것일까? 또한 일본이 소련의 알선에 마지막 기대를 걸고 있다는 것, 그리고 그 기대는 소련의 참전으로 분쇄될 것이라는 사실을 알고 있었는데 왜 원폭투하를 서둘렀던 것일까? 프랭크가 주장하듯이 트루먼은 원폭투하 외에 달리 방법이 없었던 것이 아니라, 소련이 참전한다는 것을 알고 있었기 때문에 원폭투하를 서둘렀던 것이다. 7월 28일 이후 미국 정부가 매직으로 입수한 정보를 주의 깊게 분석했다는 증거는 없다. 이미 원폭투하 결정은 내려져 있었고, 일본 정부가 항복하지 않는 한 그 결정을 뒤집을 가능성은 없었던 것이다.

장제스의 포츠담선언에 대한 반응

장제스는 포츠담회담에는 초대받지 못했다. 하지만 회담 참가자들은 장제스의 존재를 내내 의식하고 있었다. 장제스는 포츠담선언에 서명한 세 사람 가운데 한 명이었고, 또 스탈린과 트루먼 간의 회담에서 중국 문제가 종종 제기됐다.

7월 2일에 시작돼 포츠담회담 직전까지 계속 이어졌음에도 합의에 도달하지 못하고 포츠담회담 뒤에 재개된 중소 교섭은 미소 양국에 중요한 의미를 지니고 있었다. 소련에는 중국이 얄타조약의 조항을 승인해서 중소 조약을 확보하는 것이 소련 참전의 필요조건이었다. 미국이 어떻게 중소 교섭에 대처했는지에 대해서는 따로 자세히 검토해볼 필요가 있다.

먼저 첫째로 강조해야 할 것은 중국에는 독자적인 견해가 있었고, 미국의 이해와 중국의 이해가 완전히 일치하는 것은 아니었다는 점이다. 중국 국민당 정부는 미국의 의도와는 무관하게 소련과의 교섭에 임하기 위해 정책을 입안했다. 그 정책은 이미 포츠담회담 이전의 교섭에서 분명해졌듯이, 얄타밀약으로 중국의 주권을 침해해서 소련에 넘겨준 조건들에 반대하는 것이었다. 애초에 중국 정부는 얄타밀약에서 중국에 관해 언급된 모든 조건에 반대했다고 할 수 있다. 그러나 트루먼은 얄타밀약을 인정하고 소련과 합의하도록 중국 정부에 요청했다. 7월 23일 트루먼은 헐리 대사를 통해 장제스에게 "얄타밀약의 이행"을 권고했다. 트루먼은 "만일 귀하와 스탈린 사이에 얄타밀약의 해석을 둘러싸고 차이가 있다면 쑹쯔원을 모스크바에 파견해서 합의하도록 노력을 계속해달라"고 제안했다.[99] 대통령의 의향은 헐리를 통해 장제스와 쑹쯔원에게 전달됐다. 7월 27일에 헐리는 페트로프Apollon Petrov 소련대사와의 회견에서 중국이 트루먼에게 얄타밀약 조항을 수정하자고 제안했으며, 트루먼이 이에 대해 "크리미아(얄타)밀약에서 합의한 것에 대해 어떠한 수정도 바라지 않는다는 것, 중국 정부가 소련 정부와 모든 교섭에서 모든 조항에 합의하도록 제안했다는 것"을 밝혔다.[100] 7월 28일 트루먼과 번스는 중국이 소련과의 교섭에서 얄타밀약에서 결정된 조항에서 벗어나는 조약을 체결하려는 데에 대해 경고했다.[101]

트루먼과 번스의 중국 정부에 대한 이런 집요한 압력은 얼핏 보기엔 두 사람이 얄타밀약에 집착했다는 쪽으로 해석될지도 모르겠다.[102] 그러나 표면적으로 얄타밀약에 충성을 맹세하면서 이에 저항하려는 중국 정부에 억지로 합의하도록 강요한 배후에는 나중에 얘기하겠지만, 트루먼과 번스의 숨겨진 동기가 있었다.

7월 28일, 페트로프는 장제스의 여름 별장을 방문했다. 그리고 포츠담선언에 대해 어떻게 생각하는지 물었다. 이에 대해 장제스는 "지금 당장 결과를 가져다줄 것이라고 기대하는 건 곤란하다. 이 선언이 결과를 가져다주는 데에는 3개월이 필요할 것이다"라고 대답했다. 페트로프가 일본에 대한 공동의 최후통첩이 일본의 사기를 꺾는 데 공헌할 것으로 보느냐고 묻자 장제스는 "이 '코뮤니케(선언)'보다 소련의 참전 쪽이 더 의미 있고, 가장 강경하며, 가장 중요한 수단이다"라고 말했다.[103] 장제스는 포츠담선언보다 소련의 참전이 전쟁을 종결하는 데 더 중요한 수단이라고 봤던 것이다. 장제스의 이 발언은 나중에 얄타밀약 승인을 완강하게 거부했던 쑹쯔원의 저항을 무너뜨리게 된다.

주소련 미국대사 해리먼은 포츠담회담의 정책결정 과정에서 빠져 있었으나 그의 관심은 중소 문제에 집중돼 있었다. 7월 28일 해리먼은 번스에게 다롄과 만주의 철도에 관한 얄타조약 조항에 대해 대통령이 중국 쪽에 설명해주면 어떻겠느냐고 권했다. 해리먼이 가장 중요하게 여긴 것은 미국의 문호개방 정책을 수행하기 위해 다롄을 국제항으로 바꾸는 문제였다. 하지만 해리먼에게는 중소 교섭을 방해할 의도가 전혀 없었고, 그는 오히려 중소 조약이 소련 참전 전에 체결되는 것을 지지했다. 번스에게 보낸 7월 28일의 메모에서 해리먼은 "현재 일본에 대한 전쟁에 소련이 참가하는 것에 대해 우리가 우려를 표시하는 것은 바람직하지 않다. 소련과 중국이 우호적인 관계를 수립하는 데에는 본질적인 이익이 존재하는 듯이 보인다. 특히 소련 정부가 중국을 통일할 유일한 국민당 정부를 지지하는 협정은 중요하다"고 말했다.[104]

트루먼과 번스의 생각은 헐리와 해리먼의 생각과는 달랐다. 트루먼과 번스는 얄타밀약 준수를 주장했고, 이 밀약에서 한 걸음이라도 벗어나는 조약을 체결하는 데 정면으로 반대했다. 앞서 얘기한, 트루먼이 헐리에게 보낸 전보가 7월 23일 발신한 것이라는 사실에 주목해야 한다. 이미 7월 21일에 대통령은 원폭실험이 성공했다는 그로브스의 보고를 받았고, 7월 23일에 번스는 원폭투하가 8월 1일 이후 가능할 것이라는 보고를 받았다. 앞서 언급한 월트 브라운의 7월 24일 일기에 따르면 번스가 "원폭 뒤에 일본은 항복할 것이며, 그렇게 되면 소련은 전쟁에 참가할 수 없게 되고 중국에 대한 권리도 주장할 수 없게 될 것이라는 기대를 여전히 갖고 있다"고 했다.[105]

트루먼과 번스는 중국 정부가 완강하게 얄타조약의 중국 관련 조항에 반대하고 있다는 것을 잘 알고 있었다. 중소의 의견이 크게 다르다는 사실에 주목해 트루먼과 번스는 중소 교섭을 재개하게 해서 시간을 벌면서 원폭이 투하될 때까지 소련의 참전을 늦추는 책략을 꾸몄던 것이다.

이 책략을 확인해주는 것으로, 1952년에 번스가 역사가 피어스에게 한 증언을 참고할 수 있다. 번스는 트루먼이 회고록을 쓰며 소련을 일본과의 전쟁에 참가하게 만드는 데 열심이었다고 했는데 이는 잘못이라고 했다. 적어도 번스는 소련의 참전에 열심이지 않았고, 트루먼도 이 의견에 동의했다는 인상을 갖고 있다고 말했다. 그리고 번스는 대통령의 승인을 받아 쑹쯔원에게 전보를 보내, 소련에 얄타조약의 조항에서 벗어나는 양보를 하지 말도록 요구했다는 사실을 언급하면서 다음과 같이 말했다.

"내가 이런 전보를 보낸 것은 포츠담회담이 종료된 뒤에 스탈린이 중국과 교섭할 것이라는 것, 또 스탈린이 전쟁 참가를 조건으로 중국에 더 많은 양보를 요구하리라는 것을 알고 있었기 때문이다. 나는 중국이 더 양보하기를 바라지 않았다. (그래서) 중소 교섭이 길어지면 소련이 전쟁에 참가하기 전에 일본이 항복할 것으로 기대했다."[106]

처칠도 7월 23일 이든 외무장관에게 번스가 쑹쯔원에게 전보를 보내, 스탈린에게 양보하지 않도록 충고했으며, "지금 단계에서는 미국이 일본에 대한 전쟁에 러시아가 참가하는 것을 바라지 않는다는 것이 명백하다"고 말했다.[107]

트루먼과 번스는 장제스가 포츠담선언과 같은 종잇조각보다도 소련의 참전이 일본의 항복을 강제하는 비장의 카드라고 믿고 있다는 사실을 알고 있었다. 따라서 원폭을 투하해서 소련 참전 이전에 일본을 항복하게 만들기 위해서는 중소 교섭을 질질 끌게 할 필요가 있었다. 트루먼과 번스에겐 교섭을 길게 끄는 것이 목적이었으며, 그 때문에 중소의 생각 차이를 이용해서 쑹쯔원에게 스탈린의 요구를 거절하도록 부추겼던 것이다.

원폭투하 뒤의 대통령 성명 원안

7월 30일 트루먼은 스팀슨이 워싱턴에서 보낸 전보를 받았다. 스팀슨은 7월 25일에 이미 포츠담을 출발했던 것이다. 일본에 입헌군주제를 허용해주자는 탄원을 트루먼이 받아들이지 않았을 때 스팀슨은 포츠담에서의 임무는 이미 끝났다고 판단하고 워싱턴으로 돌아갔다. 그 이후 스팀슨은 원폭투하가 불가피했다고 보고 있었음이 분명하다. 매직이 제공한 정보를 보고도 그는 어떤 반응도 보이지 않았다. 그런데 7월 30일의 스팀슨의 전보는 "그로브스 계획의 일정이 매우 급속하게 진전되고 있기 때문에 각하의 성명이 수요일인 8월 1일까지 반드시 마련돼야만 한다"고 전했다. 스팀슨은 특별 외교행낭으로 이 성명의 원안을 보냈지만 그것이 시간 안에 대통령 손에 쥐어지지 않을 경우를 대비해 트루먼에게 "일각도 지체 없이 개정된 성명을 발표할 허가"를 내달라고 요청했다. 트루먼은 7월 31일에 "원안 승인. 준비가 되는 대로 '릴리스release' 하라. 단 8월 2일 이후로 할 것"이라고 스팀슨의 전보에 대한 답전을 보냈다.

트루먼의 전기를 쓴 데이비드 매컬러David McCullough는 이 트루먼의 답전을 트루먼이 원폭투하 명령을 내린 증거라며 마치 도깨비의 목이라도 자른 듯 논하고 있지만, 이것은 나카 아키라仲晃가 증명한 대로 완전히 잘못된 것이다. 트루먼은 원폭 '투하release'를 명한 게 아니라 단지 스팀슨이 준비한 원폭투하 뒤에 발표할 성명의 '발표release'를 승인해준 데에 지나지 않는다.[108] 트루먼은 나중에 포츠담에서 귀국하는 길에 대서양 한가운데에서 원폭투하 명령을 내렸다고 썼는데, 이는 트루먼이 지어낸 얘기다. 7월 25일에 핸디가 스파츠에게 건네준 명령 외에 원폭투하 명령은 존재하지 않는다.

3거두는 8월 1일에 마지막 회의를 했다. 트루먼이 의장으로 회의 종료를 고했다. 스탈린은 "아마도 우리 중 누구보다도 열심히 일한" 번스를 극구 칭찬하는 연설을 했다. 스탈린의 말이 진지한 것이었는지, 그렇지 않으면 야유 섞인 것인지는 알 수 없다.

스탈린은 그날, 트루먼은 다음 날인 8월 2일 아침 베를린을 떠났다.

트루먼은 8월 6일 월요일, 오거스타호로 대서양을 항해하는 귀로에 있었고, 오거스타호가 캐나다 뉴펀들랜드 부근에 다가갔을 때 히로시마에 원폭이 투하됐다는 보고를 받았다.

원폭과 소련 참전을 둘러싼 경쟁은 최후의, 가장 드라마틱한 단계로 진입했다.

5장

· 소련 최고사령부 극동군에 3개 방면군 창설

· 에놀라 게이 이륙

· 트루먼 오거스타호에서 원폭투하 보고 받음

2일

5일

6일

1945.
08.

· 스탈린 모스크바 귀국

원자폭탄과 소련의 참전

7일
- 트루먼 원폭투하 성명 발표
- 천황 원폭투하 공식 보고 받음
- 도고, 사토 대사에게 소련 쪽 회답 긴급 요청
- 스탈린 공격 개시 일시를 48시간 앞당기라는 명령 하달
- 쑹쯔원 중소 교섭 재개 위해 모스크바에 도착

8일
- 천황 가능한 빠른 시기 전쟁종결 지시
- 몰로토프, 사토 대사와 접견에서 소련의 선전포고문 낭독
- 두 번째 원폭 실은 '벅스 카' 이륙

9일
- 소련 150만 대군 만주로 진격
- 소련의 대일 선전포고 라디오방송
- 천황 포츠담선언 수락을 통한 전쟁종결 결의
- 나가사키에 두 번째 원폭투하
- 최고전쟁지도회의 포츠담선언 수락 조건을 놓고 분열

10일
- 천황 어전회의에서 전쟁종결의 성단을 밝힘
- 일본 군대 내 쿠데타 모의
- 각의에서 천황의 성단 채택
- 트루먼 향후 대통령 허가 없이 원폭 사용 금지 결정

원폭투하 직후의 히로시마.

트루먼에게는 프랭크가 주장하듯이 원폭 외에 다른 수단이 없었던 것이 아니다. 그는 그저 충분히 선택할 수 있었던 수단을 의식적으로 취하려 하지 않았을 뿐이다. 단지 미국 병사의 희생을 최소화하는 것이 아니라 소련 참전 전에 일본의 항복을 받아내는 것, 일본에 무조건 항복을 들이미는 것이 또 다른 목적이었다. 원폭은 그의 모든 목적을 달성하는 데 적합한 수단이었다.

포츠담회담은 일본의 전쟁을 종결짓는 데 결정적인 계기가 됐다. 트루먼은 소련을 빼놓고 원폭투하로 일본을 항복시키려고 했다. 한편 스탈린은 트루먼이 소련을 따돌리고 일본의 항복을 받아내려 하고 있다고 확신했다. 그리고 미국의 비밀작전에 신속하게 대처했다. 스탈린은 포츠담에서 8월 중반까지 대일 전쟁에 참가하겠다고 트루먼에게 말했으나 안토노프 참모총장은 소련의 전쟁 개시는 8월 후반으로 예정돼 있다고 마셜에게 말했다.

그러나 소련은 아마도 그때까지는 8월 11일에 전쟁을 개시하기로 결정해놓고 있었을 것이다. 하지만 트루먼이 포츠담선언의 작성과 발표 과정에서 스탈린을 완전히 배제하는 바람에 스탈린은 전쟁 개시 시간표를 변경했다. 이를 직접 증명할 사료는 찾을 수 없으나, 트루먼의 거부로 포츠담선언에 서명하지 못한 스탈린은 포츠담에서 바실렙스키에게 연락해 전쟁 개시 시기를 하루나 이틀 앞당기도록 명령을 내린 것으로 보인다. 이에 대해서는 나중에 얘기할 것이다.[1]

서명을 하겠다는 스탈린의 요청을 트루먼이 거부하고 난 바로 다음 날인 1945년 7월 30일, 스탈린은 바실렙스키를 8월 1일부로 극동 총소련군 최고사령관에 임명했다. 8월 2일에 소련 최고사령부는 소련 극동군 중에서 다음의 3개 방면군方面軍을 창설하기로 결정했다. 그것은 메레츠코프 원수를 사령관으로 하는 제1극동방면군, 푸르카예프Maksim Purkaev 장군을 사령관으로 하는 제2극동방면군, 말리놉스키 원수를 사령관으로 하는 자바이칼방면군이었다. 장막 속에서 일본 공세를 준비해온 가공할 소련의 전쟁 기계가 본격적인 작동태세에 들어간 것이다.[2]

8월 3일에는 이바노프 극동군 참모총장과 바실리에프 소장(바실렙스키 원수의 별명)이 연명으로 스탈린과 안토노프에게 중요한 전보를 보냈다. 이 전보는 8월 5일까지 제1, 제2극동전선의 소련군이 미리 정해진, 국경에서 50~60킬로미터 떨어진 거점에 집결을 완료하겠다는 보고였다. 바실렙스키는 기습 효과를 최대한으로 끌어올리기 위해서는 두 개의 방면군 공격이 "한날 한시에" 이뤄지는 것이 중요하며, 공격 명령을 받고 나서 국경을 넘어 공격을 개시할 때까지 3일에서 5일을 요한다고 말했다. 이를 근거로 계산을 하면, 바실렙스키는 공격이 8월 9일부터 10일(모스크바 시간) 사이에 개시될 수 있을 것으로 생각하고 있었다고 추측할 수 있다. 바실렙스키는 최고사령부에 군사행동 개시의 정확한 일시에 관한 최종적인 지시와 "정치적, 외교적 문제에 관한 지시"를 내려달라고 요청했다.[3]

이 전보는 중요한 사실 두 가지를 시사하고 있다. 첫째, 이는 분명히 아직 발견되지 않은 스탈린이 보낸 전보에 대한 회답인데, 스탈린은 그 알려지지 않은 전보에서 그때까지 설정돼 있던 8월 11일을 하루나 이틀 앞당길 수 없겠느냐고 타진한 것으로 추정할 수 있다. 바실렙스키의 전보는 8월 3일에 발신된 것이므로 스탈린의 명령은 모스크바로 돌아가기 전인 8월 2일, 아마도 포츠담에서 발신한 것일 것이다. 트루먼이 스탈린의 의표를 찔러 포츠담선언을 스탈린 서명 없이 발표했고, 이는 미국이 소련의 참전 전에 일본을 항복하게 만들려는 방침임이 분명하다고 생각한 스탈린은 서둘러 전쟁 개시 날짜를 앞당긴 것으로 생각된다. 바실렙스키의 "정치적, 외교적 문제에 관한 지시"라는 말은 소련의 전쟁 개시 타이밍이 미국의 정책과 관련돼 있다는 것을 시사하고 있다.

둘째, 바실렙스키의 전보는 전쟁 개시 일시를 8월 9일이나 10일로 설정했으나, 정확한 군사행동 개시 일시에 관한 최종적인 지시를 내려달라고 의뢰하고 있고, 또 "정치적, 외교적 문제에 관한 지시"를 의뢰하고 있는 것으로 볼 때, 이는 최종적인 결정이라기보다는 하나의 제안이며, 이것을 모스크바의 최고사령부 결정에 맡겼음을 시사하고 있다. 이 제안을 받아 최고사령부는 8월 11일에 설정된 당초의 전쟁 개시 시기를 앞당길 것인지 여부에 대한 토의를 했으나 시기상조의 공격은 위험하다고 판단해 원래대로 공격 일시를 자바이칼(트랜스바이칼. 바이칼호 동쪽 시베리아 지역) 시간인 8월 11일 오전 0시(모스크바 시간은 8월 10일 오후 6시)로 설정했다. 스탈린이 요구했을 것으로 보이는, '정치적, 외교적' 관점에서 앞당겨 수정한 전쟁 개시 일시와 군사적 관점에 따라 준비 과정을 고려해 상정한 기존의 전쟁 개시 일시 사이에서 최고사령부는 그 시점에서는 전쟁 개시를 앞당기는 것은 득책이 아니라고 판단했을 것이다.[4]

스탈린이 모스크바로 귀국한 것은 8월 5일 저녁이었다. 스탈린의 8월 5일 일정표를 보면 그가 모스크바에 도착하자마자 무서운 기세로 일을 시작했다는 것을 알 수 있다. 그는 먼저 몰로토프(외무장관), 비신스키Vyshinskii(외무차관), 베리아(내무인민위원회 부장), 쿠즈네초프Kuznetsov(해군 인민위원), 미코얀Mikoyan(토지임대차 담당) 등 소련 지도부 고관들과 회의를 했다. 이들 참석자의 면면을 생각해볼 때, 스탈린이 일본과의 전쟁, 그리고 미국의 원폭 사용 가능성에 대해 토의한 것은 확실하다. 여기서 안토노프의 이름이 보이지 않는 것은 아마도 그와는 군사전화로 연락을 취하고 있었기 때문일 것이다.[5]

소련은 곧장 대일 전쟁으로 돌진해갔다. 스탈린은 서두르고 있었다.

미국, 히로시마에 원폭을 투하하다

7월 31일 원자폭탄 '리틀 보이Little Boy'가 실전에 사용될 준비를 끝냈다. 그러나 태풍이 일본을 덮쳐 투하는 연기됐다. 그사이에 원폭투하를 위한 준비가 착착 진행됐다. B-29 폭격기 일곱 기가 그 임무를 맡게 됐다. 원폭을 탑재할 한 기 외에, 세 기는 기상관측기로 히로시마, 고쿠라, 나가사키로 비행한다. 두 기는 원폭을 탑재한 B-29를 호위하는 임무, 나머지 한 기는 원폭투하와 그 결과를 관찰하는 임무를 띤 과학전문 저널리스트와 카메라맨을 태운 비행기였다. 이들 외에 이오지마에서 또 한 기가 원폭 탑재기에 문제가 생길 경우에 대비해 대기하고 있었다.

8월 4일 폴 티베츠Paul Tibbets 대령은 브리핑에서 그들이 부여받은 특별임무는 히로시마, 고쿠라, 나가사키 중 어느 한 도시에 원폭을 투하하는 것이라고 처음으로 승무원들에게 밝혔다. 최초의 원폭을 조립하는 임무를 수행한 윌리엄 파슨스William Parsons 해군대령이 트리니티 원폭실험 기록영화를 승무원에게 보여주었다. 기록은 절대 금지돼 있었음에도 불구하고 브리핑 내용을 그대로 노트에 남긴 애이브 스피처Abe Spitzer는 "마치 이상한 상상력을 지닌 사람이 꾼 기묘한 꿈을 보는 것 같았다"고 썼다.[6]

다음 날인 8월 5일의 기상예보는 날씨가 좋아지고 있다고 전했다. 그날 오후 2시, 괌의 제21 전략폭격항공군 커티스 르메이Curtis LeMay 참모장이 "사명은 8월 6일에 완수될 것임을 확인"했다. 그날 오후 '리틀 보이'는 B-29 폭격기에 탑재됐다. 기장 티베츠는 이 폭격기를 자기 어머니 이름을 따서 '에놀라 게이Enola Gay'로 명명했다. 저녁 식사 때까지 모든 준비가 끝났다.

티베츠는 한밤중인 0시에 마지막 브리핑을 했다. 개신교 종군목사가 봉투 뒤에 급히 쓴 기도문을 낭독했다.

> "전능하신 아버지, 주님이 계신 천국의 높은 하늘을 날아, 우리 적과의 싸움을 수행하는 이들과 함께하소서."

비행 전인 아침 식사 뒤에 에놀라 게이를 배경으로 비행대기장에서 기념촬영을 하고 나서 승무원은 전원 기내로 들어갔다. 티니안• 시간으로 오전 2시 45분(워싱턴 시간으로 8월 5일 11시 45분) 에놀라 게이는

• 사이판 근교의 작은 섬. 원자폭탄을 탑재한 B-29 폭격기의 발전기지로 이용됐다.

이륙했다. 이를 뒤쫓아 두 기의 관측기가 2분 간격으로 이륙했다.

오전 8시 15분(일본 시각) 리틀 보이는 히로시마에 투하됐다.

티베츠는 기내 확성기로 "승무원 여러분에게 고한다. 여러분은 지금 역사상 최초의 원자폭탄을 투하했다"고 알렸다.[7]

리틀 보이는 표적인 오타강에 걸쳐 있는 다리 아이오이바시에서 약 170미터 떨어진 시마병원 안뜰의 약 580미터 상공에서 폭발했다. 그 위력은 12.5킬로톤의 TNT(트리니트로톨루엔)가 폭발한 것과 같은 위력이었다. 폭발점(폭발한 상공 바로 아래 지상)의 온도는 섭씨 약 160도에 달했고, 곧바로 폭심지에서 약 8백 미터 이내에 불덩어리가 발생했다. 그 반경 안에 있던 사람들은 인체의 내장까지 몇 분의 1초 만에 증발시켜버리는 화력으로 조그맣게 눌어붙은 둥근 덩어리가 돼버렸다. 이런 덩어리가 수천 개나 도로에, 보도에, 다리 위에 굴러다녔다. 은행 앞의 돌계단에 앉아서 은행 문이 열리기를 기다리고 있던 한 남성은 완전히 증발해 대리석으로 된 돌계단 위에 오직 그 흔적으로만 남았다.

폭발 뒤에 발생한 폭풍은 화재를 일으켜 시내 전체 7만 6천 호의 가옥 중 7만 호가 완전히 불탔다. 불은 곳곳에서 일어나 전 시가지를 태웠다. 불이 옮겨붙은 곳들은 모조리 재가 됐다. 어떤 사람들은 정신줄을 놓고 입을 다문 채 정처 없이 느릿느릿 걷고 있었고 또 어떤 사람들은 큰 소리로 육친을 부르며 찾아다녔다. 수천 구의 주검이 강물 위에 떠 있었다. 말로 형언할 수 없는 비참과 고통과 공포가 가는 곳마다 흘러넘쳤다. 그리고 검은 비가 내렸고, 사람들은 방사능에 오염됐다. 최초의 폭발과 화재에서 살아남은 사람들도 이 방사능으로 죽어갔다. 나중에 히로시마와 나가사키를 조사한 보고에 따르면, 히로시마 원폭으로 조선인 2만 명을 포함한 히로시마 전체 인구 35만 명 가운데 시민 11만 명과 군인 2만 명이 즉사하고 1945년 말까지 14만 명이 또 사망했다.[8]

8월 6일, 영국의 플리머스를 떠난 지 나흘이 지났을 때 트루먼은 오거스타호 승무원과 식당에서 점심을 먹고 있었다. 그곳으로 백악관 맵룸 배속의 프랭크 그레이엄Frank Graham 해군대령이 와서 대통령에게 메모를 건넸다. 내용은 다음과 같았다.

워싱턴 시간 8월 5일 오후 7시 15분 히로시마에 큰 폭탄이 투하됐다. 최초의 보고에 따르면, 실험을 압도하는 결과였다. 완벽한 성공이다.

대통령은 활짝 웃었다. 바로 자리에서 벌떡 일어나 그레이엄의 손을 쥐고 "대령, 이건 사상최대의 사건이야"라고 말했다. 그리고 그레이엄에게 메모를 식당의 다른 테이블에서 식사를 하고 있던 번스에게 보여주라고 지시했다. 번스도 메모를 보고는 "좋았어! 정말 좋았어!"라고 외쳤다.

몇 분 뒤에 제2보가 도착했다. 그것은 "이제까지 한 어떤 실험보다도 분명히 파괴력이 더 크다"는 것이었다. 트루먼은 식당에 있던 승무원에게 손짓하면서 "우리는 TNT 2만 톤 이상의 폭발력을 지닌 신형폭탄을 일본에 투하했다. 그것은 압도적인 성공이었다"고 선언했다. 트루먼과 번스는 사관실로 가서 원폭투하 뉴스를 전했다.[9]

그때 워싱턴에서는 백악관 대변인 에벤 아이어스Eben Ayers가 미리 준비된 대통령 성명을 발표했다. 성명은 "바로 조금 전에 미국의 폭격기가 히로시마에 폭탄 한 발을 투하해서 (히로시마가 지니고 있던) 대적 효과usefulness to the enemy를 파괴했다. 이 폭탄은 TNT 2만 톤 이상의 위력이 있다"는 문장으로 시작했다. 그리고 성명은 그 폭탄이 일본이 진주만공격으로 전쟁을 개시한 행위에 대한 보복이라고 했다. 그뿐만 아니라 트루먼 성명은 "원폭은 더 제조될 것이고, 더 강력한 폭탄이 만들어지고 있다"면서 다음과 같이 경고했다.

> 7월 26일 최후통첩을 발한 것은 일본 사람들을 완전한 파괴로부터 구하기 위해서였다. 그러나 그들의 지도자는 곧바로 이 최후통첩을 거부했다. 만일 그들이 우리의 조건을 받아들이지 않는다면 지금까지 지구상에서 볼 수 없었던, 하늘에서 떨어져내리는 파괴의 비를 기다릴 수밖에 없을 것이다. 하늘로부터의 공격에 이어 바다와 육지로부터 공격을 받게 될 것이다. 그리고 그 수와 힘은 그들이 지금까지 알고 있던 전투기술을 훨씬 능가하는, 이제까지 본 적이 없는 것이 될 것이다.[10]

트루먼의 원폭투하에 대한 대응과 관련해, 다음과 같은 세 가지를 지적할 수밖에 없다. 첫째, 트루먼이 원폭투하 보고를 접했을 때의 첫 반응은 샘솟는 듯한 환희였다. 나중에 트루먼이 원폭투하는 고뇌에 찬 결정이었다고 썼음에도 첫인상에는 단 한 조각의 애도나 회한, 고통의 감정도 없었다. 왜 트루먼은 벌떡 일어날 정도로 환희에 찼던 것일까? 먼저 트루먼이 히로시마에 투하된 원폭으로 얼마나 많은 일반시민이 죽거나 다쳤는지에 대해 상세한 보고를 아직 받지 못한 상태였던 것을 지적해야겠다. TNT 12.5킬로톤의 위력을 10만 명 이상의 사망자와 묶어서 이해하기에는 어느 정도 시간이 필요했을 것이다. 그리고 전쟁을 수행하고 있는 나라의 지도자로서 원폭투하로 전쟁의 종결을 앞당기고 자국 병사들의 희생을 줄이게 된 것을 기뻐한 것도 당연한 일이었을 것이다. 그런 의미에서 트루먼은 원폭 소식을 들었을 때 "이제 집에 돌아갈 수 있을까?" 하고 물었던 수병들과 같은 생각을 하고 있었을지도 모른다.

둘째, 트루먼 성명의 중요한 부분에 주목해야 한다. 그것은 트루먼이 원폭투하를 일본의 진주만공격에 대한 보복으로 정의하고 있는 부분이다. 1951년에 아이어스는 트루먼과의 인터뷰에서 다음과 같은 기록을 남겼다.

> 그(트루먼)는 히로시마 인구에 대해 질문을 했다가 6만 명이라는 대답을 들었다고 말했다. 그는 25만 명의 미국 병사가 전사하는 것보다 6만 명의 일본인이 죽는 쪽이 훨씬 좋다고 말했다.

1945년 8월 히로시마에는 일반시민 28만 명에서 29만 명이 있었고, 군인 4만 3천 명을 합해 32만 3천 명에서 33만 3천 명 정도가 거주하고 있었다.[11] 트루먼이 어디서 인구 6만 명이라는 숫자를 들었는지는 알 수 없는데, 이는 나중에 그가 원폭투하를 정당화하기 위해 만들어낸 숫자일지도 모른다. 그렇다 하더라도 일본인 6만 명과 미국인 25만 명을 비교하면서, 후자를 구하기 위해서라면 전자를 살육하는 것도 정당화될 수 있다고 생각한 것 자체가 1845년 8월 당시 트루먼의 사고방식을 암시하는 것으로 주목할 만하다. 트루먼에게 군인뿐 아니라 일반시민도 포함하는 일본인에 대한 공격은 진주만을 불시에 기습하고 미국인 포로를 학대한 "야만적이고 잔혹한 민족"에 대한 정당한 보복이었다.

셋째, 더욱 중요한 것은 이 성명에서 일본이 곧바로 포츠담에서 나온 최후통첩을 거부했다고 단정하고 있는 점이다. 앞서 얘기했듯이 트루먼은 자신의 회고록에서 두 번에 걸쳐 일본 정부가 포츠담선언에 회답하지 않았다고 말했다. 해군첩보부는 도고의 7월 30일 전보에서 일본이 항복 조건으로 포츠담선언 조항을 기초로 해서 교섭할 의도가 있다는 것에 대해 언급하고 있다. 그리고 8월 2일 워싱턴의 전략정보부(OSS)는 대통령에게 베른의 일본인 그룹이 "포츠담선언은 일본이 전쟁을 종결하는 길을 제시한 '현명한astute' 문서다"라고 성격을 규정하고, 특히 "무조건 항복"이 "일본 군대의 무조건 항복"으로 수정돼 있는데 주목하고 있다고 보고했다. 이 그룹은 일본의 라디오 방송이 보도하고 있는 것은 프로파간다에 지나지 않기 때문에 미국 정부가 이를 너무 정직하게 받아들일 필요가 없다고 충고하고, 전략정보부의 앨런 덜레스에게 일본의 회답은 "공식 채널"을 통해서 이뤄질 수 있다고 말했다.[12]

트루먼과 번스가 이런 보고들을 읽었다는 증거는 없다. 그러나 트루먼이 나중에 얘기한 것처럼 원폭투하는 고뇌에 찬 결단이었고, 트루먼이 내심 되도록 회피하고 싶다고 생각했다면 포츠담선언에 일본이 어떻게 대응했는지에 대한 보고를 주의 깊게 지켜봤어야 했다고 추측하는 것이 자연스럽다. 왜 트루먼은 이런 보고들을 통해 새어나온 희미한 빛의 흔들림을 이용하려 하지 않았을까?

하나의 해답은 트루먼이 이와는 대조적인 정보를 받고 있었다는 가정이다. 통합참모본부는 해군첩보부와 전략정보부로부터 보고를 받았다. 그 보고는 일본이 결호작전으로 규슈에 대량의 병력을 증강하고 있다는 울트라의 암호 해독을 토대로 한 것이다. 트루먼은 연합국이 무조건 항복을 요구한다면 일본은 이를 거부하고 최후까지 싸우리라는 것을 잘 알고 있었다. 그는 무조건 항복 요구와 미국 병사의 희생을 최소화하는 것, 그 두 가지를 목표로 삼고 있었다. 교섭을 통한 항복은 그의 머리에는 없었다. 어떤 교섭이든 일본과 교섭하는 것은 약점을 보이는 것이고, 그것은 일본의 전쟁 계속 의사를 강고하게 만드는 것이다. 국내적으로 보더라도 이런 약점을 보이면 국민 사이에 새 대통령에 대한 신뢰가 사라질 것이다. 트루먼에게는 원폭을 사용하는 것 외에 다른 수단은 없었다. 이것이 역사가 리처드 프랭크가 전개하는 논리다.[13]

그 논리는 일본이 포츠담선언에 어떻게 대응하든 트루먼은 관심이 없었다는 사실을 뒷받침한다. 트루먼에게는 일본 정부의 공식 회답은 필요 없었으며, 라디오로 전달된 스즈키 총리의 성명만으로도 일본 정부가 이를 "즉각 거부했다"고 결론짓는 데 충분했다. 이 시점에서 트루먼을 만족시킬 수 있는 일본 정부의 회답은 항복 결정뿐이었으며, 이를 충족시키지 못하는 정보는 모두 무시됐다. 트루먼은 서두르고 있었다.

그러나 프랭크가 주장하듯이 트루먼의 최대 목적이 미국 병사의 희생을 최소화하는 것이었다면 무조건 항복을 수정할 수 있었고, 소련 참전을 기다릴 수도 있었다. 그는 왜 둘 중 하나를 택하지 않았을까? 트루먼에게는 프랭크가 주장하듯이 원폭 외에 다른 수단이 없었던 것이 아니다. 그는 그저 충분히 선택할 수 있었던 수단을 의식적으로 취하려 하지 않았을 뿐이다. 단지 미국 병사의 희생을 최소화하는 것이 아니라 소련 참전 전에 일본의 항복을 받아내는 것, 일본에 무조건 항복을 들이미는 것이 또 다른 목적이었다. 원폭은 그의 모든 목적을 달성하는 데 적합한 수단이었다.

트루먼은 히로시마 원폭투하 소식을 듣고 환호했다. 그것은 트루먼이 일본인을 살육하는 일에서 기쁨을 느꼈기 때문은 아니다. 오히려 그와 번스가 입안한 '시간표'대로 일이 진행돼가는 것에 기쁨을 느꼈을 것이다. 그 뒤에 해야 할 일은 일본 항복 소식을 듣는 것뿐이었다.

트루먼은 원폭투하로 일본이 즉시 항복할 것으로 생각했을까?

트루먼이 시간표대로 소련 참전 이전에 일본의 항복을 이끌어내려고 원폭투하를 서둘렀다는 게 이 책의 주장인데, 이 견해를 비판하는 많은 논자가 존재한다. 비판론자들의 최대 논점은 트루먼과 대통령을 둘러싼 미국의 최고지도자들이 원폭투하만으로 일본이 항복할 것이라 생각하고 있진 않았다는 해석이다.

이런 주장을 자료를 토대로 열심히 뒷받침하려 한 사람이 원폭 연구로 유명한 역사가 바턴 번스타인Barton J. Bernstein이다. 번스타인은 첫째로, 만일 트루먼과 번스가 원폭투하로 금방 전쟁이 종결될 것이라고 확신하고 있었다면, 미국 경제를 전시경제에서 평시경제로 이행하기 위한 준비를 하고 있었을 게 분명하지만 그런 조치를 취했다는 어떤 증거도 존재하지 않는다고 주장한다. 둘째로, 히로시마 원폭투하 이틀 뒤인 8월 8일에 포레스털 해군장관은 트루먼에게 다가올 규슈 상륙작전인 올림픽작전의 최고사령관에 맥아더 장군이 아니라 니미츠 제독을 임명해야 한다는 메모를 보냈다. 올림픽작전은 11월에 발동될 예정이었기 때문에 포레스털은 그때까지 전쟁이 계속될 것으로 상정하고 있었음이 분명하다는 것이다. 셋째로, 육군차관 로버트 패터슨이 8월 2일 스팀슨이 신뢰할 수 있는 보좌관인 조지 해리슨에게 다가올 일본의 항복에 대비해 군수무기 감산을 계획해야 할 것인지 묻는 메모를 보냈으나 해리슨은 이에 대해 바로 회답하지 않고 8일이 돼서야 아직 그럴 때가 아니라고 회답했다. 그리고 포레스털뿐만 아니라 스팀슨과 마셜도 한 발이나 두 발의 원폭투하만으로 일본이 항복할 리가 없다고 믿고 있었다고 주장한다.[14]

실제로 트루먼 정부지도자들 내부에서는 원폭이 일본을 항복시킬 결정타가 될지에 관해 의견이 나뉘어 있었다. 확실히 번스타인이 논한 바와 같이 스팀슨과 마셜은 원폭 두 발로 일본이 항복할 것이라고 생각하지 않았다. 포레스털의 발언에 대해서는, 전쟁이 언제까지 계속될 것인가라는 문맥에서 해석해서는 안 되고 육군과 해군의 관할권 다툼이라는 문맥에서 해석해야 한다. 해군은 전쟁이 종결되고 나서 2주일이 지난 8월 31일까지도 올림픽작전 최고사령관으로 맥아더가 오키나와를 점령하는 데 반대하고 있었다.[15] 번스타인의 첫째와 셋째 논점에 관해서는, 어떤 대통령이든 설사 전쟁종결을 기대하고 있더라도 실제로 전쟁이 종결되지 않으면 전시경제에서 평시경제로 이행하는 정책을 실시할 수는 없다. 빈사상태라 할지라도 병자가 숨을 거둘 때까지는 그 앞에서 장례식 준비를 하지 않는 것과 마찬가지다.

최대 관건은 다른 최고지도자들이 아니라 트루먼과 번스가 원폭투하가 곧바로 일본의 항복을 가져다줄 것이라고 기대하고 있었는가 하는 것이다. 이 책에서 이미 트루먼과 번스가 어떻게 원폭과 무조건 항복, 그리고 소련 참전을 연결해 정책을 짰는지 자세히 설명했기 때문에 이를 다시 문제 삼아 자세히 설명할 필요는 없다. 여기에서는 다음 몇 가지를 지적하는 정도로 정리할까 한다.

만일 트루먼과 번스가 원폭투하와 소련 참전을 일본 항복을 앞당기는 상승적 효과를 가진 것으로 판단하고 있었다고 가정한다면 왜 포츠담선언에서 소련을 배제했는가, 또 스탈린이 포츠담선언에 서명하고 싶다는 의사표시를 했을 때 왜 냉담하게 거절했는가 하는 의문에 대답할 수가 없다. 그리고 트루먼이 히로시마에 대한 원폭투하 소식을 들었을 때 왜 기쁨을 감추지 못할 정도로 흥분했을까? 만일 그것으로 전쟁이 종결될 것이라고 믿고 있지 않았다면 대통령은 그토록 환호하기보다는 오히려 최후의 싸움은 이제부터라며 투구의 끈을 단단히 죄는 태도를 보였을 것이다. 실제로는 트루먼과 번스가 히로시마 원폭투하 뒤에 일본이 즉시 항복할 것이라고 믿고 있었음을 보여주는 사료가 존재한다. 히로시마 원폭투하 다음 날인 8월 7일, 그루는 번스에게 메모를 보내 "태평양전쟁 종결은 불시에 찾아올지 모른다"면서 연합국 최고사령관에게 직속시킬 정치보좌관을 추천했다. 번스에게 의뢰를 받아 명단을 보낸 게 분명했다.[16] 번스의 비서였던 월터 브라운은 "포츠담회의에서 소련의 대일본 선전포고가 나오기를 기다리고 있었는데, 지금은 미국과 영국이 일본에 대해 2주일 내에 항복하라는 공동선언을 내야 할 것으로 생각하고 있다. 그때까지는 비밀무기가 발사 준비를 끝낼 것"이라고 7월 18일 일기에 썼다.[17]

트루먼 자신은 4장에서 자세히 얘기했듯이 7월 23일에 스팀슨에게 해리슨으로부터 상세한 원폭투하 타이밍에 대한 정보를 얻도록 지시한 뒤, 소련이 전쟁에 참가할 필요가 있는지에 대해 마셜과 회의를 열어 논의해보라고 지시했다.

번스타인과 그의 주장을 지지하는 논자도 트루먼과 번스가 염두에 두고 있었음이 분명한 '시간표'를 부정할 만한 증거를 제공하고 있지 않다.

히로시마 원폭에 대한 일본의 대응

스탈린과 트루먼의 각축이 치열하게 전개되고 있을 때, 일본 내부에서도 치열한 경쟁이 벌어지고 있었다. 그것은 최후의 본토결전을 준비하고 있던 계전파와 일각이라도 빨리 전쟁을 종결해야 한다고 판단한 화평파 간의 싸움이었다. 계전파, 화평파 쌍방 모두 국체의 이름으로 자신들의 정책을 정당화했다. 그 경쟁 속에서 국체의 정의가 중대한 쟁점으로 떠올랐다.

원폭이 모든 통신수단을 파괴해버렸기 때문에 히로시마 괴멸 뉴스는 8월 6일 오후 늦게까지 도쿄에 전달되지 못했다. 대본영에는

"0815, B-29 4기(?) 히로시마에 내습해 원자폭탄 하나를 투하. 히로시마시 대부분 괴멸"이라는 전문이 기록돼 있으나, 시각은 적혀 있지 않다. 1부장 미야자키 슈이치宮崎周一는 "6일 8시 30분 히로시마에 특수폭격"이라 쓰고, 추가로 "소위 원자폭탄이라는 것도 발표에 고려를 요한다"고 일기에 남겼으나 시간은 명기하지 않았다. 오가타 겐이치尾形健一 대령의 《시종무관 일기》에는 "오후 7시 지나 해군성에서 구레진 보고* 로 전화통보해옴. 오늘 아침 8시께 히로시마에 B-29 2~3기 내습. 특수폭탄 공격을 받아 시가 대부분이 무너짐, 군관계 사상 괴멸 적지 않음"이라 적혀 있다. 사코미즈 히사쓰네 내각서기관장은 6일 오후에 해군성으로부터 "히로시마에 엄청난 고성능의 폭탄 한 기가 떨어져 전 도시가 홀연 괴멸되고, 말로 표현할 수 없는 인적, 물적 피해를 당했다는 간단한 보고를 접하고" 이를 스즈키 간타로 총리에게 보고했다. 아무리 빨라도 6일 오후에야, 구레 진수부에서 보낸 연락으로 원자폭탄이라고 명확하게 얘기를 듣지 못한 상태로 보고를 받은 것이 아닌가 생각된다. 그러나 군관계자는 이 보고를 접하자 곧바로 이것이 원폭이라는 것을 이해했다. 그 뒤, 8월 7일 새벽에 미국의 단파방송이 트루먼의 성명을 내보내기 시작했고, 원폭이라는 것이 판명됐다. 〈도메이 통신〉의 하세가와 사이지는 이 방송 내용을 3시 30분에 사코미즈와 도고에게 보고했다. 원폭 보고는 8월 7일 아침에 천황과 내각에 보고됐다. 그러나 앞서 얘기했듯이 오가타 시종무관의 일기를 보건대, 천황은 이미 6일 저녁에 히로시마 괴멸 소식을 들었다는 사실

* 히로시마현 구레시에 있는 일본 해군의 진수부. 구레 진수부, 혹은 '구레진呉鎮'으로 불렸다. 진수부는 해군함대의 후방에서 보급과 출동 준비, 지휘 등을 총괄하는 기관이다.

을 알 수 있다.[18]

8월 7일 오전, 스즈키는 각의를 열었다. 이 각의에서 도고는 방송으로 전해진 트루먼 성명을 소개하고, 히로시마에 떨어진 것이 원폭이라는 사실을 보고했다. 아나미 고레치카는 거기에 의문을 제기하면서, 아직 원폭이라고 결론짓기에는 이르고, 또 이것은 미국의 모략일지도 모르기 때문에 현지에 조사단을 파견해서 사실을 확인해야 한다고 주장했다. 결국 이 의견이 받아들여져 각의가 포츠담선언 수락 쪽으로 한 걸음 내딛는 일은 일어나지 않았다. 육군은 아리스에 세이조 중장을 수장으로 하고 니시나 요시오仁科芳雄 박사를 포함한 조사단을 히로시마에 파견했으나 비행기 사정 때문에 조사단은 8일까지도 히로시마에 도착할 수 없었다. 또 그날 각의에서 도고는 이런 잔혹한 무기를 사용하는 것은 독가스 사용을 금지한 국제법을 위반하는 부당행위이기 때문에 빨리 중지해야 한다며 엄중하게 항의하기로 결정했다.[19]

정보국은 원폭에 관한 보도를 어떻게 다룰 것인지에 대해 협의했다. 그리고 원폭이라는 사실을 발표해서 전쟁을 수행하면서 국민에게 새로운 각오를 촉구하기로 결정하고 외무성의 찬성을 얻었다. 그러나 군부가 이런 보도는 국민 심리에 강한 충격을 준다며 정면에서 반대해 정부로서는 '원자폭탄'이라는 자구는 신문에도, 방송에도 사용하지 말도록 하고 단지 '신형무기'로 표현하기로 했다.[20]

그러나 육군상이 각의에서 강경한 발언을 한 것과는 정반대로, 원폭 투하가 아나미에게 상당한 영향을 미쳤음을 보여주는 사료도 존재한다. 아나미는 각의에서 원폭이라는 사실에 대해 의문을 제기했음에도 불구하고 히로시마에 투하된 폭탄이 원폭이라는 것을 이미 확신하고 있었다. 그리고 7일에 육해군과 관계 각 방면 인사들로 구성된 원자폭탄위원회[21]에 아나미가 참석했다는 사실은 그가 원폭의 위력에 대해 상당한 관심을 갖고 있었던 사실을 보여준다.

하지만 원폭투하 다음 날 정부도, 군부도, 화평파도 원폭의 영향에도 불구하고 종래의 정책을 근본적으로 변경할 필요를 느끼지 못했다. 각의에서 도고가 미국은 복수의 원폭을 보유하고 있고, 일본이 항복하지 않으면 원폭을 다른 도시에 투하할 것이라는 트루먼의 성명을 소개했음에도 아나미의 반대에 눌렸다. 각의가 결정한 것은 이 무기 사용에 항의하자는 것뿐이었다.

도고는 8월 6일 오후 5시에 사토에게 다음과 같은 전보를 타전했다.

> 스탈린, 몰로토프 오늘 모스크바에 귀환할 것 같은지. 여러 가지 사정이 있으니 서둘러 몰로토프와 회견해서 회답을 독촉할 것.[22]

이 전보를 타전했을 때 도고가 이미 히로시마에 원폭이 투하됐다는 보고를 받았는지 여부는 알 수 없다. 다카기 소키치는 8월 6일 일기에 "적 3기 히로시마에 원자폭탄 공격을 감행. 피해 막대, 사상자 수를 헤아릴 수 없는 상황"이라고 썼다. 이에 따르면 요나이는 이미 6일 중에 원폭투하 소식을 접했음을 알 수 있다. 요나이가 알고 있었다면 도고도 이 소식을 접했을 것으로 상정할 수 있다.[23] '여러 가지 사정'이 명확하게 원폭을 말하는 것인지는 알 수 없지만 히로시마가 폭격당해 새로운 사태가 출현했다는 것을 가리키고 있는 것으로 추측된다. 포츠담 선언 이후의 상황을 바꿀 '여러 가지 사정'이란 이것 외에 달리 생각할 수 없기 때문이다.

다음 날인 8월 7일 오후 3시 40분 도고는 다시 사토에게 다음과 같은 긴급전보 993호를 타전했다.

> 형세 날로 핍박해져 소련 쪽의 명백한 태도를 속히 알고 싶으니 급히 회답을 받아낼 수 있도록 이후로도 진력해줄 것.[24]

'여러 가지 사정'이 '형세 날로 핍박'이 됐다. 상황이 '핍박'해져 급속히 악화되고 있음을 알 수 있는데, 7일 전보의 '형세 날로 핍박'이 원폭투하로 초래된 형세를 가리키고 있다는 것은 의문의 여지가 없다.

8월 7일자 《기도 고이치의 일기》를 보면 천황과 기도가 정오에 원폭투하 보고를 받았고, 1시 30분부터 2시 5분까지 기도가 천황을 배알했으며, 천황은 "시국수습에 신경 쓰며 걱정하고 있고, 여러 가지에 대해 하문下問하셨다"고 기록돼 있다. 이 천황의 의향이 기도를 통해 도고에게 전달됐고, 이것이 전보 993호로 연결됐다고 해석할 수 있을 것이다.[25]

도고의 전보 993호는 원폭투하가 일본의 항복 결정에 미친 영향력을 평가하는 데 중요한 의미를 갖는다. 이 전보는 우선 첫째로, 원폭이 하루빨리 전쟁을 종결해야 할 '핍박'한 상황을 만들어냈다고 얘기하고 있다. 그런 의미에서 원폭투하가 항복에 이르는 결정 과정에 커다란 영향을 주었다는 것은 부정할 수 없다. 그러나 반면에 원폭투하가 곧바로 일본 정부의 항복을 결정지었다고 할 수는 없다. 전보 993호가 타전된 것은 7일 오전 각의 뒤의 일이고, 일본 정부는 이런 핍박한 사태 속에서도 소련의 중개를 통해 전쟁을 종결하려는 그때까지의 정책을 답습하고 있었다.

8월 7일 오후 7시 50분에 사토는 모스크바에서 도고에게 다음과 같은 답전을 타전했다.

> 몰로토프의 모스크바 귀환과 함께 조속히 회견을 요청하고, 로좁스키에게도 위의 알선을 거듭 의뢰했던바, 7일 몰로토프가 내일 8일 오후 5시에 회견할 수 있다는 뜻을 알려왔다.

이 전보는 8월 8일 정오에 도쿄 외무성에 도착했다. 모든 눈이 사토-몰로토프 회견 결과에 쏠려 있었다.[26] 전보가 모스크바에서 발송된 것이 7일 오후 7시 50분이라는 사실에 먼저 유념할 필요가 있다. 그 시간은 스탈린의 전쟁 개시 결정과 밀접한 연관이 있기 때문이다.

다음 날인 8월 8일 오전, 도고는 천황을 배알했다. 도고는 원폭에 관한 트루먼 성명과 "그와 관련된 사항을 상세하게 아뢰고 마침내 이를 전기로 삼아 전쟁종결을 결행해야 한다는 뜻을 얘기했다." 이에 대한 천황의 말을 도고는 다음과 같이 기록했다.

> 폐하는 '그대로다. 이런 종류의 무기가 사용된 이상 전쟁 계속은 결국 불가능하게 됐으므로 유리한 조건을 얻어내려고 전쟁종결 시기를 놓치는 건 좋지 않다고 생각한다. 또 조건을 상담하더라도 결말이 나지 않을 수도 있기 때문에 되도록 빨리 전쟁을 종결할 수 있도록 해줄 것을 희망한다'고 말씀하시고 총리에게도 그 뜻을 전하라고 하셨다.

히로시마에 투하된 원폭 소식이 천황에게 큰 영향을 미친 것은 의심할 여지가 없다. 천황과 도고는 원폭투하에 따라 일본은 하루빨리 전쟁을 종결해야만 한다는 일치된 결론에 도달했다. 그러나 이로써 히로시마 원폭투하가 일본의 전쟁종결에 결정적인 영향을 주었다고 주장할 수 있을까?

히로시마 원폭투하가 일본의 항복 결정에 가장 중요한 요소라는 것을 폭넓고 치밀한 사료분석을 토대로 입증한 것은 도시샤대학의 아사다 사다오麻田貞雄다. 7일에 도고의 "주도 아래" 관계 각료만의 각의를 열었고, 그 회의에서 도고가 "원폭의 출현은 군사상황 그 자체를 근본적으로 바꿨으며, 군 쪽에도 전쟁종결의 이유를 제공하는 것이기 때문에, 포츠담선언을 기초로 신속히 종전을 생각하는 것이 어떠한가"라고 물은 것을 근거로, 도고가 8월 7일에 이미 포츠담선언 수락을 통해 화평을 도모한다는 결론에 도달했다고 그는 주장한다. 그리고 천황의 태도에 대해 "천황은 히로시마의 상황을 상세히 보고하도록 정부와 육군에 명했으나 군부가 좀체 보고를 하려 하지 않은 데 대해 '몹시 불만'이었다"는 점, 천황은 기도에게 "이렇게 된 이상 어쩔 수 없다. 내 한 몸이야 어떻게 되더라도 하루라도 빨리 전쟁을 종결해서 이런 참극이 되풀이되지 않도록 해야 한다"고 말한 점을 들어 아사다는 "그때부터 그는 가장 두드러진 비둘기파로 화평에 대한 강한 의사를 더욱 분명히 했다"고 썼다.

도고는 8일의 천황 배알에서 다시 한 번 "원폭은 전쟁의 혁명일 뿐만 아니라 … 전쟁의 양상을 일변시키고 또 사회의 일대 변혁까지 초래했으며, 일반 국민의 일상생활도 변혁시키는" 것으로, 이를 전기로 삼아 전쟁종결을 결행하도록 상주했다. 그리고 천황이 "그대로다"라며 "중대한 결의를 외상에게 표했다"면서 앞서 얘기한 천황의 말을 인용하고 있다. 아사다는 히로시마 원폭투하가 적어도 도고와 천황에게 결정적인 영향을 미쳤으며, 그들은 8월 7일에 이미 포츠담선언 수락을 통해 전쟁종결을 꾀하는 쪽으로 정책을 전환했다고 주장하고, 도고와 천황이 이 정책 전환에 지도적 역할을 수행했다고 해석했다.[27]

그러나 사료를 세밀히 분석하면, 아사다의 해석이 반드시 타당한 것은 아니라는 사실이 드러난다. 도고의 회고록에 따르면, "7일 오후 관계 각료회의가 열렸다"고 돼 있고, 그의 다른 진술록에도 다만 "그다음 날인 7일에 관계 각료들만의 각의가 열렸다"고 돼 있다. 그리고 사코미즈도 "8월 7일의 각의에서는"이라고 했으므로, 적어도 아사다가 인용하고 있는 사료를 봐서는 도고가 주도권를 취했다는 사실은 읽어낼 수 없다.[28]

그리고 아사다가 도고의 발언인 것처럼 소개하고 있는 원폭의 효과에 대해서는 각의에서도, 또한 천황 배알 때에도 도고는 그것을 자신의 의견이 아니라 적의 선전이라며 소개했다. 도고가 트루먼의 성명을 전쟁종결을 위해 이용했다는 생각은 할 수 있겠지만, 아사다가 주장하고 있듯이 원폭이 혁명적인 무기이며, 전쟁의 양상을 일변시키고 사회 변혁을 초래했다는 주장은 도고의 주장이 아니라, 도고가 "적 쪽의 선전"으로 소개한 것이라는 사실은, 미묘하지만 중요한 차이이자 오류이다.[29]

사코미즈는 각의에서 "신속히 포츠담선언을 수락하는 방식으로 전쟁을 종결시켜야" 한다는 의견도 많이 나왔다고 기록했다. 사코미즈는 복수의 의견이라고 했으나 실제로 그런 의견이 나왔다면 그것은 도고의 의견뿐이었을 것이다. 참석한 이들은 외상, 총리 외에 육해군 대신(장관), 내무대신, 운수대신이었고, 거기에서 스즈키, 요나이 또는 다른 대신이 도고의 의견에 찬성했을 것으로 생각되진 않는다. 그러나 도고가 그때 이미 포츠담선언 수락을 통해 전쟁을 종결하려고 했다면 그것은 정부 정책의 중대한 변경을 의미하는 셈이 된다. 도고가 그렇게 결의했다면 자신의 회고록에서 그에 대해 아무런 언급도 하지 않은 것은 기묘하다. 도고의 진술록에서 점령군을 대표해서 듣는 입장에 있던 오이 아쓰시大井篤가 사코미즈의 증언을 인용하면서 실제로 그런 발언을 했는지 유도질문을 하자, 도고는 "또 포츠담선언이라는 것이 제출돼 있으므로 이를 기초로 해서 고려해주면 좋겠다는 말을 했으나", "모두 좀체 거기까진 가지 않았으며", 육군도 강경하게 "내 이야기에 찬성하지 않았기 때문에" "조사하는 건 그만두고 바로 전쟁종결을 결의하는 것이 좋겠다고 말할 수도 없었다"고 증언하고 있다. 오이가 천황을 배알했을 때 포츠담선언 수락을 통한 전쟁종결을 상신했는지 질문하자, 도고는 "8일에는 확실히 그 말씀을 드렸다"고 대답했으나, 회고록에는 그런 상신에 대한 언급이 없다. 게다가 포츠담선언 수락과 모스크바에서의 교섭 간의 관계에 대한 도고의 설명은 앞뒤가 맞지 않는다.[30] 따라서 각의에서도, 천황 배알 때도 도고가 포츠담선언을 수락해서 전쟁종결을 꾀하려는 정책 전환을 제기했을지는 의문이다. 설사 도고가 그것에 대해 언급했다 하더라도 그것은 어렴풋한 시사에 지나지 않았으며, 반대에 부닥칠 경우 금방 무너져버릴 허약한 중얼거림에 불과했을 것이다.

문제는 8월 7일에 도고가 사토에게 보낸 전보다. 만일 도고가 포츠담선언 수락으로 종전을 꾀하려 했다면 이는 당연히 소련의 알선을 통해 전쟁을 종결하려는 시도를 수정한 셈이 된다. 원폭투하로 사태가 급박해지자, 그때까지 항복 조건과 관련해 포츠담선언이 해결해주지 않은 천황의 지위 문제, 그것과 대서양헌장·카이로선언의 관계 등이 백지화될 것인지 아닌지를 논의해야만 했다. 따라서 그것을 명확하게 하지 않은 채 "포츠담선언을 기초로 한 전쟁종결"이라고 발언했다 하더라도 그것이 받아들여지지 않을 것은 명백하며, 도고도 굳이 그것을 추구하지 않았다. 8월 7일 도고가 사토 앞으로 보낸 전보는 이미 얘기했듯이, 천황의 시국 수습 의향을 반영하고 있고, 그 단계에서는 천황도, 도고를 포함한 일본 정부도 여전히 소련 알선을 통한 전쟁종결에 최후의 희망을 걸고 있었다는 것을 분명히 보여주고 있다.

천황에 관해서는, 종전 뒤 천황을 둘러싼 궁중에서 천황이 전쟁범죄자로 재판에 회부되는 것을 피하기 위해서라도 일본을 구한 것은 천황이며, 천황은 화평파의 지도적 역할을 수행했다는 해석이 의도적으로 제기된 점에 주의해야 한다.

그 선두에 서 있었던 이가 기도이며, 아사다가 인용한 "내 한 몸이야 어떻게 되더라도" 전쟁을 종결해서 "참극이 되풀이되지 않도록 해야 한다"고 했다는 천황의 말이 원폭투하 뒤에 곧바로 한 것인지, 또 그런 발언이 실제로 나온 것인지 문제 삼지 않으면 안 된다. 왜냐하면, 나중에 얘기하겠지만. 종전에 이르는 과정에서 천황의 언동에는 상당히 명료하지 못한 점이 존재하기 때문이다. 아사다는 후지타 시종장의 회고록을 근거로, 천황이 히로시마 상황에 관한 군부의 보고가 없는 것에 대해 "몹시 불만"이었다고 논하고 있으나, 후지타의 회고록에는 육군의 보고가 없었던 점에 대해서는 언급하고 있지만 "몹시 불만"이었다는 얘기는 쓰여 있지 않다.[31] 아사다는 천황이 "조건을 협의하더라도 결론이 나지 않을 것"이라고 말했을 때, 천황이 상정한 교섭 상대는 미국, 영국이라고 생각했으며 따라서 도고와 천황이 포츠담선언 수락을 전제로 미국, 영국과 교섭하는 것을 자명하다고 보고 있으나 실제 천황이 영미를 교섭 상대로 상정했는지는 매우 의심스럽다. 앞서 얘기했듯이, 도고도 소련의 알선에 희망을 걸고 있었기에, 적어도 소련에서 회답이 올 때까지는 당시 상정하고 있던 교섭 상대는 어디까지나 소련이었다.[32]

그리고 천황과 가장 빈번하게 접촉한 전 시종무관장 하스누마 시게루蓮沼蕃의 증언이 있다. 연합군총사령부(GHQ) 역사과로부터 원폭이 천황의 의견에 어떤 영향을 미쳤는지에 대한 질문을 받고 하스누마는 다음과 같이 대답했다.

"원자폭탄이 그렇게 큰 충격을 폐하에게 주었다고 생각하진 않습니다. 무엇보다 폐하는 과학자이시기 때문에 원자폭탄의 위력을 숙지하고 계셨겠지요. 그러나 8월 8일, 9일경에는 아직 히로시마 정보를 충분히 알고 있지 못했습니다. 따라서 폐하에게 그렇게 큰 충격을 주지는 않았다고 생각합니다."[33]

천황은 도고를 향해 스즈키 총리에게 전쟁종결 의사를 전하라고 명했다. 도고는 스즈키와 만나 최고전쟁지도회의를 열도록 건의했다. 그런데 당일은 "사정이 좋지 않은 사람이 있어서" 회의를 9일에 열기로 했다. 아사다는 "일각을 다투는 때에 '사정이 좋지 않은'이라니 무슨 일인가"라고 비판했다. 이것은 나중이니까 할 수 있는 말일 테고, 오히려 원폭이 투하됐더라도 사정이 나쁜 사람이 있다면 최고전쟁지도회의를 연기해도 상관없다고 생각하는, 아직 다급한 상황까진 가지 않았던 지도자들의 심리상태를 보여주고 있다.[34]

히로시마 원폭투하가 도고, 천황, 기도에게 전쟁종결을 서둘러야 한다는 확신을 갖게 만든 것은 분명하다. 하지만 아사다가 주장하듯이 그것은 곧바로 포츠담선언을 수락해서 전쟁을 종결해야만 한다는 정책 변경까지 가도록 압박하진 않았다. 정부도 궁중도 여전히 소련의 알선을 통해 전쟁을 종결하겠다는 정책을 유지했던 것이다.

기도는 8월 7일, 8일 일기에서 천황이 '시국 수습'에 대해 기도, 도고와 회담했고, 또 기도도 시게미쓰, 고노에와 만났는데, 이런 빈번한 회담에서 아사다가 주장하고 있듯이 '포츠담선언을 승인하고' 전쟁을 종결하는 안이 제출됐다는 언급은 전혀 나오지 않는다. '포츠담선언을 이용해서 전쟁을 종결로 이끌 필요'가 있다는 주장이 나온 것은 8월 9일로, 소련 참전 뒤라는 사실에 주목해야 한다.[35]

아사다는 스즈키가 8일 밤에 사코미즈를 불러, "히로시마에 떨어진 것이 원폭이라는 것을 안 이상, 나는 내일 각의에서 나 자신의 종전에 대한 의견을 얘기하고 싶으니, 그 준비를 해주지 않겠나"라고 부탁한 것을 인용하고 "그때까지 항복에 대해 결단하지 못한 것으로 보였던 스즈키도 마침내 원폭 때문에 각오를 한 것이다. 소련 참전 뉴스가 당도하기 전에 이미 스즈키가 항복을 결의하고 있었던 것은 주목할 만하다"고 말했다.[36] 그러나 나중에 얘기하겠지만, 스즈키가 8일에 이미 포츠담선언 조항을 토대로 한 종전을 결의했는지는 의문이다.

8월 8일에 요나이는 다카기를 만났다. 그때 요나이는 "고마키야마니 오사카 겨울 진이니"• 하며 강한 척만 하던 스즈키에 대해 아무것도 모른다며 투덜댔다. 다카기는 히로시마에 원폭이 투하되고 나서 국내 정세가 나빠졌다고 말했는데 요나이도 이에 찬동하면서, 다음 날 최고 전쟁지도회의의 의제가 동인도 독립의 건인 것은 정말 웃기는 일이라고 말했다. 요나이는 외상과 만났을 때 소련 알선 건이 도고에 의해 추진되고 있는 것에 대해 언급하면서 "오늘 내일 뭔가 회답이 올 것"이라고 예측했다. 그러나 요나이는 소련의 회답이 없을 경우 대응할 방도를 생각해둘 필요가 있다고 말했다. 요나이와 다카기의 대화는 원폭투하가 일본의 정책에 결정적인 영향을 미치지 못했으며, 정부가 여전히 소련의 알선으로 전쟁을 종결하려 하고 있었음을 보여준다. 요나이가 본 스즈키는 아사다의 평가와는 크게 차이가 났다.[37]

히로시마 원폭투하는 일본의 지도자들에게 정책 변경을 재촉할 만한 효과가 없었던 것이다. 그렇게 되려면 히로시마의 원폭보다 더 큰 충격이 필요했다. 도요다 군령부총장은 나중에 "그 한 발의 원자폭탄으로는 아직 전쟁을 계속할지 말지를 논의할 정도로까지 상황이 악화돼 있지 않았던 것이다"라고 말했다.[38] 오히려 원폭투하는 한층 더 소련의 알선에 기대를 걸도록 박차를 가했다.

• 고마키야마小牧山와 오사카 겨울의 진陳은 모두 전국시대 공성전에서의 승리를 기리는 표현으로 요컨대 성을 잘 지키면 적을 충분히 물리칠 수 있다는 의미로 인용한 고사이다.

원폭투하에 대한 스탈린의 반응

8월 7일의 〈프라우다〉• 는 히로시마에 투하된 원폭에 대해 아무것도 보도하지 않았다. 8월 8일에 비로소 4면 마지막 단에 트루먼의 성명을 논평을 붙여서 소개했다. 〈프라우다〉의 침묵은 소련의 지도자가 원폭투하 소식에 충격을 받았음을 말해준다. 스탈린은 의기소침해 있었다. 미국의 원폭투하는 소련에 대한 적대행위로 간주됐다. 먼저 그것은 소련의 참전 이전에 소련을 빼놓고 일본을 항복케 하려는 의도라고 스탈린은 해석했다. 다음에 그것은 원폭이라는 무서운 채찍을 손에 들고 소련을 외교정책으로 굴복시키려는 수단이라고 생각했다.

트루먼이 "심상치 않은 파괴력을 지닌 신무기"라고 말했을 때, 즉각 그것이 원폭이라고 이해하긴 했으나 미국이 그렇게 빨리 원폭을 사용하리라고는 생각도 하지 못했을 것이다. 원폭이 실제로 히로시마에 투하됐다는 뉴스는 일본이 그에 따라 항복할 것이라는 걸 의미한다. 그렇다면 그것은 일본을 항복시킬 미국과의 경쟁에서 진다는 얘기가 된다. 스탈린은 그 뉴스에 틀림없이 패배감을 맛봤을 것이다.

스탈린의 8월 5일 크렘린에서의 일정표는 그가 모스크바에 돌아오자마자 매우 바쁜 하루를 보낸 사실을 보여준다. 미국이 히로시마에 원폭을 떨어뜨렸다는 소식을 들은 것은 8월 6일 새벽이었는데, 당시 스탈린의 일정표는 백지였다. 소련이 전쟁을 준비했고, 미국이 원폭을

• 모스크바에서 발행되는 대표적인 일간 신문. 프라우다는 '진리'를 뜻한다. 1912년 5월 5일 상트페테르부르크에서 러시아 혁명세력의 기관지로 창간된 이후 1991년 소비에트연방이 무너질 때까지 소련공산당의 기관지였다. 한때 세계 최대의 발행부수를 자랑했다.

투하해 일본의 항복 가능성이 짙어졌을 때 스탈린이 하루 휴가를 낸 것으로 보이진 않는다. 러시아 역사가 흘레브뉴크Oleg V. Khlevniuk에 따르면, 크렘린에서의 일정표가 백지였던 것은 스탈린이 아무도 만나지 않았다는 것을 의미하진 않는다. 스탈린은 종종 회의를 모스크바 교외에 있던 별장(다차)에서 열었기 때문이다. 그 별장에서 열린 회의 일정표와 누가 참석했는지에 대한 기록이 존재한다면 좋겠지만 그것은 아직도 밝혀지지 않고 있다.

데이비드 홀러웨이••는 스탈린의 딸 스베틀라나 알릴루예바가 아기를 데리고 별장을 찾아갔으나, 평소에 그녀에게 인사를 하고 수다를 떨던 정치인들이 그날은 히로시마의 원폭 소식으로 바빠 그녀에겐 전혀 관심을 기울이지 않았다고 기록한 사실을 중시해서, 스탈린이 히로시마 원폭투하로 의기소침했다는 결론을 무너뜨릴 수 없다고 주장한다. 그러나 8월 6일에 스탈린이 어떤 행동을 했는지에 관해서는 러시아의 새로운 사료가 발표되지 않는 이상 해명할 길이 없다.[39]

쑹쯔원을 단장으로 한 중국 대표단은 8월 7일 오후 모스크바에 도착했다. 공항에서 중국 대표단의 도착을 기다리고 있던 해리먼은 몰로토프에게 원폭에 대한 일본의 대응에 대해 어떻게 생각하느냐고 물었다. 몰로토프는 "나는 그것에 대해 아무것도 듣지 못했다"고 대답하고 "미국인 당신들이 원한다면 비밀을 지킬 수 있다"고 덧붙였다. 중국 대표단이 도착하자 몰로토프는 중국 쪽에 일본은 붕괴 직전이라고 말했다.

•• David Holloway, 스탠퍼드대학 정치학 교수. 《소련과 군비경쟁*The Soviet Union and the Arms Race*》, 《스탈린과 폭탄*Stalin and the Bomb: The Soviet Union and Atomic Energy, 1939~1956*》 등을 썼다.

몰로토프의 의기소침한 모습으로 추측하건대 소련의 외무인민위원은 아직 원폭에 대한 일본의 반응에 대해서는 모르고 있었던 것으로 보인다.[40]

그러나 뭔가 중요한 일이 8월 7일에 크렘린 지도부 안에서 벌어졌음이 분명하다. 하루 전, 즉 히로시마에 원폭이 떨어진 날에 스탈린과 몰로토프가 귀국했다는 소식을 접하고 사토 대사는 로좁스키를 통해 현안인 고노에 특사 파견에 대한 소련 정부의 회답을 받으려고 몰로토프와의 면회를 요청했다. 그날 회답은 없었다. 다음 날인 7일, 사토는 다시 로좁스키에게 몰로토프와의 면회를 요청했다. 그 요청은 특별한 의미를 갖고 있었다. 그때 사토는 아직 8월 7일의 도고 전보 993호를 받지 못했을지도 모르지만, 원폭투하 뒤에 발신된 8월 6일 전보 991호는 이미 받았다. 사토의 요청은 일본 정부가 히로시마 원폭에 어떻게 대응했는지를 보여주는 최초의 신호였다. 그것은 원폭투하에도 불구하고 일본 정부는 곧바로 항복할 의사가 없었다는 것을 보여준다.

원폭투하 뉴스를 들은 스탈린은 곧 행동을 개시했다. 먼저 스탈린은 바실렙스키에게 공격 개시 일시를 48시간 앞당겨 8월 9일 0시(자바이칼 시간, 모스크바 시간으로는 8월 8일 오후 6시)로 설정하라고 명령했다. 이 명령에 따라 바실렙스키는 즉시 자바이칼방면군, 제1극동방면군, 제2극동방면군, 태평양함대에 네 통의 명령을 발령했다. 모든 전선에서 자바이칼 시간인 8월 9일 오전 0시를 기해 동시에 공격을 개시하라는 명령이었다.[41]

8월 7일 오후 늦게서야 사토 대사는 오래 기다렸던 회답을 마침내 받았다. 몰로토프가 다음 날인 8일 6시에 면회를 하겠다는 내용이었다. 그러나 면회 시간은 나중에 5시로 변경됐다. 7일 오후 7시 50분에 사토는 도고 외상 앞으로 몰로토프와 면회한다는 사실을 보고한, 앞서 얘기한 전보를 타전했다.

스탈린은 또 7일 오후 10시에 중국 대표단과의 교섭을 시작할 것이라고 통고했다. 중국 대표단은 도착 뒤 첫 회담까지 겨우 몇 시간의 여유밖에 없었다. 스탈린은 서두르고 있었다.

그날 스탈린의 일정표는 그가 바쁘게 활동을 재개했음을 보여준다. 스탈린은 몰로토프와 오후 9시 30분에 만났다. 10시 10분부터 11시 10분까지 쑹쯔원 및 중국 대표단과 교섭을 했고, 그 뒤 오전 1시 10분까지 국방인민위원인 보로실로프Voroshilov를 만났다.[42] 그밖에 그는 전용 전화로 안토노프, 바실렙스키와 상시 연락을 취하고 있었던 것으로 보인다.

스탈린의 그날 의제는 모두 일본과의 전쟁 개시에 대한 것이었다는 것은 의심할 여지가 없다.

스탈린-쑹쯔원의 교섭 재개

해리먼은 모스크바대사관에 8월 6일 귀임했다. 포츠담회담에 참석하지 못했던 해리먼은 혼자 포츠담에서 중국 문제에 몰두하고 있었다. 가장 적극적으로 중소 교섭에 관여해야 한다는 해리먼의 권고에 번스는 응답하지 않았다. 그 때문에 애가 탄 해리먼은 포츠담을 출발하기 전에 "중국에 대한 스탈린의 강력한 요구에 대항하기 위해 국무부로부터 받고 싶어 했던 지시"를 메모로 써서 남겼다. 그 메모에서 해리먼은 미국 정부는 소련의 다롄 조차 요구를 인정하지 않을 것이라고 스탈린에게 말해야 한다고 번스에게 권고했다. 다롄은 국제위원회가 운영하는 공개항이어야 한다는 주장이었다. 해리먼의 메모를 거의 그대로 반복하는 듯한, 번스가 보낸 지시가 8월 5일 해리먼에게 도착했다.

쑹쯔원이 모스크바에 도착하고 나서 해리먼은 쑹과 짧은 회견을 했다. 그 회견 뒤에 해리먼은 대통령과 번스에게 메모를 타전해, 장제스가 뤼순을 포함한 광대한 구역을 소련의 군사지구로 삼고 싶다는 스탈린의 요구를 인정할 의도를 갖고 있다는 사실을 전했다. 그리고 자신과 딘은 "다롄과 그 도시로 연결된 철도가 소련의 군사지구에 포함되지 않고, 뤼순항이 중국 관리하에 놓인다면" 거기에 반대하지 않겠다고 말했다.[43]

중국 대표단이 도착한 그날 밤에 즉시 교섭을 시작하고 싶다는 스탈린의 바람에 쑹쯔원은 놀랐다. 예상도 하지 못한 일이었다. 그러나 스탈린은 몹시 서두르고 있었다. 소련이 만주의 일본군에 대한 공격을 개시하기까지 20시간밖에 남아 있지 않았다. 그때까지 스탈린은 중소조약을 체결해야만 했다. 쑹쯔원은 스탈린과의 교섭이 시작되기 전에 필사한 메모를 해리먼에게 건넸다. 해리먼에게 그날 중에 스탈린과 회견할 것은 제안하는 내용이었다.[44] 쑹과 해리먼의 미묘한 연락이 시작됐다. 쑹은 대표단 속의 친소파와 장제스의 훈령, 그 양편에 포위당한 상태였으나 항구와 철도에 관한 스탈린의 요구에 가능한 한 저항하려 했고, 해리먼은 해리먼대로 쑹을 통해서 다롄을 자유항으로 확보하려 애를 썼다. 그러나 수정주의 역사가의 주장처럼 미국 정부가 쑹에게 압력을 가해 소련의 참전을 피하게 하려고 교섭을 길게 끌어가려 했다는 것은 사실이 아니다.

쑹쯔원이 크렘린의 회의실에 들어가자 스탈린은 "어떤 뉴스를 갖고 왔는가" 하고 성급하게 쑹에게 물었다. 쑹쯔원은 장제스의 생각은 이미 파블로프 대사와의 7월 16일 회담 때 명확하게 제시됐다고 대답했다. 새 라운드의 교섭에서 어쩌면 조약 체결을 위한 돌파구가 열릴지도 모른다는 기대를 하고 있던 스탈린은 그 대답을 듣고 낙담했음이 분명하다. 쌍방은 또다시 다롄 문제로 충돌했다. 쑹은 다롄을 중국이 관리하는 자유항으로 하자고 제안했으나 스탈린은 소련이 다롄을 통제하는 특별한 권익을 가져야 한다고 주장했다. 이에 대해 쑹은 "스탈린의 요구는 중국의 주권을 침해하는 것이다. 중국은 이미 외몽고, 뤼순, 그리고 철도에서 양보했다. 따라서 이번에 양보해야 하는 건 스탈린 쪽이다"라고 주장했다. 스탈린은 이를 반박하면서 "장차 일본의 위협에 대항하기 위해 중국의 양보가 필요하다. 일본은 항복하겠지만 30년 이내에 다시 힘을 회복할 것이다. 소련의 항구는 철도와 연결돼 있지 않다. 따라서 소련이 다롄과 뤼순을 통제할 필요가 있다"고 말했다.[45] 다롄에 관한 의견은 엇갈린 채 끝났다. 8월 7일의 교섭은 합의에 도달하지 못했다.

8월 7일의 스탈린-쑹쯔원 교섭은 스탈린의 대일 접근에서 중요한 사실을 우리에게 말해준다. 외몽고, 뤼순, 다롄에서의 특별한 권익을 스탈린이 집요하게 주장한 이유는 일본이 전쟁 뒤 다시 일어나 소련에 위협이 될 것으로 예측하고 있었기 때문이라는 것이다. 스탈린은 이데올로기가 아니라 지정학적 이익에 따라 움직이고 있었다. 그에게 대일 참전 최대의 목적은 얄타에서 약속받은 대가를 획득하는 것이었다. 그 대가는 당연히 소련에 주어져야 하는 것인데, 다만 얄타조약에서 정한 중국과의 조약 체결이라는 선결 조건을 충족하기 위해 그 대가를 희생할 생각은 털끝만큼도 없었다.

스탈린은 소련이 만주에 진격하더라도 미국과 중국은 그 행동을 얄타조약에 대한 위반이라고 항의하진 않을 것이라고 최종적으로 판단했다. 미국과 중국은 소련의 만주 공격을 탓하다가는 소련이 국민당 정부를 중국 유일의 정통 정부로 지지하는 자세를 바꿔버릴지도 모른다고 우려했다. 따라서 소련이 만주 깊숙이 공격해 들어간다 하더라도 미국도, 중국도 이를 탓하지 못하고 결국 소련의 군사행동을 승인할 것이라 생각한 스탈린의 판단은 정확했다.

소련, 일본에 선전포고하다

8월 9일 오전 2시 무렵 도쿄에서는 사코미즈가 스즈키의 명에 따라 다음 날의 최고전쟁지도회의 준비를 끝내고 막 취침하려는 참이었다. 침대에 드러누워, 지금쯤 사토 대사는 몰로토프를 만나고 있겠지, 무슨 대답이 나올까, 졸면서 그런 생각을 했다.[46] 그날 워싱턴에서는 트루먼이 포츠담에서 귀국한 뒤 처음으로 백악관에서 집무를 시작했다. 사코미즈가 도쿄에서 침대에 들어갔을 때 워싱턴은 점심시간이었다.

사토 대사는 대사관 관원 유하시 시게토오油橋重遠를 데리고 8월 8일 약속시간에 맞춰 소련 외무인민위원회의 몰로토프 집무실에 도착했다.[47] 사토는 특사 파견 건에 대해 몰로토프가 원하는 답을 줄 거라는 환상을 품고 있진 않았다. 그러나 거기에서 일어난 일은 냉철한 외교관이었던 사토로서도 전혀 상상도 하지 못했던 것이었다. 몰로토프의 방으로 안내된 사토가 인사를 하려 하자 몰로토프는 이를 막으면서 사토에게 소련 정부의 이름으로 작성된 성명을 읽을 테니 자리에 앉아달라는 눈짓을 했다. 그리고 몰로토프는 소련 정부의 일본에 대한 선전포고 성명을 낭독했다.

그 성명은 일본이 포츠담선언을 거부했기 때문에, "일본 정부가 극동에서의 전쟁과 관련해 소련 정부에 알선을 의뢰한 것은 모두 근거없는 일이 돼버렸다"고 지적했다. 성명은 또 "연합국은 소련 정부에 대해 전쟁종결까지의 시간을 단축하고, 희생자 수를 줄이고, 전 세계의 신속한 평화 확립에 공헌하기 위해 일본의 침략에 대적하는 전쟁에 참가해달라고 요청했다"면서 연합국에 대한 의무를 충실히 수행하기 위해 소련 정부는 포츠담선언에 참가했다고 설명했다. 소련 정부는 소련의 참전이야말로 "평화의 도래를 앞당기고, 앞으로 발생할 수 있는 희생과 고난으로부터 국민들을 해방하고, 또한 독일이 무조건 항복을 거부한 뒤에 체험한 위험과 파괴로부터 일본 국민을 구하기 위한 유일한 방법이다"라고 판단해서, "내일, 즉 8월 9일부터 소련과 일본은 전쟁상태에 들어가는 것으로 간주한다"고 선언했다.[48]

선전포고를 낭독하고 나서 몰로토프는 포고문 사본을 사토에게 건넸다. 사토는 사본을 손에 들고 몰로토프에게 다시 한 번 이를 읽어달라고 낮은 목소리로 요청했다. 몰로토프는 말리크 소련대사가 지금 동시에 일본 정부에 선전포고를 전달하고 있다고 설명했다. 사토는 일본 국민을 파괴로부터 구하기 위해 전쟁에 참가한다는 것은 이해할 수 없는 결정이며, 특히 일본 정부가 전쟁을 종결하기 위해 소련 정부의 알선을 요청하고 있는 때에 소련이 참전하지 않는 것이야말로 일본 국민의 희생을 줄이는 것으로 생각한다고 말했다.

사토는 "오늘 밤 0시 전에" 선전포고 사실과 몰로토프와 나눈 대화 내용을 본국 정부에 암호 전보로 전할 수 있도록 허가해달라고 했다. 몰로토프는 이를 승낙했다. 사토는 그때 선전포고문에 의도적으로 모호하게 해놓은 표현이 있다는 걸 알아차리지 못했다. 소련 정부의 선전포고는 "내일, 즉 8월 9일"로 소련과 일본이 전쟁상태에 들어간다고 선언했다. 그러나 8월 9일 0시가 소련의 어느 시간대인지를 일부러 얼버무려놓았다. 사토는 8월 9일 0시가 모스크바 시간이라고 믿어 의심치 않았음이 분명하다. 그러나 그것은 모스크바 시간보다 6시간이 빠른 자바이칼 시간을 의미했다. 사토는 그 사실을 알아차리지 못했다. 사토는 8일 오후 9시에 소련의 선전포고를 포함한 전문 네 통을 소련 관헌에게 건네면서 타전을 부탁했다. 대사관원은 이미 외출 금지가 돼 있었기 때문에 전보국으로 갈 수 없었다. 소련 관헌은 이를 곧바로 타전하겠다고 확약했으나 사토 대사는 귀국 뒤 이들 전보가 도착하지 않았다는 사실을 발견했다. 사토 대사는 여기서도 감쪽같이 속았던 것이다.[49] 소련 정부는 소련의 기습공격이 실수 없이 수행될 수 있도록 모든 전보를 금지시켰다.

전통적 외교사령外交辭令에 따라 비꼬는 말이었겠지만, 사토는 3년간 양국을 중립상태로 유지하기 위해 함께 노력한 데에 심심한 감사의 뜻을 몰로토프에게 표했다. 실제 몰로토프는 일소 중립조약의 파기를 일본에 통지하고 나서 4개월간 사토와 일본 정부를 줄곧 속였다. 몰로토프는 사토를 포옹했고, 두 사람은 마지막 이별을 고했다.[50]

소련 정부는 선전포고 속에서 연합국이 소련 정부에 포츠담선언 참가를 요청한 것을 참전의 이유로 들고 있으나 이는 새빨간 거짓말이었다. 스탈린에게는 중립조약을 위반하고 한 시간 뒤에 시작될 전쟁을 정당화할 필요가 있었지만, 포츠담에서 트루먼한테서 전달받았던 근거가 희박한 법적 이유를 이용할 순 없었다. 일본에 대한 소련의 선전포고는 동시에 미국에 대한 도전이었다. 이는 일단 전쟁이 시작되면 연합국이 그 엄청난 거짓말을 폭로하는 일은 없을 것이라고 예상했던 스탈린의 도박이었다.

소련의 선전포고는 중립조약에 대해서는 전혀 언급하지 않았다. 그 대신 연합국으로부터 포츠담선언 참가 요청을 받은 것이 곧 연합국 참여를 의미한다는 허구를 토대로 중립조약 위반을 사면받을 수 있다는 생각을 내비친 것이었다. 그것은 1941년에 독일의 소련 침공이 시작됐을 때 일본이 일소 중립조약을 위반하고 소련과의 전쟁을 개시해야 한다고 주장했던 마쓰오카 외상의 주장과 닮았다. 마쓰오카는 삼국동맹에 대한 의무가 일소 중립조약에 선행한다고 설명했다. 그러나 마쓰오카의 설명과 스탈린의 설명에는 두 가지 커다란 차이가 있다. 첫째, 일본은 1941년에 마쓰오카의 주장에도 불구하고 소련에 대한 전쟁을 개시하지 않았다. 둘째, 연합국이 소련에 포츠담선언 서명에 참가하도록 요청했다는 것은 거짓말이었다는 점이다.

일본대사관으로 돌아오는 차 안에서 사토 대사는 우울한 목소리로 유하시에게 중얼거렸다. "결국 올 것이 왔네."

해리먼이 몰로토프, 스탈린과 회담하다

사토 대사가 집무실을 떠난 뒤, 7시에 몰로토프는 클라크 커 영국대사와 해리먼을 회견에 초대했다. 몰로토프는 두 대사에게 두 시간 전에 사토에게 준 대일 선전포고의 사본을 건넸다. 몰로토프는 소련 정부가 독일 항복 3개월 뒤에 대일본 전쟁에 참가할 것이라는 약속을 엄격하게 준수했음을 강조했다. 그리고 소련의 선전포고는 모스크바 시간으로 오후 8시 30분(일본 시간 오전 1시 30분)에 보도기관과 라디오 방송을 통해 완료했다고 설명했다. 이 정보는 소련의 선전포고문과 함께 곧바로 워싱턴에 전달됐다.[51]

해리먼은 그 뒤에 스탈린과 회견했다. 먼저 해리먼은 스탈린에게 미국이 소련의 참전에 감사하고 있다면서, 개인적으로 미국과 소련이 다시 전쟁에서 함께 싸울 수 있게 된 것을 매우 기쁘게 생각한다고 말했다. 스탈린은 놀랄 만큼 솔직하게, 극동의 전쟁에 대해 얘기했다. 각각의 전선에서 소련군이 어디까지 침공했는지 설명하고, 곧 남사할린에서 공격이 시작될 것이라고 밝혔다. 스탈린은 몹시 기분이 좋았다. 그도 그럴 만했다. 스탈린은 일본이 항복하기 직전에 전쟁을 개시하는 데 성공했던 것이다. 스탈린이 해리먼에게 상세한 군사정보를 제공한 것은, 한편으로는 미국과 협력하겠다는 의사의 증표였고, 다른 한편으로는 소련군의 압도적인 침공을 시위하듯 보여주려는 의도였다.

해리먼은 원폭이 일본에 미친 영향에 대해 스탈린에게 질문했다. 전날 몰로토프에게 같은 질문을 했다는 사실을 상기하면 해리먼은 미국의 원폭 사용에 대한 소련의 대응에 관심을 갖고 있었던 것 같다. 스탈린은 "일본은 지금의 정부를 항복을 수용할 수 있는 정부로 교체하려는 구실을 찾고 있을 것으로 생각한다"고 대답했다. 이것은 스탈린이 원폭의 효과를 심각하게 받아들이고 있음을 고백했다는 의미로, 중요한 발언이었다.

원폭에 관한 해리먼과 스탈린의 대화에는 흥미를 돋우는 부분이 들어 있다. 해리먼은 독일이 아니라 미국이 원폭을 개발한 것이 다행이었다며, 포츠담에서 트루먼이 얘기한 "심상치 않은 파괴력을 지닌 신무기"란 원폭을 두고 한 말이라는 사실을 스탈린도 당연히 알고 있었을 것이라는 투로 얘기했다. 스탈린도 트루먼이 원폭이란 말은 하지 않았던 사실을 굳이 지적하지 않고, "소련의 과학자들은 (원폭개발에는) 매우 곤란한 문제가 있다는 얘길 하고 있다"고 말했다. 이는 소련이 원폭을 연구, 개발하고 있다는 것을 시사한 말이었다. 게다가 스탈린은 소련이 독일의 원폭개발 실험실을 압수하고 과학자들을 구속한 사실을 밝히면서, "영국에는 우수한 과학자들이 있지만 이 연구에서 결실을 맺진 못했다"며 관심을 유도했다. 해리먼은 영국의 과학자들이 "1941년 이래로 원폭에 관한 지식을 우리와 공유해왔고, 처칠은 이를 개발하는 데 큰 공적이 있다"고 말했다. 스탈린은 맨해튼계획에 종사하고 있는 영국의 스파이로부터 이미 미국, 영국의 협력관계를 알고 있었음에 틀림없다. 해리먼은 이 비밀정보를 암묵적으로 인정했다. 스탈린은 거기까진 모르는 척을 하며 "돈이 많이 들겠지요?" 하고 물었다. 해리먼은 "미국 정부는 20억 달러를 썼다"고 대답했다.[52]

해리먼은 거기서 대화를 중소 교섭 쪽으로 돌렸다. 그가 다롄을 국제자유항으로 만드는 것의 중요성을 지적하자 스탈린도 문호개방 정책을 지지한다는 말로 대꾸했다. 해리먼은 구두로 표명한 지지 의사를 문서로 밝혀달라고 스탈린에게 요청했다. 해리먼이 성명 초안을 제출하자 스탈린은 그것을 주의 깊게 읽은 뒤, 마지막 문장을 빼고는 초안에 찬성한다고 말했다. 얄타조약에서 소련은 다롄에서의 특별한 권익을 약속받았다는 것, 그리고 그 특별한 권익이란 다롄항을 관리하는 데 소련이 우선적 지위를 갖는다는 것으로 해석하고 있다고 스탈린은 말했다. 그리고 다롄이 소련의 군항으로 사용되지 않을 것이라는 점을 보장하지만, 항구 자체는 소련의 군사지구에 포함될 것이며, 소련 정부가 다롄의 시가지와 항구의 치안을 책임지게 될 것이라고 설명했다. 마지막 문장을 빼면 문제 없다고 했으나, 스탈린은 해리먼이 다롄을 국제자유항으로 만들려 하고 있는 것 자체에 반대하고 있음이 분명했다. 소련이 전쟁에 참가한 이상, 그 점에서 스탈린이 양보할 이유는 없었던 것이다. 해리먼은 스탈린이 다롄을 자유항으로 만들려는 미국의 정책을 지지할 가능성은 적다고 워싱턴에 보고했다.[53] 다롄의 지위뿐만 아니라 일반적으로 중소 교섭 자체가 소련의 참전으로 완전히 달라진 문맥 속에 놓이게 된 것이다.

스탈린이 예상했던 대로 해리먼은 소련이 중소 조약을 체결하지 않은 채 전쟁을 시작한 것에 대해 한마디도 항의하지 않았다. 스탈린은 도박에서 이겼다.

소련 참전에 대한 트루먼의 반응

소련이 만주로 밀고들어간 지 두 시간도 지나지 않아 트루먼과 번스는 해리먼의 지급至急전보를 받고 소련이 일본에 대한 전쟁을 개시한 사실을 알았다. 소련대사관의 노비코프가 8월 8일 오후 2시 45분에 전화로 국무부에 소련의 참전 사실을 알렸으나 이미 해리먼의 전보가 워싱턴에 먼저 당도해 있었다. 백악관 대변인은 대통령의 기자회견이 3시에 열린다고 언론에 알렸다.

3시 조금 지나 트루먼이 미소를 띠고 기자회견실에 나타났다. 그러나 연단 앞에 서자 대통령의 미소는 사라졌고 진지한 표정으로 기자단에게 다음과 같은 성명을 읽었다.

> "한 가지 짤막한 발표만 하겠다. 오늘은 통상적인 기자회견을 할 수 없다. 그러나 이 발표는 매우 중요하기 때문에 여러분을 여기에 모이게 할 필요가 있다고 생각했다. 소련이 일본에 대해 선전포고했다."

그리고 대통령은 간결하게 덧붙였다. "그뿐이다"라고. 이것은 백악관 역사상 가장 짧은 기자회견이었다.[54]

이 짧은 성명은 트루먼이 소련 참전 뉴스를 접했을 때의 깊은 실망감을 단적으로 표현하고 있다. 그는 회고록에서 스탈린이 중국과 조약을 체결할 때까지 전쟁에 참가하는 일은 없을 것이라고 말한 사실을 언급한 바 있는데 이 역시 그가 소련에 배신당했다고 생각했음을 보여주는 뚜렷한 증거다.[55] 트루먼은 소련이 참전하기 전에 일본을 항복시키려고 원폭을 투하했다. 그러나 일본은 곧바로 항복하지 않았다. 또 트루먼은 소련이 8월 15일까지는 전쟁에 참가하지 않을 것이라고 확신하고 있었다. 스탈린은 전쟁 개시를 앞당김으로써 트루먼을 따돌렸다. 트루먼과 번스가 설정한 시간표에 오차가 생겼던 것이다.

트루먼 성명 뒤에 번스 국무장관이 언론에 국무장관 성명을 따로 배포했다. 번스는 먼저 "소련의 참전이 전쟁(의 시기)을 단축해서 … 많은 생명을 구하게" 될 것이라고 입 발린 말을 했다. 그러나 번스는 대통령이 포츠담회담에서 소련의 참전은 1943년의 모스크바선언 5절과 국제연합헌장 103조, 106조에 의해 정당화된다는 말을 했다고 설명했다. 이 설명을 통해 소련의 선전포고에 들어 있던 연합국의 소련에 대한 포츠담선언 참가 요청이 허구라는 사실을 강조하고 싶었던 것은 분명하다. 소련의 선전포고가 진실과 동떨어진 것임을 지적하고, 암암리에 소련이 일소 중립조약을 위반했다는 것을 시사한 것이었다.

그러나 일소 중립조약 위반이라 해도 미국은 당사자가 아니었고, 또 일본을 적대해 싸우고 있었으므로 이를 문제 삼을 수 없었다. 게다가 알타밀약은 그때까지도 극비였기 때문에, 소련이 중소 조약을 체결하기 전에 전쟁을 개시한 것에 알타협정 위반이라고 공개적으로 항의할 수도 없었다. 여기서도 스탈린이 도박에서 이겼다. 위스콘신주의 알렉산더 와일리Alexander Wiley 상원의원은 "히로시마의 원폭이 '조이Joey'를 울타리 밖으로 날려보내버렸다(중립을 지키던 스탈린이 울타리 바깥으로 날아가 전쟁에 뛰어들었다는 것을 시사하고 있다)"고 논평했다. 〈뉴욕 타임스〉도 "군사관계자나 그밖의 관계자들은 히로시마에서 드러난 원폭의 파괴적인 효과가 소련의 참전을 유발했다는 데에 의심할 여지가 없다고 본다"며, 원폭과 소련 참전이 서로 엮여 있다고 분석했다. 〈뉴욕타임스〉는 또 "소련이 이 시점에서 선전포고를 한 것은 트루먼 이하 모든 정부관계자를 놀라게 만들었다"고 덧붙였다.[56]

소련 참전 뉴스를 접했을 때 왜 트루먼은 두 번째 원폭투하를 중지하거나 연기하는 명령을 내리지 않았을까? 나가사키에 투하된 '팻맨Fat Man'은 8월 8일 오후 10시에 '벅스 카Bock's Car'라는 이름이 붙은 B-29에 탑재됐다. 폭격기는 8월 9일 오전 3시 47분에 티니안을 떠났다. 그때는 이미 소련이 만주 국경을 넘은 지 3시간이 지난 시점이었다. 트루먼이 기자회견을 한 것은 워싱턴 시간으로 8월 8일 오후 3시, 티니안 시간으로는 8월 9일 오전 4시였다. 트루먼이 소련 참전에 관한 첫 소식을 듣고 기자회견을 하는 사이 '벅스 카'는 이륙한 것으로 보인다.[57]

트루먼은 '벅스 카'를 멈추게 할 수 있었을까? '벅스 카'의 사령관이 폭격 중지 명령을 받았다 하더라도 원폭을 탑재한 채 착륙할 경우 폭발할 우려가 있기 때문에 착륙하기 전까지 원폭을 어딘가에 낙하시켜야만 했을 것이다. 그리고 폭격 중지 명령이 내려졌다 하더라도 워싱턴에서 괌으로, 괌에서 직접 '벅스 카'로 연락하는 것이 기술적으로 가능했을까? 특히 '벅스 카'는 적의 무선 감청을 피하기 위해 무선통신을 하지 않았거나 금지돼 있었을 것이므로 아마도 '벅스 카'가 이륙해버린 뒤에는 이를 정지시키기 어려웠을 것이다.[58]

그러나 이런 기술적 문제는 어떤 의미에서는 문제의 본질이 아니다. 문제는 현존하는 사료에는 미국 정부, 군부 내에서 소련의 참전에 따라 원폭투하 방침을 재검토하려는 논의가 있었음을 보여주는 증거가 발견되지 않는 점이다. 아마도 원폭투하 결정은 7월 25일에 명령이 떨어지고 난 뒤부터 계속 유효했을 것이므로 소련의 참전 때문에 이를 재검토하려는 움직임은 없었던 것으로 보인다. 오히려 소련 참전은 두 번째 원폭투하를 더 필요하게 만들었을 것이라는 가정도 성립한다.

트루먼이 짤막한 기자회견에서 발표한 성명과 번스의 성명은 미국 정부가 소련 참전 소식을 듣고 낙담했음을 보여준다. 참전을 계기로 소련이 자신의 전략적 이익을 추구하는 것은 피할 수 없는 일이 돼버렸다. 미국의 정책결정자는 만주, 조선, 북중국에서의 소련 팽창을 걱정할 수밖에 없었다. 만일 소련의 참전이 미국의 정책에 어떻게든 영향을 미쳤다면, 그것은 조금이라도 더 빨리 일본을 항복시키기 위해 독자적 군사행동 결의를 한층 더 강화하는 쪽으로 작용했다.

전쟁의 결과는 전후 극동에서 두 초대국의 역학관계를 결정하게 될 것이었다.

소련의 참전에 대한 일본의 반응

극동에서 소련 군사행동의 최대 목적은 알타조약에서 스탈린이 약속받은 영토, 철도, 항구를 점거하는 것이었다. 소련은 서쪽에서 자바이칼방면군, 동쪽에서 제1극동방면군이 전개하는 거대한 협격挾擊작전을 벌이고 북쪽에서 제2극동방면군이 이를 보조하는 공격을 가함으로써 3개 방면에서 만주의 중앙인 창춘(長春. 만주국 수립 뒤 신징新京으로 불렸다.), 펑톈을 향해 진격했다. 1945년 8월에는 증강된 소련군이 150만에 달했고, 이에 대적할 일본군은 이미 약세화해 71만 3천의 관동군, 그리고 조선, 사할린, 쿠릴에 배치된 28만의 군대뿐이었다.

자바이칼 시간 8월 9일 0시, 하바롭스크 시간으로 오전 1시에 소련의 전차가 3개 방면에서 무리를 지어 국경을 넘어 만주로 쏟아져 들어갔다. 서부 방면에서는 말리놉스키 원수가 이끄는 제6친위전차군이 저항다운 저항도 받지 않은 채 전진했다. 그 군의 급속한 전진을 막을 최대의 적은 고비사막에서 다싱안링산맥에 이르는 험준한 지세와 석유 부족이었다. 3일째에 말리놉스키는 각 군단에서 정예 전진부대를 조직하고 그 부대들이 빠른 속도로 전진하도록 충분한 석유를 공급하라는 명령을 내렸다.[59] (지도 2 참조)

메레츠코프 원수가 이끄는 동쪽의 제1극동방면군은 집요한 저항에 부닥쳤다. 최대의 전투가 무단장牧丹江에서 벌어졌다. 무단장에서는 8월 16일까지 치열한 시가전이 전개됐다. 제5군 부대가 시내에서 건물 하나씩을 사이에 두고 치열한 전투를 벌이고 있는 동안, 제25군은 무단장을 우회해서 하얼빈과 지린吉林 방면으로 진군했다. 그리고 제1극동방면군은 국경을 넘어 조선으로 침입했다. 여기서 일본군의 저항을 받았으나 태평양함대의 상륙부대 지원을 받아 8월 16일까지 청진을 점령했다. 소련 군대가 조선으로 전진한 것은 일본이 전투를 중지하고 난 뒤였다.

8월 9일 오전 1시(일본 시간은 하바롭스크 시간보다 1시간 늦다) 관동군 총사령부의 당직 참모는 소련군이 동부 국경을 넘어 만주로 침입했다는 보고를 받았다. 즉각 수뇌 참모와 총참모장 하타히코 사부로秦彥三郎 중장에게 연락했으나 그사이에 창춘(신징), 무단장이 폭격을 당했다는 보고가 들어왔고, 나아가 북쪽의 헤이허黑河 방면, 북서쪽의 만주

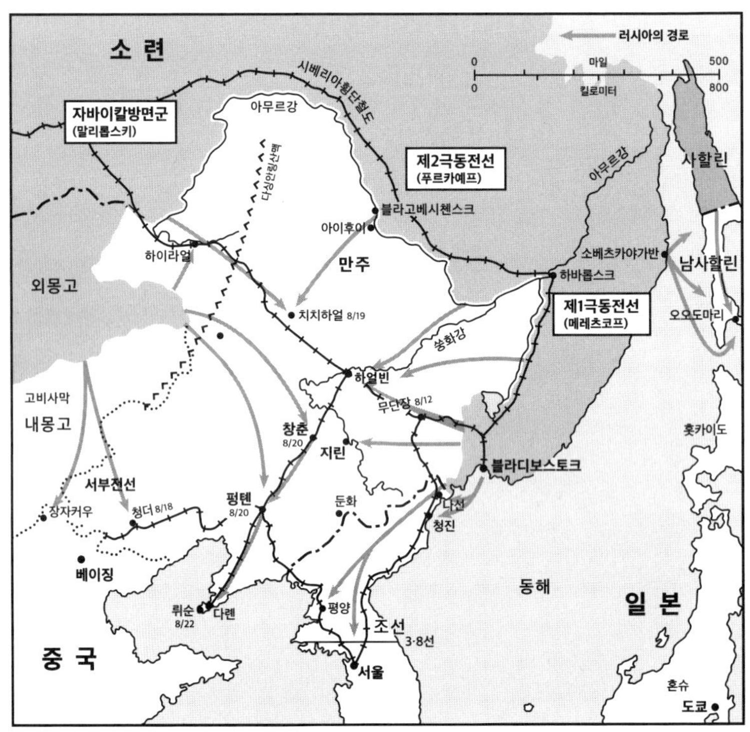

지도 2. 8월의 폭풍: 만주, 조선, 사할린에 대한 소련의 공격
출처: Peter Young, ed., Atlas of the Second World War(N.Y.: G.P. Putnam's Sons, 1974), p. 168

리가 침공당했다는 보고가 들어왔다. 오전 2시까지 관동군 총사령부는 소련군이 전면공격을 시작했다고 판단했다. 그러나 관동군은 국경에서는 평온을 유지한 채 일을 벌여서는 안 된다는 명령을 대본영으로부터 받아놓고 있었기 때문에, 소련의 침공에 저항하는 데 주저했다. 그런 가운데 소련의 일본에 대한 선전포고 소식이 입수되었고, 관동군은 전투태세에 들어가 종래의 '국경경비 요강'을 폐기하고 만주국군을 관동군 지휘하에 편입하는 등의 조치를 취했다. 야마다 오토조山田乙三 총사

령관은 다롄에 출장 나가 있었기 때문에 하타히코 총참모장이 각각의 작전계획에 따라 적을 분쇄해야 한다는 명령을 내렸다.

이것이 오전 6시였다. 관동군은 소련의 만주 침공 뒤 여섯 시간이나 미적대고 있었던 것이다. 하타히코의 명령은 용감하게 들렸으나 관동군은 "적을 분쇄할 만한" 준비도 장비도 없었다. 또 관동군은 대본영의 명령을 기다리느라 지체하기도 했다. 하지만 정작 대본영은 기대하고 있었던 소련의 중립이라는 기둥이 무너져내리자 이에 어떻게 대처해야 할지 작전조차 세울 수 없었다.[60]

8월 9일 새벽, 소련의 전차가 만주로 진공하고 난 뒤 두 시간 반이 지난 1시 30분 무렵, 〈도메이 통신〉 라디오는 모스크바 방송이 대일 선전포고 방송을 내보내고 있는 것을 포착했다. 〈도메이 통신〉의 하세가와는 이를 곧바로 사코미즈와 도고에게 전했다. 사코미즈는 하세가와로부터 그 뉴스가 샌프란시스코 방송을 통해서도 확인되고 있다는 얘기를 듣고, "나는 정말 놀라서 몇 번이나 '정말이냐, 정말이냐'며 확인했다." 사코미즈는 "딛고 서 있는 대지가 무너져내리는 듯한 기분이 들고" 또한 "전신의 피가 역류하는 듯한 분노를 느꼈다"고 기록했다. 도고도 하세가와에게 "정말이냐"고 몇 번이나 거듭 물었다.[61]

8월 9일 이른 아침, 외무성의 수뇌 4인(도고, 마쓰모토, 안도, 시부사와)은 아자부 히로오에 있는 도고의 사택에 모였다. 외무성 수뇌는 즉각 포츠담선언을 수락하고 전쟁을 종결하는 것 외에 달리 방법이 없다는 데에 동의했다. 그리고 포츠담선언 수락에 대해서는 황실의 안태라는 단 하나의 조건만을 내걸어야 한다는 것, 하지만 천황에 대한 연합국의 반감을 고려해서 이 조건을 조건으로 제기하는 것이 아니라 "포츠담선언 수락은 황실의 지위에 어떠한 영향도 미치지 않는다는 이해 아래"라고 일방적으로 선언하기로 했다.[62] 외무성이 일찌감치 국체를 '황실의 안태'로 최소한으로 정의한 것은 중요한 점이다. 외무성은 아마도 천황의 안전보장과 황실의 안태만 확보된다면 만족해야 하며, 그 이상을 바라는 것은 불가능하다고 판단한 것으로 생각된다.

사코미즈는 스즈키에게 우선 전화로 소련 참전 소식을 알린 다음, 날이 밝자마자 고이시카와 마루야마초에 있는 스즈키의 자택으로 차를 몰아 소련군이 만주국 및 조선 동북부에 침입해 만주 각지가 격파당했다고 보고했다. 스즈키는 말없이 보고를 들은 뒤 "올 것이 왔군요"라고 말했다. 스즈키는 나중에 그때의 감상을 다음과 같이 표현했다.

> 나는 순간, 전차군이 만주-소련 국경을 둑이 터지듯 침공해오는 장면을 상상했고, 만주의 수비병이 본토 작전의 형편상 그 중요한 부분을 내지로 이동시키고 있는 것도 생각했다. 이대로 소련의 침공을 당한다면 2개월도 견뎌낼 수 없을 것이라는 생각도 했다. 마침내 종전의 최후 순간이 왔구나 하고 나는 스스로를 타이르면서 옆에 있는 사코미즈 군에게 조용히 '드디어 올 것이 왔네'라고 말했다.

8시경 도고가 총리관저를 찾아와 일본은 황실의 안태만을 조건으로 세워 포츠담선언을 수락해야 한다고 스즈키를 설득하려 했다. 사코미즈는 스즈키에게 세 가지 선택이 있다고 제안했다. 첫째, 소련을 중개자로 하는 화평 공작이 실패했으므로 내각 총사직을 한다. 둘째, 포츠담선언을 수락하고 전쟁을 종결한다. 셋째, 대소 선전조서를 발표하고 전쟁을 계속한다. 스즈키는 "이 내각에서 결말을 짓기로 합시다"라며 내각 총사직은 거부했으나 종전인지 계전인지에 대해서는 말을 흐리면서 "어쨌든 폐하의 의중을 살피고 나서" 결론을 짓자며 천황을 배알하러 입궐했다.[63] 아사다 사다오는 스즈키가 이미 소련 참전 이전부터 종전을 결의했다고 주장하지만 그날 아침 스즈키의 태도는 아사다의 해석을 배반한다. 스즈키는 소련 참전에도 불구하고 일본은 아직 2개월이나 견딜 수 있을 것으로 생각했고, 천황의 의향을 들어보지 않고서는 전쟁을 계속할지 중단할지 결단하기 어렵다고 했던 것이다.

도고는 총리관저에서 나와 바로 해군성으로 가서 요나이를 만나 포츠담선언 수락 승인을 받았다. 그러나 도고와 요나이가 이 회담에서 조건에 대해 상세한 합의를 한 것으로 생각할 수는 없다. 요나이의 집무실을 나오자마자 도고는 다카마쓰노미야를 만났다. 다카마쓰노미야도 포츠담선언 수락을 승인했으나 영토 문제를 어떻게 해결할 방법이 없을지 물었다. 도고는 영토에 대해서는 방법이 없을 것이라고 대답했다. 황실 유지조차 위태로운데 지금 무슨 말을 하고 있느냐는 느낌을 주었을 것이다. 고노에의 측근이었던 호소카와 모리사다細川護貞는 그 때 다카마쓰노미야를 찾아가 소련이 참전했으므로 다카마쓰노미야 자신이 총리가 돼 조각을 하고 미국, 영국과의 직접 교섭에 나서라고 진언했다고 한다. 그러나 다카마쓰노미야에겐 그런 가당찮은 생각은 없었던지 "고노에에게 맡겨라"라고 말했다. 호소카와는 다마마쓰노미야의 차를 타고 오기쿠보에 있는 고노에 저택으로 향했다.[64]

도고가 포츠담선언 수락으로 전쟁을 종결하려고 여러 방면으로 사전 조정을 하고 있을 때, 천황도 종전의 때가 왔다는 결론에 도달했다.

기도는 그날 9시 55분에 천황을 배알했으나 천황은 "소련이 우리나라에 대해 선전을 포고하고 오늘부터 교전상태에 들어"갔기 때문에 "전국의 수습에 대해 급속히 연구, 결정할 필요가 있다"면서 총리와 충분히 얘기해보라고 명령했다.

스즈키는 10시 10분에 기도를 찾아갔다. 거기서 기도는 스즈키에게 천황의 의향을 전하면서 "그때 포츠담선언을 이용해서 전쟁을 종결로 이끌어갈 필요"가 있다고 역설했다. 천황, 기도, 도고가 포츠담선언 수락을 통한 전쟁종결 쪽으로 의견을 바꾼 것은 소련 참전 뒤의 일이며, 그 이전이 아니라는 사실을 주목해야 한다. 천황과 기도가 포츠담선언 수락과 국체의 관계를 당시 어떻게 생각하고 있었는지는 알 수 없다. 아마 최고전쟁지도회의의 결정을 기다릴 작정이었을 것이다. 스즈키에 대해서 얘기하자면, 궁에 입궐해서 천황의 의향을 물어보고 나서야 비로소 종전으로 기울었던 것이다. 스즈키는 10시 30분부터 최고전쟁지도회의를 열어서 정부의 전쟁에 대한 태도를 결정하고자 한다고 말한 뒤 나갔다.[65]

스즈키는 곧바로 최고전쟁지도회의를 소집했다. 한편 호소카와는 고노에 저택에 도착해 소련 참전에 대해 보고했는데, 고노에는 "하늘이 도와 육군의 기세가 꺾였는지도 모르겠다"고 말했다. 고노에와 호소카와는 기도를 만나기 위해 황거로 차를 몰았다.[66]

그날 일본 지도자들의 행동을 보면 소련 참전이 화평파에 미친 영향은 매우 컸으며, 그것은 원폭의 영향보다 더 컸다고 할 수 있다. 소련이 참전하고 나서 비로소 화평파 지도자들은 포츠담선언 수락을 기초로 해서 전쟁을 종결해야 한다는 결론에 도달했던 것이다.

소련 참전과 일본의 군부

군부가 최후의 기대를 걸고 계획했던 결호작전은 소련의 중립을 전제로 한 것이었다. 육군 참모본부는 소련이 참전해올 가능성도 상정했으나, 7월의 현상 분석에서는 "8~9월 이후의 소련 동향에는 경계를 요한다"고 하면서도 "올해 안에 소련이 대일 무력 발동에 나설 공산은 적다"고 했다. 관동군은 이 낙관적인 의견에 영향을 받아 소련의 무력행사에 대한 준비를 게을리했다. 관동군 총참모장인 하타히코 사부로는 다음 해 봄까지는 소련의 중립에 기댈 수 있을 것으로 믿고 있었다고 증언했다.[67]

소련이 전쟁을 개시하기 하루 전인 8월 8일, 육군성 군무국은 "소련의 대일 최후통첩에 대해 취해야 할 조치의 연구"를 입안했다. 그 연구는 소련이 일본에 대해 대륙에서 전면 철군을 요구할 경우에는 다음 네 가지 선택지가 있다고 했다. 첫째, 소련의 요구를 거부하고 미국, 영국 외에 소련을 적으로 삼아 전쟁을 수행한다. 둘째, 신속하게 미국, 영국과 화평관계를 맺고 소련과의 전쟁에 전념한다. 셋째, 소련의 요구를 수락하고 소련에 중립을 요구한 뒤 미국, 영국과의 전쟁을 수행한다. 넷째, 소련의 요구를 수락함과 동시에 소련을 이용해서 대동아전쟁을 종결로 이끈다. 이 중에서 군무국은 세 번째나 네 번째를 택하는 것이 바람직하다고 보고 있었다.[68] 이 문서는 육군이 최후의 최후까지 소련의 공격은 적어도 가까운 장래에는 일어나지 않을 것이며, 만일 소련이 일본에 대륙에서 철수할 것을 요구하는 최후통첩을 발한다면 이를 수락해서 소련의 군사행동을 회피하는 게 가능하다고 생각했음을 보여준다.

8월 9일에 소련의 공격이 시작됐다. 여기저기서 소련 진격에 관한 보고를 받은 관동군은 5시 30분경 대본영에 직접 전화를 걸어, 소련이 전면적 공격을 수행하고 있다고 연락했다. 그러나 그 보고는 전혀 예상하고 있지 않던 사태였고, 대본영을 혼란에 빠뜨렸다. 관동군 참모본부는 대본영에 전면개전을 할 것인지, 대소 선전포고를 할 것인지 문의했으나 대본영의 대소 대책 주임이었던 아사에다 시게하루朝枝繁春 중령은 좀체 전화를 받지 않았다. 마침내 아사에다에게 연결이 되긴 했지만 대답은 분명하지 않았다. 대본영은 오전 8시부터 작전회의를 열었으나 대책은 좀체 결정되지 못했다.[69] 대본영은 예상 밖의 소련 참전으로 곧바로 이에 대응하는 작전을 세우지 못한 채 우물쭈물하고 있었다.

참모차장인 가와베 도라시로는 6시에 일어나 소련 참전 보고를 받았다. 가와베는 보고를 받은 느낌을 "소련이 마침내 일어섰다! 내 판단은 틀렸다"고 기록했다.[70] 가와베는 결호작전의 주요 입안자였고, 4월에 차장에 임명되고 나서는 소련 중립의 필요성을 강력하게 주장했다. 소련 참전 소식은 그 전제를 뒤집어버렸던 것이다. 가와베가 《참모차장 일지》에서 "소련이 마침내 일어섰다!"며 내뱉은 감탄사는 그가 받은 충격을 그대로 드러내고 있다.

히로시마에 떨어진 원폭과 소련 참전 중 어느 쪽이 군부에 더 큰 충격을 주었느냐는 문제를 생각할 때, 가와베의 《참모차장 일지》는 하나의 기준이 된다. 8월 7일의 일지에서 가와베는 히로시마에 떨어진 '신형폭탄'에 관한 정보를 들은 뒤 "심각한 자극을 받았다"고 썼다. 그러나 그는 "그래서 전국이 점차 진행돼 결국 매우 어려워지게 될 것이라고 생각"한다고 썼는데, 그 '자극'은 심각했으며, 전황을 '지난'하게 만들었으나 전쟁 계속인지 중단인지 묻는 데까지 나아가진 못했음을 보여준다. 이에 대해 소련 참전 뒤의 일지에서는 위에 얘기한 부분에 이어서 다음과 같이 썼다.

> 그러나 지금에 이르러 화평은 돌이켜볼 것도 없으며, 이런 전세와 전운도 반쯤 예상했던 바이고, 대단치 않은 일이다. 오직 야마토大和 민족의 긍지를 가지고 싸움을 계속할 뿐, 개전 결정을 할 때는 언제나 나는 신중하고 나약한 파에 속하지만, 그러나 이런 때에 화평이나 항복은 생각하고 싶지도 않고 무슨 수를 써서라도 할 일을 할 따름이다.[71]

원폭투하는 전쟁을 계속할 것이냐 중단할 것이냐는 문제를 제기하지 않았지만, 소련 참전은 바로 그 문제를 제기했던 것이다. 게다가 가와베가 쓴 이 부분의 서술은 앞뒤가 맞지 않고 종잡을 수 없다. 그때까지 소련이 중립을 지키도록 할 수 있다고 믿었고 그런 전제하에 결호작전을 짠 그는 소련이 참전하고 나서야 비로소 이를 예상하고 있었다고 억지를 부리고 있다. 게다가 전쟁 계속의 이유로 고작 "야마토 민족의 긍지"를 들고 있는 것은 '신형폭탄' 보고를 받았을 때 일본 과학이 뒤떨어진 점을 한탄했던 그 사람과 같은 인물이란 생각이 들지 않을 정도다. 그리고 왜 전쟁을 계속해야 하는지에 대해 단지 "화평이나 항복을" 생각하고 싶지 않기 때문이라고 한 것은 국가의 명운을 건 군사작전 책임자로서 너무 엉성하다. 이런 감정적 서술을 했다는 것 자체

가 가와베의 충격이 얼마나 컸던가를 말해주고 있다.[72]

또 가와베는 출근한 뒤 소련 참전으로 군이 맞이할 새로운 사태에 어떻게 대처할 것인지를 메모로 기록했다. 먼저 대원칙으로 미국과 "싸우는 데에 변화 없다"고 썼다. 다음에 대처방안으로 전국에 계엄령을 선포하고 필요하다면 군부에 의한 독재정권 수립을 고려하며, 만주를 포기하고 병단을 남조선으로 남하시키고 만주 황제를 일본으로 이동시키며, 대신포고大臣布告를 통해 군대 내의 동요를 방지하는 것 등을 들고 있다.[73]

가와베가 이 방안을 우메즈 참모총장에게 제안하자 우메즈는 "여느 때처럼 명확한 의사를 표시하진 않았지만" 거기에 동의하지 않는다는 의견을 표명하지도 않았다. 그렇다고 해서 동의한 것도 아니었다. 우메즈가 그때 가와베의 대담한 군부정권 수립, 계엄령 발포에 적극적으로 동의한 적이 없었다는 것은 주목할 만하다. 우메즈는 의견을 모두 자신의 마음속에만 담아두는 우유부단형이라는 평판도 있었지만 실제로는 종전 드라마 속에서 중심적인 역할을 수행한 인물이다.

가와베는 자신의 상사인 우메즈의 대응에 실망했음이 분명하다. 그래서 육군대신실로 아나미를 만나러 갔다. 최고전쟁지도회의 전에 자신의 안을 설명해둘 필요가 있다고 판단했기 때문이다. 아나미는 가와베의 설명을 듣고 그것을 참모본부 전체의 의사로 이해한다고 말했다. 가와베가 "오늘 회의는 상당히 험악하겠지요. 잘 부탁드립니다"라고 하자 아나미는 "험악하겠지만, 목숨을 걸고서라도"라면서 일어섰다. 일어서면서, 만일 그의 의견이 받아들여지지 않으면 대신직에서 물러나 중국의 한 부대로 소집당했으면 좋겠다면서 껄껄 웃었다. 육군대신이 사임하는 것은 내각의 붕괴를 의미한다. 이런 행동을 아나미는 아마도 하나의 선택지로 생각하고 있었을 것이다.[74]

오전 8시에 대본영은 가와베 참모차장, 미야자키 슈이치宮崎周一 제1부장이 참석해서 소련 참전에 대처하는 작전회의를 열었다. 우메즈는 거기에 참석하지 않았다. 대본영의 대소련 주임참모인 아사에다에 따르면, 관동군이 강하다고 생각하도록 만드는 것이 종래의 정책이었으나, 소련이 공격해온 뒤에는 "우리 쪽 거짓말이 일거에 드러나 얼마나 견뎌낼지, 이젠 시간문제다"라는 쪽으로 바뀌었고, "며칠 혹은 몇 주도 견디지 못한다. 지는 것은 정해져 있다. 어차피 질 것이라면 나중 일을 생각해야 한다"는 결론이 이날 회의에서 내려졌다. 외무성과 관동군은 소련에 선전포고를 하도록 요구했으나 대본영은 "아직 일소 간에는 중립조약이 있다"면서, 따라서 이를 파기한 소련은 나중에 외교교섭을 할 때 불리하게 될 것이므로, 국제여론에서 소련을 비난하게 만드는 쪽이 이득이라고 생각해 대소 선전포고는 하지 않기로 결정했다.

소련군이 눈사태처럼 만주로 밀고 내려오고 있는데도, 대본영은 미국과 소련 사이를 이간질할 수 있다고 생각해 대소전에 깊이 들어가지 않았다. '자칫 꼼짝도 할 수 없게 발목이 잡히면 곤란하다'라는 전혀 현실감 없는 생각을 토대로 작전을 짠 것이다. 그리고 그런 현상분석을 토대로 대본영은 대륙명 1374호를 하달했다. 이는 소련이 대일 선전포고를 했지만 "아직 그 규모가 크지 않다"고 소련 공격의 성격을 규정하면서, "대본영은 국경 방면 소재의 병력이, 적의 진공을 깨뜨리면서 속히 전면적 대소 작전의 발동을 준비하게 하라"고 함으로써 공격이 아니라 "공격 준비"를 하도록 명령하는 것이었다. 소련군의 전면공

격을 받고 있는 관동군은 이 명령을 실행할 수 없었다.[75]

오전 9시에 육군성 군무과가 회의 준비를 해서 소련 참전에 대처하는 육군의 조치를 결정했다. 그 내용은 아나미의 처남인 군무과의 다케시타 마사히코竹下正彦가 기안한 것으로, 다음과 같은 것이었다.

방침

제국은 가능한 한 신속히 대소 종전을 시도하고, 소련의 중립을 유지하게 하면서 미국, 영국, 중국에 대한 전쟁을 속행한다. 어쩔 수 없을 경우에는 대동아 종전을 단행할 수 있음을 예상한다.

단, 국체 변혁이 예상되는 경우에는 진실로 제국의 멸망을 걸고 전쟁을 수행한다.

요령

1. 제국은 기회를 놓치지 말고 먼저 대소 방위작전을 실행하며, 적어도 만선(만주와 조선) 국경 이남을 확보하도록 한다.

2. 소련에 대해서는 선전을 포고하지 않는 것으로 한다.

3. 소련에 대한 외교교섭은 여전히 이를 속행하다가 기회를 봐서 대소 종전으로 이끌어가도록 한다. 그때 어쩔 수 없다면 소련을 중개자로 해서 대동아 종전을 단행한다.

4. 어떤 경우에도 제국 국체를 절대로 호지한다.

5. 국내에서는 더욱더 태세를 강화해서 거국일치의 국체호지를 위해 전쟁 수행에 매진한다.[76]

소련의 참전에도 불구하고 소련 중립은 필요하다는 그때까지의 주장을 포기하지 못한 채 여전히 소련의 알선을 통해 종전을 시도하겠다는 안이한 전망 위에 서 있었다. 그리고 여기서 주목해야 할 것은 다케시타를 중심으로 하는 군무과가 '국체의 호지'를 전면에 내세우면서, 이것이야말로 전쟁이냐 평화냐를 가르는 분기점이 되는 최대의 조건이라고 제시한 점이다. 이 문서는 한 시간 반 뒤에 열릴 예정이던 최고전쟁지도회의에 제출하기 위해 기안된 것이었는데, 이는 군무국장의 재가를 받은 것이 아니라 그냥 군무과 차원의 것이었다. 따라서 이 문서가 아나미, 우메즈의 승인을 받은 것은 아니다.

나가사키 원폭투하

8월 9일 오전 11시 2분(일본 시간)에 두 번째 원폭이 나가사키에 투하됐다. 3만 5천 명에서 4만 명가량이 사망했다. 트루먼은 라디오로 성명을 발표했다.

> "우리는 폭탄을 개발했고 그것을 사용했다. 진주만에서 경고 없이 우리를 공격한 자들에 대해, 미국인 포로를 아사시키고 구타하고 처형한 자들에 대해, 또한 전쟁 수행에 관한 국제법을 준수하려는 시늉조차 포기해버린 자들에 대해 이 폭탄을 사용했다."[77]

보복의 일념, 그것이 히로시마와 나가사키에 폭탄이 투하된 뒤에 내놓은 성명의 공통된 주제였다. 이 성명을 발표했을 때 원폭 사용은 국제법 규정에 따른 행위인지 트루먼은 물어봤을까?

그 하루 전, 조지아주의 러셀Richard Russell 상원의원은 "즉각 잽의 숨통을 끊어놓기 위해" 더 많은 원폭을 사용하라고 요구하는 전보를 대통령에게 보냈다. 트루먼은 나가사키에 원폭을 투하한 날 러셀 상원의원에게 이런 답전을 보냈다.

> 나는 일본이 전쟁에서 무섭도록 잔혹하고 비문명적인 나라라는 것을 알고 있다. 그러나 나는 그들이 야수이기 때문에 우리도 그들처럼 대해줘야 한다는 주장에는 동의하지 않는다. 나는 한 나라의 지도자들이 돼지처럼 고집이 세다 하더라도 그 모든 국민을 말살해버려야 하는지에 대해서는 망설이지 않을 수 없다. 다음과 같은 말을 귀하에게 전하고 싶다. 나는 그것이 절대로 필요하다고 확신하지 않는 한 그것을 두 번 다시 사용하는 일은 없을 것이다.

상무장관이었던 헨리 월리스Henry Wallace에 따르면, 8월 10일 국무회의에서 트루먼은 향후 대통령의 허가 없이 원폭을 사용하는 것을 중단한다는 결정을 발표했다. 트루먼은 "또다시 10만 명을 말살해버린다는 것을 생각하는 것만으로도 소름이 끼친다"면서 "이처럼 아이들을 죽이는 건 바람직하지 못하다"고 말했다. 레이히는 같은 일기에서 "일본으로부터, 히로시마의 80퍼센트가 파괴되고 10만 명이 사망했다는 정보를 입수했다"고 기록했다.[78]

히로시마에 원폭을 투하한 직후 환호성을 올렸던 때로부터 러셀에게 이 편지를 썼을 때까지의 기간에 원폭에 대한 트루먼의 생각에 거다란 변화가 일어났다고 판단하기는 어렵지 않다. 원폭이 군사목표만을 겨냥했다고 거듭 주장하고 있음에도 불구하고 트루먼은 그것이 "여자와 아이들"도 살해했다며, 원폭을 다시 사용하는 것은 "인간적인 감정"을 모독하는 것이라는 사실을 이해했던 것이다. 무엇이 트루먼의 생각을 바꿨을까? 아마도 대통령이 히로시마 원폭투하로 10만 명이 사망했다는 매직의 보고를 읽었기 때문일 것이다.[79] 원폭실험에서 철골탑이 일순간에 기화해버리는 데 감탄했던 트루먼은, 그때서야 비로소 그 위력을 현실의 인간을 일거에 10만 명이나 살해하는 위력과 연결지어 생각한 것이다. 대통령의 허가 없이 원폭을 투하해서는 안 된다는 명령, 그것은 트루먼이 원폭 사용에 대해 대통령의 의사를 행사한 최초의 행위였다.

그러나 이는 트루먼이 장래의 원폭 사용 가능성을 완전히 배제했다는 것을 의미하진 않는다. 전쟁 뒤의 인터뷰에서 "다른 원폭이 준비돼 있었느냐, 곧바로 사용할 수 있도록 준비돼 있었느냐"는 질문에 트루먼은 다음과 같이 답했다.

> "그렇다. 리스트에 올라 있던 다른 두 도시(니가타와 고쿠라)는 파괴될 운명이었다."

교착상태에 빠진 최고전쟁지도회의

도쿄에서는 오전 11시 조금 전에 황거의 지하실에서 최고전쟁지도회의가 열렸다.[80] 먼저 원폭과 소련 참전으로 포츠담선언을 수락하고 종전을 하는 것 외에 선택지가 없어졌다는 스즈키 총리의 말로 회의는 시작됐다. 이 서두의 발언 뒤에 무거운 침묵이 몇 분간이나 이어졌다. 마침내 요나이가 입을 뗐다.

"모두 말없이 앉아 있어봤자 어쩔 수가 없다. 얘기를 진행해갈 순서로 이런 문제를 의제로 올려 연구해보면 어떨까? 즉 포츠담선언을 수락하더라도 무조건인 게 괜찮은가, 아니면 이쪽에서도 조건을 낼 것인가. 조건을 단다면 어떤 조건으로 할 것인가. 내 생각이지만 다음 네 가지 항목에 대해 연구해보면 어떨까 한다."

그는 네 가지 항목으로 '천황제, 무장해제, 전쟁범죄자, 보장점령'• 을 들었다.

요나이가 무슨 생각으로 이 복수의 조건을 내걸었는지는 알 수 없다. 도요다는 이것이 단지 논의를 시작하기 위한 시안으로 제안됐다는 인상을 받았다. 원래 이는 다카기 그룹이 고노에 특사가 모스크바에 들고 갈 조건으로 이미 거론했던 것이다. 요나이가 모스크바 조건을 토대로 이런 제안을 했을 것이라고들 짐작하지만, 본심이 무엇이었는지는 알 수 없다. 이 발언 뒤 회의 중에 요나이는 계속 침묵을 지켰다.

쓸데없는 조건을 내걸었기 때문에 도고와 요나이의 합의는 깨져버렸다. 아나미는 미국이 그 뒤 다시 원폭을 사용할지 여전히 알 수 없

• 保障占領, 휴전이나 항복 조건의 이행을 강제하기 위해 상대국의 영토 일부 혹은 전부를 점령하는 것. 포츠담선언 7항에 일본 영토의 보장점령에 관한 조항이 있다.

고, 만주의 상태도 불확정적이었기 때문에 항복 자체에 반대한다고 주장했다.[81] 하지만 그 의견은 통하지 않았다. 아마도 아나미 역시 기대했던 우메즈와 도요다의 지지도 얻을 수 없었기 때문에 항복 반대 의견을 고집하지 않았을 것이다.

그렇다 해도 단 몇 시간 전에 가와베에게 용맹스러운 말을 뱉어냈던 아나미가 이토록 간단히 계전(전쟁 계속) 자세를 포기한 것은 무엇 때문이었을까? 원폭투하 뒤에 아나미가 공적인 발언과는 달리 원폭의 효과에 각별한 관심을 보인 사실에 대해서는 이미 얘기했다. 그리고 소련 참전 뒤 아나미가 각의, 최고전쟁지도회의에서 한 발언이나 또 아나미 자신이 남긴 사료를 봤을 때 소련의 참전과 전쟁 계속에 대해 그가 어떤 생각을 하고 있었는지 명확히 파악하기는 어렵다. 다만 아나미가 소련 참전으로 큰 충격을 받았다 하더라도 최소한 황실의 안태를 확정하지 않고 전쟁을 종결하는 것은 불가능하며, 야마토 민족의 정의와 국가의 유구한 대의를 위해서는 전쟁 계속을 결의해야 한다는 쪽으로 마음이 기울고 있었던 것을 엿볼 수 있다. 그러나 아나미는 육군성 군무국이 소련 참전에 대해 곧바로 소련에 선전포고를 할 것이 아니라 사람을 보내서 소련의 중립을 요구하며 교섭을 벌일 필요가 있다고 생각했다. 한편으로 아나미는 육군성 참모가 제안한 계엄포고령도 하나의 대안으로 고려했던 것으로 추측된다. 하지만 아나미가 추구하려 한 방침은 화평 쪽으로 의사를 정하려 하는 천황의 반대편에 있었다. 아나미는 자신이 육군의 장으로서 추구해야 할 정책과 천황의 의사라는 양립 불가능한 선택 사이에서 흔들리고 있었음에 틀림없다.

포츠담선언을 수락하고 항복하는 방안이 승인된 뒤, 최고전쟁지도회의는 어떤 조건을 덧붙일지에 관한 논의로 옮겨갔다. 도고는 요나이가 지적한 다른 조건을 덧붙이는 것은 화평 논의의 토대를 무너뜨리는 것과 같다며 '황실의 안태'만을 조건으로 해서 포츠담선언을 수락하자고 주장했다. 여기서 도고가 주장한 조건이란 '황실의 안태'이지 '국체의 호지'가 아니라는 점에 주목해야 한다. 외무성은 포츠담선언 발표 후 이 문제를 주의 깊게 심의해왔다. 국체를 '황실의 안태'로 가장 좁게 정의함으로써 연합국이 이를 받아들일 가능성을 높일 방침이었다.

아나미, 우메즈, 도요다 등 삼총사는 도고에 반대했다. 그들은 "황실의 안태, 국체 옹호에 유보留保를 붙이는 것은 당연한 일로 이견은 없지만," 보장점령과 관련해서는 일본의 본토는 점령하지 말고, 만일 본토를 점령할 경우에는 도쿄 등을 제외하고 점령 지점을 가능한 한 최소화할 것이며, 점령군 수도 최소화하고, 무장해제는 일본의 손으로 하며, 전쟁범죄자도 일본 쪽에서 처분한다는 네 가지 조건을 붙일 필요가 있다고 주장했다.[82]

최고위 6인이 모인 최고전쟁지도회의에서 의견이 분열한 것과 관련해 종종 '국체호지'라는 하나의 조건이냐 다른 조건을 포함한 네 가지 조건이냐를 둘러싸고 도고, 스즈키, 요나이 등의 화평파와 아나미, 우메즈, 도요다 등의 계전파가 딱 둘로 나뉘었다는 식으로 얘기돼왔으나, 이는 너무 단순화된 도식이며 사실은 더 복잡했다.[83] 먼저 계전파가 네 가지 조건에서 일치하고 있었던 것은 아니다. 도요다에 따르면 전범문제와 보장점령 문제는 아나미, 우메즈가 열심히 주장했다. 도요다의 경우 보장점령은 상대가 자주적 견지에서 수행하는 것이어서 어쩔 수 없다고 판단했다. 그러나 도요다는 항복 자체를 원활하게 그리고 평온하게 수행하기 위해서는 무장해제 방법에 대한 협정이 필요하다고 주장했다. 결국 도요다는 전범문제와 보장점령 문제를 지지하지도 반대하지도 않았다.[84]

최고전쟁지도회의에서 논의가 한 가지 조건이냐 네 가지 조건이냐로 갈라져 도고가 아무렇지도 않은 듯이 제안한 '황실의 안태'라는 외무성의 국체 정의定義가 회의 참석자들 사이에 명확하게 의식되고 있지 않았던 점에 주목할 필요가 있다. 계전파는 도고의 제안을 "황실의 안태, 국체 옹호"로 해석하고 이 둘 사이의 차이는 알아차리지 못했던 것으로 생각된다. 도고는 이를 의식적으로 제안했으나, 아마도 자고 있는 개는 자게 내버려두자고 생각하고 굳이 그 차이에 대해 언급하지 않았을 것이다.

계전파의 의견이 반드시 일치하지 않았던 것처럼, 화평파의 의견도 일치하고 있었다고 할 순 없다. 요나이는 회의 중에 침묵을 지켰고, 스즈키의 의견도 명확하지 않았다. 한 가지 조건만 내걸고 포츠담선언을 수락하자고 강경하게 주장한 것은 도고뿐이었다. 도고는 네 가지 조건을 붙여서 상대가 이를 거부할 경우에는 전쟁을 계속하는 수밖에 없는데, 그럴 경우 전쟁에 이길 전망이 있느냐고 물었다. 아나미는 궁극적으로는 이길 것이라고 확신을 갖고 말할 수는 없지만 아직 일전을 겨뤄볼 수는 있다고 주장했다. 도고는 그러면 적을 "일본 본토에 상륙시키지 않을 만큼의 승산이 있느냐"고 물었고, 우메즈는 "잘되면" 상륙군을 격퇴할 수 있다, 전쟁이니까 잘되기만 할 거라고 생각할 순 없으나 상륙군의 대부분을 격멸하는 것은 가능하다고 대답했다. 도고는 더 집요하게 물고 늘어졌다.

"상륙부대에 큰 손실을 주더라도 일부는 상륙할 것이라는 얘기고, 또 어느 시기가 지난 뒤 2차 상륙작전이 시작될 것이라고 예상할 수 있다. 게다가 1차 상륙 때의 전투에서 일본 쪽은 비행기와 기타 중요 무기를 잃을 것이고 그 뒤 그것을 단기간에 보충할 전망은 서지 않는다. 그러면 원자폭탄 문제는 별도로 하더라도 1차 상륙전 종료 뒤 일본의 지위는 완전히 약화돼버리지 않겠는가. 그리되면 그 전투에서 상대에게 손실을 줄 수 있다는 것은 다른 문제라 치고, 상륙전 뒤에 상대국의 지위와 일본의 지위를 비교해서 우리 쪽은 상륙작전 전보다 매우 불리한 상황에 빠질 것이라고 봐야 한다."

최후의 결전에서 미국에 큰 손실을 입혀 미국이 전의를 잃게 만들어 종전에 유리한 조건을 얻어내겠다는 육군의 결호작전에 대한 도고의 정면 비판이었다. 통수권은 군부의 전권사항이었고, 정부의 간섭은 생각할 수 없는 일이었다. 그러나 그때 바로 전략론의 중추와 관련된 외상의 간섭이 이뤄졌던 것이다. 예전 같으면 이런 간섭에 대해 군에서 맹렬하게 항의했을 것이다. 그러나 아나미도 우메즈도 외상의 비판에 수동적이었다. 아마 그들 자신도 소련이 참전한 뒤 과연 결호작전이 그때까지 생각하고 있던 대로의 효과를 갖고 있을지 의문을 품었을지도 모른다. 원폭과 소련 참전이라는 '이중 충격'은 화평파와 계전파의 힘 관계에 변화를 만들었던 것이다.

나가사키에 두 번째 원폭이 투하됐다는 소식이 들려온 것은 최고전쟁지도회의에서 논의가 백중세를 보이고 있을 때였다. 하지만 그 뉴스는 논의에 전혀 영향을 주지 않았다. 도고도, 도요다도 나가사키 원폭에 대해서는 아무런 언급도 하지 않았다. 대본영 육군부는, "도쿄에서는 9일, 소련이 의외로 참전함으로써 전쟁 지도에 혼란 양상을 드러내기 시작했다." 나가사키 원폭이 그것을 악화시킨 것은 확실하지만 "이것이 공황상태의 주원인은 아니다"라고 봄으로써 소련 참전이 전쟁 지도 공황상태의 주원인임을 지적했고, 여러 자료에서도 나가사키 원폭의 영향을 크게 다룬 것은 없다고 했다.[85]

결국 아무런 결론도 내지 못한 채 최고전쟁지도회의는 오후 1시에 일단 휴회하고 오후에 예정돼 있던 각의 뒤에 재개하기로 했다. 포츠담선언 수락을 통한 전쟁종결이라는 원칙에서는 일치했으나 조건은 하나로 할 것인지 그렇지 않으면 네 가지 조건을 붙일 것인지에 대해서는 합의를 보지 못했다.

화평파의 음모

화평파는 이 교착상태를 타개하기 위해 분주했다. 최고전쟁지도회의가 휴회하기 조금 전에 고노에는 호소카와를 데리고 황거로 가서 기도를 찾았는데, 바로 1시 30분에 스즈키가 최고전쟁지도회의의 논의 결과를 기도에게 보고했다. 기도에 따르면 스즈키는 최고전쟁지도회의가 황실의 안태, 자주적 철군, 전쟁책임자의 자국(일본) 처리, 보장점령을 하지 않는다는 등 네 가지 조건하에 포츠담선언을 수락하기로 결정했다고 보고했다. 스즈키가 실제로 네 가지 조건을 붙인다는 결정이 이뤄졌다고 보고한 것인지, 그렇지 않으면 기도가 스즈키의 보고를 이처럼 해석한 것인지는 알 수 없다. 역사가 리처드 프랭크는 스즈키가 최저한의 공통항을 보고했을 것으로 해석한다. 또는 스즈키가 네 가지 조건을 붙여 포츠담선언을 수락한다는 의견이 다수를 점했다고 보고했을지도 모른다.[86]

명확한 것은 기도가 네 가지 조건을 붙여 포츠담선언을 수락한다는 것을 아무 저항도 없이 받아들였다는 것이다. 고노에는 이 네 가지 조건은 연합국으로부터 거부당할 게 분명하므로 종전 공작을 깨뜨릴 것이라고 걱정했다. 고노에와 호소카와는 입 밖에 내진 않았으나 기도의 배후에서 천황이 그 의견을 지지하고 있다고 생각했을 것이다. 고노에는 따라서 기도와 직접 담판을 벌이는 것은 피하고 간접적으로 압력을 가하기로 했다. 고노에는 먼저 호소카와를 군령부에 파견해 다카마쓰노미야를 만나게 했다. 호소카와는 네 가지 조건을 붙이는 것은 황실과 일본 민족의 파멸을 초래할 것이라고 다카마쓰노미야를 설득했다. 다카마쓰노미야는 기도에게 전화를 걸어 세 가지 조건은 제외해야 한다는 의견을 내놨으나, 기도는 네 가지 조건은 어쩔 수 없다고 우겼다.[87]

고노에는 필사적으로 계속 일을 꾸몄다. 천황의 의견을 바꾸려면 먼저 기도의 의견을 바꿔야 한다. 오후 3시, 기도가 천황에게 스즈키의 보고에 관한 설명을 하고 있을 때 고노에는 가잔회관에서 전 외무대신 시게미쓰 마모루를 만나 네 가지 조건에 관해 얘기하고, 기도와 친근한 사이인 시게미쓰를 파견해 기도를 설득하게 했다. 시게미쓰는 고노에의 차로 황거로 가서 기도와의 면회를 요청했다.

기도는 시게미쓰와 4시에 만났다. 기도는 시게미쓰의 간섭에 기분이 좋지 않았다. 기도는 이미 천황의 재가로 평화로 가는 전망이 섰다,

그것을 어떻게 실행해갈 것인가는 정부의 일인데 그것을 모두 천황의 재가, 재가를 얘기하며 폐하에게 누를 끼치려 하고 있다고 심한 어투로 시게미쓰를 나무랐다. 기도는 천황이 실제로 정책 수행에는 관여하지 않는다는 것을 구실로 삼았으나 필시 천황이 네 가지 조건을 지지하고 있다는 것을 알고 있었을 것이다. 그러나 시게미쓰는 "사태는 막바지에 와 있고 시간은 없다", 이 기회를 놓치면 "내외 수습할 수 없는 큰일을 당할까 두렵다"고 지적하면서 "정부 내각이 할 수 없는 것을 폐하에게 기원"하는 것이라고 설명하고, 이제는 군부를 누르고 천황이 직접 재결裁決해서 전쟁을 종결하는 수밖에 다른 방법이 없다고 호소했다. 여기서 주목해야 할 것은 시게미쓰가 소련의 영향을 강조한 점이다. 소련군은 파죽지세로 만주로 진군하고 있고, 향후 사할린, 쿠릴, 나아가 홋카이도까지 진공할 가능성이 있다. 소련이 전쟁종결 뒤에 일본 점령정책에 미칠 영향, 특히 소련이 황실 유지에 부정적인 것을 강조해서 기도의 의견을 바꾸려고 한 것은 상상하기 어렵지 않다. 또 이 '소련의 위협'이야말로 기도와, 그리고 천황의 생각을 바꾼 결정적인 카드가 됐음에 틀림없다.

시게미쓰의 탄원은 기도를 설득하기에 이르렀다. 4시 35분에 기도는 다시 천황을 배알했다. 천황과의 회담을 마치고 집무실에 돌아와 기도는 시게미쓰에게 다음과 같이 답했다.

> "폐하는 만사를 능히 이해하시고 비상한 결심을 하셨다. 자네들은 염려하지 마라. 그래서 오늘 밤에 바로 어전회의를 열어 어전에서 의견을 말하고 재가를 얻어 결정하도록 내각 쪽에서 절차를 밟지 않겠는가."[88]

"성단聖斷에 의한 종전" 시나리오가 여기에서 만들어졌던 것이다.

그러나 시게미쓰의 진정만이 기도를 움직인 건 아니었다. 천황의 의견을 바꾸도록 배후에서 암약하던 그룹이 있었다. 마쓰타니 대령은 육군성의 의견을 전쟁종결로 유도하기 위해 이치가야다이의 육군성에서 공작하고 있었는데, 육군성 참모장교의 의견이 계전노선을 일관되게 강조하고 있었기 때문에 아나미를 설득하는 건 불가능하다고 보고 어떤 수단을 강구할 것인지에 대해 다카기와 상담했다. 다카기는 이날 오후, 화족(華族. 귀족)회관에서 마쓰다이라와 만나 전쟁종결의 유일한 수단은 '성단'뿐이라는 결론에 도달했다. 마쓰다이라는 황거로 돌아가 기도에게 포츠담선언 수락에 대해 모든 조건을 없애라고 진언했다. 가세도 기도에게 연락해서 정부 내의 의견이 정리되지 않을 때는 결정을 연기하고 천황의 재가를 요청하는 것도 하나의 안이라고 진언했다.[89] 고노에-시게미쓰 라인과 다카기-마쓰다이라-마쓰타니-가세 라인의 관계는 불명확하지만 이 두 그룹이 모종의 형태로 연락을 취하고 있었던 것은 충분히 생각할 수 있다.

황거 내 어문고•에서 4시 35분부터 5시 20분까지 진행된 기도와 천황의 회담은 일본이 항복 쪽으로 발걸음을 내딛는 과정에서 아마도 가장 결정적인 사건이었다고 할 수 있을 것이다.[90] 두 사람 사이에 어떤 얘기가 오갔는지에 대해서는 아직도 밝혀진 것이 전혀 없다. 하지만 천황이 오후 3시가 지날 때까지는 포츠담선언 수락에 네 가지 조건을 붙이는 쪽을 지지하고 있었는데, 이 회담 뒤에 한 가지 조건으로 의

• 御文庫, 1942년 제2차 세계대전 중 황궁에 건설된 천황의 방공호로 1톤급 폭탄에도 견딜 수 있도록 설계되었다. '성단에 의한 종전'을 결정한 어전회의가 이곳에서 열렸다.

견을 바꾼 사실은 분명하다. 45분이라는, 배알 시간으로는 이례적으로 긴 시간을 감안할 때 그 자리에서 단지 형식적인 보고가 아니라 상당히 깊숙한 의견 교환이 이뤄졌다는 것을 짐작할 수 있다. 증거는 없으나 기도가 세 가지 조건을 철회하고 한 가지 조건만으로 포츠담선언을 수락하자고 제안한 것에 대해 천황이 저항 의향을 표시했을 것으로 가정할 수 있다. 또 천황이 실제로 정책을 결정하는 '성단'에 의한 종전 방식에 주저했을 수도 있다. 그러나 결국 천황은 시게미쓰와 기도가 주장하는 논리에 동의했다. 아마도 그 방식이야말로 국체를 호지할 유일한 수단임을 깨달았기 때문일 것이다.

여기서 하나의 대담한 가정을 제기하고자 한다. 그날 최고전쟁지도회의에서 도고 외상은 의식적으로 국체를 '황실의 안태'로 좁게 정의했다. 한데 나중에 살펴보겠지만, 그날 밤 늦게 열린 어전회의에서 도고안으로 제출된 조건은 "천황의 국법상의 지위를 변경하라는 요구를 포함하지 않고 있다는 이해 아래"로 변경돼 있었다. 어디에서, 누가 이렇게 바꾼 것일까? 아무런 증거도 없지만 소거법에 따라 추측을 해보면 가장 가능성이 높은 것은 바로 천황과 기도의 45분간에 걸친 회담이다. 어쩌면 그 변경은 기도가 세 가지 조건을 취하하고 한 가지 조건만으로 포츠담선언을 수락하도록 천황을 설득하는 과정에서 만들어낸 양보일지도 모른다. 그러나 그 변화는 국체의 정의를 '황실의 안태'에서 메이지헌법으로 보장받은 천황의 정치적 통치권으로 확대한다는 걸 의미했다.

임시 각의에서 벌어진 토론

최고전쟁지도회의의 토의는 비밀리에 진행돼야 했으나, 회의가 휴회하자마자 토의 내용이 지도자의 측근들에게 전달됐다. 화평파, 계전파 모두 자신들의 생각을 지도자들에게 전달하고 그 입장을 강경하게 관철하도록 운동을 벌였다. 마쓰모토 외무차관은 도고에게 한 가지 조건하의 포츠담선언 수락에 어떤 타협도 있어서는 안 된다고 진언했다. 군령부 차장인 오오니시 다키지로大西瀧治郎 중장(가미카제 특공대의 창설자)은 자신의 상사인 요나이를 믿을 수 없어 육군성으로 가서 아나미에게 단호하게 전쟁의 계속을 주장하도록 간청했다. 육군성의 급진적 장교들은 아나미가 네 가지 조건을 붙였다고 하더라도 포츠담선언을 수락하는 방식의 종전 방안에 동의했다는 사실에 분개했다.[91] 쌍방이 다음 회의에 대비해 준비를 했고 그것은 쌍방의 입장을 더욱 강경하게 만들어 타협이 더 어려워졌다.

긴급 각의는 스즈키가 황거에서 총리관저로 돌아간 2시 30분에 시작됐다. 도고가 경과를 보고하고 한 가지 조건으로 포츠담선언을 수락할 것을 제안하자 아나미는 국체의 호지를 보장하는 수단은 군대를 유지하는 것이고, 군대가 존재하지 않으면 한 가지 조건을 붙이더라도 그 조건을 이행하게 만들 수단이 없기 때문에 이는 무조건 항복과 같다고 맞섰다. 그는 원폭이 투하되고 소련이 참전한 뒤에 이미 승리는 불가능해졌지만 야마토 민족의 명예를 걸고 계속 싸운다면 아직 기회는 있다고 덧붙였다. 오전의 최고전쟁지도회의에서는 침묵을 지켰던 요나이가 아나미의 의견에 이론을 제기했다. 요나이는 원폭투하와 소련 참전 외에 국내정세가 전쟁 계속을 허용하지 않을 것이다, 일본은 물리적으로도 정신적으로도 전쟁을 계속할 상태가 아니다, 현재 필요한 것은 희망적 관측이 아니라 냉철한 합리적 판단이다라는 주장을 폈다. 요나이는 한 가지 조건만의 포츠담선언 수락을 지지했다. 그 경위를 증명하는 증거는 존재하지 않지만, 휴게 중에 다카기가 요나이에게 진언한 것으로 생각된다.[92]

요나이의 도전에 아나미는 비행기 추락으로 포박당한 미국 항공사 맥딜다Marcus McDilda 소위를 심문한 결과를 소개했다. 맥딜다는 자신의 구명을 위해 원폭의 중량, 크기, 위력에 대해 온갖 엉터리 정보를 늘어놓으며 심문에 응했다. 아나미는 미국이 백 발 이상의 원폭을 보유하고 있고, 다음 표적은 도쿄일지 모른다고 각의에서 발표했다.[93] 그 무서운 정보가 참석했던 대신들에게 큰 영향을 미친 것 같지는 않다. 논의는 그 정보를 입수하기 전과 마찬가지로 완전히 평행선을 그었다.

왜 아나미가 각의에서 이런 정보를 소개했는지는 잘 모르겠다. 오전 회의에서 아나미는 일본이 또 원폭 공격을 받을 것이라는 가정하에 작전을 세울 수는 없다고 주장했는데, 오후에는 미국이 백 발의 원폭을 보유하고 있고, 다음엔 도쿄에 투하될지도 모른다면서, 전쟁을 계속하자고 주장했다. 아나미의 주장은 논리성이 결여돼 있었고 그에 대한 신용을 실추시켰을 뿐이다. 다른 각료가 의견을 말했다. 그러나 결말은 나지 않았다. 각의는 아무 결의도 하지 못한 채 5시 30분에 폐회했다. 정부와 일본 지도자들은 그 분초를 다툴 시간에 어찌해볼 수가 없는 상태에 빠져 있었다.

각의 뒤에 마쓰모토와 사코미즈가 만나, 이제 '성단'으로 나아가는 것 외에 달리 방법이 없다는 데 합의했다.[94] 그 두 사람의 합의는 나중의 사태 전개에 중요한 역할을 하게 된다. 각의 뒤에 스즈키는 다시 입궐해 각의 결과를 기도에게 보고했다. 기도는 스즈키에게 천황이 어전회의를 개최하는 데 동의했다고 고했다. 스즈키는 그때서야 비로소 천황이 한 가지 조건만으로 포츠담선언을 수락하자는 안을 지지하고 있다는 사실을 알게 됐다. 화평파는 어전회의에서 천황의 '성단'으로 교착상태를 타개하고 계전파가 천황의 결정을 받아들이게 만든다는 시나리오를 설정했고, 그 음모에 스즈키를 끌어들이는 데 성공했다.

두 번째 각의가 6시 30분에 열렸다. 도고는 최고전쟁지도회의에서의 논의를 소개하고 구성원의 의견이 한 가지 조건이냐 네 가지 조건이냐로 나뉘었으며, 원폭의 출현과 소련의 참전을 감안할 경우 네 가지 조건을 붙이는 것은 사실상 종전을 불가능하게 할 것이라고 설명했다. 여기서 도고가 여전히 '황실의 안태'를 조건으로, 국체를 좁게 정의한 점에 주목해야 한다. 아나미는 이에 항의하며 최고전쟁지도회의의 최고위 여섯 명 중 다수가 네 가지 조건을 지지했으며 그 조건이 거부당하면 일본은 오직 전쟁을 계속할 뿐이라고 주장했다. 각료들이 각자 의견을 얘기했다. 요나이가 전쟁에서 지고 있다고 발언한 데 대해 아나미는 대규모 전투에선 지고 있으나 전쟁에서 지고 있는 건 아니라고 응수했다. 그는 또한 '국체의 호지'가 필요하며, 이는 네 가지 조건을 붙여야 가능하다고 논했다. 결국 전 각료들 중에서 야스이安井 국무상, 마쓰사카松阪 법무상, 오카다岡田 후생상, 아베安倍 내무상만 아나미를 지지했다. 오후 10시가 되자 스즈키는 토론을 중단했다. 총리는 다시 최고전쟁지도회의를 열고, 그 결과를 천황에게 보고하겠다고 말했다.[95] 스즈키는 기도의 시나리오에 따라 행동하고 있었다.

어전회의와 첫 번째 '성단'

10시 50분, 기도는 천황을 배알했다. 만남은 3분간 이어졌다. 그 짧은 시간에 기도와 천황은 예정된 어전회의에서 내릴 '성단'을 확인하는 작업을 했을 것이다. 그 직후 스즈키가 도고를 데리고 입궐해 천황에게 각의의 토론 결과를 보고했다. 왜 각의 보고를 하는데 도고가 스즈키와 동행했는지 모르겠으나 스즈키가 시나리오에 따라 행동하는지 확인하기 위해서였을지 모른다. 보고가 끝나자 스즈키는 천황의 어전에서 최고전쟁지도회의를 개최하게 해달라고 요청했다. 그리고 스즈키는 어전회의에 추밀원 의장 히라누마 기이치로의 참석도 요청했다.

포츠담선언을 수락하려면, 그 역시 일종의 조약으로 간주돼 추밀원의 승낙을 얻어야 한다. 그런 번거로움을 피하기 위해 히라누마를 초대하기로 했던 것이다. 스즈키의 요청은 바로 받아들여졌다. 스즈키와 도고가 물러난 뒤 천황은 기도와 20분간 회담했다. 거기에서 천황은 어전회의에서 할 말을 암기했을 것이다.[96]

어전회의를 소집하는 데에는 총리, 참모총장, 군령부 총장 등 세 명의 서명이 필요했다. 사코미즈는 사전에 참모총장 우메즈와 군령부 총장 도요다 두 사람한테서 어전회의를 소집할 필요가 생길지 모른다는 구실로 서명을 받아두었다. 우메즈와 도요다는 어전회의를 소집할 때에는 반드시 사전에 연락한다는 것을 조건으로 동의했다. 그러나 사코미즈는 사전에 알릴 경우 틀림없이 반대표를 던질 것이라고 판단해 이를 알리지 않았다.[97] 사코미즈가 군을 속였던 것이다.

어전회의 소집 통보는 군부에 커다란 충격을 주었다. 육군성 군무국장인 요시즈미 마사오吉積正雄 중장, 해군 군무국장인 호시나 젠시로保科善四郎 중장, 기타 육해군 간부들에서부터 과장, 중령, 소령까지 사코미즈의 집무실로 몰려가 살기등등하게 "약속이 다르다"고 따졌다. 불온하게도 군도를 뽑아들려는 자도 있었다. 사코미즈는 어전회의에서 성단이 내려질 것이라는 얘기는 입 밖에도 내지 않고 그 회의는 구성원의 의견을 폐하에게 아뢰려는 취지라고 설명했고, 때마침 그 자리에 있던 아나미에게도 같은 설명을 했다.[98] 사코미즈는 또다시 군을 속였던 것이다.

그러나 일단 어전회의가 열리게 되면 계전파는 패배하게 돼 있었다.

그렇다 하더라도 계전파가 어떻게 이토록 쉽게 속아 넘어갔을까? 어쩌면 아나미, 우메즈, 도요다는 어렴풋이 화평파의 음모를 알고 있으면서 고의로 속는 쪽을 선택했을지도 모른다. 그들이 화평파가 기획한 어전회의에서의 성단 시나리오를 알아차리지 못할 정도로 어리숙한 사람들이었다고 생각되진 않는다. 그들의 전쟁 계속 논의는 확신이 결여돼 있었다. 하지만 그들은 아래로부터 죄어오는 전쟁 계속 압력을 심하게 느끼고 있었다. 도요다는 아나미와 우메즈가 화평이 불가피하다고 생각하고 있었으나 급진적인 장교들의 압력으로 강경한 의견을 주장할 수밖에 없었다고 기록했다.[99] 우메즈와 아나미는 아마도 전쟁을 계속해야 할지, 종결해야 할지 갈팡질팡하고 있었을 것이다. 천황의 성단이 내려지면 화평에도 대의명분이 선다. 성단은 그들의 방패막이가 될 것이었다.

어전회의는 황거 지하 방공호(어문고)의 회의실에서, 9일 오후 11시 50분에 시작됐다.[100] 형식적으로는 최고전쟁지도회의였으나 최고위 6인 외에 히라누마와 간사 역할로 사코미즈, 요시즈미, 호시나, 이케다 스미히사池田純久 내각종합계획국 장관과 하스누마 시게루 시종무관장이 배석했다. 간사의 배석이 어디서, 어떤 이유로 결정됐는지 알 순 없으나 두 가지 이유를 생각할 수 있다. 하나는 사코미즈가 배석하기 위해서는 형식상 다른 거두의 보좌관들도 참석해야 한다는 것이고, 또 하나는 군의 보좌관들을 배석시켜 성단에 관여하게 하면 군의 반대를 막을 수 있을 것이라는 의도에서다. 스즈키와 도고가 기도에게 각의 보고를 하러 가서 히라누마를 초대하기로 결정했다는 것을 고려하면 그때 간사 배석까지 함께 결정되었을 것으로 보인다.

사코미즈가 포츠담선언 전문을 낭독한 뒤 스즈키가 그때까지 최고전쟁지도회의와 각의에서 진행된 논의를 설명하고, 한 가지 조건안과 네 가지 조건안으로 양분돼 아직 결론이 나지 않고 있다고 보고했다. 사코미즈에 따르면, 참석자의 책상 위에 도고의 한 가지 조건부인 갑甲안과, 아나미 등의 네 가지 조건부인 을乙안이 타이핑되어 인쇄물 형태로 배포됐다고 하는데, 아나미가 나중에 처남인 다케시타에게 말한 것을 기록한 《기밀작전 일지: 다케시타 일기》에는 갑안만 배포돼 있었던 것으로 돼 있다.

어전회의에서 성단이 내려지도록 음모를 꾸며 도고안을 결정하는 쪽으로 몰고 가는 것이 원래 의도라는 점을 감안하면 군이 을안을 소개할 준비 작업을 미리 하고 있었다고 생각할 순 없기 때문에 아나미의 기억이 맞을 것으로 본다. 아나미는 인쇄된 갑안만 배포돼 있는 것을 보고, 우메즈에게 조건 문제를 논의하는 것은 그만두고 전쟁 수행 하나로만 밀고 가자고 귀엣말을 했고 우메즈도 이에 고개를 끄덕였다고 한다.[101] 을안은 스즈키가 그냥 구두로 설명했을 것이다.

인쇄된 갑안은 "지난달 26일 3국 공동선언에서 거론된 조건 중에는 일본 천황의 국법상의 지위를 변경하라는 요구를 포함하고 있지 않다는 이해 아래, 일본 정부는 그것을 수락한다"고 돼 있었다. 앞서 얘기했듯이 이 '도고안'에서는 최고지도회의에서도, 두 번의 각의에서도 원래 도고가 주장했던 '황실의 안태'가 아니라 '천황의 국법상의 지위'가 거론되고 있다는 데 주목해야 할 것이다. 이는 아마도 기도 쪽에서 작성한 것일 것이다. '천황의 국법상의 지위'란 구체적으로는 메이지헌법을 가리킬 것이다. 따라서 이 조건은 메이지헌법으로 보장된 천황의 정치적 통치권을 의미한다. 아마 이것은 미노베 다쓰키치•의 '천황기관설天皇機関説'에 가까운 것으로 추정할 수 있다. '황실의 안태'라면 이는 충분히 그루, 스팀슨 등 미국의 온건파가 받아들일 수 있는 조건이었지만, 메이지헌법으로 보장된 천황의 정치적 권력이라면 그것은

• 美濃部達吉, 1873~1948. 법학자, 헌법학자, 도쿄대 교수. 천황기관설을 주장해 이른바 '다이쇼 데모크라시'의 대표적 이론가로 알려졌으나, 쇼와 시대에는 군부와 우익의 반발로 저서는 발매 금지가 되고 불경죄 혐의로 검사국의 조사를 받았으며, 귀족원 의원직 등 공직에서 사퇴해야 했다. 천황기관설은 통치권이 법인인 국가에 있고, 천황은 그 최고기관으로서 내각을 비롯한 다른 기관들의 보필을 받아 통치권을 행사한다는 이론이다. 국가가 법인이라면 군주나 의회, 재판소 등은 국가라는 법인의 기관인 셈이 된다. 요컨대 천황도 국가라는 법인의 한 기관에 지나지 않는 것이다. 천황 절대권을 신봉하는 군부와 우익을 중심으로 한 천황주권론자들은 이에 반발했다.

통수권이나 천황의 입법거부권 등 군부의 대두를 허용한 조항으로 연결되기 때문에 미국의 전쟁 목적에 반할 가능성이 있다. 하지만 미국의 일본 전문가가 헌법 개정까지 고려했다는 점을 감안하면 이 정도 문구는 미국의 온건파가 아슬아슬하게 받아들일 거라 생각할 수도 있었다. 이 조건과 스팀슨의 포츠담선언 초안에 있었던 "현행 황실체제 하의 입헌군주제" 사이에는 약간이나마 공통항이 존재했다.

스즈키의 설명 뒤에 도고가 갑안을 옹호하는 논지를 폈다. 호시나에 따르면 도고는 "황실은 절대 문제"라고 했는데, 사코미즈는 "황실의 지위 즉 국체에 변화가 없다는 것을 전제로 해서"라고 설명을 했다. 도고가 실제 어떻게 설명했는지는 알 수 없다.[102] 다음에 요나이 해군상이 입을 열었는데, 그는 "도고의 의견에 찬성한다"고만 했다.

다음에 아나미에게 의견 진술 요청이 들어왔다. 호시나의 수기에는 아나미의 의견이 다음과 같이 소개돼 있다.

> 전적으로 반대다. 그 이유는 카이로선언은 만주국의 말살을 포함하기 때문에 도의국가道義國家로서 생명을 잃게 된다. 수락하더라도 최소한 네 가지 조건을 구비할 것을 요한다. 특히 소련과 같은 도의 없는 국가에 일방적으로 부탁하려는 안에는 동의할 수 없다. 1억 국민이 한자리에서 함께 죽어 제물이 되더라도 대의에 살아야 한다. 끝까지 전쟁을 계속해야 하며, 충분히 싸울 수 있다고 자신한다. 미국에 대해서도 본토결전에 자신이 있고, 해외 여러 나라에 있는 (일본) 군대는 무조건 창을 거두지 않을 것이고, 또한 내內국민도 끝까지 싸울 것이다. 이렇게 하면 내란이 일어날 것이다.[103]

아나미는 우메즈에게 귀엣말로 했듯이 조건 논의보다도 전쟁 계속을 호소했다. 그 이유로 그때까지 제기하지 않았던 만주국의 말살이나 소련에 대한 불신을 끄집어냈고, 해외 파병 일본군이 정전명령에 복종하지 않을 가능성, 나아가 내란 가능성까지 넌지시 말했다.

우메즈는 아나미의 의견에 동의한다면서 본토결전 준비가 돼 있으며, 소련의 참전은 일본을 불리하게 만들었지만 무조건 항복을 해야 할 상태까지 됐다고는 할 수 없다고 말했다. 이제 와서 무조건 항복을 하면 전사자들에게 미안하기 때문에 네 가지 조건을 붙이는 것이 최소한의 양보라고 했다. 우메즈의 어투는 아나미만큼 강경하진 않았다.[104]

원래대로라면 다음은 도요다 차례였으나 스즈키는 히라누마의 의견을 물었다. 히라누마는 그때까지의 정부, 최고전쟁지도회의의 논의에는 전혀 관여하지 않았으나 참석자들이 난처할 정도로 시간을 들여 많은 질문을 했다. 그러나 그 질문 중 몇 개는 적확한 것이었다. 예컨대 히라누마는 외상에게, 소련의 선전포고가 일본의 포츠담선언 거부를 그 이유로 내세우고 있는데 그게 사실이냐고 물었다. 도고가 그것은 사실이 아니라고 대답하자, 히라누마는 다시 소련은 어떤 근거로 일본이 거부했다고 주장하는지 물었다. 도고는 일본이 거부했다고 상상한 데에 지나지 않는다고 대답했다.

히라누마는 다시 참모총장에게 원폭에 대한 방어 문제를 물었다. 우메즈는 원폭의 참화를 완전히 막는 것은 어려우나 제공• 조치를 취한다면 어느 정도 막을 수 있다면서, 공습 때문에 적에게 굴복할 수는 없다

• 制空, 공중에서 적을 제압하는 것.

고 대답했다. 그는 다시 천황을 향해 황조황종(28쪽 각주 참조)에게 고할 책임이 있는데 이번 일로 동요하면 천황의 책임이 중대해질 것이라고 귀에 아픈 의견을 냈다.[105]

그러나 히라누마의 발언 중에서 가장 중요한 것은 도고안으로 나온 조건을 수정한 것이었다. 히라누마는 "천황의 국법상의 지위"라는 자구에 이의를 제기했다. 이 국수주의자에 따르면, 천황 통치의 대권은 국법에서 나오는 게 아니라 법을 초월하는 것이다. 따라서 천황 통치의 본체는 헌법으로 정하는 것이 아니라고 주장했다. 히라누마는 천황기관설을 부정한 것이다. 그리고 원안에 있던 "일본 천황의 국법상의 지위를 변경하라는 요구를 포함하고 있지 않다"를 "천황의 국가통치 대권에 변경을 가하라는 요구를 포함하고 있지 않다"로 수정할 것을 요구했다.[106]

도고와 외무성의 책략은 간파당했다. 이미 도고의 '황실의 안태'는 "천황의 국법상의 지위"로 확대돼 있었다. 그러나 스즈키 총리와 같은 나이인 일흔일곱 살의 노인이지만 여전히 명민함을 잃지 않고 있던 히라누마는 천황기관설이 부정된 이래 일본의 주류를 점해온, 일종의 신내림에 가까운 국체의 정의가 여기서 근본적으로 뒤집혀 있다는 사실을 간파했던 것이다. 히라누마의 수정안은 법에 종속되지 않는 황조황종과 일체이며, 입헌군주제와 양립할 수 없는 천황의 신격적 권위를 재확인하는 것이었다. 이 수정안은 미국의 온건파가 받아들일 수 없는 조건이었다.

다음 장에서 살펴보겠지만, 히라누마는 천황의 성단에 하나의 시한폭탄을 장치했다고도 할 수 있다. 하지만 히라누마의 수정안에 대해서는 어떤 이의도 제기되지 않았다. 그 의견은 1935년 이래 활개를 치며 당당히 유포된 해석이었고, 그에 도전하기란 불가능했다. 도고의 입장에서는, 거기까지 온힘을 다해 어렵사리 헤쳐왔는데 처음부터 다시 어려운 싸움을 시작한다는 것은 말도 안 되는 일이었다.

히라누마 뒤에 도요다가 육군상, 참모총장의 의견에 찬성한다는 말을 했다. 이로써 참석자 전원의 발언이 끝났다. 여기에서 스즈키가 일어나 장시간에 걸쳐 논의를 거듭했으나 결론이 나지 않았고, 사태는 심각해졌으며, 일각의 유예도 허용되지 않는 상황이 됐다고 발언했다. 그러고 나서 성단을 받드는 수밖에 없다는 말과 함께 천황의 옥좌 앞으로 나아갔다. 아나미가 놀란 듯 "총리!" 하고 소리쳤으나 스즈키는 옥좌 앞에서 큰절을 하며 천황에게 발언을 청했다.

천황은 잠시 몸을 앞으로 내밀고 "짐의 의견은 외무대신이 말씀하신 바와 같다"고 결론부터 꺼냈다. 《호시나 수기》는 천황이 여기에 이른 이유를 다음과 같이 기록했다.

> 종래 승리 획득에 자신이 있다고 듣고 있었는데, 지금까지 계획과 실행이 일치하지 않았다. 또한 육군대신은 구쥬구리하마•의 축성이 8월 중순에 완성된다고 말했으나 아직 완성되지 못했다. 또 신설 사단이 꾸려지더라도 거기에 줄 무기가 마련돼 있지 않다. 이래서는 저 기계력을 과시하는 미군과 영국군에 대해 승산 전망이 서지 않는다. 짐의 수족인 군인들로부터 무기를 빼앗고, 또한 짐의 신臣들을 전쟁책임자로 넘겨주는

• 九十九里浜, 도쿄 인근 지바현의 보소반도에 있는 태평양연안의 장장 66킬로미터에 이르는 해안으로 도쿄의 방위를 담당하는 사단이 있다.

건 참을 수 없는 일이다. 대국적으로 메이지 천황의 삼국간섭 결단의 예를 본받아, 참기 어려운 것을 참으면서, 인민을 파국에서 구하고 세계 인류의 행복을 도모하기 위해 이렇게 결심한 것이다.[107]

천황의 발언이 끝나자 스즈키는 일어나 "폐하의 지엄한 뜻을 잘 들었습니다"라고 했고, 천황은 참석자들이 모두 절을 하며 예를 갖춘 가운데 퇴장했다. 그때가 이미 8월 10일 오전 2시 30분이었다.

천황의 발언에서 가장 중요한 것은 군에 대한 불신이었다. 예상됐던 적의 간토평야 상륙에 대한 방어가 진척을 보이지 않은 점을 비판하고 군의 계획과 실행이 일치하지 않은 점을 지적했는데, 이는 군이 마지막 기대를 걸고 있던 결호작전에 대한 직접적인 비판이었다. 육군으로서는 규슈 방어로 일본이 승리할 것이라고는 생각하지 않았다. 그러나 미군이 일본 본토상륙 공격 때 막대한 사상자를 내는 큰 타격을 받을 경우 미군의 결의가 꺾이고 일본에 유리한 조건이 조성될 것으로 믿었다. 그것을 위해 관동군 또는 간토평야의 방어를 허술하게 한 것은 오히려 의도적인 전략이었다. 그런데 천황은 그 전략 자체를 비판하고 부정했던 것이다.

또 천황의 비판은 천황이 그때까지 천황제와 일체로 결합돼 있던 군을 분리해 천황제를 구하려 했음을 보여준다. 황실의 안태와 가능한 한 천황의 정치적 권력을 보전하기 위해서는 군을 떼어내야 할 뿐만 아니라 모든 전쟁책임을 군에 전가할 필요가 있다고 판단했던 것이다.

아사다와 프랭크는 천황이 발언에서 "특히 원폭의 출현" 뒤에는 전쟁 수행이 불가능하게 됐다고 한 점을 중시하고, 원폭의 영향이 천황의 성단에 결정적인 영향을 미친 요소라고 논했다.[108] 하지만 천황이 원폭에 대해 언급한 것을 기록해놓은 것은 다케시타의 《기밀작전 일지》뿐이다.[109] 다케시타는 아나미로부터 전해들은 간접적인 정보를 토대로 일기를 작성했다. 참석자 가운데 어전회의 양상을 기록한 이는 스즈키, 도고, 도요다, 사코미즈, 호시나, 이케다였는데, 이들의 기록에서 천황이 원폭에 대해 언급했다는 내용은 찾을 수 없다. 다케시타의 기록에만 의거해서 원폭이 천황의 종전 결정의 동기가 됐다고 결론지을 순 없다.

전후에 측근들과의 인터뷰 중에 천황은 성단을 내릴 때 한 가지 조건하에 포츠담선언을 수락하기로 결정한 이유를 두 가지 들고 있다. 첫째, 전쟁을 계속하면 "일본 민족은 멸망해버리기" 때문에 "적자(赤子, 백성)를 보호할 수 없다"는 것이고, 둘째, "적이 이세만• 부근에 상륙하면 이세伊勢와 아쓰타熱田 두 신궁••이 적의 제압 아래로 들어가 신기神器를 이동시켜 그것의 안전을 확보할 방안이 없다. 그래서는 국체호지가 어렵다. 따라서 내 한 몸이야 어떻게 되더라도 강화를 할 수밖에 없다고 생각했다"고 말했다는 것이다.[110] 두 번째 이유는 천황이 국체를 황실을 중심으로 한 신도神道라는, 종교적인 제도로 생각하고 있었음을 보여준다.

그러나 천황의 이 고백이 반드시 당시의 천황 본심을 전한 것이라고 할 수는 없다. 확실히 기도와 천황에게는 황실의 안태, 그리고 그 상징

• 伊勢湾, 혼슈 중앙부 미에현의 태평양 쪽의 만.
•• 일본 천황을 상징하는 칼, 거울, 곡옥의 세 가지 신기 중 이세신궁은 거울을 신체神体로 삼고, 아쓰타신궁은 칼을 신체로 삼는다.

인 3종의 신기(칼, 거울, 곡옥)를 보호하는 것이 최대의 목적이었다. 하지만 도고의 안을 확대해서 천황의 정치적 권위를 확보하려는 목적도 있었다. 그리고 첫째와 둘째 이유 사이의 관계를 알 수 없다. 천황은 어느 쪽을 더 중요하다고 생각했을까? 민족의 존속과 국체는 어떤 관계에 있다고 생각했을까? 신기가 적의 손에 넘어가더라도 민족은 존재할 것이라고 생각했을까? 두 신궁과 신기의 수호는 민족의 존속에 선행하는 가치를 지닌 것이라고 생각했을까?

"적자의 보호"에 대해서 말하자면, 그때까지 많은 '적자'가 '성전'의 희생물이 됐다. 오키나와 결전 하나만 예로 들어도 천황은 역사학자 허버트 빅스Herbert P. Bix가 지적했듯이 '일격화평론'을 믿고 있던 전투적인 대원수였다. 만일 '적자'를 보호하는 것이 천황의 최고 목적이었다면 전쟁을 종결할 기회는 수없이 많았다. 독일 항복 때, 오키나와 패전 때, 포츠담선언 발표 때, 히로시마에 원폭이 투하된 직후 등 그 각각의 시기에 '적자'의 보호를 명목으로 화평으로 가는 주도권을 쥘 수도 있었다. 하지만 천황은 그런 고비 때마다 '적자' 보호를 최고의 목적으로 삼지 않고 항복을 늦췄던 것이다. 거기에 이르기까지 무시되고 있던 '적자의 보호'를 왜 그 단계에서야 큰 이유로 내세웠을까? 천황을 그런 전례 없는 행동에 나서게 만든 것은 아마도 소련의 참전으로 황실과 천황제가 위험에 빠졌다는 위기감일 것이다.

천황은 "내 한 몸이야 어떻게 되더라도" 전쟁을 종결해야만 한다고 결심했다고 증언하고 있다. 이는 전후에 미 군사첩보부(G-2) 역사과의 질문에 응한 기도의 대답과 호응한다. 기도는 이미 그해 6월에 "천황은 자기 일신은 어떻게 되더라도 전쟁을 종결하겠다"는 결의를 갖고 있었다고 했고, 또 원폭 소식을 들었을 때 "내 한 몸이야 어떻게 되더라도 하루라도 빨리 전쟁을 종결해서 이런 참극이 되풀이되지 않도록 해야 한다"고 말했다고 대답했다.[111] 물론 천황이 실제로 그렇게 생각했을지도 모르겠다. 그러나 천황의 인터뷰도, 기도의 인터뷰도 아직 천황을 전쟁범죄인으로 재판에 회부할지 말지가 결정돼 있지 않았을 때 이루어진 것이라는 점에 주의할 필요가 있다. 천황이 6월에 이미 그처럼 생각하고 있었다고는 판단되지 않으며, 천황의 언동을 고려하면 기도가 말하듯이 히로시마 원폭투하 직후에 이런 결론을 내렸다고 보기도 어렵다. 짓궂게 생각하면, 천황과 기도는 서로 입을 맞춰 천황의 자기희생을 강조해 천황이 재판에 회부되는 것을 피하려 했고, 이를 위해 나중에 그런 말을 덧붙인 것이라고 해석할 수도 있다.

천황은 히라누마의 수정안에 대해 어떻게 반응했을까? 쇼와 천황에 대한 비판적 전기를 쓴 허버트 빅스는 천황이 히라누마와 마찬가지로 신내림에 가까운 국체 관념을 공유하고 있었다고 썼는데, 이는 반드시 적확한 것은 아니다. 천황은 히라누마의 수정안을 미국에서는 이해하지 못할 것이고 그 때문에 종전이 늦춰질 것이라며 히라누마에 비판적이었다.[112] 만일 그렇다면 천황은 히라누마의 수정안을 자신이 추구하는 목적을 훨씬 넘어서버리는 조건이어서 내심 성가시게 생각하고 있었을지도 모른다. 그러나 천황은 수정안에 이의를 제기할 입장은 아니었다. 성가시다고 느끼면서도 또한 그 조건을 붙여서 연합국이 어디까지 양보할 것인지 살펴보려 했을지도 모른다.

어전회의가 끝난 뒤 참가자들은 곧바로 회의를 최고전쟁지도회의로 바꿔 열고 천황의 성단을 승인하는 결의를 했다. 천황은 자신의 의사를 정부가 받아들이게 하는 데 성공했다.

방공호 지하도를 빠져나와 돌아가는 길에 요시즈미는 스즈키 총리에게 약속을 깼다고 화를 내며 따졌다. 아나미는 "이제 그만해"라며 요시즈미를 제지했다. 아나미는 자기 혼자 모든 책임을 질 생각이었고, 군장교 누구도 성급한 행동을 취해선 안 된다고 타일렀다.

오전 3시에 각의가 다시 열렸고, 천황의 성단을 채택하기로 결정했다. 그러나 그때 아나미는 스즈키와 요나이에게 한 가지 조건을 붙였다. 그 조건이란, 만일 연합국이 천황의 국가통치 대권을 인정하는 조건을 거부한다면 그들도 전쟁 계속을 지지하겠다고 약속하는 것이었다. 그 조건이 국체의 호지와 밀접하게 얽혀 있었기 때문에 스즈키와 요나이는 약속을 할 수밖에 없었다. 어쩌면 그들 자신이 광의의 국체 정의를 인정하고 있었을지도 모르겠다.[113]

우메즈는 오전 3시에 참모본부로 돌아가 가와베에게 어전회의 결과를 알려주었다. 천황의 군에 대한 공격은 우메즈와 가와베로서는 큰 충격이었다. 천황이 군을 버린 것이다. 전날의 의기충천한 기술과는 대조적으로 이날의 가와베는 일기에 "오호, 만사휴의"• 라고 썼다.[114]

화평파의 음모는 성공했다. 이후엔 연합국의 반응을 기다리기만 하면 될 것이었다.

• 萬事休矣, 모든 일이 끝났다는 뜻으로 가망 없는 절망을 가리키는 표현.

6장

1945.
08.

10일

- 일본 외무성 포츠담선언 수락 최종 전문 작성
- 도고, 말리크 소련대사에게 일본 정부의 포츠담선언 수락 의사 전달
- 외무성 포츠담선언 수락 보도문을 연합국에 타전
- 트루먼 일본의 조건부 포츠담선언 수락을 거부
- 번스 무조건 항복 요구를 담은 회답 작성

11일

- 육군대신 결전 포고문 조간신문에 게재
- 미 3부조정위원회 일반명령 1호와 항복문서 승인
- '연합국 최고사령관'이라는 표현을 두고 몰로토프(소련)와 해리먼(미국) 대립
- 번스 회답, 영국 정부의 수정안을 담아 일본 정부에 송부

12일

- 일본 정부 단파방송을 통해 번스 회답 통지 받음
- 외무성 관료들 회답 수락을 위한 공작
- 육군성 전쟁 계속 결의를 다지며 쿠데타 모의
- 천황 황족회의 소집, 종전 결정 지지 호소

일본의 무조건 항복 수락

· 천황, 어전회의에서 번스 회답 수락 의사 밝힘
· 각의에서 종전조서 최종 전문 승인
· 천황 종전조서 녹음
· 쿠데타 세력 궁성 점거
· 포츠담선언 무조건 수락 전보 타전
· (워싱턴 시간) 트루먼 일본 항복 성명 발표

13일

· 전쟁 명령 공표하려 한 대본영의 시도 발각
· 스즈키 각의에서 다시 어전회의 열 것을 시사
· 육군성과 참모본부 상층부, 천황의 성단을 따르기 위한 회의 소집
· 쿠데타 주모자들 아나미 고레치카 육군상 포섭 시도

14일

15일

· 쿠데타 진압
· 아나미 할복
· 천황의 종전조서 방송
· 스즈키 내각 총사직
· 중소 우호동맹조약 체결

옥음 방송을 녹음 중인 히로히토.

동부군의 다나카 사령관이 반란을 진압하고 나서 어문고로 갔다. 철문이 열렸을 때 아침 햇살이 쏟아지듯 건물 안으로 밀려들었다. 다나카 사령관은 궁성 점거 사건의 전말을 천황에게 보고했다. 8월의 태양이 떠오를 때 황거를 중심으로 펼쳐진 일본제국 최후의 드라마는 끝났다. 새로운 일본의 여명이 제국군대의 주검을 넘어, 현인신이 아닌 인간 천황과 함께 떠오른 것이다.

어전회의에서 성단이 이뤄진 뒤 일본 정국은 동요와 혼란에 빠졌다. 다카기 소키치는 일기에 "육군의 쿠데타 기세가 시시각각 높아가고, 해군 결전론자도 필사적으로 종전을 방해하고 있다. 스즈키는 오직 폐하의 지도를 바라고 있을 뿐 자신은 전혀 지휘를 하지 않고 있고, 우메즈와 아나미, 도요다는 결전론에 사로잡혀 있으며, 중신들은 모조리 안전지대에서 구경이나 하는 자세다. 결사의 각오로 화평에 진력한 것은 요나이, 기도 외에 적적寂寂한 소수에 지나지 않았다"고 썼다.[1]

8월 9일 저녁, 아직 천황의 성단이 내려지기 전에 외무성 고관은 일본 정부의 포츠담선언 수락 초안을 작성했다. 도고는 마쓰모토에게 하나는 한 가지 조건으로, 또 하나는 네 가지 조건을 담아 초안 두 개를 작성하도록 명했으나, 마쓰모토는 황실의 안태 외에 세 가지 조건을 더 붙이는 것은 포츠담선언을 거부하는 것과 같다며 도고의 명령에 복종하지 않고 초안을 하나밖에 작성하지 않았다.

8월 10일 오전 4시에 어전회의에서 외무성으로 돌아간 도고가 회의 결과를 전달했다. 외무성 고관들은 히라누마의 수정안에 있는 "천황의 국가통치 대권"을 어떻게 번역할 것인지 고민하다 결국 'prerogatives of His Majesty as a sovereign ruler'로 옮겼다. 연합

국에 보낼 최종 전문이 성 내의 전신과로 보내졌을 때는 이미 6시가 지나 있었다.[2]

말리크 대사는 9일 도고와 회견을 요청했으나 그날 도고는 바쁘다는 이유로 만나기를 거부했다. 사실 새벽부터 심야 늦게까지 도고는 연달아 중요한 회의에 출석해 시간이 없었던 것은 분명하나 말리크와의 회견을 미룸으로써 소련에 대한 울분을 한껏 표시하고 싶었을 것이다. 이윽고 10일이 되자 도고는 말리크를 만났다. 말리크가 선전포고를 낭독한 뒤 도고는 말리크에게 분노를 쏟아냈다. 일본 정부는 포츠담선언에 대처하기 전에 소련 정부의 특사 파견에 대한 회답을 기다리고 있었으며, 따라서 소련의 선전포고 속에 일본이 포츠담선언을 거부한 것으로 돼 있는 것은 잘못된 것이라고 지적하고, 소련이 외교관계를 단절하고 경고 없이 전쟁을 개시한 것은 이해하기 어려운 것으로 유감이라고 말했다. 이에 대해 말리크는 트루먼이 히로시마 원폭투하 뒤에 발표한 성명 속에 일본이 포츠담선언을 거부했다고 돼 있는 것을 인용하면서 소련의 선전포고를 정당화했다. 트루먼이 사실을 왜곡한 것이 소련에 이용당한 것이다.

도고는, 일본 정부가 황실 안태의 중요성을 강조하고 천황의 대권이 침식당하지 않는 것을 조건으로 포츠담선언을 수락하기로 결정한 사실을 말리크에게 통고한 뒤, 일본 정부 공식 수락 성명의 영문번역문을 건네면서 소련 정부가 그 성명을 연합국에 신속하게 전달해줄 것을 부탁했다.[3] 히라누마의 수정안 내용을 구체적으로 설명함으로써 도고는 연합국에, 일본이 가장 중요시하고 있는 조건이 황실의 안태임을 전달하겠다는 뜻을 분명히 했다.

8월 11일 조간 신문을 본 일본의 독자들 중에 정부가 포츠담선언을 수락하고 종전하기로 결정했다고 생각한 사람은 아무도 없었다. 정보국의 시모무라 총재는 국체 유지를 위해 어려움을 겪고 있으나 인내를 가지고 대처할 것을 국민에게 호소했지만 정부가 종전을 결의했다는 언급은 어디에도 없었다. 그리고 조간은 "설령 풀을 뜯어먹고 흙을 베어먹다가 들판에 눕더라도 단연코 싸우다 죽는 가운데 자연히 살길이 있을 것으로 믿는다"며 싸움을 계속하자고 호소한 육군대신의 용맹스러운 성명을 게재했다.[4]

이 육군대신의 포고는 놀랍게도 아나미의 허가도 없이 게재됐다. 아나미는 어전회의가 끝난 뒤 육군성으로 돌아가 10일 오전 9시 30분에 육군성의 상급 과원課員들을 소집해 어전회의에서 내려진 천황의 성단에 대해 보고했다. 아나미는 전쟁을 계속할지 종결할지는 적의 회답에 달려 있는 것이므로 군은 화전和戰 양면의 태세를 갖추고 임할 필요가 있다면서 어느 쪽으로 결론이 나든 "엄숙한 군규軍規 아래 단결하고, 궤를 벗어나는 행동은 엄하게 단속할 것이다. 국가가 위기 국면에 처했을 때 통제를 벗어난 행동은 나라를 파괴하는 최대의 원인이다"라고 포고했다. 아나미에 이어서 요시즈미 군무국장은 천황의 말을 자세히 전하면서 군이 한 오라기 흐트러짐도 없이 통제를 유지하기를 요망했다. 아나미가 성단에도 불구하고 화전 양면 태세를 주장한 것과 달리 요시즈미가 성단의 준수를 강조한 것은 주목할 만하다. 아나미의 태도가 여전히 흔들리고 있는 데 비해 육군성, 참모본부 상층부는 일찌감치 성단을 근거로 종전 수락을 해서 군을 수습하는 쪽으로 방향을 잡고 있었던 것이다.

그러나 그때 과원 한 명이 일어나서 "대신(장관)은 앞으로 나아가든 뒤로 물러서든 아나미를 따라오라고 말씀하셨는데, 그러면 대신은 물러서는 것도 생각하고 계시다는 것인가" 하고 날카로운 질문을 던졌다. 차가운 침묵이 실내를 지배했다. 그것은 육군성 참모장교의 대담한 도전이었다. 아나미는 이에 대해 "불복할 자는 먼저 아나미를 베어라"라고 대답했다.

이 응답은 장래의 육군성, 참모본부 장교들의 행동에 대한 예고였다. 8월 10일에는 이 장교들이 공식 회의를 곳곳에서 열고 어떤 행동을 취할 것인지 논의했다. 이 흥분된 분위기 속에서 쿠데타 계획이 모의되고 있었다. 군무국의 이나마 마사오稲葉正雄는 육군 장교병사의 전투정신을 유지하기 위해 육군대신의 이름으로 포고를 내자고 제안해 국장의 승인을 얻었으나 대신의 승인도 받지 않은 상태에서 각 신문사들에 알렸다.[5]

육군대신의 포고는 화평파를 경악시켰다. 그러나 도고는 이에 간섭하는 것은 불에 기름을 끼얹는 격이 될 것이라고 보고 어떤 조치도 취하지 않았다. 기도도 이에 관여하는 것은 군을 행동으로 내몰 뿐이라고 보고 아무 대응도 하지 않았다. 사코미즈, 요시즈미, 고노에는 포고 발표를 막으려 했으나 이미 불가능한 상황이었다. 아나미도 자신은 포고를 승인하지 않았지만 포고문의 내용이 자신의 의견과 같다고 보고 제지하진 않았다.[6] 포고문 사건은 종전으로 가는 길이 여전히 험해서 한 걸음이라도 삐끗하면 일본이 다시 전쟁 계속이라는 나락의 밑바닥으로 굴러떨어질 상황이었다는 것을 보여준다. 그런 갈림길에서 아나미의 태도는 결정적인 중요성을 갖고 있었다.

종전 쪽으로 가는 길을 결정적인 것으로 만들기 위해 육군대신 포고가 연합국에 알려지기 전에 외무성의 마쓰모토와 〈도메이 통신〉의 하세가와는 일본 정부가 포츠담선언을 수락했다는 보도를 서둘러 연합국에 전하려고 노력했다. 단파방송은 모두 군의 검열을 받았기 때문에 마쓰모토와 하세가와는 모스 부호를 사용해 정부의 포츠담선언 수락 보도를 군을 통하지 않고 흘려보냈다. 이를 알게 된 요시즈미는 분개해 항의했다. 그러나 이미 〈UP 통신〉은 이를 포착하고 있었다. 트루먼은 오전 7시 33분(일본 시간으로 오후 8시 33분)에 일본 정부의 결정을 전해들었다.[7] 만일 그 모스 부호가 발신되지 않고 연합국이 육군대신 포고 쪽을 먼저 알았다면 사태는 그 뒤 어떻게 진전됐을까? 종전으로 가는 길에는 마쓰모토, 하세가와, 그리고 실제로 모스 부호를 발신한 오타 사부로大田三郎 외무성 직원과 같은 음지의 영웅들이 있었던 것이다.

트루먼, 일본의 조건을 거부하다

8월 10일 오전 7시 30분, 미국의 단파방송은 〈도메이 통신〉으로부터 모스 부호를 수신했다. 이는 일본 정부의 정식 회답은 아니었지만 트루먼이 원폭투하일로부터 애타게 기다리던 정보였다. 그리고 그 뒤 매직의 암호 해독을 통해 대통령은 일본 정부의 정식 회답이 전달되기 이전에 회답문의 내용을 파악하고 있었다. 대통령은 즉시 번스, 스팀슨, 포레스털에게 전화해 9시부터 열리는 백악관 회의에 참석하도록 요구했다. 스팀슨은 그때 틀림없이 포츠담에서 자신이 대통령과 번스에게 필사적으로 요청했던 날의 기억을 또렷이 떠올리고 있었을 것이다. 스팀슨이 백악관에 도착했을 때는 이미 번스, 포레스털, 레이히가 대통령과 함께 대기하고 있었다.[8]

그 회의는 일본의 조건부 포츠담선언 수락을 거부하기로 결정했다. 그 결정에 번스가 가장 중요한 역할을 했다는 사실은 잘 알려져 있다. 그러나 여기서 밸런타인의 회고록에 주목해볼 필요가 있다. 밸런타인은 일본의 회답을 7시 30분에 단파방송을 통해 알게 됐으나 천황의 대권 유지를 조건으로 한 회답은 이 일본 전문가를 몹시 걱정하게 만들었다. 밸런타인은 곧바로 국무부로 가서 이미 국무부에 모여 있던 그루와 두먼에게 그런 우려를 전했다. 밸런타인은 "우리는 이에 동의할 수 없다. 천황의 대권은 모든 것을 포함하고 있는데, 만일 이를 인정한다면 우리는 일본인과 무제한의 싸움에 말려들게 될 것이다"라고 말했다. 만일 밸런타인의 증언이 맞다면, 역설적이게도 어떤 형태로든 군주제를 유지하게 하자고 주장해온 이 일본 전문가가 가장 먼저 일본 정부가 달아놓은 조건에 문제 제기를 한 셈이 된다.

밸런타인에 따르면, 번스는 당초 그 조건에서도 일본의 회답을 수락하자는 쪽으로 기울어 있었다고 한다. 번스는 미국 국민의 염전厭戰 분위기에 신경을 쓰고 있었고, 대통령도 하루라도 빨리 전쟁을 끝내고 싶다는 생각을 하고 있었다. 그러나 그루가 두먼, 밸런타인과 함께 두 차례에 걸쳐 그 조건을 승인하는 것은 일본의 군국주의를 철저히 파괴하겠다는 미국의 전쟁 목적에서 벗어나는 것이라고 주장하자, 번스가 그 의견에 설득당했다고 밸런타인은 말하고 있다.[9]

그때까지 번스가 무조건 항복에 미련을 갖고 있었다는 점을 생각하면 그가 백악관 회의 직전에 일본의 조건부 포츠담선언 수락을 받아들이는 쪽으로 기울어져 있었다는 밸런타인의 얘기는 일견 설득력이 없는 것처럼 보일지 모르겠다. 게다가 밸런타인의 회고록은 회의 전후 상황이 섞여 있고, 또 그의 의견은 거기에 동조했다는 그루도 두먼도 언급하고 있지 않다. 그러나 밸런타인의 얘기를 완전히 잘못된 것이라고 일축할 수도 없다. 번스는 트루먼이 초조해하고 있는 것을 알고 있었다. 두 발의 원폭이 투하됐음에도 일본은 여전히 항복하지 않았다. 그리고 소련은 만주 깊숙이 침공해 있었다. 또 번스는 스팀슨, 포레스털, 레이히가 일본의 조건부 회답을 수락하는 데 찬성할 것으로 예상하고 있었다. 이런 요소들을 고려한다면 번스가 이를 받아들이는 쪽으로 기울어져 있었던 것은 충분히 생각할 수 있는 일이었다.

그러나 만일 번스가 그럴 가능성을 고려하고 있었다고 하더라도 그 의견을 바꾸는 데에 시간이 걸리진 않았다.[10] 트루먼은 회의 서두에 일련의 질문을 던졌다. 일본 정부의 회답을 포츠담선언 수락으로 볼 수 있을까? 천황제를 유지하면서 일본의 군국주의를 말살하는 것이 가능할까? 조건부 포츠담선언 수락을 고려해야 할까?

이에 대해 먼저 번스가 일본 정부가 붙인 조건에는 문제가 있다고 지적하고, 이를 인정하는 것은 루스벨트, 트루먼 두 대통령이 명확히 한 공식 선언에서 벗어나는 것이라고 주장했다. 하지만 번스는 회고록에서 다른 해석을 소개하고 있다. "나도 전쟁을 빨리 종결짓고 싶다는 간절한 바람을 갖고 있으나, 이는 영국과 소련의 동의를 얻어야만 되는 것이므로 승인할 수가 없다. 우리는 포츠담선언에서 분명히 밝힌 '무조건 항복'에 충실해야 한다. 그리고 그 조건에서 벗어나면 두 나라의 동의를 얻어내는 일이 지체될 것이다, 라고 주장했다."[11]

실제로 번스가 그 회의에서 그런 주장을 했는지는 의심스럽다. 영국이 일본의 조건을 받아들이리라는 것은 충분히 예측할 수 있는 일이었고, 소련과 관련해서는 대통령도 번스도 소련과 협의하지 않고도 그것을 추진할 수 있다고 생각했다. 그럼에도 번스가 일본의 조건을 승인하는 것은 미국의 전쟁 목적에서 벗어나는 것이라는 밸런타인식의 주장을 왜 정면으로 펼치지 않았는지는 이해하기 어려운 대목이다.

번스 다음에 레이히가 발언했다. 레이히는 천황에 손을 대지 않는 것은 승리를 지연시키는 것에 비하면 사소한 문제라는 '상식적이고 단순한' 주장을 했다. 대통령은 스팀슨의 의견을 물었다. 스팀슨은 여러 지역에 흩어져 있는 일본군을 항복시키고, "이오지마와 오키나와에서 겪었던 참화를 중국이나 뉴홀랜드(인도네시아)에서 수십 번이나 되풀이하는 일이 없도록 하기 위해서는" 일본의 요구가 없더라도 미국이 솔선해서 천황에겐 손을 대지 않겠다는 것을 제안해야 할 것이라고 했고, 일본군은 천황 이외의 권위를 인정하지 않을 것이라고 했다. 일본 전문가가 점령하의 일본 정치체제 유지라는 장기적인 시야에서 문제점을 지적한 데에 비해, 스팀슨은 일본군을 항복시키기 위해서는 천황의 권위가 필요하다는 단기적인 문제에 관해 발언했던 것이다.

그리고 스팀슨은 "이 문제의 해결을 위해 정전협정과 같은 것을 당연히 맺어야 하며, 인도적인 견지에서 보더라도 그렇고 또한 그런 협정을 체결하는 데에 도움이 될 것이기 때문에 공습을 즉각 중지"하자고 제안했다. 포레스털은 "폭격이 계속되면 일본인들의 증오는 미국 쪽으로만 향하게 되고 러시아인, 영국인, 중국인 쪽으로는 향하지 않

게 될 것"이라며 스팀슨의 제안을 강력히 지지했다.[12]

스팀슨, 포레스털, 레이히는 일본의 조건부 회답을 수락하자고 주장했다. 그러나 번스는 이 다수의견에 반대했다. "포츠담에서 3거두는 '무조건 항복'을 주장했다. 그때는 원폭도 없었고 소련의 참전도 없었다. 왜 지금 우리는 원폭도 투하되지 않았고 소련도 참전하지 않았던 때에 합의한 것을 뒤집어 더 큰 타협을 일본과 하지 않으면 안 된다는 것인지 이해할 수 없다"면서 일본의 조건을 받아들이는 것은 "대통령을 십자가형에 처하는 꼴이 된다"고 단언했다.[13] 번스는 문제를 국내정치 문제로 바꿔놓았던 것이다.

스팀슨은 소련 요소를 고려하면 미국이 유연성을 갖고 대처해야 한다고 지적했다. 번스가 국내정치적 관점에서 의견을 전개한 것에 대해 스팀슨은 트루먼의 지지를 얻기 위해 소련 요소를 들고 나온 것이었다. 그는 "소련이 일단 점령하고 나서 나중에 그 지배를 승인받으려 기도하고 있는 영토에 실제로 침공해오기 전에 일본 본토를 우리 손에 넣어두는 것이 절대로 중요하다"고 주장했다.[14] 번스도 소련의 위험을 알고 있었다. 그럼에도 수정주의 역사가가 반소의 급선봉이라고 해석하고 있는 그 번스는 소련의 팽창 위험보다 일본에 무조건 항복을 강제하는 것이 가장 중요하다고 주장했던 것이다.

왜 번스는 일본에 무조건 항복을 강제하는 것을 최우선적인 과제라 여겼을까? 미국의 여론이 중요한 요소였던 것은 분명하다. 그러나 또 다른 두 가지 요소가 번스에게 영향을 주었을 것으로 생각된다. 첫째로, 번스는 미국이 일본에 조건을 붙이도록 허용해서는 안 된다고 믿고 있었다. 국무부와 전쟁정보국에 모여 있던 이데올로기적인 반천황주의자들과 달리 번스에게 천황제 유지는 어떻게 되든 상관없었다. 가장 중요한 것은 천황제를 유지하기로 결정한다면 그것은 일본이 조건을 붙였기 때문이 아니라 미국이 그렇게 결정했기 때문이고, 그 결정을 무조건 일본에 강제하는 것이 그에겐 중요했다. 그리고 번스는 트루먼이 그 의견에 동의하리라는 것을 잘 알고 있었다.

또 번스는 일본 전문가로부터 일본의 조건을 수용하는 것은 미국의 전쟁 목적에서 벗어나는 것이라는 얘기를 듣고 있었다. 그것은 천황의 통제권을 인정하는 것이고, 군국주의의 근원을 자르겠다는 미국의 목적에 어긋난다. 실제로 번스와 그의 의견에 반대한 스팀슨, 포레스털, 레이히의 차이가 그렇게 큰 것은 아니었다. 포레스털은 "우리는 실질적으로는 포츠담선언을 수락해야 한다는 점을 명확히 하면서, 항복 조건을 정의하는 형태로 일본의 조건을 받아들일 준비가 돼 있다는 것을 보여주는 회답을 작성한다"는 타협안을 제안했다. 이것이 트루먼에게 받아들여졌고, 트루먼은 그 초안의 작성을 명했다.[15]

번스는 벤저민 코언, 두먼, 밸런타인의 조력을 얻어 일본 정부에 보낼 회답 초안을 작성했다. 밸런타인과 두먼은 항복문서에 천황의 서명이 필요하다는 원안에 반대했으나 번스는 그 반대의견을 거부했다. 번스가 초안을 작성하고 있는 동안 스팀슨은 펜타곤으로 돌아가 미국의 회답에 대해 매클로이와 토의했다. 매클로이는 군주제를 유지해줄 용의가 있다는 점을 명확하게 표명해야 한다고 주장했다. 군주제 유지가 점령하의 민주주의 확립에 유리할 것이라는 이유에서였다. 스팀슨은 매클로이에 동의하지 않았고, 토론하는 도중에 전화로 전해진 번스의 초안을 지지했다. 정오가 되기 전에 번스는 일본 정부에 대한 회답 초안을 손에 들고 백악관으로 돌아갔다. 트루먼은 그 초안을 승인하고 국무회의를 오전 2시에 열도록 명했다.[16] 번스가 초안을 작성하고 있는 사이에 트루먼은 맨스필드 하원의원과 맥너선 상원의원을 각기 따로 만나 회견을 했다. 대통령은 일본의 조건부 회답에 대해 그것은 천황이 자신의 지위를 지키려는 교묘한 속임수라면서 어떤 양보도 할 생각이 없다는 점을 분명히 했다.[17] 트루먼은 여기에서도 무조건 항복이 단지 국내용 정치적 요청에서 나온 것이 아니라 자신의 신념에서 나온 것임을 숨기지 않았던 것이다.

국무회의에서 트루먼은 스웨덴 정부로부터 일본 정부의 정식 회답을 받았고, 번스가 이에 대한 회답 초안을 작성했으며, 이는 영국, 중국, 소련 정부의 승인을 얻을 필요가 있다는 것을 얘기한 뒤 번스의 회답을 낭독했다. 번스 회답의 주요한 내용은 1항과 4항에 담겨 있었다. 1항은 "항복한 때로부터 천황과 일본 정부의 국가통치 권한은 연합국 최고사령관에 종속된다"고 돼 있었고, 4항은 "궁극적인 일본의 국가체제는 일본 국민이 자유롭게 표명한 의사에 따라 정해질 것이다"라고 돼 있었다. 번스 회답은 천황의 지위 유지를 배제하지 않았으나 천황과 황실의 운명에 대해서는 침묵을 지켰다.

트루먼은 영국과 중국 정부는 즉시 이를 승인하겠지만 소련으로부터 회답을 받는 것은 기대하고 있지 않다고 말했다. 설령 소련이 회답을 보내오지 않더라도 미국은 소련을 무시하고 행동할 것이며, 일본 점령을 개시할 것이라고 언명했다. 스팀슨은 소련이 회답을 지체함으로써 가능한 한 깊숙이 만주에 침공하려 할 것이라고 말했다. 미국이 일본의 회답을 받아야 한다는 그의 신념에 비춰보면, 이는 당연한 주장이었다. 트루먼도 "러시아인들이 만주에 깊숙이 들어가기 전에 일본의 회답을 확보하는 것이 우리에게 이익이 된다"며 찬성했다.[18] 대통령의 그 발언은 바로 전에 승인한 번스 회답과 모순된다.

영국의 회답

번스 회답의 원안은 3시 45분에 런던, 충칭, 모스크바로 발송됐다. 그 이전에 일본의 포츠담선언 수락 소식이 스위스와 스웨덴 정부를 통해 알려졌고, 영국 각의(각료회의)에서는 이에 어떻게 대응할 것인지 토의했다. 베빈 외무장관은 일본이 붙인 "천황의 국가통치 대권을 변경하지 않는다"는 조건이 미국의 무조건 항복 요구에 저촉된다는 이유로 미국 정부가 이를 거부할 가능성이 있다는 점을 걱정하고 있었기 때문에 미국 정부와 연락을 취하는 중이라고 설명했다. 외무장관으로서는 천황의 권위를 실추시킬 조건을 일본에 강제하는 것은 방책이 아니며, 오히려 천황의 권위를 이용해서 연합국의 점령정책을 수행해야 한다고 말했다. 각의는 천황의 퇴위는 요구하지 않으며, 천황을 전쟁범죄인으로 취급하지 않는다는 것, 그리고 이에 대해 미국, 소련, 중국의 합의를 받아내기로 결정했다.[19]

각의 뒤에 번스의 전보 329호가 존 위넌트John Winant 대사를 통해 영국 외무부에 도착했다. 그 원안은 일본이 붙인 조건에 대해서는 "항복한 때로부터 천황과 일본 정부의 국가통치 권한은 연합국 최고사령관에게 종속되며, 사령관은 항복 조항의 실시에 필요한 것으로 간주되는 조치를 취한다"로 돼 있다. 또 "천황과 일본의 최고군사지도자는 포츠담선언 조항들의 실시에 필요한 항복문서에 조인하고, 모든 일본 군대에 대해 전투를 중지하고 무기를 버린 뒤 연합국 최고사령관이 항복 조항의 실시에 필요하다고 간주하는 명령에 따라야 한다는 조서를 발표할 것이며, 일본 정부는 항복 뒤 전쟁포로 및 민간인 억류자들을 우리 쪽의 지시에 따라 안전한 장소로 이동시켜 연합국 수송선에 바로 승선시키는 조치를 취할 것이다. 궁극적인 일본의 국가체제는 포츠담선언에 따라 일본 국민이 자유롭게 표명한 의사에 따라 수립될 것이며, 연합국 군대는 포츠담선언에 명시돼 있는 목적이 달성될 때까지 일본에 머무른다"고 규정돼 있었다.[20]

영국 정부는 이 원안에 대해 두 가지 회답을 보냈다. 하나는 베빈 외무장관이 영국 시간으로 오후 6시 15분에 워싱턴으로 타전했다. 그 전보에서 영국 정부는 '대권prerogatives'이란 무엇인가가 정의되지 않으면 이를 받아들일 수 없지만, 항복 뒤에 일본을 관리하는 일의 어려움에 비춰보건대 만일 미국이 이에 동의한다면 천황을 상징으로 흔쾌히 인정하겠다고 했다. 그리고 영국 정부는 만일 천황을 제거하면 해외 변경지역의 전선에서 일본병이 자살적 저항을 하게 될 것이라는 점을 우려하고 있다며, 포츠담선언의 4항, 6항에는 천황이 아니라 군벌의 제거에 대해서만 언급하고 있다는 데 주의를 환기하고, 그 건에 대해 미국, 영국이 합의를 볼 때까지 다른 정부와는 상의하지 않겠다고 약속했다.[21] 7시 35분에는 미국 주재 대사로부터, 국무부에서 천황을 이용해서 일본을 연합국의 지배 아래 두기 위한 방안을 검토하고 있다는 정보가 들어왔다.[22]

영국 정부의 두 번째 회답이 한밤중인 0시에 위넌트 대사에게 전달됐다. 그 회답은 번스의 2항에 있던, 천황과 군 최고사령관에게 항복문서 서명을 강제하는 것은 득책이 아니라며, 천황과 대본영이 대표자를 보내 항복문서에 천황의 대리로 서명하는 것을 허용한다는 것, 그리고 천황은 일본의 모든 육해공군 지도자 및 그 지휘하에 있는 군대에 대해 해내외를 불문하고 전투행위를 중지하며 무기를 버리도록 조서를 발표하는 것으로 수정하도록 제안했다.[23] 번스는 이 수정안을 받았다. 원래 밸런타인과 두먼은 천황의 서명에 대해 번스의 원안에 반대하고 있었던 만큼 틀림없이 울분이 풀리는 느낌이었을 것이다.[24]

번스가 영국의 수정안을 수락한 뒤 영국 정부는 캐나다, 뉴질랜드, 남아프리카, 오스트레일리아 정부에 수정된 번스 회답을 배포하고 그에 대한 합의를 요구했으나 오스트레일리아 정부는 이에 대해 다음과 같은 내용의 거센 항의 전보를 보냈다.

즉, 오스트레일리아 정부로서는 천황을 직접 항복문서에 서명케 하는 것이 바람직하다. 미국안도, 영국의 논평도 일본이 내건 조건에 내포돼 있는 가장 중요한 점에 대해 언급하지 않고 있다. 일본이 얘기하는 천황의 특권이란 천황의 전쟁책임 소추를 면제하는 것이다. 우리 정부는 일본이 침략 전쟁을 시작하고 그 전쟁에 뒤따르는 잔혹행위를 저지른 데는 천황에게 그 책임이 있다고 생각하고 있으며, 일본에 대한 회답에는 누구든 전쟁범죄에 관련된 자는 벌을 받아야 한다는 점을 분명히 해야 한다. 연합국 중에 천황의 명예를 보전하는 것을 도우려 하는 세력이 있다는 것을 알고 있으나 그런 사고방식에 동의할 수 없다. 연합국 정부들은 연합군의 태평양 작전에서 일본군이 어떤 잔혹행위를 저질렀는지 충분히 모르거나 인식하지 않고 있다. 천황의 명령하에 야만인 취급을 당한 전쟁포로들의 운명이 최종적으로 어떻게 됐는지 아직 밝혀지지 않았다. 이런 상황하에서 천황과 그 대리자들의 면책 요구에는 굴복할 수 없으며, 천황을 법정에 세우고, 또 항복 뒤에는 그로부터 모든 통치권을 박탈해야 한다.[25]

장제스의 회답은 8월 11일 아침에 도착했는데, 오스트레일리아 정부와 마찬가지로 천황이 항복문서에 서명할 것을 요구했다. 11일에 클라크 커 영국대사와의 회견에서 몰로토프는 일본 정부의 조건부 회답은 무조건 항복이 아니라며, 소련군이 만주에서 전쟁을 계속하는 것은 일본 정부에 대한 소련 정부의 회답이라고 언명했다.[26] 연합국들 대다수가 일본의 조건부 회답에 불만을 표시했으며, 또한 번스의 원안에 있었던, 천황이 직접 항복문서에 서명하도록 한다는 것을 지지하고 있었던 게 분명하다. 만일 천황을 이처럼 가혹하게 취급했다면 일본 정부와 천황이 그래도 항복을 받아들였을지, 또 받아들였다고 하더라도 제국 군대가 어떤 반응을 보였을지는 예단할 수 없다. 이런 사태를 해소한 것이 영국 정부의 수정안이었으니, 영국이 일본의 항복 때 수행한 역할은 컸다고 할 수 있다. 미국 정부와 영국 정부는 오스트레일리아 정부와 장제스 중국 정부 의견을 무시했다.

전쟁 뒤의 인터뷰에서 트루먼은 "천황의 지위가 유지될 것이라는 사실이 천황에게 전달됐느냐"는 질문을 받았다. 이에 대해 트루먼은 "그렇다. 천황은 전쟁범죄인으로 재판에 회부되지 않을 것이며, 그가 천황으로서 그 지위를 계속 유지할 것이라는 점이 전달됐다"고 대답했다. 어떻게 그것이 천황에게 전달됐느냐는 질문에 대해 트루먼은 "통상의 채널을 통해서" 전달됐다고 대답했다.[27] 그러나 이는 의심스럽다. 미국 정부가 그런 의도를 갖고 있었다고 하더라도 그것은 "통상의 채널"을 통해서는 전달되지 않았다.

트루먼 정부의 국무회의가 일본 정부에 제시할 회답을 검토하고 있는 사이에 매클로이는 링컨, 본스틸 등과 함께 일본의 항복에 관한 일련의 문서 작성 작업을 시작했다. 8월 11일에 대통령이 서명하고, 연합국 최고사령관인 맥아더가 발령할 '일반명령 1호'•와 항복문서가 국무부, 육군부, 해군부 3부조정위원회(SWNCC)에 제출돼 승인을 받았다.[28] 이들 문서를 둘러싸고 미소 간에 종반전 싸움이 펼쳐지게 된다.

천황과 미국 여론

번스와 트루먼이 왜 일본의 조건부 포츠담선언 수락을 거부했을까? 역사가들은 만일 이를 받아들였다면 미국 여론으로부터 큰 비

• 연합국 최고사령관(더글러스 맥아더)이 일본제국 대표자를 향해 발령한 첫 번째 지령. 미국 통합참모본부에서 작성하고 트루먼 대통령이 승인한 뒤 1945년 9월 2일 일본의 항복문서 조인 뒤 발표됐다. 이 문서는 일본군에게 지정된 연합국 지휘관에게 항복하고, 현재의 부대 배치를 그대로 유지하면서 무장해제에 대비하도록 하는 등 모든 군대와 비군사기관에 지시내용을 지체 없이 엄수할 것을 명했다. 이 일반명령 1호는 한반도에 대해서도 북위 38도선 이북과 이남의 일본군 무장해제 및 항복 책임자를 각각 소련군(극동군 최고사령관)과 미군(태평양 육군 최고사령관)으로 규정함으로써 한반도 분단에도 직접적인 영향을 미쳤다. 한반도 남쪽에 발령된 일반명령 1호는 일본 패전에도 불구하고 모든 기관과 공무원 등 공직자와 재산상의 권리를 일단 그대로 유지한 채 미군 사령관의 명령에 절대 복종하도록 요구하면서 이를 준수하지 않을 경우 엄벌에 처할 것이라고 단호한 어조로 밝혀 해방군이 아닌 점령군의 자세를 그대로 드러냈다.

판을 받아 대통령에 대한 신뢰가 무너질 위험이 있었다고 일치된 해석을 내놓는다. 여론조사를 보면 이 해석은 옳은 것처럼 보인다. 예컨대 5월 29일의 갤럽 조사는 33퍼센트가 천황의 처형, 17퍼센트가 천황의 재판, 11퍼센트가 구금, 9퍼센트가 유형(유배)을 지지했고, 단 3퍼센트만이 천황은 조종당한 데에 지나지 않는다고 대답했다. 이처럼 미국 여론은 천황에 대해 매우 엄중한 태도를 취했다. 번스가 "만일 일본의 회답을 받아들인다면 대통령을 십자가형에 처하는 꼴이 될 것"이라고 한 발언은 어떤 의미에서는 옳았다. 8월 10일 국무회의에서 트루먼은 전날부터 돌고 있던 화평 소문을 듣고 사람들이 그에게 170통의 전보를 보냈는데 그중에서 153통이 무조건 항복을 지지했다고 말했다.[29]

그러나 여론조사는 여론의 동향을 측정하는 많은 방법 가운데 하나에 지나지 않는다. 신문, 미디어 등의 논조, 특히 저명한 평론가들의 의견은 라디오나 텔레비전과 비교해서 신문이 압도적으로 중요한 역할을 하고 있던 당시에는 여론 동향을 탐구하는 또 하나의 유력한 수단이다. 평론가들 사이에 의견은 갈렸다. 윌리엄 샤이러William Shirer, 아서 크록Arthur Krock, 드루 피어슨Drew Pearson은 무조건 항복에 어떤 타협도 해서는 안 된다는 강경론을 전개했다. 샤이러는 "전쟁 뒤에 일본의 천황을 지지하는 것은 이 전쟁을 수행해온 원칙과 목적을 뒤집는 것이다"라고 했다.

이에 대해 월터 리프먼Walter Lippmann은 천황제 유지를 허용하는 것은 미국의 약함을 드러내는 것도 아니고 미국의 전쟁 목적으로부터 벗어나는 것도 아니라고 주장했다. 마찬가지로 어니스트 린들리Earnest Lindley, 로웰 멜릿Lowell Mellett, 마크 설리번Mark Sullivan, 스탠리 워시

번Stanley Washburn 등도 일본이 군주제를 유지할 수 있도록 무조건 항복 내용을 수정하는 것이 좋다고 주장했다.[30] 일반적으로 〈뉴욕 타임스〉와 〈뉴욕 헤럴드 트리뷴〉이 일본과 천황제에 관해 엄중한 태도를 주장한 데 비해 〈워싱턴 포스트〉와 〈보스턴 글로브〉는 유화적인 태도를 지지했다고 할 수 있다.

그리고 의회의 의견도 여론 동향을 측정하는 중요한 수단 중 하나이다. 여기서도 의견은 갈렸다. 찰스 플럼리Charles Plumley 하원의원(공화당)은 번스에게 "일본인에게 무조건 항복이 무엇을 의미하는지를 어떤 수정도 가하지 말고 가르쳐줘야 한다. 꾀죄죄한 쥐새끼가 비명을 지르게 하라"는 편지를 썼다. 이에 대해 케네스 훼리Kenneth Wherry 상원의원(공화당)은 일본이 천황제를 유지할 수 있도록 무조건 항복을 수정하자는 캠페인을 시작했다. 월리스 화이트Wallace White(공화당)도 무조건 항복에는 대규모의 군사점령과 천황제 폐지가 포함되지 않는다는 점을 명확히 해야 한다고 주장했다. 버턴 휠러Burton Wheeler 상원의원(민주당)은 7월 2일 의회에서 무조건 항복이라는 말이 의미하는 바를 명확히 하도록 대통령에게 요구하면서, 그루를 의회에 불러서 같은 의견을 지닌 의원들과 회담을 하자고 제안했다. 적극적으로 발언할 용의가 있는 의원이 다수 존재한다고 휠러는 말했지만, 그루는 그렇게 하면 일본이 미국의 여론이 분열돼 있는 것으로 받아들일 것이라며 이를 단념시켰다.[31]

7월 중순에 〈캐피톨 지스트 서비스Capitol Gist Service〉의 편집자 프레드 버딕Fred Burdick이 의회에서 무조건 항복에 관한 의견조사를 벌였다. 그 조사에 따르면, 일본에 무조건 항복 내용을 명확하게 제시하는 데에는 의회의 의견이 일치했다. 그 조사는 천황제 유지에 대한 의견은 조사하지 않았으나 많은 의원이 윌슨의 14개조에 필적하는 성명을 발표해야 한다고 했다.[32] 일본의 조건부 항복이 보도된 직후에 〈뉴욕타임스〉는 무조건 항복에 관한 의원들의 생각을 조사했다. 이에 따르면, 18명의 상하 양원 의원 중 10명은 천황제 유지에 반대했고, 8명은 천황이 그 지위를 유지하는 것을 허용하는 자세를 취했다.[33]

미국 여론은 많은 역사가가 지금까지 논해온 것보다 더 복잡하고 불투명했다. 갤럽 조사에서는 천황에 대해 엄중한 의견이 압도적이었지만 영향력이 있는 저명한 외교평론가 사이에서는 의견이 나뉘었다. 그리고 신문사에 보낸 독자들의 편지를 보더라도 무조건 항복과 천황의 지위에 대한 의견은 갈렸다. 독자의 편지 중에는 병사를 하루라도 빨리 전장에서 귀환시키기 위해서는 무조건 항복을 완화해야 한다는 의견도 있었다. 그런 의견이야말로 군 수뇌부의 가장 큰 고민거리였다.

갤럽 조사에서도 23퍼센트가 천황에 관해 아무런 의견도 표명하지 않았다. 이에 대해 어떤 조치도 취해서는 안 된다고 대답한 4퍼센트, 천황은 단지 조종당한 데에 지나지 않는다고 대답한 3퍼센트를 더하면 30퍼센트가 천황에 대해 엄중한 조치를 취하는 것을 지지하지 않은 셈이 된다. 변덕스러운 게 여론이라는 점을 감안하면 마침내 일본 본토침공이 다가왔을 때 대다수 미국인들은 조기 종전을 위해서는 무조건 항복을 완화하는 편이 낫다는 생각을 하게 됐을 가능성이 충분히 있었다.

여론 동향은 트루먼과 번스가 일본의 조건부 항복 회답을 거부하는 요인 중 하나였음이 분명하다. 그러나 종종 인용되고 있는 번스의 "대통령을 십자가형에 처하는 꼴이 된다"는 주장은 과장이었다. 여론이 트루먼과 번스의 의견을 결정한 것이 아니라 오히려 트루먼과 번스가 자신들의 결정을 정당화하기 위해 여론을 이용했던 것이다.

일본의 회답에 대한 소련의 태도

소련 정부는 8월 10일 말리크 대사로부터 일본 정부의 조건부 포츠담선언 수락 회답을 받았다. 그 뉴스는 중국 정부에도 전해졌다. 일본의 항복이 가까이 다가오고 있었다. 그로 인해 소련, 중국 쌍방은 전쟁종결 전에 협정을 맺어야 할 필요성을 강하게 느꼈으나 어느 쪽도 기본적인 쟁점에서 양보할 용의는 없었다. 그러나 소련군이 만주 깊숙이 침공함에 따라 상황이 소련에 유리하게 전개된 것은 분명했다.

중소 교섭의 일곱 번째 세션이 시작되자마자 스탈린은 일본이 항복 직전이라며, 연합국의 무조건 항복 요구에 일본이 조건을 붙이고 있다고 말했다. 스탈린은 "조약을 체결할 때가 왔다"고 중국 쪽에 촉구했다. 쑹쯔원도 "우리는 일본의 항복 이전에 조약을 체결할 용의가 있다. 그렇게 하면 중국 국민에게 설명하기가 더 용이해진다"고 말했다. 쌍방은 쟁점을 어떻게 해결할 것인지에 대한 토의에 들어갔다. 스탈린은 사소한 점들은 양보했으나 쌍방 모두 다롄과 철도 관리권, 외몽고와 내몽고의 경계선에서는 여전히 합의에 이르지 못했다.[34]

중소 간에 중국공산당에 관한 중요한 의견이 교환됐다. 우호동맹조약 초안 1조에서 소련은 국민당 정부를 중국의 유일한 정부로 지지한다고 규정했으나, 스탈린은 그 조항에 "중국 정부가 중국의 통일을 달성하고 민주화하는 것을 소련 정부가 승인한 뒤에"라는 구절을 덧붙이자고 제안했다. 이를 덧붙임으로써 스탈린은 국민당 정부와 공산당의 연립정부 구성을 의도한 것이다. 중국 대표는 이를 단호하게 거부했다. "당신들은 중국을 민주화하는 데 반대하는가"라고 스탈린이 물었다. 쑹쯔원은 이는 중국에 대한 내정간섭이라고 대답했다. 스탈린은 "만일 당신들이 공산주의자들을 계속 두들겨 팬다면, 그럼에도 우리가 중국 정부를 지지할 것으로 생각하는가? 우리는 간섭하지 않는다. 그러나 당신들이 공산주의자들과 싸우고 있을 때 당신들을 지지하는 것은 윤리적으로 어렵다"고 말했다. 하지만 마지막에 "알았다. 좋다. 우리 쪽이 몇 번이나 양보해왔는지 알 것이다. 중국공산주의자들로부터 상당히 욕을 먹겠지만" 하고는 그때서야 양보를 했다.

그럼에도 쌍방 양보를 통한 조약 체결에는 이르지 못했다. 일곱 번째 세션은 다시 결렬로 끝맺었다. 교섭이 끝나기 전에 스탈린은 "빨리 조약을 체결하지 않으면, 공산주의자가 만주를 지배하게 될지도 모른다"고 섬뜩한 경고를 날렸다.[35] 중국의 공산주의자들은 스탈린이 손에 쥔 강력한 카드였다.

해리먼은 중소 교섭 행보에 큰 걱정과 두려움을 품고 있었다. 그는 번스에게 상황을 보고하며 큰 장애는 스탈린의 다롄항 공동관리권과 둥칭철도, 남만주철도에 대한 소련 경영권 요구라고 설명하고, 철도 관리권은 교섭을 결렬시킬 정도로 중요한 문제는 아니지만, 쑹쯔원이 다롄항에 대한 소련의 공동관리권을 인정하면 그것은 미국의 이익에

큰 타격을 주게 될 것이라고 경고하면서 번스에게 훈령을 요청했다.[36]

해리먼은 그날 또 하나의 중요한 문제에 직면했다. 8월 10일 밤늦게 몰로토프가 해리먼과 클라크 커에게 외무인민위원회로 와달라고 요청했다. 일본의 항복에 대해 토의하고 싶다는 것이었다. 몰로토프는 두 대사에게 소련 정부는 일본 정부의 조건부 항복 회답을 받았으나 이는 무조건 항복을 인정하는 것이 아니기 때문에 소련으로서는 "회의적"이라고 말했다. 그는 또한 소련군은 만주의 내부 170킬로미터까지 침공해 있고 더 전진할 작정이며 그 공격이야말로 소련 정부의 일본 조건부 항복에 대한 회답이라고 선언했다.[37]

그 회담이 한창 진행 중일 때 미국대사관의 대리공사인 조지 케넌George Kennan이 워싱턴에서 보낸 전보를 들고 달려왔다. 번스 회답을 들고 왔던 것이다. 케넌은 이를 해리먼에게 건네면서 소련 정부가 번스 회답에 동의하는지 여부를 그 자리에서 확인해줄 것을 해리먼에게 요청했다. 몰로토프가 잘 검토해서 내일 대답을 해주겠다고 얘기하자 해리먼은 오늘 밤중에 대답을 해달라고 요구했다. 오전 2시에 해리먼과 클라크 커는 다시 몰로토프의 집무실로 불려갔다. 몰로토프는 다음과 같은 수정을 해서 번스 회답을 승인하겠다고 통지했다. 그 수정이란, "소련 정부는 일본 정부가 긍정적인 회답을 할 경우 연합국이 일본 천황과 일본 정부가 종속될 연합국 최고사령부 대표자의 **후보자 또는 복수의 후보자**에 관한 합의를 해야 한다고 믿는다"는 한 구절을 덧붙인 것이었다.[38]

미소의 일본 점령을 둘러싼 줄다리기가 시작됐다. 번스 회답은 "항복한 때로부터 천황과 일본 정부의 국가통치 권한은 **연합국 최고사령**

관에게 종속된다"고 규정했다. "연합국 최고사령관"이라는 명칭은 잘 선택된 표현이었다. 포레스털에 따르면, "대통령과 국무장관은 미국이 이 특별한 과제를 자기 손에 쥐고, 독일에서 우리를 고민하게 만들었던 공동책임이라는 형태를 명확하게 피하기 위해 '최고사령부'가 아니라 '최고사령관'이라는 명칭을 사용할 것이라는 점을 강조했다."[39]

소련 정부는 연합국 최고사령관에 복수의 사령관을 임명하자고 제안하면서, 미국 정부의 의도에 정면으로 도전했던 것이다.

해리먼은 곧바로 그 제안은 "완전히 논외의 문제"라며 일축했다. 소련 정부의 제안은 연합국 최고사령관 자리에 소련 정부가 거부권을 행사하는 것이고, 본국 정부가 절대로 받아들일 수 없는 조건이라고 우겼다. 몰로토프는 맥아더와 바실렙스키 두 사람의 최고사령관이 존재할 수 있다고 말했다. 해리먼은 화를 내며 그 제안을 거부했다. 몰로토프는 해리먼의 분노를 완전히 무시하고 대사의 개인적인 의견을 별도로 하고 본국에 그 제안을 전달해줄 것을 요청했다. 해리먼은 이를 약속했으나 동시에 몰로토프에게 준엄하게 말했다.

"미국은 태평양전쟁의 부담을 단독으로 4년간이나 져왔다. 그렇게 해서 일본이 소련을 배후에서 공격하는 것을 막는 역할을 해왔다. 소련 정부는 그 전쟁에서 단 이틀밖에 싸우지 않았다. 미국인 이외의 최고사령관 따위는 전혀 생각할 수 없다."

몰로토프는 이에 대해 안색을 바꾸며 대사의 말에 대꾸하기가 꺼려진다, 그렇게 따질 경우 (소련과 미국의 역할이 그 정반대인) 유럽에서의 전쟁과 비교하지 않을 수 없기 때문이라고 답했다.

해리먼이 대사관으로 돌아오자 스탈린의 통역인 블라디미르 페트로프가 전화를 걸어 "뭔가 오해가 있었다"고 말했다. 소련 정부는 최고사령관 후보자(복수)에 관해 "합의하는" 쪽이 아니라 "협의하는" 쪽을 바라는 것이라고 설명했다. 스탈린은 몰로토프의 제안에 들어 있던 "합의한다"는 표현을 "협의한다"로 바꾸고 싶다는 것이었다. 해리먼은 '최고사령관 후보자(복수)에 관한 협의'로 하자는 수정안도 단호하게 거부했다.[40] 소련 정부는 물러섰다. 그러나 이는 살벌한 승부의 첫 번째 합에 지나지 않았다.

번스 회답은 영국, 중국, 소련의 승인을 받았다. 미 국무부는 8월 11일 오전, 스웨덴 정부를 통해 일본 정부에 번스 회답을 송부했다.

일본 외무성과 번스 회답

8월 11일, 일본 정부와 관계자들은 연합국에서 올 회답을 목을 빼고 기다렸으나 온종일 아무 연락도 없었다. 그러나 화평파도, 계전파도 각자 어떤 회답이 올지를 예상하며 움직이기 시작했다. 사코미즈는 천황이 국민에게 발표할 조서의 초안을 몰래 작성했다. 기도는 예상되는 군의 저항에 대비해 국민으로부터 화평 수락을 인정받기 위해서는 천황이 전례 없는 라디오 방송을 통해 호소할 필요가 있다고 생각하기에 이르렀다. 천황도 종전조서를 녹음하는 데에 동의했다.[41] 화평파는 천황의 육성으로 국민에게 종전을 직접 알림으로써 천황의 권위를 빌려 국민, 특히 군병사와 장교들을 화평 의사에 복종하게 만들려고 했다. 계전파는 전쟁을 계속하기 위해서는 천황의 방송을 중지시켜야만 했다. 천황의 말을 녹음한 녹음반錄音盤의 행방이 나라의 운명을 결정하는 중요한 문제로 떠올랐다.

일본 정부가 처음으로 미국의 회답을 받은 것은 8월 12일 오전 0시 45분으로, 외무성 라디오실이 샌프란시스코에서 발신된 단파방송을 감청했다. 같은 시각에 〈도메이 통신〉도 같은 방송을 감청했다. 외무성 라디오실은 즉시 도고 외상과 마쓰모토 차관에게 이를 전달했고, 〈도메이 통신〉의 하세가와 국장은 내각, 외무성, 기타 관계기관에 연락했다.

마쓰모토가 그 통지를 받은 것은 오전 2시였다. 내각서기관장인 사코미즈로부터 전화가 걸려와 즉시 총리관저로 달려갔다. 총리관저에 번스 회답 전문이 도착하자 사코미즈는 낙담한 표정을 숨기지 못했다. 마쓰모토는 전문을 통독했다. "1항과 4항이 신경을 바짝 죄어"왔다. 국체론자의 반대는 예상할 수밖에 없었다 하더라도, 천황의 문제는 국민의 의사와 관련된다. "적도 천황의 존속은 일단 인정해서 이 회답을 보낸 것인데 … 일본의 통고를 묵인한 것으로도 읽힌다"고 마쓰모토는 해석했다.

마쓰모토는 사코미즈에게 "이걸로 좋아. 여기서 또 교섭을 계속하는 건 결렬로 이끌 뿐 아무것도 안 돼. 이를 통째로 받아들이는 수밖에 없어. 이제는 어떻게든 전쟁을 끝내야만 해. 나는 외무대신을 설득할 테니 자네는 총리를 설득해줘"라고 말하고 히로오의 외상관저로 향했다(도중에 마쓰모토는 외무성에 들렀을 것으로 보인다). 마쓰모토와 사코미즈는 번스 회답이 몰고 온 위기를 극복하기 위해 그늘에서 활약했다. 여기서 마쓰모토가 번스 회답이 도착하자마자 곧바로 이를 어떻게 해석해서 어떻게 행동해야 할지 윤곽을 잡았고, 사코미즈를 자신의 지지자로 세워 움직이게 한 점에 주목할 필요가 있다.[42]

외무성 조약국장 시부사와 신이치는 오전 2시에 외무성에 출두해 번스 회답을 번역했다. 그는 1항의 "천황과 일본 정부의 국가 통치 권한은 연합국 최고사령관에게 '종속subject to'된다"는 표현이 군이나 국체론자들의 맹렬한 반대에 부딪힐 것을 예상해 '종속'이나 '복종'이라는 자극적인 번역을 피하고, 이를 "제한 아래 놓인다"라는 부드러운 표현으로 옮겼다. 그리고 4항의 "The ultimate form of Government of Japan"을 "최종적인 일본국의 정부 형태"로 번역했다. 외무성은 이 조항이 "정체政體에 대해서만 언급했고 국체國體에 대해선 언급하지 않은 것"이라는 궤변을 늘어놓았다. 외무성은 군인은 번역문에 의존할 것이라는 안이한 기대를 갖고 있었던 것이다. 오전 5시에 도고, 마쓰모토, 시부사와, 안도 등 최고위 네 명이 도고 자택에 모여 외무성의 대처방안을 논의했다. 도고는 번스 회답에 몹시 낙담하고 있었다. 이미 9일부터 10일까지 열린 최고전쟁지도회의, 각의, 어전회의를 거쳐 외무성안인 '황실의 안태'만을 조건으로 하는 안이 '천황의 국가통치 대권'으로까지 확대된 흐름을 경험한 만큼, 번스 회답이 맹렬한 반대에 부닥칠 것은 피할 수 없을 것이고, 그것을 "통째로 수용"해야만 한다고 주장해봤자 얼마나 받아들여질지 자신이 없었을 것이다. 도고는 1항에 대해서는 주권의 행사가 점령군에 의해 제한당하는 것은 당연한 것이니 염려할 게 없다고 생각했으나, 4항이 마음에 걸렸다. 재교섭, 재조회의 여지가 있을지 여부에 대해 두 시간에 걸친 토론이 벌어졌다. 마쓰모토는 교섭의 여지가 없다고 강하게 주장했으나 도고의 허리는 휘청거렸다. 마쓰모토는 인사를 하는 도고를 뒤로하고 총리관저로 사코미즈를 만나러 가서 아침 식사를 하면서 작전을 생각했다. 두 사람은 각자 자신들의 상사를 속이기로 결정했다. 사코미즈는 도고가 번스 회답을 통째로 받아들이기로 했다고 총리에게 보고하고, 마쓰모토는 도고에게 스즈키가 거기에 동의했다고 얘기하기로 한 것이다. 이 작전이 효과를 발휘해 도고는 10시 30분에 총리와 면담하고 번스 회답을 수락하기로 합의했다.[43]

일본 육군과 번스 회답

육군은 외무성 수뇌부의 예상처럼 안이하게 대처하진 않았다. 육군성 국무국은 번스 회답문을 직접 가져와 외무성과는 다르게 번역했다. 1항에 대해서, 천황은 연합국 최고사령관에게 '예속'된다고 가장 자극적인 표현을 택했다. 이는 천황의 신성을 부정하는 것이고, 국체의 근본적 파괴를 의미하는 것이라고 해석했다. 4항에 대해서도, 천황 통치의 대권을 인정하지 않고 국체의 본의에 반하는 인민정부를 인정하는 것이라고 지적했다.[44]

그러나 참모본부의 상층부는 육군성 군무국과는 대조적으로 냉정한 판단을 하고 있었다. 가와베 참모차장은 11일, 허탈한 상태로 방에 틀어박혀 있었다. 가와베의 방에 이케다 스미히사 중장(내각종합계획국 장관)이 와서 통수부의 저자세에 독설을 퍼부었다. 2과장인 아마노 로쿠로天野六郎 소장도 무장해제를 받아들이면 대혼란이 일어날 것이라고 경고했다. 그러나 가와베는 이들의 비판에 대해 "더 싸울 수 있다고 생각하는 사람들은 일본이 어떤 사태에 처해 있는지 모른다. 자기황홀감, 자부심, 자기도취, 자기위안, 자기만족, 이런 안이한 군인 심리가 오늘의 슬픈 상황을 빚어냈다"고 준엄하게 자기비판을 하고 "오호라, 우리는 졌다. 우리가 믿은 황국은 망했다"고 무심결에 일기에 토로했다. 참모본부의 상층부는 패배를 인정하고 있었던 것이다.[45]

그러나 우메즈 참모총장과 도요다 군령부총장은 천황의 성단과 아래에서 밀고 올라오는 압력 사이에서 주의 깊게 행동할 수밖에 없었다. 참모본부도 "적의 너무나 거만한" 태도에 대해 천황의 재고를 촉구해야 한다며 군령부와 협의해 천황 배알을 신청했다. 그날 8시 30분에 두 총장은 번스 회답은 무조건 항복을 요구하는 것으로 국체의 근본인 천황의 존엄을 모독하는 것이기 때문에 단연코 거부해야 한다고 상주했다. 그러나 그 자리에 배석했던 하스누마 시종무관장은 두 총장에게서 "부하들로부터 간청을 받아 마지못해 상주하고 있는 듯한 태도였다"는 인상을 받았다고 썼다. 천황도 이를 형식적으로 느끼고 있었던 듯, 아직 정식 회답문이 오지 않은 가운데 결론을 내리는 것을 조심스러워했다. 두 총장은 이에 대해 아무런 반박도 하지 못한 채 물러났다.[46] 여기서 천황의 태도에 주목해야 한다. 그때까지는 통치권 포기를 꺼리던 천황이 이미 번스 회답을 "통째로 받아들이는" 쪽으로 기울어 있었던 것이다. 이것이야말로 황실의 온존을 확보하는 유일한 수단이라고 생각했기 때문임이 분명하다.

육군성 군무국은 번스 회답을 논의하기 위해 최고전쟁지도회의가 소집될 것을 예상하고 육군의 견해를 문서로 정리했다. 육군은 "적 쪽 회답의 조건을 단호히 거절하고, 실로 제국의 존망을 걸고 대동아전쟁의 목적 완수에 매진할 것"이라는 방침을 채택했다. 군무국은 번스 회답을 역이용해서 전쟁 수행 쪽으로 반격을 시도했던 것이다. 그리고 그 요강을 다음과 같이 열거했다.

1. 제국은 미국, 영국, 소련, 중국에 대해 활발 강력한 작전을 실행한다. 다만 당분간 소련에 대해서는 선전을 포고함과 동시에 가능한 한 사태의 개선을 위해 노력한다.
2. 국내에서 확고히 태세를 강화해 거국일치로 국체호지를 위해 전쟁 완수에 매진한다.
3. 전쟁종결에 관해 다시 적 쪽으로부터 제안이 있을 경우 제국은 다시 대적 교섭을 할 것이며, 그때 소련을 미국, 영국에서 분리하도록 한다."

소련군이 만주 깊숙이 침공해오고 있을 때 군무국은 소련을 미국, 영국에서 분리할 수 있다고 생각했으며 그것을 위해 소련에 선전포고를 하지 않는 것이 이득이라 판단하고 있었던 것이다. 그리고 국내적으로 군무국은 명백히 계엄령을 선포해서 군사독재정권 수립을 고려하고 있었음을 엿볼 수 있다. 이 초안에는 총장과 대신(장관) 이하 관계자들의 지문, 날인이 찍혀 있는데, 소련에 대해 "가능한 한 사태의 개선을 위해 노력한다"고 한 것은 아나미의 의견에 따른 것으로, "총장, 차장 약간 부동의"라고 적혀 있다. 아나미가 군무국을 중심으로 한 과

격파 편을 든 것과는 달리 우메즈와 가와베는 종전 쪽으로 기울어 있었음을 알 수 있다.[47]

과격파는 착착 쿠데타 준비를 진행하고 있었다. 중심이 된 것은 아나미의 처남인 군무국의 다케시타 마사히코 중령이었다. 다케시타는 육군성의 이다 마사타카井田正孝 중령, 하타나카 겐지畑中健二 소령 등과 공모해 동부군관구, 근위사단을 동원해 궁성, 각 궁가(宮家, 황족 일가의 거처), 중신, 각료, 방송국, 육해군성, 두 통수부 요소에 병력을 배치해 "폐하 황족을 수호"함과 동시에 "각 요인을 보호하는" 쿠데타 계획을 작성했다. 즉 천황을 인질로 삼아 유폐하고, 화평파를 살해해서 군사독재정권을 수립할 계획이었다. 이미 11일에 하타나카와 이다는 육군상관저에서 아나미를 만났다.

다케시타 외 10여 명은 이 계획을 가와베에게 제안했으나, 가와베는 이를 지지하지 않았고 오히려 "민간 테러"를 이용해야 한다고 말했다. 그 뒤 이들 음모자 10여 명은 육군대신실로 몰려갔다. 그리고 다케시타가 아나미에게 계획을 설명했다. 다케시타, 하타나카, 이다, 이나바 마사오 외에 군사과장인 아라오 오키가쓰荒尾興功 대령이 참석하고 있었던 사실은 중요하다. 다케시타는 손위 동서인 아나미에게 포츠담선언을 거부하라고 요구하고 그것을 할 수 없다면 할복자살을 해야 할 것이라고 격정적인 말을 쏟아냈다. 그리고 동부군 및 근위사단 참모장을 불러 만일을 위해 준비를 명하도록 아나미에게 요청했다. 아나미는 이를 허락하고 차관에게 조치를 취하도록 명했다.[48] 아나미의 태도는 미묘했다. 쿠데타가 성공하기 위해서는 아나미의 지지가 절대로 필요했다. 아나미는 음모자들의 계획을 말없이 듣고 있었다. 때로는 계획의 약점을 지적까지 하면서 마치 그것을 지지하는 듯한 인상을 주었다. 가와베처럼 쿠데타에 반대한다는 태도는 전혀 보여주지 않았다. 아나미의 태도는 음모자들을 고무하는 데 기여했다.

히라누마와 아나미의 반격

8월 12일 오전 10시 30분에 도고는 총리관저로 가서 스즈키를 만났고, 사코미즈와 마쓰모토가 모의한 대로 두 사람은 번스 회답을 수락하기로 합의했다. 그 뒤 11시에 도고는 황거로 입궐해 천황에게 번스 회답에 대해 보고했다. 도고는 국체에 대해 국민의 의사가 존중될 것이므로 황실의 안태는 확보될 것이라는 외무성의 해석을 소개했고, 천황은 이를 지지했다. 몇 시간 전에 상주하러 입궐한 두 총장에게 아직 결론을 내리기에는 이르다고 타이른 것과는 큰 차이가 있었다. 천황은 이제 화평파의 적극적인 지지자가 돼 있었다.

정오까지는 스즈키, 도고, 기도와 천황이 번스 회답을 "통째로 수용하기"로 함으로써 종전으로 가는 느슨한 합의에 도달했던 것이다.

화평파의 합의가 성립된 듯 보였던 그 순간에 두 갈래 방향에서 문제가 발생했다. 먼저 아나미가 스즈키를 만나러 와서, 육군은 번스 회답 수락에 정면으로 반대한다고 통고했다. 아나미는 연합국이 국체 유지를 거부할 경우에는, 총리로서 전쟁 계속을 지지한다는 약속을 해야 한다고 스즈키에게 말했다. 두 번째 문제는 생각지도 못했던 곳에서 터졌다. 어전회의에서는 화평파를 지지한 히라누마가 번스 회답 수락에 반대하고 나선 것이다. 신내림에 가까운 국체론의 신봉자였던 히라누마는 천황이 연합국 최고사령관에 종속당하고, 또한 장래의 정체가 국민 총의로 결정되는 것을 절대로 받아들일 수 없었다. 일본의 국체와 민주주의는 그에게는 공존할 수 없는 개념이었다. 아나미와 히라누마의 공격, 그리고 육군장교들의 쿠데타 가능성은 스즈키의 결심을 흔들었다.

노인 히라누마는 피로한 기색도 없이 총리관저에서 황거로 향했고, 기도와의 면회를 요구했다. 히라누마의 주장은 단지 현재의 천황뿐만 아니라 천황제 자체를 유지할 책임을 지닌 내대신 기도의 약점을 찔렀다. 히라누마 때문에 동요한 기도는 번스 회답은 국체를 부정하는 것이 아닌가 하는 의문을 천황에게 고백했다. 천황은 바로 번스 회답 속에 "국민이 자유롭게 표명한 의사"라는 표현을 언급하면서, 국민이 황실을 지지한다면 황실의 안태도 더욱 견고해질 것이므로 국민의 자유의사 표명을 통해 결정하는 것은 명백히 좋은 일이라 생각한다고 언명했다. 기도는 천황의 그 말을 들었을 때 "눈이 번쩍 뜨이는 듯한 기분이 들었다"고 회상했다. 그는 전쟁 계속은 민족과 국가를 파멸로 이끌 것이고, 그렇게 되면 국체호지 등은 그다음 문제라고 생각했다. 기도는 "번스 회답이 국체호지를 부인하는 것은 아니다"라는 것이 억지소리라는 것을 알고 있었지만 전쟁에 종지부를 찍고, 천황과 황실을 구하기 위해 국체를 호지하는 중책을 맡고 있던 기도 스스로 그 개념을 버린 것이다.[49]

오후 3시에 천황은 황족을 소집해서 황족회의를 열었다. 황족 다섯 집안을 대표하는 도쿄 거주在京 13명의 황족 집안 친족이 지하 방공호의 회의실에 모였다. 태평양전쟁이 시작되고 나서는 천황에게 잡음이 들리지 않도록 한다는 이유로 황족이 천황을 배알하는 것은 허용되지 않았으므로 이날 회의는 전례 없는 모임이었다. 천황은 이 위기 상황 속에서 자신이 내린 종전 결정을 지지해달라고 요청했다. 최연장자인 나시모토노미야•가 일동을 대표해서 천황을 지지한다고 대답했다. 그러나 강경한 입장을 취한 아사카노미야••는 국체를 호지할 수 없다면 전쟁을 계속할 작정이냐고 날카로운 질문을 던졌다. 천황은 물론 그렇다고 대답할 수밖에 없었다. 그러나 아사카노미야의 날선 질문에도 불구하고 황족은 황실의 안태를 위해 의견의 일치를 봤다.[50]

황족회의가 열리고 있을 때 긴급 각의가 소집됐다. 도고는 번스 회답의 4항이 일본의 내정에 간섭하는 것은 아니라는 설득력 없는 주장을 전개했다. 이에 대해 아나미는 번스 회답을 인정하는 것은 국체를 파괴하는 것이라고 주장했다. 각의에서 새로운 사태로 등장한 것은 스즈키의 변신이었다. 스즈키는 번스 회답이 일본이 내건 한 가지 조건마저 거부하고 있는 점에 불만을 토로했다. 그뿐만 아니라 연합국에 의한 무장해제에도 반대를 표명했다. 그런 점들에 대해 일본은 다시 연합국에 조회照會해봐야 한다고 말했다. 각의에서는 왠지 모르게 요나이가 침묵을 지켰다. 아나미가 어전회의 뒤에 요나이와 스즈키로부터 얻어낸 확약이 두 사람을 얽어맸을 것이다. 또다시 도고는 고립됐다. 종전으로 가는 길에 험한 장애물이 가로막아 선 것이다.

• 梨本宮, 1874~1951. 황족이자 육군. 딸 나시모토노미야 마사코를 영친왕과 결혼시켰다.
•• 朝香宮, 1887~1981. 황족이자 육군으로 난징대학살의 책임자로 거론되나 황족이라는 이유로 전범으로 기소되지 않았다.

하지만 도고는 필사적으로 달라붙었다. 마쓰모토가 몰래 훈수를 했듯이 적어도 연합국으로부터 정식 회답을 받을 때까지는 아무 결정도 하지 말도록 각료들을 설득했다. 도고는 스즈키가 배신한 것에 충격을 받아, 각의가 끝난 뒤에 그를 면담하고 변절에 항의하면서 자신은 단독으로 상주할지도 모르겠다고 경고했다. 단독 상주는 내각의 붕괴를 의미한다. 의기소침해져 외무성으로 돌아간 도고는 마쓰모토에게 사임의사를 넌지시 밝혔다. 놀란 마쓰모토는 정식 회답은 오늘 밤에라도 도착하겠지만 외무성은 다음 날 아침에야 작업에 착수할 예정이기 때문에 적어도 사임은 그 이후로 미루도록 설득했다. 마쓰모토는 즉시 스즈키를 면회하고 사태의 중대성을 지적하며 다시 번스 회담 수락에 동의하라고 호소했으나 스즈키는 마쓰모토의 설득에 응하지 않았다.

마쓰모토의 설득에 힘을 얻은 도고는 황거로 기도를 찾아가 상황 보고를 했다. 기도는 이미 천황의 뜻은 굳어졌다면서, 스즈키에게 천황의 뜻을 전하고 설득하겠다고 약속했다. 기도는 오후 9시 30분에 스즈키를 황거로 불러 번스 회답을 수락하는 것은 천황의 뜻임을 강조하면서 지지를 요청했다. 천황의 의향이라면 하고 스즈키는 다시 생각을 바꿨다.[51] 스즈키는 이리저리 의견을 잘 바꾸는 총리였다.

기도가 스즈키를 설득하고 있을 무렵 다카기 소키치는 요나이에게 더 적극적인 태도를 취하라고 설득하고 있었다. 해군에서는 오오니시 차장이 계전파의 급선봉이었는데 요나이를 신뢰할 수 없다며 아나미, 가와베와 연락을 취해 전쟁 계속을 주장했다. 그런데 12일에 요나이가 도요다와 오오니시를 불러 해군대신에게 무단으로 상주했다며 해군대신 몰래 육군과 책략을 모의하고 있는 것을 엄하게 질책하고, 해군 규율 위반은 경질을 의미한다고 경고했다. 요나이가 못을 박았기 때문에 계전 음모에 해군이 참가하는 것은 불가능해졌다. 요나이는 번스 회답을 받아들여 종전으로 가야 하는 이유를 국내 사정에서 찾았다.

> 적절한 표현은 아니지만 원자폭탄이나 소련의 참전은 어떤 의미에서는 하늘이 도운 것이다. 국내 사정 때문에 싸움을 그만둔다는 얘기를 하지 않아도 되었으니 말이다. 내가 예전부터 시국수습을 주장한 이유는 적의 공격이 두려워서도 아니고 원자폭탄이나 소련 참전 때문도 아니다. 한마디로 국내정세에서 우려해야 할 사태가 발생할 수도 있기 때문이었다.[52]

기도가 스즈키와 만나기 30분 전에 아나미는 미카사노미야•와 만나 천황이 의견을 바꾸도록 궁에서 설득해주었으면 좋겠다고 요청했다. 미카사노미야는 이를 단호히 거절했다. 그리고 군은 만주사변 이래 천황의 의향을 모두 무시해왔다고 비판했다. 황족은 군을 희생해서 황실을 옹호하겠다는 방침을 굳혔던 것이다.[53]

오후 6시에 외무성은 번스 회답의 정식 문서를 받았다. 그러나 마쓰모토의 계획대로 화평파가 새로운 전략을 짜낼 시간을 벌도록 그 뉴스를 다음 날 아침까지 숨겼다. 참모본부는 그사이에 해외에 배치돼 있던 군으로부터 전쟁 계속을 주장하는 전보를 받고 있었다. 지나(중국)

• 三笠宮, 1915~2016. 일본 황족. 다이쇼 천황의 넷째 아들 다카히토 친왕의 궁호宮号. 대본영 참모 등으로 일본군에 복무했다. 황족으로서는 마지막 군 복무자로 육군의 중국 정책을 불신했으며, 종전 논의 때도 아나미 등 육군 계전파 강경론자들 주장에 반대했다.

파견군 총사령관 오카무라 야스지岡村寧次 대장은 소련 참전은 예상하고 있던 바이고 "단호히 전군 옥쇄를 각오하고" 최후까지 싸울 것을 요구했다. 같은 내용의 전보가 데라우치 히사이치寺内寿一 남방군사령관한테서도 왔고, 기타 각지의 외지 파견군으로부터 참모본부에 착착 송달됐다. 아나미, 우메즈가 염려했듯이 패전을 외지 파견군에게 알려 투항케 하는 일은 쉬운 일이 아니었다.[54] 그것은 또한 바다 건너 스팀슨이 우려한 사태이기도 했다.

미국, 일본의 회답을 기다리다

8월 12일은 일요일이었지만 트루먼 대통령은 집무실에서 번스 회답에 대한 일본의 답장을 기다렸다. 하지만 일본에서는 아무 대답도 없었다. 한편으로 대통령은 맥아더를 연합국 최고사령관에 임명하는 데 동의한다는 스탈린의 서한을 받았다. 스탈린이 그 자리에 바실렙스키를 끼워넣으려던 시도를 포기한 것이다. 스탈린의 양보에도 불구하고 트루먼은 소련의 만주 침공을 우려하고 있었다. 연합국 배상위원회 대사인 에드윈 폴리Edwin Pauley는 "조선(한반도)과 만주의 공업지역을 점거하기 위해 미군을 신속히 파견할 것"을 권고했다. 해리먼도 이 권고를 지지했다. "포츠담에서 마셜 장군과 킹 제독은 소련군이 진주하기 전에 일본이 항복한다면 조선과 다롄에 미군 병사들을 상륙시키라고 내게 말했다"고 해리먼은 덧붙였다. 더욱 꼬이고 있던 스탈린과 쑹쯔원의 교섭에 관해서는 이렇게 단언했다.[55]

스탈린이 쑹쯔원에게 요구를 확대하고 있다고 점을 고려할 때, 나는 적어도 랴오둥반도와 조선에서 일본군의 항복을 받아내기 위해 미국이 그 지역에 상륙하기를 권한다. 우리는 (이들 지역에서) 소련의 군사행동을 인정해줄 어떠한 의무도 떠안아서는 안 된다고 믿는다.

충칭에서는 헐리 대사와 중국 파견 미군 사령관인 웨드마이어Albert Wedemeyer 중장이 대통령에게 경보를 발했다. 중국공산당 군사지도자인 주더朱德가 일본군과 그 괴뢰군은 각기 가장 가까이에 있는 반일본군에게 항복하라는 방송을 하고 있다는 것이었다. 게다가 주더는 공산군에게 일본 점령 지역에 들어갈 권한이 있으며 행정을 지배할 권리가 있다고 강조했다. 웨드마이어는 내전이 임박했다고 경고했다. 헐리와 웨드마이어는 트루먼에게 일본군이 국민당이 지배하는 군에 항복하게 할 방법을 강구하라고 호소했다.[56]

미국 정부는 소련군이 랴오둥반도와 조선을 침공하고, 거기에다 소련군과 중국공산당이 협력할지도 모른다는 점을 걱정하고 있었다. 8월 12일, 통합참모본부는 대통령에게 일본에 대한 항복문서 초안을 제출했다. 트루먼은 폴리, 해리먼, 헐리의 권고도 고려해 그 항복문서에 맥아더만의 서명이 아니라 4개 연합국 대표자의 서명까지 받도록 수정했다.[57] 공동서명은 주로 소련을 대상으로 한 것이었다. 그것은 소련과의 협력을 목적으로 한 것이 아니라 소련에 일본 점령이 미국의 독점 과제임을 인정하게 만드는 데에 주안점이 있었다.

그 하루 전에 트루먼은 스팀슨과 포레스털의 권고에 반해, 일본에 대한 폭격을 계속하기로 결정했다. 역사가 번스틴Barton Bernstein은 트루먼의 이 결정은 국내정치적 압력 때문에 내려진 것이라고 주장했다. 번스틴은 많은 미국인이 천황을 폐위하기 위해서라면 전쟁을 오래 끌어도 괜찮다고 생각했을 것이라고 설명했다. 그러나 트루먼이 그 결정을 내린 것은 일본에 대한 보복을 위해서라고 해석할 수도 있다. 8월 10일부터 8월 14일 사이에 1천 기가 넘는 미군 폭격기가 일본의 도시들을 공습해 1만 5천 명 이상의 일본인이 목숨을 잃었다.[58]

트루먼은 그동안 원폭 사용을 중지했다. 그러나 세 번째 원폭 사용을 완전히 배제했던 것은 아니다. 대통령은 8월 19일까지는 세 번째 원폭 제조가 완료되지 않는다는 점을 알고 있었다. 육군부는 제3, 제4, 그리고 그 이상의 원폭을 사용할 계획을 갖고 있었다. 10월 말까지 총 일곱 기의 원폭이 제조될 예정이었다. 헐 장군에 따르면, 문제는 미국이 원폭을 더 사용할 것인지 여부가 아니라 "원폭이 제조되는 대로 하나씩 투하할 것인가, 아니면 비교적 단기간에 모든 원폭을 투하할 것인가"의 문제였다.[59]

일본, 다시 혼돈 속에 빠지다

미국의 소이탄이 비처럼 일본의 도시에 쏟아지고 있는데도 일본 정부는 결정을 내리지 못하고 있었다. 그때 외국공관으로부터 보고를 받은 언론사 논평이 정치결정에 큰 영향을 미쳤다. 12일 저녁에 스위스 공사관 무관이 보낸 "천황 지위에 관한 각국의 반향"이 육군성에 도착했다. 거기에 따르면 워싱턴에서는 민주적인 일본을 실현하는 데 천황의 존재가 장애물이 돼선 안 된다는 의견이 지배적이었다. 또한 전 주일 영국대사 그레이기는 미국이 일본 국내의 혼란을 피하려면 황실 유지가 절대로 필요하다고 했으나 중국과 소련은 황실 유지에 반대했고, 미국 내에서도 반대하는 사람들이 존재한다는 것 등을 보고했다. 그 보고는 무관을 통해 궁중에도 전달됐다고 짐작할 수 있다. 그리고 외무성은 8월 13일 오전 2시 10분에 스톡홀름의 오카모토 공사로부터 중요한 전보를 받았다. 그 전보는 런던의 신문기사를 토대로 미국 정부가 국내와 소련의 집요한 반대를 무릅쓰고 번스 회답의 4항에서 천황의 지위를 유지하기로 결정한 사실을 소개했다. 그 조항은 의도적으로 모호하게 돼 있던 조항인데, 미국 정부에 이를 명확하게 해달라고 조회할 경우 오히려 대통령의 발목을 잡아 역효과를 내게 될 것이라고 마쓰모토는 판단했다. 전보의 사본은 스즈키와 기도에게 송달됐다. 마쓰모토는 천황이 그 전보를 틀림없이 봤다고 단언했다.[60]

아나미는 번스 회답을 거부하기 위한 공작을 계속했다. 8월 13일 오전, 아나미는 궁중에서 기도에게 회견을 요청했다. 기도는 만일 번스 회답을 거부한다면 황실 존속 가능성을 보장하는 이 문서를 왜 받아들이지 않는지 연합국은 이해하기 힘들 것이라면서 천황의 결단은 깊은 고려 끝에 이뤄진 것이며 일본 국민은 이를 수락해야 한다고 말했다.[61] 기도와 천황은 이미 오카모토 공사의 전보를 읽고 있었음이 분명하다. 그리하여 두 사람은 번스 회답이 아나미가 주장한 것처럼 국체를 유지하게 해줄 순 없을지라도 황실은 유지할 수 있게 해줄 것으로 확신했을 것이다.

오전 9시에 총리관저 지하실에서 번스 회답에 어떻게 대처할 것인지를 논의하는 최고전쟁지도회의가 열렸다. 육군의 요구로 내각 법제국 국장인 무라세 나오카이村瀨直養가 특별 출석을 했다. 무라세는 법적 관점에서 번스 회답은 국체에 저촉되는 것이 아니라는 외무성의 해석에 동의한다고 말했다. 아나미는 저명한 국사학자(히라이즈미 기요시• 를 지칭하는 것이 분명하다)의 설을 인용하면서 그런 해석에 맹렬히 반대했다. 그러나 갑자기 참모본부와 군령부의 두 총장이 천황에게 불려갔기 때문에 최고전쟁지도회의는 일단 휴게에 들어갔다.

천황은 두 총장을 불러 일본과 연합국이 전쟁종결 조건을 심의하고 있는 동안에는 공격적 군사행동을 중지하라고 명했다. 군에 종전 교섭 과정을 방해할지 모를 단독행동을 금지하기 위해서였을 것이다. 우메즈는 자기방어 이외의 모든 군사행동을 금지하는 명령을 내리겠다고 약속했다.[62] 천황이 종전을 위해 적극적으로 지도력을 발휘한 사실을 엿볼 수 있다 당시는 급진파 장교들의 쿠데타 움직임이 점점 뚜렷해지고 있을 때였다. 천황과 두 총장의 배알 기록에는 아무런 언급도 없지만 그때 천황이 두 사람에게 쿠데타를 잠재울 모든 가능한 조치를 취하도록 지시를 내렸다고 추정할 수도 있다.

최고전쟁지도회의는 두 총장이 황거에서 돌아온 10시 30분에 재개됐다. 아나미와 우메즈가 자주적 무장해제와 본토 비점령을 조건으로 붙이자고 주장한 것에 대해 도요다는 이를 지지하지 않았다. 하지만 도요다는 번스 회답의 1항은 '천황의 대권'을 부정하는 것이므로, 적어도 천황만큼은 연합국 최고사령관의 권위에 종속되지 않게 해달라는

• 平泉澄, 1895~1984. 황국사관 역사가로, 대동아공영권의 구상을 역사학적으로 뒷받침했다.

뜻을 연합국에 제안하자고 주장했다. 그리고 연합국으로부터 국체를 유지하려는 국민의 총의를 거부하지 않겠다는 보장을 받아낼 것을 요구했다. 도요다는 연합국이 이런 제안을 인정하지 않을지라도 제안할 가치가 있다고 말했다.[63] 도요다의 의견은 만일 번스 회답이 명확하게 천황의 지위를 보장하겠다고 언급할 경우 계전파의 의견이 힘을 잃을 것임을 암시했다.

도고는 번스 회답의 수정을 요구하는 것은 전쟁을 계속하는 것과 같다고 주장했다. 스즈키와 요나이는 발언하지 않았으나 도고를 지지했다. 도고는 오후 2시에 회의장을 떠나 황거로 가서 최고전쟁지도회의가 또다시 혼미에 빠졌다고 보고했다. 천황은 도고를 지지하면서 그 의견을 총리에게 전해달라고 외상에게 부탁했다. 천황은 다시 스즈키가 의견을 바꾸는 것을 막기 위해 선수를 쳤던 것이다.[64]

4시에 가까워서 각의가 열렸다. 스즈키는 테이블을 한 바퀴 돌며 각료들의 의견을 들었다. 15명의 각료 중에서 12명이 도고의 의견을 지지했고, 아나미를 포함한 3명이 반대했다. 그 뒤에 총리가 발언했다. 스즈키는 자신이 왜 전날의 의견을 바꿨는지 설명하겠다며 그것은 번스 회답을 몇 번이나 읽어보고 그게 천황의 지위를 보장하는 문서라는 확신에 도달했기 때문이라고 했다. 일본에는 남아 있는 시간이 없다, 각료의 의견을 천황에게 전하고 천황의 결정을 기다릴 작정이라고 그는 말했다.[65] 이미 스즈키는 다시 어전회의를 열 것임을 시사한 것이다. 각의는 7시에 끝났다.

각의 도중에 사코미즈는 비서관으로부터 호출을 당했다. 복도에는 〈아사히 신문〉의 시바타 도시오柴田敏雄 기자가 기다리고 있었고, 한 장

짜리 종이쪽지를 보여주었다. 그 쪽지 내용은 다음과 같았다.

> 대본영 오후 4시 발표, 황군은 새로 칙령을 받들고 미국, 영국, 소련, 중국 4개국 군에 대해 작전을 개시

이는 이미 신문사에 배포돼 오후 4시 라디오로 방송될 예정이었다. 사코미즈는 황급히 각의 장소로 돌아가 바로 아나미에게 그 명령을 재가했는지 물었으나 육군상은 전혀 모른다고 대답했다. 사코미즈는 내각종합계획국의 이케다 스미히사 중장에게 조치를 취해줄 것을 부탁했고, 이케다는 우메즈에게 연락해 방송되기 불과 몇 분 전에 이를 취소하는 데에 성공했다. 사코미즈는 군의 명령이 공표됐다면 연합국은 일본이 번스 회답을 거부한 것으로 간주했을 게 분명하다며 시바타에게 감사했다. 사코미즈가 나중에 들은 바로는 육군차관, 참모차장의 결재가 있었다고 기록돼 있으나 와카마쓰 다다카즈若松只一 육군차관도 와타나베 참모차장도 이미 종전을 받아들이고 있었기 때문에 그 정보는 의심스럽다. 아마도 지난번의 육군대신 포고와 마찬가지로 이나바 등 군무국의 쿠데타 음모 추진 세력이 모의한 일이었을 것이다.[66] 어쨌거나 일촉즉발의 위기를 피할 수 있었다.

각의 직후에 아나미는 총리한테 직행해 어전회의 개최를 이틀만 더 연기해달라고 요청했다. 스즈키는 "시기는 지금입니다. 이 기회를 놓쳐선 안 됩니다. 부디 나쁘게 생각하지 말아주세요"라며 거부했다. 그때 동석했던 고바야시 교타小林堯太 해군군의가 "총리, 기다릴 수 있는 거라면 기다려주면 안 될까요"라고 말했다. 스즈키는 "그건 안 되오.

오늘을 놓치면 소련이 만주, 조선, 사할린뿐만 아니라 홋카이도까지 들어올 것이오. 그렇게 되면 일본의 토대가 무너지고 말아요. 상대가 미국일 동안 매듭을 지어야만 합니다"라고 답했다.

고바야시 군의는 말했다. "아나미상은 죽게 되는군요."

스즈키는 대답했다. "음. 안됐지만."[67]

아나미와 스즈키의 이런 대화는 두 가지 점에서 중요하다. 첫째, 아나미는 이미 어전회의가 소집될 것을 알고 있었고, 거기에 반대하진 않았다는 점이다. 어전회의가 열리면 성단으로 번스 회답을 수락한다는 결정이 내려질 것이라는 걸 틀림없이 예상했을 것이다. 게다가 어전회의의 소집 가능성은 아나미, 우메즈를 통해서 육군 상층부에 이미 알려졌을 것이다. 그렇다면 쿠데타 음모를 기도한 자들도 그 사실을 알고 있었을 가능성이 높다.

둘째, 스즈키가 번스 회답 수락을 서두른 이유다. 전날에는 스즈키의 태도가 흔들렸다. 그것을 번스 회답 수락 쪽으로 변화시킨 계기는 기도와의 회견이다. 스즈키가 강조하는 소련의 위협은 그대로 기도와 천황의 의향을 반영한 것으로 해석할 수 있다. 스즈키가 종전을 결의한 동기가 원폭투하라는 아사다와 프랭크의 주장과 달리, 스즈키가 결심하게 된 결정적인 요인은 소련 요소였던 것이다.

그날의 육군은 뿔뿔이 행동했다. 아나미는 번스 회답을 거부하게 하려고 필사적으로 뛰어다녔다. 앞서 얘기했듯이 그는 그날 아침 일찍 기도를 만났다. 그리고 하타 슌로쿠 원수•와 스기야마 하지메 원수에

• 畑俊六, 1879~1962. 육군 군인. 타이완 사령관, 중지나 파견군 사령관을 거쳐 1939년 육군대신에 취임했으나 삼국동맹 체결에 반대해 육군과 갈등을 빚고 자리에서 물러났다. 아나

게 천황을 설득해달라는 부탁해보려고 애를 썼다. 아나미의 비서였던 하야시 사부로林三郎에 따르면, 아나미는 하타 원수를 불러들이는 일과 관련해 우메즈의 의견을 들어보라는 말을 듣고 밤에 관사에서 자고 있던 우메즈를 깨우기까지 했다. 우메즈는 "소용없다고 생각하지만, 대신이 굳이 하겠다면 비행기를 내어주는 게 좋을 것이다"라고 대답했다. 하타는 비행기로 히로시마를 출발했으나 악천후 때문에 하마마쓰에 착륙해 거기서 하루를 묵었다.[68]

그러나 육군차관 이하 육군성, 참모본부의 상층부는 신중한 태도로 사태를 조용히 지켜보고 있었다. 그날 군무과장에 요시모토 시게아키吉本重章 대령이 보임됐고, 전임 과장인 나가이 소장도 귀경했다. 요시모토 대령은 천황의 성단을 준수하자는 '승조필근承詔必謹'을 수행했다. 상층부는 육군의 반란을 진압하려는 태세를 신속하게 갖췄다. 그날 밤에 열린 육군성 국과장 합동회의에서 군무국장은 "테러 및 군대의 사적 사용은 절대 금한다"고 못을 박았고, 군사과장은 차관을 통해 각 군관구 참모장들에게 "군은 엄중한 태도를 지켜 월권 행동을 하지 말라"고 전달했다.[69]

그러는 사이 쿠데타를 기도했던 자들이 계획의 최후 조정을 위해 육군성 지하방에 모였다. 계획의 최선봉에는 군무국의 시이자키 지로椎崎次郎 중령과 하타나카 겐지畑中健二 소령이 섰다. 그들의 상사인 아라오 오키가쓰 대령이 쿠데타의 지도자가 됐는데, 아라오가 어떤 역할을 했는지는 알려진 게 없다.[70]

미가 하타를 칭했을 때 그는 제2총군 사령관으로 히로시마에 있었다.

8월 13일 밤, 쿠데타 계획 주모자들 여섯 명이 육군상관저로 아나미를 찾아가 계획의 세부내용을 설명하고 대신의 지지를 요청했다. 아나미는 말없이 설명을 들었지만 지지할 것인지 아닌지에 대해서는 아무 말도 하지 않았다. 장교들은 두 시간에 걸쳐 아나미를 쿠데타 계획 지도자로 음모에 가담케 하려고 설득했으나 아나미는 끝내 참여하진 않았다. 하지만 아나미는 쿠데타를 중지시키기 위한 어떤 시도도 하지 않았다. 쿠데타에 대한 아나미의 태도에 대해 결론을 내리기는 곤란하다. 다케시타에 따르면 아나미는 다케시타와 자기 둘만 있을 때 많은 사람에게 자신의 진의를 밝힐 순 없다는 말을 했다. 다케시타는 여기서 아나미가 쿠데타를 지지하고 있었다는 결론을 끌어낸다. 아나미는 14일 오전 0시에 자신의 진의를 아라오 대령에게 알리겠다고 약속하고 일동을 집으로 돌려보냈다. 아라오가 0시에 육군상관저에 출두하자 아나미는 쿠데타가 국민의 지지를 받을 수 없으며, 또 그것은 본토 방위를 곤란하게 만들 것이라고 말했으나, 쿠데타를 지지하는지 아닌지에 대해서는 여전히 태도를 분명히 하지 않았다. 그리고 다음 날, 우메즈 참모총장과 상담한 뒤 자신의 태도를 명확하게 밝히겠다고 약속했다.

하야시 사부로 대령은 아나미에게 쿠데타를 중지시키는 조치를 취해야 한다고 강하게 촉구했다. 아나미는 자신도 모르는 사이에 메이지 정부에 대한 반란의 지도자로 추대되었던 사이고 다카모리• 처럼 자신

• 西郷隆盛, 1828~1877. 메이지유신을 성공으로 이끈 유신삼걸 중 한 명. 조선을 정벌한다는 정한론征韓論을 주장했으나 받아들여지지 않아 낙향, 고향인 가고시마현(구 사쓰마번)에서 무사를 양성했다. 사이고의 사학교를 중심으로 무사들이 결집하는 것을 우려한 신정부는

도 그렇게 반란의 지도자로 추대될지 모르겠다고 대답했다.[71]

무더운 8월의 밤이 도쿄를 뒤덮었다. 일본의 위정자들 누구나 밝아오는 아침에 이뤄질 결정이 일본의 운명을 가를 것이라는 생각에 잠 못 드는 밤을 보내고 있었다.

천황의 두 번째 성단

번스는 일본 정부에 회답을 보내며 포레스털에게 24시간 이내에 일본 정부로부터 답장이 올 것이라고 말했다.[72] 그러나 회답을 보낸 뒤 이틀간 일본에서는 어떤 대답도 들을 수 없었다. 그러는 사이 소련군은 만주의 오지 깊숙이 침공했다. 8월 13일까지 소련군은 서쪽에서, 북쪽에서, 동쪽에서 창춘과 펑톈 방면으로 신속하게 전진했다. 의심할 여지없이, 번스 회답과 그에 대한 일본의 수락 지연은 소련이 자국 지배하에 놓일 영토를 확대해가는 데 절호의 기회를 제공했다.

미국의 인내는 극한에 도달했다. 8월 13일에 해리슨은 매클로이에게 전화를 했다. 그는 일본에 최후통첩을 보내 포츠담선언을 즉각 수락하지 않는다면 포츠담선언의 조항을 포함한 모든 교섭은 결렬될 것이며, 전쟁은 계속돼 이제까지보다 처절해질 것임을 통고하는 게 어떻겠느냐고 말했다.[73] 매클로이는 일기에서 해리슨이 무엇을 제안했는

이를 견제하려 했고, 이에 반발한 학생들이 거병한 뒤 사이고를 지도자로 추대해 1877년 세이난전쟁이 발발한다. 이 전쟁은 결국 사이고군의 패배로 끝났고, 사이고 다카모리는 할복으로 생을 마감했다.

지는 밝히지 않았으나 일본에 대한 새로운 강도 높은 공격 중에는 당연히 다음 일곱 발의 원폭투하가 포함돼 있었을 게 분명하다.

한편 모스크바에서는 지도자들이 군사적인 성공에 대한 자신감을 굳혀가고 있었다. 장제스는 모스크바에 있는 중국 대표단에게 외몽고 국경문제와 관련된 주장을 취하하고 빨리 소련과 합의를 하라고 지시했다. 마지막 중소 교섭은 8월 15일 0시에 시작됐다. 스탈린은 다롄과 철도 관리권에서 사소한 양보를 했으나 만주에서의 소련군 주둔비용은 중국 쪽이 책임지라고 요구했다. 막바지에 쌍방은 합의에 도달했다. 그날 오전 3시, 일본 정부가 포츠담선언을 무조건 수락하겠다는 뜻을 연합국에 타전한 지 네 시간이 지난 뒤에, 중국 대표단과 소련 정부는 양국 간 우호동맹조약에 서명했다.[74]

8월 14일 이른 아침, 기도는 비서관이 깨우는 소리에 일어났다. 비서관의 손에는 그날 아침 B-29로 도쿄에 광범위하게 뿌려진 유인물 한 장이 들려 있었다. 그 유인물은 8월 10일 일본 정부의 조건부 포츠담선언 수락 성명과 번스 회답을 나란히 인쇄하고 "전쟁을 즉시 중단할 것인지 아닌지는 오로지 당신네 나라 정부에 달려 있습니다. 여러분이 다음 두 가지의 공식 통고를 읽고 나면 어떻게 하는 것이 전쟁을 끝낼 수 있는 길인지 알게 될 것입니다"라는 선전문구를 적어놓았다.[75] 기도는 그때까지 국민에게 숨겨온 정보가 이처럼 만천하에 드러나면 역으로 군을 출동시킬 방아쇠가 될지도 모른다고 걱정했다. 그는 8시 30분에 천황을 배알하고 즉시 어전회의를 열도록 제안해 천황의 재가를 받았다.[76]

그러나 어전회의는 단지 기도 혼자 제안한 게 아니다. 누가, 어디에서 그런 시나리오를 짜냈는지 분명하진 않지만, 기도가 천황을 배알할 때까지 이미 시나리오가 그려져 있었던 것은 분명하다. 먼저 그 유인물은 14일 아침만이 아니라 이미 전날 저녁에도 살포됐다. 가세 도시카즈의 수기에 따르면, 전날인 13일에 가세는 닛코에 있던 시게미쓰와 오다와라에 있던 고노에를 상경하게 해서 기도와 회담했다. 그리고 마쓰모토 비서관과 마쓰타니의 힘을 빌려서 각의가 분열돼 수습이 되지 않을 때는 어전회의에서 결정하기로 기도의 양해를 얻어놓고 있었던 것으로 기록돼 있다.

한편 사코미즈는 13일에 스즈키가 성단을 받들겠다고 발언하고 각의를 끝낸 뒤에 어떤 방법으로 어전회의를 개최할 것인지 생각을 굴렸다. 9일에는 두 총장을 속이고 미리 날인을 받아놓는 방식으로 어전회의를 열었지만 이번에는 그 방법이 도저히 불가능하다고 보고, 매우 이례적이긴 하나 천황이 직접 어전회의를 소집하도록 하는 수밖에 없다고 총리에게 진언했다. 그럴 경우 참석자는 최고전쟁지도회의의 구성원 여섯 명과 간사 네 명 외에 모든 각료와 히라누마 추밀원 의장으로 하자고 제안했다. 물론 사코미즈는 거기에 자신을 넣는 것을 잊지 않았다.[77] 따라서 기도가 마치 자신의 제안으로 어전회의 소집의 주도권을 쥔 것처럼 기록하고 있으나 밥상은 전날에 이미 다 차려져 있었던 것이다.

어전회의가 소집되기 직전인 오전 10시 20분에 하타 슌로쿠, 스기야마 하지메, 미즈노 오사미水野修身 등 세 원수가 궁에 입궐해 천황을 배알했다. 미즈노, 스기야마가 군은 아직도 여력이 있고, 상륙하는 미군을 격멸할 수 있다고 상주했으나 하타 원수는 히로시마에 있었기에 상황을 자세히 알지 못하지만 "정면 방어에 나서 적을 격멸할 수 있다는 확신은, 유감스럽지만 없다"고 보고하면서, 포츠담선언 수락도 어쩔 수 없는 일이라고 말했다. 아나미는 하타를 믿었지만 하타의 발언은 역효과를 낳고 말았다. 천황은 "전국이 급변하여 소련이 참전하고, 과학의 힘은 특공으로도 대항할 수 없다. 따라서 포츠담선언을 수락하는 수밖에 없다"고 설명하고 그대로 전쟁을 계속하면 형세는 점점 더 악화돼 국가를 구제할 수도 없게 된다, 또 황실의 안태는 적으로부터 확약이 있었으니 그 점에 대해서는 염려하지 말라고 말했다. 그리고 나중에 어전회의에서 할 얘기를 원수들에게 전하고, 천황의 결정은 깊이 생각한 끝에 내린 것이니 원수도 협력하도록 하라고 말했다. 세 원수가 깊이 머리를 숙이고 이를 받아들였을 때 아나미의 저항은 그걸로 끝이 났다.[78]

두 번째 어전회의에 대해서는 잘 알려져 있기 때문에, 여기서 자세히 기술할 필요는 없겠다.[79] 23명의 참석자 전원이 10시에 황거에 출두하라는 갑작스러운 통지를 받았다. 육군성의 장교가 사코미즈에게 다시 군을 속였다며 전화로 따졌다. 군무국은 어전회의가 12시에 열릴 것이라고 예상하고 있었기 때문이다. 각료들은 10시에 참석할 예정이었기 때문에 그대로 입궐했다. 회의는 지난번과 마찬가지로 궁중 방공호 지하실에서 열렸다. 참석자가 많아서 책상들을 치웠기 때문에, 천황 앞에 놓여 있던 책상 외에는 옥좌를 향해 의자만 석 줄로 나란히 배치됐다. 10시 50분에 천황은 원수의 군복 차림을 하고 흰 장갑을 낀 채 하스누마 시종무관장을 따라 입실했다. 참석자들이 기립해 예의를 갖췄다. 천황이 착석하자 스즈키 총리가 그때까지의 경과를 설명하면서 전원일치를 보지 못했기 때문에 이 자리에서 반대의견을 듣고 난 뒤에 성단을 받고자 한다고 말했다. 스즈키는 우메즈, 아나미, 도요다를 지명했고, 세 사람은 각자 발언을 했으나 그때까지의 논의에 덧붙일 만한 새로운 것은 없었다. 그 뒤 스즈키는 다수의견을 대표하는 도고를 지명하지 않고 바로 천황에게 의견을 물었다. 스즈키는 서두르고 있었던 것이다.

천황은 뜨덤뜨덤 "국내 사정과 세계 현상을 생각하면 더 이상 전쟁을 하는 건 무리라고 생각한다"고 말했다. 국체에 대해서 번스 회답은 "악의를 가지고 쓴 것이 아니라 요는 국민 전체의 신념과 각오의 문제이니만큼 이쯤에서 저쪽의 회답을 수락해도 괜찮겠다고 생각한다"고 했다. 천황이 국체를 황실의 안태와 동일시하고 상대방이 악의를 갖고 있지 않다고 한 것은 저들의 의도가 황실 해체에 있지는 않을 것이라 해석했다는 뜻이다. 따라서 "저쪽의 회답을 수락해도 괜찮다"고 결론을 지었던 것이다.

천황은 나아가 "국민이 옥쇄해서 군주와 나라를 위해 순절하겠다고 하는 마음은 잘 알겠으나, 내 한 몸이야 어떻게 되든 나는 국민의 생명을 구하고 싶다"고 말했다. "옥쇄해서 군주와 나라를 위해 순절"한다는 것은 국체의 의미 폭을 황실의 안태보다 넓게 잡아 일본 민족의 정화精華로 본다는 것인데 천황은 이를 물리치고 "내 한 몸이야 어떻게 되든"이라고 말해 천황을 국가와 민족 안에 위치시키면서 다시 자기희생의 정신을 강조하고 있다. "내 한 몸이야 어떻게 되든"이라는 말은 첫 번째 성단 때도 사용한 표현이고, 또 기도가 나중에 되풀이한 표현이다. 이처럼 거듭 사용되면 이는 천황과 기도가 의식적으로 삽입한 말일 것이라고 상정하는 게 자연스러울 것이다.

천황은 삼국간섭 때 메이지 천황의 고충을 떠올리는 듯 "견디기 어려운 것을 견디고, 참기 어려운 것을 참고, 장래의 회복을 기대하려 한다"고 했으며, 또 그 결정이 그때까지 전장에서 전사하고 내지에서도 전상을 당하고, 전재를 당한 국민, 특히 육해군 장병들을 동요시킬지 모른다는 점을 우려했다. 그들을 설득하기 위해 스스로 마이크 앞에 서서 국민에게 호소하는 것도 마다하지 않겠다고 말했다.

참례했던 참석자들은 모두 울었다. 스즈키가 일어나 성단을 내려달라며 번거롭게 한 것을 사죄하고 천황의 퇴석을 권했다. 훌쩍이고 또 통곡하는 가운데 천황은 자리를 물러났다.

종전의 성단이 내려졌다. 8월 14일 정오였다. 문제는 그 결정을 어떻게 국민에게, 특히 군에게 납득시킬 것인가였다.

한여름 밤의 악몽: 반란군의 황거 점령

화평파가 천황을 끌어들여 화평으로 가는 공작을 착착 진행하고 있을 때 육군은 분열돼 있었다. 아나미는 번스 회답을 거부해야 한다고 분주하게 움직였으나 우메즈는 이미 종전을 받아들이기로 결의하고 자기 선에서 육군을 수습하려고 노력했다. 가와베는 종전이 불가피하다고 봤다. 많은 육군장교는 자신의 개인적 신념이 어떠하든 천황의 의사에 복종하는 것이 의무라고 생각했다. 또 다른 장교들은 공공연하게 얘기할 순 없는 '종전'을 '승조필근承詔必謹'의 기치를 내걸고 옹호할 수 있었기에 안도했다. 그러나 육군 내에도 과격한 그룹이 존재했다. 그들은 종전이 천황의 의사라 하더라도 확실히 국체를 호지하기 위해서는 그 의사에 반해서 전쟁을 계속해야 한다고 생각했다. 이 과격 그룹을 과소평가해서는 안 된다. 만일 그들의 행동이 육군 상층부로부터 어떻게든 지지를 얻게 되면 거기에 동조하는 장교들이 다수 있을 것이다. 육군 내부에 쿠데타를 지지하는 기운이 조성되고 있었다. 전투 중지에 저항하는 아래로부터의 압력과, 외지에 나가 있는 군으로부터 집요한 반대가 있었기에 육군 상층부는 지뢰가 매설된 땅을 걷듯 주의 깊게 행동하지 않을 수 없었다.

8월 14일 밤, 하타나카와 시이자키가 주도하는 반란군이 황거를 점거하고 동부군을 동원해 아나미를 수반으로 하는 군사독재정권 수립을 목표로 행동을 개시했다. 쿠데타가 성공하기 위해서는 육군의 지지가 필요했고, 그러기 위해서는 아나미 육군상과 우메즈 참모총장의 승인이 절대조건이었다. 그리고 쿠데타를 실행하려면 동부군 사령관인 다나카 시즈이치田中静壱 대장, 근위사단 사단장인 모리 다케시森赳 중장의 지지가 필요했다.[80]

반란은 첫걸음부터 비틀거렸다. 14일 오전 7시에 아나미는 이치가야다이에 있는 육군성에 출근했다. 그는 곧바로 쿠데타 지도자인 아라오 대령을 데리고 참모총장인 우메즈를 찾아가 쿠데타 계획에 대한 의견을 들었다. 언제나 우유부단하고 속으로 무슨 생각을 하고 있는지 알 수 없다는 평판을 들었던 우메즈가 그때만큼은 단호하게 쿠데타에 반대했다. 우메즈의 반대는 쿠데타 실패를 의미했다. 게다가 우메즈는 육군 상층부를 '승조필근' 기치 아래 재빠르게 수습해 아나미한테서

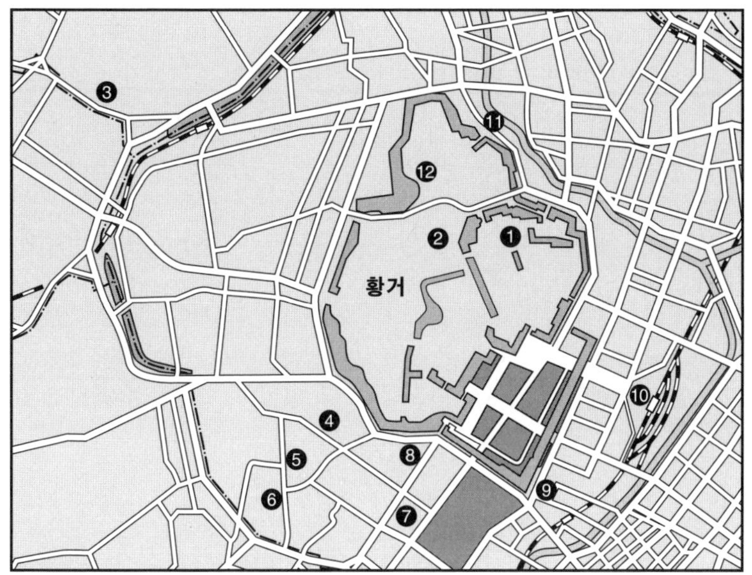

지도 3. 도쿄 중심부의 황거 주변 지도

1. 황거
2. 황실 시종부
3. 육군성 / 참모본부
4. 육군상관저
5. 국회
6. 총리관저
7. 해군성
8. 도쿄 경시청
9. 동부군 사령부
10. 도쿄역
11. 헌병 사령부
12. 황실 근위사단

쿠데타를 지지할 조직적인 토대를 빼앗는 데 성공했다.

쿠데타에 대한 아나미의 태도는 모호했다. 아나미는 동부군 다나카 사령관을 불러 쿠데타가 시작되면 동부군은 이를 지지할 것이냐고 물었다. 다나카와 함께 온 동부군 참모장 다카시마 다스히코高嶋辰彦 소장은 "그러려면 귀관이 서명한 합법적인 문서가 필요하다"고 대답했다. 다나카는 수도의 치안을 유지하는 임무에 대해서만 언급하고 쿠데타에 대해서는 침묵을 지켰다. 다나카와 다카시마 사이에는 쿠데타에 대한 견해 차이가 있었다. 다나카가 오로지 천황의 성단을 준수하면서 쿠데타에는 반대한 데 비해 다카시마는 아나미가 지지하기만 하면 쿠데타를 지지할 의사를 넌지시 얘기했다. 아나미의 태도 여하에 따라 동부군까지 가담해 쿠데타가 확대될 가능성도 있었던 것이다.[81]

그사이에 다케시타는 '병력 사용 제2안'을 기안했다. 이에 따르면, 먼저 근위사단을 동원해서 "요인을 보호하고", 방송국을 장악하며, "설령 성단이 내려지더라도 위와 같은 태세를 견지하고 삼가 성려(聖慮, 천황의 생각)의 변경을 기다려 받든다"고 돼 있었다. 천황을 유폐하고 요인을 암살하며 군사독재정권을 수립해서 성단의 변경을 압박할 계획이었다. 그러나 그 계획이 실현되기 위해서는 대신, 총장, 동부군 사령관, 근위사단장의 의견이 일치되어야 했다. 쿠데타의 주모자는 행동을 일으키는 데에는 기세를 올렸으나 그것을 실행하고 맺는 일에는 너무 졸렬했다. 우선 주모자는 어전회의가 오후가 되기 전에는 열리지 않을 것이라고 믿었다. 그러나 화평파는 선수를 쳐서 어전회의를 10시 30분에 열었다. 다케시타는 당황해서 총리관저로 달려가 아나미를 찾았으나 아나미는 이미 어전회의 때문에 입궐해 있었다. 어전회의에서 천황이 두 번째 성단을 내렸을 때 대세는 이미 결정돼버렸던 것이다.

총리관저에서 아나미를 기다리고 있던 다케시타는 어전회의 결과를 듣고 아연실색했다. 아나미에게 사직을 권고했으나 아나미는 이를 거부했다. 쿠데타 계획자들에게 심정적으로 동조했으나 천황의 성단에 등을 돌릴 순 없었을 것이다.

오후 1시로 예정돼 있던 각의가 열릴 때까지 각료들은 각 성청으로 돌아가 어전회의 결과를 보고했다. 아나미가 육군성으로 돌아가자 청년장교 스무 명 남짓이 대신실에 몰려들었다. 어전회의 결과를 전해들은 그들은 충격을 받았다. 이다 마사타카 중령은 "대신의 결심이 바뀐 이유를 여쭙고자 합니다"라고 따졌다. 아나미는 "폐하는 이 아나미에게 그대의 기분은 잘 알겠다, 괴롭겠지만 참아주게라며 눈물을 흘리시며 말씀하셨다. 나로서는 이미 더는 반대할 수가 없다"고 설명했다. 천황은 아나미보다 한 수 위였다. "아나미" 하고 친근하게 부르면서 경외하는 천황이 그처럼 개인적으로 눈물까지 흘리며 부탁을 하는데, 아나미로서는 이를 거부할 수 없었던 것이다.

이다의 도발에 대해 아나미는 또 이런 말도 했다. "성단은 내려졌네. 이젠 따르는 수밖에. 불복할 자들은 내 주검을 밟고 넘어가게."

돌연 고함 같은 통곡이 방 안 공기를 찢었다. 하타나카 소령이 엎드려 울었다. 그때까지 쿠데타 계획의 중심이었던 이다와 다케시타는 이로써 계획은 끝났다며 체념했다.

아나미는 총리관저에서 열린 각의에 참석하러 갔다. 그 각의에서 천황이 종전조서를 녹음반에 새겨 넣고 이를 국민에게 방송하기로 결정됐다. 그때까지 천황은 현인신現人神이어서 국민에게 육성을 들려주는 것은 금기였으나 국민에게 종전을 납득시키기 위해서는 그런 금기를 버려야만 했다. 일본방송협회 녹음반은 황거로 3시에 출두하라는 명령을 받았다.[82]

우메즈는 신속하게 육군 상층부를 '승조필근'으로 수습하는 데 성공했다. 가와베 참모차장은 미야자키 1부장의 제안으로 와카마쓰 육군차관을 불러내, 육군 수뇌가 "황군은 끝까지 (천황의) 성단에 따라 행동"하기로 맹세한 서약서를 들이댔다. 거기에는 육군대신, 참모총장,

교육총감, 제1총군사령관, 제2총군사령관, 항공총군사령관의 서명이 있었다. 그 서약서의 최대 목적은 아나미로부터 서명을 받아내 쿠데타가 육군대신의 지지를 받게 되는 사태를 막자는 것이었다. 그 방침에 육군 수뇌부의 의견이 일치했기 때문에 이후 쿠데타를 시도하는 것은 천황에게 활을 쏘는 역모와 다를 바 없게 되었다.

오후 2시 30분에 우메즈는 참모본부 장교 전원에게 "천황의 뜻을 전달"하고 이를 준수하기로 고시했다. 아나미는 각의 뒤 육군성으로 돌아가 직원들을 모아놓고 성단을 이행하도록 명령을 내렸다. 대신의 훈령 뒤에 요시즈미 군무국장이 어전회의에서 나온 천황의 말을 보고했으며, 와카마쓰 차관이 상층부 전원이 서명할 서약서를 낭독하고 대신의 훈시를 엄수해야 한다는 뜻을 밝혔다. 육군은 신속히 천황의 성단 아래 종전을 향해 결속을 다져갔다. 육군성과 참모본부는 문서를 소각하기 시작했다. 일본제국 육군이 와르르 소리를 내며 무너져내렸다.

그러나 육군성 장교 전원이 아나미의 소집에 응한 것은 아니었다. 하타나카 소령과 시이자키 중령은 육군성 회의실에 모습을 나타내지 않았다. 두 사람은 이미 근위사단의 참모인 이시하라 사다키치石原貞吉, 고가 히데마사古賀秀正 소령을 음모에 가담시키는 데 성공했다. 아나미가 육군성에서 훈시를 하고 있을 무렵, 하타나카는 동부군 사령관 다나카 대장을 찾아가 동부군에 쿠데타 참가를 부탁했다. 다나카 대장은 그 즉시 그만두라고 일갈했다. 일개 소령에게 대장이 명령을 한 것이다. 계급 차이가 너무 컸다. 하타나카는 경례를 하고 맥없이 물러나는 수밖에 없었다. 쿠데타는 거기서도 실패했다.[83]

각의는 4시에 재개됐다. 사코미즈는 천황의 말을 토대로 내각 측탁인 서기관 기하라 미치오木原通雄 등의 조력을 받아 쓴 종전조서 초안을 등사판으로 인쇄해서 각료들에게 배포했다. 그러나 각의는 천황의 성단이 추밀원의 승인을 받을 필요가 있는지 없는지를 두고 긴 논의에 들어감에 따라 이를 법제국에서 검토하는 사이 다시 휴게를 맞았다. 이런 사태를 피하기 위해 히라누마를 어전회의에 출석시켰으나 내각은 일각을 다투는 그때도 이런 지엽적인 법률절차상의 문제에 얽매여 결정을 내리지 못했다. 그러는 사이 하가 도요지로芳賀豊次郎 대령의 지휘하에 있던 근위 2연대가 궁성 호위를 위해 1연대와 교대해서 황거 내로 입성했다. 시이자키와 하타나카는 아무 어려움 없이 황거 내로 잠입했다.

무라세 법제국장이 성단은 추밀원의 승인이 필요 없다는 법제국의 결론을 들고 온 뒤에 각의가 재개됐다. 아나미는 조서의 초안에 있던 "전세 날로 나빠져"를 "전국이 호전되지 않아"로 개정하자고 주장했다. 전선에 있는 군대가 종전을 인정하기 쉽도록 하기 위한 제안이었으나, 이는 요나이의 반대에 부딪혔다. "전쟁은 명백히 지고 있다"고 해군상은 주장했다. 하지만 마지막에 요나이가 뜻을 접었고 아나미의 수정이 통과됐다. 각의는 세 곳에서 초안의 자구를 수정했다. 그중 하나는 아나미의 주장으로 "이에 국체를 호지해서"라는 구절을 삽입한 것이다. 최종적인 전문은 7시에 각의에서 승인됐다. 궁내성 직원이 송부돼온 등사판 인쇄의 초안을 붓으로 정서했다. 워드 프로세서가 없던 시대다. 정식 방송을 외지의 부대에 전해야 했기에 하루 연기해서 16일에 하자는 아나미의 제안을 물리치고 다음 날, 즉 15일 정오에 하기로 결정했다. 오후 8시에 정사된 조서가 각의에 도착하고 총리가 그것을 가지고 다시 한 번 입궐해서 천황의 승인을 얻었다. 조서는 다시 총리관저에서 각료들의 서명을 받아 정식 문서가 됐다. 스즈키가 맨 처음 서명했다. 아나미 순이 되자 회의실 내에 긴장된 공기가 흘렀지만 아나미는 별일 아니라는 듯 서명을 했다. 모두가 서명을 끝낸 시각이 10시였다.[84]

같은 시각에 쿠데타 주모자들은 근위 2연대의 하가 대령을 반란에 가담케 하는 데 성공했다. 하가의 지지를 얻기 위해 하타나카와 시이자키는 육군대신, 참모총장, 동부군 사령관, 근위사단장을 비롯한 전 육군이 지금 반란을 지지하고 있다고 통고했다. 황거를 호위해야 할 군대가 황거를 점거하는 반란부대가 된 것이다. 하가가 왜 상사의 의사를 확인하지 않고 시이자키의 말을 그대로 받아들였는지는 알 수 없다. 하가가 반란에 공감하고 있었을 가능성도 있다.

하타나카와 시이자키는 황거에서 육군성으로 향했다. 이다 마사타카 중령은 쿠데타 계획의 중핵을 맡고 있었는데, 육군대신의 훈시 뒤에 모든 것이 끝났다며 속이 상해 자기 방에 틀어박혀 있었다. 거기에 하타나카와 시이자키가 나타나 근위사단장을 궐기에 동의하도록 만드는 일에 협력해달라고 부탁했다. 이다는 도쿄대 교수 히라이즈미 기요시(486쪽 각주 참조)의 문하로, 동생처럼 생각하고 있던 하타나카의 필사적인 간청에 이끌려 일단 모리 사단장을 설득하는 일을 떠맡았다. 천황의 결정이 잘못된 것이라면 이를 바로잡는 것이 국체의 본의라고 믿고 있던 이다는 하타나카, 시이자키의 행동이 실패할 것이라고 생각하면서도 심리적으로는 동조했던 것이다. 이다는 시이자키, 하타나카와 함께 잔뜩 녹이 슨 자전거를 타고 근위사단 사령부로 갔다. 세 명의

쿠데타 주모자가 자전거 패달을 밟아가며 심야의 도쿄를 횡단하는 광경은 이 반란의 희비극을 상징한다.[85]

오후 11시에 마쓰모토는 내각이 종전조서를 승인했다는 소식을 들었다. 천황이 포츠담선언을 무조건 받아들였다는 전보가 즉각 도고 외상의 이름으로 베른과 스톡홀름에 타전됐다. 11시 15분, 천황은 자동차로 어문고를 출발한 뒤 옥음(玉音, 천황의 음성) 방송 수록을 위해 궁내성 2층 정무실로 들어갔다. 이에 앞서 근위사단 내부의 쿠데타 주모자였던 고가, 이시하라 참모가 궁성 내 무관실로 달려가 천황이 어디에서 녹음을 하는지 물었으나 하스누마 시종무관장 이하 누구도 대답을 하지 않았다. 이미 고노에 후미마로가 저녁에 기도를 찾아가 근위사단의 반란 소문을 들은 뒤였다. 모리 사단장은 하스누마에게 그런 일은 일어날 수 없다고 덧붙였으나 하스누마는 만일에 대비해 황거를 호위하는 근위사단에도 녹음 장소를 비밀로 해두었던 것이다. 궁내성 건물 창은 셔터를 내려 안의 불빛이 밖으로 새어나오지 못하게 해두었다. 천황은 녹음을 마치고 11시 50분에 어문고로 돌아갔다. 녹음반은 자루에 넣었는데, 도쿠가와 요시히로德川義寛 시종은 임기응변을 발휘해 황후궁 사무소에 있는 서류용 금고 안에, 그것도 서류다발 안쪽 깊숙이 녹음반을 숨겨두었다. 나중에 반란군은 궁내성을 이 잡듯이 샅샅이 뒤지고 방송국까지 점거했는데 도쿠가와 시종의 임기응변이 아니었다면 천황의 종전 방송은 없었을지도 모른다.[86]

천황이 종전 방송을 녹음하고 있을 때 쿠데타 주모자들은 황거 북쪽에 있던 근위사단의 참모실에 모여 있었다. 모리 사단장에게 쿠데타 참가를 요청하기 위해서였다. 때마침 내방객이 있다는 이유로 그들은 한 시간 가까이 밖에서 대기하고 있었다. 내방객이란 처남인 시라이시 미치노리白石通教 중령이었다. 모리는 시간벌기를 하고 있었던 것이다. 그러나 마침내 더는 기다리게 할 수 없어서 밤 12시 30분에 사단장은 참모실에서 대기하고 있는 장교들을 자기 방으로 불렀다. 하타나카는 갑자기 볼 일이 생각났다며 자리를 떴고, 모리를 만난 건 이다와 시이자키였다.

이다가 방문 목적을 얘기하려는 것을 막고 모리 사단장은 막연한 장광설을 늘어놓기 시작했다. 이야기가 잠시 끊어지는 틈새를 노려 이다는 모리에게 쿠데타를 지지해달라고 부탁했다. 이다는 황실만이 살아남으면 된다는 국체론에 반대하면서 민족의 정수를 지키기 위해 잘못된 성단을 바로잡으려고 일어선 것이라고 설명했다. 모리는 모리대로 성단이 내려진 이상 거기에 따르는 것이 사명이라며 반박했다. 두 사람의 논의는 평행선을 달렸다.

하타나카는 항공사관학교의 우에하라 시게타上原重太 대령을 데리고 또 한 사람의 중요한 쿠데타 주모자였던 다케시타 중령을 만나러 스루가다이의 숙사로 찾아갔다. 하타나카는 근위 2연대가 궁성 내에 들어가 있으며, 이다 등이 모리 사단장을 설득하고 있다면서 아나미 육군대신에게 쿠데타의 지도자가 돼달라고 설득하는 일을 맡아줄 것을 다케시타에게 부탁했다. 다케시타는 아나미가 쿠데타를 지지할지는 의문이지만 일단 관저로 가서 이야기나 해보자는 데는 동의했다.

평행선을 달리던 논의에 결론을 짓듯이 모리 사단장은 메이지 신궁의 신 앞에 머리 조아리며 최후의 결단을 내려줄 것을 요청하자고 제안했다. 이다는 이를 받아들이고 일단 사단장실에서 물러나 참모실로 갔다. 그런데 그 직후, 하타나카와 그 일행이 돌아와 서로 엇갈리듯 사단장실로 들어갔다. 갑작스러운 총성과 소음, 비명이 들렸다. 이다가 사단장 방에 들어가자 처참한 광경이 펼쳐졌다. 사살당한 모리 사단장과 머리가 잘린 시라이시 중령의 사체가 피바다 속에 널부러져 있었다. 주사위는 던져졌다. 반란이 시작된 것이다.

하타나카는 근위사단장의 이름으로 근위사단 7연대에 천황을 보호하고, 궁성을 점거하며, 궁성 출입로를 차단하고, 모든 통신을 끊으라고 명했다. 근위사단의 대대 사령관이 이 명령을 실행에 옮기기 시작했다.

이다는 곧바로 동부군 사령부로 차를 타고 가 반란에 대한 지지를 얻어내려 했다. 그러나 이다와 거의 동시에 차를 몰고 온 근위사단의 미즈타니 참모장이 모리 사단장이 살해당하고 반란군이 궁성을 점거한 사실을 고한 뒤 실신해 쓰러져버렸다. 동부군의 다카시마 참모장은 이다에게 동부군에 무엇을 바라는지를 물었다. 이다가 설명을 할수록 쿠데타 계획의 조잡함이 드러났다. 설명이 끝났을 때 이미 다카시마의 반론은 필요가 없었다. 동부군이 움직이지 않을 것이라고 확신한 이다는 유혈을 피하기 위해 궁성에 틀어박힌 반란군에게 투항을 권할 테니 자신을 보내달라고 부탁했다.

궁성 안에서는 반란군이 신속하게 하타나카의 명령을 실행했다. 황거 입구는 폐쇄되고 전화선은 절단됐으며, 궁내성 건물이 점거당했다. 녹음에 입회했던 일본방송협회 임원과 기술자, 시종, 시모무라 정보국장까지 체포돼 유폐됐다. 반란군은 기도와 녹음반을 찾아다녔다.[87]

8월 15일 오전 1시 30분경 다케시타는 반란군을 지지해달라고 부탁하기 위해 아나미의 관저로 갔다. 아나미는 조용히 술을 마시고 있었다. 아나미는 다케시타에게 오늘 밤 할복할 작정이라고 말했다. 다케시타는 이를 막지 않겠다고 약속했다. 두 사람은 술을 마시기 시작했다. 아나미는 처남(다케시타)에게 유서와 세상을 떠나며 남기는 노래辭世歌를 보여주었다.

"대군大君의 깊은 은혜 입은 몸 남겨야 할 한마디 말도 없네"

이 노래에는 육군대장 고레치카라는 서명이 있었다. 유서는 "한 번 죽어 대죄를 사죄드린다"고 썼고, 자신의 이름을 적었다.

반란은 급속히 무너지고 있었다. 이다가 차를 몰고 가 하타나카에게 포기를 권유했으나 하타나카는 이를 무시했다. 동부군 참모는 근위연대에게 모리 사단장의 명령은 거짓이며 무효라는 사실을 전달했다. 하가 연대장은 약속한 동부군이 좀체 도착하지 않자 초조해져 하타나카에게 문의했다. 그때서야 하가는 사단장이 살해당했다는 보고를 받았다. 하가는 속았다는 것을 알고 화를 내며 하타나카에게 궁성에서 철수하라고 명했다. 왜 즉각 하타나카를 그 자리에서 체포하지 않았을까 하는 의문이 남는다.

아나미는 아직도 최후의 술잔치를 벌이고 있었다. 다케시타는 근위사단이 반란을 일으켜 궁성을 점거한 사실을 전했다. 아나미는 그 반란은 동부군이 참가하지 않았기 때문에 성공하지 못할 것이라고 말했다. 그때 이다가 관저에 도착해 궁성 점거 사실을 보고했다. 아나미는 이다에게도 할복 의사를 알리고 주연에 초대했다.[88]

5시가 지나서 드디어 술잔치를 끝낸 아나미는 자결 준비를 했다. 5시 30분에 헌병사령관이 근위사단의 궁성 점거 사건을 보고하러 오자 아나미는 다케시타에게 헌병사령관을 만나보라고 하고, 이다에게는 복도 바깥의 망을 보라고 명했다. 혼자 남은 아나미는 복도에 정좌하고 단도를 들어 할복했다. 다케시타가 돌아왔을 때 아나미는 할복을 끝내고 경동맥에 단도를 들이대고 있었다. 시중을 들겠다는 다케시타를 밀쳐냈다.• 그러나 한 시간 뒤에도 아나미는 여전히 숨을 거두지 못했다. 다케시타는 시중을 들고 유해를 다다미 위로 옮긴 뒤 유서를 옆에 놓고 피에 젖은 몸을 군복으로 덮었다.

아나미가 숨을 거두었을 때 제국육군도 함께 죽었다. 아나미의 자결은 계산된 행동이었다. 그것은 어쩌면 쇼와昭和라는 시대에 전례 없는 참화를 초래한 제국육군의 불명예스러운 역사에 종지부를 찍기 위해 필요한 의식이었는지도 모르겠다. 군인들은 아나미와 같은 마음으로 전쟁 계속을 주장하며 '국체' 관념을 지키려 했지만, 아나미의 죽음과 함께 그 관념마저 숨을 거두었다.[89]

동부군의 다나카 사령관은 4시에 근위사단 참모본부로 차를 몰고 가 질서를 회복하는 데 성공했다. 하타나카는 궁성에서 추방당한 뒤 근위군 일부를 동원해 방송국에 달려가 전국에 반란군 성명을 발표하려 했으나 방송국원들의 저항 때문에 포기할 수밖에 없었다.

군인들의 반란에서 궁성 점거는 가장 중요한 사건이었으나, 그밖에도 아쓰기 비행장에서 반란 움직임이 있었고, 도쿄 경비군 요코하마 경비대에서도 불온한 행동이 있었다. 아쓰기 비행장 사건은 지도자가 제정신을 잃어 미수로 끝났으나 요코하마 경비대는 '국민신병대神兵隊'

• 여기서 '시중' 든다는 것은 할복하는 이의 고통을 덜기 위해 칼로 목을 치는 역할을 맡는다는 뜻이다.

라는 이름 아래 총리관저를 습격해 전소시킨 뒤 히라누마 저택도 덮쳐 불을 질렀다.

천황은 6시에 일어나 궁성이 반란군에 점거당했다는 보고를 받았다. 천황은 병사들을 모으라고 명하며 "내가 나가서 직접 병사들을 타이르겠다. 병사들에게 내 마음을 들려주겠다"고 말했다. 반란군 지도자들은 황실의 안태는 국체의 일부에 지나지 않는다고 보았으나 거기까지는 천황의 생각이 미치지 못했다. 따라서 그들이 바로잡으려고 한 잘못이 무엇이고 그들이 회복하려고 한 진정한 국체가 무엇인지 이해할 수 없었던 것이다.

동부군의 다나카 사령관이 반란을 진압하고 나서 어문고로 갔다. 철문이 열렸을 때 아침 햇살이 쏟아지듯 건물 안으로 밀려들었다. 다나카 사령관은 궁성 점거 사건의 전말을 천황에게 보고했다. 8월의 태양이 떠오를 때 황거를 중심으로 펼쳐진 일본제국 최후의 드라마는 끝났다.

새로운 일본의 여명이 제국군대의 주검을 넘어, 현인신이 아닌 인간 천황과 함께 떠오른 것이다.[90]

천황의 종전조서 방송

8월 15일 7시 21분에 일본방송협회의 아나운서가 천황이 12시에 직접 국민에게 성명을 낭독할 것이라고 전했다. 그 메시지는 거듭 방송됐다. 황후궁 사무소에 감춰져 있던 녹음반은 11시 전에 방송국에 도착했다. 정오에 내지의 국민과 외지의 일본인 및 군대가 라디오 앞에 모여들었다. 기미가요가 연주된 뒤 천황의 육성이 종전조서를 낭독했다.

"짐은 깊이 세계 대세와 제국의 현상을 감안해서 판단하건대 비상한 조치로써 시국을 수습하고자 하며, 이에 충량한 신민들에게 고하노니 짐은 제국 정부가 미국, 영국, 중국, 소련 4개국에 대해 그 공동선언을 수락하겠다는 뜻을 통고한다."

방송은 그렇게 시작됐다. 그 뒤 천황은 미국과 영국 두 나라에 선전宣戰한 것은 일본의 "자존"과 동아시아의 안정을 위해서였고, 타국의 주권과 영토를 침범할 의도는 추호도 없었다고 설명했다. 그러나 "전국이 반드시 호전"되진 않았고 세계의 대세가 반드시 일본에 유리한 것도 아니었으며, 게다가 "적은 새로이 잔혹한 폭탄을 사용해 끊임없이 무고한 백성을 살상하고 참해하는 것이 실로 헤아릴 수 없었기에" 더 이상 전쟁을 계속하는 것은 민족의 멸망을 야기할 뿐만 아니라 인류의 문명을 파괴하는 것이며 따라서 공동선언을 수락하기로 했다고 설명했다. 전사한 병사들과 그 유족, 전상을 입고 재화를 당한 신민들을 생각하면 "짐은 깊이 걱정"되는 바이지만 견디기 어려운 것을 견디고 참기 어려운 것을 참으면서 만세를 위해 태평한 세상을 열려 한다고 말했다. 나아가 그렇게 해서 "국체를 호지"할 수 있다면서 신민들에게 장래의 건설을 위해 "국체의 정화를 발양하고" 세계의 진운에 뒤떨어지지 않도록 하자고 말해, 국체라는 말을 두 번 사용했다. 그리고 "너희 신민들은 짐의 뜻을 명심해서 지키기를 바란다"며 천황의 의사를 존중하라고 명했다.[91]

일본 전체가 그 옥음 방송을 들었다. 많은 국민이 평소에는 접할 수 없는 천황의 고풍스러운 표현을 완전히 이해했다고 볼 수는 없지만, 또 천황이 '종전'이나 '항복'이라는 말을 전혀 사용하지 않았지만 누구나 전쟁이 끝났다는 것을 이해했다. 다수가 눈물을 흘렸다. 하지만 또한 대다수 국민이 전쟁이 끝나 안심했다.

옥음 방송을 듣지 못한 두 사람이 있었다. 방송이 시작되기 전에 하타나카와 시이자키는 니쥬바시二重橋와 사카시타몬坂下門• 중간의 잔디밭에 앉아 자결했다. 하타나카는 모리 사단장을 쏜 권총으로 자신의 관자놀이를 쐈고, 시이자키는 단검으로 배를 찌르고 권총으로 머리를 쏴 즉사했다.

그날 오후 3시 20분, 스즈키 내각은 총사직했다. 그 전에 내각은 내각 고유(告諭, 알림)를 발표했다. 그 고유는 "과학사상 미증유의 파괴력을 지닌 새 폭탄이 사용됨에 이르러 전쟁 방법을 일변시켰고, 급기야 소련이 지난 9일 제국에 선전을 포고해, 제국은 실로 미증유의 어려움에 봉착했다"며 원폭과 소련 참전 두 가지가 전쟁종결의 큰 이유임을 명백히 했다. 성단이 내려졌기 때문에 국민은 이를 받아들여야 하며, 국체의 호지를 위해 국민은 노력해야 한다고 호소했다.[92] 번스 회답을 수락하는 것은 《국체의 본의》•• 에 표현돼 있던 국체를 부정하는 것이

• 황궁 앞의 철교(니쥬바시)와 황궁의 입구(사카시타몬).

•• 国体の本義, 중국 본토 침략(중일전쟁)이 본격화한 1937년에, 당시 문부성이 학자들을 모아 편찬하게 한 책 제목. '일본은 어떤 나라인지'를 설명하면서 통치 이념을 밝히고 있는데, 만세일계의 천황이 황조(황실 조상)의 신칙(神勅, 신이 내린 명령. 이는 곧 천황이 신이라는 얘기다)을 받들어 영원무궁토록 통치하는 것, 이것이 만고불변의 국체라고 그 정의를 명기했다.

었다. 여기서 내각은 국체의 의미를 '황실 유지'로 바꿔치기함으로써 국체가 호지됐다고 주장한 것이다.

어전회의에서 천황은 육해군 장병들이 무기를 놓고 항복을 인정하도록 군인들에 대해 특별칙어를 발표할 것을 제안했다. 사코미즈가 바빴기 때문에 그 칙어는 내각 촉탁인 기하라 미치오가 초고를 작성했다. 원안은 8월 15일에 완성됐으나 군의 반대로 8월 17일이 될 때까지 발표되지 못했다. 칙어는 다음과 같은 내용으로 군에 천황의 종전 결단을 준수하라고 호소했다.[93]

> 지금은 새로 소련의 참전을 보기에 이르러 내외 제반 정세상 앞으로의 전쟁 계속은 참화와 재해를 더할 뿐이고 결국 제국의 존립 근간을 잃게 만들 우려가 있다고 보아 … 우리 국체호지를 위해 짐은 이에 미국, 영국, 소련 및 충칭(중국)과 화친하려 하노라.

여기에서도 칙어는 전쟁의 종결이 국체호지를 위해 필요하다는 것을 강조하고 있다. 그리고 주목해야 할 것은 종전조서에서는 "잔혹한 폭탄"으로 원자폭탄 사용을 언급하고 있으나 군인에 대한 칙어에서는 원폭에 대해 언급하지 않고 소련의 참전에 대해서만 언급하고 있다는 점이다. 아사다와 프랭크는 천황이 종전조서에 원폭의 참해를 강조하고 소련의 참전에 대해서는 전혀 언급하고 있지 않기 때문에 원폭 충격 쪽이 천황의 종전 결단에 더 큰 영향을 미쳤다는 주장을 전개하고 있으나, 그런 해석은 성립될 수 없다.[94] 종전조서에서도 "전국이 반드시 호전되진 않고"라는 표현으로 넌지시 소련 참전을 암시하고 있다.

프랭크는 군인에 대한 칙어는 군에 싸움을 그만두고 항복하라고 명령하는 것이기 때문에 원폭투하보다 설득력이 있는 소련 참전만 언급하고 있다고 주장하지만 예컨대 남방에서 싸우고 있던 군인들에게 왜 소련 참전 쪽이 원폭투하보다 설득력이 있었는지는 해명할 수 없다.

도고는 8월 15일 추밀원에서 열린 외교설명회에서 "몇 주 전에 당시 중립관계에 있던 소련에 적국과의 평화 회복을 위해 알선을 의뢰했으나 불행하게도 제국 정부에 평화를 가져오기 위한 그런 노력은 결실을 보지 못했다. 이에 제국 정부는 천황 폐하와 일반적 평화적 극복에 대한 바람에 기초하여 전쟁의 참화를 가능한 한 신속하게 끝낼 수 있기를 바란다"며 포츠담선언을 수락해서 전쟁을 끝내기로 결정했다고 말했다. 여기에서는 소련 참전으로 일본의 종전 공작이 실패로 끝났다는 것만 언급하고 원폭투하에 대해서는 한마디도 언급하지 않았다.[95]

워싱턴 시간으로 8월 14일 오후 3시에 번스는 도쿄에서 베를린으로 보낸 일본 정부의 포츠담선언 수락 전보의 암호해독문을 받았다고 대통령에게 보고했다. 4시 5분에 번스는 베른에서 걸려온 전화를 통해 일본 정부의 정식 회답이 도착했다는 소식을 들었다. 번스는 곧 베빈, 해리먼, 헐리에게 연락해서 워싱턴 시간으로 7시에, 4개국 수도에서 동시에 일본 항복에 관한 성명을 발표하자고 제안했다. 6시에 워싱턴의 소련대사관에서도 소련 정부가 일본의 항복을 알리는 정식 회답을 받았다는 연락이 왔다.

트루먼은 오후 7시에 자신의 아내와 각료, 몰려든 기자단이 기다리고 있는 기자회견장에 모습을 드러내 일본 정부가 포츠담선언의 무조건 항복을 받아들였으며, 태평양전쟁이 이로써 끝났다는 것을 고하는 성명을 소리 내어 읽었다.

동시에 대통령은 펜타곤에 다음과 같은 명령을 내려보내 전선에 배치된 군사령관에게 그 명령을 철저히 이행하도록 명했다.

> 일본 정부는 8월 14일에 연합국의 항복 요구를 수락했다. 따라서 귀하의 지역 연합국 군대의 안전을 유지하기 위한 경우 외에는 일본의 육해군에 대한 공격적 행동을 중지할 것을 명한다.

트루먼은 회고록에 다음과 같이 썼다. "포는 침묵했다. 전쟁이 끝난 것이다."[96]

그러나 포는 여전히 침묵하지 않고 있었다. 전쟁은 아직 끝나지 않았다. 천황의 포츠담선언 수락은 스탈린이 일본에 대해 새로운 공격을 개시하는 단초가 됐다.

7장

1945. 08.

11일
- 소련 남사할린 침공

14일
- 일본의 포츠담선언 수락 전보 타전
- 바실렙스키 북쿠릴열도 점거 명령

15일
- 소련 만주 중앙까지 침공, 쿠릴 작전 개시
- 트루먼, 스탈린에게 일반명령 1호 전달

16일
- 스탈린 일반명령 1호 수정안 전달
- 대본영 자위 목적을 제외한 전투행위 중지 명령

17일
- 소련군 남사할린 고탄 점령

18일
- 소련군 쿠릴 북부 시무슈섬 상륙
- 대본영 일체의 무력행사를 중지할 것을 명령
- 트루먼, 쿠릴열도만 소련 점령지역에 포함시키는 양보안 전달

19일
- 관동군 제1극동방면군과 휴전협정 체결
- 일본 대표자 마닐라에 도착, 항복 교섭 개시

21일
- 시무슈섬 전투 종료, 휴전협정 체결

22일
- 소련군 다롄 점거

8월의 폭풍: 일본은 아직 항복하지 않았다

- 25일
  - 소련군 사할린 남단 오오도마리 점거
  - 소련 홋카이도 점령 작전 백지화
- 26일
  - 소련군 사할린 작전 종료
  - 소련, 미 정부가 준비한 항복문서에 세 가지 수정 제안, 연합국 최고사령관 거부
- 27일
  - 스탈린, 일본의 정확한 항복 일자 확인
  - 소련 쿠릴열도 중부 시무시르 점령
- 28일
  - 소련 쿠릴열도 남단 에토로후 점령
- 30일
  - 맥아더 연합국 최고사령관 일본 상륙
- 31일
  - 소련 쿠릴열도 남단 우루푸 점령

1945. 09.

- 1일
  - 소련군 홋카이도 근교의 구나시리, 시코탄 점령
- 2일
  - 미주리호 함상 항복문서 서명식
- 5일
  - 소련군 쿠릴열도의 모든 섬 점령 완료. 태평양전쟁 종료

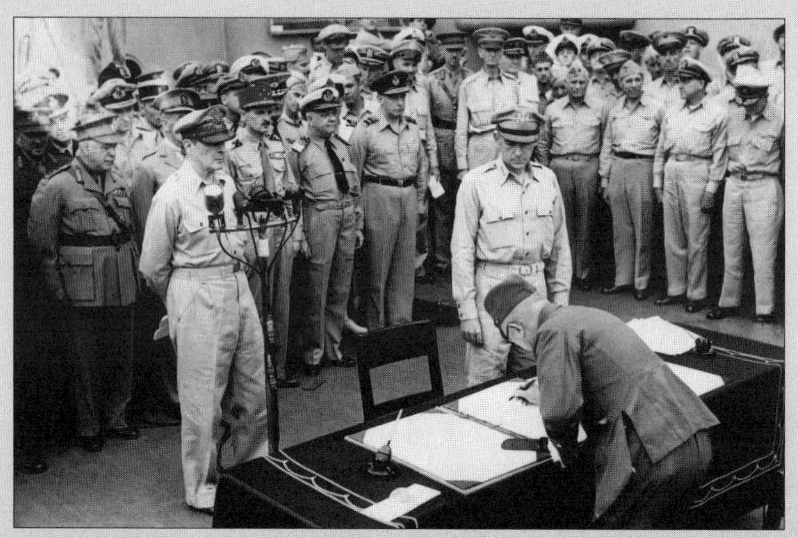

1945년 9월 2일 미주리호에서 항복문서에 서명하고 있는 우메즈 요시지로 육군참모총장.

태평양전쟁 종결 드라마에는 영웅도 없고 악인도 없다. 이에 관여한 지도자들은 살아 있는 인간들이었다. 바꿔 말하면, 태평양전쟁은 각자의 욕망, 공포, 허영심, 분노, 편견을 지닌 채 결정을 내린 인간들의 드라마였다. 하나의 결정이 내려질 때마다 그 뒤의 결정을 위한 선택지가 좁혀졌다. … 지도자들은 다른 결정을 내리고 다르게 종결지을 수도 있었다. 그러나 그들은 그런 선택을 하지 않았다.

일본의 포츠담선언 수락에 대한 소련의 반응은 미국의 반응과는 완전히 정반대였다. 뉴스를 들었을 때 트루먼 대통령은 미국의 전선 사령관들에게 일본군에 대한 공격작전을 중지하라고 명했다. 이와는 대조적으로 바실렙스키 원수는 소련군에게 "일본군에 대한 공격작전을 계속하라"고 명했다. 바실렙스키에 따르면 8월 14일 천황 성명은 단지 무조건 항복의 일반적 선언이며, 일본군에게 군사행동을 중지하라고 한 명령은 아니었다. 바실렙스키는 계속했다.

> 천황이 일본군에게 군사행동을 중지하고, 무기를 내려놓으라고 명령하고, 그 명령이 실행됐을 때에만 일본군은 항복한 것으로 간주된다.[1]

소련의 군사행동은 미국 정부를 걱정하게 만들었다. 소련 지배하에 들어가는 것으로 확인된 만주와 남사할린에 대해서는 이미 체념하고 있었으나, 다롄과 조선 남부, 쿠릴, 북중국 등의 전략적인 지역에 대한 귀속은 여전히 중요한 관심사였다. 미국 정부의 과제는 일본의 항복을 받아낸다는 가장 중대한 목표를 이들 전략적 지역에 대한 소련의 팽창과 균형을 취하면서 달성해야 한다는 것이었다.

천황이 8월 15일 종전조서를 라디오로 방송했다고는 하나 일본군이 항복하려면 대본영이 휴전 명령을 내려야만 했다. 그러나 이유는 분명하지 않으나 휴전 명령은 8월 17일까지 떨어지지 않았다. 그 이틀간의 지연이 소련군에게는 얄타에서 약속받은 영토를 물리적 지배하에 둔다는 극동에서의 군사 목적을 달성하기 위한 절호의 구실을 제공했다.

8월 15일, 대본영은 대륙명 제1381호를 발령하고, 외지에 나가 있는 모든 군대에 대본영의 의도는 조서의 주지(主旨, 대의나 요지)를 완수하는 데에 있으며, 다른 명령이 있을 때까지는 현재의 임무를 수행하지만, 적극적 침공작전은 중지하도록 명했다. 모든 관동군은 방어태세에 있었고 적극적 침공작전을 수행하고 있던 군대는 이미 없었으므로 그 명령은 전투를 계속하라는 명령과 다름없었다. 8월 16일에 이르러서야 대본영은 대륙명 제1382호로 "즉시 전투행동을 중지할 것이며, 다만 정전교섭 성립에 이르는 동안 적의 공격을 받을 경우에는 어쩔 수 없이 자위를 위한 전투행동은 막지 말 것"을 명령했다. 대륙명 제1382호에는 구체적인 정전 기한이 기재돼 있지 않았다. 그러나 정전 명령을 연합국에 통고한 "일본 정부 및 대본영 발 연합국 최고사령관 앞 전보 1호"에서는 대본영에서 내린 모든 부대에 대한 명령이 전달될 때까지 걸릴 시간을 고려하여 18일 16시를 정전 시각으로 설정했다. 하지만 만주의 관동군 교전부대는 예외 없이 소련군으로부터 거센 공격을 받고 있었기 때문에 자위를 위한 전투행동을 계속할 수밖에 없었고, 이는 임무를 속행하라는 명령이나 다름없었다. 그래도 대본영은 천황의 정전 의사를 철저히 주지시키기 위해 황족을 관동군, 지나(중국)파견군, 남방군에 파견하기로 했다. 일체의 무력행사를 중지시키는 대륙명 제1385호를 대본영이 발령한 것은 8월 18일이었다.

야마다 오토조 총사령관, 하타히코 사부로 총참모장 이하 관동군 총사령부는 8월 15일 정오 종전 조칙을 단파방송을 통해 들은 뒤 대본영의 명령을 기다리고 있었다. 그러나 대륙명 제1381호, 제1382호는 모두 전투를 계속할 것인지 중지할 것인지를 모호하게 처리했다. 그래서 관동군은 참모회의를 열어 어떤 조치를 취할 것인지를 토의했다. 야마다와 하타는 이미 상황이 구제불능이라는 사실을 잘 알고 있었고, 천황의 성단을 수락하기로 결정을 내렸다. 8월 16일 오후 10시에 관동군 총사령부는 명령 제106호를 발령해 전 부대가 전투를 중지하고 무기를 소련 부대의 사령관에게 인도하라고 명령했다.[2]

8월 15일까지 소련군은 만주평야의 중앙까지 침공했다. 그러나 아직 하얼빈, 창춘, 지린, 펑톈에 도달하기에는 먼 거리에 있었다. 게다가 얄타협정에서 약속받은 보수 가운데 가장 중요한 다롄, 뤼순에도 도달하지 못했다. 소련군은 미 해병대가 상륙하기 전에 이들 항구를 손에 넣을 필요가 있었다. 그리고 관동군이 탈출하는 도주로를 막기 위해 북한을 점령해야만 했다.

소련군은 자바이칼방면군이 북서와 서쪽에서, 제1극동방면군이 동쪽에서, 제2극동방면군은 북쪽에서, 이렇게 모두 세 방면에서 만주 중앙의 하얼빈, 지린, 창춘을 향해 달려들었다.[3] (404쪽 지도 2 참조) 8월 15일부터 17일까지 3일간은 이들 도시에 도달한다는 목적을 달성하기 위한 소련의 군사 전개 중에서도 가장 중요한 시기였다. 바실렙스키에게는 8월 15일에 군사행동을 중지하고 싶지 않은 이유가 있었던 것이다.

8월 17일 아침, 야마다 오토조 관동군 총사령관은 소련 제1극동방면군 사령부에 타전해 정전을 제안했다. 바실렙스키는 이 제안에 대해 "만주의 일본군 항복에 관해서는 한마디도 언급하지 않았다"는 이유로 거부했다. 바실렙스키는 그 대신에 소련군에 대한 모든 군사행동을 8월 20일 정오까지 중지하고, 모든 무기를 인도할 것, 모든 병사가 소련군의 포로가 될 것을 요구했다. 그날 아침, 하타히코 사부로 관동군 총참모장은 하얼빈의 소련영사관을 통해 소련군에 정전교섭을 시작하자고 제안했다. 하타는 곧바로 바실렙스키와 회견해서 정전의 상세한 내용에 합의하고 무기를 인도하겠다고 제안했고, 교섭은 늦어도 8월 19일에는 시작해야 한다고 말했다. 이는 8월 19일까지 정전협정이 체결되지 않으면 관동군이 자살적 저항을 계속할 것이라는 의미였다. 그리고 하타는 8월 16일 미군이 조선 내의 몇 군데 지점을 폭격했다면서, 일본이 걱정하고 있는 것은 미국의 공수부대가 조선에 상륙할지도 모른다는 점이라고 얘기했다. 그리고 만일 소련군이 중국을 침공한다면 관동군은 이를 환영할 것이라는 말도 했다.[4] 그때가 되면 관동군은 정전을 교환조건으로 소련과 거래를 할 작정이었다.

소련은 이에 대한 회답을 이틀이나 미루다가 하타가 지정한 마지막 날인 8월 19일에 제1극동방면군 사령부 소재지 자리코보Zharikovo에 오라고 하타에게 전보를 쳤다. 그날 오후 하타는 관동군 참모인 세지마 류조瀬島龍三 대령과 미야가와 후나오宮川船夫 하얼빈 총영사를 데리고 소련 비행기로 자리코보에 갔다. 교섭은 곧 합의에 도달했다. 휴전협정에서는 일본군 병사, 장교들은 무장해제 뒤 모든 권한을 소련군에게 위임하고, 일본군 장교들은 허가를 받은 경우에만 칼을 차고 당번병을 데리고 다닐 수 있으며, 일본군은 소련군이 도착할 때까지 점령 지역의 치안을 유지한다는 것 등이 결정됐다. 일본 쪽은 사태의 심각성을 감안할 때 그 협정이 매우 관대하다고 생각했다.[5]

휴전협정이 체결되기 전인 8월 16일, 바실렙스키는 일본군 포로에 관해 베리아의 명령을 받았다. 베리아는 일본인 포로를 소련으로 이송할 것이 아니라 투항한 지역의 포로수용소에 억류하라고 명했다.[6] 그 명령은 "일본군은 완전히 무장해제당한 뒤 평화롭게 생산적인 생활을 할 수 있도록 가정으로 돌아가는 것이 허용될 것"이라 했던 포츠담선언 9조에 따른 것이었다.

하타가 휴전교섭을 제안한 8월 17일부터 휴전협정이 체결될 때까지 이틀 동안 소련군 사령부는 가능한 한 소련군이 지배하는 영토를 확대하려고 전력을 기울이고 있었다. 18일 이바노프 극동 소련군 참모총장은 일본군이 실제로 투항하고 무장해제할 때까지는 어떤 휴전교섭 제안을 해오더라도 응하지 말라고 명했다. 실제로 그 명령에 따라 휴전교섭을 제안하기 위해 백기를 앞세우고 소련 쪽에 온 일본군 사자使者를 처형한 예가 많았다.

같은 날 제1극동방면군은 한 무리의 장교들을 비행기에 태워 선발부대로 하얼빈에 파견하는 한편 제1적기군赤旗軍 중에서 오토바이 부대와 기동부대를 편성해 주요 부대보다 먼저 하얼빈에 도착하라고 명령했다. 19일, 일본으로 도망가려고 비행기를 기다리던 만주국 황제 푸이溥儀가 하얼빈 비행장에서 소련군에 체포당했다. 마찬가지로 한 무리의 장교들이 지린으로 날아왔다. 바실렙스키는 휴전협정이 체결될 때까지 만주의 주요 도시들을 소련군 지배하에 두도록 한다는 목표를 세웠다. 그는 제1극동방면군과 자바이칼방면군 사령관에게 특별 오토바이 부대를 편성해서 "창춘, 펑톈, 지린, 하얼빈을 일각도 지체하지 말고 점거"하라고 명했다. 즉 20일까지 창춘을, 21일까지 펑톈과 하얼빈을, 28일까지 랴오둥반도를 점령하라는 명령이 내려졌다. 하지만 스탈린은 이런 완만한 행보에 만족하지 않았다. 랴오둥반도, 특히 다롄과 뤼순은 스탈린이 노리는 최대의 전리품이었다. 해리먼과의 대화를 통해 미국이 다롄에 큰 관심을 갖고 있다는 사실을 알게 된 점도 영향을 미쳤다. 스탈린은 바실렙스키의 명령을 뛰어넘어 다롄과 뤼순을 8월 22일부터 23일까지 점거하도록 하라고 말리놉스키에게 명령했다.[7]

소련군은 관동군에 승리했다. 그러나 그 승리는 스탈린이 목표로 삼은 것에 크게 미치지 못했다. 스탈린의 최대 목적은 알타조약에서 약속받은 영토와, 만일 가능하다면 그 이상을 획득하는 것이었다.

소련군의 남사할린 작전

위도 50도 남쪽에 있던 일본령 남사할린• 은 제88사단이 방어하

• 러시아어로 사할린, 일본어로 가라후토樺太라고 불렸다. 19세기 내내 러시아와 일본이 각자 영유권을 주장하다가 1855년 러일화친조약으로 양국의 협동 관할지가 되었고, 1875년 상트페테르부르크조약(가라후토-치시마 교환조약)으로 쿠릴열도는 일본이 영유하는 대신 사할린은 러시아 영토가 됐다. 일본이 1905년 러일전쟁 승리의 대가로 북위 50도선 이남의 남사할린을 할양받고, 러시아내전(적백내전)을 틈타 사할린섬 전체를 점령하기도 했으나

고 있었다. 소련이 선전포고를 하기 전 사단 사령부는 오로지 미국 쪽의 공격만 상정하고 있었기 때문에 요새는 섬 동쪽 해안에 구축돼 있었다. 8월 9일에 소련이 만주를 공격하자 제88사단은 급거 소련의 공격에 대처하는 준비로 전략을 바꿔야만 했다.[8]

두 나라 군대를 비교해보면, 수에서 소련군이 일본군보다 압도적으로 많았다. 따라서 소련군이 남사할린에서 승리하리라는 것은 의심할 여지가 없었다. 또 미국은 이미 얄타조약에서 소련에 남사할린 반환을 약속했기 때문에 소련의 군사행동이 미국과 알력 다툼으로 이어질 가능성은 없었다. 하지만 소련에는 사할린 작전을 서둘러야만 할 이유가 있었다. 소련에는 남사할린을 점거하는 것만이 목적이 아니었다. 소련은 홋카이도와 남쿠릴 작전을 수행하기 위해 군을 모오카真岡, 오오도마리大泊에 집중할 필요가 있었다.[9](지도 4 참조)

8월 10일 밤늦게 만주에서의 작전이 성공리에 수행되고 있는 데서 자신을 얻은 바실렙스키는 제2극동방면군 사령관 푸르카예프에게 태평양함대의 원조를 받아 제56저격병단을 이끌고 11일 남사할린을 침공해서 8월 22일까지 점령을 완료하라는 명령을 내렸다. 8월 11일 오전 9시 35분, 소련은 국경을 넘어 남사할린에 들이닥쳤다. 일본군은 대본영으로부터 공격적 군사행동을 금지하라는 명령을 받았으나 고톤古屯지구에서 치열한 공방전을 전개했다. 8월 15일에 일본군은 종전

1925년 북사할린에서는 철수했다. 1945년 8월 일본 패전과 함께 소련이 남사할린까지 차지하고 1946년 섬 전체의 영유권을 선언했다. 샌프란시스코 강화조약(1951년 체결, 1952년 4월부터 발효)으로 일본은 남사할린에 대한 영유권을 포기해 섬 전체가 소련(러시아) 영토가 됐다.

조칙을 들었다. 대본영은 그날 밤, 적극적 침공작전을 중지하라는 명령을 내리고, 다음 날에는 정당방위를 빼고는 전면적인 정전을 실시하라고 명했다.

그러나 사할린에서 일본군을 관할하는 삿포로의 제5방면군 사령부는 소련군이 홋카이도 침공을 위해 오오도마리에 병력을 집결하리라는 것을 정확하게 예측하고, 제88사단에 최후까지 사할린을 방어하라는 명령을 내렸다. 제88사단은 따라서 두 가지의 모순된 명령을 받은 셈이었다. 그 혼란을 틈타 소련군은 거센 공격을 계속 퍼부었고, 8월 17일 저녁까지 이어진 고톤의 집요한 저항을 격파했다. 19일에 대본영은 제5방면군에게 모든 군사행동을 중지하고 소련군 사령관과 휴전교섭을 개시하라고 명령했다. 20일에 제5방면군 사령부는 앞의 명령을 뒤집고 모든 군에게 소련군과 휴전하거나 무장해제 교섭을 개시하라는 명령을 내렸다. 소련군은 남하해서 8월 25일에 도요하라豊原를 점거했다. 이는 바실렙스키가 설정한 목표일보다 사흘이 늦은 시점이었다.[10]

만주에서의 군사행동과는 대조적으로 모오카, 오오도마리 등 전략적인 항구에 대한 소련의 공격은 성급하게 짠 계획이라는 인상을 지울 수 없다. 이들 항구를 점령할 임무는 제2극동방면군 제16군의 자하로프S. E. Zakharov 대령이 이끄는 제113저격여단의 상륙부대와 레오노프A. I. Leonov 해군대령이 이끄는 태평양함대의 양륙부대가 맡았는데, 서둘러 편성된 이들 부대는 8월 18일 모오카를 공격하기 위해 포스토바야Postovaia와 바니노Vnino를 출항했다.[11]

19일에 소련군함은 모오카항에 접근하자 먼저 함포사격을 가했다.

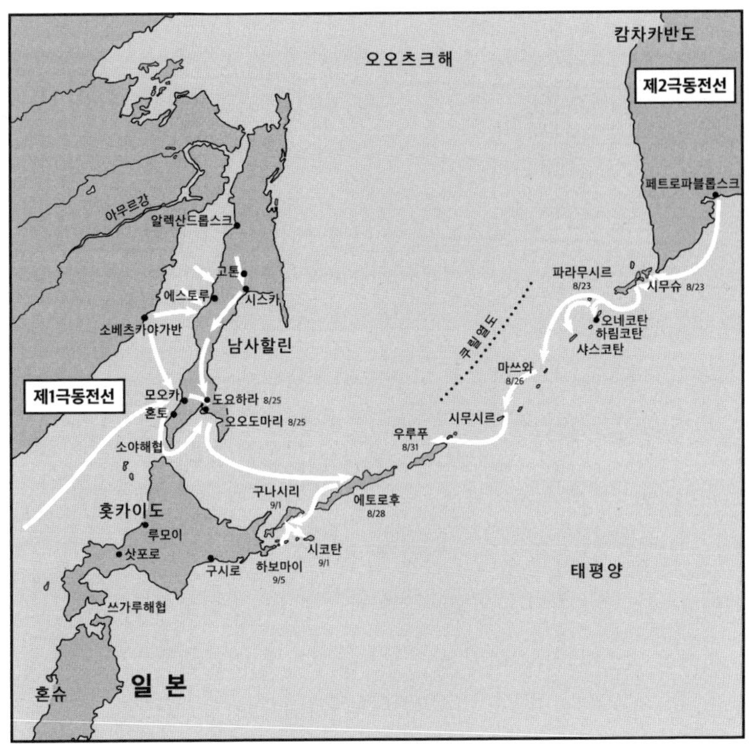

지도 4. 소련의 쿠릴 작전

그리고 모오카에 상륙한 뒤 홋카이도행 배를 타려고 몰려오는 일본인 군중을 향해 총을 난사했다. 일반 주민은 공황상태에 빠져 우왕좌왕하며 도망쳤다. 모오카의 방어를 담당하고 있던 보병 제25연대 제1대대는 발포금지령에도 불구하고 이에 응전했고 치열한 시가전이 시작됐다. 오후 2시까지 전 도시가 소련군 지배 아래 들어갔다. 7시 30분에 대대장은 교섭 사자 17명을 파견했으나 소련군 사령부에 도착하기도 전에 한 사람을 제외하고 전원 사살당했다.[12]

모오카를 점령한 뒤 소련의 군사목적은 오오도마리를 점거하는 것이었다. 자하로프 부대는 철도 선로를 따라 육상으로 오오도마리 방면으로 침공했다. 24일 아침까지 오오도마리를 점거하라는 명령을 받은 레오노프는 재빨리 상륙부대를 편성해 모오카를 출항했다. 그러나 레오노프 함대는 모오카를 출항한 뒤 23일부터 24일에 걸쳐 폭풍우를 만나는 바람에 소야해협을 통과하지 못해 서쪽 해안의 혼토本斗에 상륙할 수밖에 없었다.[13] 24일, 폭풍우가 물러간 뒤 레오노프 부대는 오오도마리로 향했다. 25일에 소련군은 수륙양면에서 오오도마리를 공격해 그곳을 점거했다. 오오도마리 점거는 제56저격병단이 도요하라를 점거한 것과 동시에 진행됐다. 8월 26일에 일본 제5방면군은 사할린의 모든 부대에 항복 명령을 발령했다. 사할린 작전이 종료됐다. 그러나 작전은 바실렙스키가 지정한 목표일보다 4일이나 뒤늦게 완료됐다.

미국은 소련이 남사할린을 일본으로부터 돌려받을 권리가 있다는 것을 늘 강조했다. 따라서 소련이 남사할린에서 군사행동을 하는 데 반대할 이유는 없었다. 하지만 소련은 남사할린 점령을 특별히 서둘러야만 했다. 이는 그다음에 계획돼 있던 홋카이도, 쿠릴 작전을 위한 준비였다.

스탈린의 쿠릴 작전 명령

얄타조약은 소련의 참전 대가로 쿠릴이 소련에 '인도된다'고 규정했으나, 그 쿠릴에 대한 엄밀한 정의는 내려져 있지 않았다. 포츠담회담 당시 공동군사회의에서 소련 참모본부와 미국의 통합참모본부는 쿠릴열도가 북단의 4개 섬을 제외하고 미국의 군사행동 범위라는 데 합의했다. 그러나 소련은 오호츠크해를 공동 군사행동 범위로 인정받음으로써 쿠릴에 관여하기 위한 발판을 마련하는 데 성공했다.[14] 따라서 스탈린은 쿠릴 작전을 수행할 때 미국이 어떻게 반응할지 살피면서 동시에 되도록 신속하게 점거해야 하는 미묘한 과제에 직면해 있었다.

블라디보스토크 시간으로 8월 15일, 모스크바 시간으로는 아직 8월 14일 저녁에 바실렙스키는 푸르카예프와 유마세프I. S. Iumashev에게 다른 방면군의 지원을 기대하지 말고 북쿠릴열도를 점거하라는 명령을 내렸다. 일본의 제5방면군이 쿠릴의 북쪽 끝 섬들의 방위가 홋카이도와 혼슈의 방위를 위해 불가결한 것으로 봤듯이, 소련의 지도자도 이들 섬을 점거하는 것이 태평양으로 나아가는 중요한 출입구를 확보하는 데 필요하다고 생각했다. 푸르카예프는 사령관에게 "일본의 항복이 예상되고 있다. 이 유리한 상황을 이용해서 시무슈占守, 파라무시르幌筵, 오네코탄温禰古丹을 점거할 필요가 있다"고 명령했다.[15]

바실렙스키는 아마도 스탈린의 명령을 따라 공격 지시를 했을 것이다. 미국 정부가 일본 정부의 포츠담선언 수락 소식을 들은 것은 모스크바 시간으로 오후 8시였다. 따라서 스탈린이 쿠릴 작전을 개시한 것은 일본 정부의 종전 결정이 계기가 됐을 게 분명하다.[16] 만주, 조선, 남사할린 작전은 순조롭게 진행됐으나 쿠릴에 관해서는 아직 어떤 군사행동도 계획돼 있지 않았다. 스탈린은 항복 직전의 일본 상황을 보고 틀림없이 즉시 쿠릴 작전을 전개할 필요가 있다고 느꼈을 것이다. "다른 방면군의 지원을 기대하지 말고"라는 바실렙스키의 명령은 그 작전이 급조된 것임을 말해준다. 스탈린은 서두르고 있었던 것이다.

바실렙스키의 명령에 따라 푸르카예프는 북쿠릴 작전에 제101저격사단 2연대, 태평양함대 해병대 2개 또는 3개 소대, 제128항공사단, 페트로파블롭스크 기지에 있는 모든 함선과 부유浮游 수단, 상선을 이용하도록 지시했다. 이는 강고한 요새를 공격하기에는 너무 빈약한 병력이었다. 북쿠릴 작전의 사령관에 임명된 캄차카방위지구 사령관 그네치코Gnechko 해군소장은 작전 종료 뒤 그 작전이 얼마나 날림으로 수행됐는지 자세히 보고했다.

먼저 그네치코는 겨우 이틀 안에 모든 작전을 입안해야 했다. 또 상륙작전을 수행하기 위해 필요한 함선, 총포가 부족했다. 준비와 무기 부족을 메우기 위해 목전에 다가온 일본의 항복으로 조성될 '정치적 상황'을 이용해서 기습을 하기로 했다. 그네치코는 8월 16일 오후 11시까지 상륙부대를 시무슈의 북단에 보내 기습을 가한 뒤 상륙하고, 그 뒤에 주력부대가 남단의 가타오카片岡 기지를 침공해서 8월 17일 오후 11시까지 섬 전체를 점령할 계획이었다. 그리고 점거된 시무슈섬을 근거지로 삼아 파라무시르와 오네코탄을 점거할 계획을 세웠다.[17] 그 이상의 계획은 그 단계에서는 마련되지 않았다.

미국이 소련의 쿠릴 작전에 어떻게 대응할 것인지 알 수 없었기 때문에 스탈린은 조심스럽게 행동할 수밖에 없었다. 그는 분명히 소련의 군사행동 범위라고 미국이 인정한 시무슈와 파라무시르의 점거를 명하고, 장차 작전의 근거지로 삼으려 했다. 그러나 바실렙스키의 명령에는 미국의 군사행동 범위였던 오네코탄도 포함돼 있었던 점에 주목해야 한다. 그것은 미국의 반응을 떠보기 위해서였을 것이다. 만일 미국의 저항에 부닥친다면 스탈린은 후퇴하고, 만일 저항이 없다면 쿠릴 작전을 북쿠릴부터 중쿠릴, 남쿠릴로 확장해갈 예정이었던 것으로 생각된다.

그네치코와 캄차카방위지구 사령부는 페트로파블롭스크를 출발하기 전에 많은 과제를 완수해야 했다. 상세한 작전계획 입안, 동원될 군대의 이동, 이들 군대의 실전 준비, 특히 육해공군 사이의 작전 조정, 어선, 상선의 조달과 이를 군사목적으로 변형하는 것, 총포, 통신장비 적재, 각 부대 사령관에 대한 명령 전달, 각 부대의 상태 파악 등을 모두 36시간 안에 마무리해야만 했다. 이처럼 성급하고 또 날림으로 짠 계획은 주도면밀하게 준비된 만주에서의 '8월의 폭풍'• 작전과는 대조적이었다. 따라서 많은 실수가 끼어들 수밖에 없었다. 예컨대 무기와 기재를 배에 황급히, 아무렇게나 싣는 바람에 상륙에 필요한 무기와 탄약이 배 밑바닥에 깔리는 실수가 있었다. 이 때문에 상륙한 뒤에 이들 무기와 탄약을 꺼내기 위해 그 위에 쌓인 물품을 제거해야 했다.[18]

8월 17일 오전 4시, 예정보다 두 시간 늦게 선단이 페트로파블롭스크의 아바차만을 출항했다. 경비함 '제르진스키'가 이끄는 선단은 짙은 안개가 낀 어두운 바다 70해리를, 거의 불빛 없이 수기手旗 신호와 초단파에만 의지한 채 소리 없이 미끄러지듯 나아갔다. 이는 제2차 세

• 1945년 8월 8일 대일 선전을 포고한 뒤 나가사키에 원자폭탄이 떨어진 날인 9일 0시(소련 자바이칼 시간)부터 일제히 시작된 소련군의 공격을 통칭한다. 이 작전은 일본의 공식적인 항복 전까지 일본이 점령하고 있던 동북아시아 지역을 삽시간에 전격적으로 장악하기 위한 것이었다. 특히 쿠릴열도에 대한 소련군의 점령작전은 9월 2일 일본이 항복문서에 조인한 뒤에도 5일까지 이어졌다. 그리하여 미군이 한반도에 처음 상륙한 9월 8일, 소련은 미국과 합의한 일본군 무장해제를 명분으로 38도선 이북의 한반도 북부를 비롯한 모든 점령 예정지에 대한 작전을 이미 완료한 뒤였다.

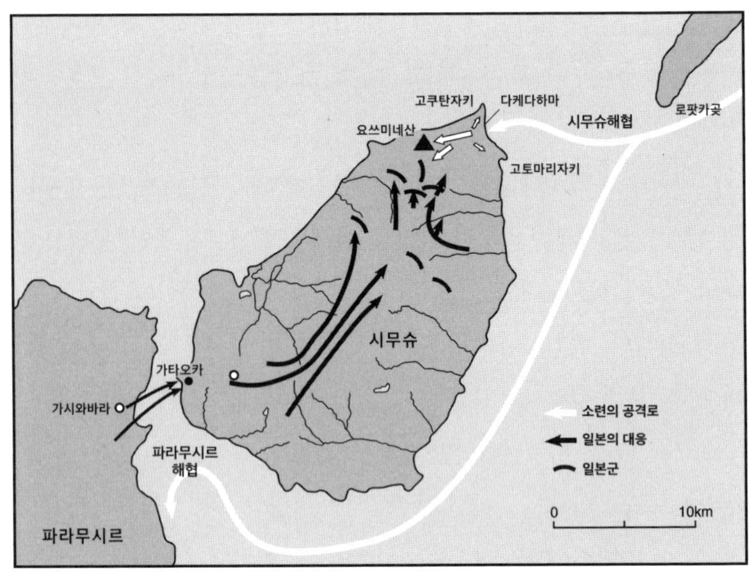

지도 5. 시무슈전투

출처: Nakayma Takashi, 1945nen natsu: saigono nissosen(Tokyo: Kokusho kankokai, 1995), p. 186; John J. Stephan, The Kuril Islands: Russo-Japanese Frontier in the Pacific(Oxford: Clarendon Press, 1974), p. 157

계대전을 통틀어 소련의 상륙부대가 경험한 가장 긴 선박 여행이었다.[19] 24시간의 항행 끝에 첫 함선이 8월 18일 오전 2시(일본 시간으로 오전 0시)에 시무슈섬의 북쪽 끝 앞바다에 도착했다. 두 시간 뒤에 다른 함선과 선박이 상륙 예정지인 다케다하마竹田浜를 정면으로 보면서 옆으로 늘어섰다.(지도 5 참조)

시무슈에서 전투가 시작되려 하고 있었다.

시무슈섬 전투

8월 18일 오전 2시 15분(일본 시간), 소련은 다케다하마 상륙작전을 개시했다.[20] 사령부가 사격하지 말라고 제지했음에도 소련 선박이 포격을 개시했다. 이를 신호로 다케다하마 양쪽 끝의 고쿠탄자키国端崎와 고토마리자키小泊崎에 설치된 포대에서 맹렬한 사격이 시작돼 상륙하기 어려웠다. 소련 병사들이 다케다하마에 상륙한 것은 7시가 되고 나서였다. 주력인 상륙부대는 9시에 처음 상륙했으나 연대장이 파손된 배에 남아 있었기 때문에 지휘할 사람 없이 행동할 수밖에 없었다. 상륙할 때 가장 큰 장애가 됐던 포대를 파괴하고 두 곶岬으로 향했어야 할 부대는 전진부대의 뒤를 쫓아 요쓰미네산 공격에 나섰다. 소련군은 전략적 고지인 요쓰미네산을 공격했으나 화기가 부족해 이를 점거할 수 없었다.

시무슈섬 방어를 담당했던 제91사단의 쓰쓰미 후사키堤不夾貴 사령관은 다케다하마에 상륙한 국적불명의 적이 소련인 줄 모른 채 제11전차연대와 제73보병여단에 반격하도록 명했다. 대본영이 18일 오후 4시를 정전 시각으로 설정한 것은 앞서 이미 얘기했지만, 치시마, 사할린, 홋카이도의 전투중지에 관해서는 현지에 "통째로 맡기고" 일절 관여하지 않았다. 이를 이용해서 쓰쓰미 사령관, 그리고 그 상관이었던 삿포로의 제5군사령관 히구치 이치로樋口一郎는 자위행동을 벗어나 상륙한 소련군을 물가에서 분쇄하는 작전을 가동했다.[21] 제11전차연대는 그때까지 전투에 참가할 수 없었던 울분을 씻기라도 하듯 보병도 없이 성급하게 전차부대를 전진시켰다. 그러나 이들은 대전차총을 휴대했던 소련군의 반격을 받아 거의 괴멸 직전 상태가 됐다. 쓰쓰미 사령관이 적이 소련군이라는 것을 알게 된 것은 그때였다.

소련의 부대가 상륙했을 때는 거의 모든 통신기가 물속에서 파손됐으나 딱 한 대가 살아남아 캄차카반도 남단 로팟카곶의 포병대와 앞바다에 대기하고 있던 함선과 연락을 하는 데 성공했다. 소련군은 양쪽에서 요쓰미네산에 틀어박혀 있던 일본군에게 포격을 가하기 시작했다. 쓰쓰미 사령관은 제74보병여단을 파라무시르에서 시무슈로 이동시켜 소련군과의 결전에 대비했다. 병력에서 우세했던 일본군이 소련군을 압도하는 것은 시간문제로 여겨졌다.

그러나 시무슈섬 전투의 운명은 전장이 아닌 다른 곳에서 결정됐다. 왜냐하면 그때까지 정전교섭을 현지에 맡겨온 대본영이 시무슈섬 싸움에서 일본군이 승리해버릴지 모른다는 정보를 접하고 공황상태에 빠졌기 때문이다. 즉 대본영이 순조롭게 일본의 항복을 완수하려 노력하고 있을 때, 그대로 두면 시무슈섬 전투에서 제91사단이 승리해버릴 수 있는 사태가 벌어지고 있었고, 그것은 종전 궤도에서 벗어나는 걸 의미했다. 따라서 대본영은 삿포로의 제5방면군에 18일 오후 4시로 설정돼 있던 정전을 준수하도록 명령했고, 제5방면군은 18일 정오 쓰쓰미에게 정당방위 이외의 군사행동을 금지하라는 명령을 내렸다. 그러나 전투가 한창일 때 제5방면군의 명령이 각 부대에 전달됐을지는 의문이다. 그보다 중요한 것은 18일 4시로 설정돼 있던 정전 시각인데, 그 시각을 계기로 일본군의 군사행동은 중지됐다. 쓰쓰미는 휴전교섭을 하기 위해 열 명으로 구성된 사자를 파견했으나 소련군은 백기를 들고 오는 사자들을 향해 발포했다. 그사이 일본군이 저항을 중지한 상황을 이용해 소련군은 진격했다. 그리고 마침내 요쓰미네산 고지를 점거했다. 그날 밤 상륙부대는 두 포대를 급습해 최대의 위협거리를 제거했다.[22]

8월 19일, 소련군은 앞바다에 정박해 있던 선박에서 총포, 무기, 탄약을 내리기 시작했으나 일본군은 이를 방해하려 하지 않았다. 대본영은 시무슈에서 벌어진 뜻밖의 전투에 놀라 제5방면군에 정당방위라 하더라도 "천황의 명령에 따라" 어떠한 군사행동도 금지한다는 명령을 내렸다. 휴전교섭이 다케다하마에서 진행됐다. 8월 20일, 휴전협정을 토대로 소련 함대가 가타오카 기지를 점거하기 위해 가타오카만을 향해 나아갔으나 안벽에 설치돼 있던 포대로부터 거센 포격을 당했다. 쓰쓰미 제91사단 사령관이 제5방면군으로부터 정당방위라고 해도 어떤 군사행동도 금지한다는 엄명을 받은 것은 그 뒤의 일이었다. 다음날인 8월 21일, 파라무시르의 가시와바라 앞바다 소련 함선 위에서 쓰쓰미와 그네치코는 휴전협정에 서명했다.[23]

시무슈전투는 소련의 쿠릴 작전이 안고 있던 큰 약점을 드러냈다. 스탈린은 틀림없이 얄타협정에서 약속받은 영토를 획득하기 전에 전쟁이 끝나버릴까 걱정하고 있었을 것이다. 소련 병사 한 사람 한 사람은 분명히 영웅적으로 싸웠겠지만 침공 작전은 두서없는 계획을 토대로 졸렬하게 수행됐다. 준비 부족, 치밀한 계산도 정합성도 결여된 작전계획, 함선·총포·탄약의 부족, 병력의 수적인 열세 등은 8월 18일까지 시무슈 점령이라는 임무 수행을 불가능하게 만들었다.

그네치코의 상륙부대는 8천8백 명의 병사들로 구성됐다. 이에 비해 시무슈를 방어하는 일본군은 8천5백 명이었고, 파라무시르의 군을 합하면 2만 3천 명이었다. 공격하는 쪽의 병력은 방어하는 쪽의 세 배가 돼야 한다는 전투의 철칙을 고려하면 견고한 요새 시무슈를 이런 병력으로 공격하는 것이 얼마나 무모한 일이었는지 알 수 있다.[24] 소련의 함선, 선박이 실었던 짐은 너무 무거워서 해안에서 100~150미터 떨어진 앞바다, 수심 2미터 지점에 정박할 수밖에 없었다. 병사들은 무거운 장비를 지고 무기를 손에 든 채 바다에 뛰어들어야 했다. 단 한 대를 빼고, 22대의 통신기기 모두가 소금물에 젖어 기능을 할 수 없었다. 살아남은 한 대의 통신기기마저도 병사 한 명이 머리까지 물에 잠기는 상황에서 기절 직전까지 가는 사투 끝에 어떻게든 수면 위로 밀어올린 덕분에 겨우 해안까지 운반해서 구해냈다. 게다가 기습 상륙을 감행하기 위해 포격은 금지돼 있었음에도 누군가가 포격을 개시하는 바람에 작전은 엉망이 되고 말았다. 그래도 소련군이 시무슈를 점령할 수 있었던 것은 대본영이 제91사단에게 승리하지 말 것을 명령했기 때문이다.

시무슈전투에서 일본은 전사자 수를 조사할 기회도 없었다. 소련 자료에 따르면 사상자 수는 일본 쪽이 1,018명, 소련 쪽이 1,567명이었다. 시무슈전투는 태평양전쟁(따라서 제2차 세계대전) 최후의 전투였다. 왜 스탈린은 이처럼 값비싼 희생을 치르고 시무슈전투를 강행했던 것일까? 시무슈를 점거하는 것이 목적이었다면 그저 사자를 파견해서 휴전교섭을 하는 것만으로도 해결됐을 일이었다. 일본군은 항복하기 위해 대기하고 있었기 때문이다. 그렇게 했다면 더 빨리, 즉 8월 18일에 시무슈를 손에 넣을 수 있었을 것이다. 스탈린이 판단을 잘못한 것일까? 그렇지 않으면 성급한 공격을 가한 것일까? 아마노 그 눌 모두 가능성이 없다고 할 수는 없을 것이다. 하지만 제3의 가능성도 존재한다. 스탈린은 쿠릴 작전에서 소련 병사들의 희생이 필요했을지도 모른다. 소련 병사들이 피를 흘리며 확보한 쿠릴, 아니 쿠릴 전체를 소련의 영토에 편입해야 했다. 소련 병사들의 희생은 쿠릴을 손에 넣기 위한 담보물로서의 계약금(선불)이었다.

일본군이 가미카제 특공대와 인간어뢰 등의 수단을 동원하지 않았음에도, 또한 대본영이나 제5방면군이 공격 금지명령을 내렸음에도 소련군이 상륙 과정에서 큰 타격을 입은 것은 항복하지 않았다면 실행됐을 미국의 본토상륙 작전에 하나의 교훈을 주었다. 마셜이 6월 18일 백악관의 군사회의에서 올림픽작전에 대해 보고했을 때 규슈에 배치된 일본군은 4개 사단 35만 명을 넘지 않을 것이라고 예측했다. 그러나 시무슈전투가 벌어질 무렵 미국의 군사계획자는 규슈에 마셜의 예측을 훨씬 능가하는 14개 사단 62만 5천 명의 병사들이 배치돼 있다는 정보를 입수했다. 미국의 군사계획자가 시무슈전투를 주의 깊게 지켜봤는지는 정확히 알 수 없다. 그러나 그 전투가 의미하는 것은, 만일 올림픽작전이 실행된다면 상륙하는 미국군에게 큰 타격을 가할 수 있다고 한 일본군의 주장이 결코 허풍이 아니라 상당히 현실성이 있었다는 것이다. 역사학자 리처드 프랭크가 주장하듯이 "일본군이 규슈에 (군사력을) 증강한 것은 (미군의) 상륙작전을 불가능하게 만들었다"는 결론은 옳았다고 할 수 있다.[25]

스탈린이 쿠릴 작전을 수행하면서 미국의 반응에 민감했다는 점에 유의해야 한다. 8월 18일에 대본영은 시무슈에 대한 공격 소식을 접하고 마닐라의 맥아더 사령부에 긴급 전보로 문의했다. 대본영은 연합국의 군대가 시무슈를 공격했으며, 일본군이 자기방어를 위해 교전을 할 수밖에 없었다며, 전투를 즉시 중지시킬 필요가 있다고 타전했다. 맥아더 사령부는 그 전보를 곧바로 모스크바에 보냈다. 소련 최고사령부는 그 정보를 전달받고 경악했다. 합의된 군사행동 범위를 넘어 미국군이 시무슈에 상륙한 것이 아닌가 하고 의심했던 것이다. 슬라빈Slavin 장군은 곧바로 모스크바 주재 미국 군사사절단 대표인 딘에게 대본영이 보고해온 상륙군이 미국군인지 문의했다. 소련 지도부는 맥아더로부터 시무슈에 상륙한 것은 미국군이 아니라는 설명을 듣고 나서야 비로소 안도했다.[26]

소련의 군사행동에 대한 미국의 반응

스탈린은 연합국 최고사령관은 단 한 사람이며, 그가 맥아더라는 것을 마지못해 인정했으나 소련이 점거한 영토에서 맥아더의 권위를 인정할 의사는 갖고 있지 않았다. 8월 15일, 맥아더는 모스크바의 딘을 통해 소련 참모본부에 점령지역에서 "일본군에 대한 공격적 행동을 중지"할 것을 요구하는 '훈령'을 보냈다. 맥아더의 도를 넘은 명령은 즉각 안토노프의 반응을 불러일으켰다. 안토노프는 16일 딘에게 답했다.

> 극동의 일본군에 대해 소련군이 군사행동을 계속할지 중지할지는 소련군 총사령관만이 결정할 수 있는 사항이다.[27]

미국 통합참모본부에서는 안토노프에 대한 맥아더의 훈령을 놓고 의견이 갈렸다. 참모장보좌 헐은 맥아더가 소련군에 대한 권한을 갖고 있지 않다는 것을 인정하고, 따라서 그 훈령은 단지 '정보'로 보낸 것이라고 했다. 헐은 안토노프가 회답에서 미소 간의 오해를 지적한 부분을 인정했다. 그러나 해군작전부장 쿠크Charles Cooke 제독은 "잽(일본)을 치는 걸 그만두라고 요구할 수 없는 이유는 없다"고 반대했다. 통합참모본부는 소련과 분쟁이 일어나는 걸 바라지 않았다. 마셜은 맥아더와 딘 두 사람에게 맥아더의 첫 훈령을 발송하는 과정에서 실수가 있었으며 그것은 훈령이 아니라 단지 정보로서 보낸 것이라는 결정을 전달했다.[28] 이 건에서만큼은 소련이 짖어대자 미국이 뒤로 물러났던 것이다.

그러나 미국 지도부는 소련의 쿠릴 작전 전개를 우려하기 시작했다. 포츠담에서 합의된 군사행동의 범위는 소련이 전쟁에 참가한 뒤에도 유효했다. 그 합의하에 8월 13일 통합참모본부는 니미츠 제독에게 오네코탄 해협 이남의 쿠릴열도에서 일본의 항복을 받아들일 준비를 하라고 명령했다.[29] 8월 14일, 그런 이해를 토대로 통합참모본부는 맥아더가 발표할 '일반명령 1호'의 초안을 작성하고, 일본군이 연합국 군대의 어떤 사령관에게 항복할 것인지를 규정했다. '일반명령 1호'에서 가장 중요한 부분은 다음 1항 b다. 거기에는 이렇게 규정돼 있었다.

> 만주, 위도 38도선 이북의 조선, 사할린 육해공군과 거기에 부속된 모든 일본군 및 일본 상급사령관은 극동 소련군 총사령관에게 항복한다.

이 항에서 중요한 것은 일본군이 소련군에게 항복할 지역에 쿠릴열도가 포함돼 있지 않았다는 것이다.[30]

'일반명령 1호'의 부속문서 E에는 "연합국(미국) 최고사령관이 정한 방법, 우선순위, 일정에 따라 일본의 모든 군인과 그 민간직원들은 (일본 본국으로) 돌아간다"고 돼 있고, 그 지역 속에 '쿠릴열도'가 포함돼 있었다. 그리고 그 문서는 "일본인 이외의 주민을 강제로 이동시키는 것, 주민에게 위해를 가하는 것, 그 재산에 손해를 끼치는 것, 동물, 창고에 저장돼 있는 식량, 사료, 연료, 기타 물품이나 상품을 가지고 가는 것, 약탈, 절도 또는 허가받지 않은 모든 행동"을 엄격히 금지했다.[31] 소련 점령지구에서 이들 금지된 행위가 대규모로 일어났다는 사실은 잘 알려져 있다.

5월에 그루가 얄타조약의 조항 재교섭을 제안했을 때, 스팀슨은 쿠릴을 내버려둔 사실을 떠올렸다. 그때 본스틸 대령은 스팀슨에 반대해 쿠릴을 간단히 소련에 인도해서는 안 된다고 경고했다. 본스틸은 스팀슨의 메모 여백에 다음과 같이 기록했다.

> 솔직히 말해서, 우리가 대항해야 할 아시아의 유일한 적은 러시아라는 것을 잘 알고 있을 것이다. 우리가 이렇게 많은 사람과 돈을 들여서 태평양에서의 안전을 확보하고 있을 때, 우리를 공격하기에 가장 좋은 항공로에 우리의 기지를 요구하는 것이 왜 나쁘다는 것인가?

6월과 7월에 쿠릴의 귀속에 관해 교섭할 때 통합본부가 쿠릴열도의 섬 한 곳에 미국의 기지를 설치하겠다고 요구한 것은 본스틸의 권고를

반영한 것이었다.[32]

포츠담회담에서부터 소련의 참전에 이르기까지 기간에 미국 지도자들 사이에 쿠릴 문제가 어떻게 토의됐는지는 알려져 있지 않다. 그러나 작전부에서는 미국이 소련의 쿠릴 작전에 적극적으로 대항해서 소련의 점거를 저지해야 한다는 의견이 대두되고 있었던 것은 확실하다. 작전부 강경파는 포츠담 군사회의에서 북쪽 끝 네 개 섬을 제외한 쿠릴열도는 미국의 군사행동 범위 내에 들어간다고 합의한 사실을 언급하며 쿠릴에서 소련을 배제하려고 했다. 역사학자 갈리치오Marc Gallichio에 따르면, 본스틸이 '일반명령 1호'의 초안을 완성한 날에 합동전쟁계획위원회는 마쓰와와 파라무시르에 미군을 파견해 그 섬들을 점거해서 쿠릴열도에 미국 기지를 설치하기 위한 교섭을 유리하게 끌고 가라고 권고했다. 파라무시르는 소련의 군사행동 범위에 속한다. 따라서 그곳에서의 군사행동은 소련에게 적대적인 것으로 간주될 게 뻔했다.

소련이 쿠릴 작전을 개시할 것이라고 예측한 작전부의 강경파는 정치지도자들에게 적어도 남쿠릴섬 몇 곳은 점거해야 한다고 주장했다. 갈리치오에 따르면 "매클로이는 번스 국무장관에게 쿠릴의 섬 몇 개를 점거하도록 설득해봤으나" 번스는 "우리는 이미 러시아인들에게 쿠릴을 주기로 약속했고 그 약속을 깨면 안 된다"며 권고를 받아들이지 않았다.[33]

8월 12일에 3부조정위원회(SWNCC)에서 일반명령 1호가 토의됐다. 거기에서 국무차관보 제임스 던이 일반명령 1호와 얄타협정 사이에는 어떤 모순도 발견할 수 없다고 말했다. 그러나 3부조정위원회는 그 점에 대해 결론을 내리기 전에 쿠릴에 관해 미국이 어떤 관여를 했는지 자료를 제출해달라고 던에게 요청했다. 본스틸은 3부조정위원회의 멤버는 아니었으나 그 회의에 참석했다. 3부조정위원회는 분명히 매클로이의 의견에 영향을 받고 있었다. 매클로이는 해군참모본부의 참모보좌인 가드너M. B. Gardner 제독에게, 그 건에 관한 예비적 명령을 니미츠 제독에게 내려 어느 섬에 우리의 항공기지를 설치하는 게 좋을지 결정하도록 지시하라고 요구했다.[34] 그날 저녁에 던과 매클로이는 번스와 회견했다. 치열한 토의 끝에 결국 번스는 매클로이의 의견을 수용하고, "쿠릴에서의 미군 작전 범위를, 니미츠가 활용할 수 있는 일본군 항복 라인의 북쪽 경계까지 최대한 확대한다"는 데 합의했다. 본스틸과 포레스털의 지지를 받은 매클로이는 국무부의 반대를 무릅쓰고 소련의 쿠릴 작전에 대항해 강경노선을 주장했던 것이다.

그러나 미국 지도자들은 쿠릴보다 만주와 조선에서 소련의 군사행동 쪽을 걱정하고 있었다. 8월 10일부터 11일에 걸친 장시간의 3부조정위원회 회의 결과 본스틸과 딘 러스크Dean Rusk 소령에게 조선에서 미소 군사행동 범위를 결정하는 과제가 주어졌다. 매클로이는 두 사람에게 미군이 도달 가능한 범위 내에서 "될 수 있는 한 북쪽에서 일본군의 항복을 받아내도록" 하라는 지시를 내렸다. 벽에 걸려 있던 작은 극동 지도를 보면서 본스틸은 미군이 도달할 수 있는 범위보다는 좀 더 북쪽이지만, 북위 38도선이 서울을 남쪽에 두고 대체로 조선을 양분한다고 지적하면서 이를 경계선으로 삼기로 결정했다.[35] 미국 지도자들은 이처럼 그때그때 되는 대로 자의적으로 내려진 결정이 나중에 소련의 반대에 부닥치게 될 것을 우려했다.

8월 11일에 트루먼은 마셜과 킹에게 일본이 항복한 뒤에 "만일 그 항구들이 아직 소련군에게 점거당하지 않은 경우" 다롄과 조선의 항구 중 하나를 점거할 준비를 해두라고 갑작스레 지시했다. 그 명령에 따라 해군은 작전계획을 준비하기 시작했다. 그날 오후 미해군 작전부장 쿠크는 헐에게 일반명령 1호의 다롄과 조선에 관한 조항에 불만을 토로했다. 38도선 이북의 조선과 만주 전체를 소련에 넘기는 것은 소련이 이들 지역을 점령하는 데 동의하는 것과 같다고 쿠크는 주장했다. 헐은 그런 의견을 매클로이에게 전달하겠다고 약속했다.[36]

8월 15일, 트루먼은 애틀리, 스탈린, 장제스에게 "미국은 일본의 항복을 앞당기기 위해, 또한 지방에서의 군사충돌을 피하기 위해 아시아 대륙 해안지역에 해군과 공군을 사용하겠다"고 통고했다.[37] 그 통고는 일반명령 1호에서 규정된 경계선을 넘어 중국, 만주, 조선을 포함한 아시아 대륙의 해안선에서 군사행동을 취하겠다고 선언한 것이었다. 선언 자체는 넓은 지역을 포함하고 있었지만 미국의 구체적인 목표는 다롄과 조선의 해안지대를 점거하는 것이었다. 흥미로운 것은, 이 문서의 부속 문서에 남사할린의 오오도마리를 점거할 가능성도 시사돼 있었다는 점이다.[38]

소련과 미국 사이에 새로운 경쟁이 시작됐다. 그것은 어느 쪽이 다롄에 먼저 도달해서 항구를 점거하느냐는 경쟁이었다. 미국에도, 소련에도 다롄 점거는 중요했다. 두 나라 모두 군사충돌은 피하려고 했으나 그 가능성을 완전히 배제할 순 없었다.

트루먼과 스탈린, 일반명령 1호로 충돌하다

8월 15일에 트루먼은 해리먼을 통해서 일반명령 1호를 스탈린에게 보냈다. 스탈린은 그다음 날(16일) 즉시 해리먼과 워싱턴의 그로미코 대사를 통해 트루먼에게 회답했다. 회답은 일반명령 1호의 내용을 원칙적으로 받아들일 수 있다면서 얼핏 보기에 호의적으로 시작했다. 그러나 스탈린은 두 가지 수정을 제안했다. 첫째로, "얄타협정에 따라 일본군이 소련군에게 항복할 지역에 모든 쿠릴열도를 포함시킨다"는 것이었다. 두 번째 수정안은 더욱 대담했다. 일본군이 소련군에게 항복할 지역에 구시로釧路와 루모이留萌를 잇는 선을 경계로 해서 그 북쪽의 홋카이도를 덧붙인다는 제안이었다.(527쪽 지도 4 참조)

스탈린은 두 번째 수정안을 제안한 이유를 이렇게 설명했다. 일본은 1919년부터 1922년에 이르는 소련의 내전기에 소련 극동지역을 자신들의 지배 아래 두었다. 따라서 소련이 일본 본토의 일부를 점령하지 않으면 "러시아의 여론은 큰 굴욕감을 느낄 것이다."[39]

스탈린이 여기서 "모든 쿠릴열도"를 요구한 것은 얄타협정 내용을 넘어서는 것이었다. 얄타협정은 분명히 '쿠릴열도의 인도'를 약속했지만 그 범위는 정의돼 있지 않았기 때문이다. 여기서 스탈린이 쿠릴열도와 일본 본토의 일부인 홋카이도를 명확하게 구별하고 있는 점에 주목해야 한다. 즉 스탈린은 홋카이도를 일본 본토로 정의함으로써 명백히 쿠릴은 일본 본토에 속하지 않는다는 것, 한 걸음 더 나아가 쿠릴은 소련에 속하는 섬이라는 것, 따라서 쿠릴열도는 소련에 '인도되는' 것이 아니라 '반환돼야 하는' 것임을 시사한 것이다. 따라서 이는 얄타협정에 의거한 것이 아니라 얄타협정 자체를 적극적으로 수정한 것이다.

스탈린의 의도는 마닐라에 있는 맥아더 사령부에 소련군 대표로 임명돼 부임한 데레비안코Kuzma Derevianko 중장에게 보낸 8월 17일 훈령 속에 더 분명하게 드러난다. 그 훈령에서 스탈린은 데레비안코에게 쿠릴과 구시로에서 루모이에 이르는 경계선의 북쪽 홋카이도를 소련의 점령지역에 포함시키도록 요구하라고 명령했다. 그리고 그 훈령은 도쿄에 소련 점령지구를 설치해서 소련군을 그 지구에 배치하는 내용도 담고 있었다.[40] 스탈린은 일본 점령이 독일 점령과 비슷한 방식으로 이루어질 것이라 예상하고 있었던 게 분명하다. 도쿄가 베를린처럼 미국, 영국, 중국, 소련의 4개국 점령지구로 분할돼야 한다고 생각하고 있었던 것이다.

맥아더 회고록에 따르면, 마닐라의 맥아더 사령부에 도착한 소련 대표 데레비안코는 스탈린의 훈령대로 맥아더에게 소련이 홋카이도 북쪽 반을 점거할 것, 일본을 소련 점령지역과 미국 점령지역 둘로 양분할 것, 연합국 최고사령관의 권한은 소련 점령지역의 소련군에게는 미치지 않는다는 것을 인정해달라고 요구했다. 맥아더가 그 요구를 거부하자 데레비안코는 큰소리를 치면서 소련은 맥아더를 연합국 최고사령관 지위에서 끌어내릴 것이라고 위협했다. 그리고 소련군은 맥아더의 의도와 상관없이 필요하다고 인정되는 영토를 점거할 것이라고 선언했다. 맥아더는 이에 대해 만일 소련군 병사 한 명이라도 연합국 최고사령관의 허가 없이 일본에 발을 들여놓을 경우 데레비안코를 포함한 모든 소련 대표단을 감옥에 처넣겠다고 대답했다. 데레비안코는 그 대답에 마치 자기 귀를 의심하듯 맥아더를 노려보며 정중하게 "신에게 맹세코 귀하가 이를 실행에 옮기리라는 것을 의심하지 않겠다"고 말한 뒤 물러났다. 그 뒤 데레비안코는 같은 요구를 한 적이 없었다.[41] 맥아더는 데레비안코가 언제 그런 요구를 했는지는 기억하지 못했지만, 아마도 스탈린의 훈령을 받았던 17일이나 적어도 그다음 날인 18일이었을 것으로 추정된다. 또 데레비안코가 도쿄에 소련 점령지구를 설치하는 안을 제안했는지에 대해서도 기록하지 않았다. 그러나 데레비안코가 맥아더와의 회견 기록을 모스크바에 보낸 것은 분명하다.

트루먼은 스탈린에게 보낼 답장을 17일에 작성하고 이를 18일에 보냈다. 트루먼은 "일반명령 1호를, 극동 소련군 사령관에게 항복하게 될 지역에 모든 쿠릴열도를 포함시키는 것으로 수정한다"는 것에 동의했다. 그 점을 양보하면서 대통령은 "군사적 목적과 함께 상업적 이용을 위해" 쿠릴열도 중의 섬 한 곳, 될 수 있으면 중앙에 있는 섬에 미국의 비행기가 상륙할 수 있는 기지의 권리를 부여해달라고 요구했다. 그리고 스탈린의 홋카이도 일부에 관한 요구에 대해서는 단호히 거부했다.

> 일본의 모든 본토, 즉 홋카이도, 혼슈, 시코쿠, 규슈의 일본군은 맥아더 장군에게 항복하게 하는 것이 내 의도이며, 이미 그것을 위한 조치를 취했다.[42]

트루먼이 스탈린의 회답을 받은 8월 16일부터 그 회답에 대한 새 회답을 쓴 17일 사이에 도대체 어떤 토의가 벌어졌는지는 아직 알려져 있지 않다. 트루먼 회답의 최초 초안에는 쿠릴에 관한 양보와 홋카이도에 대한 요구를 거부하는 내용이 포함돼 있었으나, 쿠릴의 항공기지에 관한 요구는 포함돼 있지 않았다.[43] 나중에 소개할 헐과 쿠크의 전화 통화를 살펴보면, 통합참모본부와 국무부 사이에서, 그리고 3부조정위원회 회의에서 스탈린의 회답을 토의했음을 짐작할 수 있다. 이를 보여주는 증거는 없지만 스탈린에 대한 회답을 작성할 때 매클로이와 번스 사이에서 격렬한 대화가 오간 것으로 추정된다. 아마도 매클로이는 작전부가 요구한 쿠릴 작전을 포기하는 대신 그루, 스팀슨, 마셜이 제기한 쿠릴 기지에 대한 요구를 포함시켰을 것이다. 링컨 소장은 떨떠름해하면서도 쿠릴에 관한 스탈린의 요구를 받아들였다.

알타에서 미국은 쿠릴이 소련 땅이 된다는 것을 인정했다. 육군부에는 알타에서 쿠릴이 소련에 인도될 협정에 유보조건을 달았다는 문서는 존재하지 않는다. 홉킨스 씨가 모스크바를 5~6월에 방문해 쿠릴 문제를 토의했음을 증명하는 문서는 육군부에는 존재하지 않는다.

링컨은 알타에서 또는 홉킨스가 방문했을 때 육군부가 쿠릴 문제를 진지하게 다뤘어야 했지만 그러지 않았기 때문에 지금은 이를 받아들이는 수밖에 없다는 의견을 제시한 것이다. 육군부의 후퇴는 국무부를 기쁘게 만들었다. 스탈린의 회답에 대한 회답은 "국무부와 레이히 제독에 의해" 작성됐다.[44]

홋카이도에 관해 트루먼은 스탈린의 요구를 완강하게 거부했다. 그러나 미국의 입장이 처음부터 강경했던 것은 아니다. 육군부가 점령정책을 검토한 문서 속에는 일본을 점령지구로 분할하는 안이 존재했다.

어느 안에서는 소련에 홋카이도를 준다고 했다가 또 다른 안에서는 소련에 홋카이도와 도호쿠지방을 점령지구로 관할하게 한다고 했다.[45] 그러나 그런 안은 군사계획자의 책상 위 계획이었을 뿐이다. 그것을 스팀슨에게 보냈을 때 스팀슨은 홋카이도는 미국의 점령지구에 포함돼야 한다고 강하게 주장했다. 스팀슨의 의견이 받아들여져 스탈린의 회답에 대한 회답의 토대가 됐다. 그러나 스팀슨은 휴가 중이어서 이미 워싱턴을 떠나 있었기 때문에 그가 회답의 입안에 관여하는 건 불가능했다. 뒷받침하는 증거는 없지만 아마도 그 회답을 입안한 것은 번스였을 것이다.

8월 16일의 스탈린의 첫 회답은 교묘하게 작성된 문서였다. 트루먼은 스탈린의 수정안을 거부하기가 어려웠다. 홋카이도 분할 요구를 거부했기 때문에 쿠릴 전체를 넘기라는 수정안마저 거부하는 건 부담스러웠다. 만일 두 가지 모두 거부한다면 스탈린은 일반명령 1호 자체를 인정하려 하지 않았을지도 모른다. 그렇게 되면 소련이 조선에서 38도선 이남으로 진격해올 가능성을 배제할 수 없었고, 만주에서도 소련과의 협력이 곤란해질지 모를 일이었다. 쿠릴에서도, 소련과의 분쟁은 군사적 충돌로 이어질 가능성이 있었다. 그때 군사관계자들 중에 소련과의 군사적 충돌 위험을 무릅쓰고라도 쿠릴을 확보하는 것이 미국의 전략상 사활적 이해가 걸릴 정도의 문제라고 생각한 자는 전혀 없었다. 그러나 트루먼이 그 문제를 스탈린에게 양보했을 때 쿠릴의 운명이 결정됐다.

두 번째 수정안을 배제하고 스탈린의 회답을 승인한 것은 트루먼이 랴오둥반도를 소련의 지배하에 두는 데에 동의한다는 걸 의미했다. 이는 미국이 생각했던 다롄의 점거 계획이 무산됐다는 걸 의미한다. 8월 18일 링컨과 가드너 제독은 전화로 다롄에 관해 토의했다. 가드너에 따르면 해군은 "언제라도 우리가 바라는 때"에 군을 다롄에 파견할 능력을 갖고 있다고 단언했다. 그러나 문제는 능력이 아니라 의사였다. 링컨이 "우리는 지금 당장 순양함과 군함을 다롄에 파견할 의사가 없다 … 그런 목적으로는"이라고 하자 가드너는 "러시아인들을 훼방놓는다는 목적으로는"이라고 덧붙였다. 두 사람은 소련이 월요일인 8월 20일까지 다롄을 손에 넣을 것이라고 예상했다(실제로 다롄이 소련에 점거당한 것은 22일이었다). 가드너는 "러시아인은 우리보다 먼저 그곳을 손에 넣을 것이다. 우리가 그곳에 배를 파견한들 그들이 그 땅을 손에 넣는 것을 막을 수는 없다. 우리가 흥미를 갖고 있는 것은 땅과 항구의 시설이다"라고 말했다. 링컨은 이에 동의했다.[46] 미국의 다롄 작전은 취소됐다.

미국과는 대조적으로 스탈린은 다롄 작전을 서둘렀다. 스탈린이 트루먼의 회답을 받고 난 다음 8월 20일, 안토노프는 바실렙스키에게 "뤼순과 다롄을 점령하기 위해 가능한 한 빨리 공수작전을 준비해서 수행하라"고 명령했다. 바실렙스키는 그날 자바이칼방면군에게 공수부대 기습을 통해 뤼순과 다롄을 점령하기 위한 준비에 착수하도록 명했다고 스탈린에게 보고했다.[47]

그러나 미국 정부는 38도선 이남의 조선에 관해서는 강경한 태도를 취했다. 스탈린이 조선 점령지를 분할하는 데 합의했음에도, 통합참모본부는 스탈린의 태도에 회의적이었다. 통합참모본부의 메모는 "소련이 38도선을 넘어 남조선으로 진출할 계획을 세우고 있다는 미확인 보고가 있다"고 기록했다. 통합참모본부는 그 위협에 어떻게 대응해야 할지 맥아더와 니미츠에게 물었다. 두 사람이 그 질문에 어떻게 대답했는지는 알 수 없지만, 통합참모본부의 우려에는 아무런 근거도 없었다. 소련은 38도선을 넘어갈 의도가 없었다. 러스크 소령은 소련이 38도선을 넘으려 하지 않았던 것에 놀랐다고 고백했다.[48] 미국 정부는 소련이 흥미를 갖고 있지 않은 지역에서 강경한 태도를 취했던 것이다.

스탈린의 홋카이도 및 남쿠릴 점거 명령

역사가들은 걸핏하면 스탈린이 홋카이도 북쪽 절반을 나눠갖자고 요구한 것은 쿠릴을 손에 넣기 위한 술수였다고 해석하는 경향이 있다.[49] 그러나 스탈린은 정말로 홋카이도 점령을 계획하고 있었다. 8월 16일 트루먼에게 회답을 보낸 시기를 전후해서 바실렙스키에게 제1극동방면군 사령관에게 9월 1일까지 구시로에서 루모이 선 이북의 홋카이도와 남쿠릴을 점령하도록 명하라고 지시했다. 그 작전을 위해 제87저격병단 중 두 개 사단이 홋카이도 작전에, 한 개 사단이 남쿠릴 작전에, 합계 세 개 사단이 동원됐다.[50]

스탈린이 트루먼의 회답을 받고 나서 이틀이 지난 뒤인 8월 20일, 안토노프는 바실렙스키에게 제1극동방면군 사령관에게 다음과 같은 명령을 내리도록 지시했다.

홋카이도와 남쿠릴 작전 준비를 할 것, 그러나 반드시 최고사령부의 특별명령이 떨어진 뒤에 작전을 개시할 것, 크세노폰토프Ksenofontov의 제87저격병단을 사할린 남단에 집중시켜, 홋카이도 **또는** 남쿠릴 작전을 위한 준비를 시킬 것.[51]

트루먼의 회답을 받고 나서 스탈린의 당초 계획은 꼬이기 시작했다. "홋카이도와 남쿠릴 작전"이 "홋카이도 또는 남쿠릴 작전"으로 바뀐 것이다. 게다가 그 작전은 지방사령관의 판단이 아니라 모스크바의 판단에 따라 결정돼야 한다고 명령했다.

스탈린과 안토노프의 명령을 받은 바실렙스키는 늦어도 8월 21일까지 제87저격병단의 모오카 상륙작전을 완료하고, 홋카이도와 남쿠릴 작전 준비를 위해 저격군단을 오오도마리와 도요하라에 집중시키라고 명령했다. 제1극동방면군, 제2극동방면군, 태평양함대, 공군사령관은 루모이항과 시가지에 대해 공수작전을 감행해 거기에서 8월 23일까지 홋카이도 북쪽 절반을 점령하기 위한 항공기지를 확보하라는 명령을 받았다. 그리고 유마세프는 적어도 두 개 보병사단을 두 개 또는 세 개 제단梯团으로 나누어 홋카이도에 수송하라는 명령을 받았다. 바실렙스키는 마지막으로 바실렙스키 자신이 홋카이도 상륙작전 개시 명령을 내릴 것이라는 점을 모든 사령관에게 철저히 주지시켰다. 그리고 홋카이도 작전 준비는 8월 23일까지 완료해야 한다고 강조했다.[52](지도 4 참조)

그러나 8월 22일, 무언가가 스탈린의 계획을 바꿔버렸다.

트루먼에게 보낸 스탈린의 두 번째 회답

8월 22일, 스탈린은 자신의 요구가 거부당한 데 대해 큰 실망을 표시했다. "내 동료들과 나는 이런 회답을 예상하지 않았다"고 그는 썼다. 그리고 쿠릴의 항공기지에 미국 비행기의 착륙권을 달라는 트루먼의 요구를 쌀쌀맞게 거부했다. 첫째, 그런 협정은 얄타에서도, 포츠담에서도 체결된 적이 없었고, 둘째, 그런 요구는 소련을 모욕하는 것이었다. 스탈린에게 "이런 요구는 정복당한 나라나 그도 아니면 자국 영토를 자신의 군사력으로는 지킬 수 없어서 동맹국에 적당한 기지를 제공할 용의가 있는 나라에나 제시할 성격"의 것이었다. 소련은 그런 나라가 아니라고 그는 단언했다. 셋째, 트루먼이 이런 요구를 하는 동기를 이해할 수 없다고 말했다.[53]

8월 16일의 첫 번째 편지와 비교하면 8월 22일의 편지는 분노로 차 있는 것이 특징적이다. 스탈린은 왜 화를 냈을까? 스탈린은 정말로 화가 났을까? 그렇지 않으면 분노에 찬 편지의 어조는 책략이었을까? 아마도 양쪽 다였을 것이다. 스탈린은 트루먼이 백번 양보해 쿠릴을 소련의 지배지구에 포함시키겠다고 한 결정에 대해서는 조금도 감사하고 싶은 마음이 없었다. 그것은 얄타에서 약속받은 몫이었고, 이를 획득하는 것은 당연한 것이라고 생각했기 때문이다. 그보다도 스탈린은 트루먼이 홋카이도 일부를 소련의 지배하에 두자는 사소한 요구를 인정하지 않은 것 때문에 화가 났다. 홋카이도 북쪽 절반을 지배하에 둠으로써 소야해협과 오호츠크해를 완전히 소련의 해협, 소련의 내해로 만들겠다는 계획이 엉망이 돼버렸기 때문이다. 그러나 분노의 어투는 책략이기도 했다. 스탈린은 미국 정부의 대응에 따라 미국과 소련의 우호관계가 무너질 수 있다는 경고를 발했던 것이다. 그는 미국이 요구하는 쿠릴섬에 대한 항공기 착륙권을 가장 분명하게 거부함으로써 쿠릴이 소련의 영토라는 사실을 부정할 수 없게 못을 박았다.

왜 스탈린이 트루먼 편지에 회답하는 데까지 나흘이나 걸렸을까? 트루먼이 보낸 첫 번째 편지에 대해서는 바로 다음 날 회답을 보냈으므로 이런 지연은 매우 대조적이다. 그 나흘간의 지체는 군사작전 준비와 관련돼 있을 것이다. 앞서 얘기했듯이 홋카이도와 남쿠릴 작전이 결정된 것은 8월 16일부터 17일 사이였다. 스탈린이 트루먼의 회답을 받은 뒤에도 홋카이도 작전 준비가 진행되고 있었다는 점에 주목해야 한다. 스탈린은 홋카이도를 침공해야 할지, 아니면 작전을 중지해야 할지 결단을 내리지 못한 채 고민했다. 그런 상황이 회답을 22일까지 보내지 못한 이유였을 것이다.

스탈린은 트루먼이 홋카이도 북쪽 절반에 대한 자신의 요구를 거부한 것을 받아들이지 않았지만 그렇다고 그 요구를 다시 꺼내지도 않았다. 스탈린은 트루먼의 거부를 "양해했다"는 표현으로 홋카이도에 대한 욕망에서 뒤로 물러섰다. 그러나 작전은 계속 준비함으로써 홋카이도 침공 가능성은 남겨두었던 것이다.

8월 22일의 스탈린 편지는 홋카이도 작전에 관한 최초의 후퇴 징후였다. 그다음에 무슨 일이 일어났는지는 불분명하지만, 뭔가가 일어났고 스탈린은 홋카이도 작전을 그만두기로 결정을 내렸다. 그것은 미국이 홋카이도를 포함한 일본 본토를 자국의 지배 아래에 두겠다는 결의가 강하다는 데레비안코의 보고를 받았기 때문일지도 모른다. 아니면 딘 장군이 가져다준 미국의 상세한 군사계획 내용을 접하고, 홋카이도 작전을 진행할 경우 미국과의 군사충돌 위험성이 있다고 판단했을지도 모른다. 또는 소련의 홋카이도 작전이 미국에 탐지당했다고 생각했을지도 모르겠다. 8월 21일, 블라디보스토크의 해군무관이 워싱턴의 해군부에 "믿을 만한 소식통에 따르면, 소련은 홋카이도와 남사할린에 군대를 상륙시킬 계획을 짜고 있다"고 보고했다.[54] 어쩌면 스탈린은 몰로토프의 충고를 따라 얄타협정에 명백히 위배되는 홋카이도 침공으로 인해 그 협정에 근거한 쿠릴 점거의 법적 근거가 약해질지도 모른다는 점을 고려했을 수 있다.

스탈린이 홋카이도 작전을 포기함으로써 장래 일소 관계에 큰 영향을 주게 되는 두 가지 중요한 결과가 나타났다. 하나는, 쿠릴 점거가 소련의 중요한 군사목표가 됐다는 것이다. 두 번째는 만주, 조선, 사할린, 쿠릴에서 붙잡힌 일본인 포로들의 운명이 결정됐다는 점이다. 8월 23일 국가방위위원회(GKO)는 악명 높은 명령 9898호 '50만의 일본인 포로를 받아 구류, 노동사역을 시키는 일에 관하여'를 채택했다. 그 명령을 토대로 소련 극동과 시베리아의 모진 기후 속에서 강행될 강제노동을 견딜 수 있는 체력을 지닌 50만의 일본인 포로를 가려내는 임무가 극동의 소련군 군사평의회에 부과됐다. 이는 일본인 포로의 소련 송환을 금지한 8월 16일의 베리아 명령과는 모순되는 것이었다. 8월 16일과 23일 사이에 스탈린은 홋카이도 침공을 포기했고 그 결과 홋카이도 북반부에서 50만에 가까운 일본인 노동력을 동원하려 했던 계획도 물거품이 됐다. 그 부족을 보완하기 위해 채택된 것이 국가방위위원회 명령 9898호였다. 그 뒤 몇 개월 사이에 64만 명의 일본인 포로가 소련 주변에 설치된 강제노동수용소에서 10년 이상 강제노동을 강요당했고, 6만 명 이상이 이국땅에서 죽었다. 말할 것도 없이 그 명령은 병사들의 본국 귀환을 규정한 포츠담선언에 위배되는 것이었다.[55]

8월 24일, 대본영은 맥아더 사령부에 긴급전보를 타전했다.

> 모스크바 방송은 소련이 가까운 장래에 홋카이도에 공수부대를 보낼 예정이라고 보도하고 있다.[56]

적어도 8월 24일 이전에 미국 정부는 소련이 홋카이도 침공을 꾀하고 있다는 것을 알았다. 다음 날인 25일 트루먼은 스탈린의 8월 22일 편지에 대해 강경한 어투로 회답을 보냈다.

스탈린은 물러났다. 극동 소련군의 이바노프 참모총장은 전체 사령관에게 "연합국과의 분쟁과 오해를 피하기 위해 어떤 선박도, 또한 어떤 비행기도 홋카이도 방면으로 보내는 것을 절대로 금지한다"는 명령을 내렸다. 스탈린은 홋카이도를 점령하고 도쿄에 소련 점령지구를 설치하겠다는 요구를 철회하도록 데레비안코에게 명했다. 8월 25일, 안토노프는 딘에게 홋카이도 상륙은 소련 참모본부 계획에 포함되지 않는다고 설명했다.[57] 안토노프는 며칠 전까지 홋카이도 작전이야말로 참모본부 계획에서 중요한 부분이었다는 사실은 말하지 않았다.

소련의 쿠릴 작전에 대한 미국의 반응

8월 23일 이른 아침, 쿠크와 헐은 쿠릴의 상황에 대해 전화로 토의했다. 두 사람 모두 스탈린이 쿠릴 항공기지 착륙권 요구를 받아들일 것이라는 데 비관적이었다. 또 에토로후와 구나시리国後(지도 4 참조)를 국제신탁통치하에 둘 가능성에 대해서 논의했으나 쿠릴이 미국에는 중요한 문제가 아니라는 데 두 사람의 의견이 일치했다. 쿠크가 "우리 쪽(해군)이 크게 떠들 문제는 아니라고 생각한다"고 하자, 헐도 "나도 그렇게 생각한다"고 맞장구쳤다.[58]

트루먼이 스탈린의 8월 22일 편지를 받은 뒤에 국무장관보인 던이 육군부에 들러 "국무부 상부의 의견은, 군이 점령기간에 이런 권리를 확보해야 할 충분한 이유가 없는 한, 이 문제를 철회해야 한다는 것"이라고 전했다. "국무부의 상부"란 번스라고 생각할 수밖에 없다. 번스야말로 스탈린과 트루먼의 왕복서간 및 소련의 홋카이도, 쿠릴 작전에 대한 대처 등 그 문제 전체에 대한 가장 중요한 행위자였다. 수정주의자들로부터는 반소주의자의 선봉에 서 있던 인물로 평가받는 번스는 이 문제에 관해서는 매클로이와 육군 작전부의 강경파에 대항해 소련에 유화적인 태도를 취했던 것이다.[59]

23일 오후 5시가 지나서 쿠크와 헐은 다시 전화로 쿠릴 문제를 토의했다. 두 사람은 기지의 착륙권 요구는 그다지 중요한 문제가 아니기 때문에 미국이 이를 취하해야 한다는 데 의견이 일치했다. 헐은 소련이 미국의 요구를 인정하지 않는 것도 이해할 수 있다고 말했다. 쿠크는 소련이 쿠릴을 요구했을 때 "쿠릴을 가져가도 좋지만, 우리는 에토로후와 일본에 가까운 두 개 섬을 요구한다"고 말했어야 한다며, 지금 소련 쪽이 미국의 논리를 이해할 수 없다고 얘기하는 것은 당연하다고 말했다. 그리고 헐은 국무부가 그 문제에서 "실수했다"고 비판했다. 홉킨스가 모스크바를 방문했을 때도, 포츠담 때도 그 문제를 재검토할 기회는 충분히 있었는데 국무부는 하지 않았다. "나는 소련 쪽이 그 요구를 바람직하다고 생각하지 않는 것을 탓할 수 없다. 결국 나는 개인적으로는 그 문제가 그렇게 중요하다고 생각하진 않는다"고 헐이 말하자, 쿠크는 "나도 동감이다. 우리(해군)는 그 문제에는 흥미가 없다"고 동의했다.[60]

8월 24일 헐은 매클로이에게 "스탈린 원수의 지금 의견에 비춰보건대, 쿠릴 항공기지에 대한 미국의 이익은 문제 삼을 만한 가치가 없다고 생각한다"고 보고했다. 군사용 항공기가 쿠릴 중앙부 섬에 있는 중계지에 착륙해 급유를 할 수 있다면 바람직한 일이겠지만, 헐은 "(우리) 육군 부속공군은 이를 정치문제로 삼을 만큼 추궁할 생각은 없다"고 말했다. 링컨은 그 의견에 동의했다. 8월 24일, 링컨은 그 문제에 관해 강경한 의견을 냈던 작전부에 "여러 사정을 감안하건대, 그 문제는 지금 따질 일이 아니다"라는 결론을 전달했다.[61]

미국 정부가 쿠릴 문제에서 손을 뗐다. 미국은 소련의 쿠릴 침공에 대해 팔짱을 끼고 지켜보기로 한 것이다.

로좁스키, 일련의 조약 파기를 제안

8월 21일에 로좁스키는 몰로토프 외무인민위원에게 메모를 보내, 일본의 패배를 이용해 일소, 일러 간에 체결된 일련의 조약을 소련 최고회의 결정을 통해 일방적으로 폐기할 것을 제안했다. 구체적으로는 1905년 러일전쟁 종료 뒤에 체결된 포츠머스조약, 일소 외교관계를 부활시킨 1925년의 일소 기본조약, 1928년의 어업조약, 1944년의 어업조약 연장, 1935년의 둥칭철도를 매각한 소련과 만주국의 조약 파기가 제안됐다. 이들 조약의 일방적 파기는 소련에 유익했고 미국, 영국, 중국의 항의를 유발하지도 않을 것이라고 예측했다.

몰로토프는 둥칭철도 매각에 관한 소련과 만주국의 조약 파기를 승인하지 않았으나 다른 조약들을 파기하는 데에는 찬성했다. 그는 비신스키Andrei Vyshinskii 외무장관 대행에게 그 제안을 연구하라며 지시했다.

흥미롭게도 파기돼야 할 조약 중에 1855년의 시모다조약, 1875년의 가라후토(사할린)-치시마 교환조약은 포함돼 있지 않았다. 시모다조약은 러일 양국이 우루프得撫섬과 에토로후섬 중간을 경계로 삼아 쿠릴열도를 양분하기로 결정한 조약이고, 가라후토-치시마 교환조약은 쿠릴과 사할린을 교환한 것으로, 사할린 전체가 러시아령이 되고 쿠릴 전체 섬이 일본령이 되는 데 합의한 조약이었다. 소련이 전쟁으로 획득한 사할린은 포츠머스조약의 파기로 합법화된다고 하더라도, 사할린과 쿠릴에 관한 소련의 주장은 오히려 알타조약에 토대를 둔 것이었다. 따라서 합법적으로 체결된 시모다조약과 가라후토-치시마 교환조약을 파기할 필요는 없다고 판단했을 것이다.

그러나 미국 의회에서 8월 말, 소련 쿠릴 점거의 법적 근거가 문제가 되자, 9월 초에 번스는 비로소 얄타밀약을 공표했다. 이처럼 사태가 변했기 때문에 일련의 조약들을 일방적으로 파기하려 한 로좁스키의 계획은 실행되지 않았다.[62]

비신스키, 수수께끼 같은 문의를 하다

미국 정부가 가장 걱정했던 것은 소련의 만주 점령으로 소련군과 중국공산당 세력이 협력하는 것은 아닌가 하는 것이었다. 해리먼은 8월 19일 번스에게 보낼 보고 (끝내 보고하지 못한 초고) 속에서, 스탈린이 "옌안(延安, 중국공산당)과 몽골 인민공화국을 몰래 부추겨서 장제스와 미국에 적극적으로 대항하고" 그 토대 위에서 "소련이 점령한 만주와 조선에 우호적인 독립국을 수립"하려는 것은 아닌가 하고 의심했다. 번스는 해리먼과 같은 우려를 갖고 있었다. 8월 23일, 번스는 해리먼에게 다음과 같은 지시를 내렸다. 몰로토프를 만나서, 미국의 의도는 중국에 있는 일본군이 장제스에게만 항복한다는 일반명령 1호 규정을 엄격하게 적용하는 것이라고 통고하라는 것이었다. 그리고 번스는 미국 정부와 소련 정부가 중국에서의 유일한 권위는 국민당 정부라는 것을 확인하는 공동선언을 발표하자고 제안했다.[63]

미국의 우려와 달리 스탈린은 중국의 국내문제에 간섭할 의도가 없었다. 쑹쯔원과 맺은 중소 우호동맹조약을 충실히 지키면서, 스탈린은 국민당 정부를 중국의 유일한 정통정부로 인정했다. 8월 18일에 스탈린이 만주의 소련군 사령관에게 명한 것은, 장제스가 임명한 중국 관헌이 국민당의 국기를 내거는 것을 인정하고, 국민당의 질서 회복 노력에 간섭하지 말라는 것이었다. 그러나 바로 그 명령은 소련군이 확보한 모든 식량, 연료, 무기, 자동차, 기타 재산은 소련군에 속하며, 중국 쪽에 인도해서는 안 된다는 지시도 담고 있었다.[64] 스탈린 입장에서 보면, 중국은 아직 사회주의혁명의 기운이 무르익지 않았고, 따라서 소련이 가능한 한 착취해야 할 대상이었다.

중국에 관한 공동선언을 소련 정부와 함께 발표하자는 번스의 제안에 대해 외무부인민위원인 비신스키는 의문투성이 반응을 보였다. 8월 25일에 비신스키는 몰로토프 대신 미국에 다음과 같은 문의를 했다. 즉 번스의 제안은 일반명령 1호 발표와 관련이 있는 것이므로, 스탈린이 8월 16일 편지에서 요청한 대로 그 명령에 일본군이 소련군에 항복해야 할 지역 속에 쿠릴이 포함돼 있는지를 분명히 해달라는 것이었다.[65]

비신스키의 문의는 미국 당국을 당혹스럽게 만들었다. 해리먼은 즉시 비신스키에게 8월 19일에 딘이 안토노프에게 보낸 편지 속에서 이미 그 요구를 수용한다는 것을 통지했다고 말했다. 딘은 또 구두로도 슬라빈 장군에게 일반명령 1호의 수정에 관해 알렸고, 일본 정부도 8월 25일 토요일 밤 안토노프에게 회견을 요청하면서, 쿠릴에서 일본군은 소련군에게 항복한다는 수정된 조항을 포함한 일반명령 1호의 전문을 안토노프와 슬라빈에게 넘겼다. 해리먼과 딘은 소련 참모본부가 일반명령 1호의 중요한 수정을 외무인민위원회에 전달하지 않은 중대한 잘못을 저질렀다고 해석했다. 딘은 "안토노프는 이에 놀랐다. 슬라빈은 슬라빈대로 그런 잘못을 저지른 부끄러움 때문에 죽을 지경으로 낙담하고 있는 듯했다. 나는 번역해야 할 문서가 산처럼 쌓여 있는 상황에서 그런 잘못이 발생하는 것은 당연하다는 말로 위로하려 했다."[66]

그러나 아무래도 속은 것은 해리먼과 딘 쪽이었다. 최근 공개된 스탈린 문서 중에는 8월 18일 몰로토프에게 건네진 해리먼의 편지 사본이 들어 있다. 그 편지 속에는 트루먼이 스탈린에게 쿠릴에 관한 수정안을 인정한 사실이 명기돼 있다.[67] 소련 시절에 종종 언급된 것처럼 그 잘못은 우연일 수 없다. 그것은 외교적 책략의 일부였다. 해리먼과 함께 스탈린과 트루먼의 가장 중요한 중개인이었던 몰로토프가 그 수정안이 트루먼의 인정을 받은 사실을 몰랐을 리가 없다. 번스가 내놓은 공동선언에 관한 제안을 절호의 기회로 활용해서 스탈린은 일반명령 1호의 수정이 여전히 유효한지를 아주 조심스럽게 확인하기 위해 비신스키에게 그와 같은 문의를 해보게 했을 것이다. 쿠릴은 (북쪽 끝 4개 섬을 제외하고) 미국의 독점적 군사행동 범위 안에 들어 있었고, 또 남쿠릴은 홋카이도의 일부였다. 남쿠릴 작전을 개시하기 전에 미국이 이에 대해 군사행동을 하지 않는다는 보장이 필요했다.

해리먼과 딘이 보낸 회답은 스탈린을 만족시켰음이 분명하다. 미국이 행동을 하지 않으리라고 확신하고 스탈린은 남쿠릴 작전을 발동하라고 명령했다.

스탈린이 우려해 마지않았던 것은 일본이 정식으로 항복할 날짜와 시각이었다. 스탈린은 아직 정확한 항복 일시에 대한 정보를 미국 정부로부터 전달받지 못하고 있었다.

미국, 일본의 항복을 준비하다

소련군이 자국 지배하에 둘 영토를 급속히 확대하고 있었던 것과는 대조적으로 미국 정부의 일본 항복 준비는 완만했다. 연합국 최고사령관에 임명된 맥아더는 소련군이 착착 자신의 지배하에 있는 영토를 삼키고 있는 와중에 어떤 연출로 어떻게 일본에 들어갈 것인지에 관심을 쏟았다. 맥아더는 일본 정부에 항복에 관한 상세한 내용을 결정하기 위해 16명으로 구성된 정부대표를 마닐라로 파견하라고 명했다. 대표단은 19일 마닐라에 도착했다.[68]

마닐라에서 맥아더 사령부의 대표와 만난 일본 대표단은 항복문서의 일본어 번역문에 경악했다. 천황이 서명해야 할 문서가 "나, 일본 천황은"으로 시작되고 있었던 것이다. 일본 대표단은 이에 항의하고 그것을 "짐"으로 바꿔달라고 요구했다. 일본 대표단과 절충한 매시버Sidney Mashbir 대령은 그 요구를 받아들였다. 이를 맥아더에게 보고했을 때 맥아더는 매시버의 어깨를 손으로 토닥거리면서 말했다.

"매시버, 자네는 문제를 제대로 처리했네. 나는 천황을 그의 국민이 바라보는 눈앞에서 모욕할 생각은 없네."

미국 쪽이 소련보다 천황제에 유화적으로 대처할 것이라고 기대하면서 종전을 서두른 천황과 화평파의 판단은 옳았다. 텐치Charles Tench 대령이 인솔한 맥아더 선발대는 8월 28일 도쿄에 도착했다. 그때까지 스탈린의 남쿠릴 작전이 전개되고 있었다. 맥아더가 드라마틱한 일본 상륙을 꼼꼼히 계획하면서 마치 달팽이처럼 천천히 움직이고 있을 때, 스탈린은 쿠릴을 수중에 넣기 위한 작전을 머리카락 휘날리며 재빠르게 진행하고 있었다.

8월 26일 안토노프는 미국 정부가 준비한 항복문서에 세 가지 수정을 제안했다. 처음 두 가지 수정은 소련이 지배하는 지역에서는 연합국 최고사령관의 권한이 미치지 못하며 소련군의 재량에 맡긴다는 것이었다. 세 번째 수정은 소련 정부가 천황의 지위에 대한 결정에 참가할 권리가 있다는 것이었다.[69] 스탈린은 소련 점령하에 들어간 지역의 포로나 재산을 어떻게 처리할 것인지 나름의 계획을 갖고 있었고, 미국의 정책으로 자신들의 계획이 좌우되는 상황을 피하려고 했다. 천황의 지위 건에 대해 안토노프는 당초 일시적으로 천황의 권위는 연합국 최고사령관에게 종속되지만 나중에는 독일에서처럼 일본에서도 일본 정부를 통제하는 연합국 조직이 설치되는 것이 바람직하다고 말했다. 소련 정부는 분명히 일본 점령정책에 관여하기를 기대하고 있었던 것이다. 천황과 화평파가 만일 전쟁을 계속한다면 점령정책에 대한 소련의 영향력이 커지고, 그것은 천황제의 존속을 위태롭게 할 것이라고 판단한 것도 옳았다.

8월 27일 스탈린은 해리먼과 회견하고, 미국 정부가 언제 일본 항복 의식을 치를 것인지 물었다. 해리먼은 미국 해군이 그날 아침에 요코하마항에 도착할 것이고, 거기서 미국 대표단이 도쿄를 향해 출발할 것이며, 항복문서 서명은 9월 2일에 하게 될 것이라고 대답했다. 스탈린은 그때 처음으로 정확한 항복 일정을 알았다. 그 정보를 바탕으로 스탈린은 쿠릴 작전 완료 시기를 결정하게 했다.

한편 안토노프의 수정안을 받아든 맥아더는 육군부의 지시를 받아 딘에게 그 단계에서 소련이 요구한 수정을 하는 것은 혼란을 부를 것이니 이를 거부한다고 회답하도록 명했다. 미국 정부는 일본의 점령정책에 관해 소련으로부터 간섭받는 것이 싫었던 것이다.[70]

트루먼과 스탈린, 재차 왕복서한을 교환하다

트루먼은 스탈린의 8월 22일 서한이 마음에 들지 않았다. 해리먼은 크렘린에 보고했다. "지금 단계에서 대통령은 이에 답장을 보낼 마음이 없다."[71] 트루먼은 8월 25일이 될 때까지 답장을 쓰지 않았다. 트루먼의 서한은 8월 27일이 돼서야 스탈린에게 전달됐다. 헐과 쿠크가 8월 23일 두 차례에 걸쳐 전화로 주고받은 얘기를 보면, 스탈린과 트루먼의 서신 교환이 정부 상층부에서 논의됐다는 것을 알 수 있다. 트루먼이 스탈린의 분노에 찬 서한에 회답하기 위해 어떤 논의를 거쳤는지를 말해주는 기록은 남아 있지 않으나, 여기서 가장 큰 역할을 한 것은 아마도 번스였을 것이다. 그러나 왜 트루먼이 27일까지 답장 쓰기를 미뤘는지는 알 수 없다.

트루먼은 쿠릴에서의 항공기 이착륙권을 스탈린이 거부한 것에 대한 언급으로 서한을 시작했다. 즉 미국이 이착륙권을 요구한 것은 "일본이 협력적으로 항복을 수행할 수 있도록 일본 점령기간 중에 미국 항공기가 긴급하게 이용할 수 있는, 미일 간을 연결하는 또 하나의 항공로를 설치"할 목적에서였다고 설명했다. 그리고 그런 항공기지를 상업용으로 이용하는 데 주저할 게 전혀 없다고 단언했다. 트루먼은 이렇게 반격을 가했다.

> 귀하는 이 요구가 정복된 나라나 자신의 영토를 지킬 수 없는 동맹국에 대한 요구라고 했지만, 귀하는 명백히 나의 메시지를 오해하고 있다. **나는 소련공화국 영토에 대해 언급한 것이 아니다. 나는 일본의 영토인 쿠릴열도에 대해 언급한 것이며, 그 귀속은 강화회의에서 결정돼야 한다.**[72] (저자 강조)

이는 쿠릴에 관해 트루먼이 한 가장 강경한 발언이었으며 스탈린이 8월 22일 서한에서 쿠릴을 소련의 영토라고 암시한 것에 대한 직접적인 응답이었다. 트루먼은 쿠릴을 소련 고유의 영토로 인정하는 것을 거부하고 그것이 일본 영토라는 점을 명확히 했다. 그리고 그 궁극적인 귀속은 군사행동의 결과가 아니라 장래의 강화회의에서 결정될 것이라고 못 박았던 것이다. 트루먼이 보낸 답장은 스탈린에게, 미국이 얄타협정의 약속 이행 의무에서 후퇴하고 있는 게 아닌가 하는 의혹을 틀림없이 심화시켰을 것이다. 그리고 그 의혹으로 인해 스탈린은 일본의 정식 항복까지 어떻게든 쿠릴 전체 섬을 점령할 필요가 있겠다는 마음을 굳히게 됐다.

그러나 스탈린은 8월 22일의 회답이 역효과를 내, 트루먼에게 쿠릴 문제를 전면적으로 다시 생각하게 만든 계기가 됐다는 사실을 알았다. 치켜든 주먹을 내릴 때가 왔다고 판단한 것일까? 트루먼의 서한에 대한 답장에서 스탈린은 "서한을 주고받는 과정에서 오해가 있었고, 이

제 그 오해가 풀렸다"는 게 기쁘다면서, 자신은 트루먼의 이착륙권 요구에 "아무런 모욕감도 느끼지 않는다"고 했고, 오해 때문에 "다만 당혹했을 뿐"이라고 설명했다. "나는 물론 일본 점령기간에 쿠릴섬의 우리 비행장에 미국의 비행기가 착륙할 권리를 인정하며" 또 그 비행장의 상업적 사용을 인가한다고 해 마치 양보하는 듯한 모양새를 취했다. 그러나 그 바로 뒤에, 대신 소련의 상업용 비행기가 알류샨열도의 한 섬에 있는 미국의 비행장을 이용할 수 있는 권리를 요구했다.

> 시베리아에서 캐나다를 경유해 미국에 도달하는 지금의 항공로는 장거리여서 만족스럽지 못하다. 쿠릴에서 알류샨을 거쳐 시애틀에 도달하는 더 짧은 항공로가 생긴다면 좋겠다.

스탈린은 미국의 요구에 양보한 듯한 모양새를 보였지만 트루먼이 써먹은 이착륙권 요구의 근거를 그대로 미국 쪽에 되돌려주면서 소련에도 미국의 기지를 이용할 권리가 있다고 주장한 것이다. 물론 스탈린은 그때 소련과 미국 사이에 상업적인 항공로가 존재하지 않는다는 것 정도는 충분히 알고 있었다.[73] 스탈린은 트루먼이 제기한 쿠릴 귀속과 주권에 대해서는 언급하지 않았다.

스탈린이 답장을 보낸 시기도 중요하다. 스탈린은 트루먼의 답장을 8월 27일에 받았다. 그러나 8월 30일이 될 때까지 답장을 보내지 않았다. 그 사흘간은 소련의 남쿠릴 작전에서 가장 결정적인 기간이었다. 스탈린은 그때쯤이면 남쿠릴열도가 틀림없이 점령됐을 것이라 확신하고 트루먼에게 답장을 보낼 시기를 미뤘던 것이다. 이는 트루먼이 쿠릴 귀속은 강화회의에서 결정할 일이라고 주장한 데 대한 스탈린의 회답이었다. 스탈린은 그 귀속이 강화회의가 아니라 군사행동에 의해 결정될 것이라는 점을 행동으로 보여주었다.

스탈린의 남쿠릴 작전 명령

8월 19일, 아직 소련군이 시무슈에서 전투를 계속하고 있을 때, 모스크바의 명령에 따른 것으로 보이지만, 태평양함대 사령부는 페트로파블롭스크 해군기지 사령부에 대해 시무시르新知島까지의 북쿠릴을 8월 25일까지 점령하라는 명령을 내렸다. 시무슈 점거 뒤 그네치코의 임무는 먼저 파라무시르와 오네코탄 점령을 완료하는 것이었다. 파라무시르는 8월 23일부터 24일 사이에 점거됐다. 그러나 그네치코는 다른 북쿠릴섬들에 대한 정확한 지도를 갖고 있지 않았고, 따라서 어디에 상륙할 것인지, 어느 섬에 일본군이 얼마나 배치돼 있는지에 대한 정보가 전혀 없었다. 그네치코는 우선 상륙부대와 선박을 두 그룹으로 나누어 각 그룹에 포로가 된 일본군 장교를 차출해 수로 안내자로 배치했다.[74]

1그룹은 25일에 오네코탄을, 26일에는 샤스코탄捨子古丹을, 27일엔 하림코탄春牟古丹을 점거해서 그들 섬에 배치돼 있던 소수의 일본 병사를 포로로 붙잡았다. 1그룹은 8월 26일 가타오카만으로 돌아갔다.(지도 4 참조)

2그룹은 경비함 제르젠스키를 선두로 삼아 24일에 가타오카만을 출항해 26일 마쓰와섬에 도착했다. 이 그룹의 수로 안내를 맡은 스이쓰미쓰루水津滿 소령이 마쓰와섬에 배치된 수비대와 교섭해 질서정연하게 항복을 받아냈다. 상륙부대는 27일 마쓰와를 점거했다. 같은 날 제르젠스키를 선두로 한 선단은 시무시르로 향했다. 스이쓰는 그 섬에는 일본군이 배치돼 있지 않다고 설명했으나, 소련군 사령관은 일본군이 도망간 뒤에 자신들이 그 섬을 점거했다고 상층부에 보고했다.[75] 애초에 상정된 북쿠릴과 중쿠릴 작전은 이틀 늦게 완료됐다.

8월 22일, 스탈린이 홋카이도 작전을 중지한 것은 소련 지도부의 초점이 남쿠릴 작전으로 옮겨갔다는 것을 의미했다. 23일 바실렙스키는 유마세프에게 제87저격병단의 주요 사단을 사할린에서 홋카이도를 피해 구나시리와 에토로후로 파견하라고 명령했다. 바실렙스키의 명령에 따라 태평양함대 참모본부가 북태평양함대 사령관에게 "에토로후와 구나시리에 각각 2척씩의 소해정과 해병부대를 파견해, 거기서 일본군이 저항하지 않을 경우 일본군 항복을 받아들이라"고 명령했다. 그 임무는 바로 그때 거센 폭풍을 뚫고 모오카에서 오오도마리로 향하던 레오노프 해군대령에게 주어졌다. 그가 폭풍 때문에 소야해협을 통과하지 못하고 혼토에 일시 피난 대기하다 오오도마리에 가까스로 도착했을 때는 이미 25일이 돼 있었다. 레오노프가 오오도마리에 도착하자 그를 기다리고 있었던 것은 태평양함대 참모본부의 프롤로프A. S. Frolov 제독이 내린 명령이었다. 명령은 "에토로후를 점령하기 위한 상륙작전을 수행할 것이며, 그 작전을 수행하기 위해 모오카에서 치체린Chicherin 해군소령이 이끄는 부대와 함께 소해정을 배치하라"고 지시했다.

그 명령은 분명히 성급하게 내려진 것이었으며, 이에 대해 레오노프뿐만 아니라 북태평양함대 현지 지휘관들의 항의가 거셌다. 북태평양함대의 안드레에프V. A. Andreev 해군소장은 프롤로프에게 오오도마리 작전조차 아직 완료되지 않았고 또 오오도마리의 함선 상황으로 추측하건대, 남쿠릴 작전을 위한 정찰 행동에 나서는 것은 불가능하다고 보고했다.[76]

8월 25일, 아마도 모스크바의 새로운 명령에 따라 태평양함대 참모본부는 모오카의 제87저격병단에게 공수부대를 보내 에토로후의 비행장을 점거한 뒤 남쿠릴을 점령할 준비를 갖추라고 명했다. 모스크바의 지도부는 현지군이 꾸물거리며 남쿠릴 작전을 지체하고 있는 것이 못마땅했다. 지도부는 일본 항복일까지 남쿠릴을 점령할 요량으로 분명히 작전을 서두르고 있었다. 그리고 주목해야 할 것은, 그 명령이 남쿠릴 작전 지역을 에토로후, 구나시리뿐만 아니라 시코탄色丹과 하보마이齒舞(190쪽 각주 참조)까지로 확대하고 있었던 점이다.[77]

그 명령은 동시에 중부 쿠릴의 범위를 확대할 것도 지시했다. 그때까지의 북중쿠릴 작전은 시무시르까지의 섬들을 점령하는 것으로 돼 있었으나, 우루프까지 점령하는 것으로 확대됐다.(지도 4 참조) 그네치코의 지휘 아래 있던 캄차카방위지구에 그 임무가 하달됐다. 이는 남쿠릴 작전 임무를 부여받은 사할린 발진 제87저격병단의 작전과는 조직적으로 달랐던 점에 주목해야 한다.[78]

우루푸 점령작전은 소련군의 준비 부족을 드러냈다. 26일부터 30일까지 정찰부대는 배로 해안선 주위를 돌면서 상륙에 적합한 해변을 탐색했다. 소련군은 섬에 배치된 일본군 규모와 위치에 관해 아무런 정보도 갖고 있지 않았다. 상륙부대에 지급된 식량은 이미 바닥을 드러내고 있었다. 우루푸에 파견할 부대를 태운 운송선 볼호프호는 하림코탄 부근에서 암초에 걸려 좌초하고 말았다. 우루푸에 상륙하기로 돼 있던 2개 대대는 볼호프호를 구조하기 위해 하림코탄으로 파견됐다. 따라서 일본군이 존재하지 않았던 하림코탄의 '점거'는 터없이 큰 부대에 의해 수행됐다. 우루푸 정찰대는 8월 30일이 되도록 일본군을 발견할 수 없었다. 마침내 제2정찰부대를 상륙시켰을 때 일본군 군사가 백기를 들고 다가왔다. 일본군은 항복할 의도를 갖고 소련군이 도착하기를 줄곧 기다리고 있었던 것이다. 8월 31일에 일본군은 항복하고 질서정연하게 무기를 소련군에게 인도했다.[79]

경비함 제르젠스키호를 타고 소련 정찰대와 동행한 스이쓰 소령은 배가 우루푸에 다가갔을 때 소련군의 태도가 바뀐 것을 알아차렸다. 시무시르에 도착할 때까지 소련의 선단은 태평양으로는 나아가지 않고 오호츠크해를 항행했다. 그러나 우루푸에 접근했을 때 처음으로 태평양 쪽으로 나아갔다. 하지만 선단은 섬 가까이를 배회하기만 할 뿐 상륙할 준비를 하지 않았다. 스이쓰가 보로노프R. B. Voronov 함장에게 무엇을 기다리고 있는지 묻자, 함장은 섬에 미군 병사들이 있을지 모른다고 대답했다. 갑자기 사이렌이 울리고 대포를 쏘는 소리가 났다. 30분 정도 지나 모든 것이 진정되자 스이쓰는 다시 조금 전의 소동이 도대체 무엇이었는지 물었다. 보로노프는 미군기가 날아와 거기에 대응해야 했다고 대답했다.

스이쓰는 우루푸 점령이 끝난 뒤 소련 선단이 남쿠릴로 향할 것이라고 예상했다. 그러나 곧 선단은 다시 북쪽으로 향했다. 호기심 강한 스이쓰는 보로노프에게 왜 북으로 돌아가는지 물었다. 보로노프는 "남쿠릴은 미국 관할이기 때문에 우리는 거기에 들어가지 않는다"라고 대답했다.[80]

그러는 사이 현지의 사령관은 크렘린 지도자들이 남사할린 작전을 일찍 완료하지 않으면 안 된다며 조바심치는 걸 이해하지 못했다. 8월 26일 레오노프는 구나시리와 에토로후로 정찰을 나가라는 명령을 받았다. 그러나 레오노프와 안드레예프는 그 명령이 무모하다고 생각했다. 많은 배가 연료가 부족했다. 오오도마리의 해병대는 각기 여러 임무를 수행하기 위해 흩어져 있었다. 식량이 부족했다. 에토로후와 구나시리에 관한 정보는 전혀 없었다.[81]

레오노프와 안드레예프는 크렘린이 그리고 있던 큰 전략을 알 수 없었다. 크렘린의 스탈린은 시간과의 싸움을 벌이고 있었다. 27일 레오노프는 다시 긴급명령을 받았다. 북태평양함대에서 소해정 한 척과 한 개 중대를 파견해서 오오도마리와 남쿠릴 사이의 어뢰를 제거하고 에토로후와 구나시리를 점령하라는 것이었다. 일본군 1만 3천5백 명이 두 개 섬에 배치돼 있다는 정보를 접하고 레오노프는 그 명령을 자신의 책임 아래 수정해서 최초로 모든 군과 소해정을 에토로후로 파견했으며, 만일 저항이 없다면 이를 구나시리로 되돌리기로 했다. 27일 오후 12시 50분, 소해정 두 척이 오오도마리를 출항했다. 소해정 589호는 브룬슈틴Brunshtein 해군중령 지휘 아래 176명의 병사로 이루어진 제113저격대대의 중대를 태웠고, 소해정 590호는 같은 중대의 병사 160명을 태우고 있었다.[82] 사태는 크렘린에서 계획한 속도로 진행되지 않았다.

8월 28일 태평양함대의 군사평의회는 남쿠릴 작전을 확대하기로 결정한 뒤, 에토로후와 구나시리에 대규모 지원군을 증강해서 제87저격병단 사령관과 지원군의 협력 아래 이들 섬의 점령에 뒤따르는 모든 문제를 해결하고 작전을 9월 2일까지 완료하기로 했다. 그 명령에서 가장 중요한 요소는 9월 2일까지 작전을 완료해야 한다는 것이었다. 9월 2일은 도쿄만에 정박한 미주리호 선상에서 일본이 항복문서에 서명하고 정식으로 항복하는 날이었다.[83]

레오노프가 이 명령을 접수하기 몇 시간 전에 소해정 589호와 590호는 짙은 안개가 낀 에토로후의 루베쓰만•에 도착했다. 먼저 589호의 중대가 섬에 상륙했고, 590호의 중대는 상륙부대를 방어하는 태세를 취하고 만에 머물렀다. 섬에서 대기하고 있던 일본군은 양륙지휘관인 브룬슈틴에게 항복할 준비가 돼 있다고 통고했다. 일본군 6천 명이 평화롭고 질서정연하게 항복했다. 상륙한 소련군이 일본인들에게 던진 첫 질문은 "이 섬에 미군이 있는가"라는 것이었다.[84]

레오노프가 명령 수행을 늦춘 것은 틀림없이 상층부의 분노와 조바심을 샀을 것이다. 8월 30일 오후 5시 25분에 바실렙스키는 레오노프에게 에토로후에 한 개 중대를 남기고 곧바로 에토로후에서 구나시리로 다른 한 개 중대를 파견해서 구나시리 점령을 완료하라고 명령했다. 그 명령은 브룬슈틴에게 하달됐으나 그는 구나시리의 점령을 9월 1일까지 완료하는 건 불가능하다는 회답을 보냈다. 그러나 아마도 모스크바로부터 명령이 내려와 있었겠지만, 태평양함대 사령부는 브룬

• 留別湾, 에토로후섬의 남서측 절반을 차지하고 있는 섬으로 구나시리와는 20킬로미터 정도 떨어져 있다. 현재 러시아가 실효지배 중인 섬으로 사할린주에 속한다.

슈틴에게 작전을 신속히 수행하라면서 오오도마리에서 지원군을 보내주겠다고 했다.

8월 31일, 소해정 590호에 탄 병사 1백 명이 에토로후 루베쓰만을 출항했다. 동시에 빈니첸코Vinichenko 해군중위 지휘 아래 병사 216명이 선박 두 척에 나눠 타고 오오도마리에서 구나시리를 향해 출항했다. 9월 1일 두 그룹은 구나시리 중부에 위치한 후루카마푸古釜布만에서 합류해 구나시리에 부대를 상륙시켰다. 거기에서도 일본군 사자가 나타나 일본군 1250명은 소련군에게 항복할 준비가 돼 있다고 빈니첸코에게 통고했다. 구나시리 점령은 9월 1일 몇 시간 만에 완료됐다.[85]

구나시리를 점령하는 것으로 남쿠릴 작전이 완료된 것은 아니다. 소련은 에토로후, 구나시리 외에 시코탄과 하보마이를 점령하려 했다. 소련은 시코탄과 하보마이를 작은 쿠릴 군도로 불렀으나 그 섬들은 지질학적으로도 행정적으로도 홋카이도의 연장이고, 명백히 미국 관할에 속해 있었다. 시코탄을 점령하기 위해 보스트리코프Vostrikov 해군중위는 2개 조로 나뉜 상륙부대와 함께 오오도마리를 출항해 8월 31일 시코탄의 샤코탄斜古丹만에 도착했다. 그 섬에 배치돼 있던 일본군 4천8백 명은 저항 없이 소련군에 투항했다. 그 섬에서도 소련군은 맨 먼저 "미군은 없는가"라고 물었다.[86]

이처럼 일본이 정식으로 항복하기까지 소련은 에토로후(8월 28일), 구나시리(9월 1일), 시코탄(9월 1일)을 차례차례 점령했다. 그러나 하보마이는 아직 점령하지 못하고 있었다. 하보마이 점령을 확보하기 위해 태평양함대는 구나시리를 기지로 이용하기로 결정했다. 치체린 해군소령이 이끈 상륙부대는 브세폴드 시비르체프(Vsevold Sibirtchev, 632

명)와 노보시비르스크(Novosibirsk, 1847명) 두 척에 나누어 타고 9월 1일 오오도마리를 출항해 9월 3일 후루카마푸만에 도착했다. 우스펜스키Uspenskii 해군대령이 이끈 병사 1천3백 명도 9월 4일 후루카마푸로 합류했다. 이들 부대가 후루카마푸에 닻을 내렸을 때 태평양전쟁은 이미 끝나 있었다.[87]

일본의 항복

8월 30일 오후 2시, 맥아더는 일본에 극적으로 상륙했다.[88] 9월 2일 일요일 아침, 미군 대표자는 연합국 대표자와 함께 도쿄만에 정박한 미주리호 함상에서 일본 대표단이 도착하기를 기다리고 있었다. 오전 8시 55분, 스즈키 내각 사직 뒤에 성립된 히가시쿠니東久邇 내각의 외무대신으로 임명된 시게미쓰 마모루를 단장으로 군 대표인 우메즈 요시지로 참모총장을 포함한 11명의 일본 대표단이 도착했다. 일본 대표단이 상갑판으로 안내돼 지정된 위치에 서자 태평양함대 사령관 니미츠 제독과 미국 제3함대 사령관 홀시William Halsey 제독을 양옆에 거느린 맥아더가 잰걸음으로 식장에 들어와 일본 대표단을 향해 섰다. 맥아더는 선언했다.

"우리, 주요 전쟁 당사국는 평화를 회복할 엄숙한 협정을 맺기 위해 여기에 모였다."

시게미쓰와 우메즈는 각기 두 세트로 된 세 개의 항복문서에 서명했다. 한 세트는 연합국용으로 가죽(피혁)으로 엮은 것이고, 다른 세트는 일본용으로 두꺼운 종이로 엮은 것이었다. 일본 쪽이 서명한 뒤에 먼저 맥아더가 연합국을 대표해, 이어서 각국 대표자가 서명했다. 소련 대표인 데레비안코는 미국 대표인 니미츠 뒤에 서명했고 이어서 중국, 영국, 오스트레일리아, 캐나다, 프랑스, 네덜란드, 뉴질랜드 대표자들이 차례로 서명했다. 항복 서명식은 단 18분 만에 끝났다. 3년 8개월간 이어진 태평양전쟁이 종결됐다. 또 그것은 제2차 세계대전의 종언이기도 했다. 오전 9시 25분(일본 시간. 워싱턴 시간으로는 9월 1일 오후 10시 25분), 맥아더는 "이 절차는 지금 완료됐다"고 선언했다.

맥아더가 승자와 패자 간 유화의 필요성을 강조하는 감동적인 연설을 한 뒤 그 서명식을 중계한 미국의 방송국은 마이크를 도쿄에서 워싱턴의 백악관으로 돌려 트루먼의 전승 연설을 방송했다.

> "미국인들에게 고한다. 미국과 모든 문명세계의 생각과 희망이 오늘 밤 전함 미주리호에 집중됐다. 도쿄만에 정박한 이 작은 미국 영토에서 바로 지금 일본인들은 공식적으로 무기를 내려놓았다. 그들은 무조건 항복 조항에 서명했다."

4월 16일 합동의회 연설 때부터 일관되게 추구해온 무조건 항복이 수락되었다고 강조한 것이다. 그리고 트루먼은 이어서 무조건 항복은 진주만공격에 대한 보복임을 명백히 했다.

"4년 전 모든 문명세계의 생각과 공포는 미국 영토의 또 다른 일부, 즉 진주만에 집중돼 있었다. 우리는 진주만을 잊지 않을 것이다."

이는 트루먼 정책에서 일관된 주제였다.

대통령은 나아가 전능한 신에게 감사하고, 전장에서 또 후방에서 전사한 이들, 루스벨트 대통령, 연합국을 언급한 뒤 마지막으로 이렇게 끝맺었다.

"미합중국 대통령으로서 나는 1945년 9월 2일 일요일을 일본이 정식으로 항복한 날, 즉 V.J의 날(Victory over Japan, 대일전승기념일)로 선언한다. 미국이 또 하나의 날(진주만공격의 날)을 치욕의 날로 기억하고 있듯이 이날을 보복의 날로 상기할 것이다."[89]

이날 전승 연설을 한 것은 트루먼만이 아니었다. 스탈린도 전승 연설을 했고, 그것은 그다음 날 소련의 모든 신문에 실렸다. "동포 여러분에게 고한다. 오늘 9월 2일, 일본 정부와 군 대표자는 무조건 항복 문서에 서명했다"로 시작되는 연설은 독일과 일본의 파시즘을 동일시했다. 그리고 이렇게 말했다.

"일본의 침략은 우리 연합국인 중국, 미국, 영국에만 손해를 끼친 것이 아니다. 그것은 우리에게도 큰 손해를 끼쳤다. 따라서 우리는 일본에 우리 원한의 대가를 지불하게 해야 한다."

그리고 스탈린은 과거 러시아가 어떻게 일본의 침략으로 피해를 당했는지를 소련 시민에게 상기시켰다.

"잘 알려져 있듯이, 1904년 2월에 일본과 러시아가 아직 교섭을 하고 있을 때 일본은 차르 정부의 약점을 이용해 갑작스레 배신하고 선전포고도 없이 우리나라를 공격했다."

스탈린은 소련이 일본을 공격한 것이 정당하다는 점을 암암리에 얘기하고 싶었던 것이다. 일본은 러시아를 배신하고 불법적으로 러시아를 공격해 러일전쟁을 시작했다. 따라서 소련이 일본을 공격하는 것은 당연하다. 또 스탈린의 소련은 일본과는 달리 만주를 공격하기 전에 선전포고를 했다는 것을 넌지시 얘기하고 있다. 그리고 러일전쟁을 선전포고 없이 시작한 것은, 진주만공격에 비춰보건대, 일본의 통상적인 수법이라는 얘기를 하려고 했다.[90]

이 부분은 명백히 중립조약을 위반하고 일본에 전쟁을 도발한 것을 정당화하기 위해 쓴 것이다. 그러나 스탈린은 여기서 상세한 이유를 밝히진 않았다. 아마도 소련이 왜 일본에 대해 전쟁을 시작했는지 이유를 얘기하자면 필연적으로 독일이 불가침조약을 위반하고 소련과의 전쟁을 개시한 것과 비교될 것을 저어했기 때문일 것이다. 참전 이유에 대해 스탈린은 얼버무리고 있는 것이다. 스탈린은 중립조약도, 얄타협정도, 또한 포츠담선언도 언급하지 않았다.

스탈린은 다음과 같이 러일전쟁의 결과에 대해 언급했다.

"잘 알려져 있듯이, 러시아는 일본과의 전쟁에서 패배했다. 일본은 차르 러시아의 패배를 틈타 남사할린을 빼앗고, 쿠릴열도에 견고한 교두보를 확보했으며, 태평양 및 캄차카와 추고트카Chukotka항으로 가는 출구를 막아 우리를 봉쇄했다."

여기서 스탈린은 역사적 사실을 왜곡하고 있다. 일본은 러일전쟁 결과 쿠릴열도를 획득한 것이 아니다. 1855년에 러시아 정부와 체결한 시모다조약은 현재 일본이 '북방영토'라 부르고 있는 남쿠릴을 일본 영토로, 그 북쪽의 쿠릴열도를 러시아 영토로 분할했다. 1875년 사할린과 쿠릴의 교환조약으로 러시아는 남사할린을 자국 영토로 갖는 대신 북쿠릴을 일본에 넘김으로써 쿠릴열도 전체가 일본의 영토가 됐다. 러일전쟁의 결과 일본이 획득한 것은 남사할린이고, 일본의 쿠릴열도 영유는 러일전쟁과는 무관하며, 카이로선언에서 얘기한 "폭력과 탐욕"을 통해 획득한 영토에는 포함되지 않는다.[91] 소련 시민과 세계의 여론을 향해, 일본 고유 영토의 일각을 소련이 점령하는 것을 정당화하기 위해서는 역사의 왜곡이 필요했던 것이다.

이어서 스탈린은 시베리아 출병(1918년), 하산호(1938년), 노몬한(1939년) 등 소련에 대해 과거 일본이 자행한 침략행위를 늘어놓았다. 이는 소련군에 의해 격퇴당했다고는 하나 "러일전쟁에서 러시아의 패배는 러시아인의 의식에 고통스러운 기억을 남겼다. 그것은 우리의 역사에 오점을 남긴 것이었다"고 했다. 여기서 스탈린은 이 연설 중에서도 가장 유명한 말을 했다.

"우리 묵은 세대는 이 오점을 지우려고 40년을 기다렸다. 그날이 마침 내 왔다. 오늘, 일본은 패배를 인정하고 무조건 항복문서에 서명했다."

러일전쟁을 진주만으로 바꿔놓으면 스탈린과 트루먼의 연설이 얼마나 비슷한지 알 수 있다.

그러나 이 마르크스주의와는 무관한, 지극히 민족주의적인 어구는 그다음에 오는, 이 연설 중에서도 가장 중요한 다음과 같은 대목의 서문이었다고 해도 좋다.

"이것은 남사할린과 쿠릴열도가 소련에 인도됐다는 것을 의미하며, 따라서 앞으로 소련을 태평양으로부터 고립시킬 수 없고, 또한 우리 극동에 대한 일본의 공격 기지로 이용될 수 없으며, 오히려 소련을 이 대양과 이어주고 우리나라를 일본의 침략으로부터 방어해줄 기지가 된다는 것을 의미한다."

연설에서 이 부분은 스탈린이 극동에서 군사작전을 펼친 동기를 설명하고 있다. 스탈린은 무엇보다도 지정학적 이익을 추구했으며, 이데올로기나 혁명적 이익은 그의 동기가 아니었다. 그리고 이는 스탈린 개인만 품고 있던 동기가 아니라 소련의 정치, 군사엘리트들이 널리 공유하고 있던 가치였다.

스탈린의 연설은 일소 중립조약 위반, 쿠릴열도 점령, 일본에 대한 전쟁을 정당화하기 위해 매우 교묘하게 짜여 있었다. 그 연설 속에 부연 설명된 사고방식은 이후 소련 정부와 소련 역사가들이 대일 전쟁을 해석하는 토대가 됐다.

쿠릴 작전의 계속

맥아더는 9월 2일 일본이 항복문서에 서명한 뒤 "포는 침묵했다"고 선언했다. 그러나 전쟁은 아직 끝나지 않았다. 소련군은 일본이 정식으로 항복한 뒤에도 마치 그 사실을 모르는 듯 쿠릴 작전을 계속했다. 하보마이섬들에 대한 작전은 9월 2일에 태평양함대 사령부가 직접 치체린 해군소령에게 위임했다. 치체린의 상관인 레오노프 해군 대령은 곧바로 통지를 받지 못하고 그날 늦게서야 명령을 받았다. 치체린은 그 작전에 동원된 부대를 두 그룹으로 나눠 1그룹은 스이쇼水晶, 유리勇留, 아키유리秋勇留 등의 섬들에, 2그룹은 다라쿠多楽, 시보쓰志発, 하루카루春刈 섬들에 상륙하게 했다. 레오노프는 태평양함대의 명령을 받자 치체린에게 무선으로 명령을 전달했다. 레오노프는 태평양함대와 북태평양함대의 참모본부에 이렇게 보고했다.

> 치체린과의 연락은 불량. 프리깃의 무선사는 무능하다. 그 결과 그에게 1945년 9월 2일에 필요한 것은 행동이 아니라 계획이라는 것을 설명할 수 없었다.

미군이 이미 섬에 와 있거나, 또는 앞으로 개입할 가능성도 배제할 수 없기 때문에 하보마이 작전을 현지 사령관에게 맡기는 것은 너무 위험했다.

9월 4일에 레오노프는 다시 보고했다.

> 본관의 보고 뒤 체레미소프Cheremisov는 자하로프에게 방면군 사령부로부터 명령을 받을 때까지 섬들을 점령해서는 안 된다고 명령했다.[92]

태평양함대는 미국과의 군사분쟁으로 발전하지 않도록 하보마이 작전을 엄격한 자기통제 아래 두려고 했던 게 분명하다. 그러나 치체린은 레오노프와의 무선 연락이 좋지 않았기 때문에 그 명령을 받을 수 없었다. 그는 자신에게 부과된 임무는 하보마이섬들을 점거하는 것이라고 믿고 소해정 한 척과 상륙용 배 한 척으로 이뤄진 두 개의 선단을 9월 3일 오전 11시에 구나시리의 후루카마푸만에서 출항시켰다. 선단 두 개는 오후 4시에 첫 번째 섬에 도착했다. 모든 섬에 대한 정찰을 완료한 뒤 일본군의 저항이 없는 것을 확인하고 부대는 각각의 섬들에 상륙했다. 9월 5일 오후 7시까지 시보쓰섬의 일본군 420명, 다라쿠섬의 92명을 포함한 모든 일본군 병사가 항복하고 무장해제당했다. 하보마이 작전이 완료됐다.

하보마이섬들이 소련에 점령당한 것은 현지 사령관과의 연락이 나빴기 때문이며, 태평양함대 사령부의 뜻에 반해 현지 사령관이 독자적인 행동을 취했기 때문이다. 그러나 하보마이섬들의 점령이 미국과의 알력을 야기하지 않을 것이라는 것을 확인한 뒤 태평양함대와 모스크바 총사령부는 치체린의 행동을 승인했다. 치체린은 위험한 순간에 군법회의에 회부되는 것을 면하고 영웅이 됐다.[93]

태평양전쟁은 일본이 정식으로 항복문서에 서명한 날로부터 3일 뒤에 마침내 종료됐다.

스탈린은 당초에는 의도하지 않았을 하보마이까지 포함해서 모든 쿠릴열도를 손에 넣는 데 성공했다. 군사작전이 만주 작전처럼 완벽하게 수행됐기 때문에 성공한 것은 아니다. 만주 작전과는 대조적으로 쿠릴 작전은 두서없었고, 성급했으며, 준비, 무기와 장비, 정보의 부족, 통신 불량 등 수다한 결점으로 가득했다. 소련의 작전은 일본군이 이미 항복을 준비해서 소련군의 도착을 기다리고 있었고, 미국이 소련의 쿠릴 작전에 참견할 의도가 전혀 없었기 때문에 가능했다.

소련군의 극동에서의 군사행동은 미국과의 알력을 초래했다. 그러나 미국도, 소련도 전체적으로는 알타협정 조항이 지켜지고 있는 데 만족했다.

가지 않은 길

태평양전쟁은 두 가지 경쟁이 맞붙어 펼쳐진 격렬한 드라마로 끝이 났다. 하나는 스탈린과 트루먼 사이에 펼쳐진 경쟁이었다. 트루먼이 소련 참전 이전에 원폭을 투하해 일본의 항복을 받아낼 수 있을 것인가, 그렇지 않으면 스탈린이 일본의 항복 이전에 전쟁에 참가해서 얄타에서 약속받은 대가를 쟁취할 수 있을 것인가 하는 경쟁이었다. 또 다른 경쟁은 일본 지도자들 사이 화평파와 계전파의 싸움으로, 일본은 전쟁을 종결할 것인가 계속할 것인가, 또는 전쟁을 종결할 요량이라면 어떤 조건 아래서 이를 실행할 것인가를 두고 경쟁했다. 그리고 두 경쟁은 서로 얽혀 있었다.

그러나 다른 사태가 전개될 수도 있지 않았을까? 만일 미국, 일본, 소련 지도자들이 다른 선택을 했다면 사태는 어떻게 전개됐을까? 과연 그런 선택지가 존재했을까? 역사가들 중에는 역사에 가정의 문제를 제기하는 것은 올바르지 못한 길이라는 인식이 있다. 그러나 역사의 가정은 실제로 선택된 결정의 성격을 더 명확하게 부각하는 효과가 있다. 나는 이제부터 역사의 가정을 나름대로 더 대담하게 제기해보려 한다.

만일 트루먼이 일본에 입헌군주제를 인정하는 조항을 승인했다면?

이런 선택지는 실제로 스팀슨, 그루, 포레스털, 레이히, 매클로이, 그리고 아마도 마셜의 지지를 받은 것이었다. 처칠과 영국 정부도 이를 지지했다. 또 스팀슨이 7월 2일에 트루먼에게 건넨 포츠담선언 초안에는 이 조항이 포함돼 있었다. 따라서 이 가정은 전혀 있을 수 없었던 일은 아니며, 트루먼이 택할 수 있었던 선택지였다.

입헌군주제 약속은 포츠담선언 수락 쪽으로 기운 일본 화평파의 입장을 더 유리하게 만들어주었을 것이다. 그랬다면 일본의 지도자 사이에 이 조항을 포함한 포츠담선언을 인정할지 말지에 대한 논의를 원폭투하 이전에 시작할 수 있었을 것이다. 그리고 그것은 일본 정부의 소련 정부에 대한 의존도를 줄였을 것이다.

하지만 이 조항을 포츠담선언에 포함시켰더라면 일본이 즉시 항복했을 것이라는 주장은 일본 정치과정을 너무 단순화하는 것이다. 신내림에 가까운 국체론을 지지하고 있던 정책결정자들은 설령 이 조항이 황실 유지를 의미한다 하더라도 포츠담선언의 조항을 받아들이는 데 저항했을 것이다. 그리고 일본 정부의 최고위 여섯 명 중 세 사람, 즉 아나미, 우메즈, 도요다 등은 포츠담선언은 제국 육해군의 해체를 의미하는 것이라 하여 반대했을 게 분명하다. 하지만 그렇다 하더라도 화평파는 (군부의 주장처럼) 다른 조건을 붙이는 것은 황실 자체를 위험에 빠뜨리는 것이라며 반론을 펼 수 있었다. 따라서 이 조항이 포츠담선언에 포함됐다면 전쟁종결을 앞당기는 결과를 가져왔을지도 모른다. 하지만 결국 이 조건을 포함시켰다 하더라도 화평파와 계전파의 주장이 원폭투하와 소련 참전 이전에 일치되었을 것이라고 생각할 순 없다.

만일 이 조항을 포츠담선언에 포함했더라면 원폭투하 뒤에 일본 정부가 곧바로 종전 결정을 내렸을까? 히로시마 원폭만으로는 화평파와 계전파의 대립이 해소됐을 것으로 보긴 어렵다. 다만 소련 참전 뒤에는 이 조항이 포함된 포츠담선언이 좀 더 일찍 인정받았을 가능성이 있다. 입헌군주제는 '천황의 대권'과 동일한 것은 아니지만 화평파가 황실 유지 약속에 혹해서 천황을 설득하고 이를 조건 없이 인정했을 가능성을 배제할 수 없다. 전쟁은 5일 더 빨리 끝났을지도 모른다.

그러면 왜 트루먼은 이 선택을 하지 않았을까? 이것을 미국의 국내 정치 문맥에서 설명하는 해석이 있다. 즉 무조건 항복 주장에서 양보하면 자신의 권위가 손상되기에 트루먼이 이 조항을 인정할 수 없었다는 해석이다. 미국 국내 여론은 압도적으로 천황에 대한 부정적인 의견이 지배적이었고, 또 천황제 유지 자체가 미국의 전쟁 목적을 부정하는 것이라는 매클리시와 애치슨• 등의 맹렬한 반대에 부닥쳤을 것이다. 번스는 이 양보는 "대통령을 십자가형에 처하는 것"이라고 경고했을 정도다.

만일 트루먼이 이 선택을 했다면 정말 대통령은 십자가형에 처해졌을까? 여론조사는 압도적으로 천황에게 비판적이었지만 신문 논조나

• 국무부 내 대표적인 가혹평화론자.

외교평론가, 그리고 의원들의 의견은 갈렸다. 급진적인 논자는 천황제 폐지 없이 일본의 군국주의를 근절할 수 없다고 했지만, 리프먼 등의 유력 평론가들은 입헌군주제를 유지하는 것은 미국의 전쟁 목적에 반하는 것이 아니라고 주장했다. 트루먼이 만일 이 조항을 포츠담선언에 포함할 것인지 선택을 앞두고 여론을 걱정했다면 거기에는 두 가지의 유력한 설득 방법이 있었을 것이다. 하나는 전쟁을 하루빨리 종결하는 것이 많은 미국 병사의 희생을 최소화한다는 주장이다. 다른 하나로, 그런 결정은 소련의 아시아 진출을 막기 위해 필요하다고 설명할 수도 있었다.

트루먼이 스팀슨 등의 권고를 각하하고 이 조항을 받아들이지 않은 것은 국내의 정치적 반대를 걱정했기 때문이 아니라 미국에는 진주만 공격에 대해 보복할 권리가 있다는 신념을 다름 아닌 대통령 자신이 갖고 있었기 때문이다. 트루먼은 이 신념에 관해서는 완고했고 무조건 항복 주장을 굽히는 것은 무엇이든 인정할 수 없었다. 따라서 트루먼이 그런 점에서 타협하지 않는 한 이는 있을 수 없는 역사의 가정이다.

하지만 트루먼이 이 조항을 거부한 동기에 또 하나의 숨겨진 이유가 있었다. 트루먼은 입헌군주제를 약속하지 않는 무조건 항복 요구는 반드시 일본에 의해 거부당할 것임을 알고 있었다. 원폭투하를 정당화하기 위해 포츠담선언은 거부당해야만 했다. 그러기 위해서는 이미 거부당할 줄 알고 있던 무조건 항복을 요구할 필요가 있었다는 것이다.

만일 트루먼이 입헌군주제를 약속하지 않은 포츠담선언에 스탈린의 서명을 요구했다면?

이 경우에는 일본 위정자들이 소련의 중개를 통해 전쟁을 종결할 가능성이 없어졌다는 것을 이해하고 포츠담선언을 인정해서 종전을 할지를 결정해야만 하는 사태에 가장 먼저 직면했을 것이다. 동시에 포츠담선언에 스탈린이 서명했다면 일본의 위정자들은 분명 소련 참전이 임박했다고 느꼈을 것이다. 따라서 일본 정부는 국체호지를 추구하며 절망적인 전쟁을 계속할 것인지, 소련이 참전하기 전에 전쟁을 종결할 것인지라는 어려운 선택에 쫓겼을 것이다. 가장 그럴 법한 것은, 내각도 최고전쟁지도회의도 이 분열을 회피하지 못한 채 어떤 형태로든 소련과의 교섭을 계속하려는 가운데 원폭이 투하되고 소련이 참전했을 것이라는 시나리오다.

천황의 지위가 불명확한 상태에서 히로시마에 대한 원폭투하만으로 일본 정부가 전쟁을 종결했을 것으로는 생각되지 않는다. 아마도 군부는 어떻게든 소련이 중립을 지킬 것이라는 바람을 버리지 않았을 것이다. 따라서 여기에서 일본의 종전에 결정적인 계기가 된 것은 소련의 참전이었음이 분명하다.

만일 트루먼이 스탈린의 서명을 요청하고, 포츠담선언에서 입헌군주제를 약속했다면?

스탈린이 서명했다면 일본의 위정자들은 포츠담선언을 수락할지 거부할지 결정해야 할 상황으로 내몰렸을 것이다. 군부는 그럴 경우 전쟁 계속을 주장하지 않더라도 다른 세 가지 조건을 덧붙였을 것임은 의심할 여지가 없다. 그러나 그때 포츠담선언이 입헌군주제를 약속했다면 화평파가 종전을 향해 가장 대담하게 움직일 수 있게 해주었을 것이다. 과연 화평파가 원폭투하 전에 계전파를 침묵시킬 정도로 기세를 올렸을지 여부는 알 수 없지만, 문제는 그때 천황이 어떻게 대응했을까 하는 것이며, 그것이 가장 결정적인 요소가 됐을 것이다. 입헌군주제를 약속했다면 천황과 천황을 둘러싼 화평파는 아마도 포츠담선언을 쉽게 받아들일 수 있었을 것이다. 그러나 천황은 어쩌면 입헌군주제 이상의 천황 통치권을 요구했을지도 모른다. 천황의 결단을 재촉하기 위해서는 충격이 필요했다. 원폭만으로 천황이 종전을 결단했을지, 그렇지 않으면 원폭과 함께 소련의 참전이 필요했을지 추측하기는 어렵다. 그러나 만일 두 가지 가정이 충족됐다면 전쟁이 적어도 5일은 일찍 끝났을 가능성이 높았을 것이다.

그러나 이는 현실적으로는 있을 수 없는 가정이다. 왜냐하면 트루먼과 번스가 이 조건을 인정했을 가능성이 없었기 때문이다. 원폭실험이 성공하고 그것을 실전에서 사용할 수 있게 됐을 때 트루먼에게 최대의 목표는 소련 참전 이전에 일본의 항복을 실현시키는 것이 됐다. 소련 참전을 요구하는 것, 즉 스탈린에게 포츠담선언 서명을 요구하는 것이 가능하긴 했다. 하지만 트루먼에게는 그것을 피하는 것이야말로 중요했다.

그리고 이 가정은 또 다른 관점에서도 실현 불가능했다. 만일 스탈린이 포츠담선언에 서명을 요청받았다면 그가 입헌군주제라는 조건에 동의했을 것이라고는 도무지 생각할 수 없다. 스탈린의 최대 목적은 전쟁에 참가하는 것이었다. 입헌군주제 약속은 소련이 참전하기 전에 일본이 항복을 인정하게 만들어버릴 위험성이 있었다. 그 때문에 소련판 포츠담선언 초안은 무조건 항복 요구를 포함하고 있었다. 만일 스탈린이 입헌군주제를 포함시킨 포츠담선언에 서명을 요청받았다면 틀림없이 이 조항을 삭제해달라고 요구했을 것이다. 역설적이게도 트루먼과 스탈린은 각기 다른 이유에서 무조건 항복 요구를 할 수밖에 없다고 보고 있었다.

만일 히라누마가 8월 10일 어전회의에서 포츠담선언 수락 조건으로 도고의 원안에 있었던 "천황의 국법상의 지위를 변경하라는 요구를 포함하고 있지 않다"를 "천황의 국가통치 대권에 변경을 가하라는 요구를 포함하고 있지 않다"로 수정하지 않았다면?

히라누마의 수정은 큰 잘못이었다. 최고전쟁지도회의의 강경파 삼총사는 한 가지 조건 외에 세 가지 조건을 덧붙이는 것에만 결사적이어서 한 가지 조건의 내용 자체에 국체의 정의가 달려 있다는 것을 이해하지 못했다. 만일 히라누마의 수정이 없었다면 천황은 원안을 인정했을 것이다. 원안에 있던 수정안은 스팀슨, 레이히, 그루가 주장했던 입헌군주제와는 좁은 틀 안이긴 했지만 공통점이 있었고, 만일 당시 국무부의 일본통이었던 밸런타인이 말한 대로라면 트루먼에게도 번스에게도 받아들여질 수 있었을지 모른다. 그러나 히라누마가 수정한 조건은 분명히 미국의 전쟁 목적을 부정하는 것이었고, 미국 정부가 도저히 수용할 수 없는 것이었다.

한편 트루먼이 천황에 대해 가지고 있던 강한 반감을 생각하면 원안에 있던 조건이라 하더라도 트루먼과 번스라면 거부했을 것이라 예상할 수 있다. 이 느슨한 조건은 스팀슨, 레이히, 포레스털의 입장을 강화했을 것이다. 그러나 트루먼의 무조건 항복에 대한 흔들림 없는 신념을 고려하면 대통령이 그들의 의견을 받아들였을 가능성은 적다.

만일 8월 10일의 어전회의 결정을 미국이 받아들였다면 그것은 외무성이 당초 주장했듯이 "황실이 유지된다는 이해 아래" 그랬을 것이고, 이를 조건으로 해서가 아니라 일방적인 해석으로서 포츠담선언 조건부 수락에 덧붙이는 방식이었을 것이다. 그러나 이것이 최고전쟁지도회의와 내각에서 인정받았을 가능성은 없다.

결국 8월 10일 단계에서는 일본 정부와 미국 정부 사이에 커다란 간격이 있었으며, 일본의 위정자들 사이에 가로놓여 있던 국체의 정의를 둘러싼 분열은 일본의 조건부 회답을 통한 전쟁종결을 불가능하게 만들었다.

만일 번스 회답이 일본의 입헌군주제를 인정한다는 명확한 항목을 포함했다면?

천황의 지위에 관해서 아무것도 언급하지 않은 번스 회답은 일본 계전파의 반발을 불러 화평파를 궁지에 몰아넣고 자칫 전쟁종결을 불가능하게 할 뻔 했다. 만일 번스 회답에 일본의 입헌군주제를 인정한다는 조항이 포함돼 있었다면 스즈키의 동요는 없었을 것이고, 요나이도 번스 회답을 인정함으로써 적극적인 태도를 취했을 게 분명하다.

그럼에도 계전파는 번스 회답이 국체를 부정하는 것이라며 반대했겠지만, 입헌군주제라는 형태로 황실 유지가 보장되기 때문에 천황과 천황을 둘러싼 정치엘리트들이 더 적극적으로 번스 회답을 수락하기 위해 분주하게 움직이면서 계전파의 반대를 눌러버리려 했을 게 틀림없다. 스탈린은 입헌군주제 조항을 포함한 번스 회답에 반대했겠지만, 트루먼은 소련이 합의해주지 않더라도 이를 일본에 들이댈 결심을 하고 있었으므로 스탈린의 반대는 결정적인 요소가 되진 않았을 것이다.

이 시나리오대로 갔다면 일본의 항복은 8월 14일보다 이른 12일에서 14일 사이에 결정됐을 것이다.

원폭이 투하되지 않고, 또 소련이 참전하지 않았다면, 일본은 올림픽 작전이 개시될 예정이던 11월 1일까지 항복하지 않았을까?

1946년에 발표된 〈미국 전략폭격 조사 보고〉는 원폭투하와 소련 참전이 없었더라도 일본은 11월 1일까지는 항복했을 것이라는 결론을 내리고 있다. 이 보고서는 수정주의 역사가가 성경처럼 인용하는 것으로, 그 두 가지 충격이 없었더라도 일본이 항복했을 것이며, 따라서 원폭투하는 필요하지 않았다는 주장의 유력한 증거물이 되었다.[1] 원폭투하에 관한 권위자인 번스타인이 이미 이 〈보고〉를 비판적으로 분석해서 그런 결론은 전략폭격 조사가 이용한 증거 자체에 의해 반박될 수 있음을 설득력 있게 증명하고 있기 때문에 여기서 자세히 이 〈보고〉를 비판할 필요는 없다. 예컨대 "만일 원폭이 투하되지 않았다면 전쟁이 얼마나 더 계속됐을 것으로 생각하느냐"라는 질문에 고노에는 "적어도 연말까지 계속됐을 것"이라고 대답했다. 번스타인은 고노에의 증언뿐만 아니라 〈보고〉의 결론과도 완전히 모순되는 도요다, 기도, 스즈키, 히라누마, 사코미즈의 증언을 소개하고 있다. 번스타인이 주장하듯 이 〈보고〉는 신뢰할 수 있는 증거가 아니다.[2]

일본의 위정자들은 일본이 전쟁에서 지고 있다는 것을 인식하고 있었다. 그러나 패배와 항복은 같은 것이 아니다. 항복은 정치적인 행위이다. 원폭과 소련 참전이라는 이중의 충격 없이 일본의 지도자들이 간단히 항복을 받아들이진 않았을 것이다.

일본은 원폭투하 없이 소련 참전만으로 11월 1일까지 항복했을까?

역사가 아사다 사다오는 원폭투하가 없었다면 "'충격'이라는 관점에서 본다면, 소련군의 만주 침공이 일본 지도자들에게 간접적인 충격밖에 주지 못한 데에 비해 원폭은 일본 본토와 일본 국민을 괴멸시킬 것이라는 직접적인 위협을 가했다"라며 "만일에 원폭이 투하되지 않고 소련 참전만 있었다면 그 시점에서 일본이 항복했을 것이라고 생각할 수 없다"고 주장하면서, 소련 참전만으로는 일본이 11월 1일까지 항복하지 않았을 가능성이 있다고 주장하고 있다.[3] 이에 대해 번스타인은 다음과 같이 논했다.

> 격심한 통상무기의 폭격과 목을 죄어오는 듯한 봉쇄 상황 속에서 소련의 참전이 가져다준 큰 충격을 고려하면, 원폭이 투하되지 않았더라도 소련 참전만으로도 일본이 11월까지는 항복했을 개연성이 있다. 오히려 일본이 항복했을 가능성이 하지 않았을 가능성보다 컸다. 그런 의미에서 소련의 참전을 기다리는 것만으로도, 원폭을 투하하지 않았다 하더라도, 또한 많은 대가를 지불해야 할 규슈 상륙을 하지 않았더라도 일본을 항복시킬 가능성이 있었다. 그런 의미에서 이는 '잃어버린 기회'라고 할 수 있다.[4]

일본에 소련이 중립을 유지하는 것의 중요성은 이 점에서 결정적이었다. 일본은 군사적으로도 외교적으로도 소련의 중립에 의존하고 있었다. 외교적으로는 전쟁을 종결하기 위해 소련의 알선에 마지막 기대를 걸고 있었다. 따라서 원폭투하가 계기가 된 것이 아니라, 소련이 전쟁에 참가했을 때 비로소 일본 위정자들은 포츠담선언을 수락할지 말지의 결정에 직면하게 됐던 것이다. 그것은 하나의 큰 도박이었다. 그 때문에 첩보부가 소련이 극동에서 군비 증강을 하고 있다고 경고했을 때 육군성 군무국은 이를 무시했던 것이고, 소련 참전 전날까지 소련의 중립 유지가 가능하다고 믿었던 것이다. 군에게 소련이 지닌 중요성은 소련 참전 뒤에도 여전히 소련과의 교섭이 가능하다고 믿었고 소련에 대해 선전포고하는 것을 거부한 사실로도 뒷받침된다. 아사다가 주장하듯 육군은 처음부터 만주를 버린 것이 아니라 소련을 중립 상태로 둘 수 있다고 믿었던 것이다. 따라서 소련군이 만주를 침공했을 때 군은 큰 충격을 받았다. 소련 참전은 군의 결호작전에 치명적인 상처를 주었고, 전쟁을 계속하겠다는 군의 주장에 설득력이 없어졌다. 바로 소련의 참전이 직접적인 계기가 돼 육군이 전쟁종결을 인정하게 됐던 것이다.

더 중요한 요인은 소련이 극동에서 세력을 팽창하는 것의 정치적 의미였다. 일본이 전쟁을 계속하면 소련이 9월 초까지 만주, 남사할린, 북조선(북한), 쿠릴열도 전체를 점령할 게 명백했고, 당연히 소련의 홋카이도 침공 가능성도 생각할 수 있었다. 홋카이도에 대한 소련의 침공은 미국과의 대립을 초래했을 것이다. 그러나 소련의 얕볼 수 없는 군사력, 스탈린의 결의, 그리고 다가올 일본 상륙으로 예상되는 인적,

재정적 비용을 생각하면 미국이 소련의 홋카이도 침공을 용인할 가능성도 배제할 수 없었다.

설사 미국이 스탈린의 홋카이도 침공에 반대했다 하더라도 소련은 극동의 대규모 영토를 자기 지배하에 두고 있었기 때문에 어쨌든 홋카이도를 자신의 점령지구에 포함시켜 일본 점령에 대한 발언권을 요구할 것은 필지의 사실이었다. 일본 위정자들은 이처럼 일본 점령에 관해 소련의 발언권이 커지는 것을 두려워했다. 이것이 일본의 위정자들이 최후의 단계에서 천황의 성단을 받아들이고 전쟁종결을 인정한 큰 이유였다. 그들은 포츠담선언과 번스 회답 속에 시사되고 있던 황실유지 가능성에서 출구를 찾아 소련의 위험 앞에 일본을 드러내기보다는 미국에 항복하는 쪽에 모든 걸 걸었던 것이다.

항복은 정치적 결정이었고, 일본의 위정자들은 원폭투하가 없었더라도 소련의 영향력을 나름 최소화하기 위해 11월 1일 이전에 항복했을 가능성이 충분히 있었다.

소련 참전 없이 원폭투하만으로도 일본은 11월 1일까지 항복했을까?

일본이 소련의 알선을 통해 전쟁종결을 시도할 수 있다고 믿었던 시기에는 원폭 두 발만으로 일본 위정자들이 종전을 결단했을 것 같지 않다. 히로시마에 투하된 원폭은 전쟁을 신속하게 종결하지 않으면 안 된다는 초조감을 화평파에게 심어주었으나, 포츠담선언 수락 결정을 일단 보류하고 소련의 알선을 통해 종전 공작을 수행한다는 종래의 정책에 변화를 가져다주진 못했다. 나가사키에 대한 두 번째 원폭투하도 그 상황을 크게 바꾼 것으로 보이진 않는다. 아나미가 각의에서, 미국은 원폭 백 발을 보유하고 있고 다음 표적은 도쿄일지도 모른다는 충격적인 발언을 했으나 이 발언은 각료의 의견에 전혀 영향을 미치지 못했다. 원폭 두 발이 투하된 뒤에도 일본 정부는 고노에 특사 파견에 관한 소련의 회답을 계속 기다리고 있었다.

가장 그럴 법한 시나리오는 소련 정부의 회답을 기다리고 있던 8월 중반에 소련군이 만주에 대한 침공을 개시하고, 그때서야 비로소 일본 정부가 포츠담선언을 수락해 전쟁을 종결하는 쪽을 받아들였으리라는 것이다. 이런 시나리오를 토대로 역사가들은 원폭과 소련 참전, 둘 중 어느 쪽이 일본의 항복 결정에 더 큰 영향을 미쳤을지 논의한다. 그러나 이런 시나리오도 소련 참전이 더 결정적이었다는 데에는 의심할 여지가 없다.

프랭크는 원폭과 소련 참전 중 어느 쪽이 일본의 항복 결정에 더 큰 영향을 미쳤는지를 검토할 때 동시대의 사료에만 의거해야 하며, 전후에 이뤄진 인터뷰나 회고를 제외해야 한다는 엄격한 방법론을 제창했다. 이 방법론에 입각해서 프랭크는 천황의 발언을 일본 종전 결정의 동기를 설명해주는 가장 중요한 증거로 삼고 있다. 그런 논리 위에서 프랭크는 8월 9일부터 10일의 어전회의에서 천황이 원폭에 대해서는 언급하고 있으나 소련의 참전에 대해서는 언급하지 않은 점, 그리고 천황의 종전조서가 "적의 잔혹한 폭탄"은 언급하면서 소련의 참전은 언급하지 않은 점을 토대로, 원폭투하가 일본의 항복에 결정적이었으며 소련의 참전은 2차적인 역할밖에 하지 못했다고 주장했다.[5]

프랭크의 이런 주장에는 몇 가지 문제가 있다. 먼저 9일부터 10일의 어전회의에서 천황이 발언 중에 원폭에 대해 언급했다는 얘기는 다케시타 일기에만 나온다. 다케시타는 직접 어전회의에 참석해서 그 얘기를 들은 것이 아니라 아나미한테서 듣고 기록한 것으로 보인다. 하지만 그 회의에 참석한 참가자들(스즈키, 도고, 요나이, 도요다, 아나미, 사코미즈, 호시나)의 회고록 또는 기록물에는 천황이 원폭을 언급했다는 얘기가 전혀 나오지 않는다. 또한 종전조서에서 원폭에 대해선 언급했으나 소련 참전에 대해서는 언급하지 않은 것으로 돼 있지만, 실제로는 "전국이 호전되지 않아"라며 간접적이지만 소련 참전의 의의를 암시하고 있다. 게다가 8월 17일에 발표된 '육해군인에 대한 칙어'에는 원폭에 대해서는 언급하지 않고 소련 참전만 언급돼 있다. 원래 천황의 조서, 조칙의 원안을 쓴 것은 사코미즈와 기하라였다. 따라서 여기서는 내각서기관의 역할이 중요했다. 종전조서와 군인에 대한 칙어는 다른 날에 발표됐으나 그 원안은 동시에 작성됐으므로, 조서에서는 원폭에 대해 언급하고 있지만 소련 참전에 대해서는 언급하지 않았기 때문에 원폭투하 쪽이 소련 참전보다 더 중요했다는 주장은 성립되지 않는다. 덧붙인다면, 동시에 발표된 내각 고유는 원폭투하와 소련 참전 양쪽을 모두 언급하고 있다.

8월 6일부터 15일까지의 동시대 증언들을 살펴보면 원폭에 대해서만 언급하고 있는 것이 두 건(스즈키의 13일 각의 석상의 발언과 천황의 종전조서), 소련의 참전에 대해서만 언급하고 있는 것이 세 건(8월 9일의 고노에 발언, 13일의 스즈키가 해군군의에게 한 발언, 천황의 군인에 대한 칙어), 양쪽 모두에 대해 언급하고 있는 것이 일곱 건(스즈키의 9일 각의 석상의 발언, 시모무라의 10일 발언, 도고의 9일 어전회의 석상의 발언, 12일의 요나이 발언, 사쿠라이의 13일 각의 석상의 발언, 천황이 14일 세 원수에게 한 발언, 15

일의 내각 고유)인데, 동시대의 정책결정 당사자들의 증언만으로는 어느 쪽이 결정적인 요소였는지 결론을 내릴 수 없다.

소련이 참전하지 않았다면 미국은 8월 19일에 실전에 사용될 예정이던 세 번째 원폭, 또 9월 초에 완성될 네 번째 원폭을 표적 예정지인 고쿠라나 니가타에 투하할지 말지를 결정해야 할 상황에 내몰렸을 것이다. 물론 일본이 소련의 알선을 포기하고 전쟁종결 결정을 내리기까지 도대체 몇 발의 원폭이 필요했을지 추측하기는 어렵다. 이를 증명하는 것은 불가능하지만, 군부는 세 번째, 혹은 네 번째 원폭이 투하된 뒤에도 전쟁 계속을 주장했을 것이라고 생각한다.

일본은 11월 1일까지 완성될 예정이던 일곱 발째 원폭 공격을 견딜 수 있었을까? 트루먼, 번스, 스팀슨, 매클로이 등 미국의 지도자들에게 원폭 일곱 발을 투하할 의도와 용기가 있었을까? 다수의 원폭이 일본의 여론에 어떤 영향을 미쳤을까? 그런 잔혹한 무기의 공격이 일본 국민의 전쟁 결의를 강화했을까, 아니면 반대로 전쟁을 종결하기 위한 모종의 운동을 벌이게 했을까? 다수의 원폭을 투하하는 것은 일본의 여론에 돌이킬 수 없는 반미감정을 심어 미국의 일본 점령을 어렵게 만들었을까? 그것은 일본인들 사이에 소련에 의한 점령을 환영하는 감정을 조성했을까? 이런 질문들에 답하기란 불가능하다.

생각할 수 있는 하나의 가능성은 미군이 제3의 원폭을 일본의 도시들이 아니라 규슈 상륙 직전에, 또는 상륙과 동시에 규슈에 집중된 일본군에 대해 전술무기로 사용했을 가능성이다. 실제로 마셜은 그 가능성을 진지하게 고려했다. 원폭이 전술무기로 사용됐다면 일본의 결호작전에 큰 타격을 가했을 것이다. 그렇게 되면 일본 군부의 '일격화평론'이 분쇄됐을 가능성이 있다. 이 경우라면 일본이 항복을 인정하는 결정을 내렸을지도 모른다. 그렇다면 그때야 비로소 원폭이 직접 일본의 항복에 결정적이었다고 말할 수 있을 것이다.[6]

그러나 현존하는 사료들로 판단하건대, 히로시마와 나가사키에 투하된 원폭 두 발만으로는 일본을 항복하게 만들지는 못했을 것이다. 그 막대한 파괴력에도 불구하고 원폭은 일본의 외교에 근본적인 변화를 가져다주지 못했다. 그런 변화를 가져다준 건 소련의 참전이었다. 소련 참전이 없었다면 일본은 많은 원폭이 복수의 도시에 투하되거나 원폭이 전술적으로 규슈에 집중된 일본군에게 사용되지 않는 이상, 혹은 규슈 상륙이 이뤄지거나 아니면 해상봉쇄와 격렬한 공습으로 전쟁 능력을 완전히 잃어버리지 않는 이상 전쟁을 계속했을 것이다.

태평양전쟁의 유산

원폭과 미국의 기억

태평양전쟁이 끝나고 나서 어떻게 전쟁이 끝났는지에 대해 여러 나라에서 각자의 이야기를 만들기 시작했다. 미국인들은 히로시마와 나가사키에 투하된 원폭이 일본을 항복시킨 결정적인 일격이었다는 신화를 믿고 있다. 이 이야기에 따르면, 원폭투하 결정은 전쟁이 계속된다면 희생당했을 미국 병사들뿐만 아니라 일본 국민들의 목숨도 구한 셈이 된다. 그 신화는 트루먼의 결정을 정당화하고 미국인들 속에 있는 꺼림칙한 의식을 제거하는 역할을 수행했다. 그런 의미에서 그 신화는 미국의 내셔널 아이덴티티(national identity, 국가, 국민 또는 민족 정체성)에 중요하다. 그러나 이 책이 밝히고 있듯이 그 신화는 역사적 사실에 입각해 있는 것이 아니다. 원폭을 사용하지 않고 일본의 항복을 달성할 선택지는 있었다. 그것을 트루먼은 거부했다. 바로 그 가지 않은 길에서 윤리적인 책임 문제가 모습을 드러낸다. 트루먼은 생전에 늘 원폭투하 결정 문제를 얘기하면서 자신이 창작한 허구를 믿고 그 결정을 마지막까지 집요하게 옹호했다. 트루먼이 끊임없이 자신의 결정을 정당화하려 한 것 자체가, 그가 죽을 때까지 원폭투하 결정으로 괴로워했다는 사실을 보여준다.

8월 10일 일본 정부는 스위스 정부를 통해 미국 정부의 원폭투하에 항의하는 명문明文을 보냈다. 그 항의문에는 이렇게 적혀 있다. 미국 정부의 원폭 사용은 불필요한 고통을 주는 무기, 투사물投射物 및 기타 물질을 사용하는 것을 금지한 '헤이그회의의 육전陸戰 법규 관계' 22조 및 23조에 위배된다.

> 미국이 이번에 사용한 폭탄은 그 성능의 무차별성, 그리고 잔학성에서 종래의, 이런 성능을 지녔기 때문에 사용이 금지된 독가스 및 기타 무기들을 훨씬 능가하며 … 또 종래의 어떤 무기, 투사물에 비교할 수도 없는 무차별한 잔학성을 지닌 이런 폭탄을 사용하는 것은 인류 문화에 대한 새로운 죄악이다. 제국 정부는 여기에 스스로의 이름으로, 또한 전 인류 및 문명의 이름으로 미국 정부를 규탄함과 동시에 즉시 이런 비인도적 무기의 사용을 포기할 것을 엄중히 요구한다.[7]

트루먼은 물론 이 항의문에 회답하지 않았다. 일본 정부도 미국의 점령을 받아들인 뒤 미국 안전보장체제의 비호 아래로 들어갔으며, 또한 냉전이 도래한 뒤에는 원폭투하 건으로 미국을 비난할 형편이 되지 못해 이 항의문은 이른바 역사의 쓰레기통에 던져지고 말았다. 이 항의문 이후 일본 정부가 원폭투하에 관해 미국 정부에 항의를 한 적은 없다.[8]

일본 정부가 항의를 하긴 했으나 그 자신이 전쟁 법규에 위반되는 비인도적 행위를 저지른 것은 물론 사실이다. 1937년의 난징학살, 악명 높은 731부대의 세균전쟁 인체실험, 바탄의 죽음의 행진,• 연합국 포로 처형 및 학대 등 일본군의 잔학 행위 사례는 너무 많아 일일이 거론할 수도 없다. 그러나 이런 행위에 대해 일본인들이 져야 할 도덕적 책임이 있는데 일본 정부가 원폭투하에 항의하는 것은 당치 않다는 주장은 성립될 수 없다. 윤리적 책임은 상대적인 것이 아니라 절대적인 가치이기 때문이다. 이미 완전히 잊혔지만 일본 정부의 항의는 재고돼야 한다.

미국인들은 히로시마와 나가사키에 대한 원폭투하가 일본을 항복하게 만들기 위해 필요했으므로 정당화될 수 있다는 신화에 매달리면서 자신들의 윤리적 책임을 회피할 수 없다. 수정주의 역사가들의 주장은 종종 잘못돼 있으며, 사료 해석도 자의적인 경향이 있지만 그들이 미국의 양심 문제를 제기한 것은 높이 평가받아야 한다.

• 1942년 4월 9일 일본군이 미군과 필리핀의 마지막 저항 거점이던 바탄을 점령한 뒤 전쟁 포로 7만여 명을 내륙으로 이송하는 과정에서 9일 동안 물 한 모금 주지 않고 1백 킬로미터에 이르는 거리를 강제로 행군하게 한 사건을 가리킨다. 이로 인해 포로 1만여 명이 사망하거나 도망쳤다.

미국의 명예를 위해서라도 미국인들은 원폭투하가 미국 역사의 부정적 유산이라는 사실을 직시해야 한다. 미국인들의 존엄은 여기에 달렸다.

스탈린주의의 과거 극복

소련 시절의 소련 역사가도, 그리고 또 소련 붕괴 뒤의 애국주의적 역사가도 소련이 중립조약을 위반하고 일본에 대한 전쟁에 참가한 것은 태평양전쟁 종결을 결정지어 아시아 민족들을 일본의 군국주의로부터 해방하고 소련에 속한 영토를 반환하게 만든 정당한 행위라고 주장한다. 그러나 이 책은 스탈린의 대일 전쟁 수행에서 제국주의적인 지정학적 이익 추구가 주요 동기였다는 사실을 밝히고 있다.

스탈린은 그 제국주의적 정책을 마키아벨리적인 냉혹함, 기만, 교활로 밀어붙였다. 그 결과 대일 참전을 통해 스탈린은 전부는 아니었지만 자신이 원했던 영토 대부분을 지배하에 두는 데 성공했다. 홋카이도 침공을 시도하려 했고, 중소 우호동맹조약 체결 이전에 전쟁을 개시한 것 등을 생각하면 얄타협정이 반드시 준수됐다고 할 수 없다. 그러기는커녕 스탈린은 얄타협정에 규정돼 있지 않은 영토까지 침공할 의도가 있었다. 결과적으로 보자면 얄타협정 조항들은 대체로 지켜졌다. 하지만 역사적으로는 완전히 일본 영토의 일부였던 남쿠릴을 점령함으로써 스탈린은 일본과의 사이에 '북방영토' 문제를 낳아 전후 일소, 일러 관계에 오늘날까지 메울 수 없는 도랑을 파놓고 말았다.

지금도 많은 러시아인은 러시아 정부의 공식 견해와 마찬가지로 태평양전쟁의 소련 참전은 일본이 빼앗아간 러시아 고유 영토를 회복하기 위해 필요한 것이었다는 신화에 매달리고 있다.

소련은 파시즘과 군국주의에 맞서는 연합국의 싸움에 동참하는 차원에서 대일 전쟁에 참가한 게 아니었다. 그것은 오히려 스탈린체제의 잔혹한 정치의 일환으로 봐야 할 것이다. 극동에서 스탈린이 펼친 제국주의는 국내의 숙청이나 집단화에 비교하면 최악의 범죄라고 할 순 없으나, 동유럽을 자신의 지배하에 둔 것과 비교할 수 있는 스탈린 외교의 한 사례였다. 속는 쪽이 바보였다는 주장도 할 수 있고 또 일본 외교의 무능은 그 자체로 문제 삼아야 되겠지만 소련 정부가 일본을 속이고 기습을 감행한 것, 그리고 궁지에 몰린 일본과 중국의 약점을 이용해서 영토와 권익을 확대한 것은 러시아인들이 자랑할 만한 일이 아니다.

소련 붕괴 뒤에 태어난 신생 러시아가 스탈린주의의 잔재를 제거하고 새로운 외교정책을 전개하기 위해서는 일본과의 관계 수복 목적에서만이 아니라 러시아인들 자신의 존엄을 되찾기 위해 소련이 어떻게 태평양전쟁에 참가했는지를 비판적으로 검토해봐야 할 것이다.

일본인들의 피해자 의식

8월 15일부터 9월 5일까지의 혼란스러운 시기에 본토의 일본인들은 만주, 조선, 사할린, 쿠릴에서 소련군의 침공으로 간신히 도망쳐나온 민간인이나 잉여의 몸이 된 일본 병사들의 사정 따위에 관심을 두지 않았다. 어떻게 일본의 종전을 혼란 없이 끌고 갈 것인가라는 문제에 사로잡혀 있던 일본의 위정자들은 소련의 남쿠릴 점령이 대서양헌장과 카이로선언에 위배되는 것이라며 항의할 여유가 없었다. 그러나 전후 얼마 지나지 않아 소련에 불법적으로 영유된 영토 반환운동이 정부의 지원 속에 조직됐다. 소련과의 '북방영토' 문제는 단지 영토문제에 그치지 않는다. 일본이 알선을 통해 전쟁을 종결짓고자 최후까지 소련을 의지처로 삼고 있던 바로 그때, 소련은 불의의 공격을 감행해 일본인 64만 명을 포로로 붙잡았고, 그들을 10년 이상의 긴 세월에 걸쳐 참혹한 소련 변경의 강제수용소에서 잔혹한 방식으로 강제노동을 시켰다. 즉 그것은 일본이 소련에 대해 실로 뿌리 깊은 반감을 갖게 만든 문제였다.

소련의 참전과 함께 미국의 히로시마, 나가사키 원폭투하도 일본인들에게 일본이 부조리하고 용납하기 어려운 공격을 받았다는 감정을 안겨주었다. 프린스턴대학의 사회학자 로즈먼Gilbert Rozman이 말했듯이, '북방영토 증후군'과 '히로시마 증후군'은 형태를 바꾼 일본의 내셔널리즘이며, 일본인들에게 일본인도 전쟁 피해자였다는 피해자 의식을 심어놨다.[9] 그리고 그 피해자 의식이야말로 일본인들이 과거 자신들의 군국주의, 식민지정책, 침략을 직시하고 진지한 윤리적 책임을 공유하는 것을 막아왔다.

8월 14일에 이르기까지 일본의 위정자들에게는 독일 항복 때, 오키나와 패전 때, 포츠담선언이 발표됐을 때 등 전쟁을 종결지을 기회가 몇 번이나 있었다. 그때마다 일본 정부는 결정을 내리지 못했다. 또 그렇게 할 수 없을 만큼 정치체제가 마비돼 있었다. 그러나 일본에서는

'불난 집에 도둑질'을 한 소련의 행위나 미국의 원폭투하를 비난하는 소리는 있어도 전쟁종결을 지연시킨 일본 지도자들에게 책임을 묻는 소리는 별로 들리지 않는다. 만일 일본 정부가 더 빨리 포츠담선언을 수락하고 전쟁종결 결단을 내렸다면 원폭투하도 없었을 것이고 소련의 참전도 없었을 것이다. 이것을 억지 주장이라고만 할 순 없다. 실제로 사토 나오타케 대사, 가세 슌이치 스위스 공사, 마쓰모토 슌이치 외무차관 등은 그렇게 주장했다.

일본 국내의 정치결정 과정에서 이런 정책을 취하는 게 불가능했다는 것은 지도자의 주체적인 책임을 정치기구가 갖춰지지 못한 탓으로 돌리려는 주장이다. 원래 정치지도자의 지도력은 기구의 제약을 넘어서 발휘되는 것이다. 특히 긴급사태에서는 그런 지도력이 요구된다.[10] 천황을 포함해 스즈키, 도고, 기도, 요나이 등은 원폭과 소련 참전이라는 두 가지 외압이 있기까지 그 누구도 결정적인 행동을 취하지 않았다. 트루먼의 원폭투하와 스탈린의 참전도 문제였지만 이러한 일본 지도자들의 지도력 결여야말로 피할 수 있었던 전쟁의 대참화를 초래한 가장 큰 이유였다.

종전과 천황

전후 일본에서 쇼와昭和 천황은 일본 국가와 일본 국민을 구한 구세주로 여겨져왔다. 일본의 종전에 천황이 수행한 역할은 확실히 결정적이었다. 정치과정에 천황의 적극적인 관여가 없었다면 과연 일본이 전쟁을 종결지을 수 있었을지 의심스럽다. 내각과 최고전쟁지도회의는 절망적으로 분열돼 있어서 결정을 내리는 게 불가능한 상태였다. 천황만이 그 마비된 정치 상황을 타개할 수 있었다. 두 번의 어전회의에서 밝힌 천황의 성단은 일본의 전쟁종결에 가장 결정적인 요인으로 작용했다.

그러나 8월 6일의 히로시마 원폭투하 시점부터 "그는 가장 분명한 비둘기파로서 화평을 향한 강한 의사를 한층 더 분명히 했다"는 아사다의 주장에는 동의하기 어렵다.[11] 천황은 다른 일본 지도자들 대부분과 함께 소련이 참전할 때까지는 포츠담선언을 받아들이길 거부했으며, 소련의 알선을 통한 전쟁종결에 희망을 걸었다. 소련이 참전하자 비로소 천황은 포츠담선언을 수락하고 전쟁을 종결지을 뜻을 굳혔다. 하지만 천황이 왜 그런 결정을 내렸는지를 자세히 검토한 연구는 없는 것 같다. 이 문제는 금기일지도 모르겠다. 그러나 이 책은 포츠담선언이 발표됐을 때부터 소련이 참전하기까지 중요한 기간에 천황이 적극적으로 정치과정에 관여하지 않았다는 사실을 밝혀놓았다.

8월 9일에 소련이 참전하고 난 뒤부터 확실히 천황은 더 적극적으로 정치과정에 관여하기 시작했다. 이러한 천황의 동기에 대해서는 더 상세한 분석이 필요하다. 종종 인용되고 있는 "내 한 몸이야 어떻게 되더라도" 전쟁을 종결지어 일본 국가를 구하고 국민을 구하는 것이 천황의 뜻이었다는 주장은 천황제를 구하기 위해 천황의 자기희생 정신을 강조한, 기도를 비롯한 이들의 의식적인 증언이었다. 천황의 최대 관심은 황실의 안태에 있었다. 그러나 이 책에서 이미 얘기했듯이 천황은 8월 9일부터 10일에 걸친 단계에서는 황실의 안태에 덧붙여 메이

지헌법으로 보장받고 있던 천황의 통치권까지 유지하려는 희망도 갖고 있었던 것으로 보인다.

8월 9일부터 10일에 잇따라 열린 어전회의에서 히라누마는 그런 위기를 부른 천황의 책임에 대해 날카롭게 언급했다. 고노에도 그랬고 황실 가운데서도, 또는 그루처럼 천황제 유지를 옹호한 미국의 일본 전문가 사이에서도 쇼와 천황은 '쇼와'가 의미하는 계몽적인 평화와는 거리가 멀며, 동란으로 가득 찬 쇼와의 어두운 과거를 청산하기 위해 전쟁종결 뒤에 퇴위했어야 한다는 주장이 있었다. 아나미의 자결이 일본제국 육군의 죽음을 의미한 것처럼 쇼와 천황의 퇴위는 쇼와 시대와의 단호한 결별에 보탬이 됐을 것이다. 쇼와 천황이 퇴위하지 않고 그 지위에 머문 것은 일본의 전쟁책임을 모호하게 만들고 일본이 과거와 정면으로 맞서는 것을 방해한 커다란 요인이 됐다.

태평양전쟁 종결 드라마에는 영웅도 없고 악인도 없다. 이에 관여한 지도자들은 살아 있는 인간들이었다. 바꿔 말하면, 태평양전쟁은 각자의 욕망, 공포, 허영심, 분노, 편견을 지닌 채 결정을 내린 인간들의 드라마였다. 하나의 결정이 내려질 때마다 그 뒤의 결정을 위한 선택지가 좁아졌다. 그리고 마지막으로 원폭이 투하되고 소련의 참전을 거의 피할 수 없게 됐다. 그렇게 드라마가 끝날 수밖에 없었던 것은 결코 숙명이 아니었다. 지도자들은 다른 결정을 내리고 다르게 종결지을 수도 있었다. 그러나 그들은 그런 선택을 하지 않았다.

따라서 태평양전쟁 종결의 부정적 유산은 우리에게 남겨졌다. 우리에게 이 '부負의 유산'을 극복할 용기가 있을까?

| 보론 |

미국과 히로시마의 교훈: 과거와 현재•

《종전의 설계자들》과 원폭투하의 윤리적 의미

나는 일본에서 태어나 자랐고 일본의 대학을 졸업한 뒤 미국에 유학했습니다. 그리고 러시아사로 박사학위를 땄으며, 그 뒤 교편을 잡았고, 시민권을 획득해 지금 미국에 영주하고 있습니다. 연구 대상도 러시아, 일본, 미국을 접점으로 하는 주제에 관심을 갖고 있습니다. 일본과 미국이라는 두 좌표축에서 러시아를 관찰하고 연구함으로써 독특한 관점을 제시할 수 있지 않을까 자부하고 있습니다.

연구 주제의 성격상 현실 외교와 정치에 대해 발언할 기회도 많이 있었습니다만, 일본인과 미국인이라는 두 가지 시점에서 사상(事象, 사

• 일본어판 편집자 주
저자는 2010년 캘리포니아대학 샌타바버라캠퍼스의 최고영예인 전체 대학 차원의 연구상을 받았다. 그해 10월 수상식에서 학장을 비롯해 교수, 대학원생, 학생, 그리고 학교 바깥의 일반청중 2백여 명을 앞에 두고 기념 강연을 했다. 이 강연을 축약하고 번역한 원고를 《주오코론中央公論》 2011년 2월호에 처음 게재했고, 이 보론은 그 원고를 다시 가필한 것이다.

실과 현상)을 관찰함으로써 논단에도 기여하는 바가 있지 않았나 생각합니다.

그 하나의 성과가 태평양전쟁 종결 당시 미국, 소련, 일본 3개국의 치열한 각축을 다룬 책 《종전의 설계자들》입니다. 이 책은 태평양전쟁 당시 일본의 항복을 일미, 미소, 일소의 국제관계 속에서 재검토한 것입니다만, 그중에서 미국 국민 사이에 널리 신봉되고 있는 "원폭투하는 일본의 항복에 결정적인 역할을 했으며, 필요하고 정당화될 수 있는 행위였다"는 '원폭투하 정당론'을 부정하는 견해를 전개했습니다.

그러나 원폭투하의 윤리적 의의에 대해서는 의도적으로 주장을 삼갔습니다. 원폭투하 50주년을 기념해서 열릴 예정이던 스미소니언 항공우주박물관의 '에놀라 게이' 중심의 피폭 자료 전시가 원폭투하 정당론자들의 맹렬한 반대로 중지된 사실을 생각하면 그 윤리적 의의를 논의의 중심에 놓음으로써 또다시 유쾌하지 못한 논쟁을 불러일으킬 위험성이 있다고 판단했기 때문입니다. "군자는 위험한 곳에 가지 않는다"는 말대로 나는 역사적 사실과 그 사실을 통해 결론지을 수 있는 판단만을 제시하는 데 중점을 두었습니다.

하지만 《종전의 설계자들》을 집필할 때부터 간행 뒤 몇 년간 미국과 세계를 둘러싼 상황이 크게 변했습니다. 2001년의 동시다발 테러사건(9·11사태) 이후 미국은 아프가니스탄전쟁, 이라크전쟁의 수렁에 빠졌습니다. 이런 상황에서 진주만공격에서 원폭투하에 이르는 태평양전쟁의 역사가 현대 미국의 정책과 대비되면서 다시 상기되고 있습니다. 나는 현대 미국에 살고 있는 역사가이자 미국 시민의 한 사람으로서, 현재의 문제로 원폭투하의 윤리적 의의를 고찰할 수밖에 없었습니다.[1]

미국인의 시점과 일본인의 시점

가장 먼저 히로시마, 나가사키의 교훈을 미국인으로서 이야기하는 것, 일본인으로서 이야기하는 것의 차이를 지적해야 하겠습니다. 일본에서 이 강연을 한다면 나는 패전이 확실해졌음에도 항복 결정을 내리지 못한 채 히로시마, 나가사키의 원폭투하와 소련 참전이라는 두 가지 비극을 불러들인 일본 정부의 책임과 기능부전에 빠진 일본 정치과정을 강조하는 강연을 했을 것이고, 실제로 그런 논문을 일본에서 발표해왔습니다.[2]

그러나 이 강연은 미국의 대학에서 하는 것이고, 미국인이 청중의 대부분을 차지합니다. 따라서 나는 여기서는 어디까지나 미국 시민으로 발언하고 있다는 점을 마지막으로 강조해두고 싶습니다.

2010년 올해 8월은 원폭투하 65주년으로 히로시마에서 열린 평화기념식전에 전후 처음으로 미국 정부를 대표해서 루스John Roos 미국 대사가 참석했습니다. 대사는 식전에 참가했지만 어떤 발언도 하지 않아 많은 일본인이 원폭투하에 대해 사죄하지 않았다며 불만을 표시했다고 들었습니다. 그 직후 필자는 로스앤젤레스의 라디오 방송국 기자와의 인터뷰에서 "미국은 원폭을 투하한 것을 사죄해야 하는가"라는 단도직입적인 질문을 받았고, 내 대답이 그대로 방송된 적이 있습니다. "이것은 복잡한 문제여서 간단하게 몇 초 만에 '예스' 또는 '노'로 대답할 수 없다"고 얘기했습니다만, 왜 복잡한지 설명할 수 있는 시간도 없이 인터뷰는 끝나버렸습니다. 그러나 그 몇 초간의 종잡을 수 없는 대답 중에 그 문제를 미국인 입장에서 생각할 것인가, 일본인 입장에서 생각할 것인가에 따라 큰 차이가 난다는 사실을 말하지 못했습니다.

전후의 일본에서는 '대동아전쟁'이 일본의 생존과 안전을 지키기 위한, 그리고 유럽의 제국주의로부터 아시아를 해방시키기 위한 전쟁이었으며 따라서 정당한 것으로 평가받아야 할 자위(自衛, 자기방어) 전쟁이었다는 해석이 저류에 있었고, 또 냉전이 끝난 뒤에 그런 해석이 논단의 주류로 등장했습니다. 야스쿠니 신사를 방문한 사람들은 유슈칸• 에서 "우리는 잊지 않을 것이다"라는, 태평양전쟁을 정당화하고 미화하는 비디오를 틀림없이 봤을 것입니다. 그런 해석의 관점에 서면 미국의 원폭투하는 정당한 전쟁을 한 일본에 부당하게 저지른 잔혹행위가 되고, 미국 정부가 사죄하는 것은 그런 해석을 정당화해주는 꼴이 됩니다. 태평양전쟁의 평가를 둘러싼 해석이 일본에서 논쟁거리가 되는 상황에서, 미국이 원폭투하를 전쟁에 대한 전체적인 평가로부터 독립해서 사죄하는 것은 필연적으로 태평양전쟁이 일본이 수행한 정의의 전쟁이었음을 인정하는 주장에 동조하는 셈이 돼 나는 도저히 찬성할 수 없습니다. 나는 히로시마, 나가사키의 희생자들에게 애도의 뜻을 표하고, 미국대사를 정부의 공식대표로 평화기념식전에 참가하도록 한 오바마 정권의 결정에는 박수갈채를 아끼지 않습니다만 공식 사죄를 하지 않았던 것은 어쩔 수 없는 일이었다고 생각합니다.

유럽에서는 사정이 다릅니다. 2005년에 독일 드레스덴에서 드레스덴 폭격 60주년을 기념하는 추도 식전이 열렸는데 거기에는 미국, 영

• 遊就館, 제사 관련 자료들을 모아놓은 야스쿠니 신사의 보물관.

국, 프랑스, 러시아 대표들이 참가해 각기 희생자들에게 꽃을 바쳤습니다. 독일의 폭격으로 파괴당한 영국 코번트리 교회의 사제가 드레스덴의 프라우엔 교회에 십자가를 바쳤습니다. 독일 정부를 대표해서 게르하르트 슈뢰더 총리는 "우리는 오늘 독일 드레스덴과 유럽에서 전쟁과 나치의 테러로 희생당한 사람들에게 추도의 뜻을 표합니다"라고 선언했습니다. 슈뢰더 총리가 유럽에서 나치정권 아래 무수한 희생자가 있었다는 엄연한 사실을 인정하고, 그 맥락 위에서 드레스덴의 희생자들을 언급함으로써, 또 그러한 희생을 초래한 독일 자신의 책임을 인정함으로써 비로소 연합국 대표들이 참례하는 드레스덴 추도식이 열릴 수 있었습니다.[3]

슈뢰더 총리와는 대조적으로 간 나오토 총리가 히로시마 평화기념식전에서 한 연설은 "일본이 앞으로 핵무기 없는 세계를 건설하는 운동의 선두에 서겠다는 결의"를 표명하면서 원폭투하의 배경에 있는 일본의 전쟁책임에 대해서는 아무런 언급도 하지 않았습니다. 슈뢰더 총리 연설이 드레스덴 폭격 피해자들의 아픔과 함께 피해자들에 대한 나치의 책임과 추도를 포괄함으로써 전쟁의 승자와 패자가 화해할 수 있게 한 것이었던 것에 비해 간 총리의 연설은 히로시마, 나가사키의 원폭 피해만 특별히 드러내고 일본의 전쟁행위로 희생당한 사람들에 대한 추도와 책임에 대해서는 침묵했습니다.[4] 그렇게 해서는 당연히 미국인들로부터 "원폭투하로 사죄한다면, 일본인들은 진주만공격에 사죄할 것인가"라는 질문을 돌려받게 될 것이고 승자와 패자의 화해는 불가능해집니다.

'정의로운 전쟁'과 '전쟁 수행상의 정의'

원폭투하의 윤리적 책임을 고찰할 때, '정의로운 전쟁(Just War, jus ad bellum)'과 '전쟁 수행상의 정의' 또는 '전시 국제법(Justice in Warfare, jus in bello)'을 구별할 필요가 있습니다.[5]

나는 유럽의 파시즘과 일본의 군국주의를 파괴하기 위해 제2차 세계대전에 참전한 미국은 '정의로운 전쟁'을 수행했다고 확신하고 있습니다. 그 이상으로 나는 미국이 싸운 모든 전쟁 중에서도 제2차 세계대전은 미국 최고의 전쟁이었다고 생각합니다. 그 전쟁을 치러낸 무수한 병사, 그중에는 이 청중 속에서 내 강연을 들으러 온 이웃들도 포함돼 있습니다만, 그 병사들은 미국의 영웅이라고 할 수 있습니다.

그러나 그런 인식 위에서 물어야 할 것이 '정의로운 전쟁'을 수행할 때 미국이 '전쟁 수행상의 정의'를 지켰느냐 하는 문제입니다. 현재 이 '정의로운 전쟁'과 '전쟁 수행상의 정의'를 구별하는 것은 미국이 수행하고 있는 '테러와의 전쟁'과 관련해 새로운 긴장감을 가지고 우리에게 다가옵니다.

미국에서 널리 신봉되고 있는 원폭투하 정당론은 두 가지 가정 위에 성립합니다. 첫 번째 가정은 트루먼 대통령이 일본을 항복시키는 수단으로 원폭투하냐, 미국 병사들의 큰 희생이 뒤따르는 일본 본토침공이냐의 양자택일 상황에 내몰렸다는 것입니다. 두 번째 가정은 원폭투하야말로 일본 정부가 항복을 받아들인 결정적인 요인이었다는 것입니다. 이상 두 가지 가정 위에서 원폭투하 정당론은 일본 본토침공 시 예상되는 백만 이상 미군 병사들의 생명을 구하기 위해 원폭투하가 필요했다고 주장합니다.

하지만 트루먼에게는 그 두 가지 외에도 (1) 포츠담선언에 있는 무조건 항복 조항을 수정해서 일본이 군주제를 유지하는 것을 허용하는 조건을 넣는다, (2) 예정돼 있던 소련 참전이 일본 정부에 얼마나 큰 충격을 가할지 기다려본다, (3) 스탈린이 포츠담선언에 서명하게 해달라고 요구했을 때 그를 배제하지 않고 받아들인다는 적어도 세 가지의 선택지가 더 있었습니다. 그러나 《종전의 설계자들》에서 논했듯이 정치적 이유로 트루먼은 그 세 가지 선택지를 물리치고 원폭투하를 서둘렀습니다. 소련 참전 이전에 일본에 무조건 항복 요구를 들이대 전쟁 종결의 과실을 소련 없이 독차지하려는 의도였습니다. 즉 나는 트루먼에게는 두 가지 이상의 선택지가 있었음에도 이들 선택지를 배제하고 원폭투하를 감행했다고 논하면서 첫 번째 가정을 부정했습니다.

그리고 나는 같은 책에서 일본 정부가 항복을 수락하는 정치과정을 분석하고 원폭투하보다 소련의 참전 쪽이 일본의 항복 결정에 더 큰 영향을 미쳤다는 사실을 밝힘으로써 두 번째 가정에 대해서도 큰 의문을 던졌습니다. 내 해석이 옳다면, 원폭투하 정당론의 근거가 무너지게 됩니다.

이상의 원폭투하 정당론 비판에 대해서는 책에서 상세하게 얘기했으므로, 오늘은 이 기회에 원폭 사용이 현대 미국이 직면한 문제와 관련해서 어떤 의미를 갖는 것인지에 대해 얘기해보고 싶습니다.

일반시민에 대한 폭격

9·11은 미국에 큰 충격을 주었습니다. 뉴욕의 세계무역센터 쌍둥이 빌딩에서 아침 일찍부터 일을 시작한, 아무 죄도 없는 많은 일반시민이 무참하게도 살해당했습니다. 그런 테러는 인명을 존중하는 서구문명의 가치와는 완전히 상반되는 야만행위라는 비난을 받았습니다. 그러나 그런 주장은 제2차 세계대전에서 미국 자신이 일반시민을 표적으로 한 도시 폭격을 자행했다는 사실은 문제 삼지 않는다는 점을 지적할 수밖에 없습니다.

1937년에 나치 독일이 스페인내전에 개입해 게르니카를 폭격하고, 일본이 중국의 도시를 폭격했을 때 미국 국무부는 시민들에 대한 그런 무차별 폭격을 "야만행위"라고 비난했습니다. 그 뒤 제2차 세계대전이 시작되고 독일이 바르샤바와 로테르담을 폭격하자 루스벨트 대통령은 "무방비의 남자, 여자, 아이들 수천 명을 죽인 일반시민에 대한 폭격은 문명인의 마음에 상처를 주고 인류의 양심에 깊은 충격을 주었다"고 비판했습니다.[6]

그러나 미국이 취한 그 고매한 이상주의적인 입장은 일본이 진주만을 공격하고 태평양전쟁이 잔혹한 양상을 띠고 진행되면서 서서히 사라졌습니다. 전략폭격은 유럽에서 처음 채용됐고, 1945년에는 일본 도시들이 소이탄 폭격을 받게 됩니다.[7]

왜 미국은 당초의 인도적 태도를 내던지고 일반시민에 대한 무차별 폭격을 감행했을까요? 그 배경에는 진주만공격의 충격, 바탄 죽음의 행진으로 대표되는 포로들에 대한 일본군의 잔학행위가 있습니다. 태평양의 작은 섬인 펠렐류Peleliu전투에 해병대의 일원으로 참가한 유진 스렛지는 회고록에서 일본군이 철수한 뒤 전장에서 일본군 손에 처형당한 미국 병사들의 주검들을 목도하고 이렇게 기록했습니다.

> 해병대 병사들은 적들의 손에 무참하게 찢겨져 있었다. 한 병사는 머리가 목에서 잘려나갔다. 머리는 그의 가슴 위에 놓여 있었다. 양손도 손목에서 잘려 잘린 머리의 턱 옆에 가지런히 놓여 있었다. 그 얼굴을 자세히 살피던 나는 도저히 믿을 수 없는 충격적인 광경을 목격했다. 일본 병사들은 그 병사의 성기를 잘라 그것을 병사의 입에 쑤셔 넣었다. 그 옆에 드러누워 있던 미군 병사도 같은 짓을 당했다. 세 번째 희생자는 마치 사나운 맹수가 포획물을 찢어놓은 듯 갈기갈기 찢겨 있었다.
> 내 모든 감정이 그때까지 경험해본 적 없던 일본인들에 대한 분노와 증오로 끓어올랐다.[8]

일본인이 연합국 포로들을 어떻게 대우했는지를 보여준 유명한 사진이 있습니다. 연합국 포로들이 눈을 가린 채 꿇어앉아 있고 일본 병사가 일본도를 두 손으로 치켜들고 포로의 목을 치려는 순간을 포착한 사진입니다. 이 사진은 미군들에게 배포돼 일본군의 잔혹성을 보여주는 증거로 이용됐습니다. 레이테와 오키나와에 파견된 육군 제96사단 사단장이었던 브래들리 장군은 그 휘하 부대에 "일본군을 죽여라, 그렇지 않으면 죽임을 당한다"고 입에 침이 마르도록 얘기했습니다. 그 사진에서 흥미로운 것은 처형장을 에워싸고 있는 일본 병사들의 얼굴입니다. 중앙에 서 있는 분명 장교로 보이는 인물은 이제 바야흐로 실행되려는 처형에 입회해 미소 짓고 있습니다.

태평양전쟁의 전투가 치열해짐에 따라 이런 일본군의 잔혹성이 일본인 전체에 대한 증오로 전화했을 것은 충분히 상상할 수 있는 일입니다. 이는 9·11 테러행위의 충격이, 미국 내 논의가 전개되면서 이슬람교도 전체에 대한 분노로 확대돼가는 과정과 유사합니다.

1942년에는 자유주의 성향의 잡지 〈뉴 리퍼블릭〉조차 "모든 미국의 남자, 여자, 어린아이들의 적은 모든 일본의 남자, 여자, 어린아이들이다"라고 주장했습니다.[9]

이런 일본인 전체에 대한 반감은 1945년에 최고조에 이르렀습니다. 그해 6월에 일본이 전시긴급조치법을 제정해 전쟁 수행을 위한 국가총동원체제를 철저히 밀고 나가자 미군 정보국의 고위관리는 "일본의 모든 주민이 좋은 목표물이다. 일본에 일반시민은 존재하지 않는다"고 선언했습니다.[10] 전시인원동원위원회의 맥너트 위원장은 "일본 민족 전체의 섬멸"을 부르짖었습니다.[11]

일본의 도시들에 대한 전략폭격의 최고책임자였던 커티스 르메이 장군은 회고록에서 "죽이는 일에 유별난 건 없다. 더구나 군사적인 이유로 죽이는 것은 별일이 아니다. 우리는 3월 9일부터 10일 밤까지의 도쿄 폭격으로 히로시마와 나가사키에서 증발시킨 것보다 더 많은 사람들을 모조리 불태우고, 삶아 죽이고, 태워 죽였다"고 자랑스레 얘기했습니다.[12]

3월 9일부터 10일에 걸친 도쿄 폭격을 〈뉴욕 타임스〉는 "백만의 일본인이 불 속에서 타 죽다"는 제목을 붙여 보도했습니다. 물론 '백만'이라는 숫자는 열 배나 더 과장된 것입니다만, 가장 중요한 것은 백만의 일본인을 살육하는 것이 긍정적으로 보도됐다는 점입니다. 〈뉴욕타임스〉와 같은 권위 있는 신문이 이처럼 시민에 대한 무차별 폭격을 용인한 것은 미국 전체가 이를 지지하고 있었음을 시사합니다.[13]

전략폭격과 원자폭탄

만일 어떤 수단을 사용하든 전쟁에서의 죽음은 동등한 무게를 갖는다는 생각을 받아들인다면 전략폭격에 의한 대량 살육에서 원폭에 의한 대량 살육으로의 이행은 작은 발걸음에 지나지 않습니다. 원폭투하 결정에 관여했던 많은 정치가, 과학자들 가운데 원폭투하의 윤리적 의의에 의문을 제기한 사람은 없었습니다. 전략폭격을 실행하는 단계에서 도덕적 문턱을 이미 넘어서버렸던 것입니다.

1945년 4월, 원폭 제조를 목적으로 하는 맨해튼계획의 내부에 '표적위원회'가 설치됐습니다. 그 위원회는 첫째로 원폭으로 그 위력을 과시하고, 둘째로 원폭을 통해 미국에 대량의 원폭 제조 능력이 있다는 것을 보여주기 위해 적어도 두 발의 원폭이 필요하다고 결론지었습니다. 맨해튼계획의 책임자인 글로브스 장군은 "표적을 선택하기 위한 가장 중요한 요소는 충격 효과다"라고 말했습니다.[14] 이는 미국이 이라크 침공 전략으로 채용했던 '충격과 공포' 전략과 흡사합니다. 실은 '충격과 공포' 전략의 입안자들은 히로시마, 나가사키에 대한 원폭투하 경험에서 배웠고, 군사적인 목표보다도 "사회 전체를 즉시 완전하게 파괴하는 것"을 목적으로 하고 있다고 설명했습니다. 원폭투하와

이라크전쟁은 여기서 밀접하게 연관돼 있는 것입니다.[15]

원폭투하 정당론을 주창하는 논자들 사이에서는 원폭이 통상무기의 연장으로 해석되고 있다는 설이 유력합니다만, 실제로는 많은 정치가, 과학자들이 통상무기와 핵무기의 차이를 충분히 지적하고 있습니다.[16]

가장 큰 차이는 "하나의 폭탄으로 하나의 도시"를 초토화하는 파괴력입니다. 9천 파운드에서 1만 파운드의 원폭 하나로 하나의 도시를 완전히 괴멸시켜버리는 위력 말입니다. 3월 9일부터 10일에 걸친 도쿄 폭격 때 334기의 B-29 폭격기가 2천 톤의 폭탄을 사용한 것과 비교하면 파괴력의 차이는 명백합니다.[17] 게다가 그라운드제로의 온도는 섭씨 약 160도에서 섭씨 약 213도에 달했습니다. 그 열 때문에 수천 명의 희생자들은 곧바로 증발해버렸습니다. 또 폭발 때의 열풍에 노출된 사람들은 치명상 또는 후유증이 남는 화상을 입었습니다. 불덩이가 솟아올라 시속 48~80킬로미터의 속도로 태울 수 있는 모든 것을 다 태웠습니다.

원폭 피해로 새롭게 드러난 것이 방사능의 영향입니다. 원폭의 폭발과 동시에 방사되는 감마선, 엑스선, 중성자선에 피폭된 이들과 폭발 뒤에 '검은 비'로 불리게 된 방사성 낙하물에 피폭된 많은 희생자는 아무런 외상도 없는데 털이 빠지고, 피를 토하고, 설사를 하고, 발열 증상으로 고생하다 사망했습니다.

원폭의 위력에 대해 여기서 더는 자세히 설명할 필요는 없을 것으로 생각합니다. 다만 덧붙이고 싶은 것은 원폭의 영향이 전대미문으로 잔혹하고 비참한 것이었기 때문에 미국 정부는 원폭의 인체에 대한 영향이 외부로 유출되는 것을 완벽하게 검열하고 비밀에 부쳤습니다. 검열을 거친 히로시마, 나가사키의 사진에는 완전히 파괴된 건물만이 있을 뿐 희생자들이 찍혀 있는 사진은 전혀 없습니다. 일본영화사가 촬영한 다큐멘터리도, 점령군 사진반이 찍은 다큐멘터리도 모두 점령군에 압수돼 극비로 문서보관함 속에 파묻혀버렸습니다. 원폭의 위력이 비인도적이기 때문에 더더욱 미국 정부는 이를 은폐하려 했던 것입니다.[18]

이런 원폭의 위력을 고려하면 그것이 통상무기의 연장이라고는 도저히 생각할 수 없습니다. 또 르메이는 전쟁에서의 죽음은 그것이 어떤 수단에 의해 초래된 것이든 동등하다고 주장했습니다만, 그 주장을 받아들일 순 없습니다.

그러나 원폭이 이처럼 무서운 무기라면 왜 오늘에 이르기까지 미국에서는 원폭투하 정당론이 압도적으로 지지를 받고 있을까요? 거기에는 몇 가지 이유가 있습니다만, 여기서는 두 가지 큰 이유, 즉 자기기만과 복수의 요소에 대해서만 얘기해보겠습니다.

부인과 자기기만

1945년 5월, 핵무기에 관한 자문위원회인 '잠정위원회'가 설치됐습니다. 5월 31일과 6월 1일에 열린 첫 회의에서 원폭이 "제조되는 대로 일본에 사용할 것", "어떤 경고도 없이 사용할 것"이 결정됐습니다. 그러나 그 두 가지 결정 사이에 "노동자 주택으로 둘러싸인 군수공장에 사용할 것"이라는 기묘한 표현이 삽입돼 있습니다. 잠정위원회는 원폭이 군사목적으로 사용될 것임을 진지하게 고려했을까요?

표적위원회에서는 원폭투하의 목적이 명확하게 드러났습니다. 표적위원회에서는 원폭을 (1) 일본 본토 상륙부대를 보조하는 전술무기로 사용한다. (2) 옵저버(observer, 관찰자)가 지켜보는 앞에서 데몬스트레이션(demonstration, 실증용)으로 사용한다. (3) 군사목표에 대해 데몬스트레이션으로 사용한다. (4) 군사목표에 대해 경고 없이 사용한다. (5) 도시에 경고한 뒤 사용한다. (6) 도시에 경고 없이 사용한다. 이 여섯 가지 선택지를 검토했는데, 글로브스는 최후의 것을 택했습니다.[19]

실제로 히로시마, 나가사키의 사망자들 가운데 군인 이외 비전투원 시민들이 95퍼센트를 차지했고, 나가사키만을 보면 군인이 점한 비율은 단 0.002퍼센트에 지나지 않았습니다.[20]

잠정위원회가 삽입한, 군사목표에 대해 원폭을 사용한다는 결정은 양심의 가책을 경감하기 위해서거나 또는 그 결정을 정당화하기 위해서 삽입된 것이라고 생각할 수밖에 없습니다.

국가최고위직에 있는 사람도 이런 부인과 자기기만을 활용했습니다. 트루먼 대통령의 《포츠담 일기》를 보면, 대통령은 글로브스로부터 7월 16일의 앨라모고도 원폭실험 성공에 대한 자세한 보고를 받으며 그라운드제로에 설치된 "18미터나 되는 철골탑을 완전히 증발시켜버리는" 원폭의 위력에 감탄했습니다. 하지만 그 몇 줄 뒤에 새로운 무기는 "여자와 아이들이 아니라 군사시설, 육해군 병사들이 목표라고 지시했다. 설령 잽이 야만인이고 잔혹하며 광신적일지라도 만민의 행복에 봉사하는 세계의 지도자가 이 무서운 무기를 옛 수도에도, 지금의 수도에도 떨어뜨릴 순 없다"고 썼습니다.[21]

《포츠담 일기》에 나온 트루먼의 이런 표현은 두 가지 점에서 그의 자기기만을 보여줍니다. 첫째는 18미터 철골탑을 증발시켜버릴 폭탄이 "여자나 어린아이"에게 사용되는 일은 없을 것이라는 자기기만입니다. 두 번째는 그런 무서운 무기를 교토와 도쿄에 떨어뜨릴 순 없다면서 그러면 다른 도시를 파괴하기 위해 사용하는 것은 세계의 지도자로서 허용되는 것인지에 대해 아무런 언급도 하지 않습니다.

잠정위원회에서 트루먼에 이르는 부인과 자기기만은 양심의 가책을 덜고, 비인도적인 무기를 사용하는 스스로를 정당화하고 나아가 일반 대중 앞에 그 정당성을 설득하기 위한 것입니다. 대중을 향해 거짓을 말함으로써 그 거짓은 자신의 내면과 자신을 둘러싼 보좌관들의 내면에서 마치 진실인 것처럼 신봉되며 이론을 제기하기 어려워집니다. 그리고 이는 다시 매스컴을 통해 대중의 신념이 돼 퍼져나갑니다. 원폭투하를 결정할 때 드러난 자기기만은 대량살상무기의 존재, 사담 후세인과 알카에다의 관계, "우리는 고문을 하지 않는다"고 명언하면서 고문을 한 부시 정권의 거짓 및 자기기만과 유사합니다.

복수의 요소

많은 미국인이 원폭투하를 정당화하는 또 한 가지의 강력한 이유로 복수의 요소를 들고 있습니다. 9·11사태 이후 동시다발 테러에 대한 복수의 일념이 미국의 정책을 움직이는 동력이 되어버렸습니다. "9·11을 잊지 마라"라는 슬로건은 예전의 "진주만을 잊지 마라"와 겹치면서 미국인의 애국심을 고양합니다. 그리고 "9·11을 잊지 마라"는

"진주만을 잊지 마라"는 슬로건을 새롭게 되살려냄으로써 원폭투하는 진주만공격에 대한 정당한 복수라는 주장이 당시와 마찬가지로 지금도 새로운 힘을 얻어 유포되고 있습니다. 〈뉴욕 타임스〉의 과학담당 기자 윌리엄 로런스는 원폭에 관한 기사로 퓰리처상을 수상했습니다. 그는 나가사키 원폭투하 당시 관찰기에 동승한 뒤 다음과 같은 감상을 그 신문에 실었습니다.

> 내 앞을 가로막아 선 산과 같은 구름 너머에 일본이 가로놓여 있다. 이제부터 4시간 안에 그중 하나의 도시가 인간이 만든 최대의 무기에 의해 말살될 운명에 놓여 있다. 1천만분의 1초 사이에 하늘에서 덮쳐오는 대질풍처럼 수천 개 건물과 수만 명의 거주자가 산산조각이 나서 파괴될 것이다.

그 뒤 로런스는 이렇게 덧붙입니다. "이제 죽음을 앞둔 가련한 악마들에게 내가 동정의 마음을 느낄까? 아니, 진주만과 바탄 죽음의 행진을 생각하면 그런 동정 따위는 가질 수 없다."[22]

여기서 1945년 10월 잡지 〈라이프〉에 실린 히로시마의 사진을 소개하고자 합니다. 사진에서는 어머니가 원폭으로 부상당한 아들의 머리를 위로하듯 어루만지고 있습니다. 그러나 가장 중요한 것은 그 사진에 붙은 설명입니다. 사진작가는 "이 화상자국은 진주만공격 당시 희생자들 상처를 떠올리게 한다"라고 적어, 남자아이의 화상이 진주만공격에 대한 정당한 복수인 것처럼 설명하고 있습니다.[23]

이런 복수의 정신은 트루먼 자신도 되풀이해서 강조했습니다. 나가사키 원폭투하 뒤에 교화연방위원회가 원폭 사용에 대해 항의문을 보냈는데 이에 대해 트루먼은 다음과 같이 대답했습니다.

"나보다 더 원폭 사용에 번민하고 있는 사람은 없을 것입니다. 하지만 나는 일본이 정당한 이유도 없이 진주만을 공격한 것, 우리의 포로를 살육한 것 때문에 그 이상으로 번민하고 있습니다. 우리가 현재 사용하는 말, 즉 폭격의 말 이외 다른 언어로 그를 이해시킬 수 없습니다. 짐승을 상대하려면 그를 짐승으로 대우할 수밖에 없습니다."[24]

그러나 트루먼이 말하는 '그'는 누구일까요? 화상을 입은 남자아이에게 진주만공격이나 바탄 죽음의 행진에 책임이 있을까요? 차제에 덧붙인다면, 나는 진주만공격 10개월 전에 도쿄에서 태어났습니다. 생후 10개월의 아기였던 나도 진주만공격과 바탄 죽음의 행진에 책임이 있으므로 짐승으로 대접받고 원폭이라는 벌을 받아야만 할까요?

나가사키에 원폭을 투하한 뒤에 트루먼은 라디오에서 다음과 같이 선언했습니다.

"우리는 폭탄을 개발했고 그것을 사용했다. 진주만에서 경고 없이 우리를 공격한 자들에 대해, 미국인 포로를 아사시키고 구타하고 처형한 자들에 대해, 또한 전쟁 수행에 관한 국제법을 준수하려는 시늉조차 포기해버린 자들에 대해 이 폭탄을 사용했다."[25]

물론 일본은 이런 비판에 대답할 방법이 없습니다. 그러나 트루먼의 마지막 말은 오늘 강연 주제의 핵심을 찌른 것입니다. "전쟁 수행에 관한 국제법을 준수하려는 시늉조차 포기해버린 자들에 대한" 수단으로 국제법에 반하는 수단을 행사해도 될까요? 애초에 원폭 사용이 전쟁 수행에 관한 국제법에 부합할까요?

히로시마, 나가사키의 윤리적 의의

'정의로운 전쟁'을 수행하기 위해서라면 '전쟁 수행상의 정의'를 위반하는 어떠한 수단도 허용될 수 있는 것인가요? 이 문제야말로 원폭투하의 윤리적 의의와 현재 미국이 직면하고 있는 문제를 연결하는 중대한 요점입니다.

여기에 원폭투하와 현재 우리가 직면하고 있는 문제의 유사점이 있습니다. "테러에 대한 전쟁"이라는 이름 아래 고문, 불법 납치, 아부그라이브 교도소의 잔혹한 포로 대우, 관타나모의 포로 불법 구금 등 국제법에 어긋나는 행동을 취하는 게 허용될 수 있을까요?

나는 이미 트루먼의 원폭투하 이유는 단지 미국 병사들의 생명을 구하는 것만이 아니었다는 것, 원폭투하가 곧바로 일본을 항복으로 이끈 것은 아니었다는 것을 설명했습니다.

하지만 한 걸음 물러나서, 트루먼이 백 퍼센트 미국 병사들의 생명을 구하기 위해 원폭을 투하했고 그것을 통해 일본을 항복으로 이끌었다고 가정해보지요. 그런 가정하에서라면 원폭투하는 정당화될 수 있을까요?

원폭투하 정당론자들은 만일 미국이 원폭을 사용하지 않고 규슈를 침공했을 경우 몇 명의 병사들이 죽고 다쳤겠는가 등을 두고 온갖 추측들을 하고 있습니다.[26] 그러나 실제로 히로시마와 나가사키에서 사망한 20만 명에서 규슈 침공이 실행됐을 경우 예상되는 사상자 수를 뺀 수치로 원폭 사용의 윤리적 의의를 논할 수 있을까요? 추측은 어디까지나 추측이고 규슈 침공은 실행되지 않았을지도 모릅니다. 그 전에 소련이 참전했을 것은 확실합니다.

그것보다 중요한 것은 이런 뺄셈의 근저에는 르메이의 "전쟁에서 모든 죽음은 동등하다"는 사고방식이 있다는 것입니다. 모든 죽음은 동등할까요?

미국에서 히로시마, 나가사키의 원폭투하 정당론이 여론 대다수의 지지를 받고 있음에도 원폭투하 직후부터 그 윤리적 의의를 의심하는 의견이 나왔습니다. 단지 좌파 진보 진영의 수정주의 역사가들만이 그런 비판을 한 게 아닙니다. 비판의 목소리는 레이히 제독, 아이젠하워 전 대통령 등 보수파들에서도 나왔다는 사실을 지적하지 않을 수 없습니다.

여기서 원폭투하 의문론자 두 사람을 소개하겠습니다. 한 사람은 원폭의 아버지라고도 하는 오펜하이머 박사입니다. 오펜하이머는 1945년 10월에 트루먼과 회견했는데, 그때 "내 손이 피로 더럽혀졌다는 느낌이 든다"고 말했습니다.[27]

두 번째는 가장 중요한 인물로, 트루먼 자신입니다. '테러와의 전쟁'을 수행하기 위해서는 고문 수단에도 호소할 수 있다고 회고록에서 자랑스레 자만한 부시 전 대통령과 달리 트루먼은 공적으로는 원폭투하 결정을 변호했지만 내심으론 양심의 가책을 뼈저리게 느낀 것으로 보입니다.

1953년에 임기가 끝난 트루먼이 퇴임하기 직전에, 토머스 머레이 원자력에너지위원장은 대통령에게 원폭투하 결정이 정당했다고 옹호하는 편지를 보냈습니다. 이에 대해 트루먼은 "원폭 사용은 독가스나 세균전쟁보다도 현격히 악질이다. 왜냐하면 원폭은 시민들을 더 대량으로 살육하기 때문이다"라고 말했습니다. 이것이 의미하는 것은 중요합니다. 왜냐하면 트루먼은 원폭을, 국제법으로 금지돼 있는 독가스나 세균전쟁보다 성질이 더 나쁜 것이라고 판단했기 때문입니다.[28]

9·11 테러 현장은 텔레비전을 통해서 전 세계에 방영됐고 맨해튼 남단의 그라운드제로에서 일어난 인간의 비극, 고통을 우리는 눈앞에서 봤습니다. 그러나 많은 미국인은 〈뉴욕 타임스〉의 로런스 기자처럼 버섯구름 밑에서 일어난 일에는 눈을 감아온 것이 아닐까요? 나 자신부터 태평양전쟁 종결의 정치과정에만 연구의 주제를 좁혀서 실제로 버섯구름 아래서 일어난 인간 비극에 대해서는 스쳐지나가는 관심밖에 기울이지 않았음을 고백합니다. 그러나 히로시마 원폭 자료관을 찾아가 실제 피해를 눈으로 봤을 때 나는 큰 충격을 받았습니다. 그것은 초등학생 시절 히로시마 다큐멘터리를 봤을 때의 기억을 생생하게 떠올리게 했습니다.

초등학생 시절 반 전체가, 지금은 제목도 기억나지 않습니다만, 무슨 다큐멘터리를 보러 영화관에 갔습니다. 그 다큐멘터리 속에서 히로시마에 원폭이 떨어질 당시의 현장이 몇 분간 비쳤습니다. 나는 히로시마 피폭자들이 화상을 입고 나신인 채로, 혹은 너덜너덜한 옷을 걸치고 멍한 눈을 하고 망연자실하게 걷고 있는 모습을 보고 구역질이 나서 영화관 로비로 나갈 수밖에 없었습니다. 그리고 의자에 앉아 무서운 폭탄이 떨어지면 어디로 도망가면 될지 온갖 상상을 했지만 결국 도망쳐도 안전한 곳은 없다는 사실을 알아채고는 어찌해볼 수도 없는 불안감에 사로잡혔습니다.

원폭투하는 필요악이며, 그 희생은 크지만 정당화될 수 있다고 주장한다면 먼저 버섯구름 아래서 일어난 비극을 바라봐야 합니다. 그러고 나서 원폭에 의한 죽음이든, 전장에서의 죽음이든, 전쟁에서의 죽음은 정말 동등한 것인지를 곰곰이 생각해볼 필요가 있습니다.

그것은 도스토옙스키의 《카라마조프의 형제》에서 이반이 던지는 다음과 같은 질문에 대한 대답이기도 합니다.

> 자네가 자기 손으로 인류의 운명이라는 건물을 짓는다고 하세. 최종적으로 사람들을 행복하게 만들고 마침내 평화와 평안을 주는 것이 그 목적이야. 그런데 그러기 위해서는 아직 조그맣고 보잘것없는 아이를 누가 뭐래도, 그래, 저 작은 주먹으로 자네 가슴을 두드리고 있는 여자아이라도 좋아, 그 아이를 괴롭힐 수밖에 없네. 그리고 그 아이의 보상할 길 없는 눈물 위에 이 건물의 초석을 쌓게 된다고 하세. 그러면 자네는 그런 조건 아래서 그 건물의 건축가가 되는 데 동의하겠는가?

나는 '정의로운 전쟁'을 수행하는 데 '전쟁 수행상의 정의'를 무시하는 것은 '정의로운 전쟁'의 대의를 촉진하는 것이 아니라 반대로 그것을 손상시키는 결과를 낳을 것이라고 확신합니다. 알카에다든, 히틀러의 나치즘이든, 일본의 군국주의든 악을 상대로 싸우는 선의의 방법은 미국의 전통적 가치, 법의 지배에 대한 헌신, 인도적인 국가로서의 이상을 높이 내걸고 거기에 충실하게 임하는 것이라고 믿습니다.

그리고 내게 주어진 이 영예로운 기회를 이용해서 나는 지금까지 한 번도 말이나 활자로 하지 않았던 것을 얘기해보려 합니다.

미국이 참으로 자랑할 만한 인도적 가치를 부활하기 위해서는, 즉 청교도 존 윈스럽John Winthrop이 1630년 설교에서 말했듯 미국이 다시 "세계의 모든 눈이 쏠리는 언덕 위의 빛나는 도시"로 부활하기 위해서는, 우리는 미국 시민으로서 히로시마, 나가사키에 대한 원폭투하는 잘못이었다는 것을 솔직하게 인정하고, 세계에서 핵무기를 사용한 유일한 국가로서 핵무기 없는 세계를 확립하기 위해 앞장서려 노력해야 한다고 믿습니다.

이것이야말로 히로시마, 나가사키가 과거로부터 주는 교훈이며, 또한 현재의 교훈이라고 생각합니다.

| 일본어판 후기 |

이 책은 하버드대학 출판부에서 2005년 5월에 출판된 *Racing the Enemy: Stalin, Truman, and the surrender of Japan*을 토대로 삼았다. *Racing the Enemy*는 주로 1945년 4월부터 태평양전쟁이 종결된 9월 5일까지의 경과를 미국, 소련, 일본을 둘러싼 외교, 군사관계를 중심으로 치밀하게 분석하고 묘사한 책이다.

일본어판에서는 영어판보다 꽤 대담하게 사견私見을 강조한 부분도 있고, 또 소련의 전쟁 개시 시기에 대해서는 영어판과 다르게 해석한 부분도 있다. 일본 쪽의 정치과정에 관해서는 영어판보다 훨씬 더 세밀하게 자료를 인용하면서 새로 썼다. 영어판에서는 원폭투하와 소련 참전이 일본 항복에 어떤 영향을 미쳤는지에 관한 역사 해석 부분을 생략할 수밖에 없었으나 일본어판에서는 그 부분을 새롭게 언급했다. 즉, 일본어판은 단순히 저자 본인이 직접 번역한 책이 아니라 거의 새로 쓴 책이 되었다.

러시아사 연구자인 저자가 전문 영역 바깥에 있는 미국사와 일본사에 발을 들여놓고 태평양전쟁 종결에 관한 책을 쓰겠다는 무모한 시도를 감행한 이유로는 크게 네 가지를 들 수 있다.

첫째, 내 연구의 궤적이다. 몇 년 전에 영어와 일본어로 북방영토와 러일 관계에 대한 책을 썼을 때 그중 한 장에서 태평양전쟁 당시 일소 관계를 북방영토 문제의 기원을 형성한 큰 요소 중 하나로 다룬 적이 있다. 그때 일본의 항복에 즈음해서 소련이 어떤 역할을 수행했는지가 상당히 중요하다는 사실을 알게 됐다. 하지만 그 뒤에 태평양전쟁 종결을 다룬 연구들 중 다수가 소련 요소를 과소평가하거나 완전히 무시하고 있다는 사실을 확인하고 놀랐다. 그래서 소련 요소를 넣어 미국, 일본, 소련이 어떻게 상호작용하는 가운데 태평양전쟁을 종결했는지 국제정치 문맥에서 검증할 필요가 있다고 확신했다.

연구를 시작했을 때는 같은 문제의식을 공유했던 보리스 슬라빈스키Boris Slavinsky 씨와의 공동연구였으나 그가 타계한 뒤 쓰기 시작한 이 책은 나 홀로 작업이 됐다. 따라서 이 책의 모든 해석, 또는 어딘가에 잠복해 있을 오류도 오직 내 책임이다.

그러나 이 책은 일미 관계에서만 검토돼온 태평양전쟁 종결론에 단지 소련을 덧붙인 것은 아니다. 소련 요소를 보탬으로써 이제까지 무시되거나 경시돼온 미국과 일본의 정치과정에도 새로운 관점을 제공하고 있다.

둘째, 사료의 중요성이다. 태평양전쟁 종결을 검토하기 위해서는 단지 미국 사료에만 의존할 순 없다. 미국에서 쓰인 태평양전쟁 종결론은 미국이 어떻게 원폭투하 결정을 내렸는지에만 초점을 맞추고 일본 정부의 결정에 대해서는 영어로 번역된 사료에만 의존하는 경향이 있다. 일본의 정치과정에 대해서는 전후에 엄청난 사료들이 발표되고 또 방위청 방위연구소 전사실戰史室에 수록돼 있는 원사료들을 이용할 수 있게 됐음에도 불구하고, 태평양전쟁 종결이라는 일본사에서도 가장 중요한 사건, 특히 포츠담선언에서부터 천황의 옥음 방송에 이르기까지의 정치과정에 대해서는 의외로 본격적인 역사 연구가 적지 않았나 하는 의문을 갖기에 이르렀다. 이 책에서는 일본사가들이 제기하지 않았던 여러 문제와 가설을 대담하게 제시했다. 일본의 사료들을 이용하면서 쓰쿠바대학의 하타노 스미오波多野澄雄 씨한테서 큰 도움을 받았다.

그리고 미국의 정치과정, 일본의 정치과정을 검토하는 데 소련 요소는 결정적이었다. 소련 쪽 사료를 검토하지 않고 이를 논할 순 없었다. 소련 쪽 사료는 지금도 봉인돼 있는 게 많고 또 미국이나 일본 쪽 사료와 비교하면 여전히 압도적으로 적다는 점을 인정할 수밖에 없으나 이제까지 출판된 사료에다 원사료로 이용할 수 있는 것을 보태면 상당한 사료들이 이용 가능한 상태다. 그것을 토대로 소련의 정책을 분석할 수 있으며, 무엇보다 소련 쪽 사료를 무시하고 태평양전쟁 종결을 논할 순 없다. 이 책은 미국, 일본, 소련의 방대한 일차자료들을 토대로 국제정치의 관점에서 태평양전쟁 종결을 논한 최초의 연구서다.

셋째, 역사가로서 내 특수한 경력이다. 나는 일본의 대학을 졸업한 뒤 미국으로 가서 미국 대학에서 러시아사 박사학위를 받았다. 그 뒤 미국에 영주하면서 미국 국적을 취득했고 미국의 대학에서 러시아사 교편을 잡기에 이르렀다. 따라서 나는 일본인이기도 하고 미국인이기도 하며 러시아사 전문가이기도 한 특이한 경력을 갖고 있다.

일본인이기 때문에 미국인에게는 보이지 않는 것이, 또 미국인이기 때문에 일본인에게는 보이지 않는 것이, 또한 소련 전문가이기 때문에 일본 전문가나 미국 전문가들에게는 보이지 않는 것이 보인다.

넷째, 개인적인 이유여서 송구스럽지만, 이 일본어판은 태평양전쟁 때 수마트라에서 싸운 어머니의 숙부 마쓰오카 다케지, 만주에서 소련군의 포로가 된 아버지의 숙부 스기야마 히데오, 자바의 포로수용소에서 생사의 경계를 넘나들었던 대학시절의 은사 에비하라 유키오 씨, 그리고 고통스러운 전쟁 시기를 경험한 부모님을 늘 생각하면서 썼다. 지금은 이미 모두 고인이 됐다. 이 책은 이 은인들에게 추도의 뜻을 표하는 것이기도 하다. 그들과 그들의 배후에 있는 무수한 전쟁을 치른 일본인, 암울한 전쟁에서 살아남은 세대의 사람들이 이 책을 읽어주기를 바랐다. 그럴 수 없게 돼 유감스럽다.

마지막으로, 주오코론신사中央公論新社의 미야 가즈호 씨에게 심심한 감사를 드리고 싶다. 처음의 번역 교섭에서부터 마지막 출판 완료에 이르기까지 큰 도움을 받았다. 특히 내 더듬거리는 일본어를 몰라볼 정도로 손봐주었다. 그게 미야 씨의 일이어서 그랬겠지만 필시 많은 시간을 아낌없이 투입했을 것이다. 미야 씨는 고르바초프 등장에서부터 소련 붕괴에 이르는 시기에 잡지 《주오코론》을 편집했고, 사토 세이자부로佐藤誠三郎 씨의 소개로 내게 기고를 요청해 나는 그 잡지에 몇 편의 논문을 쓸 기회가 있었다. 그렇게 미야 씨와 오랜 벗이 되었고, 오랜만에 함께 작업한 것이 이 책이다. 또 이 책이 미야 씨에겐 편집자로서의 마지막 작업이 된 것은 내 평생 잊을 수 없는 기쁨이었고 저자로서 최고의 영광이다. 이 책을 가장 먼저 읽어준 사토 세이자부로 씨가 천국에서 이런 운명의 배합을 해준 것인가 생각하니 감개가 무량하다.

2006년 1월 미국 샌타바버라에서
하세가와 쓰요시

| 감사의 말 |

이 책을 쓸 때 연구자 두 사람의 협력을 받았다. 먼저 모스크바의 세계경제국제관계연구소(IMEMO)의 상급 연구원이었던 보리스 슬라빈스키 씨다. 슬라빈스키 씨와 협력관계는 내가 모스크바에 4개월간 체류했던 2000년에 시작됐다. 그 4개월간 우리는 내 숙소에서 또는 모스크바 교외의 슬라빈스키 씨 자택에서 매주 만나 사료를 나눠 갖고 각자의 견해를 이야기했다. 우리는 각자의 해석이 세세한 부분에서 여러 가지 차이가 있지만 일반적으로 합치한다는 것을 알았고, 그리하여 서로 협력해서 함께 책을 쓰기로 결정했다. 슬라빈스키 씨는 소련 붕괴 뒤 단기간이지만 옛 소련의 아르히프(Archiv, 문서보관소)가 공개된 틈을 이용해 문서관에 다니면서 방대한 사료를 복사했다. 그는 그 사료를 우리의 공동작업을 위한 공통의 사료로 제공해주었다. 2년 뒤 샌타바버라에 슬라빈스키 씨를 초청해 초고(제1고)를 쓸 예정이었으나 그는 그 직전인 2002년 4월에 돌연 심장병으로 입원한 뒤 세상을 떠났다. 한 쪽도 쓰지 못한 공저 예정의 책을 완성하는 것은 나 한 사람

의 과업이 됐다. 러시아사학회에서 소련 시대까지 통설로 돼 있던 학설에 도전해서 새로운 해석을 내놓았고, 나와의 협력에 주저하지 않았던 귀중한 동료이자 벗 고故 보리스 슬라빈스키 씨에게 이 책을 바친다.

또 한 사람의 협력자는 쓰쿠바대학의 하타노 스미오 교수다. 하타노 씨가 일본의 종전에 관한 사료와 연구서에 통달한 분야의 일인자라는 사실은 널리 알려져 있는데, 이번 연구의 시작부터 하타노 씨는 큰 협력자였다. 하타노 씨는 개인적으로 소장하고 있는 사료들을 포함해 이 책에서 사용된 많은 귀중한 사료를 제공해주었으며, 무엇보다 내 많은 질문에도 친절하게 답해주었다. 그리고 초고를 정중히 읽고 유익한 논평을 해주었으며 많은 오류를 지적해주었다.

내가 태평양전쟁 종결에 관심을 갖게 된 것은 워싱턴대학에서 로버트 부토 교수의 세미나를 들었을 때부터라고 할 수 있다. 지금은 이미 반세기 전에 출판된 책이 돼버린 부토 교수의 *Japan's Decision to Surrender*는 나중에 이 주제에 대해 책을 쓰게 되리라고는 전혀 생각지도 못했던 젊은 대학원생이었던 내게 깊은 인상을 주었다. 이 책은 40년 전에 내게 커다란 지적 호기심을 불러일으켜 준 은사에게 바치는 작은 감사의 표시다.

이 책은 국제정치사 분야의 책인데, 국제정치사에 대한 내 관심은 도쿄대 교양학과 국제관계론에서 에토 신키치衛藤瀋吉, 사이토 다카시齋藤孝 두 선생을 통해 함양된 것이다. 그리고 대학원 은사 도널드 트레드골드Donald Treadgold 교수한테서는 역사학의 전문성에 관한 가르침을 받았다. 세 분 은사에게 깊은 감사를 드린다.

선배이자 둘도 없는 벗이었던 사토 세이자부로 씨는 만날 때마다 내게 큰 지적 자극을 주었다. 이 책을 쓰기 전에 세상을 떠나 이 책에서 언급하고 있는 여러 문제에 관해 그와 논의할 수 없다는 게 유감스럽다.

로버트 스칼라피노Robert Scalapino, 길버트 로즈먼, 존 스테판John Stephen, 데이비드 홀러웨이는 다양한 형태로 큰 도움을 주었다.

이 책을 완성하는 과정에서 여기서 일일이 열거할 수 없을 정도로 많은 동료와 벗들의 지지와 원조를 받았는데, 그 가운데 다음의 동료들에게는 특별한 감사를 표하지 않을 수 없다. 나와는 많은 점에서 견해를 달리하는 역사가 리처드 프랭크 씨는 이 연구의 이해자로서 아낌없이 자신이 소지한 사료들을 제공해주었을 뿐만 아니라 처음부터 끝까지 원고를 읽고 기탄없는 논평을 해주었다. 바턴 번스타인 교수는 내가 빈번하게 전화를 걸어 던진 질문에 빠르고 친절하게 대답해주었다. 그리고 나는 수정주의 역사가들의 지도자라고 할 수 있는 가 앨퍼러비츠Gar Alperovitz 씨로부터 따뜻한 지지를 받았다. 원폭투하에 관해 다른 견해를 대표하는 역사가 세 사람으로부터 이해와 지지를 받은 것은 정말 행운이었다.

보리스 슬라빈스키 씨의 아들인 드미트리 슬라빈스키Dmitrii Slavinsky 씨는 아버지 타계 뒤 그의 유산인 사료를 흔쾌히 이용할 수 있게 허락해주었을 뿐만 아니라, 러시아에서 출판된 사료를 탐색하고 또 이 책에서 사용한 사진을 확보하는 일을 도와주었다. 러시아과학아카데미 러시아사연구소의 상급 연구원인 키릴 체레프코Kirill Cherevko 박사는 원고를 읽고 논평을 해주었다. 하버드대학출판부 심사위원인 어니스트 메이Ernest May와 올드 안 웨스터드Old Arne Westad 교수는 초고를 다듬는 과정에서 귀중한 조언을 해주었다.

캘리포니아대학 샌타바버라캠퍼스의 냉전연구센터 동료들과 대학원생들은 이 책의 중요한 지지자들이었다. 그중에서도 현재 코넬대학으로 옮긴 프레드 로거벌Fred Logevall 교수는 이 책을 쓰라고 처음으로 제안한 동료였다. 그의 따뜻한 지지와 우정은 나를 고무시켰다. 그리고 대학원생이었던 제니퍼 시Jennifer See 씨는 처음부터 마지막까지 원고를 진지하게 읽고 적절한 코멘트를 해주었다. 매주 몇 차례에 걸쳐 제니퍼와 전자메일로 의견을 교환한 것은 이 책의 수준을 한 단계 높이는 데 공헌했다. 그밖에 아오노 도시히코青野利彦를 비롯한 많은 대학원생이 여러 가지로 내 일에 협력해주었다.

홋카이도대학 슬라브연구센터의 동료들, 특히 다바타 신이치로田畑伸一郎 교수는 사료 확보 면에서 큰 힘을 보태주었다. 그리고 와다 하루키和田春樹, 기무라 히로시木村汎, 하라 데루유키原暉之, 이토 다카유키伊東孝之, 시모토마이 노부오下斗米伸夫, 고 무라카미 다카시村上隆, 아라이 노부오荒井信雄, 이에다 오사무家田修, 요코테 신지横手慎二 등의 일본 동료, 벗들과의 의견 교환은 이 책을 쓰는 데 큰 자극이 됐다.

또 다음에 열거할 문서관, 도서관 관원들의 진심 어린 협력 덕분에 이 책의 토대가 된 사료들을 이용할 수 있었다. 미국에서는 국립공문서관(칼리파크), 해리트루먼도서관, 프랭클린루스벨트도서관, 의회도서관, 조지마셜도서관, 후버도서관, 하버드대학 하우턴도서관, 예일대학 스털링도서관, 프린스턴대학 머드도서관, 컬럼비아대학 버틀러도서관, 앰허스트대학 도서관, 클렘슨대학 도서관, 일본에서는 방위연구소 전사실, 러시아에서는 러시아 외무부문서관(AVP RF), 러시아 국가사회정치문서관(RGASPI) 등이다. 그중에서도 미국 국립공문서관에서는 공문서에 관한 국보급 지식을 가진 존 테일러John Taylor 씨, 트루먼 도서관에서는 데니스 빌저Dennis Bilger 씨의 도움을 많이 받았다.

이 책을 연구하고 집필하는 과정에서 다음에 열거할 많은 조직으로부터 연구기금과 장학금 형태의 재정적 지원을 받았다. 국립인문과학기금, 미국평화연구소, 국립유라시아동유럽연구심의회, 사회과학연구심의회 일본프로그램, IREX, 트루먼도서관 펠로우십, 캘리포니아대학 IGCC, 캘리포니아대학 환태평양펠로우십, 캘리포니아대학 샌타바버라캠퍼스 연구기금이다. 캘리포니아대학 샌타바버라캠퍼스의 데이비드 마셜David Marshall 인문학부장은 이 책의 훈훈한 지지자였다.

하버드대학출판부 편집장 캐슬린 맥더모트Cathleen McDermott 씨는 원고를 제출했을 때부터 출판까지 든든한 이해자였고 책이 나올 때까지 도움을 주었다. 담당 편집자인 크리스틴 소스타인슨Christine Thorsteinsson 씨는 저자의 어색한 영어를 매끄럽게 다듬어주었다.

많은 분이 이 책의 집필을 다양한 형태로 지원해주었지만, 말할 것도 없이 책 속에 잠복해 있을 오류나 결점은 모두 저자의 책임이다.

마지막으로 나의 아내 데보라는 이 책의 최대 공헌자다. 아내는 몇 번이나 바꿔쓴 초고를 그때마다 읽고 코멘트해주었다. 무엇보다 데보라와 나의 아들 케네스는 내가 이 연구에 들인 긴 세월만큼 이 연구와 함께 살아왔다고 할 수 있다. 아내와 아들의 이해와 지지와 애정이야말로 이 책의 완성에 가장 큰 공헌을 했다.

하세가와 쓰요시

| 참고 문헌 |

1. 문헌 약어 일람

AVP RF Arkhiv vneshnei politiki Rossiiskoi federatsii.

DBPO Roham Butler and M. E. Pelly, eds., *Documents on British Policy Overseas*, series I, vol. 1, *The Conference at Potsdam, July-August 1945*, London: Her Majesty's Stationary Office, 1984.

DHTP Dennis Merrill, ed., *Documentary History of the Truman Presidency*, vol. *1, The Decision to Drop the Atomic Bomb on Japan*, Bethesda, Md.: University Publication of America, 1995.

Entry of the Soviet Union U. S. Department of Defense, *The Entry of the Soviet Union into the War against Japan: Military Plans, 1941-1945*, Washington, D.C. U.S. Government Printing Office, 1955.

Forrestal Diary James Forrestal Diary, Mudd Library, Princeton University

FRUS 1945 U.S. Department of State, *Foreign Relations of the United States, Diplomatic Papers, 1945*: vol. 5, *Europe*, Washington, D.C.: U.S. Government Printing Office, 1969.

FRUS*: *Potsdam U.S. Department of State, *Foreign Relations of the United States, Diplomatic Papers: Conference of Berlin(The Potsdam Conference)*, 1945, 2 vols., Washington, D.C. U.S. Government Printing Office, 1960.

FRUS*: *Yalta U.S. Department of State, *Foreign Relations of the United States, Diplomatic Papers: The Conference of Malta and Yalta, 1945*, Washington, D.C.: U.S. Government Printing Office, 1955.

Grew Papers Joseph C. Grew Papers, Houghton Library, Harvard University

Harriman Papers W. Averell Harriman Papers, Library of Congress.

Hoo Notes "Notes Taken at Sino-Soviet Conference, Moscow, 1945," Victor Hoo Papers, Box 6, Hoover Institution.

HSTL Harry S. Truman Library.

JCS Joint Chiefs of Staff.

JIC Joint Intelligence Committee.

McCloy Diary John J. McCloy Diary, Amherst Library.

NA Ntional Archives.

OPD Operation Division, U. S. Army General Staff.

OSW Office of the Secretary of War.

Perepiska Ministerstvo inostrannykh del SSSR, *Perepiska predsedatelia Soveta ministrov SSSR s prezidentami SShA i premizerami Velikobritanii vo vremia Velikoi otechestvennoi voiny*, 1941-1945 gg., Moscow Gosizdat politicheskoi literatury 1957.

Potsdamskaia konferentziia Ministerstvo inostrannykh del SSSR, *Sovietskii soiuz na Mezhdunarodnykh konferentsiiakh perioda Velikoi Otechestvennoi viiny, 1941-1945 gg.*, col. 6, *Berlinskaia(Potsdamskaia) konferentsiia rukovoditelei trekh soiuznykh derzhav-SSSR, SShA I Velikobritanii(17 iulia-2 avgusta 1945 g.): Sbornik dokumentov*, Moscow: Izd-vo politicheskoi Literatury, 1980.

PSF President's Secretary's File, Harry S. Truman Library.

RG Record Group.

RKO V. S. Miasnikov, ed., *Russko-Sovetsko-Kitaiskie otnosheniia v* XX *veke: Dokumenty i materialy, 1937-1945*, Book 2, 1945 g., Moscow: Pamiatniki istoricheskoi mysli, 2000.

SAO Ministerstvo inostrannykh del SSSR, *Sovetsko-amerikanskie otnosheniia vo vremia Velikoi otechestvennoi voiny 1941-1945 gg: Dekumenty i materialy*, 2 vols., Moscow. Politizdat, 1984.

SRH Special Reserch History, Records of National Security Agency/Central Security Service, Studies in Cryptograph, 1917-1972, Box 23, RG 457, NA.

SRS "Magic" Diplomatic Summary, Records of National Security Agency, Magic Files, Box 18, RG 457, NA.

Stimson Diary Henry Stimson Diary, Sterling Library, Yale University.

SWNCC State-War-Navy Coordinating Committee.

VO V. N. Vartanov et al., *Velikaia otechestvennaia: Sovietsko-Iaponskaia voina 1945 goda; istoria voenno-politicheskogo Provivoborstva dbukh derzhav v 30-40-e gody: Dokumenty i materialy*, vol. 7, pt. 1, Moscow: Terra-Terra, 1997, vol. 7, pt. 2, Moscow: Terra-Terra, 2000.

WDGS War Department General Staff.

WHCF White House Central File, Harry S. Truman Library

모리타 파일 1 《일소 중립조약의 폐기에 대하여》, 외무성 외교사료관 소장
모리타 파일 2 《패전 직전의 일본 외교정책》, 외교사료관 소장
모리타 파일 3 《영국 외교문서(정보공개)로 보는 일본의 패전과 점령관계 자료》, 영국 공문서관 소장
모리타 파일 4 《대일 점령정책에 관한 영국 외무성 공개문서》, 영국공문서관 소장
모리타 파일 5 *Surrender Terms for Japan* 영국 공문서관 소장
모리타 파일 6 《도고 외무대신과 사토 대사의 왕복 극비전보》, 외무성 외교사료관 소장

2. 일서 원제목 일람(가나다 순)

구리하라 겐栗原健, 하타노 스미오波多野澄雄 편, 《종전 공작의 기록終戦工作の記録》
〈도고 시게노리 진술록東郷茂徳陳述録〉
〈양兩 총장의 상주両総長の上奏〉
〈이다 마사타카 수기井田正孝手記〉
〈하스누마 시게루 진술록蓮沼蕃陳述録〉

모리타 파일森田ファイル
《일소 중립조약의 폐기에 대하여日ソ中立条約の廃棄について》
《패전 직전의 일본 외교정책敗戦間際の日本の外交政策》
《영국 외교문서(정보공개)로 보는 일본의 패전과 점령관계 자료英国外交文書(情報公開)に見る日本の敗戦と占領関係資料》
《대일 점령정책에 관한 영국 외무성 공개문서対日占領政策に関する英国外務省公開文書》
《도고 외무대신과 사토 대사의 왕복 극비전보東郷外務大臣と佐藤大使の往復極秘電報》

방위청 방위연구소 전사실防衛庁防衛研究所戦史室 편
《전사 총서 · 대본영 육군부戦史叢書 · 大本営陸軍部(10)》, 〈쇼와 20년 8월까지昭和二十年八月まで〉
《전사총서 · 관동군戦史叢書 · 関東軍(2)》, 〈관특연 · 종전 때의 대소전関特演 · 終戦時の対ソ戦〉
〈가와베 도라시로 참모차장 일지, 쇼와 20년(1945) 7월 26일~9월 2일河辺虎四郎参謀次長日誌, 昭和二十年七月二十六日～九月二日〉
〈마쓰다이라 야스마사 진술서松平康昌陳述書〉
〈이다 진술서, 1950년 5월 23일井田陳述書, 1950年 5月 23日〉

다구마 도시시로多熊利四郎 청취, 가와타 규시로川田久四郎〈북방군 제5방면군 관계조서록北方軍第5方面軍関係調書録〉
다네무라 사코種村佐孝,〈극비: 향후의 대소 시책에 대한 의견極秘: 今後ノ対ソ施策ニ対スル意見〉
다카시마 다쓰히코高島辰彦,〈종전 직전의 동군終戦直前の東軍〉
마쓰모토 슌이치松本俊一,〈종전 때의 회상終戦時の回想〉
스기노 이와오杉野巌 청취자료,〈치시마 작전 청취자료千島作戦聴取資料〉
쓰쓰미 후사키堤不夾貴,〈북치시마병단의 종전北千島兵団の終戦〉
후와 히로시不破博,〈궁성 점거 사건宮廷占拠事件〉

외무성外務省 편,《종전사록終戦史録》
〈내각 고유内閣告諭〉
〈도고 외무대신 직화東郷外務大臣直話〉
〈도고 외상 구술 필기東郷外相口述筆記〉
〈마쓰모토 슌이치 수기 "종전 각서"松本俊一手記 "終戦覚書"〉
〈외무성 조서: 일소 외교교섭 기록부外務省調書 -日ソ外交交渉記録の部〉
〈육해군인에게 내리는 칙어陸海軍人に賜りたる勅語〉
〈특사 파견교섭特使派遣交渉(외무성 조서: 일소 외교교섭 기록부外務省調書: 日ソ外交交渉記録の部)〉
가세加瀬,〈포츠담선언 수락까지ポツダム宣言受諾まで〉
하세가와 사이지長谷川才次 담談,〈붕괴 전야崩壊前夜〉
하타노 스미오波多野澄雄 편,〈종전사 관계문헌 목록(신편)終戦史関係文献目録(新編)〉
히가시쿠니노미야東久邇宮,〈나의 기록私の記録〉

이토 다카시伊藤隆 외 편,《다카기 소키치 일기와 정보高木惣吉日記と情報》《다카기 일기》
〈극비 연구집록極秘 研究集録(외무성 조약국 제2과外務省条約局第二果)〉
〈대소 교섭안 요지対ソ交渉案要旨〉
〈쇼와 20년(1945년) 여름, 화평교섭에 관한 요강, 고노에 특사를 위해 기안昭和二十年夏, 和平交渉に関する要綱, 近衛特使の為に起案〉
〈요나이 해군상 직화米内海軍相 直話〉
〈중간 보고안中間報告案〉

호소야 치히로細谷千博, 이리에 아키라入江昭, 고토 겐이치後藤乾一, 하타노 스미오波多野澄雄 편,《태평양전쟁의 종결: 아시아태평양전쟁의 전후 형성太平洋戦争の終結: アジア太平洋戦争の前後

形成》
아사다 사다오麻田貞夫, 〈원폭투하의 충격과 항복 결정原爆投下の衝擊と降伏決定〉
조너선 하슬람, 〈소련의 대일외교와 참전ソ連の対日外交と参戦〉

NHK 일소 프로젝트日ソプロジェクト, 《이것이 소련의 대일외교다: 비록 북방영토 교섭これがソ連の対日外交だ: 秘録 · 北方領土交渉》
가세 도시카즈加賴俊一 수기 "종전 기념일을 맞아終戦記念日を迎えて", 《요미우리 호치読売新聞》
가세 도시카즈加瀬俊一, 《가세 도시카즈 회상록加瀬俊一回想録》
가와베 도라시로河辺虎四郎, 〈참모차장의 일기参謀次長の日記〉, 《가와베 도라시로 회상록河辺虎四郎回想録》
가토 노리히로加藤典洋, 《미국의 그림자: 전후 다시 보기アメリカの影: 戦後再見》
고케쓰 아쓰시纐纈厚, 《일본 해군의 종전 공작日本海軍の終戦工作》
군사사학회軍事学会 편, 《대본영 육군부 전쟁지도반 기밀전쟁 일지大本営陸軍部戦争指導班機密戦争日誌》
기도 일기 연구회木戸日記研究会 편, 《기도 고이치 일기: 도쿄재판기木戸幸一日記: 東京裁判記》
나카 아키라中晃, 《묵살: 포츠담선언의 진실과 일본의 운명黙殺 - ポッダム宣言の真実と日本の運命》
나카야마 다카시中山隆志, 《1945년 여름 최후의 일소전一九四五年夏最後の日ソ戦》
니시 하루히코西春彦 감수, 《일소 국교문제日ソ国交問題 1917~1945》(일본외교사日本の外交史 15)
니시 하루히코西春彦, 〈그날의 마쓰오카その日の松岡〉, 일본국제정치학회 태평양전쟁 원인연구부日本国際政治学会太平洋戦争原因研究会 편, 《태평양전쟁으로 가는 길: 개전 외교사太平洋戦争への道: 開戦外交史》 제5권 〈삼국동맹·일소 중립조약3国同盟·日ソ中立条約〉
다나카 노부마사田中伸尚, 《도큐먼트 쇼와 천황ドキュメント昭和天皇》
다네무라 사코種村佐孝, 《대본영 기밀일지大本営機密日誌》
다카기 소키치高木惣吉, 《종전 각서終戦覚書》
다카야마 시노부高山信武, 《아라오 오키카스상을 회상하다荒尾興功さんを偲ぶ》
다케시타 마사히코竹下正彦, 《기밀작전 일기: 다케시타 일기機密作戦日記: 竹下日記》
데라사키 히데나리寺崎英成, 마리코マリコ, 데라사키テラサキ, 미러ミラー 편, 《쇼와 천황 독백록: 데라사키 히데나리 · 궁내성 직원 일기昭和天皇独白録: 寺崎英成 · 御用掛日記》
도고 시게노리東郷茂德, 《시대의 일면時代の一面》
도요다 소에무豊田 副武, 〈어긋난 어전회의의 진상謬られた御前会議の真相〉, 《분게이슌주文

芸春秋》
로버트 E. 셔우드, 《제2차 세계대전 루스벨트와 홉킨스第二次世界大戦 ルーズヴェルトとホプキンズ》
로버트J. 부토, 《종전외사: 무조건 항복까지의 경위終戦外史: 無条件降伏までの経緯》
마루야마 마사오丸山眞男, 《현대정치의 사상과 행동現代政治の思想と行動》
마쓰우라 마사타카松浦正孝, 〈무나카타 히사타카와 또 하나의 종전 공작宗像久敬ともう一つの終戦工作〉, 《UP》
마쓰타니 세이松谷誠, 〈나의 종전 메모私の終戦メモ(2)〉, 《국방国防》
마쓰타니 세이松谷誠, 《대동아전쟁 수습의 진상大東亜戦争収拾の真相》
모리시마 고로守島伍郎, 〈고뇌하는 주소련 대사관苦悩する駐ソ連大使館〉, 모리시마 야스히코守島康彦 편, 《쇼와의 동란과 모리시마 고로의 생애昭和の動乱と守島伍郎の生涯》
보리스 슬라빈스키, 《고증 일소 중립조약: 공개된 러시아 외무성 기밀문서考証日ソ中立条約: 公開されたロシア外務省機密文書》
보리스 슬라빈스키, 《일소 전쟁으로 가는 길: 노몬한에서 치시마 점령까지日ソ戦争への道: ノモンハンで千島占領まで》
보리스 슬라빈스키, 《치시마 점령: 1945년 여름千島占領: 1945年夏》
사코미즈 히사쓰네迫水久常, 《기관총하의 총리관저機関銃下の首相官邸》
사코미즈 히사쓰네迫水久常, 《대일본제국 최후의 4개월大日本帝国最後の4ヶ月》
사코미즈 히사쓰네迫水久常, 《종전의 진상終戦の真相》
사토 나오타케佐藤尚武, 《회고 80년回顧八十年》
사토 모토에이佐藤元英, 구로사와 후미타카黒沢文貴 편, 《GHQ 역사과 진술록 · 종전사 자료GHQ歴史課 陳述録 · 終戦史資料》
스즈키 간타로鈴木貫太郎, 《종전의 표정終戦の表情》
스즈키 마사유키鈴木正幸 편, 《근대의 천황近代の天皇》, 〈근대일본의 궤적近代日本の軌跡〉
스즈키 하지메鈴木一 편, 《스즈키 간타로 자전鈴木貫太郎自伝》
시게미쓰 마모루重光葵, 〈전쟁을 뒤로 하고戦争を後にして〉, 《주오코론中央公論》
시게타 히로시茂田宏, 스에사와 쇼지末澤昌二 편, 《일소 기본문서 · 자료집日ソ基本文書 · 資料集》
시모무라 가이난下村海南, 《종전 비사終戦秘史》
시모무라 가이난下村海南, 《종전기終戦記》
알렉세이 키리첸코, 〈발굴 · KGB 비밀문서 · 스탈린 집념의 대일 참전, 그것은 죽음의 철도로부터 시작됐다発掘 · KGB秘密文書 · スターリン 執念の対日参戦, それは死の鉄道から始まった〉, 《This is 요미우리読売》
야마다 아키라山田朗, 《쇼와 천황의 전쟁지도昭和天皇の戦争指導》

야마다 아키라山田朗, 고케쓰 아쓰시纐纈厚, 《뒤늦은 성단: 쇼와 천황의 전쟁지도와 전쟁책임遅すぎた聖断: 昭和天皇の戦争指導と戦争責任》

오오야 소이치大宅壮一 編 편, 《일본의 가장 긴 날: 운명의 8월 15일日本のいちばん長い日: 運命の8月15日》

오자와 하루코小澤春子, 〈미소관계와 일본米ソ関係と日本〉, 미와 기미타다三輪公忠, 도베 료이치戸部良一 편, 《일본의 기로와 마쓰오카 외교日本の岐路と松岡外交》

와다 하루키和田春樹, 〈일소 전쟁日ソ戦争〉, 하라 데루유키原暉之, 소토가와 쓰구오外川継男 편, 《슬라브와 일본スラブと日本》

와다 하루키和田春樹, 《북방영토 문제: 역사와 미래北方領土問題: 歴史と未来》

와타나베 유키오渡辺行男 편, 《시게미쓰 마모루 수기重光葵 手記》

외무성外務省 편, 《외무성 조사: 일소 외교교섭 기록부外務省調査: 日ソ外交交渉記録の部》

외무성外務省 편, 《일본 외교연표 및 주요문서日本外交年表並主要文書》

요미우리신문사読売新聞社編 편, 《쇼와사의 천황昭和史の天皇》

요시다 유타카吉田裕, 《쇼와 천황의 종전사昭和天皇の終戦史》

요코테 신지横手慎二, 〈제2차 대전기의 소련 대일정책第2次大戦期のソ連の対日政策, 1941~1944〉, 《법학연구法学研究》

유하시 시게토油橋重遠, 《전시 일소교섭 소사戦時日ソ交渉小史》

이리에 아키라入江昭, 《태평양전쟁의 기원太平洋戦争の起源》

이오키베 마코토五百旗頭真, 《미국의 일본 점령정책米国の日本占領政策》

이이고 겐시飯尾憲士, 《자결: 모리 근위사단장 참살사건自決: 森近師団長斬殺事件》

이타니 히로시, 〈시무슈 · 1945년 8월占守島 · 1945年8月〉, 《경계 연구境界研究》

일본방송협회日本放送協会 편, 《20세기 방송사20世紀放送史》

참모본부参謀本部 편, 《스기야마 메모杉山メモ》

참모본부参謀本部 편, 《패전의 기록敗戦の記録》, 〈대소(련) 시책요강対ソ施策要綱〉

치시마 하보마이제도 거주자연맹千島歯舞諸島の居住者連盟, 《도민 출신자가 얘기하는 북방4도: 소련 점령 편元島民が語るわれらの北方四島: ソ連占領編》

하세가와 쓰요시長谷川毅, 〈전쟁 종결의 어려움戦争終結の難しさ〉, 《요미우리 호치読売新聞》

하세가와 쓰요시長谷川毅, 〈종전 기회를 계속 놓친 지도자들의 책임終戦の機会を逃し続けた指導者たちの責任〉, 《주오코론中央公論》

하야시 사부로林三郎, 〈종전 무렵의 아나미상終戦ごろの阿南さん〉, 《세카이世界》

하야시 시게루林茂, 〈대소 공작의 전개対ソ工作の展開〉, 일본외교학회日本外交学会 편, 《태평양전쟁 종결론太平洋戦争終結論》

하타노 스미오波多野澄雄, 〈'무조건 항복'과 일본無条件降伏と日本〉, 《법학연구法学研究》

하타노 스미오波多野澄雄, 〈히로타-말리크 회담과 전시 일소 관계広田－マリク会談と戦時日

ソ関係》,《군사사학軍事史学》
한도 가즈토시半藤一利,《성단: 천황과 스즈키 간타로聖断: 天皇と鈴木貫太郎》
한도 가즈토시半藤一利,《소련이 만주에 침공한 여름ソ連が満州に侵攻した夏》
핫토리 다쿠시로服部卓四郎,《대동아전쟁 전사大東亜戦争の全史》
호소야 치히로細谷千博,〈삼국동맹과 일소 중립조약三国同盟と日ソ中立条約(1939~1941년)〉
호소야 치히로細谷千博,《일본외교의 좌표日本外交の座標》
호소카와 모리사다細川護貞,《정보, 천황에게 전달되지 않았다: 호소카와 일기情報 天皇に達せず: 細川日記》
호시나 젠시로保科善四郎,〈호시나 젠시로 수기保科善四郎手記〉,《대동아전쟁 비사: 잃어버린 화평공작 호시나 젠시로 회상기大東亜戦争秘史: 失われた和平工作 保科善四郎回想記》
후생성 인양원호국 사료실 니시하라 사무관厚生省引揚援護局史料室西原事務官 편,《종전의 경위終戦の経緯》 상권, 하타노 스미오波多野澄雄 소장
후지타 히사노리藤田尚徳,《시종장의 회상侍従長の回想》
히로시마시·나가사키시 원폭 재해지 편집위원회広島市·長崎市原爆災害誌編集委員会 편,《히로시마·나가사키의 원폭 재해広島·長崎の原爆災害》
히로타 고키 전기간행회広田弘毅伝記刊行会,《히로타 고키広田弘毅》
히사시쿠니노미야 나루히코東久邇稔彦,《히가시쿠니 일기東久邇日記》

3. 미주

머리말 최후를 향한 경쟁

1. Robert J. Butow, *Japanzs Decision to Surrender*, Stanford: Stanford University Press, 1945(일역《종전외사: 무조건 항복까지의 경위》, 時事通信社, 1958). 한도 가즈토시, 《성단: 천황과 스즈키 간타로》, 文藝春秋, 1985; 오오야 소이치 편,《일본의 가장 긴 날: 운명의 8월 15일》, 文藝春秋, 1965. 이들은 모두 저널리즘에 입각해 있으며 인용문헌이 결여돼 있다. 천황과 위정자를 비판적으로 다룬 저작들은 다음과 같다. 다나카 노부마사,《도큐먼트 쇼와 천황》 제5권 〈패전·하〉, 緣風出版, 1988; 야마다 아키라·고케쓰 아쓰시,《뒤늦은 성단: 쇼와 천황의 전쟁지도와 전쟁책임》, 昭和出版, 1991; 요시다 유타카,《쇼와 천황의 종전사》, 岩波新書, 1992. 이들도 주로 일본 내부의 정책결정 과정에 초점을 맞추고 있으며, 국제적인 문맥에 일본의 정치과정을 위치시키는 시야가 부족하다. 일본에서 출간된 종전에 관한 문헌에 대해서는 다음 책을 참조할 것. 하타노 스미오 편,〈종전사 관계문헌 목록(신편)〉, 외무성 편,《종전사록》 제6권, 北洋社, 1978, 229~348항.
2. 보리스 슬라빈스키,《치시마 점령: 1945년 여름》, 共同通信社, 1993;《고증 일소 중립

조약: 공개된 러시아 외무성 기밀문서》, 岩波書店, 1996; 《일소 전쟁으로 가는 길: 노몬한에서 치시마 점령까지》, 共同通信社, 1999.

3. Dale M. Hellegers, *We, the Japanese People: World War* II *and the Origins of the Japanese Constitution*, vol, 1, *Washington*, Stanford: Stanford University Press, 2001, pp. 233~241.
4. 마루야마 마사오, 《현대정치의 사상과 행동》, 未來社, 1956, 상권, 7~24쪽.(한역 《현대정치의 사상과 행동》, 한길사, 1997).
5. 〈근대일본의 궤적 7〉, 스즈키 마사유키 편, 《근대의 천황》, 吉川弘文館, 1993, 189~202쪽.
6. 천황의 좀 더 적극적인 전쟁지도 관여에 대해서는 다음 책을 참조할 것. 야마다 아키라, 《쇼와 천황의 전쟁지도》, 昭和出版, 1990; 야마다 · 고케쓰, 《뒤늦은 성단》; 요시다 유타카, 《쇼와천황의 종전사》. 그리고 이들 저작을 토대로 한 다음 문헌도 참조할 것. Herbert P. Bix, "Japan's Delayed Surrender: A Reinterpretation", *Diplomatic History*, 19, 1995; Herbert P. Bix, *Hirohito and the Making of Modern Japan*, New York: Harper Collins, 2000. 이들 저작은 국체의 내용에 대한 상세한 분석을 하진 않는다. 단 요시다의 경우 국체의 호지와 황실 유지 사이의 차이에 주목하면서도 그 차이가 포츠담선언에서 종전에 이르는 과정에서 어떻게 정치과정에 반영되었느냐 하는 결정적인 문제를 추적하지 않는다.
7. 원폭투하를 둘러싼 논쟁에 대해서는 다음 문헌을 참조할 것. Barton Bernstein, "The Struggle over History: Defining the Hiroshima Narrative", in Philip Nobile, ed., *Judgment at the Smithsonian*, New York: Marvolowe and Co, 1995; J. Samuel Walker, "Recent Literature on Truman's Atomic Bomb Decision: A Search for Middle Ground", *Diplomatic History*, 29, No. 2, 2005: pp. 331~334.

1장 암투의 서막: 3국 관계와 태평양전쟁

1. George Alexander Lensen, *The Strange Neutrality*, Talahasse: The Diplomatic Press, 1972, p. 19. 니시 하루히코, 〈그날의 마쓰오카〉, 일본국제정치학회 태평양전쟁 원인연구부 편, 《태평양전쟁으로 가는 길: 개전 외교사》 제5권 〈삼국동맹 · 일소 중립조약〉, 朝日新聞社, 1987, 부록, 1~3쪽.
2. 이리에 아키라, 《태평양전쟁의 기원》, 東京大学出版会, 1991.
3. 슬라빈스키, 《고증 일소 중립조약》, 82~131쪽; 호소야 치히로, 〈삼국동맹과 일소 중립조약(1939~1941년)〉, 《태평양전쟁으로 가는 길》 제5권, 279~295쪽.
4. Lensen, *The Strange Neutrality*, p. 278; 슬라빈스키, 《고증 일소 중립조약》, 129~130쪽; 시게타 히로시 · 스에자와 쇼지 편, 《일소 기본문서 · 자료집》, 世界の動

き社, 1988년, 34쪽.

5. 오자와 하루코, 〈미소 관계와 일본〉, 미와 기미타다 · 도베 료이치 편, 《일본의 기로와 마쓰오카 외교》, 南窓社, 1993, 65~66쪽; 이리에, 《태평양전쟁의 기원》.
6. Robert E. Sherwood, *Roosevelt and Hopkins: An Intimate History*, New York: Harper & Brothers, 1948, pp. 323~348(일역, 《제2차 세계대전 루스벨트와 홉킨스》 전2권, みすず書房, 1957).
7. 호소야 치히로, 〈삼국동맹과 일소 중립조약〉, 312쪽.
8. Lensen, *The Strange Neutrality*, pp. 24~25; 참모본부 편, 《스기야마 메모》, 原書房, 1989, 상권, 225~227, 240~253쪽.
9. 외무성 편, 《일본 외교연표 및 주요문서》, 原書房, 1965 · 66년, 하권, 531~532쪽; 《스기야마 메모》 하권, 260쪽; 호소야, 〈삼국동맹과 일소 중립조약〉, 315~321쪽; 니시 하루히코 감수, 《일소 국교문제 1917~1945》(일본외교사 15), 鹿島研究所出版会, 231쪽; Lensen, *The Strange Neutrlaity*, pp. 26~27.
10. 호소야, 〈삼국동맹과 일소 중립조약〉, 321~323쪽; N. M. Pegov, no. 3, 1985~1986: 33~36; 조르게가 모스크바에 보낸 정보에 대해서는 다음 문헌을 참조할 것. *VO*(V. N. Vartanov et al., *Velikaia otechestvennaia: Sovietsko-Iaponskaia voina 1945 goda; istoriia voenno-politicheskogo Protivoborstva dbukh derzhav v 30-40-e gody: Dokumenty I materialy*, vol. 7, pt. 1, Moscow: Terra-Terra, 1997, vol. 7, pt. 2, Moscow: Terra-Terra, 2000), Document 148~152, 154, 157~162, 164~166, 168, 170, 172, 174.
11. Sherwood, *Roosevelt and Hopkins*, pp. 349~365.
12. John R. Deane, *The Strange Alliance: The Story of Our Efforts at Wartime Co-operation with Russia*, New York: Viking Rress, 1946; Lensen, *The Strange Neutrality*, pp. 35~77.
13. *SAO*, pp. 144, 145; O. A. Rzheshevskii, "Vizit A. Idena v Moskvu v dekabre 1941 g. I peregovora Molotovym: Iz arkhiva prezidenta RF", *Navaia I noveishaia istoriia*, no. 3, 1994: 105, 118; Document 1, "Zaniat'sia podgotovka budushchego mira", *Istochnik: Dokumenty russkoi istorii: Vestnik arkhiva prezidenta Rossiskoi Federatsii*, no. 4, 1995: 114~115; 요코테 신지, 〈제2차 대전기의 소련 대일정책, 1941~1944〉, 慶應義塾大学法学勉強会, 《법학연구》, 71권(1), 1998, 206쪽.
14. 《스기야마 메모》 하권, 4쪽; 하야시 시게루, 〈대소 공작의 전개〉, 일본외교학회 편, 《태평양전쟁 종결론》, 東京大学出版会, 1958, 189~190, 195~196쪽.
15. 모리시마 고로, 〈고뇌하는 주소련 대사관〉, 모리시마 야스히코 편, 《쇼와의 동란과 모

리시마 고로의 생애》, 葦書房, 1985, 164쪽; Lensen, *The Strange Neutrality*, pp. 108~109.

16. 외무성 편, 《종전사록》 1권, 北洋社, 1977, 78, 73~93쪽; 후생성 인양원호국 사료실 니시하라 사무관 편, 《종전의 경위》 상권, 하타노 스미오 씨 소장, 9쪽.
17. 《스기야마 메모》 하권, 432쪽.
18. 〈특사 파견교섭(외무성 조서: 일소 외교교섭 기록부)〉, 《종전사록》 제1권, 73~94쪽; 니시하라 편, 《종전의 경위》 상권, 9쪽; 《스기야마 메모》 하권, 473쪽; 하야시 시게루, 〈대소 공작의 전개〉, 202~205쪽.
19. Brian Villa, "The U. S. Army, Unconditional Surrender, and the Potsdam Proclamation", *Journal of American History*, 63, June 1976: 70; 이오키베 마코토, 《미국의 일본 점령정책》 상권, 中央公論社, 1985, 84~91쪽; Hellegers, *We, the Japanese People*, vol. 1, pp. 1~33.
20. 이오키베 마코토, 《미국의 일본 점령정책》 상권, 110~128쪽.
21. 이에 대해서는 이오키베 마코토의 뛰어난 연구, 앞서 얘기한 책 상권, 178~282쪽, 하권, 4~140쪽 참조.
22. Cordell Hull, *The Memoirs of Cordell Hull*, vol. 2, New York: MacMillan, 1948, pp. 1113, 1309~1310; *Entry of the Soviet Union*, p. 22; Charles E. Bohlen, *Witness to History*, 1929~1969, New York: Norton, 1973, p. 128. NHK 일소 프로젝트, 《이것이 소련의 대일외교다: 비록 북방영토 교섭》, 日本放送出版協会, 1991, 15~17쪽.
23. W. Averell Harriman and Elie Abel, *Special Envoy to Churchill and Stalin, 1941~1946*, New York: Random House, 1975, p. 237.
24. 슬라빈스키, 《일소 전쟁으로 가는 길》, 359쪽; S. M. Shtemenko, *The Soviet General Staff at War: 1941~1945*, Moscow: Progress, 1981, vol. 2, p. 405; Ernest May, "The United States, the Soviet Union, and the Far Eastern War", *Pacific Historical Review*, 2, 1955, pp. 164~165.
25. 알렉세이 키리첸코, 〈발굴 · KGB 비밀문서 · 스탈린 집념의 대일 참전, 그것은 죽음의 철도로부터 시작됐다〉, 《This is 요미우리》, 1992년 12월호, 236~243쪽.
26. Lensen, *The Strange Neutrality*, p. 53.
27. Bohlen, *Witness to History*, p. 195; *Entry of the Soviet Union*, p. 24; Memorandum, 12 Jan. 45, Papers of George M. Elsey, HSTL; 이오키베 마코토, 《미국의 일본 점령정책》 하권, 76~79쪽.
28. Document 5, "Zaniat'sia podgotovka", *Istochnik*, no. 4, 1995: 124~125, 133~134; 요코테, 〈제2차 대전기의 소련 대일정책〉, 216~218쪽.

29. AVP RF, f. 06, op. 6, pap. 58, d. 803a, II. 204~258; 말리크 보고서의 분석에 대해서는 다음 문헌을 참조할 것. 요코테, 〈제2차 대전기의 소련 대일정책〉, 222~225쪽; 슬라빈스키, 《고증 일소 중립조약》, 282~286쪽; 조너선 하슬람, 〈소련의 대일외교와 참전〉, 호소야 치히로, 이리에 아키라, 고토 겐이치, 하타노 스미오 편, 《태평양전쟁의 종결: 아시아태평양전쟁의 전후 형성》, 柏書房, 1997년, 74~81쪽.

30. AVP RF, f. 06, op. 6, pap. 58, d. 803a, II. 230~240.

31. 로좁스키의 비판에 대해서는 AVP RF, f. 06. op. 6. pap. 58, d. 803a, II. 259~262.

32. G. N. Sevost'ianov, "Iaponiia 1945 g. v otsenke sovetskikh diplomatov, novye arkhinye materialy", *Novaia I noveishaia istoria*, no. 6, 1995: 37; A. Vasilevskii, *Delo vsei zhizni*, Moscow: Iza-vo politicheskoi literatury, 1975, pp. 552~553; Shtemenko, *The Soviet General Staff at War*, vol. 1, p. 406; S. M. Shtemenko, "Iz istorii razgroma Kvantunskoi armii", *Voenno-istoricheskii zhurnal*, no. 4, 1967: 55.

33. John Ray Skates, *The Invasion of Japan: Alternative to the Bomb*, Columbia: University of South Carolina Press 1994, pp. 35~59.

34. John Ray Cline, *Washington Command Post: The Operations Division*, Washington, D. C.: Office of the Chief of Military History, U. S. Department of the Army, 1951, pp. 337~339; Douglas J. MacEachin, *The Final Months of the War with Japan: Signal Intelligence, U. S. Invasion Planning and the A-Bomb Decisions*, Washington, D. C.: Center for the Study of Intelligence, 1998, pp. 1~2.

35. *Entry of the Soviet Union*, pp. 30~32.

36. 《종전사록》 제1권, 131~175쪽; 고케쓰 아쓰시, 《일본 해군의 종전 공작》, 中公新書, 1996, 149~156쪽.

37. 이토 다카시 외 편, 《다카기 소키치 일기와 정보》(이하 《다카기 일기》로 약칭) 하권, みすず書房, 2000, 765, 823, 994쪽; 〈마쓰다이라 야스마사 진술서〉, 방위연구소 전사실, 593쪽; 마쓰타니 세이, 〈나의 종전 메모(2)〉, 《국방》, 朝雲新聞社, 1972년 9월호, 98~100쪽.

38. 〈대소(련) 시책요강〉, 참모본부 편, 《패전의 기록》, 原書房, 1989, 171~174쪽; 《종전사록》 제1권, 248~252쪽; 니시하라 편, 《종전의 경위》 상권, 19~20쪽.

39. 〈외무성 조서: 일소 외교교섭 기록부〉, 《종전사록》 제1권, 152~154쪽; 모리시마 고로, 〈고뇌하는 주소련 대사관〉, 180~184쪽.

40. 《다카기 일기》 하권, 771~779쪽.

41. Harriman to Roosevelt, 23 Sept. 45, Moscow Files, 19~24 Sept. 44, Harriman

Papers; *Entry of the Soviet Union*, pp. 34~35.

42. Harriman to Roosevelt, Eyes Only Cable, 15 Oct. 44, Moscow Files, 15~16 Oct. 44, Harriman Papers, "Summary of Conclusion of the Meeting Held at the Kremlin, October 15, 1944", Moscow Files, 17~20 Oct. 44, Harriman Papers.
43. "Interpretive Report on Developments in Soviet Policy Based on the Soviet Press for the Period, October 15-December 31, 1944", Moscow Files, 13 Oct. 44, Harriman Papers. 일본의 대응에 대해서는 다음 책을 참조할 것. 《다카기 일기》 하권, 781쪽.
44. *Entry of the Soviet Union*, pp. 39~41.
45. "Conversation: MILEPOST", 14 Dec. 44, Moscow Files, 8~14 Dec. 44, Harriman Papers, Harriman to the President, 15 Dec. 44, Moscow Files, 15`20 Dec. 44, Harriman Papers.
46. AVP RF, f. 06, op. 7, pap. 55, d. 898, II. 1~2; 슬라빈스키, 《고증 일소 중립조약》, 308~310쪽.
47. A. A. Gromyko, *Pamiatnoe*, Moscow: Politizdt, 1988, vol. 1, p. 189. A. A. Gromyko, *Memoirs*, New York: Doubleday, 1989, p. 89.
48. 러시아연방 대통령 사료 중에 블레이크슬리 보고가 존재하고 있는 것에 대해서는 다음 문헌을 참조할 것. Sevost'ianov, "Iaponiia 1945 g.", p. 34. 블레이크슬리 보고에 대해서는 다음 문헌을 참조할 것. *FRUS: Yalta*, pp. 379~383.
49. Harriman's Note, 10 Feb. 45, Moscow Files, Conferences, Harriman Papers; Harriman and Abel, *Special Envoy to Churchill and Stalin*, pp. 398~399; Fiona Hill, "A Disagreement between Allies: The United Kingdom, the United States, and the Soviet-Japanese Territorial Dispute, 1945~1956", *Journal of Northeast Asian Studies*, 14, no. 3, 1995: 11.
50. *FRUS: Yalta*, p. 984; 《일소 기본문서 · 자료집》, 64쪽.
51. *FRUS: Yalta*, p. 826; 이오키베, 《미국의 일본 점령정책》 하권, 131~133쪽.
52. Vsilevskii, *Delo vsei zhizni*, pp. 554~555.
53. 《종전사록》 제2권, 42~46쪽. 구리하라 겐 · 하타노 스미오 편, 《종전 공작의 기록》 상권, 講談社文庫, 1986, 482~485쪽.
54. 《패전의 기록》, 230~232쪽.
55. 니시하라 편, 《종전의 경위》 상권, 21~22쪽; 핫토리 다쿠시로, 《대동아전쟁 전사》, 原書房, 1965, 809쪽.
56. AVP RF, f. 06, 1945 g., op. 7, pap. 2, d. 29, II. 109~113; 슬라빈스키, 《고증 일소 중립조약》, 302~305쪽.

57. 〈극비 연구집록(외무성 조약국 제2과)〉, 《다카기 일기》 하권, 805~816쪽.
58. 〈중간 보고안〉, 《다카기 일기》 하권, 823~829쪽.
59. Deane, *The Strange Alliance*, pp. 152~162; Minutes of the Meetings of the Combined Planning Group from 26 Jan. 45 through 13 March 45, OPD, 336TS, Sec, VIII, Box 145, RG 165, NA.
60. "Military Use of the Atomic Bomb", George Lincoln Papers, West Point, MHDC 746, donated by Robert Ferrell, Box 30, HSTL(Harry S. Truman Library). Martin Sherwin, *A World Destroyed: Hiroshima and the Origins of the Arms Race*, New York: Vintage Books, 1987, pp. 111, 133, 284.
61. Churchill to Roosevelt, 12 Apr. 45, Naval Aide Communication File, Churchill to Truman, HSTL.
62. Arnold A. Offner, *Another Such Victory: President Truman and the Cold War, 1945~1953*, Stanford: Stanford University Press, 2002, pp. 28~30.
63. Draft, Navy Cable, 29 Dec. 44, Moscow Files, 10~13 April 45, Harriman Papers.
64. Unsent memorandum, 10 April, 45, Moscow Files, 10~13 April 45, Harriman Papers.
65. Memorandum of Conference with the President, 31 Dec. 44, Stimson Papers, Reel 128, Sterling Library, Yale University; Sherwin, *A World Destroyed*, p. 134.

2장 새로운 과제: 종전을 향한 공방이 시작되다

1. 핫토리 다쿠시로, 《대동아전쟁 전사》, 803쪽; 다나카, 《도큐먼트 쇼와 천황》, 30~33, 37~38쪽; Bix, *Hirohito and the Making of Modern Japan*, pp. 484~486; Hellegers, *We, the Japanese People*, vol. 1, pp. 27~28; 천황의 전쟁지도에 대해서는 다음 책을 참조할 것. 야마다 아키라, 《쇼와 천황의 전쟁지도》; 야마다 · 고케스 《뒤늦은 성단》.
2. AVP RF, f. 06, op. 7, pap. 2, d. 30, 1. 32. AVP RF, f. Sekretariat V. M. Molotova, op. 7, por. 28, pap. 2, 1. 3. SRH-071, Box 23, RG 457, NA(이것은 매직의 요약이며, 이하 SRH의 번호만 기재). 슬라빈스키, 《고증 일소 중립조약》, 302~306쪽; 사토 대사가 시게미쓰 외상에게 보낸 전보 675호 4월 5일, 외무성 외교자료관, 모리타 파일 1.
3. Document 212, *SAO*, vol. 2, pp. 347~348.
4. 사토 대사가 스즈키 외상에게 보낸 전보 686호, 4월 6일, 외무성 외교자료관, 모리타 파일 1.

5. 같은 문서.
6. 사토 대사가 스즈키 외상에게 보낸 전보 690호, 4월 7일, 외무성 외교자료관, 모리타 파일 1.
7. 사토 대사가 도고 외상에게 보낸 전보 697호, 4월 8일, 외무성 외교자료관, 모리타 파일 1.
8. 미야카와 총영사가 스즈키 외상에게 보낸 전보 103호, 4월 7일, 외무성 외교자료관, 모리타 파일 1.
9. Dnevnik Malika, 22 March 45, AVP RF, f. Molotova, op. 7, pap. 54, d. 891, II. 201~202; Document 195, *VO*, vol. 7, pt. 1, pp. 207~208.
10. Documents 312, 313, *VO*, vol. 7, pt. 1, pp. 330~332.
11. 구리하라 · 하타노 편, 《종전 공작의 기록》 하권, 15~49쪽; 《종전사록》 제2권, 153~172쪽; 스즈키 간타로, 《종전의 표정》, 労働文化社, 1946, 9쪽; 다카기 소키치, 《종전 각서》, 弘文堂, 1948, 22~23쪽; 사코미즈 히사쓰네, 《종전의 진상》, 道徳科学勉強会, 1955, 29쪽; 사코미즈 히사쓰네, 《기관총하의 총리관저》, 恒文社, 1964, 147~154쪽; 《다카기 일기》 하권, 834~837, 840~842, 848쪽; 방위청 방위연구소 전사실 편, 《전사 총서 · 대본영 육군부(10)》, 〈쇼와 20년 8월까지〉(이하 《대본영 육군부(10)》으로 약칭), 朝雲新聞新聞社, 1975, 139~142쪽.
12. 《대본영 육군부(10)》, 144쪽; 사코미즈, 《기관총하의 총리 관저》, 154쪽; 다나카, 《도큐먼트 쇼와 천황》, 106~109쪽; 스즈키 하지메 편, 《스즈키 간타로 자전》, 時事通信社, 1968, 278쪽.
13. Robert H. Ferrell, ed., *Off the Record: The Private Papers of Harry S. Truman*, New York: Harper and Row 1980, pp.14~15; David McCullough, *Truman*, New York: Simon and Schuster, 1992, pp. 341~342, 345~348.
14. McCullough, *Truman*, p. 353.
15. McCloy Diary, 20 July 45.
16. Fleet Admiral William D. Leahy, *I Was There*, New York: Whittlessy House, McGraw-Hill Book Company, 1950, pp. 347~348; William Leahy Diary, 13 April 45, p. 56; Library of Congress: Harry S. Truman, *Memoirs*, vol. 1, *Year of Decisions*, Garden City, N. Y.: Doubleday, 1955, p. 10; Ferrell, ed., *Off the Record*, p. 17; Offner, *Another Such Victory*, pp. 23~24; David Robertson, *Sly and Able: A Political Biography of James F. Byrnes*, New York: Norton, 1998, p. 390.
17. McCullough, *Truman*, p. 359.
18. Hurley to Stettinius, 17 April 45, Department of State, Incoming Telegrams,

Truman Papers, HSTL; Truman, *Memoirs*, vol. 1, p. 66.

19. MacEachin, *The Final Months of the War with Japan*, pp. 2~3.
20. 이오키베, 《미국의 일본 점령정책》 하권, 41~44쪽.
21. Weldo H. Heinrichs, Jr., *American Ambassador: Joseph C. Grew and the Development of the United States Diplomatic Tradition*, Boston: Little, Brown, and Co., 1966, p. 370; Grew's letter to Randal Gould, 14 April 45, Grew Papers; Leon Giovannitti and Fred Freed, *The Decision to Drop the Bomb*, New York: Coward-McCann, 1965, p. 71.
22. Ellis M. Zacharias, "We Did Not Need to Drop the A-Bomb", *Look*, vol. 14, May 23, 1950, pp. 31~55; Hellegers, *We the Japanese People*, vol. 1. pp. 72~78; 바게를 통한 일본의 화평 공작에 대해서는 다음 책을 참조할 것. Butow, *Japanzs Decision to Surrender*, pp. 54~57; 구리하라, 하타노 편, 《종전 공작의 기록》 하권, 257~272쪽. 말리크와 바게의 관계에 대해서는 다음 문헌을 참조할 것. Sevost'ianov, "Iaponiia 1945 g.", p. 39.
23. Villa, "The U. S. Army, Unconditional Surrender, and the Potsdam Proclamation", pp. 80~81; JIC 266/1.18, "Military Use of the Atomic Bombs", Lincoln Papers, pp. 16~17; Hellegers, *We, the Japanese People*, vol. 1, p. 30.
24. Deane, *The Strange Alliance*, p. 266; Hellegers, *We, the Japanese People*, vol. 1, p. 46. 러시아의 역사가 사프로노프는 얄타회담에서 미소 군사지도자 간의 군사협력이 논의되고 미국 군사시찰단의 극동 시찰, 미국의 태평양 연안 소련에 대한 군사물자 수송, 소련 극동에서 미국 폭격기가 이용할 수 있는 비행장 건설, 소련 군항의 미국 해군 이용 등을 포함한 미국 쪽의 제안을 소련 쪽이 받아들이고 나아가 얄타회담 이후 미소 군사협력이 추진됐다고 주장하지만 실제로는 얄타회담에서 설치하기로 결정된 모스크바 미소 군사협력회의는 소련의 사보타주로 전혀 진전을 보지 못했다. V. P. Safronov, *Voina na Tikhom okeane*, Moscow: MPPA BIMPA, 2007. 덧붙이자면 사프로노프의 저작은 미국의 군사지도자가 소련과의 협력에 열심이었으나 그것이 정치지도자의 반대로 군사협력이 방해를 받았다는 주장을 소련 정책에 대한 하나의 주제로 삼고 있다. 사프로노프는 미국의 모스크바 군사 임무 책임자이자 군사협력 협의에 참가한 딘 장군이 자세히 묘사한 소련 쪽의 비협력의 예를 모두 무시했다. Deane, *The Strange Alliance*, pp. 252~266.
25. Hellegers, *We, the Japanese People*, vol. 1, pp. 29~32.
26. Dnevnik Malika, 13 April 45, AVP RF, f. Molotova, op. 7, pap. 54, d. 891, II. 234~235, 244.
27. "Beseda s Togo", Dnevnik Malika, AVP RF, f. Molotova, op. 7, pap. 54, d. 891,

II. 264~265; Document 295, *VO*, vol. 7, pt. k, p. 302.

28. "Vybody", Dnevnik Malika, AVP RF, f. Molotova, op. 7, pap. 54, d. 891, 1. 267.

29. Document 196, *VO*, vol. 7, pt. 1, p. 208.

30. Harriman to Truman, Paraphrase of Navy Cable, 14 April 45, Moscow Files, 14~16, April 45, Harriman Papers; Harriman to Stettinius, Paraphrase of Embassy's Telegram, No. 1163, 14 April 1945, Moscow Files, 14~16 April 45, Harriman Papers; Document 219, *SAO*, vol. 2, pp. 356~359.

31. Gromyko to Molotov, 21 April 45, *SAO*, vol. 2, pp. 364~366.

32. 방위연구소 전사실 편, 《전사총서 · 관동군(2)》, 〈관특연 · 종전 때의 대소전〉, 朝雲新聞社, 1974, 323~325쪽.

33. 같은 책, 331~332쪽.

34. 《대본영 육군부(10)》, 181쪽. 다네무라 사코, 《대본영 기밀일지》, 芙蓉書房, 1995년, 269쪽.

35. 《대본영 육군부(10)》, 191, 193쪽; 구리하라 · 하타노 편, 《종전 공작의 기록》 하권, 57쪽; 《패전의 기록》, 343쪽.

36. 다네무라 사코, 〈극비: 향후의 대소 시책에 대한 의견〉, 방위연구소 전사실; 《패전의 기록》, 343~352쪽; 구리하라, 하타노 편, 《종전 공작의 기록》 하권, 61~66쪽.

37. 이 논의에 대해서는 다음 문헌을 참조할 것. 아사다 사다오, 〈원폭투하의 충격과 항복 결정〉, 호소야, 이리에, 고토, 하타노 편, 《태평양전쟁의 종결》.

38. 모리시마, 〈고뇌하는 주소련 대사관〉, 196~197쪽; 《히로타 고키》, 広田弘毅伝記刊行会, 1966, 355~356쪽; 《다카기 일기》 하권, 843쪽.

39. Melvyn Leffler, *A Preponderance of Power: National Security, the Truman Administration, and the Cold War*, Stanford: Stanford University Press, 1992, p. 30.

40. Elsey to Admiral Brown, 16 April 45, Papers of William Rigdon, Box 1, HSTL. Offner, *Another Such Victory*, pp. 24~30; Truman to Churchill, 13 April 45, Papers of Harry S. Truman, White House Map Room File, 1945, Outgoing Messages, Top Secret File, Secret and Confidential File, London Files, Messages to the Prime Minister from the President, Box 2, Set II, HSTL; Truman to Harriman, 16 April 45, WHCF, Confidential File, Box 36, HSTL.

41. Harriman to Stettinius, 6 April 45, *FRUS: 1945*, vol. 5, pp. 821~824; John Lewis Gaddis, *The United States and the Origins of the Cold War*, New York: Columbia University Press, 1972, p. 201; Forrestal Diary, 20 April 45, Mudd Library, Princeton University.

42. Department of State, Memorandum of Conversation, 20 April 45, Papers of Harry S. Truman, PSF, HSTL; *FRUS*: 1945, vol. 5, pp. 231~233. Harriman and Abel, Special Envoy to Churchill and Stalin, pp. 448~449.
43. Leahy, *I Was There*, pp. 348~350.
44. Department of State, Memorandum of Conversation, 22 April 45, Truman Papers, PSF, HSTL, Document 226, *SAO*, vol. 2, pp. 367~369; Truman, *Memoirs*, vol. 1, pp. 75~76.
45. Stimson Diary, 23 April 45. Leahy Diary, 23 April 45; Memorandum of Meeting at the White House, 2:00 P.M., 23 April 45, Truman Papers, PSF, HSTL.
46. Stimson Diary, 23 April 45; Memorandum of Meeting at the White House, 2:00 P.M., 23 April 45, Truman Papers, PSF, HTSL; Walter Mills, ed., *The Forrestal Diaries*, New York: Viking Press, 1951, pp. 50~51; *Harriman and Abel, Special Envoy to Churchill and Stalin*, pp. 451~453; Leahy, *I Was There*, p. 351.
47. Department of State, Memorandum of Conversation: the President, the Secretary of State, Mr. Pavlov, and Mr. Bohlen, 23 April 45, Truman Papers, PSF, HSTL; Harriman and Abel, *Special Envoy to Churchill and Stalin*, pp. 452~453; Truman, *Memoirs*, vol. 1, p. 82.
48. Harriman and Abel, *Special Envoy to Churchill and Stalin*, pp. 452~453.
49. Gromyko, *Pamiatnoe*, Moscow, 1988, vol. 1, pp. 212~213.
50. Stalin to Truman, 23 April 1945, in Truman, *Memoirs*, vol. l, pp. 85~86.
51. Stimson Diary, 25 April 45; Memorandum discussed with the President, 25 April 45, in Stimson Diary; "The Atomic Bomb", Papers of Eben A. Ayers, Subject File, Box 5, Atomic Bomb[3 of 4], HSLT.
52. Gar Alpervoitz, *The Decision to Use the Atomic Bomb*, New York: Vintage, 1996, p. 133; Robert S. Norris, *Racing for the Bomb: General Leslie R. Groves, the Manhattan Projectzs Indispensable Man*, South Royalton, Vt.: Steerforth Press, 2002, pp. 375~376.
53. Barton J. Bernstein, "The Atomic Bombing Reconsidered", *Foreign Affairs*, 74, no. 1, 1995: 140~141; Norris, *Racing for the Bomb*, pp. 380~381.
54. 《패전의 기록》, 254, 256쪽; 《종전사록》 제2권, 228~230, 233쪽.
55. 다나카, 《도큐먼트 쇼와 천황》, 217쪽; 《다카기 일기》 하권, 855쪽.
56. 《다카기 일기》 하권, 855쪽; 다쓰미키시오(다카기 소키치의 필명), 〈종전 각서(3)〉, 《세카이》, 1946년 5월호; 《종전사록》 제2권, 241~242쪽.

57. Mills, ed., *The Forrestal Diaries*, 1 May 45, pp. 52~53; Forrestal Diary, 1 May 45, p. 323; Grew's Memorandum for the President, 6 May 45, William D. Leahy File, 125, Box 19(U. S. Joint of Chiefs of Staff), Chairman's File, RG 218, NA; Alperovitz, *The Decision to Use the Atomic Bomb*, p. 677; 이오키베, 《미국의 일본 점령정책》 하권, 148~149쪽. 웬일인지 스팀슨의 일기에는 이 세 사람의 회의에 관한 언급이 없다.
58. Truman, *Memoirs*, vol. 1, pp. 207~208; 하타노 스미오, 〈'무조건 항복'과 일본〉, 慶應義塾大学法学勉強会, 《법학연구》 73권(1), 2000, 307쪽.
59. 하타노, 《'무조건 항복'과 일본》, 306쪽.
60. Dnevnik Malika, AVP RF, f. Molotova, op. 7, pap. 54, d. 891, II. 278~279, 292~293.
61. 《종전사록》 제2권, 246~267쪽; 구리하라 · 하타노 편, 《종전 공작의 기록》 하권, 69~70쪽; 니시하라 편, 《종전의 경위》 상권, 33쪽; 《다카기 일기》 하권, 865쪽; 마쓰타니 세이, 《대동아전쟁 수습의 진상》, 芙蓉書房, 1980, 138~139쪽; 다카기 《종전 각서》, 32~33쪽; 도고 시게노리, 《시대의 일면》, 原書房, 1989, 330~331쪽; 사코미즈, 《기관총하의 총리 관저》, 160~161쪽.
62. 구리하라 · 하타노 편, 《종전 공작의 기록》 하권, 71~80쪽; 《다카기 일기》 하권, 889쪽.
63. 《종전사록》 제2권, 249~253, 258~259쪽; 구리하라 · 하타노 편, 《종전 공작의 기록》 하권, 81~82쪽; 니시하라 편, 《종전의 경위》 상권, 39~40쪽; 《다카기 일기》 하권, 865쪽.
64. 《다카기 일기》 하권, 865쪽; 《종전사록》 제2권, 260쪽.
65. Leon V. Sigal, *Fighting to a Finish*, Ithaca: Cornell University Press, 1988, pp. 54~64. Butow, *Japanzs Decision to Surrender*, pp. 103~111; 구리하라 · 하타노 편, 《종전 공작의 기록》 하권, 257~317쪽.
66. 쇼와 20년(1945년) 8월 15일 추밀원의 외교조치 및 국제정세에 관한 설명, 대동아전쟁 관련 1건, 전쟁종결에 관한 일소 교섭관계, 외무성 외교사료관, 모리타 파일 3.
67. 《다카기 일기》 하권, 868~869쪽.
68. George C. Herring, Jr., *Aid to Russia, 1941-1946: Strategy, Diplomacy, the Origins of the Cold War*, New York: Columbia University Press, 1973, pp. 201, 205; Offner, *Another Such Victory*, pp. 44~46; Hellegers, *We, the Japanese People*, vol. 1, pp. 53~56; Harriman and Abel, *Special Envoy to Churchill and Stalin*, pp. 459~460.
69. Novikov to Molotov, 12~13 May 45, *SAO*, vol. 2, pp. 388~391; Grew's

Telephone Memorandum of Conversation with Novikov, Grew Papers.

70. Joseph Davies Diary, 27, 30 April 45, Joseph Davies Papers, Chronological File, Co. No. 16, File 13020 April 45, File 22~29 April 45, Library of Congress; Davies Journal, 30 April, 13 May 45, in Herring, *Aid to Russia*, p. 215.

71. Forrestal Diary, 11 May 45, p. 333; Memorandum of Conversations, Stettinius, McCloy, Harriman, Grew, U. S. Policy in the Far East, 12 May 45, Grew Papers.

72. Joseph C. Grew, *Turbulent Era: A Diplomatic Record of Forty Years, 1904~1945*, Boston: Houghton Mifflin, 1952, pp. 1455~1457.

73. Stimson Diary, 13 May 45, 14 May 45.

74. Stimson Diary, 8 May 45, 15 May 45. 스팀슨은 그루와 포레스털에게 맨해튼계획에 대해 5월 8일에 설명했다고 한다. 그러나 그루가 원폭개발 계획을 언제 알게 됐는지에 대해서는 명기하지 않았다.

75. Grew, *Turbulent Era*, pp. 1463~1464.

76. Hoover to Stimson, 15 May 45, OSW, Stimson Safe File, Japan(After 7 Dec. 41), RG 107, NA; Hellegers, *We, the Japanese People*, vol. 1, p. 102.

77. Memorandum for Assistant Chief of Staff, OPD, from Clayton Bissell, 15 May 45, ABC, Historical Draft Documents-JAP Surrender 1945, RG 165, NA.

78. Hellegers, *We, the Japanese People*, vol. 1, pp. 102~103.

79. Memorandum for the Chief of Staff from McCloy, 20 May 45, Memorandum for the Assistant Secretary, War Department General Staff(WDGS), 28 May 45, ABC, Historical Draft Documents-JAP Surrender 1945, RG 165, NA; Hellegers, *We, the Japnanese People*, vol. 1, pp. 85~86.

80. Grew, *Turbulent Era*, pp. 1458~1459. OPD, 336TS(Section Ⅲ), RG 165, NA; "Operation Arrangements to Be Made with USSR in Event They Decide to Come into the War against Japan", Part Ⅰ, Item 4, OPD, Exec, File 4, Item 21a, RG 165, NA.

81. 시모무라 가이난, 《종전기》, 鎌倉文庫, 1948, 31쪽.

82. Eugene Dooman, "Memoir of Eugene H. Dooman: American Foreign Service, 1912~1945", Oral History Project, Butler Library, Columbia University, pp. 142~143; "Memoir of Eugene H. Dooman", pp. 13~14, Eugene Dooman Papers, Hoover Institution; Grew Diary, 25 May 45, in "Miscellaneous", Dooman Papers, Hoover Institution; Dooman's NBC interview with Freed, Dooman Papers, p. 4; Hellegers, *We, the Japanese People*, vol. 1, p. 91.

83. Giovannitti and Freed, *The Decision to Drop the Bomb*, pp. 92~93.

84. Dooman's NBC interview with Freed, Dooman Papers, p. 4. Hellegers, *We, the Japanese People*, vol. 1, p. 93. Dooman, "American Foreign Service", p. 14. 이오키베, 《미국의 일본 점령정책》 하권, 166~167쪽.

85. Memorandum of Conversation, by the Acting Secretary of State, 28 May 45, *FRUS: 1945*, vol. 6, pp. 545~547; Grew, *Turbulent Era*, pp. 1428~1431. Dooman, NBC interview with Freed, Dooman Papers, p. 5; Memorandum of Conversation with the President, 28 May 45, Grew Papers.

86. 홉킨스-스탈린 회담에 대한 가장 완전한 사료는 다음 문헌을 참고할 것. "Hopkins-Stalin Conference: Record of Conversation between Harry L. Hopkins and Marshal Stalin in Moscow", 26 May-6 June 1945, Papers of HSTL, Staff Member and Office File, Naval Aide to the President Files, 1945~1953, Subject File, Box 12, "Hopkins-Stalin Conference in Moscow", HSTL. 그밖에 문헌. FUUS: Potsdam, vol. 1, pp. 21~62. 소련 쪽의 기록은 다음을 참조할 것. Document 258, 260, *SAO*, vol. 2, pp. 387~403, 404~411.

87. Document 260, *SAO*, vol. 2, p. 406; "Hopkins-Stalin Conference, Third Meeting", p. 3; *FRUS: Potsdam*, vol. 1, pp. 43~44.

88. Hopkins to Truman, Paraphrase of Navy Cable, 30 May 45, "Hopkins-Stalin Conference."

89. "Hopkins-Stalin Conference, Third Meeting", p. 7; *FRUS: Potsdam*, vol. 1, p. 47; Document 260, *SAO*, vol. 2, p. 407.

90. "Hopkins-Stalin Conference, Third Meeting", pp. 6, 8; *FRUS: Potsdam*, vol. 1, p. 46.

91. Harriman to Truman, 8 June 45, *FRUS: Potsdam*, vol. 1, p. 62.

92. S. P. Ivanov, "Strategicheskoe rukovodstvo vooruzhennoi bor'by v khode kampanii Sovetskikh Vooruzhennykh Sil na Dal'nem Vostoke", Institut voennoi istorii Ministerstva oborony SSSR, Institut Dal'nego Vostoka Akademii Nauk SSSR, Institut Vostokovedeniia Akademii Nauk SSSR, *Razgrom iaponskogo militaizma vo vtoroi mirovoi voine*, Moscow: Voenizdat, 1986, pp. 69~70.

93. M. Zakharov, "Kampaniia sovetskikh vooruzhennykh sil na Dal'nem Vostoke". *Voeno-istoricheskii zhurnal*, no. 5, September 1960, p. 5.

94. David Glanz, *August Storm: The Soviet 1945 Strategic Offensive in Manchuria Leavenworth Papers*, No. 7, February 1983: 1~2; Vasilevskii, *Delo vsei zhizni*, pp. 559~560; Edward J, Drea, "Missing Intentions: Japanese Intelligence and the Soviet Invasion of Manchuria, 1945", *Military Affairs*, 48, issue 2, 1984: 67.

95. Dnevnik Malika, 25 May 45, AVP RF, f. Molotova, op. 7, pap. 54, d. 891, II. 300~301; Document 203, 18 May 45, *VO*, vol. 7, pt. 1, pp. 213~214.
96. Dnevnik Malika, 25 May 45, AVP RF, f. Molotova, op. 7, pap. 54, d. 891, 1. 314. Document 205, *VO*, vol. 7, pt. 1, p. 215.
97. Dnevnik Malika, 30 May 45, AVP RF, f. Molotova, op. 7, pap. 54, d. 891, II. 325~328.

3장 결정의 시간: 전쟁의 길과 평화의 길

1. Stimson Diary, 31 May 45; "Notes of the Interim Committee Meeting", 31 May 45, Harrison-Bundy Files Relating to the Development of the Atomic Bomb, 1942~1946, p. 11, Miscellaneous Historical Documents Collection, Item 661~179, HSTL; *DHTP*, pp. 23, 31~33; Richard Rhodes, *The Making of the Atomic Bomb*, New York: Simon and Schuster, 1986, pp. 642~647; James F, Byrnes, *All in One Lifetime*, New York: Harper & Brothers, 1958, p. 285; Sherwin, *A World Destroyed*, pp. 202~207; Norris, *Racing for the Bomb*, pp. 390~391.
2. "Notes of the Interim Committee Meeting", 31 May 45, 1 June 45. *DHTP*, pp. 46~47; Byrnes, *All in One Lifetime*, p. 285; Robertson, Sly and Able, p. 409; Sherwin, *A World Destroyed*, p. 209; Bernstein, "The Atomic Bombings Reconsidered", 144. 점심 식사 때의 토론에 대해서는 다음 문헌을 참조할 것. Robertson, *Sly and Able*, pp. 407~409; Sherwin, *A World Destroyed*, pp. 207~208; Rhodes, *The Making of the Atomic Bomb*, pp. 647~648; Norris, *Racing for the Bomb*, pp. 391~392.
3. Sherwin, *A World Destroyed*, p. 209.
4. Stimson Diary, 6 June 45; Memorandum of Conference with the President, 6 June 45, Stimson Papers, Reel 118, Sterling Library, Yale University.
5. Memorandum of Conference with the President, 6 June 45, Stimson Papers, Reel 118, Sterling Library, Yale University.
6. SRS-1648, 31 May 45. SRS-1685, 1 June 45, A1-A6.
7. 《히로타 고키》, 359쪽.
8. AVP RF, f. 0146(fond Referentura po Iaponii), op. 29, pap. 269, d. 4, II. 261~265; "Za kulisami Tikhookeanskoi bivy", *Vestnik MIDa SSSR*, 15 Oct. 1990, pp. 46~47. 일본의 기록으로는 다음 문헌을 참조할 것. 《하코네 회담록 · 일본외무성 기록》; 외무성 편, 《외무성 조사: 일소 외교교섭 기록부》, 외무성, 1946,

148~154쪽. 그러나 이것은 짧은 요약이다. 러시아 외무성 외교사료관의 말리크 일기가 가장 상세한 히로타-말리크 회담 기록이다. 그 일본어 번역본이 있다. 이를 Malik Document로 약칭한다. 그리고 그 회담에 관해서는 다음 문헌을 참조할 것. 《종전사록》 제3권, 17쪽; 《히로타 고키》, 361~362쪽; 하타노 스미오, 〈히로타-말리크 회담과 전시 일소 관계〉, 《군사사학》 29권(4), 錦正社, 1994, 4~26쪽.

9. AVP RF, f. 0146, op. 29, pap. 269, d. 4, II. 273~276; AVP RF, f. Molotova, op. 7, pap. 54, d. 891, Dnevnik Malika, II. 346~348; "Za kulisami", pp. 48~49; Malik Documents, pp. 10~11. 하타노, 〈히로타-말리크 회담과 전시 일소 관계〉, 18~19쪽.
10. 사토 대사가 도고 외상에게 보낸 전보 1143호, 6월 8일, 《종전사록》 제3권, 190~193쪽; 구리하라 · 하타노 편, 《종전 공작의 기록》 하권, 115~119쪽; 《히로타 고키》, 358쪽; SRS-1695, 11 June 45, pp. 2~3. SRH-079, 2 July 45, p. 6.
11. 《패전의 기록》, 265~270쪽; 《종전사록》 제3권, 19~62쪽; 구리하라 · 하타노 편, 《종전 공작의 기록》 하권, 137~178쪽; 다네무라의 8월 21일 증언에 대해서는 다음 책을 참조할 것. 구리하라 · 하타노 편, 《종전 공작의 기록》 하권, 137~139쪽.
12. 《다카기 일기》 하권, 877, 879쪽; 《종전사록》 제3권, 159~160쪽
13. 이이오 겐시, 《자결: 모리 근위사단장 참살사건》, 集英社, 1982, 7~8쪽.
14. 《종전사록》, 제3권, 69~87쪽; 구리하라 · 하타노 편, 《종전 공작의 기록》 하권, 178~188쪽; 《히로타 고키》, 364쪽.
15. 제87의회 비밀회에서 한 도고 외무대신 설명 요지(1945년 6월 9일), 《종전사록》 제3권, 67~73쪽; 제87의회 비밀회에서 한 도고 외무대신 설명 요지(1945년 6월 9일), 〈전쟁종결에 관한 일소 관계〉, 외무성 외교자료관, 모리타 파일 2; 도고 외상은 같은 취지의 설명을 6월 19일의 지방총독회의에서도 했다. 지방총독회의에서 한 외무대신 설명(안), 〈전쟁종결에 관한 일소 관계〉, 외무성 외교자료관, 모리타 파일 2.
16. 외무성 정무국, 의회 비밀회에서 한 대신의 설명자료(1945년 6월), 〈전쟁종결에 관한 일소 관계〉, 외무성 외교자료관, 모리타 파일 2.
17. Memorandum of Conversation with Truman and Soong, 9 June 45, Grew Papers; Grew's Memorandum of Conversation, the President, T. V. Soong, Grew, Bohlen, 14 June 45, Grew Papers.
18. "McCloy on the A-Bomb", James Reston, *Deadline: A Memoirs*, New York: Random House, 1991, Appendix, p. 495.
19. Hoover to Truman, "Memorandum on Ending the Japanese War", OPD ABC 387, Japan(15 Feb. 45), Sec. 1-B, RG 165, NA. 다음 책에서 인용. Hellegers, *We, the Japanese People*, vol. 1, p. 96; Summary of Hoover's Letter in General

Handy to General Hull, "Memorandum on Ending the Japanese War", Records of the U. S. Joint Chiefs, JCS Historic Office, Dr. Edward P. Lilly Papers, Box 7, RG 218, NA; Mills, ed., *The Forrestal Diaries*, pp. 68~69; Forrestal Diary, 12 June 45, p. 364; Hellegers, *We, the Japanese People*, vol. 1, p. 104; Truman to Stimson, 9 June 45, OPD, ABC 387, Sec. 4-A, RG 165, NA.

20. Mills, ed., *The Forrestal Diaries*, p. 69.
21. Grew to Rosenman, 16 June 45, Letters, 1945, Grew Papers; OSW, Stimson's Safe File, "Japan(After 7 Dec. 41)", RG 107, NA. Grew, *Turbulent Era*, pp. 1435~1436; Grew to Truman, 13 June 45, OSW, Stimson Safe File, "Japan(After 7 Dec. 41)", RG 107, NA.
22. Grew, *Turbulent Era*, p. 1437; Memorandum of Conversation with the President, 15 June 45, 18 June 45, General Record of Department of State, 1945~49, Central Decimal File, from 740.00119PW/1-145 to 740.00119PW/7-3145, RG 59, NA; Hellegers, *We, the Japanese People*, vol. 1, pp. 98~99.
23. Molotov to Malik, 15 June 45, "Za kulisami", p. 49. 이 전보의 사본은 다음 문헌을 참조할 것. "Za kulisami", p. 50.
24. 마쓰우라 마사타카, 〈무나카타 히사타카와 또 하나의 종전 공작(상)〉, 《UP》, 26권(1), 東京大学出版会, 1997, 16~17쪽; 《다카기 일기》 하권, 881~882, 886~887쪽; 데라사키 히데나리, 마리코, 데라사키, 미러 편, 《쇼와 천황 독백록: 데라사키 히데나리 · 궁내성 직원 일기》, 文藝春秋, 1991, 122쪽.
25. 《기도 고이치 일기》 하권, 東京大学出版会, 1966, 1208~1210쪽; 《종전사록》 제3권, 91~94쪽; 그리하라, 하타노 편, 《종전 공작의 기록》 하권, 189~196쪽; 니시하라 편, 《종전의 경위》 상권, 49~50쪽; 다나카, 《도큐먼트 쇼와 천황》, 287~288쪽; 마쓰우라, 〈무나카타 히사타카와 또 하나의 종전 공작(상)〉 17~18쪽; 야마다, 고케쓰, 《뒤늦은 성단》, 199~201쪽.
26. 《다카기 일기》 하권, 885~886쪽; 구리하라, 하타노 편, 《종전 공작의 기록》 하권, 171~177쪽; 《쇼와 천황 독백록》, 116~118쪽.
27. 니시하라 편, 《종전의 경위》 상권, 50~51쪽; 다나카, 《도큐먼트 쇼와 천황》, 293~294쪽; 야마다, 고케쓰, 《뒤늦은 성단》, 205~207쪽.
28. 《종전사록》 제3권, 94~98쪽; 다나카, 《도큐먼트 쇼와 천황》, 297~299쪽.
29. 《종전사록》 제3권, 101~105쪽; 다나카, 《도큐먼트 쇼와 천황》, 299~301쪽; 야마다, 고케쓰, 《뒤늦은 성단》, 205~210쪽; Dnevnik Malika, AVP RF. f. Molotova, op. 7, pap. 54, d. 891, II. 360~363.
30. Memo, Ad. Leahy to JCS, 14 June 45, in *Entry of the Soviet Union*, p. 76;

MacEachin, *The Final Months of the War with Japan*, p. 11.
31. "McCloy on the A-Bomb", pp. 495~496.
32. "Minutes of the Meeting Held at the White House on Monday, 18 June 1945, at 1530", pp. 3, 5, 17, MHDC 736, HSTL; *Entry of the Soviet Union*, pp. 78~79, 84, 85; Ernest J. King, *Fleet Admiral King: A Naval Record*, New York: W.W. Norton, 1952, pp. 605~607.
33. "Minutes of the Meeting Held at the White House", pp. 3~6. *Entry of the Soviet Union*, pp. 79~81; Leahy Diary, 18 June 45, p. 98; MacEachin, *The Final Months of the War with Japan*, pp. 11~14; Hellegers, *We, the Japan People*, vol. 1, pp. 106~108; "McCloy on the A-Bomb", p. 497.
34. Leahy Diary, 18 June 45, p. 99; *Entry of the Soviet Union*, pp. 83~84.
35 "McCloy on the A-Bomb", pp. 497~499; Mills, ed., *The Forrestal Diaries*, pp. 70~71. Forrestal Diary, 18 June 45, p. 370.
36. "McCloy to on the A-Bomb", p. 499; McCloy to Clark Clifford, 17 Sep. 84 and attachment, Mills, ed., *The Forrestal Diaries*, 8 Mrch 47, pp. 70~71; Forrestal Diary, 18 June 45, p. 370.
37. 《다카기 일기》 하권, 890~892, 894쪽; 구리하라, 하타노 편, 《종전 공작의 기록》 하권, 203~207쪽; 《종전사록》 제3권, 116~117, 119~121쪽; 도요다 소에무, 〈어긋난 어전회의의 진상〉, 《분게이슌주》, 1950년 1월호, 45~50쪽; 사코미즈, 《종전의 진상》, 36쪽.
38. 《다카기 일기》 하권, 894~895쪽; 다네무라, 《대본영 기밀일지》, 286쪽.
39. 《하코네 회담록 · 일본외무성 기록》, 23~25쪽; 《히로타 고키》, 365쪽; Lensen, *The Strange Neutrality*, p. 137.
40. 모리시마, 〈고뇌하는 주소련 대사관〉, 198~199쪽; Lensen, *The Strange Neutrality*, pp. 140~141.
41. AVP RF, f. 0146, op. 29, pap. 269, d. 4, II. 463~469. "Za kulisami", pp. 49~52; Malik Documents, pp. 1~11; 《하코네 회담록 · 일본 외무성 기록》, 27~39쪽; 《히로타 고키》, 365~367쪽.
42. SRH-079, 2 July 45, p. 9; 《종전사록》 제3권, 124~128쪽.
43. AVP RF, f. Molotova, op. 7, por. 891, pap. 54, II. 422-423. "Za kulisami", p. 52. 《히로타 고키》, 367~368쪽; 《외무성 조서: 일소 외교교섭 기록부》, 151~154쪽; Lensen, The Strange Neutrality, pp. 141~142. 7월 4일에 외무성 노구치 野ロ 서기관은 아드루이하에프 관보官補로부터 히로타-말리크 회담 내용이 전보가 아니라 외교행낭을 통해 모스크바에 전달됐다는 얘기를 들었다. 〈히로타-말리크 회담(추가 증보),

그 뒤의 경과(15)〉, 외교사료관, 모리타 류지森田隆二 씨가 전자메일로 필자에게 보내 준 정보를 근거로 했다.

44. Molotov to Malik, 8 July 45, "Za kulisami", p. 53.
45. Malik to Molotov, 13 July 45, "Za kulisami", p. 53; Lensen, *The Strange Neutrality*, p. 143.
46. 가세 도시카즈 수기 "종전 기념일을 맞아", 《요미우리 호치》, 1949년 8월 14일; 《종전 사록》, 제3권, 17, 102~103쪽; 사토 나오타케, 《회고 80년》, 時事通信社, 1963, 489쪽; 하타노, 〈히로타-말리크 회담과 전시 일소 관계〉, 15쪽.
47. 《종전사록》, 제3권, 117쪽.
48. Stimson Diary, 19 June 45, Forrestal Diary, 19 June 45, p. 372.
49. Minutes on Meeting of the Committee of There, 26 June 45, Stimson's Draft Proposal for Japan, Formerly Security Classified Correspondence of John J. McCloy, 1941~45, OSW, Assistant Secretary of War, RG 107, NA; First Draft Memorandum for the President(undated), "Proposal Program for Japan", OSW, Stimson Safe File, "Japan(After 7 Dec. 41)", RG 107, NA; Mills, ed., The Forrestal Diaries, 26 June 45, pp. 71~72; Forrestal Diary, 26 June 45, p. 376; "Minutes of a Meeting of the Committee fo There", *FRUS: Potsdam*, vol. 1, p. 887; 그루와 샌섬의 회담과 샌섬의 미국 대일 정책에 대한 비판적인 논평에 대해서는 다음 문헌을 참조할 것. Minutes by Sir George Sansom, F4052/584/G, British National Archive, Kew Garden, 모리타 파일 5; 샌섬과 일본 항복 당시 영국 역할에 대해서는 다음 책을 참조할 것. 호소야 치히로, 《일본외교의 좌표》, 中央公論社, 1979, 155~160쪽.
50. Memorandum for the President, "Proposed Program for Japan", 27 June 45, Record of the U. S. JCS, JCS Historic Office, Lilly Papers on Psychological Warfare, Box 7, RG 218, NA.
51. Ballantine's Memorandum to Grew, 27 June 45, Ballantine's Draft of Proposed Statement, General Record of Department of State, 1945, RG 59, NA; Ballantine's Draft as revised 28 June, "Draft of Proposed Statement", Records of the U. S. JCS, JCS Historic Office, Lilly Papers on Psychological Warfare, Box 7, RG 218, NA; G. A. Lincoln, Memorandum for General Hull, 28 June 45 ABC, Historical Draft Documents-JAP Surrender, 1945, RG 165, NA; "Allied War Aims in Japan", ABC, Historical Draft Documents-JAP Surrender, 1945, RG 165, NA; Hellegers, *We, the Japanese People*, vol. 1, pp. 113~116.
52. J. McC[loy], "Memo for Record, Subject: Demand for Japanese Surrender", 29

June 45, ABC, Historical Draft Documents-JAP Surrender, 1945, RG 165, NA; G. A. Lincoln, "Memorandum for General Hull, Subject: Demand for Japanese Surrender", OPD, ABC, Historical Draft Documents-JAP Surrender, 1945, RG 165, NA; OSW, Stimson's Safe File, White House Cable, Box 15, RG 107, NA. Records of the U. S. JCS, JCS Historic Office, Lilly Papers on Psychological Warfare, Box 7, RG 218, NA.

53. G. A. L[incoln], "Memorandum for General Hull, Subject: Timing of Proposed Demand for Japanese Surrender", 29 June 45, ABC, Historical Draft Documents-JAP Surrender, 1945, RG 165, NA; OSW, Stimson's Safe File, "Japan(After 7 Dec. 41)", Box 8, RG 107, NA; Records of the U. S. JCS, JCS Historic Office, Lilly Papers on Psychological Warfare, Box 7, RG 218, NA.

54 McCloy, "Memorandum for Colonel Stimson", 29 June 45.

55. G. A. L[incoln], "Memorandum for General Hull, Subject: Demand for Japanese Surrender", Hellegers' interview with Bonesteel, quoted in Hellegers, *We, the Japanese People*, vol. 1, p. 114.

56. 이 의견 차이에 대한 해석에 관해서는 다음 문헌을 참조할 것. Alperovitz, *The Decision to Use the Atomic Bomb*, p. 78; Richard B. Frank, *Downfall: the end of the Imperial Japanese Empire*, New York: Random House, 1999, pp. 215~219; 이오키베, 《미국의 일본 점령정책》 하권, 183~192쪽.

57. Shemenko, *The Soviet General Staff at War*, vol. 1, pp. 423; Vasilevskii, *Delo vsei zhizni*, p. 563.

58. B. N. Slavinskii, *Sovetskaia okkupatsiia Kurilzskikh ostrov(avgustsentiabrz 1945 goda): dokumentalznoe issledovanie*, Moscow: TOO "Lotus", 1993, pp. 126~127(일역 《치시마 점령》, 160~161쪽). 슬라빈스키, 《고증 일소 중립조약》, 356~357쪽; *Izvestiia*, 28 July 92. 이 결정적인 정치국의 기록은 벨로소프 퇴역 대령의 《이즈베스티야》 게재 회고록에 의거한 것으로, 기록문서 자체는 아직 발표되지 않았다.

59. Documents 314, 315, 316, *VO*, vol. 7, pt. 1, pp. 332~336, No. 11112, 11113, 11114, Volkogonov Papers, Reel 4, Library of Congress.

60. S. M. Shtemenko, *Generalznyi shtab v gody voiny*, Moscow: Voenizdat, 1985, vol. 1, p. 390; Shtemenko, "Iz istori razgroma Kvantunskoi armii", *Voenno-istoricheskii zhurnal*, no. 4, 1967, p. 66; Shtemenko, *The Soviet General Staff at War*, vol. 1, pp. 422~424; *Vasilevskii*, *Delo vsei zhazni*, p. 564.

61. Stimson to President, 2 July 45, *FRUS*: *Potsdam*, vol. 1, pp. 891~892.

62. 같은 책, p. 892.

63. Stimson, "[Enclosure 2] Proclamation by the Heads of State", *FRUS: Potsdam*, vol. 1, p. 893; *DHTP*, pp. 103~105; "Draft: Proclamaion by the Heads of State", ABC, Historical Draft Documents-JAP Surrender, 1945, RG 165, NA; 이 초안은 그 여백에 "Bonesteel draft(to rev McCloy 29 June)"라고 연필로 쓰여 있어 본스틸이 작성한 것임을 보여주고 있다.

64. Deane Acheson, Present at he Creation, New York: Norton, 1969, p. 112; McLeish to the Secretary of State, 6 July 45, *FRUS: Potsdam*, vol. 2, pp. 895~897.

65. Mills, ed., *The Forrestal Diaries*, pp. 74~74.

66. "Minutes of the 133rd Meeting of the Secretary's Staff Committee", *FRUS: Potsdam*, vol. 1, pp. 900~901.

67. James F. Byrnes, *Speaking Frankly*, New York: Harper & Brothers, 1947, pp. 204-205. Walter Brown Diary, 6(CFM) Conference 2-1, Potsdam, Folder 602, James F. Byrnes Papers, Clemson University: *FRUS: Potsdam*, vol. 2, p. 1267. Hull, *The Memoirs of Cordell Hull*, vol. 2, pp. 1593~1594.

68. Togo to Sato, SRH-084, p. 6. "Japan-Peace Negotiations(Japan thru Russia)", 2 July to 16 Aug. 45, Folder 571, Byrnes Papers, Clemson University; Togo to Sato, 10 June 45, SRS-1723. SRH-084, p. 3; 《종전사록》 제3권, 132~134쪽.

69. 《종전사록》 제3권, 129~158쪽; 구리하라, 하타노 편 《종전 공작의 기록》 하권, 219~231쪽; 《다카기 일기》 하권, 904, 911쪽; 《기도일기》 하권, 1215쪽; 호소카와 모리사다, 《정보, 천황에게 전달되지 않았다: 호소카와 일기》 하권, 同光社磯部書房, 1953, 400, 402쪽; 〈마쓰다이라 야스마사 진술서〉, 방위연구소 전사실.

70. 〈요나이 해군상 직화〉, 《다카기 일기》 하권, 909쪽.

71. 도고, 《시대의 일면》, 342~343쪽; 〈도고 외무대신 직화〉, 《종전사록》 제3권, 146~147쪽; 구리하라, 하타노 편 《종전 공작의 기록》 하권, 220쪽.

72. 〈요나이 해군상 직화〉, 《다카기 일기》 하권, 909~911, 916~917쪽; 〈도고 시게노리 진술록(10)〉, 구리하라, 하타노 편, 《종전 공작의 기록》 하권, 235쪽; 《종전사록》 제3권, 130~131, 152~155쪽.

73. 〈대소 교섭안 요지〉, 《다카기 일기》 하권, 903쪽.

74. 〈쇼와 20년(1945년) 여름, 화평교섭에 관한 요강, 고노에 특사를 위해 기안〉, 《다카기 일기》 하권, 921~922쪽; 같은 책, 방위연구소 전사실.

75. 도고 외상이 사토 대사에게 보낸 전보 890호, 7월 11일, 동 전보 891호, 7월 11일 《종전사록》 제3권, 165~166쪽; "Japan-Peace Negotiations" Folder 571, Byrnes

Papers, SRS-1726, 11 July 45. SRH-084, pp. 8, 9.

76. 사토 대사가 도고 외상에게 보낸 전보 1382호, 7월 12일, 《종전사록》 제3권, 194, 195쪽; Sato to Togo, 12 July 45, SRS-1728, 14 July 45, SRS-1729, 15 July 45. SRH-085, pp. 5~6.
77. 도고 외상이 사토 대사에게 보낸 전보 893호, 7월 12일, 《종전사록》 제3권, 167쪽; SRS-1727, 13 July 45. SRH-084, pp. 9~10. AVP RF, f. Molotova, op. 7, por. 889, pap. 54, II. 19, 20.
78. 하타노, 〈히로타-말리크 회담과 전시 일소 관계〉, 20쪽.
79. 사토 대사가 도고 외상에게 보낸 전보 1385호, 7월 12일, 《종전사록》 제3권, 169~170쪽; AVP RF, f. Molotova, op. 7, por. 897, pap. 54, Iz Dnevnika Lozovskogo, 14 iulia 1945 goda, II. 1~3; SRS-1729, 15 July 45. SRH-085, pp. 7~8.
80. 사토 대사가 도고 외상에게 보낸 전보 1386호, 《종전사록》 제3권, 171쪽; SRS-1729, 15 July 45. SRH-085, pp. 8~9.
81. 사토 대사가 도고 외상에게 보낸 전보 1387호, 《종전사록》 제3권, 172쪽; SRH-085, p. 10.
82. 사토 대사가 도고 외상에게 보낸 전보 1392호, 《종전사록》 제3권, 172~173쪽; SRH-085, pp. 10~11.
83. 도고 외상이 사토 대사에게 보낸 전보 913호, 7월 17일, 《종전사록》 제3권, 175~176쪽.
84. 군의 교신을 도청해 해독한 첩보는 '매직'과는 구분돼 '울트라'로 불렸다.
85. SRH-085, pp. 10~11.
86. John Weckerling, Memorandum for the Deputy Chief of Staff, 12 July 45 and 13 July 45, Exec. File 17, Item 13, Box 98, RG 165, NA; Reel 109, Item 2528, Marshall Library. 해군첩보부의 해석에만 의존해서 앨퍼러비츠는 일본이 항복하기 직전이라고 결론지었다. 이에 대해 프랭크는 웨커링의 분석에만 의존해서 일본의 소련을 통한 종전 의도는 미국이 받아들이기 불가능한 조건이었기 때문에 미국이 이를 부정한 것은 정당화될 수 있다고 주장했다. Alperovitz, *The Decision to Use the Atomic Bomb*, pp. 232~234; Frank, *Downfall*, pp. 223~228.
87. Hoo Notes, 2 July 45, pp. 1~11, Victor Hoo Papers, Box 6, Hoover Institution. "Zapis' vtoroi besedy", RKO, pp. 73~82.
88. Chiang Kai-shek's Telegram to T. V. Soong, RKO, pp. 102~104; Odd Arne Westad, *Cold War and Revolution: Soviet-Ameican Rivarly and the Origins of the Chinese Civil War*, New York: Columbia University Press, 1993, pp. 40~41.

89. Hoo Notes, 9 July 45, pp. 16~23, "Zapis' shestoi besedy", *RKO*, pp. 105~111.

90. Hoo Notes, 11 July 45, pp. 31~37, 12 July 45, pp. 38~40; "Zapis' piatoi besedy", *RKO*, pp. 124~131; "Zapis' shestoi besedy", *RKO*, pp. 134~137.

4장 전쟁의 분기점: 포츠담에 모인 세 정상

1. 포츠담회담에 대해서는 다음 책을 참조할 것. Herbert Feis, *Between War and Peace: The Potsdam Confernce*, Princeton: Princeton University Press, 1960; Charles L. Mee, Jr., *Meeting at Potsdam*, New York: M. Evans and Company, 1975; Stanley Weintraub, *The Last Great Victory: The End of World War* II, *July/August 1945*, New York: Truman Talley Books, 1995; 나카 아키라, 《묵살: 포츠담선언의 진실과 일본의 운명》 전2권, NHKブックス, 2000; 포츠담회담 사료는 다음 문헌을 참조할 것. *FRUS: Potsdam*; *Potsdamskaia Konferentiia*.
2. Robert H. Ferrell, ed., *Dear Bess: The Letters from Harry to Bess Truman, 1910~1959*, New York: W. W. Norton, 1893, p. 517; Truman, *Memoirs*, vol. 1, p. 334; Mee, *Meeting at Potsdam*, p. 5; *Leahy Diary*, 7 July 45, Library of Congress; "Potsdam Diary", Stimson Papers, Reel 12, Sterling Library, Yale University; Bohlen, *Witness to History*, p. 225.
3. "Arkhiv: Gornichnykh predstavit'k nagradam", *Kommersant Vlastz*, 18 July 2000, pp. 52~53.
4. McCullough, *Truman*, pp. 407~408. McCloy Diary, 15 July 45.
5. "Arkhiv", *Kommersant Vlastz*, 18 July 2000, pp. 53~54. 도청기를 설치한 국가보안부 부원 중의 한 사람이 베리아의 자식이었다.
6. 소련 공격의 정확한 일시에 대해서는 아직 밝혀져 있지 않은 것이 많고, 역사가들 사이에 이론이 존재한다. 참모부총장이었던 슈테멘코에 따르면 공격 일시는 애초 8월 20일부터 25일까지 사이로 정해져 있었다. Shtemenko, *Generalznyi shtab v gody voiny*, vol. 1, p. 390; Shtemenko, "Iz istorii razgroma Kvantunskoi armii", *Voenno-istoricheskii zhurnal*, no. 4, 1967: 66; 바실렙스키에 따르면, 스탈린이 포츠담에서 전화해 공격의 날을 열흘 앞당겨 8월 1일로 하자고 요청했다. A. Vasilevskii, "Final", Voenno-istoricheskii zhurnal, no. 4, 1967: 85; 만일 그의 말이 옳다면 그 전에 공격일이 8월 11일로 결정돼 있었던 셈이 된다. 이것이 홀러웨이의 해석이다. David Holloway, "Jockying for Position in the Postwar World: Soviet Entry into the War with Japan in August 1945", Tsuyoshi Hasegawa, ed., *The End of the Pacific War: Reappraisals*, Stanford University Press, 2007; 그러나 바실렙스키는 1975년에 출판된 회고록에서 다시 이 문제에 대해 언급하면서 스탈린이

포츠담에서 전화를 걸었던 사실을 적었으나, 거기에는 공격 날짜를 8월 1일로 하라는 언급은 빠져 있다. Vasilevskii, *Delo vsei zhizni*, p. 570. 스탈린은 7월 17일 트루먼과의 회담에서, 처음에 소련은 "8월 중순까지" 전쟁에 참가하겠다고 했고, 나중에 "8월 중순에" 참가할 것이라고 언명했다. 이것을 트루먼은 스탈린이 빨라도 8월 15일에 전쟁을 개시한다는 의미로 받아들였다. 7월 24일의 합동군사위원회에서 안토노프 참모총장은 미국의 군사지도자에게 소련은 8월 하순에 전쟁에 참가할 것이라고 언명했다. 이런 얘기들을 분석하면 소련은 그때까지 8월 20일에서 25일에 전쟁을 개시한다는 결정을 바꾸지 않았다고 추정할 수 있다. 필자는 이 책의 영어판에서는 후자의 해석을 취했으나 그 뒤 "8월 11일설"로 의견을 바꿨다. 그러나 최초 설정돼 있던 20일부터 25일 사이의 공격 개시 일시를 언제 11일로 앞당겼는지는 아직 의문이다.

7. Frank, *Downfall*, pp. 240~241. Byrnes, *All in One Lifetime*, p. 292; Japan Peace Negotiations, 2 July to 16 Aug. 45, Folder 571, Byrnes Papers, Clemson University.
8. Stimson Diary, 16 July 45; McCloy Diary, 16 and 17 July 45; Mills, ed., *The Forrestal Diaries*, p. 74; Forrestal Diary 13 July 45, p. 398, Mudd Library, Princeton Universtity.
9. Stimson to Truman, 16 July 45, *FRUS*: *Potsdam*, vol. 2, pp. 1266~1267; Stimson to Byrnes, 16 July 45, *FRUS*: *Potsdam*, vol. 2, p. 1265; Stimson Papers, Reel 1113.
10. Stimson Diary, 16 July 45. *FRUS*: *Potsdam*, vol. 2, p. 1266.
11. Byrnes, *Speaking Frankly*, pp. 211~212.
12. Harrison to Stimson, *FRUS: Potsdam*, vol. 2, p. 1360. "Potsdam Diary", Stimson Papers, Reel 128. Norris, *Racing for the Bomb*, p. 406. Stimson Diary, 16 July 45. Stimson's letter to his wife, 18 July 45, Stimson Papers, Reel 113, Sterling Library, Yale University.
13. Davies Diary, 16 July 45, Davies Papers, No. 18, Chronological File, 16 July 45, Library of Congress; Ferrell, ed., *Off the Record*, p. 53. Truman, *Memoirs*, vol. 1, p. 342, *DHTP*, pp. 117~118.
14. 스탈린-트루먼의 17일 회담에 대해서는, "Bohlen Notes", *FRUS*: *Potsdam*, vol. 2, pp. 43~46; "Appendix D: Bohlen Post Conference Memorandum on Two Truman-Stalin Meetings at the Berlin Conference", *FRUS*: *Potsdam*, vol. 2, pp. 1582~1587; Document 2, Potsdamskaia konfrentsiia, pp. 41~43; 트루먼의 발언에 대해서는, Ferrell, ed., *Off the Record*, p. 53. "Bohlen Notes", *FRUS*: *Potsdam*, vol. 2, p. 1584, *DHTP*, pp. 117~118; *Potsdamakaia konferentsiia*, p.

43.

15. Ferrell, ed. *Off the Record*, p. 53; Truman Diary, 17 July 45, Papers of Harry S. Truman, PSF, Roosevelt, Eleanor(folder 2)-S, Box 322, Ross, Mr. and Mrs. Charles G., PSF-Personal, 17 July 45, HSTL; Truman, *Memoirs*, vol. 1, p. 411; Ferrell, ed., *Dear Bess*, p. 519.
16. McCullough, *Truman*, p. 419; *Frank, Downfall*, p. 243. "Appendix D: Bohlen Post-Conference Memoranda", *FRUS*: *Potsdam*, vol. 2, p. 1586; Walter Brown Diary, 16 July 45, Folder 602, also in Folder 54(1), Byrnes Papers, Clemson University.
17. Truman, *Memoirs*, vol. 1, p. 417. Alerovitz, *The Decision to Use the Atomic Bomb*, p. 241.
18. 스탈린이 트루먼과의 첫 회견에서 소련 참전의 개시를 처음엔 "8월 중순경까지"라고 했고, 두 번째는 "8월 중순에"라고 다르게 얘기한 점이 흥미롭다. 이미 소련군 참모본부는 만주의 일본군에 대한 공격 일시를 8월 11일로 결정해놓고 있었다. 처음에 "8월 중순경까지"라고 한 표현도, 11일부터 20일까지를 중순이라고 보면, 정확한 날짜는 모호하나 스탈린의 발언이 거짓말이라고 할 순 없다. 그러나 트루먼은 스탈린의 두 가지 발언 중에서 첫 발언이 "8월 중순경까지 소련은 전쟁에 참가한다"고 한 점에 주의하지 않고, 소련 참전이 8월 15일이라고 결론지었다. 하지만 이것을 두고 스탈린이 소련의 참전이 8월 중순까지는 없을 것처럼 해서 트루먼을 속인 것이라고 할 수는 없다. 우선 소련 참전이 8월 15일이라는 것은 트루먼이 마음대로 확신한 것이고 스탈린의 의향과는 무관하다. 그리고 스탈린이 실제 참전 일시를 모호하게 해놓고 그보다 늦은 '중순'이라는 모호한 표현을 한 것은 오히려 소련의 참전이 8월 상순에는 시작되지 않을 것임을 강조한 것으로, 만일 미국이 조금이라도 일찍 일본을 항복시키기 위해 소련 참전이 필요하다고 생각할 경우 중소 조약 체결을 서두르기 위해 중국에 압력을 가할 의도에서 그런 것이라고 해석할 수 있다.
19. Truman, *Memoirs*, vol. I, p. 350. Harrison to Stimson, 17 July 45, *FRUS*: *Potsdam*, vol. 2, pp. 1360~1361. Stimson Diary, 17 July 45. McCloy Diary, 17 July 45.
20. Stimson Diary, 18 July 45. Winston S. Churchill, *The Second World War. Triumph and Tragedy*, Boston: Houghton Mifflin, 1953, pp. 638~639, 640; "Summarized Note of Churchill's Conversation with Truman", 18 July 45, *DBPO*, pp. 367~368.
21. "Record of Private Talk between Churchill and Stalin", 17 July 45, *DBPO*, p. 348. Document 181, *DBPO*, pp. 369~370; John Ehrman, *Grand Strategy*, vol.

6, *October 1944-August 1945*, London: Her Majstty's Stationary Office, 1956, pp.302~303; *FRUS: Potsdam*, vol. 2, p. 81.

22. "Bohlen Memorandum, March 29, 1960", *FRUS: Potsdam*, vol. 2, pp. 1587~1588; Bohlen, *Witness to History*, p. 236; Ferrell, ed., *Off the Record*, p. 53.

23. Water Brown Diary, 18 July 45, Folder 602, 18 July 45, Folder 54(1), Byrnes Papers, Clemson University.

24. AVP RF, f. Molotova, op. 7, por. 889, pap. 54, 1. 23. f. 7, op. 7, por. 897, pap. 54, 1. 7. f. 7, op. 10, pap. 39, d. 542,II. 2~4.

25. 사토 대사가 도고 외상에게 보낸 전보 1417호, 7월 19일. 사토 대사가 도고 외상에게 보낸 전보 1433호, 7월 21일, 《종전사록》 제3권, 176~177, 178~179쪽; SRS-1734, 20 July 45. SRH-086, p. 1. 이 부분은 영어판보다 상당히 많은 내용을 추가해서 설명했다.

26. 사토 대사가 도고 외상에게 보낸 전보 1416호, 7월 18일, 《종전사록》 제3권, 196쪽; 대동아전쟁관계 1건, 전쟁종결에 관한 일소 교섭관계, 외무성 외교자료관, 모리타 파일 6. SRS-1734, July 45 pp. 4~5.

27. 사토 대사가 도고 외상에게 보낸 전보 1427호, 7월 20일, 《종전사록》 제3권, 196~202쪽.

28. 도고 외상이 사토 대사에게 보낸 전보 931호, 7월 21일 《종전사록》 제3권, 179쪽.

29. 도고 외상이 사토 대사에게 보낸 전보 932호, 7월 22일, 《종전사록》 제3권, 180~181쪽; SRS-1736, 22 July 45, SRH-086, pp. 2~3.

30. 프랭크는 도고의 전보 932호에 주목하고, 사토가 주장한 '무조건 항복'이 도고에게서 거부당했으며 미국이 주장하는 조건으로 일본이 항복할 가능성은 없었다고 결론지었다. 따라서 트루먼 정권으로서는 원폭을 투하하지 않을 수 없었다는 주장을 전개한다. 프랭크의 해석에 대해서는 Frank, *Downfall*, pp. 226~227. 프랭크는 H-Diplo에 졸저 *Racing the Enemy*에 대한 서평을 실었다. https://bit.ly/2HpqQAr. 프랭크의 주장은 다음 세 가지 점에서 받아들이기 어렵다. 첫째, 프랭크는 매직이 "승낙 필"을 "통보받았다"고 번역함으로써 도고가 무조건 항복을 받아들이라는 사토의 주장을 거부했다고 해석한다. 그러나 '승낙 필'이란 도고가 사토의 해석을 받아들였다는 것으로 해석해야 하며, 이를 부정했다고 해석해서는 안 된다. 실제로 사토와 도고 사이에 무조건 항복에 대한 의견 차이는 없었다. 둘째, 이런 매직의 해석이 미국 지도자들에게 공유돼 있었던 것인지에 대해 프랭크는 사료에 입각한 증명을 내놓지 않았다. 셋째, 무조건 항복을 어떻게 정의할 것인지에 대해 미국의 지도자들 사이에는 의견이 나뉘어 있었기 때문에 무조건 항복 거부, 즉 원폭투하라는 도식은 현실에 부합하지 않는다. 도고와 사

토가 공유한 '국체호지를 제외한 무조건 항복'은 스팀슨, 그루, 매클로이, 포레스털, 레이히 등 유력한 미국 지도자들에게 받아들여졌을 가능성이 있다.

31. 사토 대사가 도고 외상에게 보낸 전보 1449호, 7월 25일 《종전사록》 제3권, 181~183쪽. 사토 대사가 도고 외상에게 보낸 전보 1450호, 7월 25일 《종전사록》 제3권, 183~185쪽; AVP RF, f. Molotova, op. 7, por. 897, pap. 54, II. 10~11; SRS-1740, 26 July 45, pp. 5~7; SRS-1741, 27 July 45, pp. 3~9; SRH-086, pp. 7~8.
32. 도고 외상이 사토 대사에게 보낸 전보 944호, 7월 25일 《종전사록》 제3권, 185~186쪽. SRH-086, pp. 7~8.
33. "Meeting of the Combined Chiefs of Staff, Monday, July 16, 1945", *FRUS: Potsdam*, vol. 2, p. 36. "Combined Chiefs of Staff Minutes(16 July 45)", *FRUS: Potsdam*, vol. 2, p. 37. Document 172, "Minute from General Sir H. Ismay to Mr.Chruchill", *DBPO*, p. 347.
34. Villa, "The U. S. Army, Unconditional Surrender, and the Potsdam Proclamation", 69.
35. Enclosure "A", Report by the Joint Strategic Survey Committee, Military Aspects of Unconditional Surrender Formula for Japan, reference: JCS 1275 Series, Records of OSW, Stimson Safe File, RG 107, NA.
36. H. A. Craig's Memorandum for General Handy, 13 July 45, Records of OSW, Stimson Safe File, RG 108, NA.
37. "Meeting of JCS, Tuesday, July 17, 1945", *FRUS: Potsdam*, vol. 2, pp. 39~40. "Meeting on JCS, Wednesday, 18 July 1945, 10 A.M.", *FRUS: Potsdam*, vol. 2, p. 64; "JCS to the President, 18 July 1945", *FRUS: Potsdam*, vol. 2, p. 1269; OPD, Exec. File 17, Item 21a, Box 99, RG 165, NA.
38. F4058/584/G. British National Archive, Kew Garden, 모리타 파일 5.
39. 그 경위에 대해서는 다음 문헌을 참조할 것. "Proposal by the British Delegation, No. 1245", *FRUS: Potsdam*, vol. 2, p. 1277; Document 221, "Minutes from Mr. Eden to Mr. Churchill", 21 July 45, *DBPO*, p. 514; Document 231, "Minutes from Mr. Brown to Sir E. Bridges", 23 July 45, *DBPO*, pp. 550~551; Eden to Churchill, P.M./ 45/ S.T. 21 July 1945; Fouls to Bennett, 24 July, 1945, F4605/364/G23, 25 July; From Foreign Office to Washington, No. 7945, 29 July, 1945, F4396/364/G, British National Archive, Kew Garden, 모리타 파일 5.
40. Groves to Stimson, Washington, 18 July 1945; *FRUS: Potsdam*, vol. 2, pp. 1361~1363, 1368.
41. Stimson Diary, 21 July 45; McCloy Diary, 23 July 45; Alperovitz, *The Decision*

to Use the Atomic Bomb, pp. 258~261.

42. Harrison to Stimson, 21 July 45, Stimson to Harrison, 21 July 45, *FRUS: Potsdam*, vol. 2. p. 1372; Stimson Diary, 21 July 45.
43. Harrison to Stimson, 21 July 45, Stimson to Harrison, 21 July 45, *FRUS: Potsdam*, vol. 2, p. 1372; Stimson Diary, 21 July 45.
44. Stimson Diary, 23 July 45; Stimson to Harrison, 23 July 45, Harrison to Stimson, 23 July 45, *FRUS: Potsdam*, vol. 2, pp. 1373, 1374.
45. Stimson Diary, 24 July 45. also in *FRUS: Potsdam*, vol. 2, p. 1373; Harrison to Stimson(Doc. 1311), 23 July 45, Harrison to Stimson(Doc. 1312), 23 July 45, *FRUS: Potsdam*, vol. 2, p. 1374.
46. Stimson Diary, 23 July 45.
47. Alperovitz, *The Decision to Use the Atomic Bomb*, pp. 344~345; Forrest C. Pogue, Marshall, Organizer of Victory, 1943~1945, New York: Viking Press, 1973, p. 21; Rhodes, *Making of the Atomic Bomb*, p. 691; Colonel Pasco's Telegram to Marshall, 24 July 45, War Department Classified Center, Outgoing Message, File 5B, Directires, Memos, eds., *The Army Air Forces in World War* II, *vol. 5, The Pacific Matterhorn to Nagasaki, June 1944 to August 1945*, Washington, D. C.: Office of Air Force History, 1953, photocopy between 696~697.
48. Truman, Memoirs, vol. 1, p. 421. 트루먼은 핸디의 명령이 7월 24일 내려진 것으로 썼지만 트루먼 도서관과 미국 국립공문서관의 원본은 25일로 돼 있다.
49. Stimson Diary, 23 July 45. *FRUS: Potsdam*, vol. p. 1324.
50. Stimson Diary, 23 July 45, p. 37. 이 부분은 *FRUS: Potsdam*에서 인용된 스팀슨 일기의 발췌문에서 빠져 있다.
51. Stimson Diary, 24 July 45. 프랭크는 일본의 군사암호 정보를 도청해 해독한 울트라를 상세하게 분석함으로써 미국의 군사지도자들이 일본이 결호작전에 대량의 병력을 동원, 배치하고 있었던 것을 과소평가하고 있었으며, 그 사실을 알게 됐을 때는 이미 올림픽작전 수행이 불가능했다고 주장한다. 나아가 프랭크는 일본이 규슈에 전력을 집중하고 있다는 정보를 입수한 이상 트루먼은, 또는 누가 대통령이었다 하더라도 그는, 원폭을 사용할 수밖에 없었다고 주장한다. Frank, *Downfall*, p. 343. Richard Frank, "Ketsu Go: Japanese Political and Military Strategy in 1945", Hasegawa, ed., *The End of the Pacific War*. 이 주장에는 몇 가지 문제가 있다. 울트라에서 얻은 정보가 트루먼, 스팀슨, 매클로이 수준에서 검토됐다는 증거가 전혀 없다는 점이다. 게다가 프랭크는 울트라의 정보가 트루먼에게 제출돼 트루먼이 이를 숙지하고 있었다

고 주장하지만, 그 증거도 존재하지 않는다. 만일 프랭크가 주장하듯이 트루먼을 움직인 중요한 동기가 미국 병사들의 희생을 최소화하는 것이었다면, 왜 소련의 참전을 기다렸다가 참전 뒤의 일본 반응을 살펴보지 않았을까 하는 의문이 제기될 수밖에 없다.

52. Truman, Memoirs, vol. 1, p. 416. "Truman-Stalin Conversation, Tuesday, July 24, 1945, 7: 30 P.M.", *FRUS: Potsdam*, vol. 2, pp. 378~379; Bohlen, *Witness to History*, p. 237.
53. "Bomb-Spies", Papers of Eben A. Ayers, Subject File, Box 5, "Atom Bomb"[1 of 4], HSTL. 이 정보는 다음 문헌에 의거했다. Michael Amrine, *Reporter*, 5 Jan. 54.
54. Vladimir Chuikov and Gary Kern, *Okhota za atomnoi bomboi: Dosze KGB No. 13676*, Moscow: Veche, 2001, pp. 251~252; Gromyko, Memoirs, p. 110. G. K. Zhukov, *Vospominaniia I razmyshleniia*, vol. 3, Moscow: Novosti, 1992, p. 336; F. Chuev, *Sto sorok besed s Molotovym*, Moscow: Terra-Terra, 1991, p. 81.
55. "Tripartite Military Meeting, Tuesday, July 24, 1945, 2: 30 P. M.", *FRUS: Potsdam*, vol. 2, pp. 345~346.
56. 슬라빈스키, 《고증 일소 중립조약》, 340쪽.
57. 포츠담선언을 영어로 옮길 때 Potsdam Declaration을 많이 쓰지만, 유럽에 대한 Potsdam Declaration과 구별해서 Potsdam Proclamation을 정식 호칭으로 삼고 있다. 일본어로는 어느 쪽이나 포츠담선언이다. Butow, *Japanzs Decision to Surrender*, p. 133.
58. Byrnes, *All in One Lifetime*, p. 296. 번스는 포츠담선언에 "궁극적인 정부 형태는 일본 국민의 선택에 맡긴다"는 조항이 들어 있었다고 썼는데, 이는 후에 번스 노트에 들어 있었던 것이지만 포츠담선언에는 포함돼 있지 않았다. Dooman, "American Foreign Service", p. 23, Dooman Papers, Hoover Indtitution. 영국과 포츠담선언에 관해서는 주 37, 38번을 참조.
59. Stimson Diary, 24 July 45. also in *FRUS: Potsdam*, vol. 2, p. 1272.
60. Walter Brown Diary, Tuesday, 24 July 45, Folder 54(1), Folder 602, Byrnes Papers. Magic Intercepts in Folder 571, Byrnes Papers.
61. Robertson, *Sly and Able*, p. 431; Byrnes, *All in One Lifetime*, p. 308; Mills, ed., *The Forrestal Diaries*, 24 July 45, p. 76.
62. Robertson, *Sly and Able*, p. 435; Walter Brown Diary, 24 July 45, Folder 602, Byrnes Papers; Mills, ed., *The Forrestal Diaries*, p. 78; Byrnes, *All in One Lifetime*, p. 297.
63. Walter Brown Diary, Thursday, 26 July 45, Folder 602, James Byrnes Papers.
64. 두먼은 "내가 매직으로 해독한 암호 전보를 알고 있었으므로, 대통령도 반드시 알고

있었을 것이다"라고 썼다. Dooman, Columbia University, Oral History Project, Eugene Dooman, Butler Library, pp. 166~167.

65. McCullough, *Truman*, p. 442.

66. Ferrell, ed., *Off the Record*, pp. 56~57; Papers of Harry S. Truman, PSF, Roosevelt, Eleanor(folder 2)-S, Box 322, Ross, Mr. and Mrs. Charles G., PSF-Personal, HSLT; *DHTP*, pp. 155, 156.

67. H. H. Arnold, *Global Mission*, New York: Harper & Brothers, 1949, p. 589.

68. Truman to Hurley, 24 July 45, Truman to Churchill, 25 July 45, Churchill to Truman, 25 July 45, *FRUS: Potsdam*, vol. 2, pp. 1278~1279; Truman, *Memoirs*, vol. 1, pp. 387, 390. Hurley to Truman and Byrnes, 25 July 45, White House Map Room to Hurley, 25 July, Hurley to Truman and Byrnes, 26 July 45, *FRUS: Potsdam*, vol. 2, pp. 1278, 1281~1283; Ayers to Ross, 27 July 45, *FRUS: Potsdam*, vol. 2, p. 1290. 포츠담선언의 전문은 다음을 참조할 것. Document 1382, *FRUS: Potsdam*, vol. 2. pp. 1474~1476. 포츠담선언의 공식문서는 존재하지 않는다. 서명도 오리지널 서명이 아니라 트루먼이 처칠과 장개석의 대필을 했다.

69. Byrnes, *Speaking Frankly*, p. 207; Walter Brown Diary, 26 July 45, Folder 602, Byrnes Papers.

70. AVP RF, f. 0639, op. 1, d. 77, 1. 9; Vischeslav P. Safronov, *SSSR, SShA I Iaponiia: aressiia na Dalznem vostoke I Tikhom Okeane, 1931~1945 gg.*, Moscow Institut Rossilskoi istorii, 2001, pp. 331~332; Safronov, *Voina na Tikhom okeane*, pp. 369~370. 사프로노프는 소련의 포츠담선언 원안이 미국의 포츠담선언에 있던 상세한 조건을 포함하고 있지 않았던 것은 전쟁 종료 뒤의 점령정책은 그 뒤의 교섭 결과에 따른다는 판단을 하고 있었기 때문이라고 했다. Safronov, *Voina na Tikhom okeane*, p. 370. 그러나 만일 소련판 포츠담선언 원안이 미국의 선언 내용이 알려진 뒤에 황급히 작성된 것이라고 가정하면 상세한 조건을 붙일 시간이 없었던 탓이라고 해석할 수도 있다.

71. "Byrnes-Molotov Meeting, Friday, July 27, 1945, 6 P.M.", Bohlen Notes, *FRUS: Potsdam*, vol. 2, pp. 449~450; Byrnes, *Speaking Frankly*, p. 207; Byrnes, *All in One Lifetime*, p. 297; Walter Brown Diary, 26 July 45, Folder 602, Byrnes Papers, Clemson University; Document 22, *Potsdamskaia konferentsiia*, p. 218.

72. "Tenth Plenary Meeting, Saturday, July 28, 1945", Thompson Menutes, *FRUS: Potsdam*, vol. 2, p. 460; Document 23, *Potsdamskaia konferentsiia*, p. 222; Sevost'ianov, "Iaponia 1945g.", p. 396.

73. Truman-Molotov meeting, 29 July 45, *FRUS: Potsdam*, vol. 2, p. 476. 몰로토프의 요청에 관한 것은 소련 쪽의 기록에는 기술돼 있지 않다. *Potsdamskaia konferentsiia*, pp. 234~243.
74. Byrnes, *Speaking Frankly*, pp. 207~208.
75. Byrnes, *All in One Lifetime*, pp. 297~298; Leahy Diary, 29 July 45, p. 133; Butow, *Japanzs Decision to Surrender*, pp. 156~157.
76. 《다카기 일기》 하권, 918~919쪽.
77. 《종전사록》 제4권, 15쪽; 다나카, 《도큐먼트 쇼와 천황》, 413~420쪽.
78. 《종전사록》 제4권, 15~16쪽; 〈도고 진술서〉, 방위연구소 전사실, 321, 323쪽; 구리하라, 하타노 편, 《종전 공작의 기록》 하권, 323~324쪽.
79. 《기도 일기》 하권, 1220쪽.
80. 《종전사록》 제4권, 4쪽; 도고, 《시대의 일면》, 354쪽; 후지타 히사노리, 《시종장의 회상》, 講談社, 1961, 122쪽; 《기도 일기》 하권, 1220쪽; 기도 일기 연구회 편, 《기도 고이치 일기: 도쿄재판기》, 東京大学出版会, 1980, 432쪽.
81. 《종전사록》 제4권, 4~5, 14~15쪽; 도고, 《시대의 일면》, 354쪽.
82. 시모무라, 《종전기》, 88~89쪽; 시모무라 가이난, 《종전 비사》, 대일본웅변회, 講談社, 1950, 67~68쪽.
83. 《요미우리 호치》, 1945년 7월 28일; 《아사히 신문》, 1945년 7월 28일.
84. 사코미즈, 《기관총하의 총리 관저》, 230~231쪽; 《요미우리 호치》, 1945년 7월 30일. 스즈키, 《종전의 표정》, 32쪽; 《종전사록》 제4권, 19쪽; 시모무라, 《종전기》, 90쪽; 시모무라, 《종전 비사》, 69쪽.
85. 일본방송협회 편, 《20세기 방송사》 하권, 日本放送出版協会, 2001, 186쪽; 나카 아키라, 《묵살》 하권, 121~122쪽.
86. 나카, 《묵살》 하권, 127, 128~131쪽; 도고, 《시대의 일면》, 354~355쪽.
87. 트루먼의 회고록은 그가 직접 쓴 것이 아니라 대통령회고록위원회가 결성돼 방대한 트루먼 문서, 국립문서관, 인터뷰 등을 토대로 장마다 전담 소위원회가 작성한 것이다. 트루먼은 최종적으로 훑어봤겠지만 세부 내용은 여러 가지 모순이 있다.
88. Truman, *Memoirs*, vol. 1, pp. 396~397.
89. 같은 책, p. 421.
90. Truman, *Memoirs*, vol. 1, p. 422; Dooman, *Oral History Project*, p. 166.
91. 사토 대사가 도고 외상에게 보낸 전보 1458호, 7월 27일, 도고 외상이 사토 대사에게 보낸 전보 952호, 7월 28일, 《종전사록》 제4권, 27, 30쪽; SRS-1743, 29 July 45, pp. 5~6; SRH-088, p. 3.
92. 사토 대사가 도고 외상에게 보낸 전보 1476호, 7월 29일, 《종전사록》 제4권, 28~29

쪽; SRS-1744, 30 July 45, pp. 3~4.

93. 사토 대사가 도고 외상에게 보낸 전보 1480호, 7월 30일, 《종전사록》 제4권, 31~32쪽; SRS-1746, 1 Aug. 45, pp. 3~4; SRH-088, p. 4.

94. 가세가 도고 외상에게 보낸 전보 837호, 7월 30일, 《종전사록》 제4권, 35~37쪽; SRH-088, pp. 5~6.

95. 사토 대사가 도고 외상에게 보낸 전보 1484호, 7월 30일, 《종전사록》 제4권, 32~34쪽; SRS-1475, 31 July 45, pp. 2~5; SRH-088, p. 6. Iz dnevnika S. A. Lozovskogo, 31 July 45 g., AVP RF, f. Molotova, op. 7, por. 897, pap. 54, II, 21~22.

96. 도고 외상이 사토 대사에게 보낸 전보 973호, 8월 2일, 《종전사록》 제4권, 34~35쪽; SRS-1747, 2 Aug. 45, pp. 1~3; SRH-088, pp. 7, 16.

97. 시모무라, 《종전기》, 94쪽.

98. Frank, *Downfall*, pp. 338~340, Frank, "Ketsu Go", Hasegawa, ed., *The End of the pacific War*.

99. Truman to Hurley, 23 July 45, White House Map Room File 1945, Outgoing Messages, HSTL.

100. Petrov-Hurley Conversation, 27 July 45, *RKO*, pp. 144~145.

101. Byrnes to Hurley, 28 July 45, White House Map Room File, Outgoing Messages, HSLT.

102. 단행본에서는 이 해석을 취했으나, 이 문고개정판(이 책의 일본어판 暗闘는 2006년에 출간되었고, 2011년에 이를 상, 하로 분권하여 문고개정판을 출간했다)에서는 다른 해석을 했다. 이 건에 관해서는 다음을 참조. Alperovitz, *The Decision to Use the Atomic Bomb*, p. 268; Westad, *Cold War and Revolution*, p. 48, Holloway, "Jockeying for Position in the Postwar World", p. 172.

103. Petrov-Chiang Kai-shek conversation, 28 July 45, *RKO*, p. 149.

104. Memorandum for the Secretary, 28 July 45, Moscow Files, 28~31 July 45, Harriman Papers.

105. Walter Brown Diary, Thursday, 26 July 45, Folder 602, James Byrnes Papers.

106. "Collier's, April 26 1952, p. 66", Byrnes Answers Truman, "Byrnes Draft ms-HF notes", Hubert Feis Papers, Box 65, Library of Congress.

107. *DBOP*, 1, p. 573.

108. Stimson to Truman, 30 July 45, *FRUS*: *Potsdam*, vol. 2, p. 1374; McCullough, *Truman*, p. 448; 나카, 《묵살》 하권, 157쪽; Stimson to HST, 30 July 45, Urgent, George M. Elsey Papers, Box 71, Japan Surrender, HSTL; *DHTP*, p. 175.

5장 원자폭탄과 소련의 참전

1. 소련의 전쟁 개시 일정에 대해서는 4장 주 6번을 참조.
2. Document 318, Stalin/Antonov's order, No. 11120, 30 July 45, *VO*, vol. 7, pt. 1, p. 336; Dmitri A. Volkogonov Papers, Microfilm Reel 5, Library of Congress.
3. Document 321, Vasil'ev and Ivanov to Stalin, 3 Aug. 45, *VO*, vol. 7, pt. l, pp. 337~338; S. M. Shtemenko, "Iz istorii razgroma Kvantunskoi armii", Voenno-istoricheskii zhurnal, no. 5, 1967: 54.
4. *VO*, vol. 7, pt. 1, p. 322; Document 325, Vasilevskii to Commander of the Transbaikal Front, 7 Aug. 45, *VO*, vol. 7, pt. 1, p. 341; Shtemenko, "Iz istorii razgroma Kvantunskoi amii", pp. 54~55; 전쟁 개시의 정확한 일시에 대해서는 아직도 역사가들 사이에 논쟁이 있다. 그 논쟁점은 두 가지인데, 하나는 언제, 어디서, 누가, 전쟁 개시 일시를 8월 11일에서 8월 9일로 앞당기기로 결정했는가라는 것이고, 또 하나는 미국의 히로시마 원폭투하가 전쟁 개시 일시 변경에 영향을 주었는가 아니면 원폭투하와는 무관하게 군사적 필요성 때문에 변경된 것인가 하는 점이다. 이를 해석하는 데에는 《군사역사 잡지*Voenno istoricheskii zhurnal*》에 게재된 슈테멘코의 회고록과 *VO*에 수록된 바실렙스키와 이바노프 연명의 스탈린에게 보낸 8월 3일 보고(도큐멘트 321호)가 중요한데(Document No. 321, *VO*, vol. 7(1), pp. 337~338), 이 두 가지 사료에는 여러 가지 불명확한 점들이 있다. 슈테멘코에 따르면, 바실렙스키는 8월 3일 보고에서, 8월 11일로 예정됐던 전쟁 개시일을 8월 9일로 앞당기자고 최고 참모본부에 제안했으나 제1극동방면군의 주력은 자바이칼방면군이 전투를 개시한 5일에서 7일 뒤에 전투를 개시하는 것이 바람직하다고 봤다. 참모본부는 그 제안을 검토했으나 제1극동방면군 주력의 전투 개시일을 늦추는 것을 거부하고 모든 방면군이 8월 9일 새벽에 전투를 개시하기로 결정했다. 이를 보완하는 명령이 바실렙스키에게 발령됐는데, 군사행동 개시 명령은 8월 7일 오후 4시 30분에 떨어졌다. 슈테멘코의 회고록에서는 언제 8월 11일 예정을 8월 9일로 앞당기는 결정을 내렸는지, 그 중요한 점에 대해서는 명료하게 밝히지 않았다. 그리고 바실렙스키의 8월 3일 보고의 경우, 포츠담회담 이전에는 스탈린이 전쟁 개시일을 열흘 앞당기자고 제안했는데 왜 이 보고에서는 8월 9일로 앞당겨졌는지에 대한 의문이 해소돼야 한다. 필자의 견해로는, 이 보고가 스탈린이 포츠담회담 뒤에 바실렙스키에게 또다시 전쟁 개시 일시를 앞당기도록 요구한 것에 대한 회답일 것으로 가정한다. 그리고 이 보고의 마지막에 "늦어도 8월 5일까지 2개 방면군 전투 개시 시기에 대해 최종적인 명령을 내릴 것, 그리고 이와 관련된 정치적, 외교적 문제에 뒤따르는 모든 정보를 보낼 것"을 요청한다고 덧붙인 것에 주목할 필요가 있다. 전쟁 개시를 앞당기는 것이 "정치적, 외교적" 이유에서 이뤄진 것임을 시사하고 있다. 나아가 바실렙스키의 제안은 어디까지나 제안일 뿐 최종적

인 결정은 아니었으며, 최고 참모본부에서는 적어도 이 제안의 일부를 거부했다. 그리고 8월 9일에 전쟁 개시 명령이 내려진 것은 이미 원폭투하 하루 뒤인 8월 7일 오후 4시 30분으로, 몰로토프가 사토 대사에게 선전포고를 건네주기 30분 전이었다는 사실을 지적하지 않을 수 없다. 도큐먼트 325호(자바이칼 시간으로 8월 7일 오후 11시, 모스크바 시간으로는 5시에 발령)는 바실렙스키와 이바노프 연명의 자바이칼군에 대한 명령인데, 모스크바 시간으로 8월 10일 오후 6시(자바이칼 시간으로는 8월 11일 0시)로 정해진 공격 시간을 모스크바 시간으로 8월 8일 오후 6시(자바이칼 시간으로는 9일 0시)로 앞당기라는 명령이었다(Document No. 325, *VO*, vol.1(1), p. 341). 사프로노프는 이런 모든 의문점을 무시하고, 또 바실렙스키의 8월 3일 보고를 8월 5일로 잘못 해석해서 소련의 군사행동 결정은 원폭투하와는 아무 관계도 없었다고 주장한다(Safronov, *Voina na Tikom okeane*, p. 373). 이런 불명확한 점들을 제대로 밝히기 위해서는 러시아의 아르히프(문서보관소)가 공개돼야 한다.

5. RGASPI, f. 558, op. 1, d. 416, II. 660b-67.
6. "Atomic Bomb-Army Preparations", Papers of Eben A. Ayers, Subject File Box 5, Atomic Bomb[1 of 4], HSTL; Richard Rhodes, *The Making of the Aomic Bomb*, New York: Simon amd Schuster, 1986, pp. 680~770.
7. Rhodes, *The Making of the Atomic Bomb*, pp. 701~710; Robert S. Norris, *Racing for the Bomb: General Leslie R. Groves, the Manhattan Projectzs Indispensable Man, South Royalton*, Vt.:Steerforth Press, 2002, p. 417.
8. 히로시마시 · 나가사키시 원폭 재해지 편집위원회 편, 《히로시마 · 나가사키의 원폭 재해》, 岩波書店, 1979, 274쪽; Rhodes, *The Making of the Atomic Bomb*, pp. 713~734.
9. Truman, *Memoirs*, vol. 1, *Year of Decisions*, Garden City, N.Y.: Doubleday, 1955, pp. 421~422; Rigdon's Book, "White House Sailor", Papers of Eben A. Ayers, Subject File Box 5, Atom Bomb[1 of 4], HSTL; "Aboard U. S. S. *August* with President Truman, August 6(UP)", Rigdon Papers, HSTL.
10. Statement read by President Truman aboard U. S. S. *Augusta*, 6 Aug. 45, Papers of Harry S. Truman, PSF, General File A-Ato, Atomic Bomb, HSTL.
11. Papres of Eben A. Ayers, Suject File Box 5, Atomi Bomb[1 of 4], HSTL; Rhodes, *The Making of the Atomic Bomb*, p. 713. Frank, *Downfall: the end of the Imperial Japanese Empire*, New York: Random House, 1999, pp. 263, 287; 핫토리 다쿠시로의 《대동아전쟁 전사》(原書房, 1965)에 따르면 34만 3천 명, 《히로시마 · 나가사키의 원폭 재해》에는 35만 명으로 돼 있다.
12. SRH-088, pp. 7, 16, Box 23, RG 457, NA(이것은 매직의 요약이며, 이하 SRH의

번호만을 기재); "Memorandum for the President, Office of Strategic Services, August 1945", Papers of Harry S. Truman, SMOF. Rose A. Conway Files, HSTL.

13. Frank, *Downfall*, chapter 11.
14. H-Diplo Roundtable, Racing the Enemy, Commentary by Barton Bernstein, https://bit.ly/2Hu8sGQ, pp. 18~23.
15. Telephone conversation, General Hull and Admiral Cooke, 0855, 30 August 1945, OPD, Exec. File #17, Item #35a, Folder #1, Telephone Conversation 6 Aug. 25-25 Aug. 45, RG 165, NA.
16. Grew to Byrnes, august 7, 1945, Letters of Joseph Brew, 1945, Grew Papers.
17. Walter Brown Diary, July 18, 1945, Folder 602, Folder 54(1), James Byrnes Papers, Clemson University.
18. 〈쇼와 20년 8월까지〉, 《대본영 육군부(10)》, 朝雲新聞新聞社, 1975, 418쪽; 사코미즈 히사쓰네, 《기관총하의 총리 관저》 제4권, 北洋社, 1977 · 78, 59~60쪽; 후지타 히사노리, 《시종장의 회상》, 講談社, 1961, 123~125쪽.
19. 도고 시게노리, 《시대의 일면》, 原書房, 1989, 355쪽; 사코미즈 《기관총하의 총리 관저》 243-244쪽. 《종전사록》 제4권, 57~60쪽; 구리하라 겐, 하타노 스미오 편 《종전 공작의 기록》 고단샤 문고, 1986, 하권, 355~356쪽.
20. 시모무라 가이난, 《종전기》, 鎌倉文庫, 1948, 97~98쪽.
21. 원자폭탄위원회에 대해서는 다음 책을 참조할 것. 시모무라, 《종전기》, 98쪽.
22. 도고 외상이 사토 대사에게 보낸 전보 991호, 8월 6일, 《종전사록》, 제4권, 77쪽.
23. 《다카기 일기》.
24. 도고가 사토에게 보낸 전보 993호, 8월 7일, 《종전사록》 제4권, 77쪽. 이 도고 전보가 모스크바의 일본대사관에 도착했는지는 의문이다. 사토 대사, 유하시 시게토오도, 모리시마도 도고 전보에 대해서는 언급하고 있지 않다. 사토, 《회고 80년》, 時事通信社, 1963, 497~498쪽; 유하시 시게토, 《전시 일소교섭 소사》, 霞が關出版, 1974, 217쪽; 모리시마 고로, 〈고뇌하는 주소련 대사관〉, 모리시마 야스히코 편, 《쇼와의 동란과 모리시마 고로의 생애》, 葦書房, 1978, 209쪽.
25. 이에 대한 생각은 모리타 류지森田隆二 씨의 지적으로 촉발됐다.
26. 사토 대사가 도고 외상에게 보낸 전보 1097호, 8월 7일, 《종전사록》 제4권, 77~78쪽. SRS-1753, 8 Aug. 45.
27. 아사다 사다오, 〈원폭투하의 충격과 항복 결정〉, 호소야, 이리에, 고토, 하타노 편, 《태평양전쟁의 종결: 아시아태평양전쟁의 전후 형성》.
28. 도고, 《시대의 일면》, 355쪽; 〈도고 시게노리 진술록〉, 구리하라, 하타노 편, 《종전 공작의 기록》 하권, 355쪽; 사코미즈, 《기관총하의 총리 관저》, 243쪽; 《종전사록》 제4

권, 58쪽.

29. 도고, 《시대의 일면》, 355쪽; 〈도고 시게노리 진술록(10)〉, 구리하라, 하타노 편, 《종전 공작의 기록》 하권, 355~356쪽.

30. 도고, 《시대의 일면》, 355~356쪽; 〈도고 시게노리 진술록(10)〉, 구리하라, 하타노 편, 《종전 공작의 기록》 하권, 356~358쪽.

31. 후지타, 《시종장의 회상》, 124~125쪽.

32. 아사다, 위의 논문, 199쪽; 이 논문의 영역본에서는 교섭 상대에 대해 괄호 속에 '(연합국과의)'라는 설명을 넣었다. Sadao Asada, "The Shock of the Atomic Bomb and Japan's Decision to Surrender-A Reconsideration", *Pacific Historical Review*, 67, No. 4, 1998: 486.

33. 사토 모토에이, 구로사와 후미타카 편, 《GHQ 역사과 진술록 · 종전사 자료》 상권, 原書房, 2002, 상권, 73쪽.

34. 〈도고 시게노리 진술록(10)〉, 구리하라, 하타노 편, 《종전 공작의 기록》 하권, 356쪽; 아사다, 위의 논문, 199쪽.

35. 《기도 일기》 하권, 1222~1223쪽.

36. 아사다, 위의 논문, 199~200쪽. 아사다의 인용은 다음 책을 참조할 것. 사코미즈 히사쓰네, 《대일본제국 최후의 4개월》, オリエント書房, 1973, 185쪽. 그러나 사코미즈는 그 전에 출판된 회고록에서는 "마침내 때가 왔다고 생각하므로 내일 9일, 최고전쟁지도회의와 각의를 열어 정식으로 종전 문제를 토의하도록 준비했으면 좋겠다"고 썼으며, 원폭에 대해서는 언급하지 않았다. 사코미즈, 《기관총하의 총리 관저》, 245쪽.

37. 〈요나이 해군상 직화直話〉, 《다카기 일기》 하권, 923~924쪽.

38. 도요다 소에무, 〈어긋난 어전회의의 진상〉, 《분게이슌주》 1950년 1월호, 52~53쪽.

39. Pravda, 7 and 8 Aug. 45. RGASPI, f. 558, op. 1, 65ob. Oleg Khlevniuk, "Stalin at War Sources and Its[their] Interpretations", Unpublished paper, The Soviet Union and World War II, Conference, Paris, 5~7 May 2011; David Holloway, "Jockying for Position in the Postwar World: Soviet Entry into the War with Japan in August 1945", Tsuyoshi Hasegawa, ed., *The End of the Pacific War*, p. 176; Svetlana Alliluyeva, *Twenty Letters to A Friend*, New York: Harper Collins, 1966, p. 168.

40. Memorandum of Conversation between Harriman and Molotov, August 7, 1945, Moscow Files, 5~9 Aug. 45, Harriman Papers.

41. MO TsVMA, f. 129, d. 25324, Istoricheskii zhurnal shtaba TOF, Telegram No. 11122 from Stalin and Antonov, 8 Aug. 45, 1, 1. Document 325, Vasilevskii to Malinovskii, 7 Aug. 45, Document 326, Vasilevskii to Meretskov, 7 Aug.

45, Document 327, Vasilevskii to Iumashev, 8 Aug. 45, and Document 328, Vasilevskii to Purkaev, 8 Aug. 45, *VO*, vol. 7, pt. 1, pp. 341~343.

42. RGASPI, f. 558, op. 1, d. 416, 1. 67.

43. Memorandum from Harriman to Truman and Byrnes, Paraphrase of Navy Cable, 7 Aug. 45, Moscow Files, 5~9 Aug. 45, Harriman Papers.

44. Soong to Harriman, handwritten note, Moscow Files, 5~9 Aug. 45, Harriman Papers.

45. Hoo Notes, 7 Aug. 45, pp. 41~56, Victor Hoo Papers, Box 6, Hoover Institution Archive; Document 693, *RKO*, pp. 156~161; Document 692, *RKO*, pp. 154~156.

46. 사코미즈, 《기관총하의 총리 관저》, 245~246쪽.

47. 사토-몰로토프 회담에 대해서는 다음 문헌을 참조할 것. "Priem Posla Iaponii Naotake Sato v 17 chas 00 min., 8 avgusta 1945 g.", "Ob ob'iavlenii voiny Iaponii SSSR", Iz denevnika Molotova, AVP RF, f. Molotova, op. 7, por. 904, pap. 55, II. 1-7; 사토, 《회고 80년》, 498~500쪽; 외무성 편, 《일소 외교교섭 기록부》, 외무성, 1946, 162~163쪽. 몰로토프의 기록이 가장 상세하다.

48. *Izvestiia*, 8 Aug. 45. "Priem Posla Iaponii Naotake Sato", Iz dnevnika Molotova, 1. 2, 1. 7. Document 694, *RKO*, pp. 161~162. 사토, 《회고 80년》, 498쪽; 시게타 히로시, 스에사와 쇼지 편, 《일소 기본문서 · 자료집》, 世界の動き社, 1988, 48~49쪽; Harriman to the President and Secretaries of State, War, and Navy, Declaration of War, 8 Aug. 45. Moscow Files, 5-9 Aug. 45, Harriman Papers. 사프로노프는 소련의 선전포고에서 "소련이 연합국의 요청으로 포츠담선언에 참가했다"는 구절을 빼버림으로써 소련의 참전이 "일본 군국주의를 분쇄한다"는 연합국과의 공통목적을 달성하는 것이라고 주장했으나, 이는 소련 시대의 해석을 되풀이한 것에 지나지 않는다. V. P. Safranov, *Voina na Tikhom okeane*, Moscow: MPPA BIMPA, 2007, p. 374.

49. 사토 대사의 귀국 뒤 보고서, 쇼와 21년(1946) 6월 15일, 대동아전쟁 관계 1건, 전쟁종결에 관한 일소 교섭 관계(소련의 대일 선전 포함), 외무성 외교사료관, 모리타 파일 6.

50. Iz dnevnika Molotova, II. 3~6; 《일소 외교교섭 기록부》, 83쪽; 유하시, 《전시 일소 교섭 소사》.

51. Harriman to the President and Secretaries of State, War, and Navy, signed by Deane, Operational Priority, "Declaration of War", 8 Aug. 45, Moscow Files, 5-9 Aug. 45, Harriman Papers; Harriman to Byrnes, 8 Aug. 45, White House Map Room File, Top Secret Incoming Messages 1945, HSTL.

52. "Far Eastern War and General Situation", 8 Aug. 45, Moscow Files, 5-9 Aug. 45, Harriman Papers.
53. Harriman to Truman and Byrnes, Paraphrase of Navy Cable, 8 Aug. 45, Moscow Files, 5-9 Aug. 45, Harriman Papers.
54. Truman, Memoirs, vol. 1, p. 425; "Declaration War on Japan by the Soviet Union", Moscow Files, 5-9 Aug. 45, Harriman Papers; Edward T. Folliardy, *Washington Post*, 9 Aug. 45. Felix Belair, *New York Times*, 9 Aug. 45.
55. Truman, *Memoirs*, vol. 1, p. 425.
56. "Declaration of War on Japan by the Soviet Union", Moscow Files, 5-9 Aug. 45. Harriman Papers; *New York Herald Tribune*, 9 Aug. 45; *Washington Post*, 9 Aug. 45; *New York Times*, 9 Aug. 45.
57. 프랭크의 정보에 의거했다. Norris, *Racing for the Bomb*, pp. 421~424.
58. '에놀라 게이'와 '벅스 카'는 원폭 탑재 절차에 차이가 있었다. '에놀라 게이'는 폭격기가 이륙하고 난 뒤에 공중에서 원폭을 폭발 가능한 상태로 만드는 방법을 썼다. 이륙하고 나서 폭탄 전문가가 실제로 자신의 손으로 와이어를 조작해서 폭발 가능한 상태로 만들었던 것이다. 그러나 '벅스 카'는 이런 절차를 따르지 않고 원폭을 폭격기 이륙 전부터 폭발 가능한 상태로 만들어 탑재했다. 최초의 영어판에서는 이 정보를 몰랐기 때문에 '벅스 카'도 이륙 뒤에 폭발 가능한 상태로 만드는 조작을 했다고 설명했지만, 나중에 노리스가 저자에게 전자메일로 그 잘못을 지적해주었다. 그러나 《뉴욕 타임스》의 애슈워스(Frederick Ashworth, 벅스 카 승선 해군)의 부고란에는 애슈워스가 이륙 뒤에 와이어를 조작해 폭발 가능한 상태로 만들었다고 썼다. *New York Tims*, 8 Dec. 2005.
59. David Glanz, *August Storm: The Soviet 1945 Strategic Offensive in Manchuria*, *Leavenworth Papers*, No. 7, February 1983.
60. 요미우리신문사 편, 《쇼와사의 천황》 제5권, 読売新聞社, 1960, 183~184쪽; 〈관특연 · 종전시의 대소전〉, 방위연구소 전사실 편, 《전사총서 · 관동군(2)》, 朝雲新聞社, 1974, 395쪽.
61. 사코미즈, 《기관총하의 총리 관저》 246쪽; 사코미즈, 《대일본제국 최후의 4개월》, 188쪽; 《종전사록》 제4권, 84쪽.
62. 《종전사록》 제4권, 85쪽.
63. 사코미즈, 《기관총하의 총리 관저》, 255쪽; 사코미즈, 《대일본제국 최후의 4개월》, 188~189쪽; 스즈키 간타로, 《종전의 표정》, 労働文化社, 1946년, 35쪽; 스즈키 하지메 편, 《스즈키 간타로 자전》, 時事通信社, 1968, 294~295쪽.
64. 도고, 《시대의 일면》, 359쪽; 〈도고 시게노리 진술록(10)〉, 구리하라, 하타노 편, 《종전

공작의 기록》 하권, 359쪽; 호소카와 모리사다, 《정보, 천황에 전달되지 않았다 · 호소카와 일기》 하권, 同光社磯部書房, 1953, 415쪽.

65. 《기도 일기》 하권, 1223쪽; 〈기도 구술서〉, 《종전사록》 제4권, 102쪽.
66. 그날 소집된 최고전쟁지도회의는 사코미즈가 전날 준비한 회의와는 달리 소련의 선전(포고)에 따른 새로운 사태 때문에 새로 소집된 것이다. 스즈키, 《종전의 표정》, 35쪽; 도요다 소에무, 《최후의 제국 해군》, 世界の日本社, 1950, 206쪽; 《호소카와 일기》 하권, 415쪽.
67. 《관동군(2)》, 330쪽; 《대본영 육군부(10)》, 427쪽.
68. 후생성 인양원호국 사료실 니시하라 사무관 편, 《종전의 경위》 상권, 하타노 스미오 씨 소장, 104~108쪽; 구리하라, 하타노 편, 《종전 공작의 기록》 하권, 362~364쪽.
69. 《쇼와사의 천황》, 제5권, 184~185쪽.
70. 〈가와베 도라시로 참모차장 일지, 쇼와 20년(1945) 7월 26일~9월 2일〉(이하 〈참모차장 일지〉로 약칭), 방위연구소 전사실, 155쪽; 가와베 도라시로, 〈참모차장의 일기〉, 《가와베 도라시로 회상록》, 毎日新聞社, 1979, 253쪽; 《대본영 육군부(10)》 430쪽; 구리하라, 하타노 편, 《종전 공작의 기록》 하권, 364쪽. 마이니치 신문사가 낸 〈참모차장의 일기〉는 원문과는 상당히 다른 부분, 생략된 부분이 있어서 방위연구소 전사실에 소장돼 있는 원문과 대조해볼 필요가 있다.
71. 가와베, 〈참모차장 일지〉, 155쪽; 가와베, 〈참모차장의 일기〉, 253쪽; 《대본영 육군부(10)》, 430쪽; 구리하라, 하타노 편, 《종전 공작의 기록》 하권, 364쪽.
72. 아사다는 〈참모차장 일지〉의 이 부분을 인용하면서, 소련의 참전에도 불구하고 육군은 여전히 전쟁 계속 결의를 다지고 있었으므로 소련의 참전은 원폭만큼 큰 영향을 미치진 않았다고 주장한다. 아사다, 위의 논문, 207~208쪽.
73. 가와베, 〈참모차장 일지〉, 158쪽; 가와베, 〈참모차장의 일기〉, 252쪽; 《대본영 육군부(10)》, 430쪽.
74. 가와베, 〈참모차장 일지〉, 158쪽; 가와베, 〈참모차장의 일기〉, 252쪽; 《대본영 육군부(10)》, 430쪽.
75. 《쇼와사의 천황》 제5권, 187~188쪽; 《관동군(2)》, 397쪽; 니시하라 편, 《종전의 경위》 상권, 109쪽.
76. 니시하라 편, 《종전의 경위》 상권, 112~114쪽; 다케시타 마사히코, 《기밀작전 일기: 다케시타 일기》, 방위연구소 도서관(필사 기록, 이하 《기밀작전 일기》로 약칭). 이 문헌은 다음 책에 수록돼 있다. 군사사학회 편, 《대본영 육군부 전쟁지도반 기밀전쟁 일지》, 錦正社, 1998.
77. Cyril Clemens, ed., *Truman Speaks*, New York: Columbia University Press, 1960, p. 69.

78. Richard Russell to Truman, 1 Aug. 45, Papers of Harry S. Truman, Official File, Box 196 Misc.(1946), HSTL; Truman to Russell, 9 Aug. 45, ibid. *DHTR*, pp. 210, 211~212; John Morton Blum, ed., *The Prices of Vision: The Diary of Henry A. Wallace, 1942-1946*, Boston: Houghton Mifflin Company, 1973, p. 474; Leahy Diary, 9 Aug. 45, p. 5, cited by Frank, Downfall, pp. 302, 427.
79. SRS-507, Magic Far East Summary, 9 Aug. 45, p. 5, cited by Frank, *Downfall*, pp. 302, 427.
80. 그 회의의 모습은 다음 문헌을 참조할 것. 도요다, 《최후의 제국 해군》, 206~210쪽; 〈도고 외상 구술 필기〉, 《종전사록》 제4권, 110~112쪽; 〈도고 시게노리 진술록(10)〉, 구리하라, 하타노 편, 《종전 공작의 기록》 하권, 370~373쪽; 〈도요다 소에무 진술록〉, 구리하라, 하타노 편, 《종전 공작의 기록》 하권, 375~378쪽. 도요다, 〈어긋난 어전회의의 진상〉, 53쪽; 니시하라 편, 《종전의 경위》 상권, 115~119쪽.
81. 프랭크에 따르면, 이것을 주장한 사람은 도요다로 돼 있지만 실제로 이 주장을 한 사람은 아나미였다. 도요다, 《최후의 제국 해군》, 207쪽; 도요다, 〈어긋난 어전회의의 진상〉, 53쪽.
82. 〈도고 시게노리 진술록(11)〉, 구리하라, 하타노 편, 《종전 공작의 기록》 하권, 372쪽.
83. 최고전쟁지도회의의 의견을 양극으로 이분하는 해석은 다음 문헌을 참조할 것. 아사다, 위의 논문, 야마다 아키라, 고케쓰 아쓰시, 《뒤늦은 성단: 쇼와 천황의 전쟁지도와 전쟁책임》, 昭和出版, 1991, 224, 201~202쪽; Robert J. Butow, *Japanzs Decision to Surrender*, Stanford: Stanford University Press, 1954, pp. 160~161.
84. 〈도요다 소에무 진술록〉, 구리하라, 하타노 편, 《종전 공작의 기록》 하권, 376쪽.
85. 《대본영 육군부(10)》, 443쪽.
86. 《기도 일기》 하권, 1223쪽; Frank, *Downfall*, p. 291. 다카기와 호소다도 스즈키가 4개 조건부가 다수였다고 보고한 것으로 해석했다. 《다카기 일기》 하권, 925쪽; 《호소카와 일기》 하권, 415~416쪽.
87. 《호소카와 일기》 하권, 414쪽; 《기도 일기》 하권, 415~416쪽.
88. 시게미쓰 마모루, 〈전쟁을 뒤로하고〉, 《주오코론》, 1986년 4월호; 구리하라, 하타노 편, 《종전 공작의 기록》 하권, 380~382쪽; 이토 다카시, 와타나베 유키오 편, 《시게미쓰 마모루 수기》, 中央公論社, 1986, 523~524쪽; 〈시게미쓰 문서, "평화의 탐구, 그 세 가지"〉, 《종전사록》 제4권, 135쪽; 《기도 일기》 하권, 1223쪽; 시게미쓰는 소련이 파죽지세로 남사할린, 치시마(쿠릴)로 침공하고 있다고 썼으나, 그때 소련군은 아직 남사할린과 치시마에 침공하지 않았다. 그러나 크게 보면 소련의 위협을 소련의 침공으로 연결지어 생각한 것이라고 할 수 있다.
89. 다카기 소키치, 《종전 각서》, 弘文堂, 1948, 53쪽; 《다카기 일기》 하권, 925쪽; 가세 도

시카즈, 〈포츠담 선언 수락까지〉, 《세카이》, 1946년 8월호; 《종전사록》 제4권, 113쪽.

90. Frank, *Downfall*, p. 291; 프랭크 이외의 역사가들은 이 회담의 중요성에 주의를 기울이지 않았다.

91. 《종전사록》 제4권, 112쪽; 다케시타, 《기밀작전 일기》, 752, 754쪽; 《대본영 육군부(10)》, 436~437쪽; 니시하라 편, 《종전의 경위》 상권, 119쪽.

92. 이 각의의 논의에 대해서는 다음 문헌이 가장 상세하다. 시모무라, 《종전기》, 118~120쪽. 그밖에 다음을 참조할 것. 니시하라 편, 《종전의 경위》 상권, 121~129쪽. 《대본영 육군부(10)》, 436~437, 438~439쪽; 《다카기 일기》 하권, 995쪽.

93. 시모무라, 《종전기》, 118~120쪽, 시모무라 하이난, 《종전 비사》, 大日本雄弁会 講談社, 1950, 79~83쪽; 니시하라 편 《종전의 경위》 상권, 123쪽. Frank, *Downfall*, pp. 290, 423. William Craig, *The Fall of Japan*, New York: Dial Press, 1967, pp. 490~491.

94. 《종전사록》 제4권, 127~128쪽.

95. 시모무라, 《종전기》, 121~128쪽; 시모무라, 《종전 비사》 83~88쪽; 다케시타, 《기밀작전 일기》, 752, 754쪽; 《대본영 육군부(10)》, 439쪽.

96. 《기도 일기》 하권, 1223쪽; 사코미즈, 《기관총하의 총리 관저》, 259~260쪽.

97. 사코미즈, 《기관총하의 총리 관저》, 258~259쪽.

98. 사코미즈, 《기관총하의 총리 관저》, 260쪽.

99. 구리하라, 하타노 편, 《종전 공작의 기록》 하권, 377~378쪽.

100. 어전회의 의사록은 존재하지 않는다. 가장 상세한 기록은 다음 문헌을 참조할 것. 호시나 젠시로, 〈호시나 젠시로 수기〉, 《대동아전쟁 비사: 잃어버린 화평 공작 호시나 젠시로 회상기》, 原書房, 1975, 139~147쪽. '호시나 수기'는 다음 책에 수록돼 있다. 《종전사록》 제4권, 147~155쪽. 그리고 다음 문헌도 상세히 기록하고 있다. 이케다 스미히사, 〈8월 9일의 어전회의〉, 구리하라, 하타노 편, 《종전 공작의 기록》 하권, 392~400쪽(이하 〈어전회의〉로 약칭)이 상세하다. 그밖에 다음 문헌도 참조할 만하다. 〈도고 외상 구술 필기 "종전에 즈음해서"〉, 《종전사록》 제4권, 139~142쪽; 도요다, 《최후의 제국 해군》, 210~213쪽; 시모무라, 《종전 비사》, 105쪽; 사코미즈, 《기관총하의 총리 관저》, 261~169쪽; 도고, 《시대의 일면》, 359~360쪽.

101. 다케시타, 《기밀작전 일기》, 755쪽; 《대본영 육군부(10)》, 447쪽; 사코미즈, 《기관총하의 총리 관저》, 261~262쪽; 사코미즈, 〈항복 때의 진상〉, 《종전사록》 제4권, 140쪽.

102. 〈호시나 젠시로 수기〉, 142쪽; 《종전사록》 제4권, 148쪽; 사코미즈, 〈항복 때의 진상〉, 《종전사록》 제4권, 140쪽.

103. 〈호시나 젠시로 수기〉, 142쪽; 《종전사록》 제4권, 149쪽; 이케다, 〈어전회의〉, 394쪽.

104. 도요다, 《최후의 제국 해군》, 211~212쪽; 《종전사록》 제4권, 146쪽.
105. 〈호시나 젠시로 수기〉, 144~145쪽; 《종전사록》 제4권, 140~152쪽; 이케다, 〈어전회의〉, 395~397쪽.
106. 〈호시나 젠시로 수기〉, 146쪽; 《종전사록》 제4권, 153쪽; 이케다, 〈어전회의〉, 398~399쪽.
107. 〈호시나 수기〉, 《종전사록》 제4권, 154쪽; 《호시나 젠시로 회상기》에 기록된 성단의 말은 원문을 변경한 부분이 있기 때문에 《종전사록》에 게재돼 있는 원문에서 인용했다. 그리고 이케다 〈어전회의〉, 400쪽을 참조.
108. 아사다, 위의 논문, 203쪽; Frank, *Downfall*, p. 296.
109. 다케시타, 《기밀작전 일기》, 756쪽; 《대본영 육군부(10)》, 449쪽.
110. 데라사키 히데나리, 말리크, 데라사키, 밀러 편, 《쇼와 천황 독백록: 데라사키 히데나리 · 궁내성 직원 일기》, 文藝春秋, 1991, 126쪽.
111. 《기도 고이치 일기: 도쿄 재판기》, 421쪽.
112. 같은 책, 130쪽; Herbert P. Bix, *Hirohito and the Making of Modern Japan*, New York: Harper Collins, 2000, pp. 517~518.
113. 다케시타, 《기밀작전 일기》, 753쪽; 《대본영 육군부(10)》, 450쪽.
114. 가와베, 〈참모차장 일지〉, 101쪽; 가와베, 〈참모차장의 일기〉, 255쪽; 《가와베 도라시로 회상록》, 158쪽; 《대본영 육군부(10)》, 452쪽.

6장 일본의 무조건 항복 수락

1. 다카기, 《종전 각서》, 56쪽.
2. 《종전사록》 제4권, 158~159쪽; 니시하라 편, 《종전의 경위》 상권, 141쪽.
3. 도고, 《종전의 일면》, 361쪽; 〈도고 외무대신: 말리크 대사 회담록〉, 《종전사록》 제4권, 86~90쪽; 《일소 외교교섭 기록부》, 163~166쪽; 〈마쓰모토 슌이치 수기 "종전 각서"〉, 《종전사록》 제4권, 85쪽.
4. 〈정보국 총재담〉, 《종전사록》 제4권, 174쪽; 〈육군대신 포고〉, 《종전사록》 제4권, 174~175쪽; 구리하라, 하타노 편, 《종전 공작의 기록》 하권, 423쪽.
5. 하야시 사부로, 〈종전 무렵의 아나미상〉, 《세카이》, 1946년 8월호, 164쪽; 니시하라 편, 《종전의 경위》 상권, 139~140, 151~153쪽; 《대본영 육군부(10)》, 454~456쪽; 다케시타, 《기밀작전 일기》, 753, 756~757쪽; 오오야 소이치 편, 《일본의 가장 긴 날: 운명의 8월 15일》, 文藝春秋, 1965, 31쪽.
6. 시모무라, 《종전 비사》, 97~98쪽; 하야시, 〈종전 무렵의 아나미상〉, 165쪽; 안도 요시로, 〈종전 각서〉, 《종전사록》 제4권, 167~177쪽; 《대본영 육군부(10)》, 176~177쪽; 《기도 일기》 하권, 1224쪽; 《호소카와 일기》 하권, 419쪽.

7. 니시하라 편, 《종전의 경위》 상권, 143~144쪽; 오오타 사부로 수기, 〈포츠담선언 수락 해외방송〉, 《종전사록》 제4권, 181~182쪽; 하세가와 사이지 담談, 〈붕괴 전야〉, 《종전사록》 제4권, 183~184쪽; 〈종전과 방송〉, 《일본방송사》 하권, 日本放送出版協会, 1965, 647~648쪽; 일본방송협회 편, 《20세기 방송사》 하권, 日本放送出版協会, 2001, 419쪽.
8. 스팀슨은 일본 회답의 출처를 밝히지 않았으나 포레스털은 매직이 그 출처라고 밝혔다. Stimson Diary, 10 Aug. 45; Forrestal Diary, 10 Aug. 45, p. 427.
9. Joseph Ballantine, 28 April 61, p. 63, Oral History Project, Butler Library, Columbia University; Joseph Ballantine, *Diary*, pp. 264~265; Joseph Ballantine Papers, Box 1, Hoover Institution.
10. 다른 해석에 대해서는 Dale M. Hellegers, *We, the Japanese People: World War* II *and the Origins of the Japanese Constitution*, vol. 1, *Washington*, Stanford: Stanford University Press, 2001, p. 358.
11. Truman, *Memoirs*, vol. 1, p. 428; James F. Byrnes, *All in One Lifetime*, New York: Harper & Brothers, 1958, p. 305.
12. Stimson Diary, 10 Aug. 45; Forrestal Diary, 10 Aug. 45.
13. Walter Brown Diary, 10 Aug. 45. Potsdam Folder 602, Byrnes Papers Clemson University.
14. Stimson Diary, 10 Aug. 45; James F. Byrnes, *Speaking Frankly*, New York: Harper & Brothers, 1947, p. 208.
15. Stimson Diary, 10 Aug. 45; Forrestal Diary, 10 Aug. 45, pp. 428~430; Truman, *Memoirs*, vol. 1, p. 428.
16. Ballantine, p. 63, Oral History Project, Butler Library, Columbia University; Ballantine, Diary, p. 265, Box 1, Hoover Institution; Transcript of NBC interview with Eugene Dooman, Roll 2, pp. 11~16, Dooman Papers, Hoover Institution; Stimson Diary, 10 Aug. 45, McCloy Diary, 11 Aug. 45; Truman, *Memoirs*, vol. 1, p. 428.
17. Hellegers, *We, the Japanese People*, vol. 1, p. 151.
18. Truman, *Memoirs*, vol. 1, p. 429; Forrestal Diary, 10 Aug. 45, p. 430; Blum, *The Price fo Vision*, p. 474.
19. Extract from Cabinet Conclusions 20(45), 10 August 1945, F4974/630/G, British National Archive, Kew Gardens, 모리타 파일 5.
20. Incoming Message, White House to Ambassador Winant, August 10, 1945, F037/46453. British National Archive, Kew Gardens, 모리타 파일 3.

21. Cabinet Distribution from Foreign Office to Washington, Telegram No. 8245, 6.15 p.m. 10 August 1945, British Naional Archive, Kew Garden, 모리타 파일 5.
22. From Foreign Office to Washington, No.1 8252, 10 August 1945, British National Archive, Kew Gardens, 모리타 파일 5.
23. Reply handed to A. Winant by [name undecipherable] August 10 Midnight, British National Archive, Kew Gardens, 모리타 파일 5.
24. Transcript of the NBC Interview with Dooman, Roll 2, pp. 15~16, Dooman Papers, Hoover Institution.
25. Inward Telegram, from Australia(Govt) to D. D. No. 230, 12 August 1945, F4574/630/G, British National Archive, Kew Gardens, 모리타 파일 3, 모리타 파일 4.
26. Sir Clark-Kerr, Telegram No. 3522, August 11, 1945, F4975/G, British National Archive, Kew Gardens, 모리타 파일 4.
27. Truman, "A Statement, Memoirs: Foreign Policy", Atomic Bomb, Post-Presidential Memoirs, HSTL.
28. McCloy Deary, 10 Aug. 45. State-War-Navy Coordinating Committee, Minutes of the 20th Meeting, 11 Aug. 45, Xerox 1597, Marshall Library.
29. Barton J. Bernstein, "The Perils and Politics of Surrender. Ending the War with Japan and Avoiding the Third Atomic Bomb", *Pacific Historical Review*, 46, no. 1, 1977: 5; Barton J. Bernstein, "The Atomic Bombings Reconsidered", *Foreign Affairs*, 74, no. 1, 1995: 149; Leon V. Sigal, *Fighting to a Finish*, Ithaca: Cornell University Press, 1998, pp. 95, 246, 250; Blum, *The Price of Vision*, p. 474.
30. William Shirer, "What to Do with Japan", 9 July 45, source unknown from clippings in Grew Papers; Barner Noves, *Washington Post*, 12 July 45; Water Lippmann "Today and Tomorrow", *Washington Post*, 12 July 45; Stanley Washburn, *Washington Post*, 8 July 45; Mark Sullivan, *Washington Post*, 12 July 45; Ernest Lindley, *Washington Post*, 16 July 45, 13 Aug. 45; Lowell Mellett, *Washington Post*, 16 July 45; all from clippings in Grew Papers.
31. Plumley quoted in Bernstein, "Perils and Politics of Surrender", pp. 5~6; Wherry in *Washington Post*, 4 July 45, and *New York Times*, 24 July 45; White in Ernest Lindley, "Japanese Surrender", *Washington Post*, 23 July 45; telephone memorandum of conversation between Grew and Wheeler, 2 July 45, Grew Papers.

32. Fred Burdick to President Truman, 14 July 45, encl. copy of *Capital Gist Service*, vol. 8, no. 25, Truman Papers, OF 190 Misc., 1945, Box 662, HSTL; see also Hellegers, *We, the Japanses People*, vol. 1, p. 320.
33. C. P. Trussel, "Many Congreeman Are Hostile to Any Leniency to Hirohito", *New York Times*, 11 Aug. 45.
34. Document 699, RKO, pp. 164~169; Hoo Papers, Hoover Institution Archive, pp. 48~56.
35. Hoo Papers, p. 52; Document 690, *RKO*, p. 167; Harriman to Truman and Byrnes, paraphrase of Navy Cable, 11 Aug. 45, to Washington, Moscow Files, 10-12 Aug. 45, Harriman Papers.
36. Harriman to Truman and Byrnes, Paraphrase of Navy Cable, 11 Aug. 45, Moscow Files, 11-12 Aug. 45. Harriman Papers.
37. W. Averell Harriman and File Abel, *Special Envoy to Churchill and Stalin, 1941-1946*, New York: Random House, 1975, p. 499; "Japanese Surrender Negotiations", 10 Aug. 45, Moscow Files, 10-12 Aug. 45, Harriman Papers.
38. Harriman and Abel, *Special Envoy to Churchill and Stalin*, p. 499; Harriman to Molotov, 11 Aug. 45, Moscow Files, 10-12 Aug. 45, Molotov to Harriman, 11 Aug. 45, Moscow Files, 10-12 Aug. 45, Harriman Papers.
39. Forrestal Diary. 10 Aug. 45, p. 499; Stimson Diary, 10 Aug. 45.
40. "Japanese Surrender Negotiations", 10 Aug. 45, Moscow Files, 10-12 Aug. 45, Harriman Papers. John R. Deane, *The Strange Alliance: The Story of Our Efforts at Wartime Co-operation with Russia*, New York: Viking Press, 1946, pp. 278~279. Robert Pickens Meiklejohn, "World War Diary at London and Moscow, March 10, 1941-February 14, 1946", vol. 2, pp. 724~745, Harriman Papers.
41. 사코미즈, 《기관총하의 총리 관저》, 294~296쪽; 《기도 일기》 하권, 1224쪽; 《종전사록》 제4권, 187~189쪽.
42. 《종전사록》 제4권, 201~202쪽; 〈마쓰모토 슌이치 수기 "종전 각서"〉, 《종전사록》 제4권, 204쪽.
43. 〈마쓰모토 슌이치 수기 "종전 각서"〉, 〈시부사와 신이치 수기〉, 〈번스 회답문에 관한 해석 · 외무성 조서〉, 〈포츠담선언 수락에 관한 왕복문서의 설명(외무성 조서)〉, 《종전사록》 제4권, 204~206, 218~220쪽; 〈시부사와 신이치 수기〉, 〈외무성 조서〉, 구리하라, 하타노 편, 《종전 공작의 기록》 하권, 427~432쪽; 니시하라 편, 《종전의 경위》 상권, 160~167쪽.

44. 니시하라 편, 《종전의 경위》 상권, 169~173쪽; 〈번스 회답과 육군〉, 구리하라, 하타노 편, 《종전 공작의 기록》 하권, 473~440쪽.
45. 가와베, 〈참모차장 일지〉, 288쪽; 《대본영 육군부(10)》, 475쪽; 가와베, 〈참모차장의 일기〉, 255쪽.
46. 《대본영 육군부(10)》, 476~477쪽; 참모본부 편, 《패전의 기록》, 原書房, 1989, 288쪽; 〈양兩 총장의 상주〉, 구리하라, 하타노 편, 《종전 공작의 기록》 하권, 441~442쪽; 〈하스누마 시게루 진술록〉, 같은 책, 435쪽; 니시하라 편, 《종전의 경위》 상권, 174~176쪽; 가와베, 〈참모차장의 일기〉, 257쪽.
47. 《대본영 육군부(10)》, 477~478쪽; 니시하라 편, 《종전의 경위》 상권, 191~192쪽; 〈번스 회답과 육군〉, 구리하라, 하타노 편, 《종전 공작의 기록》 하권, 437~438쪽.
48. 다케시타, 《기밀작전 일기》, 757~758쪽; 니시하라 편, 《종전의 경위》 상권, 186~188쪽; 《대본영 육군부(10)》 479쪽; 하야시, 〈종전 무렵의 아나미상〉, 165쪽.
49. 하야시, 〈종전 무렵의 아나미상〉, 165쪽; 〈하스누마 진술서, 1949년 12월 26일〉, 방위연구소 전사실; 〈기도 고이치 진술서〉, 구리하라, 하타노 편, 《종전 공작의 기록》 하권, 432~434쪽.
50. 《쇼와 천황 독백록》, 129쪽; 히사시쿠니노미야 나루히코, 《히가시쿠니 일기》, 德間書店, 1968; 다나카 노부마사, 《도큐먼트 쇼와 천황》 제5권 〈패전 · 하〉, 緑風出版, 1988, 541쪽; 히가시쿠니노미야, 〈나의 기록〉, 《종전사록》 제4권, 244~245쪽.
51. 시모무라, 《종전기》, 134~138쪽; 《종전사록》 제4권, 224~225쪽; 〈도고 시게노리 진술록(12)〉, 구리하라, 하타노 편, 《종전사록》 제4권, 226~228쪽; 〈이케다 수기, 1945년 8월 12일〉, 방위연구소 전사실; 니시하라 편, 《종전의 경위》 상권, 180~182쪽; 〈도고 외상 수기 "종전 외교"〉, 《개조》 1950년 11월호, 140쪽; 〈마쓰모토 슌이치 수기 "종전 각서"〉, 《종전사록》 제4권, 231~232쪽; 〈마쓰다이라 야스마사 구술 요지〉, 같은 책, 232쪽; 〈기도 구술서(필사 기록)〉, 같은 책, 229쪽; 《기도 일기》 하권, 1225쪽; 〈기도와 번스 회답〉, 구리하라, 하타노 편, 《종전 공작의 기록》 하권, 455쪽.
52. 〈요나이 해군상 직화〉, 《다카기 일기》 하권, 926쪽; 다카기 소키치, 《해군대장 요나이 미쓰마사 각서》, 光人社, 1978, 153~154쪽; 구리하라, 하타노 편, 《종전 공작의 기록》 하권, 436~437쪽; 〈호시나 젠시로 진술록(2)〉, 같은 책, 445~447쪽.
53. 하야시, 〈종전 무렵의 아나미상〉, 166쪽.
54. 가세가 도고 외상에게 보낸 전보, 8월 11일, 《종전사록》 제5권, 5~7쪽; 마쓰모토 슌이치, 〈종전 때의 회상〉, 방위연구소 전사실; 《대본영 육군부(10)》, 480~481쪽; 니시하라 편, 《종전의 경위》 상권, 195~199쪽.
55. Truman, *Memoirs*, vol. 1, pp.433~434.
56. Wedemeyer to Hull, CM-IN-12388, 12 Aug. 45, Incoming Classified Message

(Army Staff), Plans and Operations Division, "ABC" File, 1942-48, 387 Japan, Box 506, Sec. 3, RG 319, NA. Xerox 2380, Marshall Library.

57. Truman, *Memoirs*, vol. 1, p. 435.
58. Forrestal Diary, 10 Aug. 45, pp. 429~430; Bernstein, "Perils and Politics", pp. 12~14; Bernstein, "The Atomic Bombings Reconsidered", p. 148.
59. Hull to Seeman telephone conversation, 13 Aug. 45, Verofax 1691, Item 2598, Marshall Library.
60. 《대본영 육군부(10)》, 489쪽; 오카모토가 도고에게 보낸 전보, 8월 12일, 《종전사록》 제5권, 9~10쪽; 〈마쓰모토 슌이치 "종전 각서"〉, 같은 책, 10~11쪽; 〈마쓰모토 슌이치 수기〉, 구리하라, 하타노 편, 《종전 공작의 기록》 하권, 461쪽; 니시하라 편, 《종전의 경위》 상권, 215~218쪽.
61. 〈기도 구술서〉, 《종전사록》 제5권, 19~20쪽; 《기도 일기》 하권, 1225쪽; 니시하라 편 《종전의 경위》 상권, 203~204쪽.
62. 《대본영 육군부(10)》, 492쪽; 니시하라 편, 《종전의 경위》 상권, 204쪽.
63. 도요다, 〈어긋난 어전회의의 진상〉, 58쪽; 도요다, 《최후의 제국 해군》, 216~218쪽; 니시하라 편, 《종전의 경위》 상권, 203~205쪽.
64. 〈도고 외상 구술 필기 "종전에 즈음해서"〉, 《종전사록》 제5권, 20~21쪽; 니시하라 편, 《종전의 경위》 상권, 205쪽.
65. 시모무라, 《종전기》, 138~145쪽; 〈아베 겐키 내상담內相談 "종전 내각"〉, 《종전사록》 제5권, 38~39쪽; 니시하라 편, 《종전의 경위》 상권, 206~207쪽; 〈이케다 수기, 1945년 8월 13일〉, 방위연구소 전사실.
66. 사코미즈, 《기관총하의 총리 관저》, 284~285쪽; 사코미즈 시하쓰네, 《종전의 진상》, 도덕과학연구회, 1955, 58~59쪽; 니시하라 편, 《종전의 경위》 상권, 213~214쪽.
67. 오오야 소이치, 《일본의 가장 긴 날》, 36쪽.
68. 《대본영 육군부(10)》, 491~492쪽.
69. 《대본영 육군부(10)》, 495~496쪽.
70. 〈이나바 마사오 진술록〉, 구리하라, 하타노 편, 《종전 공작의 기록》 하권, 472쪽; 니시하라 편, 《종전의 경위》 상권, 211~213쪽; 다카야마 시노부, 《아라오 오키카스상을 회상하다》, 非公刊, 1978, 38~54쪽.
71. 다케시타, 《기밀작전 일기》, 759~760쪽; 《대본영 육군부(10)》, 498쪽; 〈8월 13일의 육군성〉, 구리하라, 하타노 편, 《종전 공작의 기록》 하권, 475~476쪽; 하야시, 〈종전 무렵의 아나미상〉, 167~168쪽; 오오야, 《일본의 가장 긴 날》, 37~38쪽.
72. Forrestal Diary, 11 Aug. 45, p. 432.
73. McCloy Diary, 13 Aug. 45, p. 432.

74. Odd Arne Westad, *Cold War and Revolution: Soviet-American Rivarly and the Origins of the Chinese Civil War*, New York: Columbia University Press, 1993, pp. 52~53. Documents 708, 711, *RKO*, pp. 182, 184, 189~192. Hoo Notes, pp. 70~74.
75. 《종전사록》 제5권, 12~13쪽; 이 선전문구는 다음 문헌을 참조할 것. 《대본영 육군부(10)》, 400~401쪽.
76. 《기도 일기》 하권, 1226쪽.
77. 가세, 〈포츠담선언 수락까지〉, 《종전사록》 제5권, 59쪽; 가세 도시카즈, 《가세 도시카즈 회상록》 하권, 山手書房, 1986, 76쪽; 《기도 일기》 하권, 1225쪽; 사코미즈, 《기관총하의 총리 관저》, 289쪽; 사코미즈, 《대일본제국 최후의 4개월》, 227~228쪽; 시모무라, 《종전 비사》, 122~127쪽.
78. 《대본영 육군부(10)》, 504~505쪽; 니시하라 편, 《종전의 경위》 상권, 236~237쪽.
79. 이하의 기술은 다음 문헌을 참조할 것. 시모무라, 《종전기》, 148~152쪽; 시모무라, 《종전 비사》, 122~127쪽; 사코미즈, 《기관총하의 총리 관저》, 289~294쪽; 사코미즈, 《종전의 진상》, 61쪽; 니시하라 편, 《종전의 경위》 상권, 231~235쪽; 〈이케다 수기, 1945년 8월 14일 "어전회의"〉; 도요다, 〈어긋난 어전회의의 진상〉, 60쪽.
80. 〈오오이 아쓰시 수기〉, 《종전사록》 제5권, 123쪽; 니시하라 편, 《종전의 경위》 상권, 211~213쪽.
81. 다케시타, 《기밀작전 일기》, 760쪽; 다카시마 다쓰히코, 〈종전 직전의 동군〉, 방위연구소 전사실, 7쪽; 후와 히로시, 〈궁성 점거 사건〉, 방위연구소 전사실, 54~55쪽.
82. 다케시타, 《기밀작전 일기》, 762쪽; 《대본영 육군부(10)》, 509쪽; 오오야, 《일본의 가장 긴 날》, 49~52, 60~63쪽.
83. 《대본영 육군부(10)》, 510~512쪽; 오오야, 《일본의 가장 긴 날》, 51~52, 77~79, 80~83쪽; 니시하라 편, 《종전의 경위》 상권, 241~244쪽, 하권, 22~23쪽; 후와, 〈궁성 점거사건〉, 57~58쪽; 이다 마사타카, 〈수기〉, 방위연구소 전사실.
84. 사코미즈, 〈항복 때의 진상〉, 《종전사록》 제5권, 62쪽; 오오야, 《일본의 가장 긴 날》, 88~90, 98~100, 103~104, 109~110, 114~115쪽; 수정된 부분에 대해서는 다음 문헌을 참조할 것. 《종전사록》 제5권, 주 3, 66~67쪽.
85. 후와, 〈궁성 점거사건〉, 58~59쪽; 니시하라 편, 《종전의 경위》 하권, 23~24쪽; 〈이다 마사타카 수기〉, 《종전사록》 제5권, 504~505쪽; 오오야, 《일본의 가장 긴 날》, 144~149쪽.
86. 도고 외상이 가세에게 보낸 전보 352호, 8월 14일, 《종전사록》 제5권, 73~74쪽; 시모무라, 《종전 비사》, 140~141쪽; 오오야, 《일본의 가장 긴 날》, 155~159, 164~166쪽.
87. 다케시타, 《기밀 종전 일기》, 764쪽; 오오야, 《일본에서 가장 긴 날》, 169~172,

175~178, 180~181쪽; 이다, 이다 수기, 48~51쪽, 〈이다 진술서, 1950년 5월 23일〉, 방위연구소 전사실; 〈이다 마사타카 수기〉, 구리하라, 하타노 편, 《종전 공작의 기록》 하권, 502~508쪽; 니시하라 편, 《종전의 경위》, 하권, 21~22, 49~50쪽; 후와, 〈궁성 점거사건〉, 58~60, 66쪽; 〈종전과 방송〉, 《일본 방송사》, 644~645쪽; 모리 사령관 살해에 관해서는 다음 책을 참조할 것. 이이고 겐시, 《자결: 모리 근위사단장 참살사건》, 集英社, 1982.

88. 다케시타, 《기밀작전 일기》, 767~768쪽; 오오야, 《일본에서 가장 긴 날》, 190~194, 226~230쪽; 후와, 〈궁서 점거사건〉 60, 64쪽; 이다, 〈이다 수기〉, 12~27, 52쪽; 니시하라 편, 《종전의 경위》 하권, 23~24쪽; 〈이다 진술서, 1950년 5월 23일〉.
89. 다케시타, 《기밀작전 일기》, 767~768쪽, 〈다케시타 진술서〉, 7~8쪽, 방위연구소 전사실; 이다, 〈이다 수기〉, 18~19쪽; 니시하라 편, 《종전의 경위》 하권, 6~11쪽; 《다카기 일기》 하권, 928쪽.
90. 다나카 시즈이치 대장은 궁성사건의 책임을 지고 8월 24일 자해했다. 후와, 〈궁성 점거사건〉, 77쪽.
91. 《종전사록》 제5권, 70~71쪽. 현대어역본은 다음 페이지를 참조할 것. 86~88쪽.
92. 〈내각 고유告諭〉, 《종전사록》 제5권, 115쪽.
93. 〈육해군인에게 내리는 칙어〉, 《종전사록》 제5권, 115쪽.
94. 아사다, 위의 논문, 207쪽; Frank, *Downfall*, pp. 320, 345~346.
95. 대소 외교교섭 경과 개요, 쇼와 20년(1945) 8월 9일, 도고 외무대신의 중신회의 설명 원고, 쇼와 20년 8월 15일 추밀원의 이행조치 및 국제정세에 관한 설명, 대동아전쟁 관련 1건, 〈전쟁종결에 관한 일소 교섭관계〉, 외무성 외교사료관, 모리타 파일 2.
96. Truman, *Memoirs*, vol. 1, pp. 435~436, 438; Walter Diary, Potsdam Folder 602, Byrnes Papers Clemson Library: Leahy Diary, 14 Aug. 45, Library of Congress. Byrnes, *Speaking Frankly*, p. 210.

7장 8월의 폭풍: 일본은 아직 항복하지 않았다

1. Truman to Stalin, 14 Aug. 45, RGASPI, f. 558, op. 1, d. 372, 1. 93(Russian trans), 1. 94(English original); Truman to Attlee, 14 Aug. 45, Papers of Harry S. Truman, SMOF, Naval Aide to the President, 1945~1953, Box 7, HSTL; *Perepiska*. vol. 2, p. 258; *Pravda*, 16 Aug. 45, quoted in *Krasnoznamennyi dalznevostochnyi: istoriia krasnoznamennogo Dalznevostochnogo voennogo okruga*, Moscow: Vonnoe izdatel'stvo, 1985, p. 221.
2. 《관동군(2)》, 453~455, 459~460쪽; 가와베, 〈참모차장 일지〉, 188, 198, 201쪽; 가와베, 〈참모차장의 일기〉, 261, 263, 265쪽; 한도 가즈토시, 《소련이 만주에 침공한 여

름》, 文藝春秋, 1999, 235~237쪽; 〈일본 정부 · 대본영 발, 연합국 최고사령관에게 보낸 전電 1호〉는 방위성 방위연구소 전사실의 《연합국과의 절충관계 사항》을 활용한 다음 문헌을 참조할 것. 이타니 히로시, 〈시무슈 · 1945년 8월〉, 《경계 연구》, 6쪽.

3. *Krasnoznamennyi dalznevostochnyi*, pp. 222~225; Document 366, *VO*, 7 (1), pp. 377, 383~384; Hull's telegram to MacArthur, No. 1532, 17 Aug. 45, War Department Classified Message Service, Truman Papers, "Japan Surrender 2 of 4", Naval Aide Files, 1945-53, Box 12, HSTL.
4. 바실렙스키가 야마다에게 보낸 전보, 8월 17일, 《제1극동방면군의 전투일지》. 이것은 《산케이 신문》이 러시아 문서관에서 입수한 것으로, 일본어 번역본은 하타노 스미오 씨 소장.
5. 《관동군(2)》, 466~467쪽; 8월 20일 보고, 《제1극동방면군의 전투일지》.
6. Viktor Karpov, *Plenniki Stalina: Sibirskoe internirovanie Iaponskoi armii, 1945~1956 gg.*, Kiev-Lvov, 1997, p. 23.
7. 이바노프의 명령, 《제1극동방면군의 전투일지》, 5쪽; 군행동보고, 8월 18일, 《제1극동 방면군의 전투일지》, 17~18쪽; 바실렙스키가 자바이칼방면군 사령관, 제1극동방면군 사령관에게 보낸 전보 9023호, 《제1극동방면군의 전투일지》 13쪽; 바실렙스키가 불가닌과 안토노프에게 보낸 전보, 《제1극동방면군의 전투일지》; Document 343, *VO*, vol. 7, pt. 1, pp. 355~356; Vasilevskii, Trotsenko's order, Document 353, *VO*, vol. 7, pt. 1, p. 365.
8. 나카야마 다카시, 《1945년 여름 최후의 일소전》, 国書刊行会, 1995, 79쪽; David M. Glanz, *Soviet Operational and Tactical Combat in Manchuria, 1945sus, August Storm*, London: Frank Cass, 2003, pp. 242~277.
9. 보리스 슬라빈스키, 《치시마 점령: 1945년 여름》, 共同通信社, 1993, 72쪽.
10. Glanz, *Soviet Operationa and Tactical Combat in Manchuria*, pp. 250, 267~268; 나카야마, 《1945년 여름 최후의 일소전》, 102, 104, 113, 143~149쪽; *Krasnoznamennyi dalznevostochnyi*, pp. 230~234.
11. 슬라빈스키, 《치시마 점령》, 73쪽; Glanz, *Soviet Operational and Tactical Combat in Manchuria*, pp. 258~260.
12. 일본 쪽의 기록에 대해서는 다음 책을 참조할 것. 핫토리, 《대동아전쟁 전사全史》, 975쪽; 나카야마, 《1945년 여름 최후의 일소전》, 137~144쪽. 소련 쪽의 기록에 대해서는 다음 문헌을 참조할 것. 슬라빈스키, 《치시마 점령》, 74쪽; Glanz, *Soviet Operational and Tactical Combat in Manchuria*, pp. 273~274.
13. 슬라빈스키, 《치시마 점령》, 75쪽; Glanz, *Soviet Operational and Tactical Combat in Manchuria*, pp. 273~274.

14. "Meeting of the United States and Soviet Chiefs of Staff, Thursday, July 26, 3 P.M.", *FRUS: Potsdam*, vol. 2, pp. 410~411.
15. 슬라빈스키, 《치시마 점령》, 86쪽; MO TsVMA, f. 129, d. 26770, 1. 119. Document 402, *VO*, vol. 7, pt. 2, p. 24.
16. Marshall to Deane, 14 Aug. 45, "Exchange of Notes between Swiss Charge and Secretary of State", "Japanese Acceptance of Potsdam Declaration", Moscow Files, 13-16 Aug. 45, Harriman Papers.
17. Sakhalinskii kraevedcheskii arkhiv, f. Gnechko, *Zhurnal boevykh deistvii voisk Kamchatskogo oboronitelznogo raiona po ovladeniiu ostrovami severnoi chasti Kurilzskoi griady v period 15-31, 8. 1945 g.*(이하 Gnechko, *Zhurnal*로 약칭), pp. 1~3, 9~11; Iumashev's order, Boevaia direktiva MR/SP, 15. 8, 45, in Gnechko, *Zhurnal*(no page).
18. 슬라빈스키, 《치시마 점령》, 102쪽; Glanz, *Soviet Operational and Tactical Combat in Manchuria*, pp. 286~293.
19. 슬라빈스키, 《치시마 점령》, 102쪽; Glanz, *Soviet Operational and Tactical Combat in Manchuria*, pp. 293~294.
20. 시무슈의 싸움에 대해서는 일본어와 러시아 원사료를 충분히 이용한 역작인 이타니 히로시의 〈시무슈 · 1945년 8월〉이 가장 우수하다. 그밖에 다음 문헌을 참조할 것. 슬라빈스키, 《치시마 점령》, 108~123쪽; 나카야마, 《1945년 여름 최후의 일소전》, 180~200쪽; John Stephan, *Kuril Islands: Russo-Japanese Frontier in the Pacific*, Oxford: Clarendon Press, 1974, pp. 158~164; V. N. Bagrov, *Iuzhno-Sakhaliskaia i Kurilzskaia operatsii(Avgust 1945 goda)*, Moscow: Voennoe izdatel'stvo, 1959, pp. 82~101; "Otchetnye dokumenty po zakhvatu Kuril'skoi griady", MO TsVMA, f. 129, d. 26770. Document 403, *VO*, vol. 7, pt. 2, pp. 23~32. 소련과 일본의 시차(두 시간)로 전투 시간을 정확하게 파악하기가 어렵다.
21. 이타니 히로시, 〈시무슈 · 1945년 8월〉, 6~12쪽.
22. 위의 책, 11~12쪽.
23. 슬라빈스키, 《치시마 점령》, 108~120쪽; 나카야마, 《1945년 여름 최후의 일소전》 180~200쪽; 쓰쓰미 후사키, 〈북치시마 병단의 종전〉 방위연구소 전사실; 스기노 이와오 청취 자료, 〈치시마 작전 청취 자료〉 제8권, 방위연구소 전사실; 다구마 도시시로 청취, 가와타 규시로, 〈북방군 제5방면군 관계 조서록〉, 방위연구소 전사실.
24. Gnechko, *Zhurnal*, p. 6; 슬라빈스키, 《치시마 점령》, 93~94쪽; 나카야마, 《1945년 여름 최후의 일소전》, 170쪽; 글랜즈는 소련 쪽만의 자료를 토대로, 또 슬라빈스키의 저서와 현존하는 자료를 이용하지 않고 "오전 5시까지 주요 부대는 한 발도 쏘지 않

고 또 한 명의 병사도 잃지 않고 상륙을 완료했다"고 썼다. Glanz, *Soviet Operational and Tactical Combat in Manchuria*, p. 294. 이 서술은 완전히 사실에 반한다.

25. Frank, *Downfall*, chapters, 8, 11, 13, 20, pp. 203, 343.
26. MacArthur to Deane, 19 Aug. 45, "Japan Surrender 2 of 4", Truman Papers, Naval Aide Files, 1945-53, Box 13, HSTL; Deane, *The Strange Alliance*, pp. 281~282; MacArthur to Deane, 23 Aug. 45, C35915, War Department Classified Message Center, Incoming Classified Message, "Japan Surrender 3 or 4", Papers of Harry S. Truman, Naval Aide Files, 1945-53, Box 13, HSTL.
27. Deane to Antonov, 15 Aug. 45, Moscow Files, 13-16 Aug. 45, Harriman Papers; Memo for Record, OPD, 17 Aug. 45, OPD 336TS, Case 132, Box 144, RG 165, NA; Antonov to Deane, 16 Aug. 45, Moscow Files, 13-16 Aug. 45, Harriman papers.
28. Telephone Conversation between General Hull and Admiral Cooke, 1733, 16 Aug. 45, OPD, Exec. File 17, Item 35a, Folder 2, RG 165, NA. Marshall to Deane and MacArthur, 16 Aug. 45, OPD 336TS, Case 132, Box 144, RG 165, NA; Memo for Record, OPD, 17 Aug. 45; Memo for Record, OPD, 18 Aug. 45, OPD 336TS, Case 132, Box 144, RG 165, NA.
29. Arnold to Commanding General of the Alaskan Advance Command Post, 9 Aug. 45, Record of the U. S. JCS, Central Decimal File, 1942-45, CCS, 381 Japan (10-4-43), Sec. 9, USSR Collaboration agaist Japan, RG 218, NA; JCS 1467/1, Instrument for the Surrender of Japan, Report by the Joint Staff Planners, 13 Aug. 45, Entry 421, Box 505, RG 165, NA; Memorandum for the SWNCC, "Instruments for the Surrender of Japan", SM-2866, Japan(2-7-45), Sec. 2, Unconditional Surrender of Japan, Box 137, RG 367, NA.
30. JCS, Instruments for the Surrender of Japan, General Order No. 1, JCS 1467/2, 17 Aug. 45, Top Secret ABC File, ABC, 387 Japan(15 Feb. 45), Box 504, RG 218, NA; "Unconditional Surrender fo Japan", Enclosure, General Order No. 1, Military and Naval, ABC 387, Japan(2-7-45), Sec. 2-4, Box 137, RG 218, NA; General Order No. 1, Military and Naval, LM 54, SWNCC, Case File 19, 23 Sep. 44-Dec. 48, Reel 3, RG 59, NA; Appendix D, Corrigendum to JCS 1275(Washington), OPD, Entry 421, Box 505, RG 165, NA. 갈리키오는 '일반명령 1호'의 초안을 작성한 것은 본스틸 대령이라고 해석했다. Marc Gallichio, "The Kuriles Controversy: U. S. Diplomacy in the Soviet-Japan Border Dispute, 1941~1956", *Pacific Historical Review*, 60, no. 1, 1991: 83~84.

31. Appendix E, Corrigendum to JCS 1275(Washington), p. 13, OPD, Entry 421, Box 505, RG 165, NA.
32. Lincoln's memorandum, 16 Aug. 45, OPD 336TS, 126, Box 144, RG 165, NA; Stimson to Grew(undated), OPD 336TS(Section III), RG 165, NA; "U. S. Positions with Regard to General Soviet Intentions for Expansion", ABC, 092 USSR(15 Nov. 44), RG 165, NA; "Memorandum concerning U. S. Post-War Pacific Bases", Attachment in Hull's Message to Leahy, 3 July 45, and Lincoln, "Memorandum", 16 Aug. 45, OPD, 336TS, 126, Box 144, RG 165, NA; Stimson to the President, 16 July 45, *FRUS: Potsdam*, vol. 2, p. 1323; Gallichio, "The Kuriles Controversy", p. 80.
33. Gallichio, "the Kuriles Controversy", p. 84.
34. Minutes of Meetings of SWNCC, 1944~1947, SWNCC Minutes, 21st Meeting, 12 Aug. 45, T1194, NA; Xerox 1597, Marshall Library, Draft: Report by Mr. Dunn, SWNCC Case File 19-23 Sep. 1944-Dec. 45, LM 54, Roll 3, RG 59, NA.
35. Bruce Cumings, *The Origins of the Korean War*, vol. 1, *Liberation and the Emergence of Separate Regimes, 1945~1947*, Prinston: Prinston University Press, 1981, pp. 120~121.
36. Hull and Cooke, Telephone Conversation, 12:00, 11 Aug. 45, OPD, Exec. File 17, Item 35a, Folder 2, Entry 422, Box 101, RG 165, NA; McFarland's Memorandum for SWNCC, 14 Aug. 45, LM, SWNCC, Case File 19, 23 Sep. 45-Dec. 48, Reel 3, RG 59, NA. Hull and Cooke, Telephone Conversation, 13: 40, 11 Aug. 45, OPD, Exec. File 17, Item 35a, Folder 2, Entry 422, Box 101, RG 165, NA.
37. "Enclosure 'B'" Draft, LM 54, SWNCC, Case File 19, 23 Sep. 44-Dec. 48, Reel 3, RG 59, NA.
38. JCS to MacArthur, Nimitz, Wedemeyer, 15 Aug. 45, Plans and Operations Division, ABC Decimile File 1942-48, 387 Japan, RG 319, NA; Xerox 2380, Marshall Library. Appendix B, Directives to Theater Commander concerning Operations upon Surrender of Japan Prior to Olympic, 17 Aug. 45, OPD, Entry 421, Box 505, RG 165, NA.
39. Document 363, *Perepiska* vol. 2, pp. 263~264; RGASPI, f. 558, op. 1, d. 372, II. 95~108; Stalin to Truman, trans., and Russian original, Papers of Harry S. Truman, Files of the White House Naval Aide, HSTL. also ABC, 387 Japan(15 Feb. 45), Sec. 4, Box 506, RG 165, NA. 스탈린이 그로미코에게 보낸 전보와 스탈

린의 원안 수정에 대해서는 다음 자료를 참조할 것. RGASPI, f. 558, op. 1, d. 372, II. 109~110, 11.

40. Document 633, *VO*, vol. 7, Pt. 2, pp. 259~260.

41. Douglas MacArthur, Reminiscences, New York: McGraw-Hill, 1964, p. 285.

42. Truman to Stalin, 17 Aug. 45, Truman Papers, Files of the White House Naval Aide, HSTL; ABC, 387 Japan(15 Feb. 45), Box 506, RG 165, NA; Document 364, *Perepiska*, vol. 2, p. 264.

43. Truman to Stalin, 17 Aug. 45, ABC, 387 Japan(15 Feb. 45), Sec. 1-B, RG 165, NA.

44. Lincoln Memorandum, 16 Aug. 45, OPD 336TS, 126, BOX 144, RG 165, NA.

45. "Occupation and Control of Japan in the Post-Defeat Period", ABC, 357 Japan(15 Feb. 45), Historical Draft Documents-JAP Surrender 1945, RG 165, NA.

46. Lincoln and Gardner, Telephone Conversation, 18 Aug. 45, OPD, Exec. File 17, Item 35a, Folder 2, Entry 422, Box 101, RG 165, NA; McCarthy to Chief of Staff, 18 Aug. 45, Xerox 2380, Marshall Library.

47. Antonov to Vasilevskii, No. 145653, 20 Aug. 45, Volkogonov Papers, Reel 4, Library of Congress; Vasilevskii to Stalin(with al copy to Antonov), 20 Aug. 45, Volkogonov Papers, Reel 5, Library of Congress.

48. Draft Message, MacArthur and Nimitz, Info Wedemeyer, from JCS, Microfilm 2350, Marshall Library; Cumings, *The Origins of the Korean War*, vol. 1, p. 121.

49. 와다 하루키, 〈일소 전쟁〉, 하라 데루유키, 소토가와 쓰구오 편, 《슬라브와 일본》, '강좌 슬라브의 세계 8', 弘文堂, 1995, 123쪽; 와다 하루키, 《북방영토 문제: 역사와 미래》, 朝日新聞社, 1999, 174쪽.

50. Telegram 14/III from Vasilevskii and Trotsenko to Meretskov, 18 Aug. 45, Volkogonov Papers, Reel 4, Library of Congress; Document 405, *VO*, vol. 7, pt. 2, pp. 37~40.

51. Antonov to Vasilevskii, No. 14653, Volkogonov Papers, Reel 4, Library of Congress.

52. Vasilevskii's handwritten order, 21 Aug. 45, Volkogonov Papers, Reel 5, Library of Congress; Voroshilov to Commanders of the First and Second Far Eastern Fronts, Pacific Fleet, Air Force, 21 Aug. 45, Vasilevskii and Trotsenko's order No. 20(14726), 21 Aug. 45, "Zhurnal voevykh deistvii Shtaba TOF. FGKP 5

1"Skala'", MO TsVMA, f. 129, d. 17752, II. 149~150; Staff of the Pacific Fleet to Commander of the 16th Army, 21 Aug. 45, MO TsVMA, f. 79(Sekretariat NKVMF), d.38941.

53. Stalin to Truman, 22 Aug. 45, Tuman Papers, Files of the White House, Naval Aide, HSTL; Stalin to Truman, 22 Aug. 45, Moscow Files, 22-23 Aug. 45, Harriman Papers, Molotov to Gromyko, RGASPI, f. 558, op. 1, d. 372, II. 111~112; Document 365, *Perepiska*, vol. 2, 265.
54. Memorandum for General Hull, 21 Aug. 45, OPD, Exec. File 17, Item 10, Navy Liaison(Folder 2), Col. McCarthy, Box 97, RG 165, NA.
55. Karpov, *Plenniki Stalina*, pp. 36~37.
56. Japanese Imperial General Headquarters to MacArthur, 24 Aug. 45, War Department Classified Message Center, Incoming Classified Message, "Japan Surrender 3 of 4", Papers of Harry S. Truman, Naval Aide Files 1945-53, Box 13, HSTL.
57. Ivanov to Iumashev, 27 Aug. 45, MO TsVMA, f. 129, d. 17752, 1. 197. Dmitrii Volkogonov, *I. V. Stalin: Triomf i tragediia: politicheskii portret*, Moscow: Novosti 1989, vol. 2, pp. 18~19. Document 635, *VO*, vol. 7, pt. 2, p. 263; Deane to War Department, 25 Aug. 45, War Department Classified Message Center, Incoming Classified Message, Xerox 2029, Marshall Library; Deane, *The Strange Alliance*, p. 281.
58. Telephone Conversation, Hull and Cooke, 0823(23 Aug. 45), Exec. File 7, Item 35a, Folder 1, "Telephone Conversations(5 Aug. 45-25 Aug. 45), RG 165, NA.
59. Harrison A. Gerhardt[Colonel, General Staff Corps, Executive to Assistant Secretary of War], Memorandum for the Assistant Chief of Staff, Operations, 23 Aug. 45, OPD 336TS, 126, Box 144, RG 165, NA.
60. Telephone Conversation, Hull and Cooke, 1710, 23 Aug. 45, OPD, Exec. File 7, Item 35a, Folder 1, Telephone Conversations(6 Aug. 45-25 Aug. 45), RG 165, NA; OPD 336TS, 126, Box 144, RG 165, NA.
61. Hull Memorandum for the Assistant Secretary of War, 24 Aug. 45, OPD 336TS, 126, Box 144, RG 165, NA; Telephone Conversation, Lincoln and Gerhardt, 24 Aug. 45, ibid.
62. Safronov, *Voina na Tikhom okeane*, pp. 386~387.
63. Harriman's Draft Telegram to Byrnes, 19 Aug. 45, Moscow Files, 19-21 Aug. 45, Harriman Papers; Byrnes to Harriman, 24 Aug. 45, Moscow Files, 22-23

Aug. 45, Harriman Papers; Harriman's letter to Molotov, 24 Aug. 45, AVP RF, f. Referetura Iaponii, op. 29, d. 2, pap. 269, II. 16~17; AVP RF, f. Molotova, op. 7, por. 743, pap. 47, delo Am-110-Iag, II. 61~62.

64. Stalin and Antonov to Vasilevskii, Purkaev, Meretskov, and Iumashev, 18 Aug. 45, Volkogonov Papers, Reel 5, Library of Congress.

65. Vyshinskii to Harriman, 25 Aug. 45, AVP RF, f. Molotova, op. 7, por. 743, pap. 47, delo Am-110-Iag, Perepiska s Amerikanskim Praviel'stvom po Iaponii, 1. 63.

66. Harriman to Vyshiskii, 26 Aug. 45, AVP RF, f. Molotova, op. 7, por. 743, pap. 47, delo Am-110-Iag, Perepiska s Amerikanskim Praviel'stvom po Iaponii, 1. 68. AVP RF. Referetura Iaponii, op. 29, d. 2, pap. 269, 1. 19. Harriman to Byrnes, Paraphrase of Embassy Cable to Department 3073, 27 Aug. 45, Moscow Files, 24~27 Aug. 45, Harriman Papers; Deane, *The Strange Alliance*, p. 282.

67. Harriman to Molotov, 18 Aug. 45, RGASPI, f. 558, op. 1, d. 372, 1. 112, 113.

68. Craig, *The Fall of Japan*, pp. 204~217; 가와베, 〈참모차장의 일기〉, 265, 267~275쪽.

69. Deane to CINCPAC, 26 Aug. 45, Moscow Files, 24~27 Aug. 45, Harriman Papers; Deane to War Department, MX 5417, War Department Classified Message Center, Incoming Classified Message, "Japan Surrender 3 of 4", Papers of Harry S. Truman, Naval Aide File, 1945-53, HSTL.

70. Memorandum of Conversation, Kremlim, 27 Aug. 45, 24-27 Aug. 45, Harriman Papers; Harriman to Byrnes, 29 Aug. 45, Department of State, Deane to War Department, MX 25430, 27 Aug. 45, Incoming Telegram, Papers of Harry S. Truman, Naval Aide File, "Japan Surrender 4 of 4", Box 13, HSTL; MacArthur to Deane, WARX 56898, 29 Aug. 45, War Department Classified Message Center, Outgoing Message, Papers of Harry S. Truman, "Japan Surrender 4 of 4", Naval Aide File, Box 13, HSTL; Hull to Deane, 29 Aug. 45, ABC, 387 Japan(15 Feb. 45), Sec. 1-C, RG 165, NA; Hull to Deane, 29 Aug. 45, War Department Incoming Classified Message, Xerox 2039, F. 52, Marshall Library.

71. White House record, "Occupation of Kurile Islands by Russians", 22 Aug. 45, Papers of Harry S. Truman, Naval Aide File, "Stalin to Truman", Box 1, HSTL.

72. Personal message from the President to Generalissimo Stlain, Moscow Files, 24-27 Aug. 45, Harriman Papers. Document 366, *Perepiska*, vol. 2, pp.

265~266.

73. Stalin to Truman, 30 Aug. 45, papers to Harry S. Truman, Files of the White House Naval Aide, HSTL; Document 367, *Perepiska*, vol. 2, pp. 266~267; David R. Jones, "The Rise and Fall of Aeroflot: Civil Aviation in the Soviet Union, 1920~1991", in Robin Highan, John T. Greenwood, and Von Hardesty, eds., *Russian Aviation and Air Power in the Twentieth Century*, London: Frank Cass, 1998, pp. 236~268, quoted in High S, Cunningham, https://bit.ly/2RLkBvN.

74. Otchet po okkupatsii ostrovov Kuril'skoi griady, provedennoi v period 23 avgusta-5 sentiabria, 1945 g., MO TsVMA, f. 129, d. 1777, II. 3, 5. Gnechko, *Zhurnal*, p. 29; 슬라빈스키, 《치시마 점령》, 124~127쪽; 쓰쓰미, 〈북 치시마 병단의 종전〉, 38~39쪽.

75. Gnechko, *Zhurnal*, pp. 29~30; 슬라빈스키, 《치시마 점령》, 130~132쪽; 쓰쓰미, 〈북 치시마 병단의 종전〉, 41~42쪽.

76. Vasilevskii to Iumashev, Document 415, *VO*, vol. 7, pt. 2, p. 43. Vice Admiral Andreev's report(handwritten draft copy), "Dopolneniia i zamechaniia shtaba STOF k otchetu komanduiushchego operatsiei po okkuatsii Kuril'skoi griady", (이하 Otchet Andreeva로 약칭), 1, Volkogonov Papers, Reel 5, Library of Congress; 슬라빈스키, 《치시마 점령》, 81~82, 143~144쪽; "Zhurnal boevykh destvii shtaba TOF.BFKP 'Skala'", MO TsVMA, f. 129, d. 17752, II. 180~181.

77. "Otchet po okkupatsii ostrovov Kuril'skoi griady", MO TsVMA, f. 129, d. 17777, 1. 4. 다음 책에서 인용. 슬라빈스키, 《치시마 점령》, 83~84쪽.

78. Gnechko, Zhurnal, pp. 31~34; 슬라빈스키, 《치시마 점령》, 134~136쪽.

79. Gnechko, Zhurnal, pp. 31~34; 슬라빈스키, 《치시마 점령》, 136~139쪽.

80. 쓰쓰미, 〈북치시마 병단의 종전〉, 42~43쪽; 스이즈 미쓰루, 《북방영토 해결의 열쇠》, 謙光社, 1987, 22~24쪽.

81. Otchet Andreeva, p. 2; 슬라빈스키, 《치시마 점령》, 143~144쪽.

82. Otchet Andreeva, pp. 2~3; "Dopolneniia i zamechaniia Shtaba STOF po otchetu komanduiushchego operatsiei po okkuatsii Kuril'skoi griady"(이하 "Dopolneniia i zamechaniia"로 약칭), MO TsVMA, f. 129, d. 26770, 1. 292; 슬라빈스키, 《치시마 점령》, 146~147쪽.

83. Otchet Andreeva, p. 4. "Dopolneniia i zamechaniia", 1. 294; 슬라빈스키, 《치시마 점령》, 144~145쪽; 슬라빈스키가 인용한 "Dopolneniia i zamechaniia"의 출처는 MO TsVMA, f. 129, d. 16770, 1. 202인데, 이것은 볼코고노프 문서 중에 들어 있다.

Otchet Andreeva와 같은 보고일 가능성이 높다. 중요한 작전 완료 일시에 대해 슬라빈스키는 9월 3일로 봤으나 필자의 사본에는 명확하게 9월 2일로 돼 있다.

84. Otchet Andreeva, p. 3; "Dopolneniia i zamechaniia", 1. 293; 슬라빈스키, 《치시마 점령》, 146~147쪽; 《도민 출신자가 얘기하는 북방 4도: 소련 점령 편》, 치시마 하보마이제도 거주자연맹, 1988, 153쪽.

85. Otchet Andreeva, p. 3; "Dopolneniia i zamechaniia", 1. 293; 슬라빈스키, 《치시마 점령》, 149~150쪽.

86. 슬라빈스키, 《치시마 점령》, 151쪽; 나카야마, 《1945년 여름 최후의 일소전》, 210쪽; 《우리 북방 4도: 소련 점령 편》, 121~124쪽.

87. Document 430, *VO*, vol. 7, pt. 2, p. 33; 슬라빈스키, 《치시마 점령》, 153~154쪽.

88. William R. Manchester, *American Caesar*, New York: Dell, 1983, pp. 445, 448.

89. Truman, *Memoirs*, vol. 1, pp. 460~463.

90. "Obrashchenie tov. 1. V. Stalina k narodu", 2 Sep. 45, Ministerstvo Inostrannykh del SSSR, *Sbornik osnovnykh dokumentov po voprosam sovetsko-iaponskikh otnoshenii*, Moscow, 1979, Limited for internal use only, p. 911; *Pravda*, 3 Sep. 45. AVP RF, f. Molotova, op. 7, por. 901, pap. 55, 1. 4. 러시아 외무부 문서관에 보관돼 있는 초안 텍스트에는 스탈린의 자필로 여겨지는 정정訂正 부분이 있다. 원안이 좀 더 연합국에 대한 유화적인 표현을 담고 있는 데 비해 스탈린은 그런 표현을 삭제했다.

91. *Sbornik sonovnykh dokumentov*, p. 912; 쿠릴 영유에 대해서는 다음 문헌을 참조할 것. Tsuyoshi Hasegawa, *The Northern Territories Dispute and Russo-Japanese relations*, CA: University of California, Berkeley, vol. 2, chap. 14; 하세가와 쓰요시, 《북방영토 문제와 일러 관계》, 筑摩書房, 2000, 1장.

92. Otchet Andreeva, pp. 4~5, 6; 슬라빈스키, 《치시마 점령》, 153~155쪽.

93. 슬라빈스키, 《치시마 점령》, 155쪽.

맺음말 가지 않은 길

1. Chairman's Office, *United States Strategic Bombing Survey: Summary Report(Pacific War)*, Washington, D. C.: U. S. Government Printing Office, 1946, p. 26; Gar Alperovitz, *The Decision to Use the Atomic Bomb*, New York: Vintage, 1996, pp. 4, 321, 368~369, 464, 465.

2. Barton Bernstein, "Compelling Japan's Surrender without the A-Bomb, Soviet Entry, or Invasion: Reconsidering the U. S. Bombing Survey's Early-Surrender Conclusion", *Journal of Strategic Studies*, vol. 18, no. 2, June 1995: 101~148.

3. 아사다, 〈원폭투하의 충격과 항복 결정〉, 206, 207쪽.
4. Bernstein, "Compelling Japan's Surrender", p. 129.
5. Frank, *Downfall*, pp. 343~348.
6. Barton J. Bernstein, "Eclipsed by Hiroshima and Nagasaki: Early Thinking About Tactical Nuclear Weapons", *International Security*, 15, 1991: 149~175; Marc Gallichio, "After Nagasaki: General Marshall's Plan for Tactical Nuclear Weapons in Japan", *Prologue*, 23, 1991.
7. 《아사히 신문》 1945년 8월 11일. 다음 책에서 인용했다. 가토 노리히로, 《미국의 그림자: 전후 다시 보기》, 講談社 学術文庫, 1995, 290~291쪽.
8. 가토, 《미국의 그림자》, 290~292쪽.
9. Gilbert Rozman, *Japanzs Response to the Gorbachev Era, 1985~1991: A Rising Superpower Views a Declining One*, Princeton: Princeton University Press, 1992, pp. 12~13.
10. 예컨대 쿠바 미사일 위기 때 케네디 대통령의 지도력이 떠오른다.
11. 아사다, 〈원폭투하의 충격과 항복 결정〉, 198~199쪽.

보론 미국과 히로시마의 교훈: 과거와 현재

1. 저자는 일본어판 《암투暗闘》를 출판한 뒤에 원폭투하의 윤리적 의미를 고찰하는 논문을 발표했다. Tsuyoshi Hasegawa, "Were the Atomic Bombing of Hiroshima Justified?", Yuki Tanaka and Marlyn Young, eds., *Bombing Civilians: A Twentieth-Century History*, New York: New Press, 2009: 97~134. 그 뒤 진주만 공격, 원폭투하, 9·11사태, 이라크 점령을 역사적으로 비교한 연구로 존 다워의 근저 *Culture of War*(New York: Norton, 2010)가 있었고, 이 강연도 그 책에서 배운 바가 많았다는 것을 덧붙여둔다.
2. 하세가와 쓰요시, 〈전쟁종결의 어려움〉, 《요미우리 호치》, 2006년 8월 16일; 하세가와 쓰요시, 〈종전 기회를 계속 놓친 지도자들의 책임〉, 《주오코론》, 2006년 9월호, 100~109쪽.
3. "Germans Mark Bombing of Dresden", BBC News, Feb. 13, 2005. https://bbc.in/2G0MWHx
4. 간 총리의 연설, 기자회견. https://bit.ly/2TbXN4Q
5. Michael Walter, *Just and Unjust Wars: A Moral Argument with Historical Illustrations*, New York: Basic Books, 1977, 2장.
6. John W. Dower, *War Without Mercy: Race and Power in the Pacific War*, New York: Pantheon books, 1980, pp. 38, 39.

7. Michael S. Sherry, *The Rise of American Air Power: The Creation of Armageddon*, New Haven: Yale University Press, 1987, p. 142.
8. E. B. Sledge, *With the Old Breed at Peleliu and Okinawa*, New York: Ballantine Books, 2007, originally, Random House, 1981, p. 160.
9. Sherry, *The Rise of American Air Power*, p. 141.
10. Sherry, *The Rise of American Air Power*, p. 141; Ronald Schafer, *Wings of Judgement: American Bombing in World War II*, New York: Oxford University Press, 1985, p. 142.
11. Dower, *War Without Mercy*, p. 55.
12. Michael D. Gordin, *Five Days in August: How World War II Became a Nuclear War*, Princeton: Princeton University Press, 2007, p. 18. 일본 정부는 1964년에 르메이 장군에게 훈1등 욱일대수장旭日大綬章을 수여했다.
13. *The New York Times*, May 30, 1945; Dower, *Cultures of War*, p. 183.
14. Norris, *Racing for the Bomb*, p. 381.
15. Harlan K. Ullman and James P. Wade, *Shock and Awe: Achieving Rapid Dominance*, Washington, D. C.: National Defense University, 1996.
16. 다음 책은 이 설을 가장 대담하게 전개한다. Gordin, *Five Days in August*.
17. Dewer, *Cultures of War*, p. 180.
18. Greg Mitchell, "The Great Hiroshima Cover-Up", Huffington Post 07 Aug. 2009. https://bit.ly/2HqMdBy
19. Norris, *Racing for the Bomb*, p. 180.
20. Lawrence Lifschultz, eds., *Hiroshima's Shadow*, Story Creek, Connecticut: The Pamphleteer's Press, 1998, pp. iv~v.
21. 暗闘, 2006, 273~274쪽; *DHTP*, pp. 155, 156.
22. *The New York Times*, September 9, 1945. 다음 책에서 인용. Dower, *Cultures of War*, pp. 275~276.
23. *Life*, October 2, 1945.
24. Truman to Eugene Meyer, Aug. 10, 1945, Barton Bernstein, "Truman and the A-Bomb, and His Defending the 'Decision'", *Journal of Military History*, 62, no. 4, 1998, p. 557.
25. Clemens, ed., *Truman Speaks*, p. 69.
26. 그 예로 다음 책이 있다. Frank, *Downfall*, Chapter 21.
27. Kai Bird and Martin J. Sherwin, *American Prometheus: The Triumph and Tragedy of J. Robert Oppenheimer*, New York: Vintage, 2005, p. 332.

28. Truman to Thomas Murray, Jan, 19, 1953, quoted in Bernstein, "Truman and the A-Bomb", p. 562.

4. 사진 출처

- 34쪽

  Photograph from the Army Signal Corps Collection in the U.S. National Archives. Photo #: USA C-543.
- 102쪽

  Harry S. Truman Presidential Library & Museum

  http://www.trumanlibrary.org/photographs/view.php?id=391
- 182쪽

  每日新聞

  http://www.cc.matsuyama-u.ac.jp/~tamura/gozennkaigi.htm
- 262쪽

  Presidential Collection of Harry S. Truman
- 358쪽

  Everett Historical/Shutterstock.com
- 446쪽

  每日新聞

  "August 15: Japan announces unconditional surrender, ending the World War"
- 518쪽

  Cross WG (Sub Lt), Royal Navy official photographer

  http://media.iwm.org.uk/iwm/mediaLib//31/media-31212/large.jpg

| 찾아보기 |

ㄱ

가드너, 마시아스 B. 542, 549.
가미카제 특공대 187, 196, 428, 537.
가세 도시카즈 72, 148, 153, 208, 225, 246, 247, 349, 426, 494.
가세 슌이치 344~346. 604.
가와베 도라시로 128, 130, 410, 412, 413, 419, 443, 473, 474, 476, 477, 480, 497, 501.
가혹평화론 60, 61, 91, 149, 168, 228, 233, 240, 241, 272, 301, 585.
결호작전 93, 209, 333, 369, 409, 410, 411, 422, 439, 593, 597
고노에 후미마로 51, 52, 71, 72, 86~88, 147, 148, 206, 208, 218, 219, 242~248, 256, 287, 289~293, 314, 332, 345, 346, 384, 407, 408, 418, 423, 424, 426, 450, 494, 505, 591, 595, 596, 606.
고이소 구니아키 71, 88, 93, 103, 111.
공산주의(자) 43, 74, 92, 116, 132, 147, 239, 296, 467.
과달카날 전투 56, 69, 197.
관동군 39, 41, 43, 50, 67, 124, 129, 176, 209, 403~405, 409, 410, 413, 414, 439, 520~522, 524.
관용평화론 60, 61, 91, 118, 119, 206.
교토 145, 303~305, 621.
구나시리섬 190, 556, 568, 569, 571~573, 581.
국가방위원회(GKO) 554.
국제연맹 41, 43.
국제연합 118, 138.
국체 26, 61, 74, 75, 87, 91, 93, 113, 131, 133, 151, 155, 157, 193, 195, 199, 208, 210, 218, 219, 244~247, 255, 287~289, 291, 292, 344, 373, 406, 408, 414, 415, 420, 421, 427, 428, 430, 435, 437, 440~443, 449, 471~479, 485, 486, 496, 498, 503, 504, 506, 509~513, 584, 587, 589.
국체의 정의 27, 28, 30, 390.
국체의 정화 511.
국토결전 교령 196.
군사첩보부(G-2) 51, 126, 128, 164, 163, 227, 254, 441.
규슈 70, 75, 89, 103, 117, 118, 197, 211~213, 237, 349, 369, 371, 439, 537, 546, 592, 597, 598, 625.
그네치코, A. R. 530, 531, 535, 567, 569.
그레이엄, 프랭크 H. 365.
그로미코, 안드레이 81, 107, 128, 142, 313.
그로브스, 레슬리 R. 95, 96, 143~145, 282, 302~304, 307, 352, 354.
그루, 조지프 C. 61, 75, 91, 92, 118~120, 149, 150, 158~170, 200~204, 206, 226~229, 232, 233, 238~241, 254, 256, 264, 298, 300, 345, 372, 434, 452, 453, 464, 540, 547, 584, 589,

606.
기도 고이치 57, 71, 72, 86~88, 112, 113, 147, 148, 179, 196, 197, 206~210, 216, 225, 243, 256, 333~335, 338, 339, 347, 348, 377, 379, 382, 384, 408, 423~427, 430, 431, 433, 434, 440~442, 447, 450, 455, 470, 477, 478, 480~482, 485, 489, 493, 494, 496, 505, 507, 591, 604, 605.

ㄴ

나가사키 22, 185, 308, 362, 365, 401, 415~417, 422, 423, 594, 598, 600, 603, 609~611, 616, 617, 619, 620, 622~625, 628.
나시모토노미야 479.
난바라 시게루 205, 206.
난징학살 45, 600.
남만주 철도 38, 39, 65, 73, 79, 82, 83, 259, 467.
내몽고 73, 155, 466.
내무인민위원회 64, 98, 176, 312, 313, 362.
냉전 31, 600, 610.
노비코프, 니콜라이 V. 158, 399.
니미츠, 체스터 W. 69, 103, 226, 371, 539, 542, 530, 574, 575.
니가타 145, 305, 308, 417, 597.

ㄷ

다롄 38, 39, 65, 73, 79, 82~84, 155, 223, 259, 277, 319, 352, 390, 391, 398, 405, 466, 467, 482, 493, 519, 521, 524, 543, 549.
다카기 소키치 30, 148, 153, 155, 206, 208, 209, 218, 245, 246, 331, 332, 376, 385, 418, 426, 429, 447, 480.
중간보고 71~75, 91~93
다카마쓰노미야 87, 243, 407, 424.
다케시타 마사히코 414, 433, 440, 476, 491, 500, 501, 506~509, 596.
대동아공영권 49.
대본영 44, 50, 72, 88, 89, 129, 196, 238, 333, 336, 373, 404, 405, 410, 413, 423, 460, 488, 520, 521, 525, 526, 533~~538, 555.
대서양헌장 52, 59, 60, 84, 151, 245, 293, 294, 332, 333, 382.
던, 제임스 139, 541.
덜레스, 앨런 156, 368.
데이비스, 엘머 149, 170.
도고 시게노리 53, 112, 113, 134, 151, 187, 188, 192, 193, 198, 201, 205, 216~225, 374~384, 418~422, 427, 428, 430~441, 447, 450, 471~473, 477, 479, 480, 487, 505, 514, 589, 596.
· 결호작전 196, 197.
· 고노에 특사 242~248.
· 기도 시안 206~210.
· 대소 정책 130, 131, 152~157.
· 말리크-도고 회담 125, 126.
· 사토-도고 왕복전보 286~294.
· 사토와의 왕복전보 미 첩보부 포착 254~256, 270, 272, 318, 347~349, 368.
· 소련의 선전포고 405, 448.
· 소련의 알선 248~253.
· 종전 지연의 책임 604.

· 포츠담선언 332~339, 342~348.
· 포츠담선언 수락 406~408.
도메이 통신 336, 337, 340, 348, 374, 405, 451, 471.
도요다 데이지로 51.
도요다 소에무 210, 217, 255, 334, 385, 418~422, 431, 432, 436, 438, 440, 447, 474, 480, 486, 487, 496, 584, 591, 596.
도조 히데키 52, 71.
도쿄 51, 126, 183, 223, 263, 280, 340, 373, 378, 392, 417, 420, 429, 478, 492, 505, 509, 514, 545, 546, 555, 562, 563, 575, 595, 616, 621.
· 공습 167, 188.
· 도쿄만 572, 574, 575.
· 유인물 493.
독소 불가침조약 46, 47, 106, 577.
독일의 패배 146~148, 150~152.
두먼, 유진 118, 167, 169, 170, 204, 227, 229, 232, 233, 238, 239, 256, 341, 452, 453, 456, 460.
둥칭철도 38, 42, 67, 73, 79, 82, 83, 131, 178, 259, 467, 558.
딘, 존 62, 70 122, 123, 139, 390, 538, 539, 554, 555, 560, 561, 564.

ㄹ

라이샤워, 에드윈 206.
랴오둥반도 38, 39, 79, 131, 190, 483, 524, 548.
러스크, 딘 542.
러시아혁명 39, 40, 43.
러일전쟁 39, 40, 83, 558, 577~579.
레이테(섬) 213, 615.
레이히, 윌리엄 D. 85, 86, 115, 139, 150, 211, 213, 214, 226, 264, 268, 284, 295, 298, 299, 313, 416, 453~457, 584, 589, 590, 625.
로좁스키, 솔로몬 A. 35, 67, 68, 80, 90, 93, 106, 250~252, 286, 287, 291~293, 314, 327, 333, 345, 378, 388, 558, 559.
로즈, 리처드 308.
로즈먼, 길버트 636.
루손 86, 124, 213.
루스벨트, 프랭클린 39, 42, 44, 45, 47~49, 52, 55, 64, 65, 76, 94, 96~99, 127, 128, 164, 166, 281, 329, 453, 576, 614.
· 무조건 항복 요구 59~62.
· 사망 103, 113~117.
· 얄타회담 81~86.
· 트루먼과의 비교 → 트루먼
뤼순 38, 39, 79, 82, 83, 135, 223, 259, 277, 319, 324, 390, 391, 521, 524, 549.
르메이, 커티스 99, 363, 616, 619, 625.
리벤트로프, 요아힘 폰 53, 56.
리트비노프, 막심 A. 54, 55.
링컨, 조지 A. 94, 96, 121, 229, 462, 547, 549, 557.

ㅁ

마루야마 마사오 27.
마리아나제도 69, 86, 88.
마셜, 조지 C. 70, 85, 86, 94, 124, 139, 140, 143, 161, 163, 170, 183, 202,

212, 213, 268, 297~299, 307, 308, 310, 311, 359, 317, 373, 482, 537, 539, 543, 547, 584, 597.
마쓰다이라 야스마사 72, 148, 216, 245, 426.
마쓰모토 슌이치 332, 346, 349, 405, 428, 429, 447, 451, 471~473, 477, 480, 485, 494, 505, 604.
마쓰오카 요스케 35, 36, 47, 49~51, 57, 395.
마쓰타니 세이 72, 148, 157, 208, 245, 246, 494.
마이스키, 이반 M. 66~69, 93.
만주국 41, 43, 45, 109, 223, 402, 404, 406, 435, 436, 523, 558.
말리놉스키, 로디온 235, 360, 403, 524.
말리크, 이아코프 A. 66~68, 80, 90, 93, 110, 111, 152, 153, 172, 177~179, 191, 193, 199, 204, 205, 209, 242, 243, 394, 448, 466.
· **말리크의 새 정보** 125~128.
· **히로타-말리크 회담 → 히로타**
매클로이, 존 J. 115, 160, 161, 163, 165, 202, 211~215, 226~231, 269, 270, 272, 282, 297, 299, 303, 310, 318, 320, 456, 462, 492, 541~543, 547, 556, 557, 584, 597.
매클리시, 아치볼트 240, 241, 585.
맥아더, 더글러스 52, 69, 70, 94, 95, 118, 371, 462, 469, 482, 483, 537, 538, 539, 545, 546, 550, 555, 562, 564, 574, 575, 580.
맨해튼계획 95~97.
모스크바 외무장관회의 58, 63, 64.
모스크바선언 63, 64, 328, 330, 400.
몰로토프, 뱌체슬라프 M. 47, 54, 55, 63, 64, 66, 73, 80, 82, 90, 116, 125, 127, 128, 158, 159, 187, 191, 192, 223, 234, 242, 243, 248~252, 293, 313, 342, 345, 362, 376, 378, 389, 461, 468~470, 554, 558~561.
· **원폭에 대한 반응** 387, 388.
· **일본에 선전포고** 392, 396.
· **중립조약 파기 통고** 103~111.
· **트루먼과의 회담 → 트루먼**
· **포츠담선언** 314~331.
· **해리먼과의 회담** 396~398.
· **훈령** 204, 205, 219, 222.
무단장 403.
무장해제 151, 208, 237, 247, 255, 420, 421, 474, 479, 486, 522, 523, 526, 581.
무조건 항복 25, 26, 29, 59, 60, 62, 70, 85, 86, 90, 116~122, 133, 148~152, 157, 160, 163, 164, 167~170, 172, 173, 176~178, 186, 190, 196, 197, 199, 201~206, 211, 214, 215, 217, 225, 228, 229, 232, 238, 239, 243, 244, 249, 250, 252, 253, 256, 257, 269, 272, 273, 284, 286, 287, 289~295, 298~301, 316~321, 323, 325, 330, 332~334, 343~345, 347, 348, 368~370, 372, 393, 428, 436, 452, 453, 455, 457, 458, 461, 463~466, 468, 474, 519, 575, 576, 579, 585, 586, 589, 590, 613.
뮌헨회담 46, 47.
미노베 다쓰키치 27, 434.

미드웨이해전 56.
미주리호 31, 572, 574, 575.
미카사노미야 481.

ㅂ

바실렙스키, 알렉산드르 M. 69, 86, 175, 235, 268, 359~361, 388, 389, 469, 482, 519, 521~526, 528~530, 549~551, 568, 572.
바탄 죽음의 행진 600, 614, 622, 623.
바티칸 156, 157, 217.
밸런타인, 조지프 60, 118, 168, 227, 228, 233, 238, 239, 256, 452~454, 456, 460, 589.
벅스 카 401.
번스 회답 457, 458, 512, 590, 591, 594.
· 소련의 승인 468~470.
· 영국의 회답 458~462.
· 육군의 쿠데타 계획 497~510.
· 일본 다시 혼돈 속에 빠지다 484~492.
· 일본 외무성 반응 470~473.
· 일본 육군 반응 473~476.
· 일본의 계전파 478~482.
· 천황의 두 번째 성단 492~497.
번스, 제임스 116, 138, 240~242, 264, 265, 274, 275, 280, 285, 286, 302, 372, 373, 460~468, 492, 560, 585, 588, 589, 597.
· 매직의 암호 해독 269~273, 348.
· 무조건 항복 요구 292, 298~301, 317~319.
· 소련의 선전포고 399~402.
· 원폭 184, 215, 304, 305, 307, 320, 365, 368, 370.
· 일반명령 1호 561.
· 일본의 조건부 항복 수락을 거부 451~458.
· 일본의 항복 수락 514.
· 중소 교섭 277~279, 351~354, 389~391.
· 쿠릴 541, 542, 547, 548, 556, 559, 564.
· 포츠담선언 315, 316, 321~322, 324~331.
베르사유 체제 40, 41.
베빈, 어니스트 326, 458, 459, 514.
보턴, 휴 60, 118, 168.
본스틸, 찰스 227, 231~233, 270, 462, 540~542.
볼드윈, 스탠리 43.
볼런, 찰스 139, 160, 240, 264, 275~277.
부토, 로버트 23.
북방영토 문제 578, 601, 603, 630.
브루크, 앨런 284, 294, 300.
블라디보스토크 36, 38, 78, 111, 529, 554.
블레이크슬리, 조지 60, 118, 168.
· 보고서 81.
비신스키, 안드레이 362, 559, 560, 561.
빅스, 허버트 441, 442.

ㅅ

사코미즈 히사쓰네 111~113, 194, 374, 380, 381, 384, 392, 405, 406, 429, 431~433, 435, 440, 450, 470~473, 477, 487, 488, 494, 495, 502, 513, 591, 596.
사토 나오타케 56~58, 64, 73, 90, 134,

187, 188, 220, 222, 224, 225, 242, 243, 245, 333, 376, 377, 378, 382, 388, 389, 604.
· 도고와의 왕복전보 미 첩보부 포착 → 도고
· 사토-도고 왕복전보 → 도고
· 소련, 중립조약을 파기 103~111, 198.
· 소련의 선전포고 392~396.
· 소련의 알선 191~197, 248~253.
· 얄타회담 뒤 몰로토프와의 회견 90.
· 포츠담회담 284, 327, 332, 342~347.
사할린(가라후토, 樺太) 25, 39~41, 47, 56~58, 65~68, 73, 75, 78, 81, 83, 131, 155, 166, 178, 190, 223, 234, 396, 403, 425, 489, 519, 524~529, 539, 543, 551, 534, 558, 568, 569, 571, 572, 578, 579, 602.
삼국동맹 47, 51, 64, 73.
3부조정위원회(SWNCC) 118, 462, 541, 542, 547.
3종의 신기 210, 333, 441.
샌프란시스코회의 118, 127, 140.
3거두 81, 86, 90, 163, 164, 171, 173, 176, 204, 263, 265, 277, 324, 355, 455.
스기야마 하지메 50, 489, 494.
스메타닌, 콘스탄틴 A. 50, 51.
스즈키 간타로 103, 107, 196, 197, 209, 243, 244, 341, 348, 369, 374, 375, 381, 383~385, 392, 406~408, 418, 420, 423, 424, 428, 485, 488, 596.
· 독일의 패배 146.
· 만약 원폭이 투하되지 않았다면 591.
· 묵살 성명 331~339.
· 번스 회답 473, 477~480, 487, 489, 590.
· 스즈키 내각 111~113, 512, 574.
· 애매한 태도 113, 187, 216, 447, 480.
· 종전 지연의 책임 604.
· 종전조서 504.
· 천황의 '성단' 430~443, 494~497.
스탈린, 이오시프 24~26, 29~31, 35, 36, 46, 47, 51, 53, 55, 66~69, 71, 73, 93~95, 99, 111, 128, 129, 152, 163, 184, 191, 198, 201, 205, 221, 224, 230, 233~235, 237, 251, 252, 263, 265~269, 287, 291, 293, 294, 306, 334, 339, 342~345, 350, 353~355, 359~362, 372, 373, 378, 399, 400, 402, 466, 467, 470, 482, 493, 515, 538, 543, 556, 557, 559~566, 583, 587~589, 591, 593, 594, 601, 602, 604, 613.
· 대일 선전포고 392~396.
· 대일 참전을 약속 62~65.
· 소련군의 만주 침공 520~524.
· 일반명령 1호 544~550.
· 쿠릴 작전 528~538, 580~582.
· 쑹쯔원과의 교섭 257~259, 389~392.
· 남사할린 작전 524~528.
· 대일전을 준비 69, 174~179.
· 동유럽 96.
· 미국 정부의 변화 127, 128.
· 미국과의 흥정 75~78.
· 사할린 및 쿠릴에서 군사활동

정당화 576~580.
· 얄타밀약 81~86, 117, 139.
· 원폭투하에 대한 반응 386~389.
· 중립조약 79, 80, 105~107, 125, 126.
· 천황제에 대하여 172.
· 테헤란회담 64, 65, 76.
· 트루먼과의 첫 회견 273~281.
· 트루먼한테서 얻은 원폭 정보 312~314.
· 포츠담선언 314~331.
· 포츠담회담 281~286.
· 폴란드 문제 97, 136, 138, 141, 142, 159.
· 해리먼과의 회담 396~398.
· 홉킨스와의 회담 170~174.
· 홋카이도 및 남쿠릴 작전 550, 551, 567~574.
스테티니어스, 에드워드 R. 85, 116, 118, 139, 158.
스팀슨, 헨리 L. 159, 170, 211, 212, 215, 238~240, 247, 256, 264, 265, 289, 292, 294~308, 310, 311, 315~323, 338, 344, 348, 349, 354, 355, 371, 373, 434, 435, 451~457, 483, 540, 547, 548, 584, 586, 589, 590, 597.
· 공습 중지를 제안 454.
· 대일 최후통첩의 원안 226~233.
· 더 많은 원폭투하 전망 597.
· 매직 암호 해독 269~272.
· 맨해튼계획 95, 98, 142~145.
· 무조건 항복의 수정 201~204.
· 미국의 대소 정책 139, 140, 160~166.
· 원폭 투하의 정당화 213.
· 원폭에 대한 집착 183~186.
· 트루먼에 대한 보고 115, 236~238, 274, 282.
시게미쓰 마모루 56~58, 73, 208, 384, 424~427, 494, 574, 575.
시모다조약 558, 578.
시무슈섬 → 쿠릴열도
시베리아철도 36, 43, 126, 128, 175.
시이자키 지로 490, 498, 502~504, 506, 512.
시코탄 섬 → 쿠릴열도
신도 440.
심리전쟁 151.
쑹쯔원 42, 106, 117, 201, 242, 257, 258, 276, 350~354, 387, 389~391, 466, 467, 483, 559.

ㅇ

아나미 고레치카 112, 113, 153~157, 210, 217, 218, 245, 255, 334, 336, 375, 376, 412, 414, 415, 418~422, 426~443, 447, 449, 450, 475~482, 485~491, 495~504, 506, 508, 509, 584, 594, 596, 606.
아널드, H. H. 70, 145, 212, 298. 304, 310, 323.
아사다 사다오 379, 380, 382~385, 407, 439, 489, 513, 592.
아사에다 시게하루 410, 413.
아사이 하야토 128. 129.
애치슨, 딘 168, 241, 585.
애틀리, 클레멘트 326, 543.
얄타밀약 29, 31, 83~85, 94, 116, 117,

132, 139, 160, 161, 163, 201, 223, 234, 350, 352, 400, 559.
어업조약 56, 58, 131, 558.
에놀라 게이 22, 363, 608.
에토로후섬 190, 556, 558, 568, 569, 571~573.
연락간담회 50, 55, 57, 58.
연해주 43, 111, 235.
오스트레일리아 460, 461, 575.
오오니시 다키지로 428, 480.
오키나와 99, 103, 104, 124, 132, 163~165, 167, 178, 183, 186, 192, 197, 202, 203, 213, 217, 226, 371, 441, 454, 615.
오펜하이머, 로버트 183, 625.
올림픽작전 117, 124, 211~214, 371, 537, 591.
외교전서사 205.
요나이 미쓰마사 71, 72, 112, 113, 120, 154~156, 196, 197, 208, 209, 216~218, 245, 256, 332, 336, 376, 381, 385, 407, 418, 420, 421, 428~430, 435, 443, 447, 479~481, 487, 503, 590, 596, 604.
우루프섬 558, 569, 570.
우메즈 요시지로 129, 153, 156, 208~210, 216, 217, 255, 334, 336, 412, 413, 415, 419~422, 431, 432, 434, 436, 443, 447, 474, 476, 482, 486, 488~491, 496~498, 501, 502, 574, 584.
우호동맹조약(중소) 466, 493, 559, 601, 83.
워싱턴체제 40, 41.
원폭 22, 26, 96, 184, 186, 212, 239, 240, 274, 279, 283, 284, 303, 304, 306, 307, 311, 330, 348, 349, 354, 355, 362, 365, 370, 374~380, 382~385, 408, 410, 415, 416, 418, 423, 428~430, 436, 439~442, 453, 513, 514, 584, 585, 587, 588, 594, 603~606.
· 다수의 원폭 145, 308, 402, 417, 484, 493.
· 리틀 보이 362, 364.
· 목표에서 벗어난 교토 145, 304~306.
· 무조건 항복 요구 215, 272, 273, 284, 286, 455.
· 미국인의 기억과 부의 유산 598~601.
· 미소 관계 96, 162.
· 소련에 대처하는 수단 25, 98, 162, 230, 257, 281, 285, 310, 352, 353, 354, 359, 583.
· 소련의 개발계획 397.
· 소련의 선전포고 401, 448.
· 소련의 첩보기관 312, 313.
· 스탈린의 반응 386~389.
· 올림픽작전 367, 371.
· 원폭 사용의 정당화 22, 23, 29, 309, 315, 318, 322, 340, 367, 369, 586, 608, 612~628.
· 원폭 사용의 최종 결정 184, 185, 308.
· 원폭개발 95, 96, 98, 99, 144, 161, 164, 165, 183, 184, 213, 239, 271.
· 원폭실험 183, 274, 302, 352, 588.
· 원폭이 없을 경우의 전쟁 591, 592~594.

· 원폭투하 결정에 얽힌 신화 309, 341, 598~600.
· 원폭투하 목표 결정 142~146.
· 원폭투하를 위한 준비 362, 363.
· 이중 충격 422, 512, 592.
· 일본에 대한 최후통첩 307, 309, 320, 321, 349.
· 천황의 옥음방송 언급 513, 595.
· 팻맨 274, 401.
월리스, 헨리 416.
웨드마이어, 앨버트 483.
웨커링, 존 227, 254~256, 270.
윌슨, 우드로 465.
육군부작전국(OPD) 70, 94, 96, 164, 227, 230, 232, 233, 236, 237, 296~298, 325.
이다 마사타카 476, 501, 504, 506, 507, 508.
이든, 앤서니 55. 62, 283, 316, 353.
이바노프, S. P. 175, 360, 523, 555.
이오지마 99, 124, 197, 213, 245, 362, 454.
이케다 스미히사 433, 440, 473, 488.
일독 방공협정 44, 46, 73.
일반명령 1호 462, 539~541, 543, 544, 546, 548, 559~561.
일본 전문가(미국의) 60, 61, 75, 92, 118, 228, 239, 256, 264, 435, 452, 454, 456, 606.
일소 중립조약 35, 36, 46~53, 85, 107, 395, 400, 579.
· 관동군의 도주 경로 521.
· 미군 파견 제안 482.
· 소련의 전략목표 66~68, 94, 161.
· 연합국의 신탁통치 161, 166.
· 일본의 방위전략 412, 414.
· 점령지대 542, 543, 549.
일소 기본조약 41, 72, 558

ㅈ

잠정위원회 144, 183, 184, 619~621.
장제스 65, 228, 559, 560.
· 몽골 국경문제 82, 84, 493.
· 얄타밀약 83, 84, 117, 161, 257.
· 영미와의 협력 177.
· 일반명령 1호 543.
· 일본에 대한 최후통첩 311.
· 일본의 항복 461.
· 중국의 통일 161.
· 중소 교섭 257, 258, 390.
· 포츠담선언 29, 317, 323, 335, 350~354.
재커리어스, 앨리스 120, 149~151, 293.
전략정보부(OSS, CIA의 전신) 156, 368, 369.
전시정보국 120, 149, 323.
전쟁범죄자 74, 215, 246, 247, 255, 382, 418, 420, 442, 458, 461.
전쟁지도 기본대강 129, 193, 195~197, 207, 208.
제1차 세계대전 40, 59.
제2차 세계대전 46, 54, 64, 536, 575, 612, 614.
제국 육해군인에 대한 칙어 513, 514, 596.
조선 36, 38, 39, 45, 65, 73, 131, 132, 152, 155, 163, 164, 174, 178, 190, 192, 213, 223, 234, 343, 365, 402, 403, 406, 483, 489, 519, 522, 529, 539, 548, 554, 559, 593, 602.
종전조서 470, 501, 503, 505, 510, 511,

513, 520, 595, 596.
주더 483.
중국 국민당 정부 42, 45, 83, 132, 161, 257, 258, 277, 350, 353, 467, 559, 560.
중국공산당 116, 132, 174, 258, 259, 466, 467, 483, 559.
중국공산주의(자) 137, 161, 239, 467.
중일전쟁 44, 45.
진주만(공격) 52~54, 77, 116, 178, 204, 269, 284, 286, 324, 366~368, 415, 575, 576, 577, 579, 586, 608, 611, 614, 621~623.

ㅊ

처칠, 윈스턴 29, 52, 59, 65, 69, 76, 81~85, 96, 97, 99, 121, 136, 140, 142, 263, 265~267, 274, 283, 284, 295, 302, 303, 315, 326, 335, 353, 397, 584.
천황(히로히토) 22, 25, 27, 28, 57, 72, 86, 90, 91, 103, 113, 121, 147, 148, 172, 179, 186, 196, 199, 202, 203, 225, 250~255, 269, 284, 288~292, 295~297, 300, 301, 317, 321, 323, 338, 339, 343, 344, 346, 374, 381, 405~408, 419, 447, 448, 452, 454, 460, 474, 477~481, 486, 487, 490~497, 588~590, 594~596, 604.
· 고노에 특사의 임명 242~248.
· 기도 시안 205~210.
· 미국의 여론 232, 256, 319, 462~466.
· 소련에 알선을 요청하다 216~219.
· 원폭 377, 378~380, 384.
· 육군의 쿠데타 계획 기도 476, 497~510.
· 전범 처벌 주장 461.
· 전쟁책임 215, 460, 461.
· 종전과 천황 604~606.
· 종전의 옥음 방송 30, 470, 471, 510~515, 519, 520.
· 천황의 국가통치 대권 437, 443, 447, 457, 458, 468, 472, 585.
· 천황의 지위 228, 231, 316, 332~334, 348, 382, 383, 484, 486, 563, 587.
· 항복 수락의 '성단' 431~443, 492~497.
· 항복문서 436, 562.
· 화평파의 음모 423~427.
· 황실 478, 479.
· → 천황제
천황제 26, 29, 60, 61, 91, 119, 150, 152, 168, 169, 206, 215, 233, 239, 240, 241, 272, 294~296, 300, 301, 320, 332, 334, 338, 348, 418, 439, 441, 453, 456, 478, 562, 563, 585, 586, 606.
· 국체 27.
· 메이지헌법 27, 247, 427, 434.
· 미국의 여론 228, 229, 462~466.
· 신도에 기초를 둔 천황의 권력 440
· CAC93-천황제 118.
· 천황기관설 27, 437.
청일전쟁 38, 132.
최고전쟁지도회의 72, 88, 152~157, 196, 210, 216, 218, 244, 245, 334, 383, 384, 392, 408, 412, 417~423, 427,

428, 430, 431, 433, 436, 442, 472, 475, 486, 487, 494, 587, 589, 605.
731부대 600.

ㅋ

카이로선언 65, 68, 84, 161, 217, 237, 332, 382, 435, 578, 603.
케넌, 조지 468.
코로넷작전 117, 214.
코민테른 43.
코언, 벤저민 328, 329, 456.
쿠릴열도 55, 65~68, 78, 81, 83, 84, 132, 161, 166, 178, 190, 223, 234, 524, 529, 531, 539~541, 544, 546, 558, 565, 566, 578, 579, 582, 593.
퀘벡회의 70, 75.
크로울리, 리오 158.
클라크 커, 아치볼드 75, 396, 461, 468.

ㅌ

태평양전쟁 22~24, 28, 30, 31, 44, 54, 62, 69, 138, 144, 174, 263, 275, 327, 372, 469, 479, 514, 536, 574, 575, 582, 583, 598, 601, 602, 606, 608, 610, 614, 616, 626, 629~632, 635.
태평양전쟁협의회 65.
태평양함대(소련) 43, 388, 403, 526, 530, 531, 567~569, 571~574, 580, 581.
통합군사작전위원회 211, 212.
통합정보위원회 120, 121.
통합참모본부 62, 69, 70, 78, 85, 93, 103, 118, 120, 122~124, 203, 211, 295, 298, 299, 315, 316, 369, 483, 539, 547, 549, 550.
트루먼, 해리 S. 24, 25, 29~31, 127, 128, 144, 145, 162~164, 167~170, 173, 174, 176, 185, 199, 201~204, 226, 236, 240, 258, 263~270, 273, 295, 298~301, 307~314, 324~331, 335, 348, 350~354, 359, 374~376, 378, 380, 386, 392, 395, 397, 448, 451, 461~466, 482~484, 604, 620~626.
- **나가사키 원폭투하** 415~417.
- **대소 자세** 137, 138.
- **대통령에 취임** 103, 113~117.
- **독일의 패배** 150.
- **루스벨트와 비교** 134~136.
- **몰로토프와의 회담** 138~142.
- **무기대여법** 157~159.
- **소련 참전에 대한 반응** 399~402.
- **스탈린과의 첫 회견 → 스탈린**
- **스팀슨의 보고 → 스팀슨**
- **올림픽작전** 211~215.
- **원폭투하에 대한 해석** 370~373.
- **원폭투하의 정당화** 340~341, 349, 598~600, 612, 613.
- **일반명령 1호 → 스탈린**
- **일본 항복** 514, 515, 519, 543, 575, 576, 579, 583~591, 597.
- **일본의 조건부 항복 수락을 거부** 451~458.
- **쿠릴 작전** 556~557, 561, 564~567.
- **포츠담선언** 314~323.
- **포츠담회담** 281~286.
- **히로시마 원폭투하** 355, 365~370.

트리니티 실험 183, 302, 363.

ㅍ

파라무시르섬 → 쿠릴열도
파시즘 43, 59, 137, 576, 602, 612.
8월의 폭풍 작전 531.
팻맨 → 원폭
펑톈 39, 402, 492, 521, 524.
펑후섬 38, 65.
포레스털, 제임스 115, 210, 139, 148, 149, 160, 162, 170, 201~203, 212, 226, 240, 270, 272, 298, 318~320, 371, 451~456, 469, 483, 492, 542, 584, 590.
포츠담선언 25, 26, 28~30, 87, 168, 231~233, 236, 237, 240, 242, 247, 256, 270, 271, 279, 299~301, 307, 309, 311, 314~316, 320~351, 354, 359, 361, 368, 369, 372, 375, 379~384, 393, 395, 400, 405~408, 418~431, 435, 436, 440. 447, 448, 451~453, 456, 458, 459, 462, 466, 492, 493, 495, 505, 514, 515, 519, 523, 529, 555, 577, 584~590, 593~595, 603~605, 613, 631.
포츠머스 조약 39, 67, 155, 558.
표적위원회 144, 145, 185, 620.
푹스, 클라우스 312.
프랭크, 리처드 349, 369, 424, 537
필리핀 52, 70, 78, 88, 94, 99, 249.

ㅎ

하바롭스크 111, 403.
하보마이섬 → 쿠릴열도
하야시 사부로 490, 491.
하타 슌로쿠 489, 490, 494, 495, 522, 523.
하타나카 겐지 476, 490, 498, 501~504, 506~509, 512.
하타히코 사부로 403, 405, 409, 521, 522.
합동전략조사위원회 295~299.
합동참모본부 69, 70, 294, 300, 313.
항복문서 31, 456, 459~462, 484, 562, 563, 572, 575, 580, 582.
해군첩보부 120, 254, 256, 347, 368, 369.
해리먼, W. 에버렐 62, 63, 75~79, 81, 82, 85, 97, 98, 122, 123, 127, 136~141, 158~164, 174, 264, 306, 352, 387, 389, 390, 396~399, 467~470, 482, 483, 514, 524, 544, 559~563.
해리슨, 조지 L. 143, 282, 283, 303~307, 311, 321, 371, 373, 492.
헐 각서 53.
헐, 코델 49, 52~54, 61, 62.
헐리, 패트릭 116, 117, 139, 323, 350~352, 483, 514.
호소카와 모리사다 407, 408, 423, 424.
호시나 젠시로 432, 433, 435, 440.
홉킨스, 해리 L. 159, 177, 201, 315, 324, 547, 557.
· 스탈린과의 회담 → 스탈린
홋카이도 25, 30, 75, 234, 237, 425, 525~529, 533, 544~556, 561, 568, 573, 593, 594.
화평파(일본) 26, 28, 88, 93, 112, 113, 120, 147, 148, 151~153, 183, 186, 187, 201, 208, 218, 255, 256, 294, 338, 339, 348, 373, 376, 382, 408, 420~422, 428, 430, 432, 443, 450, 470, 476, 477, 481, 497, 500, 562, 563, 583~585, 588, 590, 594.

· **음모** 423~427.
후버, 허버트 164, 165, 202, 203.
흐루쇼프, 니키타 234.
히가시쿠니노미야 87, 574.
히라누마 기이치로 46, 243, 431, 433, 436~438, 442, 447, 448, 477~482, 494, 503, 510, 589, 591, 606.
히로시마 22, 26, 145, 305, 308, 341, 362~370, 372~400, 410, 415~417, 441, 442, 448, 490, 494, 585, 587, 594, 598, 600, 603, 605, 609~610, 616, 617, 619, 620, 622, 624~628.
히로타 고키 42, 193, 204, 205, 242.
히틀러, 아돌프 45, 46, 53, 145, 146, 185.

종전의 설계자들

1945년 스탈린과 트루먼, 그리고 일본의 항복

초판 1쇄 | 2019년 02월 28일 발행

지은이 | 하세가와 쓰요시
옮긴이 | 한승동

펴낸이 | 김현종
펴낸곳 | (주)메디치미디어
등록일 | 2008년 8월 20일 제300-2008-76호
주소 | 서울시 종로구 사직로 9길 22 2층(필운동 32-1)
전화 | 070-7862-9360(편집) 02-735-3308(마케팅)
팩스 | 02-735-3309
전자우편 · 원고투고 | medici@medicimedia.co.kr
페이스북 | medicimedia
홈페이지 | www.medicimedia.co.kr

출판사업본부장 | 김장환
책임편집 | 신원제
표지 디자인 | 곽은선
본문 디자인 | 김성인
마케팅 | 성기준 김신정
미디어홍보 | 고광일
경영지원 | 김정하 김다나

인쇄 | 한영문화사

ISBN 979-11-5706-146-4 93900

이 책에 실린 글과 이미지의 무단전재 및 복제를 금합니다.
이 책 내용의 전부 또는 일부를 재사용하려면 반드시 출판사의 동의를 받아야 합니다.
책값은 뒤표지에 있습니다. 파본은 구입처에서 교환해드립니다.

이 도서의 국립중앙도서관 출판예정도서목록(CIP)은 서지정보유통지원시스템 홈페이지(http://seoji.nl.go.kr)와 국가자료종합목록시스템(http://www.nl.go.kr/kolisnet)에서 이용하실 수 있습니다. (CIP제어번호: CIP2019005580)